Schwerpunkte Pflichtfach Fischinger · Arbeitsrecht

Schwerpunkte

Eine systematische Darstellung der wichtigsten Rechtsgebiete anhand von Fällen
Begründet von Professor Dr. Harry Westermann †

Arbeitsrecht

von

Philipp S. Fischinger, LL.M. (Harvard)
Professor an der Universität Mannheim

2., neu bearbeitete Auflage

Bibliografische Information der Deutschen Nationalbibliothek
Die Deutsche Nationalbibliothek verzeichnet diese Publikation in der Deutschen Nationalbibliografie; detaillierte bibliografische Daten sind im Internet über <http://dnb.d-nb.de> abrufbar.

ISBN: 978-3-8114-5357-9

E-Mail: kundenservice@cfmueller.de
Telefon: +49 6221 1859 559
Telefax: +49 6221 1859 558

www.cfmueller.de
www.cfmueller-campus.de

Satz: preXtension, Grafrath
Druck: Westermann Druck, Zwickau

Meiner geliebten Frau Berina

Vorwort

Das Arbeitsrecht ist nicht nur von zentraler Bedeutung für unsere Privat- und Wirtschaftsordnung, sondern gehört zum Pflichtkanon des juristischen Studiums an nahezu allen deutschen Fakultäten. Seine sichere Beherrschung und Einordnung ist für jeden Examenskandidaten unverzichtbar. Das vorliegende Buch verfolgt dabei nicht den Anspruch, das Arbeitsrecht in seiner gesamten Breite vertieft darzustellen. Vielmehr hat es zum Ziel, ganz im Sinne eines Buchs der „Schwerpunkte-Reihe", diejenigen Bereiche aus dem Arbeitsrecht herauszugreifen und intensiv sowie klausurdidaktisch vertieft zu erläutern, deren Examensrelevanz mindestens als bedeutsam einzustufen ist. Die Auswirkungen der **Corona-Krise** auf das Arbeitsrecht, die in den nächsten Monaten von gesteigerter Examensrelevanz sein dürften, wurden dabei besonders berücksichtigt.

Dabei hat dieses Lehrbuch **zwei Adressatengruppen** im Visier: Zum einen den „Neuling", der sich erstmals in das Arbeitsrecht einarbeiten möchte, zum anderen den Examenskandidaten, der an einer vertieften Aufbereitung der examensrelevanten Fragestellungen interessiert ist. Gelingen soll dies über **klar markierte** und vom Grundlagentext **drucktechnisch abgesetzte vertiefende Ausführungen**, die bei der erstmaligen Erarbeitung übersprungen werden können – gesetzt, man kommt später darauf zurück! Diese vertiefenden Passagen sind neben der **Randnummer mit dem Buchstaben „V" für Vertiefung gekennzeichnet**.

Der Verfasser sieht im Folgenden davon ab, sich des in vielen Lehrbüchern üblichen Lese-Imperativs („Lesen Sie § xxx!") zu bedienen, denn die sorgfältige Lektüre der einschlägigen Vorschriften ist eine Selbstverständlichkeit, die keiner Betonung bedarf.

Wie stets bei einem solchen Werk, so gilt auch bei dem vorliegenden Lehrbuch, dass es nicht ohne die Hilfe anderer hätte zustande kommen können. Danken möchte ich dabei zuallererst Herrn Rechtsanwalt *Dr. Michael Winter*, LL.M. eur., der ursprünglich den Kontakt zum Verlag C.F. Müller hergestellt und damit die Initialzündung gegeben hat. Des Weiteren danke ich meinen wissenschaftlichen Mitarbeitern Herrn *Silas Hengstberger* (LL.B.), Herrn *Sven Knauer* (LL.B.) und Herrn *Michael Wanik* (LL.B.) sowie den studentischen Hilfskräften Frau *Lara Berg*, Frau *Johanna Hübsch* (LL.B.), Frau *Lara Junge* (LL.B.), Frau *Julia Kolb* (LL.B.), Frau *Katharina Voigt* (LL.B.), Herrn *Vincent Breme*, Herrn *Benedikt Brüß* (LL.B.), Herrn *Sasa Gigic* (LL.B.), Herrn *Jonathan Godwyll* (LL.B.) und Herrn *Jan Stifter* (LL.B.), die unermüdlich durch Korrektur- und z.T. auch Recherchearbeiten ganz erheblich zum Gelingen des Werks beigetragen haben. Besonders hervorzuheben ist Herr *Hengstberger*, nicht nur für die Durchsicht des Gesamtmanuskripts der ersten Auflage (dafür danke ich auch nach wie vor dem inzwischen zu Gleiss Lutz abgewanderten Herrn RA *Jonas Hofer* sehr herzlich), sondern auch für hilfreiche inhaltliche Anregungen für die Neuauflage. Eventuell verbliebene Fehler fallen ausschließlich in meinen Verantwortungsbereich. Danken möchte ich schließlich dem Verlag C.F. Müller, insbesondere Frau *Alexandra Burrer*, für die stets reibungslose und hervorragende Zusammenarbeit, sowie – last but not least – meiner Sekretärin Frau *Ulrike Müller*, ohne die vieles nur schwer und manches überhaupt nicht möglich wäre.

Der Verfasser ist für jede Form von Kritik, Anregungen, Wünschen und natürlich auch Lob dankbar, am einfachsten per e-mail an info@arbeitsrecht.uni-mannheim.de.

Mannheim, im Januar 2021 *Philipp S. Fischinger*

Inhaltsverzeichnis

Abkürzungsverzeichnis

AEntG	Arbeitnehmer-Entsendegesetz
AFG	Arbeitsförderungsgesetz
AGG	Allgemeines Gleichbehandlungsgesetz
AiB	Arbeitsrecht im Betrieb (Zeitschrift)
AktG	Aktiengesetz
ÄndG	Änderungsgesetz
AngKSchG	Gesetz über die Fristen für die Kündigung von Angestellten
AP	Nachschlagewerk des Bundesarbeitsgerichts (seit 1954, vorher: Arbeitsrechtliche Praxis)
AR-Blattei	Arbeitsrecht-Blattei
ArbGeb.	Der Arbeitgeber (Zeitschrift)
ArbGG	Arbeitsgerichtsgesetz
ArbNErfG	Gesetz über Arbeitnehmererfindungen
ArbRB	Arbeits-Rechts-Berater (Zeitschrift)
ArbRBerG	Gesetz zur Änderung des Kündigungsrechts und anderer arbeitsrechtlicher Vorschriften (Arbeitsrechtsbereinigungsgesetz)
ArbSchG	Arbeitsschutzgesetz
ArbZG	Arbeitszeitgesetz
ARS	Arbeitsrechtssammlung: Entscheidungen des Reichsarbeitsgerichts und der Landesarbeitsgerichte ab 1934 (vorher: Bensheimer Sammlung)
ASiG	Gesetz über Betriebsärzte, Sicherheitsingenieure und andere Fachkräfte für Arbeitssicherheit (Arbeitssicherheitsgesetz)
ATG	Altersteilzeitgesetz
AuA	Arbeit und Arbeitsrecht (Zeitschrift)
AÜG	Arbeitnehmerüberlassungsgesetz
AuR	Arbeit und Recht (Zeitschrift)
BAGE	Entscheidungen des Bundesarbeitsgerichts
BB	Betriebs-Berater (Zeitschrift)
BBiG	Berufsbildungsgesetz
BDSG	Bundesdatenschutzgesetz
BeamtStG	Beamtenstatusgesetz
BEEG	Bundeselterngeld- und Elternzeitgesetz
BetrVG	Betriebsverfassungsgesetz
BUrlG	Bundesurlaubsgesetz
DB	Der Betrieb (Zeitschrift)
DBB	Deutscher Beamtenbund
DGB	Deutscher Gewerkschaftsbund
DÖV	Die öffentliche Verwaltung (Zeitschrift)
DrittelbG	Drittelbeteiligungsgesetz
EFZG	Entgeltfortzahlungsgesetz
ESC	Europäische Sozialcharta
EuR	Europarecht (Zeitschrift)

EuZA	Europäische Zeitschrift für Arbeitsrecht
EzA	Entscheidungssammlung zum Arbeitsrecht (Loseblattsammlung)
FA	Fachanwalt Arbeitsrecht (Zeitschrift)
FPfZG	Familienpflegezeitgesetz
FS	Festschrift
HAG	Heimarbeitsgesetz
HzA	Handbuch zum Arbeitsrecht
JArbSchG	Jugendarbeitsschutzgesetz
KSchG	Kündigungsschutzgesetz
LAGE	Entscheidungen der Landesarbeitsgerichte
MiLoG	Mindestlohngesetz
MitbestG	Mitbestimmungsgesetz
MuSchG	Mutterschutzgesetz
m.w.N.	mit weiteren Nachweisen
NachwG	Nachweisgesetz
NZA	Neue Zeitschrift für Arbeitsrecht (Zeitschrift)
NZA-RR	NZA-Rechtsprechungs-Report (Zeitschrift)
PersR	Der Personalrat (Zeitschrift)
PflegeZG	Pflegezeitgesetz
RAGE	Entscheidungen des Reichsarbeitsgerichts
RdA	Recht der Arbeit (Zeitschrift)
RGBl.	Reichsgesetzblatt
SAE	Sammlung arbeitsrechtlicher Entscheidungen (Zeitschrift)
Slg.	Sammlung der Entscheidungen des Gerichtshofs der EU
SprAuG	Sprecherausschussgesetz
TVG	Tarifvertragsgesetz
TzBfG	Teilzeit- und Befristungsgesetz
UmwG	Umwandlungsgesetz
WissZeitVG	Wissenschaftszeitvertragsgesetz
WM	Zeitschrift für Wirtschafts- und Bankrecht
ZfA	Zeitschrift für Arbeitsrecht
ZIP	Zeitschrift für Wirtschaftsrecht (vormals: für Insolvenz-Praxis)

Literaturverzeichnis

Adomeit, Klaus/Mohr, Jochen — Allgemeines Gleichbehandlungsgesetz, Kommentar, 2. Aufl., Stuttgart, München u.a. 2011

Annuß, Georg/Thüsing, Gregor (Hrsg.) — Kommentar zum Teilzeit- und Befristungsgesetz, 3. Aufl., Frankfurt a.M. 2012

Ascheid, Reiner/Preis, Ulrich/Schmidt, Ingrid (Hrsg.) — Kündigungsrecht, Großkommentar, 5. Aufl., München 2017 (zit.: APS/*Bearbeiter*)

Bauer, Jobs-Hubertus/Krieger, Steffen/Günther, Jens — Kommentar zum Allgemeinen Gleichbehandlungsgesetz und Entgelttransparenzgesetz, 5. Aufl., München 2018

Bitter, Georg/Röder, Sebastian — BGB Allgemeiner Teil, 5. Aufl., München 2020

Becker, Friedrich (Begr.)/Etzel, Gerhard u.a. — Gemeinschaftskommentar zum Kündigungsschutzgesetz und zu sonstigen kündigungsschutzrechtlichen Vorschriften, 12. Aufl., Köln 2019 (zit.: KR/*Bearbeiter*)

Boecken, Winfried/Düwell, Josef/Diller, Martin/Hanau, Hans — Nomos Kommentar Gesamtes Arbeitsrecht, Band 1 und 2, 1. Aufl., Baden-Baden 2016 (zit.: NK-ArbR/*Bearbeiter*)

Brox, Hans (Begr.)/Walker, Wolf-Dietrich — Besonderes Schuldrecht, 44. Aufl., München 2020

Brox, Hans (Begr.)/Walker, Wolf-Dietrich — Allgemeiner Teil des BGB, 44. Aufl., München 2020

Brox, Hans/Rüthers, Bernd/Henssler, Martin — Arbeitsrecht, 19. Aufl., Stuttgart 2016

Däubler, Wolfgang/Bertzbach, Martin (Hrsg.) — Allgemeines Gleichbehandlungsgesetz, Handkommentar, 4. Aufl., Baden-Baden 2018 (zit.: Däubler/Bertzbach/*Bearbeiter*)

Ermann, Walter (Begr.)/Grunewald, Barbara (Hrsg.) — Handkommentar zum BGB, 15. Aufl., Köln 2017

Fischinger, Philipp S. — Handelsrecht, 2. Aufl., Heidelberg 2019

Fischinger, Philipp S. — Haftungsbeschränkung im Bürgerlichen Recht, Habilitationsschrift Universität Regensburg, Tübingen 2015

Henssler, Martin/Willemsen, Heinz/Kalb, Heinz-Jürgen (Hrsg.) — Arbeitsrecht Kommentar, 9. Aufl., Köln 2020 (zit.: HWK/*Bearbeiter*)

Hromadka, Wolfgang/Maschmann, Frank — Arbeitsrecht, Band 1, Individualarbeitsrecht, 7. Aufl., Berlin, Heidelberg u.a. 2018

Jacobs, Matthias/Krois, Christopher — Klausurenkurs im Arbeitsrecht II, 1. Aufl., Heidelberg 2014 (zit.: *Jacobs/Krois*, Klausurenkurs II, Fall Nr.)

Junker, Abbo — Grundkurs Arbeitsrecht, 19. Aufl., München 2020

Kittner, Michael/Däubler, Wolfgang/Zwanziger, Bertram (Hrsg.) — Kündigungsschutzrecht, Kommentar, 11. Aufl., Frankfurt a.M. 2020 (zit.: KDZ/*Bearbeiter*)

Krause, Rüdiger	Arbeitsrecht, 4. Aufl., Baden-Baden 2020
Küttner, Wolfdieter (Begr.)/Röller, Jürgen (Hrsg.)	Personalbuch 2020, 27. Aufl., München 2020
Looschelders, Dirk	Schuldrecht Allgemeiner Teil, 18. Aufl., München 2020
Moll, Wilhelm (Hrsg.)	Münchener Anwaltshandbuch Arbeitsrecht, 4. Aufl., München 2017 (zit.: *Bearbeiter*, in: Münchener Anwaltshandbuch)
Müller-Glöge, Rudi/ Preis, Ulrich/Schmidt, Ingrid (Hrsg.)	Erfurter Kommentar zum Arbeitsrecht, 20. Aufl., München 2020 (zit.: ErfK/*Bearbeiter*)
Palandt, Otto (Begr.)	Bürgerliches Gesetzbuch, 79. Aufl., München 2020 (zit.: Palandt/*Bearbeiter*)
Preis, Ulrich/Temming, Felipe	Arbeitsrecht – Individualarbeitsrecht, 6. Aufl., Köln 2019
Reichold, Hermann	Arbeitsrecht, 6. Aufl., München 2019
Richardi, Reinhard/ Bayreuther, Frank	Kollektives Arbeitsrecht, 4. Aufl., München 2019
Richardi, Reinhard/Wißmann, Hellmut/Wlotzke, Otfried/Oetker, Hartmut (Hrsg.)	Münchener Handbuch zum Arbeitsrecht, Band 1, 4. Aufl., München 2018 (zit.: MünchArbR/*Bearbeiter*)
Richardi, Reinhard (Hrsg.)	Betriebsverfassungsgesetz mit Wahlordnung, Kommentar, 16. Aufl., München 2018 (zit.: Richardi/*Bearbeiter*)
Riechert, Christian/ Nimmerjahn, Lutz	Mindestlohngesetz: Kommentar, 2. Aufl., München 2017
Rüthers, Bernd/Fischer, Christian/Birk, Axel	Rechtstheorie, 11. Aufl., München 2020
Säcker, Franz (Hrsg.) u.a.	Münchener Kommentar zum Bürgerlichen Gesetzbuch Band 1, 8. Aufl., München 2018 Band 5, 8. Aulf., München 2020 (zit.: MüKo-BGB/*Bearbeiter*)
Schack, Haimo	BGB – Allgemeiner Teil, 16. Aufl., Heidelberg 2019
Schaub, Günther (Begr.)	Arbeitsrecht-Handbuch, 18. Aufl., München 2019 (zit.: Schaub/*Bearbeiter*, ArbRHdb)
Schmitt, Jochem (Begr.)	Entgeltfortzahlungsgesetz und Aufwendungsausgleichsgesetz, Kommentar, 8. Aufl., München 2018
Soergel, Hans-Theodor (Begr.)	Bürgerliches Gesetzbuch mit Einführungsgesetz und Nebengesetzen, 13. Aufl., Band 9/1: Schuldrecht 7/1 (2021)
Tillmanns, Kerstin	Klausurenkurs im Arbeitsrecht I, 3. Aufl., Heidelberg 2019 (zit.: *Tillmanns*, Klausurenkurs I, Fall Nr.)
von Staudinger, Julius (Begr.)	Kommentar zum Bürgerlichen Gesetzbuch, laufende Neubearbeitungen (zit.: Staudinger/*Bearbeiter*)
Waltermann, Raimund	Sozialrecht, 14. Aufl., Heidelberg 2020 (zit.: *Waltermann*, Sozialrecht, Rn.)
Wiedemann, Herbert (Hrsg.)	Tarifvertragsgesetz, 8. Aufl., München 2019
Zöllner, Wolfgang/Loritz, Karl-Georg/Hergenröder, Wolfgang	Arbeitsrecht, 7. Aufl., München 2015

§ 1 Einleitung

A. Begriff, Grundlage und Bedeutung des Arbeitsrechts

1 Arbeitsrecht umfasst das Recht, das die Bedingungen regelt, unter denen jemand **abhängige (fremdbestimmte) Arbeit** auf Basis eines **privatrechtlichen Vertrags** (in der Regel) gegen Entgelt erbringt. Primäre Beteiligte des Arbeitsverhältnisses sind der **Arbeitnehmer**[1] als derjenige, „welcher Dienste zusagt" (§ 611 I BGB) und der **Arbeitgeber**, der als der „andere Teil" die Zahlung der vereinbarten Vergütung schuldet. Basis des Arbeitsverhältnisses ist der **Arbeitsvertrag** (§ 611a BGB), der rechtsdogmatisch ein spezieller Dienstvertrag ist.

2 Das Arbeitsrecht ist – insoweit vergleichbar dem Handelsrecht[2] – ein **Sonderprivatrecht**, das nur eingreift, wenn einer der am Vertrag Beteiligten Arbeitnehmer ist. Auch wenn es viele Sonderregelungen aufstellt, ist nicht zu übersehen, dass das Arbeitsrecht weitgehend **Teil des Bürgerlichen Rechts** ist.[3] Daraus folgt v.a. zweierlei: Soweit keine speziellen arbeitsrechtlichen Regeln oder Prinzipien eingreifen, findet das allgemeine Zivilrecht (z.B. §§ 119 ff., 145 ff., 305 ff. BGB) auch im Arbeitsleben Anwendung. Zudem ist maßgebliche dogmatische Grundlage auch des Arbeitsrechts die **Privatautonomie** der Beteiligten. Soweit das Arbeitsrecht nichts anderes bestimmt, besteht deshalb **Vertragsabschluss-**, **-inhalts-** und **-beendigungsfreiheit** (s. **§ 105 S. 1 GewO**). Die Privatautonomie wurzelt aber tiefer, ist sie doch verfassungsrechtlich ganz generell als Teil der allgemeinen Handlungsfreiheit (Art. 2 I GG)[4] sowie im Arbeitsrecht speziell durch die **Berufsfreiheit** des Art. 12 I GG geschützt.[5] Angesichts der besonderen Schutzbedürftigkeit des Arbeitnehmers (Rn. 7) erfährt die Privatautonomie im Arbeitsrecht **mannigfache Begrenzungen**. So ist bspw. die Freiheit des Arbeitgebers, den Arbeitsvertrag einseitig zu beenden, durch den Kündigungsschutz weitgehend eingeschränkt.

Das Arbeitsrecht hat in der Praxis **überragende Bedeutung**. Das gilt zum einen volkswirtschaftlich, machen Arbeitnehmer doch mit Abstand die größte Gruppe der Erwerbstätigen aus (ca. 35.958.000 im Jahr 2015 bei knapp 370.000 arbeitsgerichtlichen Streitigkeiten)[6]. Zugleich betrifft das Arbeitsrecht – anders als viele andere Materien des juristischen Studiums – fast jeden Bürger irgendwann im Laufe seines Lebens persönlich, in der Regel als Arbeitnehmer. Seine Kenntnis ist deshalb nicht nur für das juristische Examen bedeutsam, sondern auch für das spätere Leben.

1 Im Folgenden wird ausschließlich die männliche Form verwendet, erfasst sind selbstverständlich aber auch Frauen sowie Personen des dritten Geschlechts.

2 Vgl. *Fischinger*, Handelsrecht, § 1, Rn. 1.

3 Einige Teile des Arbeitsrechts sind allerdings – wie insb. das Arbeitsschutzrecht (z.B. ASiG) – Öffentliches Recht.

4 BVerfG 23.4.1986 – 2 BvR 487/80, NJW 1987, 827, 828.

5 BVerfG 6.10.1987 – 1 BvR 1086/82, NJW 1988, 1195, 1199.

6 Statistisches Bundesamt, Pressemitteilung Nr. 001 vom 4.1.2016; Statistisches Bundesamt, Fachserie 10, Reihe 2.8, 2015.

B. Charakteristika des Arbeitsverhältnisses

3 Das Arbeitsrecht als Rechtsgebiet kann grundlegend nur verstanden werden, wenn man sich die Charakteristika des Arbeitsverhältnisses, die dieses von der Mehrzahl der allgemein-zivilrechtlichen Rechtsbeziehungen unterscheidet, vor Augen führt.

I. Dauerschuldverhältnis

4 Das Arbeitsverhältnis ist regelmäßig ein Dauerschuldverhältnis, das oft über Jahre/Jahrzehnte zwischen denselben Vertragspartnern besteht. Dieser Umstand hat wichtige Konsequenzen:

- Die Einzelheiten dessen, was sich die beiden Partner im Laufe der Jahre schulden, kann faktisch nicht bis ins letzte Detail bereits im Arbeitsvertrag geregelt werden. Das gilt für die Lohnzahlungspflicht des Arbeitgebers, insb. weil es notwendig ist, die Arbeitslöhne an die kontinuierliche Kaufkraftentwicklung anzupassen. V.a. aber gilt es für die Arbeitspflicht des Arbeitnehmers, kann doch nicht im Voraus bestimmt werden, welche konkrete Aufgabe er an welchem Tag an welchem Ort auf welche Weise auszuführen hat. Es muss daher eine Möglichkeit geben, die generelle vertragliche **Arbeitspflicht näher zu konkretisieren**. Das geschieht über das sog. **Weisungsrecht des Arbeitgebers** (dazu Rn. 582 ff.).
- Weil die über einen längeren Zeitraum ausgetauschten Leistungen oft nicht oder nur schwer rückabgewickelt werden können, wird ein nichtiges Arbeitsverhältnis meist für die Vergangenheit als wirksam behandelt (s. Rn. 186 ff.).
- Aufgrund der langjährigen Zusammenarbeit drohen **besondere Haftungsrisiken**, ist doch selbst bei Beachtung eines hohen Sorgfaltsmaßstabes die Wahrscheinlichkeit, irgendwann im Laufe der Zeit einen schadensverursachenden Fehler zu machen, deutlich höher als bei einem sich in einem kurzfristigen Leistungsaustausch erschöpfenden Schuldverhältnis. Nicht nur, aber auch deshalb kennt das Arbeitsrecht ein besonderes Haftungsregime (näher Rn. 724 ff.).
- Eine ununterbrochene Pflicht zur Erbringung der Arbeitsleistung würde den Arbeitnehmer physisch wie psychisch auszehren. Um dem vorzubeugen – und weil man nicht leben sollte, um zu arbeiten, sondern arbeiten, um zu leben –, besteht ein Bedürfnis nach regelmäßigem **Erholungsurlaub** (dazu Rn. 630 ff.).
- Die (langjährige) Zusammenarbeit kann die ohnehin schon bestehenden gegenseitigen **Rücksichtnahmepflichten** auf die Interessen der anderen Vertragspartei steigern. Das kann sich bspw. bei der beschränkten Arbeitnehmerhaftung (Rn. 740 – Betriebszugehörigkeit) oder dem Kündigungsschutz („erdientes Vertrauen", s. Rn. 1012) auswirken, wird doch bei beiden der langfristigen (störungsfreien) Betriebszugehörigkeitsdauer Rechnung getragen.
- Wie jedes Dauerschuldverhältnis, so bedarf auch das Arbeitsverhältnis spezieller Regelungen zu seiner **Beendigung**. Aufgrund der verfassungsrechtlich geschützten Vertragsfreiheit muss es im Grundsatz für beide Vertragspartner möglich sein, sich vom Vertrag zu lösen. Neben einer Befristung der Vertragslaufzeit (Rn. 1157 ff.) kommt insoweit v.a. ein Aufhebungsvertrag (Rn. 1109 ff.) oder eine Kündigung (Rn. 842 ff.) in Betracht. Weil das Arbeitsverhältnis für den Ar-

beitnehmer meist existenzielle Bedeutung hat (Rn. 5), unterliegen Befristung und Kündigung durch den Arbeitgeber speziellen Beschränkungen.

II. Existenzielle Bedeutung

Es gibt nur wenige Vertragsverhältnisse, denen eine ähnliche existenzielle Bedeutung zukommt wie dem Arbeitsverhältnis. Obwohl Arbeitnehmer auch sein kann, wer – z.B. infolge einer großen Erbschaft oder eines Lottogewinns – wirtschaftlich nicht auf die Lohnzahlung angewiesen ist, so stellt doch das Arbeitsverhältnis für den größten Teil der arbeitenden Bevölkerung die Existenzgrundlage dar. Daraus resultiert eine besondere Gefahrenlage für den Arbeitnehmer, droht ihm doch bei zu schlechter Entlohnung, Arbeitslosigkeit oder Arbeitsunfähigkeit oftmals der wirtschaftliche Ruin. Das Arbeitsrecht strebt danach, diesen Risiken – zum Teil im Verein mit dem Sozialrecht – auf verschiedene Arten vorzubeugen bzw. zu minimieren (z.B. Mindestlohn, Tariflöhne, Entgeltfortzahlung im Krankheitsfall, Befristungs- und Kündigungsschutz). 5

III. Eingliederung in fremde Betriebsorganisation

Der Arbeitnehmer wird typischerweise an dem vom Arbeitgeber vorgegebenen Ort in dessen Betriebsorganisation tätig. Aus dieser **Eingliederung** in eine fremdbestimmte Arbeitsstruktur resultieren besondere **Schutzinteressen** des Arbeitnehmers gegenüber dem Arbeitgeber, v.a. hinsichtlich Leib und Leben (technischer Arbeitsschutz), Eigentum und Vermögen (z.B. muss der Arbeitgeber ggf. abschließbare Spinde zur Aufbewahrung von Wertsachen zur Verfügung stellen) sowie seinem Persönlichkeitsrecht (z.B. Schutz vor Mobbing). Darüber hinaus hat diese Eingliederung meist zur Folge, dass der Arbeitnehmer in einer **Betriebsgemeinschaft** im Zusammenwirken mit Kollegen tätig wird. Auch wenn zwischen den Arbeitnehmern keine vertraglichen Beziehungen bestehen, resultieren aus diesem notwendigen Zusammenwirken besondere Interessen- und Konfliktlagen (z.B. wer wann in Erholungsurlaub geht), auf die das staatliche Arbeitsrecht und/oder die Beteiligten (z.B. über einen zwischen Arbeitgeber und Betriebsrat vereinbarten Urlaubsplan, vgl. § 87 I Nr. 5 BetrVG) eine Antwort finden müssen. 6

IV. Strukturelles Machtungleichgewicht

Die obigen Faktoren führen – insb. in ihrer Gesamtschau – dazu, dass sich der einzelne Arbeitnehmer gegenüber dem Arbeitgeber typischerweise in einer **strukturell unterlegenen Position** befindet.[7] Das gilt zunächst bei Vertragsbegründung. Schon weil der Arbeitnehmer, jedenfalls meist, wirtschaftlich darauf angewiesen ist, diese bzw. zumindest irgendeine Arbeitsstelle innezuhaben, begegnen sich Arbeitgeber und Ar- 7

7 Vgl. EuGH 5.10.2004 – C-397/01, NZA 2004, 1145, 1149; BVerfG 26.6.1991 – 1 BvR 779/85, BVerfGE 84, 212, 229; BAG 16.3.1994 – 5 AZR 339/92, NZA 1994, 937, 940.

beitnehmer meist nicht auf „Augenhöhe"; oft ist zudem der Arbeitgeber juristisch besser vorgebildet und/oder die Arbeitsmarktsituation dergestalt, dass er die Wahl zwischen mehreren Bewerbern hat. Folge ist, dass er den Bewerber in Bezug auf die Arbeitsbedingungen oftmals vor die Wahl zwischen „friss oder stirb" stellen kann. Damit aber fehlt es an einem – zumindest annähernden – **Verhandlungsgleichgewicht** als einer grundlegenden Voraussetzung einer Vertragsfreiheit, die sich nicht in einer formellen Betrachtungsweise erschöpft, sondern auf dem **Prinzip echter Privatautonomie** i.S.e. selbstbestimmten Entscheidung über Ob und Inhalt eines Vertrages beruht.

8 Auch im weiteren Verlauf des Arbeitsverhältnisses ändert sich an dieser strukturellen Unterlegenheit des Arbeitnehmers in der Regel nichts. Während er aus Sicht des Arbeitgebers (meist) nur ein austauschbares „Rädchen im Getriebe" ist, bleibt das Arbeitsverhältnis als Einkunftsquelle für den Arbeitnehmer essenziell. Typischerweise nimmt die Flexibilität des Arbeitnehmers (und damit seine faktische Möglichkeit, den Arbeitsplatz zu wechseln) im Laufe seines Berufslebens eher ab als zu. Wer bspw. ein Eigenheim erworben hat, wird meist nicht nur emotional an den Ort gebunden sein, sondern auch langfristig verschuldet – existiert dann kein anderer, geeigneter Arbeitgeber in pendelbarer Entfernung, ist der Arbeitnehmer faktisch an seinen jetzigen gebunden. Hinzu kommt, dass ältere Arbeitnehmer, die ihren Arbeitsplatz verlieren, oft Schwierigkeiten haben, überhaupt wieder Arbeit zu finden. Zusammengefasst kommt es auf dem Feld des Arbeitsrechts zu einem **Versagen** des im allgemeinen Zivilrecht gewöhnlich funktionierenden **Markt- und Vertragsmechanismus.**[8] Auch wenn das nicht ausnahmslos gilt, weil es (vereinzelt) Arbeitnehmer gibt, die aufgrund ihrer besonderen Fähigkeiten (z.B. Fußballstar, Einserjurist) oder spezieller Marktgegebenheiten (z.B. Fachkräftemangel) eine vergleichsweise starke Verhandlungsmacht gegenüber dem Arbeitgeber haben, erfordert diese Erkenntnis – jedenfalls in einem Sozialstaat – **spezielle Schutzmechanismen** zugunsten des Arbeitnehmers.

C. Systematik des Arbeitsrechts

9 Während der gesamten historischen Entwicklung seit Entstehung des modernen Arbeitsrechts ab ca. Ende des 19. Jahrhunderts[9] wurde dieses Schutzbedürfnis des Arbeitnehmers auf zwei ganz unterschiedlichen, sich meist ergänzenden, in Teilen aber auch konfligierenden Wegen zu befriedigen gesucht: Der **staatlichen Arbeitnehmerschutzgesetzgebung** einerseits, dem **Selbstschutz durch Kollektivierung der Arbeitnehmer** andererseits. Das materielle Arbeitsrecht ist also, mit anderen Worten, **zweispurig** aufgeteilt. Hinzu tritt das Verfahrensrecht:

(1) Das **Individualarbeitsrecht** entspringt der staatlichen (Arbeitnehmerschutz-) Gesetzgebung. Es umfasst das Arbeitsvertragsrecht und -schutzrecht. Das **Arbeits-**

8 *Krause*, Arbeitsrecht, § 1, Rn. 9.

9 Von einem detaillierten historischen Überblick wird hier mangels Examensrelevanz abgesehen. Weil die Kenntnis der historischen Grundlagen aber für das Verständnis des geltenden Rechts unabdingbar ist, seien zur Lektüre insoweit z.B. empfohlen: MüHdbArbR/*Richardi*, § 2, passim; *Richardi*, Arbeitsrecht als Teil freiheitlicher Ordnung (passim).

vertragsrecht ist die Summe der (staatlichen) Normen, die sich mit dem Verhältnis zwischen einzelnem Arbeitnehmer und einzelnem Arbeitgeber beschäftigen. Es regelt v.a. Zustandekommen, Inhalt und Beendigung des Arbeitsverhältnisses und gehört zum Pflichtfachexamensstoff. Das – kaum examensrelevante – **Arbeitsschutzrecht** statuiert öffentlich-rechtliche Pflichten für die Ausgestaltung von Betrieben, Arbeitsplätzen usw., um Gesundheit und Leben der Arbeitnehmer zu schützen. Das Individualarbeitsrecht ist konzeptionell heteronomes, den Arbeitsvertragspartnern und ihren kollektiven Interessenvertretern vorgegebenes Recht, mittels dessen der Staat den Rahmen vorgibt, innerhalb dessen sich die „player" vor Ort bewegen können. Es entstand ursprünglich als Reaktion auf die sozialen Missstände im Gefolge der Industrialisierung und wurde – sieht man von der Phase des Dritten Reichs ab – im Laufe der letzten 130 Jahre sukzessive – meist zum Vorteil der Arbeitnehmer – ausgebaut.[10]

(2) Das weitgehend nicht examensrelevante **Kollektivarbeitsrecht** beschäftigt sich mit den Rechtsbeziehungen zwischen dem Arbeitgeber und den kollektiven Interessenvertretern der Arbeitnehmer. Es umfasst das Koalitions-, Tarif- und Arbeitskampfrecht, in dessen Zentrum der von einer Gewerkschaft mit einem Arbeitgeber/-verband abgeschlossene **Tarifvertrag** (geregelt im TVG, näher Rn. 96 ff.) steht und für dessen Durchsetzung ggf. ein Arbeitskampf geführt werden kann. Daneben tritt das **Mitbestimmungsrecht**, das entweder über ein eigenständiges Gremium (i.d.R. den sog. Betriebsrat, geregelt im BetrVG) oder über eine Entsendung von Arbeitnehmervertretern in den Aufsichtsrat (z.B. MitbestG) erfolgt. Das Kollektive Arbeitsrecht hat seit Mitte des 19. Jahrhunderts eine wechselhafte Geschichte erfahren. Nach ursprünglicher – sogar strafrechtlicher (!) – Bekämpfung der Gewerkschaftsbewegung, erlebte die Tarifvertrags- und Betriebsräteidee Anfang des 20. Jahrhunderts einen Aufschwung, der Durchbruch erfolgte am Ende des 1. Weltkriegs. Wiederum unterbrochen durch die dunklen Jahre 1933 bis 1945 ist das Kollektive Arbeitsrecht seither nicht mehr aus der Arbeitswelt wegzudenken.

(3) Schließlich ist das v.a. im ArbGG geregelte **Verfahrensrecht** zu nennen, das die Organisation, Zuständigkeit und Verfahrensabläufe der Arbeitsgerichte als spezielle, von der allgemeinen Zivilgerichtsbarkeit unabhängige Gerichtsbarkeit zum Gegenstand hat. Die 1926 geschaffene Arbeitsgerichtsbarkeit wurde – nach Auflösung im Dritten Reich – nach dem Zweiten Weltkrieg in heutiger Form geschaffen.

Hinweis: Das Arbeitsrecht wird durch das öffentlich-rechtliche Sozial(versicherungs)recht „flankiert" und ergänzt. Wo der Schutz des Arbeitsrechts endet (weil bestimmte Lasten dem Arbeitgeber nicht aufgebürdet werden), greifen oft sozialrechtliche Mechanismen ein. Beispiele sind das Insolvenzgeld bei Insolvenz des Arbeitgebers (§§ 165 ff. SGB III) und die staatliche Förderung der Kindererziehung („Elterngeld", §§ 2 ff. BEEG). Auch wenn der arbeitsrechtliche Fall daher in der Praxis nur mit sozialrechtlichen Grundlagenkenntnissen beraten werden kann, handelt es sich doch um eine eigenständige Rechtsmaterie, die deshalb im Folgenden weitgehend außer Betracht bleibt.

10 Vgl. zur Geschichte des Arbeitsrechts z.B. *Richardi*, Arbeitsrecht im Wandel der Zeit, passim.

D. Rechtsquellen des Arbeitsrechts

10 Das Arbeitsrecht ist (leider) eine äußerst **zersplitterte Rechtsmaterie**, was es dem erstmals sich mit ihr beschäftigenden Studierenden nicht einfach macht. Ein Arbeitsgesetzbuch als geschlossene Kodifikation fehlt, es muss daher schon auf der Ebene des einfachen Gesetzesrechts – neben dem BGB – auf eine Reihe von **Spezialkodifikationen** zurückgegriffen werden, die z.T. für (fast) alle Arbeitnehmer gelten (z.B. KSchG, §§ 14 ff. TzBfG), z.T. aber auch nur für spezielle Arbeitnehmer bzw. solche in besonderen Situationen Anwendung finden (z.B. MuSchG, §§ 6-13 TzBfG); die für die Prüfung relevanten Gesetze sind in der dtv-Textsammlung „Arbeitsgesetze" abgedruckt. Die Rechtsbeziehungen der Arbeitsvertragspartner werden darüber hinaus durch eine deutlich größere Zahl unterschiedlicher **Rechtsquellen** geprägt als im allgemeinen Zivilrecht üblich. Zu nennen sind Tarifverträge und Betriebsvereinbarungen, das Weisungsrecht des Arbeitgebers (§ 106 GewO) sowie Betriebsübung und Gleichbehandlungsgrundsatz (näher dazu Rn. 302 ff. und Rn. 335 ff.). Ferner spielt das **Richterrecht** eine herausragende Rolle. Das gilt zunächst für die Auslegung und Anwendung des existierenden Gesetzesrechts. Darüber sind aber zwei wichtige Bestandteile des Arbeitsrechts allein richterrechtlich entwickelt worden, nämlich die Beschränkung der Arbeitnehmerhaftung (Rn. 724 ff.) sowie das Arbeitskampfrecht. Schließlich sind auch die „übergeordneten" Rechtsquellen, also **Verfassungs-** und **Europarecht**, im Vergleich zum Zivilrecht von größerer Bedeutung.

E. Konzeption dieses Lehrbuchs

11 Das vorliegende Lehrbuch verfolgt nicht den Anspruch, das Arbeitsrecht in seiner gesamten Breite (vertieft) darzustellen. Vielmehr hat es – ganz im Wortsinne eines Bands der **„Schwerpunkte-Reihe"** – zum Ziel, diejenigen Bereiche herauszugreifen und intensiv sowie klausur-didaktisch vertieft zu erläutern, die als klausur- und examensrelevant zu bezeichnen sind. Bereiche, die erfahrungsgemäß keine oder nur sehr geringe Examensrelevanz aufweisen, bleiben entweder vollständig ausgeblendet oder werden nur überblicksartig dargestellt (z.B. Kollektives Arbeitsrecht, betriebliche Altersversorgung, Datenschutzrecht, Geschichte des Arbeitsrechts).

12 Zwei **Hinweise zum Umgang mit dem vorliegenden Buch**: Da es sich sowohl an den Einsteiger als auch den Examenskandidaten, der an einer vertieften Aufbereitung der examensrelevanten Fragestellungen interessiert ist, wendet, ist es in gewisser Weise zweigeteilt: Während „normale" Randnummern sich an beide Adressatengruppen richten, enthalten die vom Grundlagentext auch drucktechnisch abgesetzten Passagen weitergehende Ausführungen, die der **Vertiefung** des Grundlagenstoffs dienen. Sie sind mit **„V"** gekennzeichnet.

§ 2 Arbeitnehmerbegriff und andere Begriffe

Fall 1: A ist bei Unternehmerin U als Softwaredesigner tätig, obwohl er nie eine formelle Ausbildung hierzu absolviert hat. Nach seinem Vertrag, in dem er als „freier Mitarbeiter" bezeichnet wird, soll er nur „nach Bedarf" für U tätig werden, wobei die konkreten Arbeitsaufträge immer montags um 9:00 Uhr über das Intranet bekannt gegeben werden. A ist sodann frei, wo und wann er diese ausführt, ihm wird lediglich ein zeitlicher Rahmen (in der Regel 3-5 Tage), das Ziel des Auftrags und die ungefähre Art der Ausführung vorgegeben. A nutzt die spezielle Software der U, wobei er während eines Arbeitsauftrags regelmäßig einem Vorgesetzten Fortschritte bzw. Probleme melden muss. Im Schnitt arbeitet A ca. 30 Stunden pro Woche für U, wohingegen die normalen Arbeitnehmer dort 40 Wochenstunden leisten. Vergütet wird A – nach entsprechender Abrechnung – erfolgsunabhängig pro Stunde (je € 50). Die U führt für A keine Sozialversicherungsbeiträge und Einkommensteuer ab. Bezahlten Erholungsurlaub oder Entgeltfortzahlung im Krankheitsfall hat A in der Vergangenheit nicht erhalten. Auch wenn ihm letzteres egal sein könnte, da er als Millionenerbe über genügend Geld verfügt, fragt er sich, ob ihm im Falle einer Erkrankung nicht doch ein Anspruch aus § 3 EFZG zustehen könne? (**Lösung Rn. 37**) 13

Fall 2: A ist Auszubildender bei Unternehmer U. Um sich ein „Zubrot" zu verdienen, arbeitet er samstags sechs Stunden bei K, der ein Konkurrent von U ist und setzt dabei seine während der Ausbildung gelernten Kenntnisse ein. Als U das erfährt, verlangt er Unterlassung wegen unzulässiger Konkurrenztätigkeit. A wendet ein, er als Auszubildender unterläge keinem Konkurrenzverbot. Wer hat Recht? (**Lösung Rn. 53**) 14

Fall 3: A ist als Leiharbeitnehmer bei der Personalagentur „faire Arbeit" (P) angestellt, die ihn mit seiner Einwilligung an Unternehmer U „verleiht". Über eine Genehmigung zur Arbeitnehmerüberlassung verfügt P, deren Geschäftsführer dies für „unnötigen Papierkram" hält, nicht. Zwischen wem liegt ein Arbeitsverhältnis vor? (**Lösung Rn. 59**) 15

Fall 4: A ist als Arbeitnehmer in einer Produktionsstätte für Kamera-Zubehör im schwäbischen Ellwangen („Fotowerkstatt Ellwanga") tätig. Diese gehört der Foto-Porst GmbH, die u.a. in Stuttgart ein Verkaufslokal betreibt. Die Foto-Porst GmbH gehört zu einem größeren Unternehmensverbund, die alle unter dem Dach der Foto-Deutschland AG vereinigt sind. Wer ist Arbeitgeber des A? (**Lösung Rn. 67**, **69** und **74**) 16

A. Grundlagen und Arbeitnehmerbegriff

I. Bedeutung des Arbeitnehmerbegriffs

Der Arbeitnehmerbegriff ist von **überragender Bedeutung**, denn das Arbeitsrecht ist das **Sonderprivatrecht** der Arbeitnehmer. Es handelt sich also – wie beim Verbraucherschutzrecht und dem Handelsrecht[1] – um ein **subjektives System**, um eine personell anknüpfende Rechtsmaterie, deren Rechtsnormen im Grundsatz nur für Sachverhalte Geltung beanspruchen, bei denen ein Arbeitnehmer in einem Arbeitsverhältnis 17

1 Vgl. dazu *Fischinger*, Handelsrecht, § 1, Rn. 2.

beteiligt ist. Weil das Arbeitsrecht (aus Sicht des Arbeitnehmers) über das allgemeine Zivilrecht weit hinausreichende Schutzinstrumente bietet bzw. – aus Sicht des Arbeitgebers – erhebliche Beschränkungen statuiert, ist die Frage nach der Arbeitnehmereigenschaft von höchster praktischer Bedeutung, so dass v.a. in Grenzfällen oft erbittert über sie gestritten wird. Dabei stellt sich weniger ein Definitionsproblem – der Arbeitnehmerbegriff ist im Prinzip theoretisch weitestgehend geklärt –, sondern vielmehr ein **Subsumtionsproblem** im Einzelfall.[2]

18 Dieses wird durch zwei Umstände noch verstärkt: So ist die Entscheidung über die Arbeitnehmereigenschaft eine Frage des **„alles oder nichts"**, gibt es doch kein „ein bisschen Arbeitnehmer"[3] (aber: arbeitnehmerähnliche Person, Rn. 43 ff.). Überdies gilt im Arbeitsrecht grundsätzlich ein **einheitlicher Arbeitnehmerbegriff**. Wer also z.B. i.S.d. KSchG Arbeitnehmer ist, ist es auch im EFZG und im Kollektivarbeitsrecht; etwas anderes gilt unter dem Einfluss der Rechtsprechung des EuGH allerdings v.a. für Organmitglieder im unionsrechtlich geprägten Bereich (s. näher Rn. 51). Im Gegensatz dazu spielt der **Arbeitgeberbegriff** eine untergeordnete Rolle, er taucht lediglich als Korrelatbegriff in dem Sinne auf, dass Arbeitgeber ist, wer mindestens einen Arbeitnehmer beschäftigt (näher Rn. 63 ff.).

19 Während der Arbeitnehmerbegriff über Jahrzehnte nicht **gesetzlich definiert** war, enthält nun erstmals seit dem 1.4.2017 **§ 611a I BGB** eine nähere gesetzliche Ausgestaltung.[4] In weitestgehender Übereinstimmung mit der h.M. in Rechtsprechung und Literatur ist danach Arbeitnehmer, wer aufgrund eines **privatrechtlichen Vertrags** (Rn. 20) zur **Dienstleistung** (Rn. 22 ff.) verpflichtet ist und dabei unselbstständig in **persönlicher Abhängigkeit** (Rn. 27 ff.) tätig wird.

Klausurhinweis: Auf die Arbeitnehmereigenschaft anhand der folgenden Voraussetzungen ist nur einzugehen, wenn diese nach dem Sachverhalt zweifelhaft erscheint. Ist im Sachverhalt hingegen von „Arbeitsverhältnis" oder „Arbeitnehmer" die Rede, ohne dass Anhaltspunkte bestehen, dass diese problematisch wären, ist eine Erörterung der Arbeitnehmereigenschaft überflüssig und zeugt von falscher Schwerpunktsetzung!

II. Voraussetzungen der Arbeitnehmereigenschaft

1. Privatrechtlicher Vertrag

20 Arbeitnehmer kann nur sein, wer aufgrund eines privatrechtlichen Vertrages tätig wird. Damit fallen die Dienstverhältnisse von **Beamten, Richtern und Soldaten** aus dem Anwendungsbereich des Arbeitsrechts heraus, weil ihre Beschäftigung im öffentlichen Recht wurzelt (vgl. Art. 33 IV GG); hingegen sind die sog. Arbeitnehmer im öffentlichen Dienst (z.B. Universitätssekretärin) Arbeitnehmer, wird mit ihnen doch trotz der Beschäftigung bei einem öffentlich-rechtlichen Rechtsträger ein privatrechtlicher Arbeitsvertrag geschlossen. Keine Arbeitnehmer sind wiederum **Strafgefangene**, wenn sie freiwillig oder zwangsweise Arbeit leisten (vgl. § 37 StVollZG),

2 So zutreffend *Griebeling*, RdA 1998, 208, 212; *Krause*, Arbeitsrecht, § 2, Rn. 17.
3 *Krause*, Arbeitsrecht, § 2, Rn. 15.
4 ErfK/*Preis*, § 611a BGB, Rn. 8.

Freiwillige nach dem BFDG, **Entwicklungshelfer**, **Jugendfreiwillige** (freiwilliges soziales oder ökologisches Jahr), **Ein-Euro-Jobber** (§ 16d VII 2 SGB II) sowie Personen in sog. **Wiedereingliederungsverhältnissen** (§ 74 SGB V).

Ebenfalls kein Arbeitsverhältnis liegt vor, soweit ein **Familienangehöriger** aufgrund familienrechtlicher Vorschriften (§§ 1353 I 2, 1360 bzw. § 1619 BGB) im Betrieb des Ehegatten bzw. der Eltern tätig wird, ist Grundlage der Tätigkeit hier doch eine gesetzliche Verpflichtung und kein privatautonomer Arbeitsvertrag; geht die Dienstleistung aber über das gesetzlich Geschuldete hinaus, kann insoweit ein Arbeitsverhältnis vorliegen.[5] 21

2. Verpflichtung zur Dienstleistung

Der privatrechtliche Vertrag muss auf die Leistung von Diensten für einen anderen gerichtet sein, § 611a I 1 BGB. Der Arbeitsvertrag erweist sich somit als **Unterfall des Dienstvertrages** (§ 611 BGB), der wiederum drei Charakteristika aufweist: 22

(1) Die Tätigkeit muss **entgeltlich** erbracht werden. Der Dienstvertrag ist insoweit vom unentgeltlichen **Auftrag** (§ 662 BGB), der unentgeltlichen Geschäftsbesorgung sowie vom **Ehrenamt** abzugrenzen, für die i.d.R. nur Auslagenersatz und eine geringe, den Tätigkeitsaufwand nur symbolisch entlohnende „Vergütung" gezahlt wird. Zu beachten ist aber § 612 I BGB, wonach eine Vergütung stillschweigend als vereinbart gelten kann mit der Folge, dass das Vorliegen eines Dienstvertrages nicht an der fehlenden Vergütungsabrede scheitert (näher Rn. 370 ff.). 23

(2) Im Unterschied zum Werkvertrag ist nur eine **Dienstleistung** als solche geschuldet, nicht aber deren Erfolg. Während der Werkunternehmer den Erfolg der versprochenen Leistung („Werk", vgl. § 631 II BGB, z.B. Reparatur der Heizung) schuldet und im wahrsten Sinne des Wortes nur dann sein Entgelt „verdient", wenn ihm dieser gelingt (vgl. §§ 641 I, 640 BGB), ist der Dienstvertrag tätigkeitsbezogen („Wirken"), der Dienstverpflichtete erfüllt seine Leistungspflichten also mit Erbringung der geschuldeten Dienste, unabhängig davon, ob diese zu dem vom Dienstberechtigten intendierten Erfolg führen; entsprechend hat er seine Vergütung auch dann „verdient", wenn der Erfolg ausbleibt (vgl. § 614 S. 1 BGB, der nur auf die „Leistung der Dienste" abstellt).[6] Was gewollt ist, ist durch Auslegung des Parteiwillens zu ermitteln, wobei es nicht auf die Bezeichnung (im Vertrag), sondern auf die tatsächliche Vertragsdurchführung ankommt, § 611a I 6 BGB. 24

Hinweis: Auch im Rahmen von Arbeitsverhältnissen können **erfolgsbezogene Vergütungssysteme** (z.B. Akkord, Zielvereinbarungen) vereinbart werden. Diese stehen der Einordnung als Arbeitsvertrag nicht entgegen, ändern sie doch nichts daran, dass der Arbeitnehmer nur zur Dienstleistung verpflichtet ist – so dass mit ihrer Erbringung der Anspruch des Arbeitgebers nach § 362 I BGB erlischt –, nicht aber einen Erfolg schuldet; bleibt Letzterer aus, so verletzt er folglich nicht seine Vertragspflichten, er erhält „lediglich" keinen Lohn!

(3) Die Dienstleistung muss **für einen anderen** erfolgen. Anhand dieses Merkmals ist der Dienstvertrag insb. von Dienstleistungen auf Basis eines **Gesellschaftsver-** 25

5 *Richardi*, FS Schwab, 2005, S. 1027 ff.
6 Staudinger/*Richardi/Fischinger*, § 611a, Rn. 28.

hältnisses abzugrenzen. Nach § 706 III BGB kann der Beitrag von Gesellschaftern auch in Dienstleistungen für die Gesellschaft bestehen (vgl. § 58 Nr. 2 BGB für Vereine); diese werden nicht – wie von § 611 BGB vorausgesetzt – für einen anderen erbracht, sondern zur Förderung des gemeinsamen Gesellschaftszwecks (§ 705 BGB).[7]

26 V Es ist aber nicht ausgeschlossen, dass zwischen der Gesellschaft und dem Gesellschafter neben dem Gesellschaftsverhältnis ein Arbeitsvertrag vereinbart wird. Arbeitnehmer kann aber nicht sein, wer so großen Einfluss auf die Führung der Gesellschaft hat, dass er letztlich über die Leitungsmacht verfügt (insb. Mehrheitsgesellschafter [Anteil über 50 %] und Minderheitsgesellschafter mit Sperrminorität).[8] Denkbar ist ein Arbeitsvertrag aber bei einem Kommanditisten, der dem Komplementär der KG gegenüber weisungsunterworfen ist.

3. Unselbstständige Tätigkeit in persönlicher Abhängigkeit

27 Ist auf Basis der obigen Kriterien eine Abgrenzung zu den außerhalb der §§ 611 ff. BGB stehenden Vertragstypen erfolgt, ist die **„Binnenabgrenzung" zwischen Arbeitsvertrag und freiem Dienstvertrag** (z.B. freier Rechtsanwalt) vorzunehmen. Sie erfolgt anhand des Kriteriums der unselbstständigen Tätigkeit in persönlicher Abhängigkeit, dessen Details nunmehr in **§ 611a I BGB** näher geregelt sind.

a) Weisungsgebundenheit, § 611a I 2, 3 BGB

28 Ob jemand persönlich abhängig tätig wird, bestimmt sich traditionell v.a. anhand von zwei Hauptkriterien: Der Weisungsgebundenheit und der Eingliederung in eine fremdbestimmte Arbeitsorganisation (vgl. nunmehr auch § 611a I 1 BGB). Während ein Selbstständiger „im Wesentlichen frei seine Tätigkeit gestalten und seine Arbeitszeit bestimmen kann" (vgl. § 84 I 2 HGB), kann dies ein persönlich Abhängiger gerade nicht (§ 611a I **3** BGB). Was die Weisungsgebundenheit anbelangt, rekurriert § 611a I **2** BGB in Anlehnung an § 106 GewO v.a. auf das **fachliche** (Tätigkeitsinhalt und Art und Weise der Ausführung), **zeitliche und örtliche Weisungsrecht** des Arbeitgebers. Je stärker die Weisungsbindung ist, umso eher ist ein Arbeitsverhältnis anzunehmen.[9] Entscheidend ist nicht, ob das Weisungsrecht tatsächlich ausgeübt wird, sondern ob die rechtliche Möglichkeit hierzu besteht.[10] Überdies wird die Arbeitnehmereigenschaft nicht dadurch ausgeschlossen, dass das Weisungsrecht im Hinblick auf einzelne seiner Bestandteile stark abgeschwächt ist (z.B. örtlich: der Arbeitnehmer ist frei, die Arbeit im Betrieb, zu Hause oder in einem Café zu erbringen), solange nur bei der gebotenen Gesamtbetrachtung (Rn. 31) dennoch eine persönliche Abhängigkeit besteht.

b) Eingliederung in fremdbestimmte Arbeitsorganisation, § 611a I 1 BGB

29 Daneben ist die Eingliederung in die fremdbestimmte Arbeitsorganisation i.S.e. **sachlich-organisatorischen Abhängigkeit** ein maßgebliches Kriterium (§ 611a I 1

---

7 Staudinger/*Richardi/Fischinger*, § 611a, Rn. 117, 373.

8 BAG 28.11.1990 – 4 AZR 198/90, AP TVG § 1 Tarifverträge: Bau Nr. 137; 6.5.1998 – 5 AZR 612/97, NZA 1998, 939, 940; 17.9.2014 – 10 AZB 43/14, NZA 2014, 1293, 1295.

9 ErfK/*Preis*, § 611a BGB, Rn. 40.

10 Vgl. auch *Maschmann*, NZA 2001, Sonderbeilage zu Heft 24, S. 29.

BGB). Auch wer inhaltlich/zeitlich vergleichsweise frei über seine Tätigkeit entscheiden kann, kann persönlich abhängig sein, weil er in die Arbeitsorganisation des Arbeitgebers (z.B. Tätigkeit an der Betriebsstätte des Arbeitgebers mit dessen Betriebsmitteln, Einordnung in Dienst-, Schichtpläne und/oder Urlaubspläne, Verpflichtung auf die Unternehmensziele und -methoden, Verpflichtung auf die betriebsüblichen Arbeitszeiten, Unterwerfung unter die Kontrolle des Arbeitsergebnisses durch den Arbeitgeber usw.) eingebunden ist.[11]

In **örtlicher Hinsicht** setzt die Arbeitnehmereigenschaft – insb. in einer flexibler werdenden Arbeitswelt – allerdings nicht zwingend voraus, dass die Arbeit im Betrieb des Arbeitgebers erbracht wird. Wichtig ist vielmehr, wer über den Arbeitsort entscheidet.[12] Arbeitnehmer kann auch sein, wer an stets wechselnden Einsatzorten (z.B. Monteure auf Baustellen, Versicherungsvertreter) arbeitet. Das gilt insb., wenn der Arbeitgeber vorgeben kann, wo und auf welche Weise der Arbeitnehmer an einem bestimmten Tag tätig sein soll.[13] Dagegen fehlt es an der Arbeitnehmereigenschaft, wenn dem Außendienstmitarbeiter nur ein grober Rahmen vorgegeben wird, innerhalb dessen er jeweils selbst entscheiden kann, wo, wann, gegenüber wem und wie er die Tätigkeit erbringt (z.B. selbstständiger Versicherungsvertreter, vgl. auch § 84 I 2 HGB). Auch wer von zu Hause aus tätig wird, kann Arbeitnehmer sein, v.a. bei sog. **Tele-Arbeit im Homeoffice**, insb. wenn für die Arbeitsleistung auf Arbeitsmittel des Arbeitgebers zurückgegriffen werden muss, eine ständige Online-Kommunikation mit ihm erfolgt und enge Erledigungsfristen gesetzt werden.[14] **30**

c) Gesamtbetrachtung, § 611a I 5 BGB

Maßgeblich für die Bestimmung der Arbeitnehmereigenschaft ist eine Gesamtbetrachtung aller Umstände, § 611a I 5 BGB. D.h., dass anhand einer **typologischen Methode** erstens kein abschließender Kreis an relevanten Kriterien besteht und zweitens keinem Kriterium absolute Bedeutung zukommt, sondern vielmehr alle Einzelaspekte nach den Umständen des Einzelfalls zu würdigen sind. Entsprechend kann ein für die persönliche Abhängigkeit sprechendes „Plus" bei einem Kriterium ein „Minus" bei einem anderen Kriterium ausgleichen mit der Folge, dass im Gesamtbild die für eine persönliche Abhängigkeit sprechenden Aspekte überwiegen.[15] Bspw. kann die Arbeitnehmereigenschaft auch zu bejahen sein, wenn der „Dienstleister" Ort und Zeit der Tätigkeit weitgehend, d.h. innerhalb eines großzügig bemessenen Rahmens, selbst bestimmen kann, wenn er dafür aber genaue inhaltliche Vorgaben erhält und regelmäßigen Fortschrittskontrollen des Dienstberechtigten unterliegt. Umgekehrt ist bei hochqualifizierten Tätigkeiten das fachliche Weisungsrecht oft (stark) eingeschränkt, was aber nichts an der Arbeitnehmereigenschaft ändern muss.[16] Es ist eben, wie § 611a I **4** BGB hervorhebt, auch die Eigenart der jeweiligen Tätigkeit zu berücksichtigen. **31**

11 S. m.w.N. ErfK/*Preis*, § 611a BGB, Rn. 34 ff.
12 Staudinger/*Richardi/Fischinger*, § 611, Rn. 113; ErfK/*Preis*, § 611a BGB, Rn. 38.
13 BAG 13.1.1983 – 5 AZR 149/82, BAGE 41, 247, 253; 17.4.2013 – 10 AZR 272/12, NZA 2013, 903, 906.
14 *Reichold*, Arbeitsrecht, § 2, Rn. 25.
15 BAG 23.4.1980 – 5 AZR 426/79, AP BGB § 611 Abhängigkeit Nr. 34.
16 ErfK/*Preis*, § 611a BGB, Rn. 39.

Beispiele: **(1)** Ein Chefarzt ist zwar hinsichtlich der Art und Weise, wie er seine ärztliche Tätigkeit erbringt, weisungsfrei, hinsichtlich Zeit und Ort seiner Arbeitstätigkeit sowie der sonstigen Umstände seiner Arbeitsleistung (welcher OP-Raum? Zimmerzuteilung usw.) aber meist in die vorhandenen Strukturen des Krankenhauses eingebunden, so dass er Arbeitnehmer ist.[17] **(2)** Gleiches kann für einen angestellten Rechtsanwalt gelten, der zwar inhaltlich bei der Betreuung seiner Mandate weitestgehend frei ist, aber in die Arbeitsorganisation der Kanzlei (z.B. Urlaubsplan, Verteilung von Mandaten, Sekretariatsnutzung) eingebunden ist.

d) Maßgeblichkeit der tatsächlichen Vertragsdurchführung, § 611a I 6 BGB

32 Maßgeblich ist nicht die Bezeichnung im Vertrag, sondern die tatsächliche Durchführung des Vertragsverhältnisses, also der „gelebte“ Vertrag, § 611a I 6 BGB. Dem Arbeitsrecht kann also nicht dadurch entkommen werden, dass im Vertrag z.B. von „freier Mitarbeit“ oder „selbstständigem Dienstleister“ die Rede ist. Dahinter steht letztlich, dass das Arbeitsrecht zum Schutz der Arbeitnehmer weitestgehend (einseitig) **zwingendes** Recht sein muss, das nicht zu ihren Lasten abdingbar sein kann (umgekehrt kann die Anwendbarkeit des Arbeitsrechts auf ein Nicht-Arbeitsverhältnis vertraglich vereinbart werden).[18] Jedoch steht S. 6 nicht entgegen, dass die Bezeichnung als Indiz im Rahmen der Gesamtbetrachtung von S. 5 berücksichtigt wird.[19]

33 Umstritten ist, ob im Rahmen der Gesamtwürdigung die **(Nicht-)Erfüllung gesetzlicher Pflichten**, die nur bei/gegenüber Arbeitnehmern bestehen, zu berücksichtigen ist (z.B. [Nicht-]Einbehaltung/[Nicht-]Abführung von Sozialversicherungsbeiträgen und **Einkommensteuer** vor Auszahlung des Arbeitsentgelts oder die [Nicht-]Gewährung von z.B. Erholungsurlaub, Entgeltfortzahlung im Krankheitsfall oder Mindestlohn). Zum Teil wird es vollständig abgelehnt, die praktische Handhabung durch die Vertragsparteien bei der Bestimmung der Arbeitnehmereigenschaft heranzuziehen.[20] Nach der Gegenauffassung ist hingegen die **Erfüllung** dieser Pflichten als Indiz pro Arbeitnehmereigenschaft zu werten (es kann jedoch nicht umgekehrt aus deren Nichterfüllung ein Argument gegen die Arbeitnehmereigenschaft abgeleitet werden).[21]

e) Irrelevante Umstände

34 Während nach dem oben Gesagten die persönliche Abhängigkeit für die Arbeitnehmereigenschaft zentral ist, ist die **wirtschaftliche Abhängigkeit** insoweit **irrelevant**, sie ist weder notwendige noch hinreichende Bedingung hierfür. Dementsprechend kann auch ein Multimillionär Arbeitnehmer sein. Umgekehrt ist jemand, der frei darüber entscheidet, wann, wo und wie er arbeitet, mangels persönlicher Abhängigkeit selbst dann nicht Arbeitnehmer, wenn er wirtschaftlich völlig von nur einem „Auftraggeber“ abhängig ist (allerdings handelt es sich dann i.d.R. um eine arbeitnehmerähnliche Person, s. dazu Rn. 43 ff.).

17 *Junker*, Grundkurs Arbeitsrecht, § 2, Rn. 98; *Krause*, Arbeitsrecht, § 2, Rn. 18.
18 BGH 10.5.2010 – II ZR 70/09, NZA 2010, 889, 890; Staudinger/*Richardi/Fischinger*, § 611a, Rn. 79 ff.; *Krause*, Arbeitsrecht, § 2, Rn. 22.
19 *Junker*, Grundkurs Arbeitsrecht, § 2, Rn. 101; vgl. Staudinger/*Richardi/Fischinger*, § 611a, Rn. 71.
20 *Krause*, Arbeitsrecht, § 2, Rn. 19.
21 *Preis*, Arbeitsrecht, § 8, Rn. 197.

Grundsätzlich ebenfalls keine Bedeutung für die Arbeitnehmereigenschaft hat der **zeitliche Umfang**, in dem Arbeitsleistungen versprochen werden. Denn neben dem „Normalarbeitsverhältnis" mit ca. 38,5-40 Wochenarbeitsstunden sind auch Teilzeitarbeitsverhältnisse möglich (Rn. 602 ff.). Eine **Ausnahme** ist allerdings zu machen, wenn nur eine **einzelne bestimmte, abgrenzbare Dienstleistung** geschuldet ist.[22] Denn nur dann, wenn die Erbringung von im Voraus nicht abgrenzbaren Einzelleistungen versprochen wird, wird bei der konkreten Ausführung des Vertrages das Weisungsrecht des Arbeitgebers relevant mit der Folge, dass angesichts der Weisungsgebundenheit des Arbeitnehmers eine persönliche Abhängigkeit besteht.[23] **35**

Auch durch „geschickte" Absprachen über Höhe, Berechnung und Auszahlung des **Arbeitsentgelts** kann die Arbeitnehmereigenschaft nicht ausgeschlossen werden. So ist z.B. bei persönlich abhängiger Tätigkeit auch derjenige Arbeitnehmer, der einen leistungsbezogenen Lohn (Rn. 369) erhält oder wer nur einem „450-€-Job" nachgeht.[24] Irrelevant ist schließlich, ob der zur Dienstleistung Verpflichtete eine **Berufsausbildung** für die konkrete Tätigkeit durchlaufen hat. **36**

Wenn A in **Fall 1** wissen möchte, ob er – die übrigen Voraussetzungen unterstellt – Anspruch auf Entgeltfortzahlung aus § 3 EFZG hat, so hängt das davon ab, ob er Arbeitnehmer ist (vgl. § 1 II EFZG). Unproblematisch wird er auf Basis eines privatrechtlichen Vertrages (Rn. 20) für einen anderen tätig (Rn. 25); dass er keine Berufsausbildung durchlaufen hat, steht dem nicht entgegen (Rn. 36). Er schuldet auch eine Dienstleistung und nicht – wie ein Werkunternehmer – einen Erfolg, was sich schon daran zeigt, dass seine Vergütung nicht erfolgsabhängig ist (Rn. 24). Fraglich ist allein, ob er auch persönlich abhängig tätig ist. Dem steht weder entgegen, dass er nicht wirtschaftlich von S abhängig ist („Millionenerbe", Rn. 34), noch, dass er im Vertrag als „freier Mitarbeiter" bezeichnet wird (Rn. 32). Entscheidend ist vielmehr, ob er bei der tatsächlichen Vertragsdurchführung im Rahmen der gebotenen Gesamtbetrachtung (§ 611a I 5, 6 BGB) weisungsabhängig tätig wird und dabei, wenigstens ein Stück weit, in die Arbeitsorganisation von U eingebunden ist. Dagegen spricht, dass er frei über Arbeitszeit und -ort entscheiden kann; andererseits ist nicht zu übersehen, dass jedenfalls die erste dieser Freiheiten stark durch den engen zeitlichen Rahmen von ca. 3-5 Tagen eingeschränkt wird (Rn. 28). Überdies unterliegt er in fachlicher Hinsicht einem Weisungsrecht der U, werden ihm doch Ziel und ungefähre Ausführung des Auftrags vorgegeben, wobei er Fortschritte/Probleme einem Vorgesetzten zu melden hat. Letzteres begründet zudem ebenso eine gewisse Eingliederung in die Arbeitsorganisation der U wie die Notwendigkeit, deren Software zu nutzen (Rn. 29 f.). Es spricht daher mehr dafür, dass A persönlich abhängig tätig ist. Dem lässt sich auch nicht entgegenhalten, dass U in der Vergangenheit A keinen Erholungsurlaub gewährte und für ihn auch keine Sozialversicherungsbeiträge oder Einkommensteuer abführte (Rn. 33). Auch dass A nur in Teilzeit tätig wird, steht der Arbeitnehmereigenschaft nicht entgegen, da er jedenfalls nicht nur eine bei Vertragsschluss schon klar abgrenzbare Einzelleistung schuldete (Rn. 35). A ist daher richtigerweise Arbeitnehmer und unterfällt daher dem Kreis der nach § 3 EFZG Anspruchsberechtigten. **37**

22 BAG 6.12.1974 – 5 AZR 418/74, AP BGB § 611 Abhängigkeit Nr. 14; Staudinger/*Richardi/Fischinger*, § 611a, Rn. 98, 104 f.

23 *Reichold*, Arbeitsrecht, § 2, Rn. 24.

24 *Krause*, Arbeitsrecht, § 2, Rn. 19.

III. Prozessuale Klärung der Arbeitnehmereigenschaft

38 V Die Frage, ob jemand Arbeitnehmer ist, ist für seine Rechtsstellung oft zentral und daher klärungsbedürftig. Vor Arbeitsgerichten geklärt werden kann die Arbeitnehmereigenschaft zum einen im Rahmen einer **Leistungsklage**, für deren Erfolg das Vorliegen eines Arbeitsverhältnisses als **Vorfrage** relevant ist.[25] Nachteil ist, dass in einem solchen Fall die Entscheidung über die Arbeitnehmereigenschaft nicht in Rechtskraft erwächst und daher (theoretisch) von einem anderen Arbeitsgericht anders entschieden werden könnte.[26] Eine andere Möglichkeit besteht in der Erhebung einer **Feststellungsklage** (§ 256 I ZPO), deren (einziger) Gegenstand die Frage ist, ob zwischen den Parteien ein Arbeitsverhältnis besteht. Das hat den Vorteil, dass künftige Gerichte an die rechtskräftige Entscheidung hierüber gebunden sind.[27]

IV. Arbeitnehmer als Verbraucher

39 Die zutreffende, heute ganz h.M. sieht den Arbeitnehmer beim Abschluss arbeitsplatzbezogener Verträge (Arbeitsvertrag, Änderungsvertrag, Aufhebungsvertrag) als Verbraucher i.S.v. **§ 13 BGB** an.[28] Dafür spricht der Wortlaut von § 13 BGB, geht der Arbeitnehmer doch gerade keiner gewerblichen oder selbstständigen beruflichen Tätigkeit nach. Ferner lässt sich § 15 UKlaG anführen, denn wenn dieser das Arbeitsrecht vom Anwendungsbereich des UKlaG – einem dezidierten *Verbraucher*schutzgesetz – ausnimmt, lässt sich das nur damit erklären, dass der Gesetzgeber den Arbeitnehmer als Verbraucher ansieht.[29] Gleiches gilt mit Blick auf § 491 II 2 Nr. 4 BGB, der Arbeitgeberdarlehen z.T. aus dem Anwendungsbereich von Allgemein-Verbraucherdarlehensverträgen ausnimmt.

40 Konsequenz der h.M. müsste eigentlich sein, dass zwischen Arbeitgeber und Arbeitnehmer alle verbraucherschützenden Regelungen gelten. So weit geht die h.M. aber nicht, sondern sie prüft gesondert für jede Verbraucherschutzvorschrift, ob diese vom **Sinn und Zweck** her auf Arbeitnehmer anwendbar ist. Ist das zu verneinen, so wird sie ungeachtet der Qualifikation des Arbeitnehmers als Verbraucher nicht angewandt.

41 Im Einzelnen gilt für verbraucherschützende Vorschriften Folgendes:

- In Bezug auf die Höhe von **Verzugszinsen** geht das BAG (zutreffend) von einer Anwendung von § 288 I 2 BGB – und nicht § 288 II BGB aus.[30]

---

25 Zur Problematik et-et-aut-aut s. ErfK/*Koch*, § 2 ArbGG, Rn. 38.
26 BAG 5.4.1984 – 2 AZR 67/83, NZA 1984, 123, 124.
27 *Krause*, Arbeitsrecht, § 2, Rn. 23.
28 BVerfG 23.11.2006 – 1 BvR 1909/06, NZA 2007, 85, 86; BAG 25.5.2005 – 5 AZR 572/04, AP BGB § 310 Nr. 1; 31.8.2005 – 5 AZR 545/04, AP ArbZG § 6 Nr. 8; Staudinger/*Krause* [2013], Anhang zu § 310, Rn. 111; Staudinger/*Schlosser* [2013], § 310, Rn. 48; Staudinger/*Richardi/Fischinger*, § 611a, Rn. 141; **a.A.** Staudinger/*Richardi* [2005], § 611, Rn. 382; Staudinger/*Kannowski* [2013], § 13, Rn. 53; *Annuß*, NJW 2002, 2844.
29 ErfK/*Preis*, § 611a BGB, Rn. 182; **a.A.** *Annuß*, NJW 2002, 2844, 2846.
30 BAG 23.2.2005 – 10 AZR 602/03, NZA 2005, 694, 697; 20.12.2012 – 2 AZR 32/11, NZA-RR 2013, 627, 632.

- Dagegen ist **§ 310 III BGB anwendbar**,[31] was wichtige Konsequenzen hat, befindet man sich doch wegen § 310 III Nr. 2 BGB im Arbeitsrecht somit praktisch immer in der AGB-Kontrolle (näher Rn. 213).
- Nach h.M. steht dem Arbeitnehmer **kein Widerrufsrecht** nach §§ 312b I 1 Nr. 1, 312g I BGB bei arbeitsrechtlichen Verträgen zu (s. Rn. 1131).
- Das **UKlaG** ist schon aufgrund von § 15 UKlaG nicht anwendbar.

V. Arbeiter und Angestellte

Traditionell unterteilt(e) man Arbeitnehmer in die beiden Unterkategorien „Arbeiter" und „Angestellte" (vgl. z.B. §§ 622 I BGB, 2 S. 1 BUrlG, 1 II EFZG). Erstere waren meist weniger qualifiziert und verrichteten eher körperliche Arbeiten (z.B. Schweißer). Ihnen stand die (zunächst) quantitativ kleinere Gruppe der Angestellten als höher qualifizierte, eher geistige Arbeiten verrichtende Arbeitskräfte gegenüber (z.B. kaufmännische Büroangestellte),[32] die arbeitsrechtlich meist privilegiert wurden.[33] Hinsichtlich des **arbeitsrechtlichen Gesetzesrechts** ist aber die **Unterscheidung heute bedeutungslos**, weil – trotz gelegentlicher sprachlicher Bezugnahme – beide Gruppen inhaltlich nicht mehr unterschiedlich behandelt werden.[34] **42** **V**

Hinweis: In einer Klausur ist auf die Unterscheidung regelmäßig nicht einzugehen, eine Einordnung in eine der beiden Gruppen ist angesichts ihrer rechtlichen Gleichstellung überflüssig.

B. Arbeitnehmerähnliche Personen

I. Begriff

Von Arbeitnehmern zu unterscheiden sind arbeitnehmerähnlichen Personen. Auch wenn ihre Begriffsbestimmung vom jeweiligen Gesetz abhängt, lassen sich in Anlehnung an **§ 12a TVG** folgende gemeinsame Strukturmerkmale nennen: Arbeitnehmerähnlich ist, wer **(1)** aufgrund von Dienst- oder Werkvertrag zu einem (i.d.R. entgeltlichen) **Tätigwerden** für einen anderen („Auftraggeber") verpflichtet ist, **(2)** die geschuldete Leistung **persönlich** und im Wesentlichen ohne Mitarbeit von eigenen Arbeitnehmern erbringen muss, **(3)** vom Auftraggeber **wirtschaftlich abhängig** und **(4)** vergleichbar einem Arbeitnehmer **sozial schutzbedürftig** ist.[35] **43**

Der entscheidende Unterschied zum Arbeitnehmer besteht mithin darin, dass jener **persönlich abhängig** ist (näher Rn. 27 ff.), wohingegen der Arbeitnehmerähnliche gerade nicht persönlich, dafür aber wirtschaftlich abhängig ist. **Wirtschaftlich abhängig** ist i.d.R., wer auf die Verwertung seiner Arbeitskraft angewiesen ist und sich derart an **einen Auftraggeber** gebunden hat, dass ohne dessen Aufträge die wirt- **44**

---

31 BAG 25.5.2005 – 5 AZR 572/04, AP BGB § 310 Nr. 1; 31.8.2005 – 5 AZR 545/04, AP ArbZG § 6 Nr. 8; Staudinger/*Richardi/Fischinger*, § 611a, Rn. 141.

32 Vgl. zur historischen Entwicklung z.B. Staudinger/*Richardi/Fischinger*, § 611a, Rn. 205 ff.

33 Z.B. Gesetz über die Fristen für die Kündigung von Angestellten von 1926, RGBl. I S. 399.

34 Vgl. auch BVerfG 30.5.1990 – 1 BvL 2/83, NZA 1990, 721 (Verfassungswidrigkeit unterschiedlicher Kündigungsfristen für Angestellte und Arbeiter).

35 Vgl. z.B. BAG 15.4.1993 – 2 AZB 32/92, NZA 1993, 789, 790.

schaftliche Existenzgrundlage entfiele;[36] auch bei einem Tätigwerden für **mehrere Auftraggeber** ist eine Arbeitnehmerähnlichkeit möglich, jedoch nur im Verhältnis zu demjenigen Auftraggeber, dem die überwiegenden Dienste geleistet werden, so dass die daraus fließende Vergütung die entscheidende Existenzgrundlage darstellt.[37] Eine **einem Arbeitnehmer vergleichbare Schutzwürdigkeit** ist zu bejahen, wenn das Maß an Abhängigkeit im Einzelfall einen Grad erreicht, der nach der Verkehrsanschauung grundsätzlich nur im Arbeitsverhältnis vorzufinden ist.[38]

45 V Ein klassischer Fall von arbeitnehmerähnlichen Personen sind **Heimarbeiter** und Hausgewerbetreibende. Diese werden erwerbsmäßig in selbstgewählter Arbeitsstätte (z.B. eigene Wohnung) im Auftrag von Gewerbetreibenden tätig, denen sie die Verwertung der Arbeitsergebnisse überlassen (vgl. § 2 I, II HAG). Sie sind damit vom Auftraggeber zwar wirtschaftlich, aber mangels Eingliederung und Weisungsgebundenheit nicht persönlich abhängig. Zu ihrem Schutz existiert das HAG. Neben Heimarbeitern können auch **Einfirmenhandelsvertreter** (§ 92a HGB) und **„freie Mitarbeiter“** in Rundfunk- und Fernsehanstalten arbeitnehmerähnliche Personen sein.[39]

Hinweis: Es wäre ein Fehlschluss, dass jeder, der in der eigenen Wohnung tätig wird, „nur“ Heimarbeiter ist. Auch wenn die Arbeit v.a. in den eigenen vier Wänden oder einem anderen selbst gewählten Ort verrichtet wird, kann eine Einbindung in einen Betrieb samt Weisungsgebundenheit mit der Folge, dass es sich um einen Arbeitnehmer handelt, zu bejahen sein (vgl. **Fall 1**).

II. Folgen der rechtlichen Einordnung

46 Arbeitnehmerähnliche Personen sind nicht Arbeitnehmer, sondern Selbstständige mit der Folge, dass das **Arbeitsrecht grundsätzlich keine Anwendung** findet.[40] Etwas anderes gilt, wenn dies gesetzlich angeordnet wird. Das geschieht z.T. explizit (v.a. **§§ 2 S. 2 BUrlG, 12a TVG**), z.T. dadurch, dass unter dem Sammelbegriff des „Beschäftigten“ (Rn. 62) arbeitnehmerähnliche Personen in den Schutzbereich eines Gesetzes einbezogen werden und insoweit eine Gleichstellung mit Arbeitnehmern bewirkt wird (z.B. **§§ 6 I 3 AGG, 7 I Nr. 3 PflegeZG**). Für Klagen von arbeitnehmerähnlichen Personen ist nach **§ 5 I 2 ArbGG** der Rechtsweg zu den Arbeitsgerichten eröffnet.

C. Besondere „Arten“ von Arbeitsverhältnissen

I. Leitende Angestellte

1. Begriff

47 Einen Sonderfall stellen leitende Angestellte dar. Das sind Personen, denen – ohne dass sie Organstellung hätten – **besondere Leitungsbefugnisse** zukommen. Sie üben im Rahmen eines eigenen, nicht unerheblichen Entscheidungsspielraums **unterneh-**

36 BAG 21.2.2007 – 5 AZB 22/06, NZA 2007, 699, 700.
37 BAG 17.1.2006 – 9 AZR 61/05, NZA-RR 2006, 616; 21.12.2010 – 10 AZB 14/10, NZA 2011, 309, 310; MüKo-BGB/*Spinner*, § 611a, Rn. 132.
38 Vgl. z.B. BAG 15.11.2005 – 9 AZR 626/04, AP BGB § 611 Arbeitnehmerähnlichkeit Nr. 12.
39 Näher Staudinger/*Richardi/Fischinger*, § 611a, Rn. 253 ff.
40 BAG 8.5.2007 – 9 AZR 777/06, AP BGB § 611 Arbeitnehmerähnlichkeit Nr. 15.

merische Teilfunktionen aus, die für den Bestand und die Entwicklung des Unternehmens oder Betriebs bedeutsam sind (vgl. § 5 III 2 Nr. 3 BetrVG).[41] Für sie existiert **keine allgemeingültige Definition**. Der Begriff wird vielmehr in einzelnen Gesetzen mit mehr oder weniger großen Nuancen abweichend verwendet (vgl. z.B. § 14 II KSchG einerseits, § 5 III BetrVG andererseits). Von einem leitenden Angestellten ist aber i.d.R. jedenfalls dann auszugehen, wenn er zur **selbstständigen Einstellung/Entlassung anderer Arbeitnehmer** berechtigt ist.

2. Folgen der rechtlichen Einordnung

Aufgrund ihrer herausgehobenen Leitungsposition nehmen leitende Angestellte eine Sonderstellung ein, sie stehen in gewisser Weise mit je einem Bein im Lager des Arbeitgebers wie in dem der Arbeitnehmer. Dieser Besonderheit hat das Recht Rechnung zu tragen. Dies geschieht, indem sie zwar statusrechtlich zu den **Arbeitnehmern** mit der Folge gezählt werden, dass die Vorschriften des **Arbeitsrechts** auf sie **grundsätzlich Anwendung** finden, jedoch zahlreiche **Besonderheiten** für sie gelten, die sich z.T. aus dem Gesetz ergeben und im Übrigen von der Rechtsprechung entwickelt wurden. Beispiele: **48**

- Nach § 14 II KSchG ist das **KSchG** zwar grundsätzlich auf leitende Angestellte anwendbar, allerdings genießen sie keinen Bestands-, sondern nur einen Abfindungsschutz (s. Rn. 979). Überdies unterfallen sie nicht dem Schutz gegen Massenentlassungen (§ 17 V Nr. 3 KSchG). Dagegen sind sie durch die Vorschriften des besonderen Kündigungsschutzes (z.B. §§ 17 MuSchG, 168 ff. SGB IX, 18 BEEG) ohne Besonderheiten geschützt.
- Nach § 18 I Nr. 1 **ArbZG** ist das Arbeitszeitgesetz auf leitende Angestellte nicht anzuwenden.
- Nach § 5 III **BetrVG** findet das BetrVG auf leitende Angestellte keine Anwendung, sie werden also nicht vom Betriebsrat vertreten.
- Leitende Angestellte stehen zum Arbeitgeber in einem **besonderen Vertrauensverhältnis**, aufgrund dessen sie gesteigerten Loyalitätspflichten unterliegen und die Anforderungen an einen personen- oder verhaltensbedingten Grund für eine Kündigung vermindert sind.[42]

II. Organmitglieder

Zu den Organmitgliedern zählen insb. **AG-Vorstände** und **GmbH-Geschäftsführer**. **49**
Bei ihnen ist grundlegend zwischen zwei Rechtsverhältnissen zu differenzieren:

- Aufgrund seiner **Organstellung** ist der Vorstand/Geschäftsführer befugt, die Gesellschaft wirksam zu vertreten (§§ 78 AktG, 35 GmbHG). Erlangt wird die Organstellung durch die Bestellung, beendet wird sie durch die Abberufung (§§ 84 AktG, 38 GmbHG). Bei beiden Akten handelt es sich um rein gesellschaftsrechtliche Vorgänge, Arbeitsrecht ist hier also nie anwendbar.

---

41 Küttner/*Kania*, Personalbuch, „Leitende Angestellte", Rn. 1; MüKo-BGB/*Spinner*, § 611a, Rn. 153.
42 Küttner/*Kania*, Personalbuch, „Leitende Angestellte", Rn. 2.

- Der Bestellung zum Organmitglied liegt in der Regel ein **Anstellungsverhältnis** zwischen der Gesellschaft und dem (späteren) Organ zugrunde. Es handelt sich um einen schuldrechtlichen Vertrag, regelmäßig ein Dienstvertrag, in dem Fragen der Entlohnung, des Urlaubs usw. geregelt werden.

50 Beide Rechtsverhältnisse sind **voneinander rechtlich unabhängig** und können folglich ein unterschiedliches rechtliches Schicksal nehmen. So führt insb. die Abberufung nicht von sich aus zu einer Beendigung des Anstellungsvertrages.[43]

51 Da das Anstellungsverhältnis regelmäßig durch einen Dienstvertrag begründet wird, stellt sich die Frage, ob Organmitglieder **Arbeitnehmer** sein können. Insoweit ist zu unterscheiden:

(1) Im rein **nationalen** Kontext ist man sich weitestgehend einig, dass jedenfalls **AG-Vorstände** wegen § 76 I AktG, wonach sie die Gesellschaft „unter eigener Verantwortung" und damit weisungsfrei leiten, niemals Arbeitnehmer sein können; Gleiches wird für **GmbH-Eigengeschäftsführer** – d.h. solche Geschäftsführer, die Gesellschafter der GmbH sind – angenommen. Umstritten ist dagegen die Einstufung der **GmbH-Fremdgeschäftsführer** (also solche, die nicht Gesellschafter der GmbH sind). Auch bei ihnen lehnt es der BGH apodiktisch ab, sie als Arbeitnehmer einzustufen. Das BAG stimmt dem zwar im Grundsatz zu, hält es aber für möglich, sie in Ausnahmefällen als Arbeitnehmer zu qualifizieren.[44]

(2) Nach dem **EuGH** hingegen sind bei einem „Mitglied der Unternehmensleitung, das gegen Entgelt Leistungen gegenüber der Gesellschaft erbringt, die es bestellt hat und in die es eingegliedert ist, das seine Tätigkeit nach der Weisung oder unter der Aufsicht eines anderen Organs dieser Gesellschaft ausübt und das jederzeit ohne Einschränkung von seinem Amt abberufen werden kann, dem ersten Anschein nach die Voraussetzungen [erfüllt], um als Arbeitnehmer [...] zu gelten".[45] Jedenfalls **GmbH-Fremdgeschäftsführer** und **GmbH-Eigengeschäftsführer**[46] mit einer nur geringen Beteiligung, die keinen erheblichen Einfluss auf die übrigen Gesellschafter haben, **können** demnach Arbeitnehmer sein, wobei auch stets alle Umstände des Einzelfalles maßgeblich sind.

Aber Achtung: Diese Judikatur gilt nur im Bereich des Unionsrechts selbst und den **unionsrechtlich geprägten Bereichen** des nationalen Rechts, d.h. insb. solchen, denen Richtlinien zugrunde liegen (z.B. im Bereich des MuSchG [Mutterschutz-RL 92/85/EWG] oder § 17 KSchG [Massenentlassungs-RL 98/59/EG]). Im nicht unionsrechtlich überlagerten nationalen Recht (z.B. §§ 1 ff. KSchG, PflegeZG) verbleibt es dagegen beim nationalen Arbeitnehmerbegriff.

43 Vgl. z.B. BGH 9.2.1978 – II ZR 189/76, AP GmbHG § 38 Nr. 1; Baumbach/Hueck/*Beurskens*, GmbHG, § 38, Rn. 95 ff.

44 BGH 11.7.1953 – II ZR 126/52, BGHZ 10, 187, 191; 9.11.1967 – II ZR 64/67, BGHZ 49, 30, 31; 9.3.1987 – II ZR 132/86, NJW 1987, 2073; BAG 10.7.1980 – 3 AZR 68/79, NJW 1981, 302; 13.5.1992 – 5 AZR 344/91, ZIP 1992, 1496; 26.5.1999 – 5 AZR 664/98, NZA 1999, 987, 988; einschränkend auf „extreme Ausnahmefälle" BAG 24.11.2005 – 2 AZR 614/04, NZA 2006, 366, 367.

45 EuGH 11.11.2010 – C-232/09, NZA 2011, 143, 146 [*Danosa*]; bestätigt durch EuGH 9.7.2015 – C-229/14, NJW 2015, 2481 [*Balkaya*].

46 Vgl. dazu EuGH 10.9.2015 – C 47/14, NZA 2016, 183, 185 f. [*Holtermann*].

III. Berufsauszubildende und Praktikanten

Den im **BBiG** geregelten **Berufsausbildungsverhältnissen** liegt ein Berufsausbildungsvertrag zugrunde (§ 10 I BBiG). Dieser ist **kein Arbeitsvertrag**, sondern ein atypischer Dienstvertrag. Denn Zweck ist nicht der Austausch von Arbeitsleistungen gegen Lohn, sondern die Ausbildung primär im Interesse der Auszubildenden.[47] Allerdings sind nach **§ 10 II BBiG** grundsätzlich die **für Arbeitsverträge geltenden Rechtsvorschriften anwendbar**; etwas anderes gilt bei entsprechender gesetzlicher Anordnung (z.B. § 22 III Alt. 1 MiLoG) oder wenn Wesen und Zweck des Berufsausbildungsverhältnisses entgegenstehen (z.B. Einschränkung bzw. sogar Unmöglichkeit der Anordnung von Kurzarbeit[48]). Sonderregelungen enthält das BBiG für den Vertragsschluss (§§ 10-12 BBiG), die Pflichten der Parteien (§§ 13-19 BBiG) und die Beendigung und ihre Folgen (§§ 20-23 BBiG). 52

In **Fall 2** geht A einer Konkurrenztätigkeit nach. Während eines laufenden Arbeitsverhältnisses ist eine nicht genehmigte Konkurrenztätigkeit verboten (s. Rn. 699). Nach § 10 II BBiG gilt das auch für Ausbildungsverhältnisse, es sei denn, es ergibt sich aus deren Wesen oder aus Gesetz etwas anderes. Beides ist nicht der Fall, insb. können weder eine geringe Ausbildungsvergütung noch die noch nicht voll entwickelten Berufskenntnisse angeführt werden. U kann daher Unterlassung (und ggf. sogar Schadensersatz) verlangen.[49] 53

Nach **§ 26 BBiG** gelten einige Vorschriften des BBiG auch für „andere Vertragsverhältnisse", bei denen zusammengefasst der Erwerb beruflicher Fertigkeiten, Kenntnisse und Fähigkeiten im Vordergrund steht. Das sind v.a. **Praktikanten** (vgl. Definition in § 22 I 3 MiLoG) und **Volontäre**. Demgegenüber sind Schüler/Studenten während eines schul-/studienbegleitenden Pflichtpraktikums in der Regel weder Arbeitnehmer noch Auszubildende. **Werkstudenten** hingegen wiederum sind meist Arbeitnehmer.[50] 54

Hinweis: Detailwissen kann hier kaum verlangt werden. Wichtig ist aber § 10 II BBiG, der es dem Klausurersteller erlaubt, über das „unbekannte" Berufsausbildungsverhältnis allgemeine arbeitsrechtliche Fragen zu prüfen. Überdies sollte bekannt sein, dass das MiLoG – wenn auch mit zahlreichen Ausnahmen – im Grundsatz auf Praktikanten anwendbar ist (§ 22 I 2 MiLoG, vgl. auch Rn. 380).

IV. Leiharbeitnehmer/Arbeitnehmerüberlassung

Viel Aufmerksamkeit in Politik und Öffentlichkeit erfuhr in den letzten Jahren die Arbeitnehmerüberlassung. **Modellbeschreibung**: Bei der auch Leiharbeit genannten Konstruktion besteht ein Arbeitsvertrag zwischen **Leiharbeitnehmer** und dem sog. **Verleiher**, der ihn aufgrund eines Arbeitnehmerüberlassungsvertrags an den **Entleiher** „verleiht" (§ 1 I 1 AÜG) und dafür im Gegenzug ein Entgelt erhält. Der Leihar- 55

47 *Schlachter*, NZA 2010, 1182, 1183.
48 S. näher Wohlgemuth/*Banke*, BBiG, § 10, Rn. 25 m.w.N.
49 Vgl. BAG 20.9.2006 – 10 AZR 439/05, NZA 2007, 977.
50 Näher und m.w.N. ErfK/*Schlachter*, § 26 BBiG, Rn. 2 ff.

beitnehmer wird in der Folge rein tatsächlich für den Entleiher tätig, ohne dass zwischen beiden ein Arbeitsvertrag bestünde. Der Leiharbeitnehmer steht damit dem sog. Stammarbeitnehmer gegenüber, der direkt beim „Einsatzarbeitgeber" angestellt ist. Grafisch lässt sich die Arbeitnehmerüberlassung wie folgt darstellen:

56 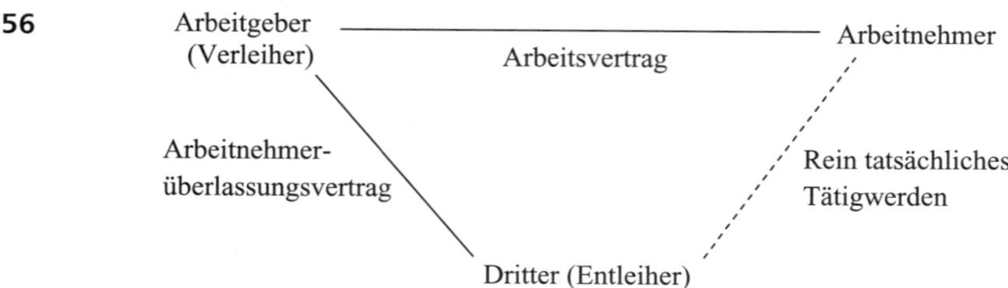

57 Die Arbeitnehmerüberlassung „funktioniert" wegen der im Zweifel bestehenden Nichtabtretbarkeit des Anspruchs auf die Dienstleistung (§ 613 S. 2 BGB, s. Rn. 587) nur, wenn der Leiharbeitnehmer mit ihr einverstanden ist; in der Praxis wird das Problem aber dadurch „umschifft", dass der Arbeitnehmer sich im Arbeitsvertrag generell mit dem Einsatz bei Dritten im Rahmen einer Arbeitnehmerüberlassung einverstanden erklärt.[51] Überdies ist die Arbeitnehmerüberlassung nur in dem vom AÜG vorgegebenen Rahmen zulässig. Erforderlich ist insb., dass der **Verleiher** über eine öffentlich-rechtliche **Erlaubnis** zur Arbeitnehmerüberlassung verfügt (§§ 1 I 1, 2-5 AÜG). Nach § 1 Ib AÜG beträgt die **Höchstdauer** für die Überlassung an denselben Entleiher 18 aufeinander folgende Monate. Grundsätzlich unzulässig ist die Arbeitnehmerüberlassung im **Baugewerbe** (§ 1b AÜG).

58 In Bezug auf die **Rechtsfolgen** der Arbeitnehmerüberlassung ist es zentral, zwischen der zulässigen und der unzulässigen Überlassung zu unterscheiden:

(1) Ist die Arbeitnehmerüberlassung **zulässig**, so bleibt **Vertragsarbeitgeber** der **Verleiher**, der deshalb insb. Schuldner der Vergütungsansprüche ist. Nach **§ 8 AÜG** hat der Verleiher dem Leiharbeitnehmer für die Zeit der Überlassung die im Betrieb des Entleihers für einen vergleichbaren Arbeitnehmer des Entleihers geltenden wesentlichen Arbeitsbedingungen einschließlich des Arbeitsentgelts zu gewähren (**equal-treatment-Grundsatz** bzw. **equal-pay-Grundsatz**; für Ausnahmemöglichkeiten vgl. § 8 II AÜG). Jedoch treffen den **Entleiher** einige aus der Fürsorgepflicht abzuleitende Nebenpflichten, insb. die Schutzpflichten für Gesundheit, Leben, Persönlichkeitsrecht, Eigentum und ggf. Vermögen des Leiharbeitnehmers (vgl. zu den Nebenpflichten des Arbeitgebers Rn. 661 ff.).[52] Im Gegenzug überträgt der Verleiher dem Entleiher sein Weisungsrecht (Rn. 582 ff.), so dass dieser den Arbeitnehmer nach seinem Gutdünken einsetzen kann.[53] Es kommt also zu einer **Aufspaltung der Arbeitgeberfunktionen**.

(2) Erheblich sind die Folgen bei einem **Verstoß gegen bestimmte Vorschriften**. So ist grundsätzlich der **Arbeitsvertrag zwischen Verleiher und Arbeitnehmer unwirksam**, wenn

51 BeckOK-ArbR/*Joussen*, § 613, Rn. 17; MüKo-BGB/*Müller-Glöge*, § 613, Rn. 25.
52 Staudinger/*Richardi/Fischinger*, § 611a, Rn. 160.
53 BeckOK-GewO/*Maschmann*, § 106, Rn. 31; *Junker*, Grundkurs Arbeitsrecht, § 2, Rn. 112.

- dem Verleiher die nach § 1 I 1 AÜG erforderliche **Erlaubnis fehlt**, **§ 9 I Nr. 1 Hs. 1 AÜG**, oder
- die Arbeitnehmerüberlassung entgegen § 1 I 5, 6 AÜG nicht ausdrücklich als solche bezeichnet und/oder die Person des Leiharbeitnehmers nicht konkretisiert wurde, **§ 9 I Nr. 1a Hs. 2 AÜG**, oder
- die Überlassungshöchstdauer von § 1 Ib AÜG überschritten wird, **§ 9 I Nr. 1b Hs. 1 AÜG**.

Durch diese auf den ersten Blick merkwürdige Konsequenz soll der Arbeitnehmer geschützt werden, und zwar dergestalt, dass in diesen Fällen zugleich ein **Arbeitsvertrag zwischen ihm und dem Entleiher fingiert** wird, **§ 10 I 1 AÜG** (zu dessen Inhalt s. § 10 I 2-5 AÜG). Es kommt also zu einem vom Willen der Beteiligten unabhängigen Vertragsübergang kraft Gesetzes. Jedoch hat (nur!) der Arbeitnehmer die Möglichkeit, durch eine sog. **Festhaltenserklärung** diese Rechtsfolgen – Unwirksamkeit des Arbeitsvertrages mit dem Verleiher und Fiktion eines solchen mit dem Entleiher – zu verhindern (Details s. § 9 I Nr. 1-1b, II, III AÜG).

In **Fall 3** fehlt es P an der nach § 1 AÜG erforderlichen Erlaubnis. Der eigentlich zwischen ihr und A bestehende Arbeitsvertrag ist daher nach § 9 I Nr. 1 Hs. 1 AÜG unwirksam, A hat auch keine dies verhindernde Festhaltenserklärung (§ 9 I Nr. 1 Hs. 2 AÜG) abgegeben. Nach § 10 I 1 AÜG besteht somit ein Arbeitsverhältnis zwischen A und U. 59

Achtung: Die Arbeitnehmerüberlassung i.d.S. ist streng zu unterscheiden von Situationen, in denen sich ein Unternehmer gegenüber einem anderen Unternehmer im Rahmen eines Werkvertrags zur Ausführung von Arbeiten in dessen Betrieb verpflichtet und hierfür seine eigenen Arbeitnehmer einsetzt. Hier kommt es nicht zu einer Arbeitnehmerüberlassung, vielmehr sind und bleiben die Arbeitnehmer stets Erfüllungsgehilfen ihres Arbeitgebers. Die Abgrenzung erfolgt nach dem objektiven Geschäftsinhalt und dem wahren Willen der Parteien (nicht dem im Vertrag verlautbarten), sie kann in der Praxis äußerst schwerfallen. 60

Beispiel: Ein Malerunternehmen verpflichtet sich, die Geschäftsräume eines Kaufhauses neu zu streichen und setzt hierfür seine eigenen Maler ein.

V. Kirchliche Arbeitnehmer

Für Arbeitnehmer, die bei Kirchen oder deren Einrichtungen (z.B. Caritas) beschäftigt sind, gelten sowohl im Individual- wie Kollektivarbeitsrecht angesichts der verfassungsrechtlichen Selbstverwaltungsgarantie der Religionsgemeinschaften (Art. 140 GG, 137 III WRV) Besonderheiten. So können die Kirchen den „ihr angehörenden Arbeitnehmern die **Beachtung** jedenfalls der **tragenden Grundsätze der kirchlichen Glaubens- und Sittenlehre** [auferlegen] und [...] verlangen, dass sie nicht gegen die fundamentalen Verpflichtungen verstoßen, die sich aus der Zugehörigkeit zur Kirche ergeben und die jedem Kirchenglied obliegen“[54]. Das wirkt sich in vielen Bereichen des Arbeitsrechts aus, z.B. im AGG, das in seinem § 9 einen spezi- 61

54 BVerfG 4.6.1985 – 2 BvR 1703/83, BVerfGE 70, 138, 165 f.

ellen Rechtfertigungstatbestand für Kirchen enthält (Rn. 263 ff.), oder bei der Beurteilung von Kündigungen (z.B. wegen Kirchenaustritts).[55]

VI. Beschäftigte

62 Keine eigenständige Kategorie stellt der „Beschäftigte" dar. Er wird vielmehr in einigen neueren arbeitsrechtlichen Spezialgesetzen aus sprachlichen Gründen als Sammelbegriff verwendet und umfasst i.d.R. Arbeitnehmer, arbeitnehmerähnliche Personen sowie zu ihrer Berufsausbildung Beschäftigte (z.B. §§ 6 I AGG, 7 I PflegeZG).

D. Der Arbeitgeber und seine Organisation

I. Begriff

63 Arbeitgeber ist, wer mindestens einen Arbeitnehmer beschäftigt.[56] Das kann eine natürliche oder juristische Person des Privatrechts (z.B. GmbH, AG) oder des öffentlichen Rechts, eine oHG oder KG und nunmehr auch eine GbR sein;[57] Arbeitgeber ist hier die Gesellschaft selbst und nicht die Gesellschafter. Weitere Voraussetzungen bestehen nicht, insb. kann Arbeitgeber auch sein, wer weder über eine Betriebsstätte noch materielle Produktionsmittel verfügt und auch kein Gewerbe betreibt oder einer selbstständigen beruflichen Tätigkeit nachgeht.

Beispiel: Engagiert ein Pflegebedürftiger eine private Pflegerin, so ist er Arbeitgeber.

64 Der Arbeitgeber kann somit zwar zugleich **Unternehmer** i.S.v. § 14 BGB sein (und ist das auch in der Regel), zwingend ist das aber nicht, wie das obige Beispiel zeigt. Ob er (auch) **Kaufmann** ist, entscheidet sich unabhängig von der Unternehmer- und Arbeitgebereigenschaft nach §§ 1 ff. HGB.[58]

II. Organisationseinheiten

65 Für die „Binnenstruktur" des Arbeitgebers spielen meist zwei bzw. drei Organisationsformen eine bedeutende (praktische) Rolle:

1. Betrieb

66 Unter Betrieb wird grundsätzlich[59] eine organisatorische Einheit verstanden, „innerhalb derer ein Unternehmer allein oder in Gemeinschaft mit seinen Mitarbeitern mit Hilfe von sächlichen und immateriellen Mitteln bestimmte **arbeitstechnische Zwe-**

55 BAG 25.4.2013 – 2 AZR 579/12, NZA 2013, 1131; 25.10.2018 – 8 AZR 562/16, NZA 2019, 527.
56 BAG 21.1.1999 – 2 AZR 648/97, AP KSchG 1969 § 1 Konzern Nr. 9.
57 BAG 1.12.2004 – 5 AZR 597/03 und 17.7.2007 – 9 AZR 819/06, AP ZPO § 50 Nr. 14, 17.
58 Dazu näher *Fischinger*, Handelsrecht, Rn. 19 ff.
59 In – nicht klausurrelevanten – Nuancen unterscheidet sich der Begriff in den einzelnen Teilrechtsgebieten des Arbeitsrechts.

cke fortgesetzt verfolgt".[60] Der Begriff des arbeitstechnischen Zwecks ist dabei nicht eng i.S.e. maschinellen Vorgangs zu verstehen, sondern vielmehr weit und umfasst z.B. die Produktion oder den Vertrieb von Gütern sowie die Erbringung von Dienstleistungen (z.B. in einer Arztpraxis).[61]

Die „Fotowerkstatt Ellwanga" in **Fall 4** ist ein Betrieb i.d.S.: Unter Heranziehung von Arbeitnehmern wird mit Hilfe sachlicher Betriebsmittel (z.B. Regale, Rohstoffe) ein bestimmter arbeitstechnischer Zweck (= Produktion des in anderen Betrieben zu verkaufenden Kamerazubehörs) angestrebt. (Fortsetzung **Rn. 69**) 67

Der Betrieb selbst ist **nicht rechtsfähig**, sondern lediglich eine Organisationseinheit. Entsprechend kann er **niemals Arbeitgeber** sein – die im Alltag häufig anzutreffende Frage, „bei welchem Betrieb" man angestellt sei, ist also falsch. 68

In **Fall 4** ist die „Fotowerkstatt Ellwanga" also nicht Arbeitgeber des A. (Fortsetzung **Rn. 74**) 69

Der Betriebsbegriff ist dennoch von erheblicher Bedeutung, weil er Anknüpfungspunkt zahlreicher arbeitsrechtlicher Gesetze ist. 70

Beispiele:
- Für die Wahl von Betriebsräten nach dem **Betriebsverfassungsgesetz** ist die zentrale Bezugseinheit der Betrieb (vgl. § 1 I BetrVG).
- Das Eingreifen des allgemeinen Kündigungsschutzes nach dem **KSchG** hängt grundsätzlich davon ab, dass in dem Betrieb, in dem der gekündigte Arbeitnehmer tätig ist, mindestens eine bestimmte Zahl von Arbeitnehmern beschäftigt wird, § 23 I 2, 3 KSchG.[62]
- Das Recht des **Betriebsübergangs** (§ 613a BGB) knüpft direkt an den Betrieb an.

Als weitere Untergliederung ist z.T. der sog. **Betriebsteil** relevant (v.a. §§ 613a BGB, 71
4 BetrVG, 15 V KSchG). Darunter ist ein unselbstständiger, organisatorisch abgegrenzter V
Teil eines Betriebes zu verstehen, mit dem ein **arbeitstechnischer Teilzweck** angestrebt wird.[63] Beispiele: Betriebskantine, Universitätskindergarten oder Reparaturwerkstatt einer Spedition.

2. Unternehmen

Dem Betrieb in gewisser Weise übergeordnet ist das Unternehmen, unter dem eine 72
organisatorische Einheit zu verstehen ist, die aus einem oder mehreren Betrieben besteht und einem **wirtschaftlichen oder ideellen Zweck** dient.[64] **Rechtsträger** des Unternehmens kann eine natürliche oder juristische Person oder eine Personengesell-

60 BAG 13.7.1955 – 1 ABR 20/54, BAGE 2, 91, 93; 14.9.1988 – 7 ABR 10/87, BAGE 59, 319, 324; 5.2.2009 – 6 AZR 110/08, NZA 2009, 1215, 1217; Staudinger/*Richardi/Fischinger*, § 611a, Rn. 262.

61 *Krause*, Arbeitsrecht, § 2, Rn. 43.

62 Vgl. aber zu verfassungsrechtlich notwendigen „Korrekturen" Rn. 968.

63 Vgl. näher für einzelne Definitionen Küttner/*Kreitner*, Personalbuch, „Betriebsteil", Rn. 2, 8 f. jeweils m.w.N.

64 BAG 3.12.1954 – 1 ABR 7/54, BAGE 1, 175, 178; 13.7.1955 – 1 ABR 20/54, BAGE 2, 91, 93; 29.9.2004 – 1 ABR 39/03, RdA 2005, 377, 379; *Zöllner/Loritz/Hergenröder*, Arbeitsrecht, § 46 II 2; MüKo-BGB/*Spinner*, § 611a, Rn. 257; ErfK/*Preis*, § 611a BGB, Rn. 196.

schaft sein. Dieser **Rechtsträger ist der Arbeitgeber** i.S.d Arbeitsrechts, nicht hingegen das Unternehmen, das selbst nicht Rechtssubjekt, sondern -objekt ist. Dennoch ist der Unternehmensbegriff von großer Bedeutung im Arbeitsrecht, knüpfen doch einige arbeitsrechtliche Vorschriften daran an.

Beispiele:

- **§ 1 I KSchG** verlangt für die Eröffnung des persönlichen Anwendungsbereichs des KSchG eine sechsmonatige Beschäftigung im Betrieb oder Unternehmen (näher dazu Rn. 975).
- **§ 14 IIa TzBfG** erlaubt in neu gegründeten Unternehmen die Befristung von Arbeitsverhältnissen unter erleichterten Bedingungen (s. Rn. 1206).
- Bestehen in einem Unternehmen mehrere Betriebe, so ist ein Gesamtbetriebsrat zu errichten, **§ 47 I BetrVG**.

Hinweise: (1) Bei einem kleinen Unternehmen fallen Unternehmen und Betrieb oftmals *faktisch* zusammen. Das ändert aber nichts daran, dass sie *juristisch* streng zu trennen sind.
(2) Unterscheiden Sie klar zwischen dem Unternehmen und seinem Rechtsträger. Eine natürliche Person kann mehrere Unternehmen haben, eine juristische hingegen nur ein einziges.[65]

3. Konzern

73 Als Konzern wird die Zusammenfassung mehrerer rechtlich selbstständiger Unternehmen unter einheitlicher Leitung verstanden (vgl. § 18 AktG). Herrschende Unternehmen werden als Muttergesellschaft, abhängige als Tochtergesellschaften bezeichnet. Das Arbeitsrecht berücksichtigt zwar an einigen Stellen Konzernbeziehungen (z.B. Konzernbetriebsrat, § 54 BetrVG und Konzernprivileg bei der Arbeitnehmerüberlassung, § 1 III Nr. 2 AÜG), für den prüfungsrelevanten Bereich spielt der Konzern aber praktisch keine Rolle. Wichtig ist, dass ein Konzern mangels eigener Rechtsfähigkeit **nicht Arbeitgeber** sein kann, dies ist vielmehr stets das jeweilige Konzernunternehmen, bei dem der Arbeitnehmer beschäftigt ist.[66]

74 In **Fall 4** ist somit nicht der Konzern als Unternehmensverband Arbeitgeber des A, sondern vielmehr die Foto-Porst GmbH.

Weiterführende Literatur: *Wank, Rolf:* Der Arbeitnehmerbegriff im neuen § 611a BGB, AuR 2017, 140; *Richardi, Reinhard:* Der Arbeitsvertrag im Licht des neuen § 611a BGB, NZA 2017, 36; *Helml, Ewald:* (Original-)Referendarexamensklausur – Arbeitsrecht: Dienst- oder Werkvertrag?, JuS 2006, 621; *Tillmanns, Kerstin:* Klausurenkurs I, Fall 1.

---

65 BAG 5.12.1975 – 1 ABR 8/74, BAGE 27, 359, 362 f.

66 Staudinger/*Richardi/Fischinger*, § 611a, Rn. 291.

§ 3 Rechtsquellen des Arbeitsrechts

Hinweis: Der Inhalt dieses Kapitels ist für das Verständnis des Arbeitsrechts essenziell, kann aber kaum „isoliert" in einer Klausur geprüft werden. Die Ausführungen beschränken sich auf die arbeitsrechtlichen Besonderheiten und setzen Grundkenntnisse z.B. im Europarecht oder dem Verfassungsrecht voraus. Sie können ein entsprechendes Lehrbuch nicht ersetzen. **75**

A. Grundlagen

I. Die verschiedenen Rechtsquellen

Das Arbeitsrecht weist gegenüber dem allgemeinen Zivilrecht (auch) die Besonderheit auf, dass die Rechtsbeziehungen der Vertragspartner durch viele verschiedene Rechtsquellen geprägt werden. Neben die üblichen „Verdächtigen" (Europarecht, Grundgesetz, Gesetzesrecht) treten Tarifvertrag und Betriebsvereinbarung, betriebliche Übung, arbeitsrechtlicher Gleichbehandlungsgrundsatz sowie das Weisungsrecht des Arbeitgebers. Grafisch lässt sich dies wie folgt darstellen: **76**

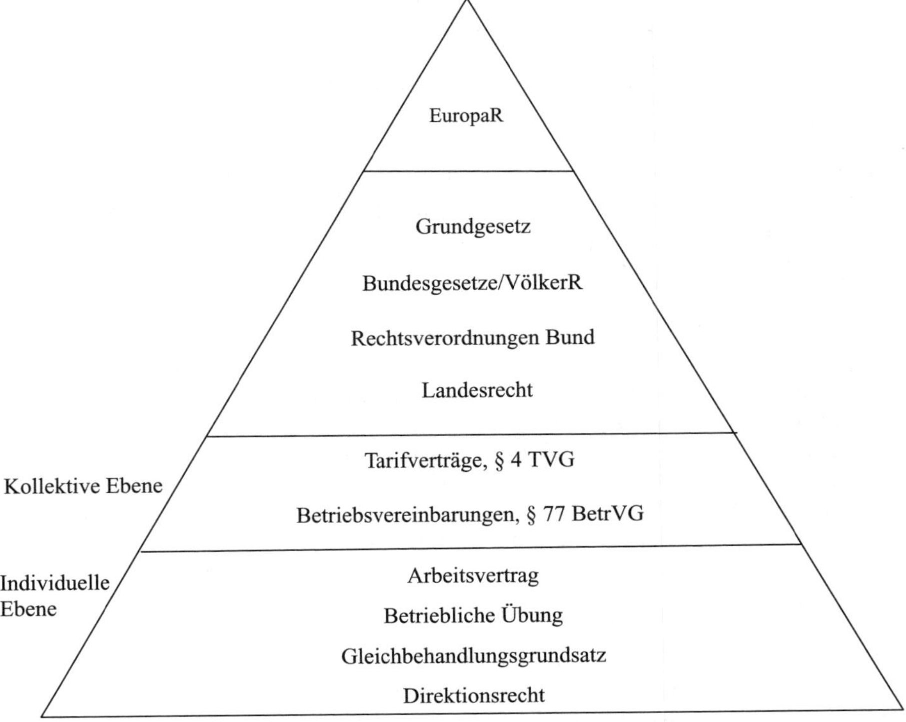

II. Verhältnis der Rechtsquellen zueinander

1. Kollision von Normen unterschiedlicher Stufen

77 Die **Normenpyramide** in Rn. 76 stellt die Rechtsquellen i.S.e. **Rangverhältnisses** dar, wobei der übergeordneten Rechtsquelle grundsätzlich Vorrang v.a. untergeordneten zukommt (**„Ober sticht Unter", Hierarchieprinzip**). Da Arbeitsrecht in weiten Teilen Arbeitnehmerschutzrecht ist, sind die übergeordneten Rechtsquellen also **in der Regel zwingend**, können mithin nicht durch eine untergeordnete Rechtsquelle abbedungen werden, drohte doch sonst der Arbeitnehmerschutz ausgehebelt zu werden. Das ergibt sich z.T. explizit aus dem Gesetz selbst (z.B. § 12 EFZG), im Übrigen folgt es aus dem soeben ausgeführten Gedanken.

Beispiel: Die Vorschriften des KSchG sind zwingend, sie können also insb. nicht durch Arbeitsvertrag für auf das konkrete Arbeitsverhältnis unanwendbar erklärt werden. Gleiches gilt bspw. weitgehend auch für das BUrlG oder das TzBfG.

Gegenbeispiele: In einer Reihe von Fällen werden gesetzliche Regelungen durch Tarifvertrag auch zulasten der Arbeitnehmer für abdingbar erklärt, so z.B. bei §§ 622 IV BGB, 13 I EFZG.

78 Aus der Konzeption als Arbeitnehmerschutzrecht folgt zugleich aber, dass die übergeordnete Rechtsquelle nur **Mindestbedingungen** für den Arbeitnehmer setzen soll und folglich **in der Regel** nicht entgegensteht, dass auf einer untergeordneten Ebene eine **für den Arbeitnehmer günstigere** Abrede getroffen wird. Arbeitsrechtliche Rechtsquellen sind deshalb meist insoweit nur **einseitig-zwingend**, als sie eine Abänderung zwar zulasten des Arbeitnehmers, nicht aber zu seinen Gunsten verbieten (z.B. Vereinbarung eines über den gesetzlichen Mindesturlaub hinausgehenden Urlaubsanspruchs). Für das Verhältnis von Tarifvertrag zu z.B. Arbeitsvertrag ist dies im Gesetz explizit niedergelegt (§ 4 III Alt. 2 TVG – „Günstigkeitsprinzip", s. Rn. 99), im Übrigen folgt es per Auslegung der Norm aus der Gesamtkonzeption des Arbeitsrechts. Von diesem Grundsatz existieren allerdings **Ausnahmen** in beide Richtungen:

- Einige wenige Regelungen sind **beidseitig zwingend**, können also auch nicht zugunsten des Arbeitnehmers geändert werden (insb. §§ 623, 626 BGB).
- An einigen Stellen erlaubt es das Gesetz durch sog. Tariföffnungsklauseln den **Tarifvertragsparteien**, auch **zulasten** des Arbeitnehmers abzuweichen (sog. tarifdispositives Gesetzesrecht, z.B. §§ 622 IV 1 BGB, 13 I 1, II 1 BUrlG). Existiert ein solcher Tarifvertrag, so können in seinem Geltungsbereich auch nicht tarifgebundene Arbeitnehmer und Arbeitgeber die Anwendung der abweichenden Vorschrift vereinbaren (z.B. §§ 622 IV 2 BGB, 13 I 2, II 2 BUrlG).

2. Kollision von Normen gleicher Stufe

79 Das Hierarchieprinzip versagt, wo es um eine Kollision von Normen geht, die auf gleicher Hierarchiestufe stehen (z.B. zwei Bundesgesetze). Zur Auflösung dieser Kollisionen ist grundsätzlich auf die dafür geltenden allgemeinen Prinzipien zurückzugreifen:

(1) Nach dem **Spezialitätsgrundsatz** verdrängt eine speziellere Regelung die allgemeinen Regelungen („lex specialis derogat legi generali").

Beispiel: § 626 BGB regelt für den Dienstvertrag speziell außerordentliche Kündigungen und verdrängt die allgemeine Regelung des § 314 BGB.

(2) Nach dem **Zeitenkollisionsprinzip** verdrängt das zeitlich spätere Recht das früher gesetzte, mit ihm kollidierende Recht („lex posterior derogat legi priori").

Beispiel: Der später geschlossene Arbeitsvertrag (Änderungsvertrag) hebt den früher vereinbarten auf, soweit sie sich widersprechen.

B. Europarecht

Das Europäische Unionsrecht beeinflusst das deutsche Arbeitsrecht stark. Die maß- **80**
gebliche Kompetenznorm zur Regelung bestimmter Aspekte des Arbeitsrechts findet sich in **Art. 153 AEUV**, wobei selbstverständlich auch hier das Subsidiaritätsprinzip und der Verhältnismäßigkeitsgrundsatz zu beachten sind (Art. 5 I 2 EUV). Hinsichtlich der Bedeutung des Europarechts für das Arbeitsrecht ist zwischen seinen unterschiedlichen Rechtsquellen zu differenzieren:

(1) Das im **AEUV** niedergelegte **Primärrecht** berechtigt bzw. verpflichtet grund- **81**
sätzlich nur die Mitgliedstaaten und ist deshalb grundsätzlich **nicht unmittelbar anwendbar** zwischen Arbeitgeber und Arbeitnehmer. Dagegen gilt der in **Art. 157 AEUV** niedergelegte Grundsatz der Entgeltgleichheit von Frauen und Männer sowie die in **Art. 45 AEUV** geregelte Arbeitnehmerfreizügigkeit unmittelbar zwischen den Arbeitsvertragsparteien.[1]

(2) Die **Charta der Grundrechte der Europäischen Union** (GRCH), die nach **82**
Art. 6 I EUV im Rang von Primärrecht stehen, enthält zahlreiche im Arbeitsrecht relevante Grundrechte (vgl. v.a. Art. 12, 14, 15, 21, 23, 26-33).[2] In der Rechtsprechung des EuGH ist die Tendenz erkennbar, diese auch **unmittelbar** zwischen Arbeitgeber und Arbeitnehmer anzuwenden;[3] das überzeugt mit Blick auf Art. 51 I GRCH nicht.[4] Bei einer Kollision von Grundrechten der GRCH und den Grundfreiheiten des AEUV ist nach dem Prinzip praktischer Konkordanz ein möglichst beiden gerecht werdender Ausgleich zu suchen.[5]

(3) Unionsrechtliche **Verordnungen** (Art. 288 II AEUV) sind Teil des Sekundär- **83**
rechts. Sie schaffen unmittelbar auch zwischen Privaten geltendes Recht. Sie spielen im Arbeitsrecht aber nur eine Nebenrolle, zu nennen ist z.B. die sog. „WanderarbeiterVO" (EWG Nr. 1408/71).

(4) Von großer Bedeutung sind im Bereich des Arbeitsrechts die ebenfalls sekun- **84**
därrechtlichen **Richtlinien**. Sie sind der Motor, mittels dessen eine zunehmende „Europäisierung des Arbeitsrechts" vorangetrieben wird. So sind nicht nur zahlreiche

1 ErfK/*Preis*, § 611a BGB, Rn. 202; für Details ErfK/*Wißmann/Schlachter*, Art. 45 AEUV, Rn. 18; Streinz/*Franzen*, EUV/AEUV, Art. 45, Rn. 92 ff.

2 *Jarass*, EU-GRCharta, Art. 51, Rn. 27; Calliess/Ruffert/*Kingreen*, EUV/AEUV, Art. 51 EU-GRCharta, Rn. 18.

3 EuGH 6.11.2018 – C-569/16, NZA 2018, 1467; 14.5.2019 – C-55/18, NZA 2019, 683.

4 So i.E. auch *Kainer*, GPR 2020, 149, 152 f.

5 *Kokott*, FS Jaeger, 115, 125; *Junker*, Grundkurs Arbeitsrecht, § 1, Rn. 36.

neue(re) Gesetze der Notwendigkeit einer Umsetzung von Richtlinien geschuldet, sondern es mussten auch einige traditionell als sakrosankt betrachtete Grundsätze des deutschen Arbeitsrechts infolge meist richtliniengestützter Argumentation des EuGH über Bord geworfen werden.

Beispiele: **(a)** Das AGG wurde 2006 zur Umsetzung der Anti-Diskriminierungsrichtlinien (RL 2000/43/EG, RL 2000/78/EG, RL 2002/73/EG und RL 2004/113/EG) erlassen. **(b)** § 613a BGB beruhte zwar zunächst nicht auf einer europäischen Richtlinie, wurde aber durch später erlassene Richtlinien maßgeblich beeinflusst.[6] **(c)** Infolge der „Schultz-Hoff-Entscheidung“[7] musste das Urlaubsrecht erheblich modifiziert werden (näher Rn. 649 ff.).

85 Wie auch sonst, so binden auch arbeitsrechtliche Richtlinien zunächst nur die Mitgliedstaaten, die sie innerhalb der Umsetzungsfrist in nationales Recht umzusetzen haben (zweistufiger Rechtssetzungsprozess, Art. 288 III AEUV). Der einzelne Bürger kann sich gegenüber dem Mitgliedstaat – z.B. in seiner Eigenschaft als Arbeitgeber bei einem Angestellten des öffentlichen Dienstes – nur dann auf eine noch nicht umgesetzte Richtlinie berufen, wenn die Umsetzungsfrist abgelaufen ist und die Richtlinie inhaltlich unbedingt und hinreichend genau ist **(vertikale Wirkung)**.[8] Zwischen Privatrechtssubjekten (also zwischen privatem Arbeitgeber und Arbeitnehmer) sind Richtlinien hingegen nach traditionellem Verständnis **nicht horizontal anwendbar**;[9] erwächst einem der beiden Beteiligten daraus ein Schaden, dass eine Richtlinie noch nicht (ordnungsgemäß) umgesetzt wurde, hat er ggf. einen Schadensersatzanspruch gegen die Bundesrepublik Deutschland.[10]

86 Auch zwischen privaten (Arbeits-)Vertragsparteien wirken Richtlinien sich aber mittelbar über das Gebot **unionsrechtskonformer Auslegung** aus, das es gebietet, im Zweifel derjenigen Auslegung den Vorzug zu geben, die das von der Richtlinie angestrebte Ziel am ehesten verwirklicht.[11] Hat ein nationales Gericht Zweifel, wie eine Richtlinie auszulegen ist, so kann bzw. muss es den EuGH per Vorabentscheidungsverfahren (Art. 267 AEUV) anrufen. Die **Grenze** (auch) einer solchen Auslegung ist richtigerweise dort erreicht, wo sie zu einer Auslegung contra legem würde, weil sie dem eindeutigen Wortlaut der nationalen Norm wie dem Willen des sie erlassenden nationalen Gesetzgebers widerspräche.[12] Wo diese Grenze erreicht ist, ist die nationale Norm trotz der Richtlinienwidrigkeit des Ergebnisses richtigerweise anzuwenden, es bleibt nur der Rekurs auf einen Schadensersatzanspruch des dadurch Benachteiligten gegen die Bundesrepublik Deutschland wegen nicht ordnungsgemäßer Richtlinienumsetzung (Rn. 85); die neuere Rechtsprechung vermeidet diese „kostspieligen“ Konsequenzen zum Teil mit fragwürdigen Hilfskonstruktionen wie z.B. einer **uni-**

---

6 Vgl. näher MüKo-BGB/*Müller-Glöge*, § 613a, Rn. 1.

7 EuGH 20.1.2009 – C-350/06, AP Richtlinie 2003/88/EG Nr. 1.

8 Vgl. EuGH 26.2.1986 – C-152/84, NJW 1986, 2178.

9 EuGH 14.7.1994 – C-91/92, NJW 1994, 2473, 2474; *Preis*, Arbeitsrecht, § 14, Rn. 439 f.; *Junker*, Grundkurs Arbeitsrecht, § 1, Rn. 40.

10 EuGH 19.11.1991 – C-6/90, NJW 1992, 165; BGH 16.12.1975 – VI ZR 202/74, NJW 1976, 1267.

11 EuGH 10.4.1984 – C-14/83, NJW 1984, 2021; 14.7.1994 – C-91/92, NJW 1994, 2473; 17.9.1997 – C-54/96, NJW 1997, 3365, 3367; BGH 9.4.2002 – XI ZR 91/99, NJW 2002, 1881, 1882.

12 EuGH 16.6.2005 – C-105/03, EuZW 2005, 433; BAG 18.2.2003 – 1 ABR 2/02, NZA 2003, 743, 747; *Fischinger*, Jura 2006, 606, 610 f.

onsrechtskonformen Rechtsfortbildung (z.B. bei § 7 III, IV BUrlG, vgl. Rn. 650).[13]

C. Grundgesetz

Dem Grundgesetz und den in ihm niedergelegten **Grundrechten** kommt im Arbeitsrecht eine im Vergleich zu vielen Bereichen des allgemeinen Zivilrechts (z.B. Kaufrecht) deutlich wichtigere Bedeutung zu. Das liegt zum einen daran, dass das Arbeitsverhältnis meist die wichtigste Einkunftsquelle zur Bestreitung des Lebensunterhalts ist und deshalb ein besonders bedeutsames Rechtsverhältnis ist. Zum anderen ist das darauf zurückzuführen, dass im Arbeitsrecht an zahlreichen Stellen unbestimmte Begriffe verwendet werden, die der Ausfüllung (unter anderem) durch grundrechtliche Wertungen bedürfen (z.B. „billiges Ermessen" in §§ 315 BGB, 106 GewO, „wichtiger Grund" in § 626 BGB, „sozial ungerechtfertigt" in § 1 KSchG). 87

Die Grundrechte gelten zwar grundsätzlich **nicht unmittelbar** zwischen Arbeitgeber und Arbeitnehmer (Ausnahme: Koalitionsfreiheit, vgl. Art. 9 III 2 GG: „Abreden [...] nichtig [...] Maßnahmen [...] rechtswidrig").[14] Weil die Grundrechte aber über ihre ursprüngliche Funktion als Abwehrrechte gegen den Staat hinausgehend heute anerkanntermaßen eine objektive Werteordnung errichten, die auf alle Rechtsgebiete ausstrahlt, erfolgt eine **mittelbare Drittwirkung** über privatrechtliche Normen mit ausfüllungsbedürftigen Rechtsbegriffen, insb. den zivilrechtlichen Generalklauseln („Einfallstore für Grundrechte", Beispiele s. Rn. 87).[15] 88

Im Arbeitsleben werden v.a. folgende Grundrechte praktisch relevant: 89

- Zuvörderst ist natürlich **Art. 12 GG** zu nennen, der sowohl die Berufsfreiheit des Arbeitnehmers als auch (im Verein mit Art. 14, 2 GG) die Unternehmerfreiheit des Arbeitgebers schützt.

  Beispiele: Die Berufsfreiheit des Arbeitnehmers erfordert z.B. (1) einen zumindest rudimentären Schutz gegen sittenwidrige oder treuwidrige Kündigungen, auch wenn das KSchG nicht eingreift (**„Bestandsschutzinteresse"**, näher Rn. 1034) sowie (2) eine Beschränkung von Klauseln über die Rückzahlung von Ausbildungs- und Fortbildungskosten (**„Mobilitätsinteresse"**, s. Rn. 455).[16] Umgekehrt ist es Ausfluss der Unternehmerfreiheit, dass die Entscheidung des Arbeitgebers, den Betrieb zu schließen, frei ist und z.B. weder über § 1 II KSchG noch §§ 111 ff. BetrVG (nicht klausurrelevant) rechtlich eingeschränkt wird.

- Der Schutz des **allgemeinen Persönlichkeitsrechts** (des Arbeitnehmers) ist im Arbeitsrecht sehr bedeutsam.

---

13 Kritisch dazu *Höpfner*, EuZW 2009, 159; Bauer/*Arnold*, AP BUrlG § 7 Nr. 39; *Repasi*, EuZW 2009, 756, 757; Staudinger/*Richardi/Fischinger*, § 611, Rn. 742 ff.; *Fischinger*, ZEuP 2011, 201, 206 f.; *ders.*, Jura 2006, 606, 608 f.

14 Umstritten ist, wie die Tarifvertragsparteien an die Grundrechte gebunden sind (vgl. z.B. m.w.N. Staudinger/*Richardi/Fischinger*, § 611a, Rn. 762 f.). Mangels Prüfungsrelevanz wird von einer Darstellung abgesehen.

15 BVerfGE 49, 89, 141; 99, 185, 196; 97, 169, 175 f.; *Hufen*, Staatsrecht II, § 7, Rn. 9; *Manssen*, Staatsrecht II, § 5, Rn. 126.

16 Vgl. *Krause*, Arbeitsrecht, § 3, Rn. 22.

Beispiele: (1) Aufgrund seines Persönlichkeitsrechts hat der Arbeitnehmer einen Anspruch, vertragsgerecht beschäftigt zu werden (s. Rn. 663 ff.). **(2)** Das Persönlichkeitsrecht von Bewerbern begrenzt das Fragerecht des Arbeitgebers (Rn. 118 ff.).

- Auch die Meinungsfreiheit (**Art. 5 GG**) kann im Arbeitsleben relevant werden.

Beispiel: Der Arbeitnehmer postet auf Facebook einen kritischen, aber sachlichen Kommentar über den Arbeitgeber und wird daraufhin gekündigt.

- Bedeutsam ist des Weiteren die in **Art. 4 I, II GG** geschützte Glaubens- und Gewissensfreiheit.

Beispiele: (1) Ein muslimischer Arbeitnehmer weigert sich aus religiösen Gründen, der Weisung seines Chefs nachzukommen, künftig nicht mehr an der Milchbar auszuschenken, sondern an der Schnapstheke.[17] **(2)** Ein Drucker lehnt es ab, an der Herstellung kriegsverherrlichender Literatur mitzuwirken.[18]

- Die besonderen Diskriminierungsverbote des **Art. 3 II, III GG** können ebenfalls, vermittelt über die zivilrechtlichen Generalklauseln, eine Rolle spielen. Dabei ist aber zu beachten, dass wegen vieler der dort genannten Merkmale eine Diskriminierung auch aufgrund des AGG verboten ist. Das hat zur Folge, dass in der Klausur eine Ungleichbehandlung z.B. wegen einer Behinderung vorrangig an den speziellen Regelungen des AGG – und nicht z.B. §§ 138, 242 BGB – zu messen ist.

Beispiel: Stellt ein Unternehmer einen Bewerber nicht ein, weil er ihn als zu alt empfindet, so ist das anhand des AGG zu prüfen.

- Der allgemeine Gleichheitssatz (**Art. 3 I GG**) wird im Arbeitsrecht nur in Bezug auf staatliche Maßnahmen relevant. Zwischen Arbeitgeber und Arbeitnehmer spielt er dagegen keine Rolle, vielmehr greift hier der sog. **arbeitsrechtliche Gleichbehandlungsgrundsatz**, der als privatrechtliches Instrument dem Arbeitgeber eine willkürliche Differenzierung zwischen vergleichbaren Arbeitnehmern untersagt (näher Rn. 335 ff.).
- Von überragender Bedeutung für das – nicht pflichtfachrelevante – kollektive Arbeitsrecht ist die in **Art. 9 III GG** geschützte Koalitionsfreiheit.

Beispiel: Der Arbeitgeber verbietet seinem Arbeitnehmer, in eine Gewerkschaft einzutreten. Nach Art. 9 III 2 GG ist die Maßnahme rechtswidrig und muss nicht beachtet werden.

90
V
Neben den Grundrechten strahlt insb. auch das **Sozialstaatsprinzip** (Art. 20, 28 GG) auf das Arbeitsleben aus. Sein Adressat ist aber vorrangig der Gesetzgeber, der insb. beim Erlass (arbeitsrechtlicher) Normen sozialstaatliche Erwägungen einfließen lassen muss. Der Richter hingegen hat insoweit Zurückhaltung zu üben, insb. darf er nicht leichtfertig unter Berufung auf das Sozialstaatsprinzip (arbeitsrechtliche) Vorschriften „verbiegen“, würde er sich dann doch – entgegen des Demokratie- und Rechtsstaatsprinzips (Art. 20 I, III GG) – zum Ersatzsozialgesetzgeber aufschwingen.[19]

17 Vgl. BAG 24.2.2011 – 2 AZR 636/09, NZA 2011, 1087.
18 Vgl. BAG 20.12.1984 – 2 AZR 436/83, NZA 1986, 21, 22 f.
19 *Fischinger*, in: Münchener Handbuch zum Arbeitsrecht, § 6, Rn. 7 ff.; *Krause*, Arbeitsrecht, § 3, Rn. 13 f.

D. Einfache Bundesgesetze, Arbeitsvölkerrecht, Gewohnheitsrecht, Rechtsverordnungen, Landesrecht

Trotz des „Überbaus“ aus Europa- und Verfassungsrecht kommt den einfachen Bundesgesetzen für die Regelung des Arbeitsrechts herausragende Bedeutung zu. Dabei fehlt es trotz einiger „Versprechen“ (z.B. in Art. 157 Weimarer Reichsverfassung[20] oder Art. 30 I Nr. 1 Einigungsvertrag[21])[22] und wissenschaftlichen Vorschlägen[23] an einer geschlossenen Kodifikation des Arbeitsrechts i.S.e. Arbeitsvertragsgesetzbuchs. Ergänzend zu den grundlegenden Vorschriften der §§ 611 ff. BGB wurden stattdessen lediglich zahlreiche, in weiten Bereichen als Arbeitnehmerschutzrecht konzipierte Einzelgesetze erlassen (z.B. KSchG, TzBfG, BUrlG, EFZG, MuSchG, JArbSchG). 91

Einige – nicht prüfungsrelevante – arbeitsrechtliche Vorgaben enthält das **Arbeitsvölkerrecht**, die einer Umsetzung in einfache Bundesgesetze bedürfen (Art. 59 II GG). Beispiele: Europäische Sozialcharta[24], EMRK oder der Internationale Pakt über wirtschaftliche, soziale und kulturelle Rechte. 92 V

Neben dem geschriebenen Recht kommt dem **Gewohnheitsrecht**[25] im Arbeitsrecht eine im Vergleich zu anderen Teilgebieten des Zivilrechts gesteigerte Bedeutung zu. Äußerst bedeutsame, praktisch vollständig gewohnheitsrechtlich geregelte Bereiche sind die **beschränkte Arbeitnehmerhaftung** (s. näher Rn. 724 ff.) sowie das – nicht pflichtfachrelevante – **Arbeitskampfrecht**[26], die beide in Ermangelung gesetzlicher Vorgaben durch Rechtsprechung und Wissenschaft entwickelt werden mussten und in ihren Grundlagen seit Jahrzehnten festem Rechtsbrauch entsprechen. 93

Rechtsverordnungen des Bundes stehen im Rang unter Parlamentsgesetzen (vgl. Art. 80 GG), die z.B. bei §§ 3a AÜG, 7 AEntG relevant werden können. **Unfallverhütungsvorschriften** als autonomes Satzungsrecht werden von den Berufsgenossenschaften als Träger der Unfallversicherung erlassen (§ 15 SGB VII). 94 V

Landesrecht spielt im Arbeitsleben kaum eine Rolle, hat doch der Bund von seiner durch Art. 74 I Nr. 12 GG eingeräumten Gesetzgebungskompetenz weitgehend Gebrauch gemacht. Praktisch relevant sind v.a. Landesgesetze, die Arbeitnehmern Anspruch auf einige Tage Bildungsurlaub im Jahr bei Fortzahlung der Vergütung einräumen (z.B. BzG BaWü). 95

---

20 „Das Reich schafft ein einheitliches Arbeitsrecht“.

21 „Es ist Aufgabe des gesamtdeutschen Gesetzgebers, das Arbeitsvertragsrecht [...] möglichst bald einheitlich neu zu kodifizieren [...]“.

22 Näher *Fischinger*, in: Münchener Handbuch zum Arbeitsrecht, § 5, Rn. 1 ff.

23 Zuletzt *Henssler/Preis*, Entwurf eines Arbeitsvertragsgesetzes, 2015.

24 Deren Bindungswirkung ist umstritten, vgl. Staudinger/*Richardi/Fischinger*, § 611a, Rn. 756 m.w.N.

25 Dazu näher *Rüthers/Fischer/Birk*, Rechtstheorie, § 6, Rn. 232 ff.; *Canaris/Larenz*, Methodenlehre der Rechtswissenschaft, Kapitel 4, S. 176 f.

26 Vgl. dazu z.B. ausf. *Kissel*, Arbeitskampfrecht (passim).

E. Tarifvertrag und Betriebsvereinbarung

96 **Tarifverträge** haben überragende Bedeutung im Arbeitsleben. So werden ca. 95 % aller Arbeitsverhältnisse durch tarifliche Regelungen mehr oder weniger maßgeblich geprägt, entweder weil ein Tarifvertrag normativ gilt oder weil auf ihn im Arbeitsvertrag Bezug genommen wird (s. Rn. 101). Das Arbeitsrecht kann somit ohne Grundkenntnisse des Tarifvertragsrechts nicht verstanden werden. Daher werden im Folgenden die wesentlichen Grundsätze kurz skizziert, auch wenn das kollektive Arbeitsrecht (zu dem das Tarifrecht zählt) nicht mehr Prüfungsstoff im Examen ist.

I. Wesen und Zustandekommen des Tarifvertrags

97 V Der Tarifvertrag ist zivilrechtlich im Ausgangspunkt ein normaler Vertrag („Tarif*vertrag*"), auf den die §§ 145 ff. BGB anwendbar sind.[27] Zu beachten ist aber zum einen das **Schriftformerfordernis** des § 1 II TVG sowie zum anderen, dass ein Tarifvertrag wirksam nur von **tariffähigen Parteien** geschlossen werden kann. Das sind auf Seiten der Arbeitnehmer ausschließlich Gewerkschaften, auf Seiten der Arbeitgeber entweder ein einzelner Arbeitgeber oder ein Arbeitgeberverband (**§ 2 TVG**); ist eine der tarifschließenden Parteien nicht tariffähig, so ist der Tarifvertrag unwirksam.[28]

II. Inhalt des Tarifvertrags und Wirkung der Tarifnormen

98 V Neben den „Rechte[n] und Pflichten der Tarifvertragsparteien" enthält der Tarifvertrag gemäß **§ 1 TVG Rechtsnormen** über (u.a.) den Abschluss, Inhalt und die Beendigung von Arbeitsverhältnissen. Es ist dieser sog. **normative Teil** des Tarifvertrages, der ihn zu einem besonderen Instrument macht, das im übrigen Zivilrecht (mit Ausnahme der Betriebsvereinbarung) keine Entsprechung hat.

99 Nach **§ 4 I 1 TVG** haben diese Tarifnormen unmittelbare und zwingende Wirkung. Mit **unmittelbarer** Wirkung ist gemeint, dass die Tarifnormen auch dann gelten, wenn ihre Existenz den Arbeitsvertragsparteien unbekannt ist und/oder ihre Geltung nicht gewünscht ist. Die **zwingende** Wirkung erklärt die Normen des Tarifvertrags für **unabdingbar**; eine gegen den Tarifvertrag verstoßende Absprache der Arbeitsvertragsparteien entfaltet also keine Wirkung. Das gilt nach **§ 4 III Alt. 2 TVG** jedoch nicht, soweit die arbeitsvertragliche Abrede eine Abweichung zugunsten des Arbeitnehmers enthält. Dieses sog. **Günstigkeitsprinzip** erlaubt es den Arbeitsvertragsparteien, Absprachen zu treffen, die zugunsten des Arbeitnehmers vom Tarifvertrag abweichen (z.B. höheres Gehalt, längerer Urlaub).

27 Achtung: Die §§ 6, 8 TVG enthalten bloße Ordnungsnormen, deren eventuelle Verletzung durch den Arbeitgeber den Tarifvertrag nicht unwirksam macht.

28 BAG 15.11.2006 – 10 AZR 665/05, NZA 2007, 448, 451.

III. Bindung an den Tarifvertrag

Die oben dargestellte Normwirkung gilt nach § 4 I 1 TVG nur für Arbeitsverhältnisse zwischen **„beiderseits Tarifgebundenen"**. Erforderlich ist also die **normative Bindung beider Arbeitsvertragsparteien**. Diese bestimmt sich nach **§ 3 I TVG**: Tarifgebunden ist zum einen der Arbeitgeber, der selbst den Tarifvertrag geschlossen hat, zum anderen die „Mitglieder der Tarifvertragsparteien"; das sind die Arbeitnehmer, die Mitglieder der Gewerkschaft bzw. die Arbeitgeber, die Mitglieder des Arbeitgeberverbands sind. Zusammengefasst greift die Normwirkung für das konkrete Arbeitsverhältnis also nur, wenn (1) der Arbeitnehmer Mitglied der den Tarifvertrag schließenden Gewerkschaft ist und (2) entweder sein Arbeitgeber (a) den Tarifvertrag selbst geschlossen hat oder (b) Mitglied des Arbeitgeberverbands ist, der den Tarifvertrag mit der Gewerkschaft schloss. **100**

Insb. (aber nicht nur), wenn ein Tarifvertrag auf ein Arbeitsverhältnis mangels beiderseitiger Tarifbindung nicht normativ anwendbar ist, kann eine schuldrechtliche Bindung an den Tarifvertrag **kraft Bezugnahme auf den Tarifvertrag im Arbeitsvertrag** begründet werden. Weil der Tarifvertrag hier nicht normativ, sondern nur schuldrechtlich anwendbar ist, gilt er aber **nicht zwingend**, Abweichungen sind daher ohne Beachtung von § 4 I, III TVG möglich und verstoßen auch nicht gegen den arbeitsrechtlichen Gleichbehandlungsgrundsatz. **101**

IV. Hinweise zu Betriebsvereinbarungen

Praktisch wichtig (aber nicht klausurrelevant) sind ferner **Betriebsvereinbarungen (§ 77 BetrVG)**, die zwischen **Arbeitgeber und Betriebsrat** geschlossen werden. Weil es sich im Ausgangspunkt um zivilrechtliche Verträge handelt, richtet sich ihr Zustandekommen nach den §§ 145 ff. BGB; zu beachten ist das **Schriftformerfordernis** des § 77 II BetrVG. Wie Tarifverträge, so gelten Betriebsvereinbarungen **unmittelbar und zwingend**, **§ 77 IV 1 BetrVG**. Damit sind den Arbeitnehmer schlechterstellende arbeitsvertragliche Abreden ausgeschlossen, ihn begünstigende Abmachungen sind aber analog § 4 III Alt. 2 TVG möglich.[29] Anders als das auf freiwilliger Mitgliedschaft beruhende Tarifvertragssystem werden durch einen einmal gewählten Betriebsrat stets alle Arbeitnehmer des jeweiligen Betriebs (zwangsweise) repräsentiert; die vom Betriebsrat wirksam abgeschlossenen Betriebsvereinbarungen gelten deshalb für und gegen alle Arbeitnehmer des Betriebs. **102 V**

Das BetrVG gilt nicht für den öffentlichen Dienst (§ 130 BetrVG). Hier gelten das Personalvertretungsgesetz des Bundes bzw. die der Länder. Statt Betriebsvereinbarungen schließen der Personalrat und die Dienststelle sog. **Dienstvereinbarungen** (vgl. § 73 BPersVG). **103 V**

F. Der Arbeitsvertrag und sonstige Rechtsquellen

Auch wenn der **Arbeitsvertrag** weit unten in der Hierarchie der Rechtsquellen steht, ist er dogmatisch wie praktisch das **Herzstück** des Arbeitsverhältnisses. Denn auch wenn der **Inhalt** des Arbeitsverhältnisses weitgehend durch (v.a.) Gesetz und Tarif- **104**

29 Vgl. Richardi/*Richardi*, BetrVG, § 77, Rn. 165 ff. m.w.N.

verträge vorgegeben ist, ist doch der Arbeitsvertrag die **Rechtsgrundlage** (causa) für die Erbringung (und das Behaltendürfen) der gegenseitigen Leistungen.[30]

105 Als weitere Rechtsquellen können **betriebliche Übungen**, der allgemeine arbeitsrechtliche **Gleichbehandlungsgrundsatz** (s. Rn. 297 ff.) und das **Weisungsrecht** des Arbeitgebers (s. Rn. 582) die Rechte und Pflichten im Arbeitsverhältnis prägen.

G. Richterrecht

106 Große Bedeutung kommt im Arbeitsrecht schließlich Richterrecht zu (wobei hier die sehr umstrittene Frage, ob Richterrecht eine Rechtsquelle oder nur eine Rechtserkenntnisquelle ist, ausgespart bleiben soll)[31]. Das ist zum einen darauf zurückzuführen, dass wichtige Aspekte des Arbeitsrechts nicht gesetzlich geregelt wurden (v.a. das Arbeitskampfrecht, die beschränkte Arbeitnehmerhaftung oder der allgemeine Beschäftigungsanspruch), zum anderen darauf, dass gesetzliche Normen wegen der Dynamik des Arbeitslebens oft nur Generalklauseln enthalten können oder – angesichts gesetzgeberischer „Glanzleistungen" – zahlreiche Auslegungs- und Anwendungsprobleme hervorrufen. Nach einem geflügelten Bonmot von *Franz Gamillscheg* ist deshalb der Richter „der eigentliche Herr des Arbeitsrechts".[32]

Weiterführende Literatur: *Jacobs, Matthias/Krois, Christopher:* Schwerpunktbereichsklausur – Arbeitsrecht: Kündigungsschutz und europäisches Arbeitsrecht – Flexibler Personaleinsatz?, JuS 2016, 150; *Jacobs, Matthias/Krois, Christopher:* Schwerpunktbereichsklausur – Arbeitsrecht: Rechtsfortbildung im Arbeitsrecht, JuS 2013, 817.

§ 4 Anbahnung und Begründung des Arbeitsverhältnisses

107 **Fall 5:** Der pädophile P bewirbt sich als Kindergärtner. Weil er nicht danach gefragt wird, verschweigt er seine sexuelle Präferenz. Als Arbeitgeber A sieben Jahre nach der Einstellung davon Kenntnis erlangt, erklärt er umgehend die Anfechtung des Arbeitsverhältnisses. P führt an, dass er sich – was zutrifft – im Kindergarten nie etwas zuschulden kommen ließ. Zulässigkeit der Anfechtung? (**Lösung Rn. 147, 177, 181** und **184**)

108 **Fall 6:** Unterstellt, in **Fall 5** ist eine Anfechtung möglich, kann A von P Rückzahlung des in den sieben Beschäftigungsjahren gezahlten Lohns verlangen? (**Lösung Rn. 187, 189** und **192**)

30 Staudinger/*Richardi/Fischinger*, § 611a, Rn. 736.
31 Dazu z.B. *Fischinger*, in: Münchener Handbuch zum Arbeitsrecht, § 6, Rn. 34 ff. m.w.N.
32 *Gamillscheg*, AcP 164 (1964), 385, 388.

A. Rechtsprobleme bei der Anbahnung von Arbeitsverhältnissen

I. Stellenausschreibung

Der einen neuen Mitarbeiter suchende Arbeitgeber ist in der Art und Weise, wie er die Suche unternimmt und insb., wie er die Stelle ausschreibt, grundsätzlich frei. Zu beachten ist aber Folgendes: **109**

(1) Nach **§ 11 AGG** darf ein Arbeitsplatz nicht unter Verstoß gegen § 7 I AGG ausgeschrieben werden. Die Ausschreibung darf daher nicht nach einem Merkmal differenzieren, wegen dessen nach § 1 AGG nicht ungleichbehandelt werden darf (dazu näher Rn. 239 ff.),[1] es sei denn, eine Ungleichbehandlung wäre nach §§ 8-10 AGG zulässig (s. Rn. 260 ff.).[2] **110**

Beispiel: Sucht der Arbeitgeber für sein „junges dynamisches Team einen tatkräftigen, des Deutschen mächtigen Bauarbeiter", so verstößt das in mehrerer Hinsicht gegen § 11 AGG: Eine unmittelbare Benachteiligung liegt wegen des Alters („junges dynamisches")[3] und des Geschlechts („Bauarbeiter", nicht: „Bauarbeiter (m/w/d)") vor, eine mittelbare Benachteiligung wegen der ethnischen Herkunft („des Deutschen mächtigen") liegt nahe, möglicherweise auch eine solche wegen Behinderung („tatkräftigen"). Seit Anerkennung des 3. Geschlechts[4] verstößt eine Stellenausschreibung, die nur auf Männer und Frauen zielt, gegen § 11 AGG.

§ 11 AGG sieht direkt keine Sanktion vor, insb. begründet der Verstoß gegen die Vorschrift keinen Anspruch auf Schadensersatz (vgl. § 15 I, II AGG, näher Rn. 273 ff.) oder gar auf Einstellung. Allerdings begründet er ein Indiz für den Verstoß gegen das Benachteiligungsverbot i.S.v. § 22 AGG (vgl. Rn. 293), was dann zu Schadensersatzansprüchen nach § 15 I, II AGG führen kann;[5] immerhin ist die Vermutung widerleglich, z.B. wenn der Arbeitgeber einen Bewerber einstellt, der gerade zu der durch die Ausschreibung ausgeschlossenen Gruppe zählt.

(2) Nach **§ 164 I 1, 2 SGB IX** muss der Arbeitgeber stets prüfen, ob der zu besetzende Arbeitsplatz mit einem schwerbehinderten Menschen besetzt werden kann, und hat sich deshalb frühzeitig mit der Agentur für Arbeit in Verbindung zu setzen. Aus der Vorschrift folgt allerdings kein subjektiver Anspruch eines einzelnen Schwerbehinderten auf Einstellung.[6] Ein Verstoß gegen diese Pflichten begründet überdies keine Schadensersatzansprüche, jedoch ein Indiz i.S.v. § 22 AGG, dass der Arbeitgeber keine Schwerbehinderten bzw. diesen gleichgestellte Menschen (§§ 2 III, 151 II SGB IX) einstellen möchte.[7] **111 V**

1 BAG 19.8.2010 – 8 AZR 530/09, NZA 2010, 1412, 1413; OLG Karlsruhe 13.9.2011 – 17 U 99/10, NZA-RR 2011, 632, 633.

2 BAG 18.3.2010 – 8 AZR 77/09, NZA 2010, 872, 875; 19.5.2016 – 8 AZR 470/14, NZA 2016, 1394, 1401; 15.12.2016 – 8 AZR 454/15, NZA 2017, 715, 721; MüKo-BGB/*Thüsing*, § 11 AGG, Rn. 4; ErfK/*Schlachter*, § 11 AGG, Rn. 2.

3 Vgl. BAG 11.8.2016 – 8 AZR 406/14, BeckRS 2016, 112116.

4 Vgl. BVerfG 10.10.2017 – 1 BvR 2019/6, NJW 2017, 3643.

5 BAG 19.8.2010 – 8 AZR 530/09, NZA 2010, 1412, 1415 f.; 24.1.2013 – 8 AZR 4297/11, NZA 2013, 498; 11.8.2016 – 8 AZR 809/14, BeckRS 2016, 110546.

6 BeckOK-SozR/*Brose*, § 164 SGB IX, Rn. 10.

7 BAG 12.9.2006 – 9 AZR 807/05, AP SGB IX § 81 Nr. 13; 13.10.2011 – 8 AZR 608/10, AP AGG § 15 Nr. 9; 21.2.2013 – 8 AZR 180/12, NZA 2013, 840, 842; 22.8.2013 – 8 AZR 574/12, AP SGB IX § 81 Nr. 21; zudem hat ein eventuell im Betrieb bestehender Betriebsrat gemäß § 99 II Nr. 1 BetrVG ein Zustimmungsverweigerungsrecht, BAG 14.11.1989 – 1 ABR 88/88, AP BetrVG 1972 § 99 Nr. 77.

112 V (3) Ein ausgeschriebener Arbeitsplatz muss grds. auch als Teilzeitarbeitsplatz ausgeschrieben werden (**§ 7 I TzBfG**). Ein Verstoß gegen die Norm ist aber sanktionslos.[8]

113 V (4) Gemäß **§ 93 BetrVG** kann der Betriebsrat verlangen, dass neu zu besetzende Arbeitsplätze vor ihrer Besetzung innerhalb des Betriebs ausgeschrieben werden.[9] Wird der Arbeitgeber dieser Anforderung nicht gerecht, so kann der Betriebsrat die für die Einstellung notwendige[10] Zustimmung verweigern, § 99 II Nr. 5 BetrVG.

Hinweis: Die §§ 93, 99 II Nr. 5 BetrVG gehören nicht zum Pflichtfachstoff.

II. Vorstellungskosten

114 Durch Vorstellungsgespräche (oder andere Arten der Bewerberauswahl wie z.B. Assessment-Center) entstehen dem Bewerber oft Kosten (z.B. für Anfahrt und Übernachtung). Wer diese zu tragen hat, hängt davon ab:

- Forderte der Arbeitgeber den Bewerber auf, sich persönlich vorzustellen, so ist das als **Auftrag** zu werten mit der Folge, dass nach **§ 670 BGB** der Arbeitgeber die Aufwendungen zu ersetzen hat, die der Bewerber für erforderlich halten durfte.[11] Das umfasst die **notwendigen Aufwendungen**, wobei in der Regel nur die – bei Anreise mit dem eigenen PKW: hypothetischen – Kosten für die 2. Bahnklasse erstattungsfähig sind, Flugkosten sind dagegen i.d.R. nur bei expliziter Zusage zu erstatten.[12] Die Kosten für eine Übernachtung können nur ersetzt verlangt werden, wenn eine Rückreise am Tag der Bewerbung wegen der langen Reisezeiten unzumutbar wäre.[13] Den Verdienstausfall des Bewerbers muss der Arbeitgeber nach umstrittener, aber zutreffender Auffassung nicht tragen.[14]
- Diesen bei Aufforderung durch den Arbeitgeber zur persönlichen Vorstellung grundsätzlich bestehenden Anspruch aus § 670 BGB kann der Arbeitgeber allerdings durch **eindeutige Erklärung vor Anreise** des Bewerbers ausschließen mit der Folge, dass dieser sämtliche Kosten selbst tragen muss.[15]
- Handelt es sich um eine **Initiativvorstellung** des Bewerbers, so scheidet ein Anspruch aus § 670 BGB mangels Auftragsverhältnisses stets aus.

---

8 Küttner/*Kreitner*, Personalbuch, „Ausschreibung“, Rn. 11 m.w.N.

9 Richardi/*Thüsing*, BetrVG, § 93, Rn. 31 f.

10 Verweigert der Betriebsrat seine Zustimmung, so ist der abgeschlossene Arbeitsvertrag zwar dennoch wirksam, der Arbeitgeber kann das Arbeitsverhältnis aber betriebsbedingt kündigen, vgl. ErfK/*Kania*, § 99 BetrVG, Rn. 45.

11 BAG 14.2.1977 – 5 AZR 171/76, AP BGB § 196 Nr. 8; 29.6.1988 – 5 AZR 433/87, NZA 1989, 468.

12 ArbG Hamburg 2.11.1994 – 13 Ca 24/94, NZA 1995, 428; ArbG Düsseldorf 15.5.2012 – 2 Ca 2404/12, NZA-RR 2012, 488.

13 MüKo-BGB/*Spinner*, § 611a, Rn. 807.

14 ArbG Marburg/Lahn 22.7.1969 – Ca 280/69, DB 1969, 2041; MüKo-BGB/*Henssler*, § 629, Rn. 35; Staudinger/*Richardi/Fischinger*, § 611a, Rn. 616; **a.A.** LAG Düsseldorf 18.5.1956 – 2 b Sa 289/55, BB 1956, 817; ErfK/*Müller-Glöge*, § 629 BGB, Rn. 15.

15 ArbG Kempten 12.4.1994 – 4 Ca 720/94, BB 1994, 1504; MüKo-BGB/*Henssler*, § 611, Rn. 632; Staudinger/*Richardi/Fischinger*, § 611a, Rn. 616.

III. Umgang mit Bewerbungsunterlagen

Bewerbungsunterlagen (wie z.B. Lebenslauf und [Arbeits-]Zeugnisse) hat der Bewerber auf seine **Kosten** zu erstellen und an den Arbeitgeber zu übermitteln. 115

Hatte der Arbeitgeber – wenn auch allgemein, z.B. über das Internet – **zu Bewerbungen aufgefordert**, so ist er aufgrund eines vorvertraglichen Schuldverhältnisses (§ 311 II Nr. 2 BGB) verpflichtet, die ihm übersendeten Unterlagen sorgfältig zu **verwahren** und sie nach Abschluss des erfolglosen[16] Bewerbungsverfahrens auf seine Kosten **zurückzusenden**.[17] Gespeicherte Bewerberdaten und über ihn angelegte Dokumente müssen zum Schutz seines Allgemeinen Persönlichkeitsrechts aus Datenschutzgründen gelöscht werden, wenn die Voraussetzungen von Art. 17 DSGVO vorliegen. 116

Handelte es sich dagegen um eine nicht vom Arbeitgeber „provozierte" Initiativbewerbung, kommt kein vorvertragliches Schuldverhältnis zustande, entsprechend bestehen keine Aufbewahrungs- und Verwahrungspflichten.[18] 117

IV. Fragerecht des Arbeitsgebers vor Begründung des Arbeitsverhältnisses

1. Grundlagen

Naturgemäß wollen beide potenziellen Vertragspartner vor Vertragsabschluss so viel wie möglich an Informationen über den anderen erlangen, um so auf möglichst breiter Tatsachenbasis über den Vertragsschluss entscheiden zu können. Überdies folgt aus der Vertragsfreiheit, dass jeder selbst bestimmen kann, von was er den Abschluss eines Vertrages abhängig macht, so dass er den Vertragspartner grundsätzlich nach allen Umständen fragen kann, die **für ihn** vor Eingehung des Vertrages wesentlich sind. Bei Anbahnung von Arbeitsverhältnissen wird dieses Fragerecht des Arbeitgebers aber zum Schutz des Bewerbers und seines Allgemeinen Persönlichkeitsrechts **beschränkt**. Ließe man nämlich ein unbeschränktes Fragerecht zu, so stünde der Bewerber oftmals vor einem unlösbaren **Dilemma**: Fragt bspw. der Arbeitgeber eine (nicht erkennbar schwangere) Bewerberin nach bestehenden Schwangerschaften, so bliebe der Bewerberin nur eine der drei, jeweils unerquicklichen Alternativen: 118

- Sie **antwortet wahrheitsgemäß**. Dann dürfte das Risiko, nicht eingestellt zu werden, hoch sein, denn warum sonst sollte der Arbeitgeber nach diesem Umstand gefragt haben?
- Sie **verweigert eine Antwort**. Das kommt aber faktisch einem „Eingeständnis" gleich, schwanger zu sein, so dass auch hier wiederum die Nichteinstellung droht.
- Sie **lügt**, verneint also wahrheitswidrig ihre Schwangerschaft. Dann wird sie zwar (vielleicht) zunächst eingestellt, sollte aber – was im konkreten Beispiel sehr

16 Wird der Bewerber dagegen eingestellt, so werden die Unterlagen typischerweise Teil der Personalakte.

17 BeckOK-ArbR/*Joussen*, § 611a BGB, Rn. 47.

18 *Laber/Klein*, ArbRB 2002, 171, 172; Küttner/*Poeche*, Personalbuch, „Bewerbung", Rn. 3.

wahrscheinlich ist – der Arbeitgeber eines Tages die Wahrheit erfahren, könnte er im Grundsatz den zustande gekommenen Arbeitsvertrag wegen **arglistiger Täuschung** anfechten, § 123 I Alt. 1 BGB.

119 Um den Bewerber vor diesem unentrinnbaren Dilemma zu schützen, bleibt nur, beim Fragerecht des Arbeitgebers anzusetzen und dieses mit der Folge zu beschränken, dass bei der **Lüge** auf eine **unzulässige Frage kein Anfechtungsrecht** des Arbeitgebers aus § 123 I Alt. 1 BGB besteht. Dogmatisch begründen lässt sich dies damit, dass eine Anfechtung nach § 123 I Alt. 1 BGB in Erweiterung des Wortlauts ebenso wie diejenige nach § 123 I Alt. 2 BGB (wo dies aber klar normiert ist: „*widerrechtlich* durch Drohung") nur möglich ist, wenn die Täuschung **widerrechtlich** war.[19] Daran fehlt es aber gerade, wenn die Frage des Arbeitgebers unzulässig war, besteht dann doch keine Pflicht zur wahrheitsgemäßen Beantwortung.[20]

120 Ein Fragerecht des Arbeitgebers besteht nur insoweit, als er ein **berechtigtes, billigenswertes und schutzwürdiges Interesse** an der Beantwortung der Frage für das angestrebte Arbeitsverhältnis hat, hinter dem die Belange des Bewerbers zurücktreten müssen; anderenfalls hat der Bewerber ein **„Recht zur Lüge"**.[21] Entscheidend ist eine **Abwägung** zwischen dem **Informationsinteresse** des Arbeitgebers und dem Allgemeinen Persönlichkeitsrecht des Bewerbers (Art. 2 I i.V.m. Art. 1 I GG), welches das Recht auf **informationelle Selbstbestimmung**[22] und damit die Befugnis umfasst, zu entscheiden, welche persönlichen Daten er offenlegt.[23] Die Frage ist umso eher unzulässig, je (objektiv) weniger relevant der abgefragte Umstand für den angestrebten Arbeitsplatz ist und je weiter sie die Privatsphäre des Bewerbers berührt.

121 Das ohnehin schon durch diese Grundsätze beschränkte Fragerecht des Arbeitgebers wird seit 2006 ferner durch die Regelungen des **AGG** eingeengt: Eine auf ein nach § 1 AGG verbotenes Differenzierungsmerkmal gerichtete Frage wird verbreitet bereits als Benachteiligung i.S.v. § 7 AGG gesehen mit der Folge, dass sie nur dann zulässig ist, wenn sie nach §§ 5, 8-10 AGG gerechtfertigt ist.[24]

Klausurhinweis: Das Fragerecht des Arbeitgebers und seine Beschränkungen werden fast ausschließlich im Kontext der **Anfechtung von Arbeitsverträgen wegen arglistiger Täuschung** relevant (s. Rn. 176). Zulässig ist sie über den Wortlaut von § 123 I Alt. 1 BGB hinaus nur bei einer **widerrechtlichen** Täuschung. Deshalb ist zunächst abstrakt kurz zu begründen, warum das Fragerecht zu beschränken ist und bei einer unzulässigen Frage eine widerrechtliche Täuschung ausscheidet.

19 BAG 20.5.1999 – 2 AZR 320/98, AP BGB § 123 Nr. 50 m.w.N.; MünchArbR/*Benecke*, § 38, Rn. 34.
20 BAG 22.9.1961 – 1 AZR 241/60, AP BGB § 123 Nr. 15.
21 Vgl. z.B. BAG 7.6.1984 – 2 AZR 270/83, AP BGB § 123 Nr. 26; 5.10.1995 – 2 AZR 923/94, AP BGB § 123 Nr. 40; *Hohenstatt/Stamer/Hinrichs*, NZA 2006, 1065; *Kaehler*, ZfA 2006, 519.
22 Vgl. dazu BVerfGE 65, 1; BVerfG 24.0.2015 – 1 BvR 2501/13, NVwZ 2016, 53, 54.
23 BAG 5.12.1957 – 1 AZR 594/56, AP BGB § 123 Nr. 2; 5.10.1995 – 2 AZR 923/94, AP BGB § 123 Nr. 40.
24 ErfK/*Preis*, § 611a BGB, Rn. 272 m.w.N. auch zur überzeugenden Gegenauffassung.

2. Einzelne Fallgruppen

a) Arbeitsplatzbezogene Voraussetzungen

Ein Fragerecht des Arbeitgebers besteht (selbstverständlich), wo es darum geht, festzustellen, ob der Bewerber nach seinen **fachlichen Kenntnissen, Fähigkeiten** und **Erfahrungen** für den zu besetzenden Arbeitsplatz geeignet ist. Entsprechend darf der Arbeitgeber z.B. nach (bestandenen) Prüfungen, Noten oder Berufserfahrung fragen, der Bewerber hat frühere Arbeitgeber, die dortigen Tätigkeiten und die Dauer der Beschäftigung auf Verlangen offenzulegen.[25] Gleiches gilt – wegen § 14 II 2 TzBfG (dazu Rn. 1196 ff.) – für die Frage nach einer eventuellen Vorbeschäftigung,[26] nach bestehenden Wettbewerbsverboten[27] oder – bei Nicht-EU-Ausländern – nach der notwendigen Aufenthaltserlaubnis.[28] Auch nach ausreichenden Sprachkenntnissen kann gefragt werden, wenn diese für die Tätigkeit relevant sind.[29] **122**

b) Finanzielle Umstände

Grundsätzlich kein Fragerecht besteht danach, über welches **Vermögen** der Arbeitnehmer verfügt, handelt es sich doch um einen für das Arbeitsverhältnis nicht relevanten Umstand. Etwas anderes gilt ausnahmsweise, wenn der angestrebte Arbeitsplatz ein besonderes Vertrauensverhältnis erfordert, mit Zugriff auf viel Geld verbunden ist oder aber die Gefahr von Geheimnisverrat oder Bestechung besteht.[30] **123**

Auch nach **früherem Arbeitseinkommen** darf grundsätzlich nicht gefragt werden. Etwas anderes gilt nur, wenn es Rückschluss auf die Eignung des Bewerbers erlaubt, was anzunehmen sein kann, wenn die bisherige und die angestrebte Position zumindest vergleichbare Kenntnisse und Fähigkeiten erfordern, oder wenn der Bewerber zuvor eine leistungsabhängige Vergütung erhalten hat, deren Höhe für seine Einsatzbereitschaft kennzeichnend ist.[31] **124**

Hinsichtlich der Zulässigkeit der Frage nach **Lohn- und Gehaltspfändungen** ist zu unterscheiden: Nach **aktuellen** Pfändungen darf richtigerweise angesichts des damit für den Arbeitgeber einhergehenden Verwaltungs- und Kostenaufwands stets gefragt werden.[32] Für Fragen nach Pfändungen in der **Vergangenheit** gilt dies dagegen nur, wenn es um die Besetzung besonderer Vertrauenspositionen geht, bei denen ein besonders zuverlässiger Arbeitnehmer gesucht wird, der mit Geld umgehen kann.[33] **125**

25 ErfK/*Preis*, § 611a BGB, Rn. 273.
26 Staudinger/*Richardi/Fischinger*, § 611a, Rn. 554.
27 Küttner/*Kreitner*, Personalbuch, „Auskunftspflichten Arbeitnehmer“, Rn. 12.
28 HWK/*Rupp*, § 7 AGG, Rn. 3.
29 Vgl. BAG 28.1.2010 – 2 AZR 764/08, NZA 2010, 625, 626; ErfK/*Preis*, § 611a BGB, Rn. 273.
30 *Degener*, Fragerecht, S. 120; *Moritz*, NZA 1987, 329, 333; MünchArbR/*Benecke*, § 33, Rn. 127.
31 BAG 19.5.1983 – 2 AZR 171/81, AP BGB § 123 Nr. 25; *Wisskirchen/Bissels*, NZA 2007, 169, 174; **a.A.** (Frage grds. zulässig) BeckOK-ArbR/*Joussen*, § 611 BGB, Rn. 81.
32 MüKo-BGB/*Spinner*, § 611a, Rn. 538; Küttner/*Kreitner*, Personalbuch, „Auskunftspflichten Arbeitnehmer“, Rn. 20; Staudinger/*Richardi/Fischinger*, § 611a, Rn. 563; **a.A.** (nur bei besonderer Vertrauensposition) *Thüsing*, § 123, Rn. 10; *Schaub/Linck*, ArbRHdB, § 26, Rn. 34; ErfK/*Preis*, § 611a BGB, Rn. 280; vermittelnd BAG 4.11.1981 – 7 AZR 264/79, AP KSchG 1969 § 1 Verhaltensbedingte Kündigung Nr. 4.
33 Staudinger/*Richardi/Fischinger*, § 611a, Rn. 563.

c) Vorstrafen/laufendes Strafverfahren

126 Fragen nach **Vorstrafen** beeinträchtigen die – verfassungsrechtlich abgesicherte[34] – Chance des Täters auf Resozialisierung. Seine Pflicht, die Wahrheit zu sagen, ist deshalb zweifach beschränkt:

(1) Gefragt werden kann nur nach Vorstrafen, die auf persönliche (Charakter-) Eigenschaften schließen lassen, die für das angestrebte Arbeitsverhältnis relevant sind. Das setzt voraus, dass die Art der Vorstrafe einen **Bezug zum konkret zu besetzenden Arbeitsplatz** hat. Entsprechend darf z.B. ein Kraftfahrer nach Straßenverkehrsdelikten, ein Erzieher nach Sittlichkeitsdelikten oder eine Kassiererin nach Vermögensdelikten gefragt werden, nicht aber eine kaufmännische Angestellte nach Sittlichkeitsdelikten.[35]

(2) Selbst wenn der Bezug zum Arbeitsplatz bestehen sollte, muss der Bewerber nach § 53 I Nr. 2 BZRG Vorstrafen nicht offenbaren, hinsichtlich derer die **Tilgungsfristen des § 51 BZRG** im Bundeszentralregister abgelaufen sind.[36]

Daraus folgt: Will sich der Arbeitgeber nach Vorstrafen erkundigen, so muss er die Frage entsprechend beschränken, also klarstellen, dass er nur nach „einschlägigen" Vorstrafen und auch nur nach solchen fragt, welche nicht schon im Bundeszentralregister getilgt wurden; fasst der Arbeitgeber die Frage zu weit, so hat der Bewerber insgesamt ein Recht zur Lüge.[37]

127 Nach **laufenden Ermittlungsverfahren** darf nur gefragt werden, wenn die dort verfolgte Straftat einen Bezug zum konkreten Arbeitsverhältnis im obigen Sinne hat, mithin geeignet ist, die persönliche Eignung des Bewerbers zu beeinträchtigen.[38] Einer entsprechenden Frage steht dann nach zutreffender, ganz h.M. die strafrechtliche Unschuldsvermutung nicht entgegen, weil deren Anwendungsbereich auf das Strafverfahren beschränkt ist.[39]

128 Unabhängig vom Bezug zum konkret zu besetzenden Arbeitsverhältnis ist jedoch die Frage zulässig, ob der Bewerber demnächst eine **Haftstrafe** antreten muss.[40]

d) Persönliche Lebensverhältnisse

129 Fragen nach den persönlichen Lebensverhältnissen des Bewerbers – wie insb. Familienstand (ledig, verheiratet, geschieden, nichteheliche Lebensgemeinschaft), sexuelle Identität (vgl. § 1 AGG), Kinderzahl/-wunsch, Religions- und Parteizugehörigkeit,

34 Vgl. BVerfG 5.6.1973 – 1 BvR 536/72, NJW 1973, 1226, 1231.

35 BAG 5.12.1957 – 1 AZR 594/56, BAGE 5, 159, 164; 20.5.1999 – 2 AZR 320/98, NZA 1999, 975, 976.

36 BAG 20.3.2014 – 2 AZR 1071/12, NZA 2014, 1131, 1133; *Hofmann*, ZfA 1975, 1, 29 ff.; *Moritz*, NZA 1987, 329, 334.

37 BAG 6.9.2012 – 2 AZR 270/11, NJW 2013, 1115.

38 BAG 27.5.2005 – 7 AZR 508/04, NZA 2005, 1243, 1245 f.; 6.9.2012 – 2 AZR 270/11, NZA 2013, 1087, 1088 f.

39 BAG 20.5.1999 – 2 AZR 320/98, NZA 1999, 975, 976; *Ehrich*, DB 2000, 421, 422; ErfK/*Preis*, § 611a BGB, Rn. 281; MüKo-BGB/*Spinner*, § 611a, Rn. 538; **a.A.** *Schwerdtner*, Arbeitsrecht I, S. 33; *Moritz*, NZA 1987, 329, 334.

40 ErfK/*Preis*, § 611a BGB, Rn. 281; Küttner/*Kreitner*, Personalbuch, „Auskunftspflichten Arbeitnehmer", Rn. 6; *Linnenkohl*, AuR 1983, 129, 140.

Verfassungstreue, erfolgte oder geplante Geschlechtsumwandlung – sind grundsätzlich **unzulässig**. Denn hierbei handelt es sich um Umstände, die für das Arbeitsverhältnis regelmäßig irrelevant sind. Das gilt aber nicht apodiktisch:

(1) Die Fragen nach eventuellen **Verwandtschaftsverhältnissen** im Betrieb kann legitim sein, um Nepotismus vorzubeugen, aber ggf. auch, um sicherzustellen, dass nicht Kontrollmechanismen an verwandtschaftlicher Verbundenheit scheitern (z.B. Controllerin, die die Tätigkeit ihres Mannes überwachen müsste)[41].

(2) Umstritten ist, ob die Frage nach dem **Lebensalter** zulässig ist. Das wird nach dem Inkrafttreten des AGG verbreitet abgelehnt.[42] Richtigerweise wird man die Frage dagegen grundsätzlich für zulässig halten können, kann der Arbeitgeber doch den Werdegang des Bewerbers und dessen Leistungen oft nur adäquat einschätzen, wenn er dessen Alter kennt (Motto: „Leistung = Arbeit geteilt durch Zeit").[43] **130**

(3) Von dem grundsätzlichen Verbot, nach der **Religionszugehörigkeit** zu fragen, existieren Ausnahmen: **131**

- Ein Fragerecht ist zunächst denkbar, wenn der einstellende Arbeitgeber eine **Religionsgemeinschaft** ist. Allerdings gilt das nicht für jede zu besetzende Position, sondern nur für solche, die für die Religionsbetätigung von Bedeutung sind. Dabei kann zwischen dem „verkündungsnahen" und dem „verkündungsfernen" Bereich unterschieden werden: Während die Tätigkeiten im verkündungsnahen Bereich für die Ausübung und Verwirklichung der kirchlichen Lehren von (großer) Bedeutung sind (z.B. Pfarrer), spielen diejenigen im verkündungsfernen Bereich keine oder jedenfalls nur eine untergeordnete Rolle (z.B. Hausmeister). Entsprechend besteht nur bei der Besetzung von Stellen im verkündungsnahen, nicht aber im -fernen Bereich ein Fragerecht nach der Religionszugehörigkeit (s. auch Rn. 265).
- Auch bei nicht-kirchlichen Arbeitgebern wird man ein Fragerecht bejahen können, soweit es darum geht, festzustellen, ob der Bewerber aus religiösen Gründen gehindert wäre, den Arbeitspflichten nachzukommen (Beispiel: Muslim als Alkoholverkäufer).[44]
- **Scientology** wird von der höchstrichterlichen Rechtsprechung nicht als geschützte Religions- oder Weltanschauungsgemeinschaft angesehen,[45] so dass richtigerweise nach einer Mitgliedschaft uneingeschränkt gefragt werden darf.[46]

(4) Nach der **Parteizugehörigkeit** kann ggf. gefragt werden, wenn Arbeitgeber eine politische Partei oder ein sonstiger Tendenzbetrieb – insb. ein (Zeitungs-)Verlag – ist, **132**

41 Vgl. MüKo-BGB/*Thüsing*, § 11 AGG, Rn. 20; Richardi/*Thüsing*, BetrVG, § 94, Rn. 24; *Moritz*, NZA 1987, 329, 333; kritisch *Wisskrichen/Bissels*, NZA 2007, 169.

42 *Wisskirchen/Bissels*, NZA 2007, 169, 172; HWK/*Rupp*, § 7 AGG, Rn. 3; ErfK/*Preis*, § 611a BGB, Rn. 274.

43 *Schaub/Linck*, ArbRHdB, § 26, Rn. 24; *Szech*, Die Anfechtung des Arbeitsvertrags durch den Arbeitgeber und das Allgemeine Gleichbehandlungsgesetz [2012], 260 f.; *Hanau*, ZIP 2006, 2189, 2193; Staudinger/*Richardi/Fischinger*, § 611a, Rn. 580.

44 *Schaub/Linck*, ArbRHdB, 14. Auflage 2011, § 26, Rn. 31; Staudinger/*Richardi/Fischinger*, § 611a, Rn. 567.

45 BAG 22.3.1995 – 5 AZB 21/94, AP ArbGG § 5 Nr. 21.

46 Ebenso *Bauer/Baeck/Merten*, DB 1997, 2534, 2535; zweifelnd *Küttner/Kreitner*, Personalbuch, „Auskunftspflichten Arbeitnehmer", Rn. 21; ErfK/*Preis*, § 611a BGB, Rn. 274.

kann es doch in beiden Fällen notwendig sein, über eine entsprechende Frage sicherzustellen, dass nicht Anhänger der „falschen" politischen Richtung eingestellt werden. Nach einer Mitgliedschaft in der ehemaligen **SED** oder eine Tätigkeit beim **MfS („Stasi")** kann im öffentlichen Dienst[47] und bei solchen privaten Arbeitgebern gefragt werden, die mit öffentlich-rechtlichen Aufgaben eng verbunden sind.[48]

133 (5) Die Frage nach einer eventuellen **Gewerkschaftszugehörigkeit** ist vor Begründung des Arbeitsverhältnisses grundsätzlich rechtswidrig. Zwar kann die Mitgliedschaft in einer Gewerkschaft wegen der Anwendbarkeit von Tarifverträgen (§§ 4 I, 3 I TVG, s. Rn. 100) von erheblicher Bedeutung für das Arbeitsverhältnis sein, die Gefahr, dass der Arbeitgeber Bewerber allein wegen der Gewerkschaftszugehörigkeit nicht einstellt, läge aber auf der Hand, so dass die Frage als nach Art. 9 III 2 GG unzulässige Beschränkung der Koalitionsfreiheit anzusehen ist.[49]

134 V Zulässig ist die Frage somit erst nach Einstellung und selbst dann nur, wenn sie für die Tarifbindung von Bedeutung ist (d.h. nicht, wenn entweder im Betrieb ohnehin keine Tarifverträge gelten oder ohnehin auf alle im Arbeitsvertrag Bezug genommen wird).[50]

e) Schwangerschaft

135 Nach heute ganz h.M. ist – wie nunmehr auch im Grundsatz § 3 I 2 AGG bestätigt – die Frage nach einer früheren, aktuellen oder auch nur geplanten Schwangerschaft **stets unzulässig**.[51]

136 V Das soll selbst dann gelten, wenn die Schwangere **nur befristet eingestellt** werden soll.[52] Letzteres überzeugt in dieser Pauschalität nicht: Wenn es sich um eine vergleichsweise kurzfristige Befristung handelt, ist richtigerweise ein berechtigtes Interesse des Arbeitgebers anzuerkennen, über die Frage sicherzustellen, dass er nicht jemanden – bspw. zur Vertretung – einstellt, der dann voraussichtlich für einen erheblichen Teil der Arbeitszeit wegen mutterschutzrechtlicher Beschäftigungsverbote ohnehin nicht wird arbeiten dürfen.[53]

f) Behinderung/Schwerbehinderung

137 Während die Frage nach einer (Schwer-)Behinderung früher für zulässig gehalten wurde,[54] ist sie nach Einführung des AGG sowie § 164 II SGB IX, die ungerechtfer-

47 BAG 13.6.1996 – 2 AZR 483/95, NZA 1997, 204; 28.5.1998 – 2 AZR 549/97, AP BGB § 123 Nr. 46; 16.12.2004 – 2 AZR 148/04, AP BGB § 123 Nr. 64.

48 BAG 25.10.2001 – 2 AZR 559/00, NJOZ 2002, 1333.

49 BAG 28.3.2000 – 1 ABR 16/99, AP BetrVG 1972 § 99 Einstellung Nr. 27; 18.11.2014 – 1 AZR 257/13, NZA 2015, 306, 309.

50 *Meyer*, BB 2011, 2362, 2364; *Preis/Greiner*, NZA 2007, 1073; *Küttner/Kreitner*, Personalbuch, „Auskunftspflichten Arbeitnehmer", Rn. 18.

51 EuGH 8.11.1990 – C-177/88, AP EWG-Vertrag Art. 119 Nr. 23; BAG 15.10.1992 – 2 AZR 227/92, AP BGB § 611a Nr. 8; *Preis*, Individualarbeitsrecht, § 20, Rn. 789; MüKo-BGB/*Thüsing*, § 11 AGG, Rn. 23.

52 LAG Köln 11.10.2012 – 6 Sa 641/12, NZA-RR 2013, 232; *Schaub/Linck*, ArbRHdB, § 26, Rn. 41; ErfK/*Preis*, § 611a BGB, Rn. 274; *Küttner/Kreitner*, Personalbuch, „Auskunftspflichten Arbeitnehmer", Rn. 9.

53 *Pallasch*, NZA 2007, 306, 307 f.; *ders*, NZA-RR 2013, 232, 233 f.; *Herrmann*, SAE 2003, 125, 133; Staudinger/*Richardi/Fischinger*, § 611a, Rn. 572.

54 BAG 1.8.1985 – 2 AZR 101/83, AP BGB § 123 Nr. 30; 11.11.1993 – 2 AZR 467/93, AP BGB § 123 Nr. 38; 5.10.1995 – 2 AZR 923/94, AP BGB § 123 Nr. 40; 3.12.1998 – 2 AZR 754/97, AP BGB § 123 Nr. 49.

tigte Benachteiligungen wegen der (Schwer-)Behinderung untersagen, **grundsätzlich unzulässig**.[55]

Etwas anderes gilt, wenn die Nicht-(Schwer-)Behinderung des Arbeitnehmers wegen 138
der Art der auszuübenden Tätigkeit oder der Bedingungen ihrer Ausübung eine **wesentliche und entscheidende berufliche Anforderung** darstellt, sofern der Zweck rechtmäßig und die Anforderung angemessen ist (§ 8 AGG). Das ist anzunehmen, wenn der Arbeitnehmer aufgrund der Behinderung nicht in der Lage sein wird, die vertraglich geschuldete Arbeitsleistung zu erbringen und/oder mit nicht unerheblichen Arbeitsunfähigkeitszeiten zu rechnen sein wird.

Beispiel: Soll jemand als Umzugshelfer eingestellt werden, so ist essentiell, dass er schwere Lasten tragen kann. Wer wegen einer (Schwer-)Behinderung hierzu nicht in der Lage ist, muss eine darauf zielende Frage des Arbeitgebers deshalb wahrheitsgemäß beantworten.

Nach umstrittener, aber zutreffender Auffassung ist die Frage ferner zulässig, wenn 139
der Arbeitgeber – als sog. **positive Maßnahme (§ 5 AGG)** – gerade ganz bewusst einen Schwerbehinderten einstellen möchte und der Bewerber zugleich auf diese Absicht hingewiesen wird.[56]

Nach Begründung des Arbeitsverhältnisses darf der Arbeitgeber spätestens dann nach der 140
Schwerbehinderung fragen, wenn die Sechsmonatsfrist des § 173 I Nr. 1 SGB IX – nach der V
der besondere Kündigungsschutz für Schwerbehinderte eingreift – abgelaufen ist.[57] Weil darüber hinaus schon in den ersten sechs Monaten eine Beteiligung der Schwerbehindertenvertretung vor Kündigung eines Schwerbehinderten erforderlich ist (§ 178 SGB IX), wird man die Frage auch schon zuvor für zulässig halten können, wenn der Arbeitgeber eine Kündigung ins Auge fasst oder sonst ein legitimes Interesse an ihr hat (insb. weil er die ihm durch das SGB IX auferlegten Pflichten erfüllen möchte).[58]

g) Krankheit/Gesundheitszustand

aa) Grundlagen. Nicht apodiktisch untersagt sind Fragen nach dem Gesundheits- 141
zustand des Bewerbers respektive (bekannten) Erkrankungen, ist doch unmittelbar einsichtig, dass der Arbeitgeber ein legitimes Interesse daran hat, nicht jemanden einzustellen, der für die angestrebte Tätigkeit aus Gesundheitsgründen nicht geeignet sein wird. Andererseits ist zu beachten, dass Fragen nach dem Gesundheitszustand eine der intimsten Sphären des Menschen betreffen. Entsprechend ist die Frage danach **nur zulässig**, wenn eine der folgenden Fallgruppen vorliegt:

- Es handelt sich um eine Erkrankung, die (voraussichtlich) die **Eignung** für die angestrebte Tätigkeit **dauerhaft** oder in **periodisch wiederkehrenden Abständen**

---

55 ErfK/*Preis*, § 611a BGB, Rn. 274a; HWK/*Thüsing*, § 123 BGB, Rn. 25 f.; *Messingschlager*, NZA 2003, 301, 303 f.; LAG Hamm 19.10.2006 – 15 Sa 740/06; offen gelassen von BAG 7.7.2011 – 2 AZR 396/10, NZA 2012, 34, 36 und 16.2.2012, NZA 2012, 555, 556.

56 *Joussen*, NZA 2007, 174, 178 f.; *Husemann*, RdA 2014, 16, 17 f.; Staudinger/*Richardi/Fischinger*, § 611a, Rn. 576; **a.A.** *Bayreuther*, NZA 2010, 679, 680; ErfK/*Preis*, § 611a BGB, Rn. 274a.

57 BAG 16.2.2012 – 6 AZR 553/10, NZA 2012, 555, 556; *Husemann*, RdA 2014, 16, 20; BeckOK-ArbR/*Joussen*, § 611a, Rn. 131.

58 Staudinger/*Richardi/Fischinger*, § 611a, Rn. 577; *Schrader*, ArbRAktuell 2012, 157, 159; vgl. BeckOK-ArbR/*Joussen*, § 611a, Rn. 131; **a.A.** ErfK/*Preis*, § 611a BGB, Rn. 274a; *Künzl*, ArbRAktuell 2012, 235, 236.

einschränkt. Naturgemäß hängt die Art der Krankheit, nach der gefragt werden kann, von dem zu besetzenden Arbeitsplatz ab.

Beispiel: Ein Bauarbeiter kann nach einem Bruchleiden gefragt werden, eine Sekretärin dagegen nicht. Umgekehrt kann bei einer Sekretärin danach gefragt werden, ob ihre Augen gut genug für Bildschirmarbeit sind, ein Umzugshelfer aber nicht.

- Die Krankheit ist **ansteckend** und kann damit dem Arbeitgeber selbst, Kollegen oder Kunden gefährlich werden. Auch insoweit spielt die Art der zu erbringenden Arbeitsleistung selbstverständlich eine große Rolle (z.B. Krankenschwester oder Fernfahrer).
- Aufgrund der Krankheit ist zur Zeit des angepeilten Dienstantritts oder in absehbarer Zeit danach mit einer (zeitlich nicht völlig unerheblichen) **Arbeitsunfähigkeit** zu rechnen, z.B. wegen einer geplanten Kur/Operation.

Stets unzulässig ist die Frage nach den Ergebnissen genetischer Untersuchungen, § 19 Nr. 2 GenDG.[59]

142 **bb) Abgrenzung zur Behinderung.** Weil die Frage nach (zu befürchtender) krankheitsbedingter vollständiger Arbeitsunfähigkeit oder verminderter Leistungsfähigkeit zulässig sein kann, diejenige nach einer (Schwer-)Behinderung dagegen grundsätzlich nicht, stellt sich das Problem der **Abgrenzung von Behinderung und Krankheit**. Wie sie zu leisten ist, ist im Einzelnen strittig. Sowohl der EuGH[60] als auch der Gesetzgeber[61] stellen auf die (voraussichtliche) zeitliche **Dauer** der Beeinträchtigung ab, wobei § 2 I 1 SGB IX auf eine Frist von sechs Monaten rekurriert.[62] Das führt zu der absurden und offenkundig nicht haltbaren Folge, dass z.B. ein Fußballspieler, der für acht Monate wegen eines Kreuzbandrisses ausfällt, als behindert gelten müsste. Rechtspolitisch wäre es vorzuziehen, danach zu unterscheiden, ob die Erkrankung heilbar ist oder nicht.[63] Angesichts des eindeutigen gesetzgeberischen Willens ist dieser Weg aber aktuell versperrt und auf die Dauer abzustellen.

143 Daran gemessen stellt eine ausgebrochene **AIDS-Erkrankung** eine Behinderung dar, die Frage danach ist aber angesichts der wegen ihr zu erwartenden häufigen Arbeitsunfähigkeiten nach § 8 I AGG zulässig.[64] Anders verhält es sich bei einer „bloßen" **HIV-Infizierung**, bei der die Krankheit noch nicht ausgebrochen ist. Hier wird man eine Frage nur für zulässig halten können, wenn die konkrete Gefahr einer Ansteckung anderer Arbeitnehmer oder von Kunden droht, die der Arbeitgeber nicht durch mögliche und ihm zumutbare Maßnahmen verhindern kann.[65]

144 **cc) Alkohol- und Drogenabhängigkeit.** Nach gelegentlichem Alkohol- oder Drogenkonsum kann nicht gefragt werden. Hat sich dieser zu einer Sucht entwickelt und

---

59 Vgl. dazu *Fischinger*, NZA 2010, 65.

60 EuGH 11.4.2013 – C-335/11, NZA 2013, 553, 556; s. auch schon EuGH 11.7.2006 – C-13/05, AP Richtlinie 2000/78/EG Nr. 3.

61 Vgl. BT-Drucks. 18/9522, S. 227.

62 Vgl. BAG 19.12.2013 – 6 AZR 190/12, NZA 2014, 372, 379.

63 ErfK/*Schlachter*, § 1 AGG, Rn. 9; ErfK/*Preis*, § 611a BGB, Rn. 274b.

64 ErfK/*Preis*, § 611a BGB, Rn. 274c; *Richardi*, NZA 1988, 73, 74; *Heilmann*, BB 1989, 1413, 1414.

65 Vgl. Staudinger/*Richardi/Fischinger*, § 611a, Rn. 561; ErfK/*Preis*, § 611 BGB, Rn. 274c; BAG 19.12.2013 – 6 AZR 190/12, NZA 2014, 372, 379.

ist diese prognostisch innerhalb der nächsten sechs Monate nicht heilbar, liegt nach den obigen Regeln (Rn. 142) eine Behinderung vor, so dass eine Frage danach grundsätzlich ausscheidet (Rn. 137 f.); anders dagegen, wenn die Sucht in weniger als sechs Monaten heilbar erscheint, dann handelt es sich „nur" um eine Erkrankung und es gelten die entsprechenden Grundsätze (Rn. 141 f.).

3. Offenbarungspflicht

Vom Fragerecht des Arbeitgebers (und seinen Beschränkungen) ist die Frage zu unterscheiden, ob der Bewerber von sich aus – also **ungefragt** – bestimmte Umstände aufdecken muss. Das ist **grundsätzlich zu verneinen**, ist es doch Aufgabe jeder Vertragspartei, durch entsprechende Fragen selbst zu entscheiden, welche Umstände für sie für die Entscheidung über den Vertragsabschluss maßgeblich sind.[66] **145**

Ausnahmsweise folgt **aus § 242 BGB** eine **Offenbarungspflicht**, wenn unter Berücksichtigung der Verkehrsanschauung nach Treu und Glauben zu erwarten ist, dass der Bewerber den Arbeitgeber über den Umstand aufklärt. Das ist v.a. zu bejahen, wenn infolge des Umstands die **Erfüllung** der **Arbeitsverpflichtung** für einen nicht unerheblichen Zeitraum **unmöglich** oder jedenfalls **entscheidend beeinträchtigt** wäre.[67] Weitere Voraussetzung für eine Offenbarungspflicht ist ferner, dass eine entsprechende **Frage zulässig** wäre. **146**

Beispiele: Ein LKW-Fahrer muss seine Alkoholabhängigkeit offenlegen;[68] besteht ein Wettbewerbsverbot, das der angestrebten Tätigkeit widerspricht, so ist das zu offenbaren;[69] ist demnächst eine nicht unerhebliche Freiheitsstrafe anzutreten, so ist auch das mitzuteilen.[70]

In **Fall 5** hätte P auch ohne eine entsprechende Frage des A seine Pädophilie offenlegen müssen, handelt es sich doch angesichts der erheblichen Gefährdung des Wohls der P anvertrauten Kinder um einen für das Arbeitsverhältnis maßgeblichen Umstand (Fortsetzung Rn. 177). **147**

4. Folgen der Lüge/unterlassenen Offenlegung

Lügt der Bewerber auf eine Frage des Arbeitgebers oder deckt er einen Umstand nicht auf, so hängen die Rechtsfolgen davon ab, ob die Frage nach den obigen Grundsätzen zulässig war (bzw. eine Offenbarungspflicht bestand): **148**

- War die **Frage zulässig** (bzw. bestand eine Pflicht, den Umstand ungefragt zu offenbaren), so stellt die Lüge/Nicht-Offenlegung – je nachdem durch aktives Tun oder Unterlassen – eine arglistige und widerrechtliche Täuschung dar, die den Arbeitgeber im Grundsatz zur **Anfechtung** des zustande gekommenen Arbeitsver-

66 *Hofmann*, ZfA 1975, 1, 48.

67 BAG 6.9.2012 – 2 AZR 270/11, NZA 2013, 1087, 1089; 20.3.2014 – 2 AZR 1071/12, NZA 2014, 1131, 1133.

68 ArbG Kiel 21.1.1982 – 2 c Ca 2062/81, BB 1982, 804; *Gola*, BB 1987, 538, 539; ErfK/*Preis*, § 611a BGB, Rn. 289.

69 Vgl. BAG 21.11.1996 – 2 AZR 852/95; LAG Köln 25.9.2006 – 14 Sa 658/06, LAGE BGB 2002 § 626 Nr. 10; LAG Rheinland-Pfalz 23.1.2008 – 8 Sa 592/07.

70 LAG Hessen 7.8.1986 – 12 Sa 361/86, LAGE BGB § 123 Nr. 8.

trages nach § 123 I Alt. 1 BGB berechtigt (zu möglichen Ausnahmen wegen § 242 BGB vgl. Rn. 183). Überdies verletzt der Bewerber mit der Lüge vorvertragliche Pflichten, so dass – einen Schaden vorausgesetzt – ggf. **Schadensersatzansprüche** des Arbeitgebers aus §§ 311 II, 280 I, 241 II BGB (und ggf. §§ 823 II BGB, 263 StGB) in Betracht kommen.

- Anders verhält es sich, wenn die **Frage unzulässig** war (bzw. keine Offenbarungspflicht bestand). Eine widerrechtliche Täuschung liegt hier wegen des dem Bewerber zustehenden „Rechts zur Lüge" nicht vor, eine Anfechtung des Arbeitsvertrages scheidet ebenso aus wie Schadensersatzansprüche des Arbeitgebers.[71] Denkbar sind vielmehr umgekehrt Schadensersatzansprüche des Bewerbers nach **§ 15 I bzw. II AGG** (näher Rn. 273 ff.).

5. Weitere Informationsquellen für den Arbeitgeber

Hinweis: Die folgenden Aspekte sind eher nicht klausurrelevant.

a) Zeugnis eines vormaligen Arbeitgebers

149 V Oft wird der Bewerber ein Zeugnis über seine früheren Berufstätigkeiten vorlegen (zum Zeugnisanspruch näher Rn. 1149 ff.). Dessen Informationswert ist für den anwerbenden Arbeitgeber aber oft zweifelhaft, tendieren Arbeitgeber zur Vermeidung „hässlicher" Zeugnisstreitigkeiten mit ausscheidenden Arbeitnehmern – und/oder einem fehlerhaften Verständnis des Wohlwollengrundsatzes (s. Rn. 1151) – doch zur Ausstellung „arbeitnehmerfreundlicher" Zeugnisse. Damit aber geht der mit ihnen intendierte Erkenntniswert ein gutes Stück weit verloren.

b) Auskunftseinholung bei einem früheren Arbeitgeber

150 V Auch deshalb wäre es aus Sicht des anwerbenden Arbeitgebers „interessant", direkt bei einem alten Arbeitgeber Auskunft einzuholen. In Ermangelung eines eindeutigen Verbots im BDSG und der DSGVO wird man das nach geltender Rechtslage und in Übereinstimmung mit der klassischen Auffassung des BAG[72] für grundsätzlich zulässig halten müssen, und zwar sogar **ohne oder gar gegen den Willen des Bewerbers**.[73] Allerdings bestehen natürlich auch hier die Grenzen des Fragerechts des Arbeitgebers gegenüber dem Bewerber.[74] Es darf daher z.B. beim früheren Arbeitgeber nicht nach der sexuellen Identität des Bewerbers gefragt werden.

151 V Zulässig ist die Auskunftseinholung beim früheren Arbeitgeber unzweifelhaft, wenn der Bewerber sich damit freiwillig **einverstanden** erklärt oder seinen früheren Arbeitgeber sogar zur Auskunftserteilung aufgefordert hat.[75] Auch dann sind aber die dem direkten Fragerecht des Arbeitgebers gezogenen Grenzen zu beachten.

---

71 BAG 5.10.1995 – 2 AZR 923/94, NZA 1996, 371; ErfK/*Preis*, § 611a BGB, Rn. 287.

72 BAG 18.12.1984 – 3 AZR 389/83, AP BGB § 611 Persönlichkeitsrecht Nr. 8; bereits früher BAG 25.10.1957 – 1 AZR 434/55 und 5.8.1976 – 3 AZR 491/75, AP BGB § 630 Nr. 1 und 10.

73 Vgl. Staudinger/*Richardi/Fischinger*, § 611a, Rn. 1867.

74 Staudinger/*Richardi/Fischinger*, § 611a, Rn. 1867; Kilian/Heussen/*Polenz*, Computerrecht Teil 13, Rn. 7.

75 Staudinger/*Richardi/Fischinger*, § 611a, Rn. 1867

Erteilte der alte Arbeitgeber dem neuen gegenüber **Auskunft**, ohne dazu nach diesen Grundsätzen berechtigt gewesen zu sein, so haftet er dem Bewerber wegen der darin liegenden Persönlichkeitsrechtsverletzung auf Schadensersatz.[76] Ein Einstellungsanspruch gegen den neuen Arbeitgeber besteht allerdings nicht. **152 V**

War der frühere Arbeitgeber zwar nach den obigen Grundsätzen berechtigt, gegenüber dem neuen Arbeitgeber Auskunft zu geben, erteilte er aber **falsche Auskünfte**, so ist zu unterscheiden: **153 V**

- Handelt es sich um eine **wahrheitswidrig günstige Auskunft** (z.B. weil für das neue Arbeitsverhältnis relevante Straftaten verschwiegen werden) und wird der Bewerber (auch) deswegen eingestellt, kommt eine Schadensersatzhaftung des alten gegenüber dem neuen Arbeitgeber nach den gleichen Grundsätzen wie bei einem unrichtig günstigen Zeugnis in Betracht (s. dazu Rn. 1153).
- War die Auskunft dagegen **wahrheitswidrig ungünstig** (wurde z.B. fälschlich der Bewerber als faul bezeichnet) und wird der Bewerber nur deshalb nicht eingestellt, so haftet der alte Arbeitgeber ihm wegen Verletzung einer nachvertraglichen Pflicht auf materiellen Schadensersatz (§§ 280 I, 241 II BGB); Schaden ist im Grundsatz der ihm beim neuen Arbeitgeber entgehende Arbeitslohn. Verletzt die falsche Auskunft zudem sein Allgemeines Persönlichkeitsrecht, so kann er wegen des damit einhergehenden immateriellen Schadens eine Entschädigung verlangen, § 823 I BGB.[77]

c) Eignungsuntersuchungen

Der Arbeitgeber kann den Bewerber ferner über diverse Eignungsuntersuchungen „auf Herz und Nieren testen“ (z.B. Assessment-Center, psychologische Tests, graphologische Gutachten). Weil diese aber in der Regel ebenfalls einen Eingriff in das Allgemeine Persönlichkeitsrecht des Bewerbers darstellen, sind solche Einstellungstests nur zulässig, soweit sie zur Ermittlung der Eignung für die angestrebte Tätigkeit **geeignet und erforderlich** sind und der Bewerber ihnen **zugestimmt** hat.[78] **154 V**

Soweit nicht ohnehin bereits durch eine Rechtsvorschrift vorgeschrieben (so z.B. § 32 I JArbSchG), kann der Arbeitgeber ferner eine **ärztliche Untersuchung** des Bewerbers verlangen, aber nur insoweit, als diese überprüft, ob der Bewerber den psychischen und physischen Anforderungen des angepeilten Arbeitsplatzes voraussichtlich gerecht werden wird.[79] **155 V**

B. Abschluss des Arbeitsvertrags

I. Einigung

Grundlage des Arbeitsverhältnisses ist der (wirksame) Arbeitsvertrag (zur Frage, was geschieht, wenn dieser nichtig ist, vgl. Rn. 186 ff.). Als Unterfall des Dienstvertrages kommt dieser wie jeder andere Vertrag auch durch zwei korrespondierende Willenserklärungen **(Angebot und Annahme)** zustande, es gelten im Grundsatz die allge- **156**

76 Vgl. BAG 18.12.1984 – 3 AZR 389/83, AP BGB § 611 Persönlichkeitsrecht Nr. 8; Staudinger/*Richardi/Fischinger*, § 611a, Rn. 1868.
77 Vgl. *Bauer/Evers*, NZA 2006, 893, 897.
78 Vgl. BAG 13.2.1964 – 2 AZR 286/63, AP GG Art. 1 Nr. 1; *Franzen*, NZA 2013, 1, 2.
79 Vgl. LAG Rheinland-Pfalz 29.8.2007 – 7 Sa 272/07; *Zeller*, BB 1987, 2439, 2441.

meinen Regelungen des BGB AT (insb. §§ 145 ff. BGB). Eine Stellenausschreibung durch den Arbeitgeber oder die Einladung zu einem persönlichen Vorstellungsgespräch stellt ebenso wenig ein bindendes Angebot dar wie es umgekehrt die Übersendung einer Bewerbung tut; vielmehr handelt es sich hierbei jeweils nur um eine invitatio ad offerendum.[80]

157 Erforderlich ist, dass sich die beiden präsumtiven Vertragspartner wirksam auf die **essentialia negotii** einigen, sprich über die vom Arbeitnehmer geschuldeten **Arbeitsleistungen** einerseits, den dafür im Gegenzug vom Arbeitgeber zu erbringenden **Arbeitslohn** andererseits. In diesem Kontext sind drei Besonderheiten zu beachten, die verhindern sollen, dass ein wirksamer Vertragsschluss an einem Einigungsmangel über die essentialia negotii scheitert:

- **Fehlt eine Entgeltabrede** insgesamt, so gilt nach **§ 612 I BGB** „eine Vergütung [...] als stillschweigend vereinbart, wenn die Dienstleistung den Umständen nach nur gegen eine Vergütung zu erwarten ist". Damit wird zwar nach zutreffender Auffassung nicht das Vorliegen eines Dienstvertrages fingiert,[81] es wird aber verhindert, dass der Vertragsschluss an der fehlenden Entgeltabrede scheitert (was anderenfalls wegen eines offenen Dissenses der Fall wäre, § 154 I 1 BGB). Ob eine „Dienstleistung den Umständen nach nur gegen eine Vergütung zu erwarten ist" hängt v.a. vom Umfang und der Dauer der Dienste, der Verkehrssitte und den Berufs- und Erwerbsverhältnissen des Dienstleistenden ab.[82] Entscheidend ist ein objektiver Maßstab, nicht die subjektiven Vorstellungen der Beteiligten.[83] Wenn die erbrachten Dienstleistungen zum Beruf des Dienstleistenden zählen, kann regelmäßig nicht von einer unentgeltlichen Dienstleistung ausgegangen werden.[84] Umgekehrt kann bei reinen Gefälligkeiten regelmäßig keine Vergütung erwartet werden (näher zu § 612 Abs. 1 BGB s. auch Rn. 370 ff.).
- Waren sich die Parteien zwar über die Entgeltlichkeit der Dienstleistung einig, haben sie aber nicht die (konkrete) **Höhe der Vergütung** vereinbart, scheitert auch daran der Vertragsschluss nicht, greift in diesem Fall doch **§ 612 II BGB** ein. Er ist sowohl anwendbar, wenn die Parteien überhaupt keine Abrede über die Höhe der Vergütung getroffen haben, als auch, wenn sie zwar eine Abrede trafen, diese aber – z.B. wegen Sittenwidrigkeit – **nichtig** ist (vgl. Rn. 391 ff.).[85] Als Auslegungsreglung[86] gibt er vor, dass in diesem Fall entweder eine Taxe oder, so eine solche nicht existiert, die „übliche Vergütung" als vereinbart anzusehen sei. „Taxen" sind staatlich festgesetzte Vergütungssätze (z.B. im RVG für Rechtsanwälte oder in der GOÄ für Ärzte). „Üblich" ist die Vergütung, die am gleichen Ort in gleichen oder vergleichbaren Berufen für vergleichbare Arbeit unter Berücksich-

80 Staudinger/*Richardi/Fischinger*, § 611a, Rn. 387.
81 Staudinger/*Richardi/Fischinger*, § 612, Rn. 7 m.w.N.
82 BAG 11.10.2000 – 5 AZR 122/99, AP BGB § 611 Arbeitszeit Nr. 20; MüKo-BGB/*Müller-Glöge*, § 612, Rn. 6.
83 BAG 11.10.2000 – 5 AZR 122/99, NZA 2001, 458, 460; BAG 21.9.2011 – 5 AZR 629/10, NZA 2012, 145, 148.
84 MüKo-BGB/*Müller-Glöge*, § 612, Rn. 6.
85 BAG 24.11.1993 – 5 AZR 153/93, AP BGB § 611 Mehrarbeitsvergütung Nr. 11; 21.8.2012 – 3 AZR 698/10, NZA 2012, 1428, 1431.
86 HWK/*Thüsing*, § 612 BGB, Rn. 34.

tigung der persönlichen Verhältnisse des Arbeitnehmers (insb. Familienstand, Unterhaltsverpflichtungen, Dauer der Betriebszugehörigkeit) bezahlt zu werden gepflegt wird; das ist i.d.R. der übliche Tariflohn.[87] Existiert weder eine Taxe noch eine übliche Vergütung, so ist vorrangig zu prüfen, ob die Vergütungshöhe durch **ergänzende Vertragsauslegung** bestimmt werden kann;[88] ist auch das nicht möglich, wird man ein einseitiges Leistungsbestimmungsrecht des Arbeitnehmers (§§ 316, 315 I BGB) annehmen können, wobei er bei dessen Ausübung nach billigem Ermessen handeln muss (§ 315 III BGB).[89]

- Fehlt eine Einigung über den konkreten zeitlichen **Umfang der Arbeitsleistungspflicht**, so scheitert auch daran – trotz Fehlens einer § 612 BGB vergleichbaren Regelung – der Vertragsschluss nicht. Vielmehr ist im Zweifel ein Vollzeitarbeitsverhältnis anzunehmen, dessen Umfang entweder durch einen Rückgriff auf Tarifrecht oder die betriebsübliche Arbeitszeit zu ermitteln ist.[90]

II. Wirksamkeitshindernisse

Auch in Bezug auf mögliche Wirksamkeitshindernisse gelten im Arbeitsrecht im Ausgangspunkt **keine Besonderheiten**, m.a.W. es gelten die §§ 116-118 BGB[91] ebenso wie die §§ 164 ff. BGB und die §§ 104 ff. BGB. Hinzuweisen ist aber auf folgende Aspekte, die im Arbeitsleben relevant werden können: **158**

1. Beschränkte Geschäftsfähigkeit und Arbeitsverhältnis

Ist der **Arbeitgeber** in der Geschäftsfähigkeit beschränkt, so ist **§ 112 I 1 BGB** zu beachten. Danach gilt: Hat der gesetzliche Vertreter den minderjährigen Arbeitgeber zum selbstständigen Betrieb eines Erwerbsgeschäfts ermächtigt, so handelt es sich um einen beschränkten Generalkonsens[92] mit der Folge, dass der Minderjährige für alle Rechtsgeschäfte unbeschränkt geschäftsfähig ist, die der Geschäftsbetrieb mit sich bringt. Das umfasst insb. auch den Abschluss (sowie die Beendigung) von Arbeitsverträgen mit einzustellenden Arbeitnehmern.[93] **159**

Ist umgekehrt der **Arbeitnehmer** in der Geschäftsfähigkeit beschränkt, so bedarf er angesichts der mit Arbeitsverhältnissen verbundenen Haupt- und Nebenpflichten nach §§ 2, 106, 107 BGB der Zustimmung seines gesetzlichen Vertreters. Der Zu- **160**

87 BAG 26.4.2006 – 5 AZR 549/05, AP BGB § 138 Nr. 63; 20.4.2011 – 5 AZR 171/10, NZA 2011, 1173, 1174; BGH 13.11.2012 – XI ZR 145/12, juris Rn. 42.

88 MüKo-BGB/*Müller-Glöge*, § 612, Rn. 31; vgl. auch BGH 13.3.1985 – IV a ZR 211/82, NJW 1985, 1895, 1896 für Maklervertrag.

89 BAG 21.11.2001 – 5 AZR 87/00, AP BGB § 612 Nr. 63; ErfK/*Preis*, § 612 BGB, Rn. 42; Staudinger/*Richardi/Fischinger*, § 612, Rn. 61; **a.A.** (für Leistungsbestimmungsrecht des Arbeitgebers) hingegen BAG 21.4.2010 – 10 AZR 163/09, NZA 2010, 808, 810.

90 Vgl. BAG 8.10.2008 – 5 AZR 715/07, NJOZ 2009, 3114, 3117; 21.6.2011 – 9 AZR 236/10, NZA 2011, 1274, 1278; 15.5.2013 – 10 AZR 325/12, NZA-RR 2014, 519, 520 f.

91 Vgl. dazu Staudinger/*Richardi/Fischinger*, § 611a, Rn. 388.

92 MüKo-BGB/*Spickhoff*, § 112, Rn. 1.

93 BeckOGK-BGB/*Ahrens/Heicke*, § 112, Rn. 86; MüKo-BGB/*Spickhoff*, § 112, Rn. 17.

stimmung des **Familiengerichts** bedürfen die Eltern – anders als ein Vormund – **nicht**, weil § 1643 I BGB nicht auf § 1822 Nr. 7 BGB verweist.[94]

161 Bei einem minderjährigen Arbeitnehmer ist ferner **§ 113 I 1 BGB** zu beachten. Danach gilt: Ermächtigt der gesetzliche Vertreter den Minderjährigen, in Dienst oder Arbeit zu treten, so ist der Minderjährige für solche Rechtsgeschäfte unbeschränkt geschäftsfähig, welche die Eingehung oder Aufhebung eines Dienst- oder Arbeitsverhältnisses der gestatteten Art oder die Erfüllung der sich aus einem solchen Verhältnis ergebenden Verpflichtungen betreffen. Im Rahmen dieser **partiellen Geschäftsfähigkeit** kann der Minderjährige mithin ohne gesonderte (Einzel-)Zustimmung seines gesetzlichen Vertreters einen Arbeitsvertrag eingehen, diesen ändern und ihn durch Kündigung oder Abschluss eines Aufhebungsvertrags beenden;[95] das gilt aber nicht für ungewöhnliche, den Minderjährigen übermäßig belastende Vereinbarungen (z.B. branchenunübliche Vertragsstrafen oder Wettbewerbsverbote).[96] Umfasst ist von dem beschränkten Generalkonsens hingegen auch der Beitritt zu einer Gewerkschaft.[97] § 113 BGB gilt nur für Arbeits-, nicht aber Berufsausbildungsverhältnisse.[98]

162 Beim Abschluss von Arbeitsverträgen mit Personen, die noch nicht das 18. Lebensjahr vollendet haben, ist auch das **JArbSchG** zu beachten. Die Beschäftigung von Kindern – also Personen, die noch nicht 15 Jahre alt sind, § 2 I JArbSchG – sowie von Jugendlichen, die noch der Vollzeitschulpflicht unterliegen (§ 2 III JArbSchG), ist grundsätzlich verboten (§ 5 I JArbSchG); ein dagegen verstoßender Arbeitsvertrag ist nach zutreffender Ansicht aber dennoch wirksam,[99] Folge des Verstoßes ist mithin nur, dass das Kind nicht beschäftigt werden darf. Erst recht nicht nichtig sind Arbeitsverträge mit Jugendlichen, die nicht mehr der Vollzeitschulpflicht unterliegen (§ 2 II JArbSchG), hier existieren nur besondere Schutzvorschriften für die Vertragsdurchführung (z.B. zur Nachtruhe, § 14 JArbSchG[100]).

2. Formvorgaben

a) Gesetzliche Formvorschriften

163 Auch im Arbeitsrecht gilt der allgemeine zivilrechtliche Grundsatz, dass Verträge – vorbehaltlich einer speziellen anderslautenden Vorgabe – **formfrei** geschlossen werden können. Gesetzliche Formvorschriften für den **gesamten** Arbeitsvertrag existieren so gut wie nicht.

164 Jedoch finden sich z.T. gesetzliche Schriftformvorgaben für **einzelne** arbeitsvertragliche Absprachen. So muss sowohl die **Befristung** eines Arbeitsvertrags (§ 14 IV TzBfG) als auch die Vereinbarung eines **nachvertraglichen Wettbewerbsverbots** (§ 110 S. 2 GewO i.V.m. § 74 I HGB) schriftlich erfolgen. Der Arbeitsvertrag im Übrigen kann – auch wenn das praktisch wenig relevant ist – wirksam mündlich ge-

94 BAG 25.4.2013 – 8 AZR 453/12, NZA 2013, 1206, 1210.
95 MüKo-BGB/*Spickhoff*, § 113, Rn. 21.
96 ErfK/*Preis*, § 113 BGB, Rn. 7.
97 LG Essen 18.3.1965 – 11 T 633/64, AP BGB § 113 Nr. 3; HWK/*Thüsing*, § 611a BGB, Rn. 181.
98 Staudinger/*Knothe*, § 113, Rn. 7; ErfK/*Preis*, § 113 BGB, Rn. 6.
99 S. *Fischinger*/Reiter, Profisport, § 5, Rn. 55 m.w.N.
100 Zur Nachtruhe im Profisport vgl. *Fischinger*, CaS 2011, 150.

schlossen werden. Konsequenterweise führt ein Verstoß gegen diese Schriftformvorgaben **nicht** zur **Unwirksamkeit** des **gesamten** Arbeitsvertrages, sondern nur zu der der Befristung bzw. des Wettbewerbsverbots (s. näher Rn. 1172 ff. bzw. Rn. 703).

b) Exkurs: Das Nachweisgesetz (NachwG)

Das NachwG verpflichtet den Arbeitgeber zum **Nachweis** der vereinbarten Arbeitsbedingungen. Wurde der Arbeitsvertrag nicht ohnehin schriftlich geschlossen (dann: § 2 IV NachwG), muss der Arbeitgeber dem Arbeitnehmer spätestens einen Monat nach dem vereinbarten Beginn des Arbeitsverhältnisses die wesentlichen Vertragsbedingungen verschriftlicht überreichen, **§ 2 I NachwG**. Es handelt sich hierbei allerdings **nicht um ein gesetzliches Formerfordernis**. Daher führt die Verletzung der Nachweispflicht **nicht zur Unwirksamkeit des Arbeitsvertrages**.[101] Entsteht dem Arbeitnehmer infolge der Nichterfüllung der Nachweispflicht ein Schaden, so kann er angesichts der darin liegenden Pflichtverletzung des Arbeitgebers nach § 280 I BGB **Schadensersatz** verlangen. (Klausur-)Relevant wird das v.a., wenn der Arbeitgeber nicht auf eine arbeits- oder tarifvertraglich geltende **Ausschlussfrist** verwiesen hat (dazu näher Rn. 411 ff.). **165** **V**

c) Exkurs: Formvorgaben im Arbeitsvertrag

Logischerweise zwar nicht für den Abschluss des ursprünglichen Arbeitsvertrages selbst, aber für dessen **spätere Änderungen** können die Parteien Formvorgaben machen. Insoweit ist durch Auslegung zu bestimmen, ob diese **konstitutive** oder nur **deklaratorische** Bedeutung haben sollen; im ersten Fall führt ein Verstoß zur Unwirksamkeit, § 125 S. 2 BGB, im zweiten ist er rechtlich bedeutungslos. Ergibt die Auslegung kein eindeutiges Ergebnis, so ist nach der Zweifelsregelung des § 125 S. 2 BGB von einem konstitutiven Formerfordernis auszugehen.[102] **166**

Praxis- wie klausurrelevant ist die Unterscheidung zwischen einfachen und doppelten Schriftformklauseln. Eine **einfache** Schriftformklausel lautet etwa: **167**

„Eine spätere Änderung dieses Vertrages bedarf der Schriftform."

Eine solche Absprache ist zwar (auch in AGB) wirksam, aber **letztlich wirkungslos**. Denn wegen der Vertragsfreiheit sind spätere mündliche Absprachen dennoch wirksam; das Schriftformgebot steht nicht entgegen, weil es mit der mündlichen Absprache konkludent aufgehoben wird, und zwar selbst dann, wenn die Parteien dabei nicht an das Schriftformgebot dachten.[103]

Um eine **doppelte** Schriftformklausel handelt es sich dagegen z.B. im folgenden Fall: **168**

„Eine spätere Änderung dieses Vertrages bedarf der Schriftform. Die Aufhebung dieses Formerfordernisses bedarf selbst der Schriftform."

Anders als ein einfaches ist ein doppeltes Schriftformerfordernis grundsätzlich geeignet, eine spätere mündliche Änderung des Vertrages zu verhindern, weil ein Verstoß

101 BAG 21.8.1997 – 5 AZR 713/96, AP BBiG § 4 Nr. 1.

102 BAG 20.5.2008 – 9 AZR 382/07, NZA 2008, 1233, 1235.

103 BAG 18.9.2002 – 1 AZR 477/01, AP BGB § 242 Betriebliche Übung Nr. 59; 20.5.2008 – 9 AZR 382/07, NZA 2008, 1233, 1234; 14.9.2011 – 10 AZR 526/10, NZA 2012, 81, 82.

hiergegen nach **§ 125 S. 2 BGB** zur Nichtigkeit der Änderungsvereinbarung führt.[104] Fraglich ist allerdings, ob doppelte Schriftformklauseln im Arbeitsvertrag überhaupt **wirksam** vereinbart werden können. In einer echten Individualvereinbarung ist das zu bejahen. Für – im Arbeitsrecht wegen § 310 III Nr. 1, 2 BGB regelmäßig vorliegende (s. Rn. 210) – **AGB** gilt das zwar im Grundsatz ebenfalls, allerdings bestehen hier zwei gravierende Einschränkungen: So ist **§ 305b BGB** zu beachten, wonach individuelle Vertragsabreden stets Vorrang vor AGB haben. Spätere individuelle Absprachen sind deshalb selbst dann wirksam, wenn sie mündlich getroffen werden[105] – insoweit ist die formularmäßige doppelte Schriftformklausel zwar nicht unwirksam, aber wirkungslos. Darüber hinaus ist sie wegen **§ 307 I BGB** unwirksam, wenn sie bei dem Arbeitnehmer den falschen Eindruck erweckt, spätere mündliche Individualabreden seien unwirksam. Denn dann benachteiligt sie ihn unangemessen, droht sie ihn doch von der Durchsetzung ihm zustehender Rechte abzuhalten.[106]

3. Verstoß gegen §§ 134, 138 BGB

169 Auch Arbeitsverträge können gegen §§ 134, 138 BGB verstoßen, zur – gar: ex tunc wirkenden – Nichtigkeit führt das aber nicht stets (vgl. auch Rn. 186 ff.):

170 So verstoßen zwar sog. **Schwarzgeldabreden**, also Abreden, nach denen das Arbeitsentgelt ohne Abzug von Steuern und Sozialversicherungsbeiträgen ausgezahlt werden soll, gegen § 1 II Nr. 1, 2 SchwArbG und sind daher nach § 134 BGB unwirksam. Anders als bei „normalen" Dienstverträgen, wo dies zur Totalnichtigkeit des Vertrags führt,[107] bleibt ein Arbeitsvertrag im Übrigen aber wirksam.[108]

171 Geht der Arbeitnehmer zusätzlich zu seinem ersten Arbeitsverhältnis ein **Zweitarbeitsverhältnis** (auch Doppelarbeitsverhältnis genannt) ein, so ist das grundsätzlich zulässig. Etwas anderes gilt, wenn in der Addition der beiden Arbeitszeitverpflichtungen die durch das **ArbZG** gezogenen Höchstgrenzen (§§ 2 I 1 Hs. 2, 3 ArbZG) überschritten werden. Dann ist das **zweite** Arbeitsverhältnis unwirksam.[109] Aber: **(1)** Es greift insoweit die Lehre vom fehlerhaften Arbeitsverhältnis; soweit es in Vollzug gesetzt ist, ist es also für die Vergangenheit als wirksam zu betrachten (s. Rn. 186 ff.).[110] **(2)** Überdies kann es auch für die Zukunft, so dies dem Willen der Vertragsparteien entspricht, in dem gerade noch zulässigen zeitlichen Umfang aufrechterhalten werden.[111] **Nicht** zur Nichtigkeit eines Zweitarbeitsverhältnisses führt es hingegen, wenn der Arbeitnehmer mit seinem Abschluss (lediglich) gegen ein **Nebentätigkeits**- oder **Wettbewerbsverbot** aus seinem ersten Arbeitsvertrag verstößt. Solche Verstöße können nur Schadensersatzansprüche oder Kündigungsrechte des ersten Arbeitgebers begründen (näher dazu Rn. 710 und Rn. 700).

---

104 Vgl. BGH 2.6.1976 – VIII ZR 97/74, NJW 1976, 1395; BAG 20.5.2008 – 9 AZR 382/07, NZA 2008, 1233, 1234 f.

105 BGH 21.9.2005 – XII ZR 312/02, NJW 2006, 138, 139; BAG 25.4.2007 – 5 AZR 504/06, NZA 2007, 801, 803; 20.5.2008 – 9 AZR 382/07, NZA 2008, 1233, 1235.

106 BAG 20.5.2008 – 9 AZR 382/07, NZA 2008, 1233, 1235 f.

107 BAG 24.3.2004 – 5 AZR 233/03, ZTR 2004, 547.

108 BAG 26.2.2003 – 5 AZR 690/01, AP BGB § 134 Nr. 24; ErfK/*Preis*, § 611a BGB, Rn. 342.

109 BAG 19.6.1959 – 1 AZR 565/57, AP BGB § 611 Doppelarbeitsverhältnis Nr. 1.

110 Staudinger/*Richardi/Fischinger*, § 611a, Rn. 687 ff., 710.

111 LAG Nürnberg 19.9.1995 – 2 Sa 429/94, NZA 1996, 882.

Nur in seltenen Fällen wird ein Arbeitsvertrag **insgesamt** wegen Verstoßes gegen die **guten Sitten (§ 138 BGB)** unwirksam sein. Anzunehmen ist das, wenn er auf die **Erbringung sittenwidriger Arbeitsleistungen** gerichtet ist (z.B. Einstellung eines „Auftragsmörders“).[112] Nach Schaffung des ProstG und der (spätestens) damit verbundenen Aufhebung des Sittenwidrigkeit-Verdikts sind Arbeitsverträge zwischen freiwillig dieser Tätigkeit nachgehenden Prostituierten und Bordellbetreibern nicht mehr sittenwidrig; etwas anderes gilt selbstverständlich bei Zwangsprostitution.[113] **172**

Praktisch relevanter ist der Verstoß **einzelner** Abreden gegen **§ 138 BGB**, insb. der Lohnabrede (dazu Rn. 391 ff.); dieser führt zum Schutz des Arbeitnehmers – entgegen § 139 BGB – nicht zur Gesamtnichtigkeit (s. Rn. 397). **173**

4. Anfechtbarkeit des Arbeitsvertrages

a) Grundlagen

Die Anfechtung des Arbeitsvertrages richtet sich grundsätzlich nach den allgemeinen Regeln der §§ 119 ff., 142 ff. BGB. Insb. werden diese Vorschriften nicht durch die Möglichkeit, das Arbeitsverhältnis ordentlich oder außerordentlich zu kündigen, verdrängt oder modifiziert, denn Kündigung und Anfechtung haben unterschiedliche Bezugspunkte, Voraussetzungen und Rechtsfolgen.[114] Dennoch ist im Folgenden auf einige Aspekte/**Besonderheiten** einzugehen. Dabei wird lebensnah davon ausgegangen, dass Anfechtender der **Arbeitgeber** ist, denn eine Anfechtung durch den Arbeitnehmer spielt nur selten eine Rolle. **174**

Hinweis: Dass trotz der Kündbarkeit des Arbeitsverhältnisses der Arbeitsvertrag anfechtbar ist, kann – entsprechend Zeit vorausgesetzt – in der Klausur kurz festgestellt werden. Unbedingt zu beachten ist, dass **Kündigungsbeschränkungen** (z.B. §§ 623 BGB, 102 BetrVG, allgemeiner und besonderer Kündigungsschutz) **auf Anfechtungen nicht anwendbar sind**![115]

b) Besonderheiten

aa) Anfechtungsgrund. (1) Nicht ohne Relevanz ist eine Anfechtung nach **§ 119 II BGB**. Voraussetzung ist, dass der Arbeitgeber einem Irrtum über **verkehrswesentliche Eigenschaften** unterliegt. Verkehrswesentliche Eigenschaften einer Person bestehen neben ihren körperlichen Merkmalen auch in ihren tatsächlichen oder rechtlichen Verhältnissen und Beziehungen zur Umwelt, soweit sie nach der Verkehrsanschauung für die Wertschätzung und die zu leistende Arbeit von Bedeutung sind.[116] **175**

---

112 BGH 1.4.1976 – 4 AZR 96/75, AP BGB § 138 Nr. 34; 6.7.1976 – VI ZR 122/75, NJW 1976, 1883; OLG Düsseldorf 27.7.1970 – 1 U 44/70, NJW 1970, 1852.

113 S. im Einzelnen Staudinger/*Richardi/Fischinger*, § 611a, Rn. 646; Staudinger/*Sack/Fischinger*, § 138, Rn. 572, Anhang zu § 138: Vorbem. zum ProstG, Rn. 17, § 1 ProstG, Rn. 10.

114 BAG 5.12.1957 – 1 AZR 594/56, NJW 1958, 516; 21.2.1991 – 2 AZR 449/90, NZA 1991, 719; *Picker*, ZfA 1981, 1; BeckOK-ArbR/*Joussen*, § 611a, Rn. 149; MüKo-BGB/*Spinner*, § 611a, Rn. 555; **a.A.** LAG Baden-Württemberg 10.10.1956 – V Sa 52/56, DB 1956, 1236; *Schwerdtner*, Arbeitsrecht I, S. 21 ff.

115 BAG 5.12.1957 – 1 AZR 594/59, AP BGB § 123 Nr. 2; 6.10.1962 – 2 AZR 360/61, NJW 1963, 222; *Schwerdtner*, Jura 1989, 642, 643.

116 ErfK/*Preis*, § 611a BGB, Rn. 350.

Eine bloße Fehlvorstellung über die **Leistungsfähigkeit** des Arbeitnehmers genügt hierfür **nicht**, anders aber Irrtümer über die formelle fachliche Vorbildung oder sonstige (z.B. gesundheitliche) **Mängel** des Arbeitnehmers, die die ordnungsgemäße Erbringung der Arbeitsleistung unmöglich machen oder erheblich beeinträchtigen.[117] Eine **Vorstrafe** kann Rückschluss auf die für das Arbeitsverhältnis erforderliche Vertrauenswürdigkeit erlauben; Voraussetzung ist aber, dass sie für den Arbeitsplatz „einschlägig" ist und bei Vertragsschluss nicht bereits die Tilgungsfrist aus dem BZRG abgelaufen war (s. näher Rn. 126).

Die **Schwerbehinderung** des Arbeitnehmers darf grundsätzlich nicht als verkehrswesentliche Eigenschaft gewertet werden, würde man ihn dann doch § 164 II SGB IX zuwider benachteiligen; etwas anderes gilt, wenn die Abwesenheit der Behinderung eine wesentliche und entscheidende berufliche Anforderung i.S.v. § 8 AGG darstellt, eine Benachteiligung also gerechtfertigt wäre.[118]

Auch die **Schwangerschaft** ist nach einhelliger Meinung keine verkehrswesentliche Eigenschaft, was verbreitet mit der vorübergehenden Natur dieses Zustands begründet wird.[119] Das gilt nach wenig überzeugender h.M. selbst dann, wenn die Schwangere nur befristet eingestellt werden soll (s. Rn. 136).

176 **(2)** Von besonderer Relevanz ist die Anfechtung wegen **arglistiger Täuschung (§ 123 I Alt. 1 BGB)**. Unbedingt zu beachten ist, dass neben Täuschung (= Hervorrufen oder Aufrechterhaltung eines Irrtums)[120] und Arglist (= [bedingter] Vorsatz hinsichtlich der Täuschung)[121] die **Widerrechtlichkeit** der Täuschung geprüft werden muss.[122] Hier werden die Grundsätze zum **Fragerecht des Arbeitgebers** relevant (näher Rn. 118 ff.), ist die Täuschung durch den Bewerber doch nicht widerrechtlich, wenn der Arbeitgeber nach dem betreffenden Umstand nicht fragen durfte und auch keine Offenbarungspflicht des Bewerbers bestand.

177 In **Fall 5** hätte der pädophile P seine sexuelle Neigung ungefragt offenlegen müssen. Indem er dies nicht tat, beging er eine arglistige Täuschung durch Unterlassen, die A grundsätzlich zur Anfechtung berechtigt. (Fortsetzung **Rn. 181**)

178 **(3)** Eine Anfechtung wegen **widerrechtlicher Drohung** (**§ 123 I Alt. 2 BGB**) erscheint bei Abschluss des Arbeitsvertrags kaum praktisch denkbar. Wichtig ist sie hingegen bei Änderungsverträgen und v.a. Aufhebungsverträgen (s. Rn. 1124 ff).

179 **bb) Kausalität.** Zu beachten ist, dass jeder Anfechtungsgrund Kausalität voraussetzt. Irrte der Arbeitgeber z.B. über eine Vorstrafe des Bewerbers, so kann er nicht

117 BAG 28.3.1974 – 2 AZR 92/73, AP BGB § 119 Nr. 3; 26.7.1989 – 5 AZR 491/88, NZA 1990, 141, 142; 21.2.1991 – 2 AZR 449/90, NZA 1991, 719, 721; 19.4.2012 – 2 AZR 233/11, NZA 2012, 1449, 1450.

118 Staudinger/*Richardi/Fischinger*, § 611a, Rn. 662.

119 BAG 22.9.1961 – 1 AZR 241/60, BAGE 11, 270, 272; 8.9.1988 – 2 AZR 102/88, BAGE 59, 285, 291 ff.; i.E. ebenso, aber mit abweichender Begründung Staudinger/*Richardi/Fischinger*, § 611, Rn. 666.

120 BeckOK-BGB/*Wendtland*, § 123, Rn. 7.

121 BGH 19.5.1999 – 12 ZR 2010/97, NJW 1999, 2804, 2806.

122 Ganz h.M., vgl. z.B. BAG 5.10.1995 – 2 AZR 923/94, AP BGB § 123 Nr. 40; MüKo-BGB/*Armbrüster*, § 123, Rn. 19.

anfechten, wenn er ihn auch bei deren Kenntnis eingestellt hätte.[123] Gleiches gilt, wenn der Bewerber den Arbeitgeber zwar arglistig und widerrechtlich täuschte, dies für den Vertragsschluss aber nicht einmal mitursächlich war.[124]

cc) Anfechtungsfrist. Bei einer Anfechtung nach § 123 BGB gilt ohne Modifikationen die Anfechtungsfrist des § 124 BGB. Für die bei einer Anfechtung nach § 119 BGB geltende Anfechtungsfrist von **§ 121 I 1 BGB** zieht das BAG für die Auslegung des Begriffs **„unverzüglich"** aber die Wertung des **§ 626 II BGB als Höchstgrenze** heran. Die Anfechtung kann also nur unverzüglich sein, wenn sie spätestens innerhalb von zwei Wochen, nach denen der Anfechtungsberechtigte von dem zur Anfechtung berechtigenden Umstand Kenntnis erlangt, dem Anfechtungsgegner zugeht;[125] nach den Umständen des Einzelfalls kann die Frist aber auch schon früher enden.[126] 180

In **Fall 5** sind die Anfechtungsfristen aus § 124 I, III BGB noch nicht abgelaufen, insb. ist die 10-jährige Höchstfrist gewahrt. (Fortsetzung **Rn. 184**) 181

dd) Ausschluss der Anfechtung nach § 144 BGB. Die Anfechtung scheidet aus, wenn der Arbeitgeber das anfechtbare Arbeitsverhältnis bestätigt, § 144 I BGB. Dies setzt voraus, dass er Kenntnis von (allen) Anfechtungsgründen hat oder zumindest mit ihnen rechnet und durch ausdrückliche oder konkludente Erklärung zunächst zu verstehen gibt, dennoch am Arbeitsverhältnis festhalten zu wollen.[127] Ändert er später seine Meinung (z.B. weil ein Kunde ebenfalls „Wind" vom Anfechtungsgrund erhält und empört reagiert), so ist der Weg über die §§ 119 ff. BGB versperrt, es bleibt ggf. nur eine Kündigung des Arbeitsverhältnisses. 182

ee) Ausschluss der Anfechtung nach § 242 BGB. Ausnahmsweise kann trotz Vorliegens ihrer Voraussetzungen eine Anfechtung nach Treu und Glauben (§ 242 BGB) ausscheiden. Das ist der Fall, wenn der Anfechtungsgrund wegen nach Vertragsschluss eintretender Änderungen im Zeitpunkt der Anfechtung seine Bedeutung für das Arbeitsverhältnis verloren hat, sprich: die Rechtslage des Getäuschten nicht mehr beeinträchtigt.[128] Das BAG nahm das z.B. an, wenn der Bewerber verschweigt, zu einer eigentlich demnächst anzutretenden Haftstrafe verurteilt worden zu sein, die er dann aber wegen eines „Freigängerstatus" nicht verbüßen musste, so dass er seinen Arbeitspflichten (überraschend) doch nachgehen konnte.[129] Um dem Anfechtungsbe- 183

---

123 Vgl. BAG 21.2.1991 – 2 AZR 449/90, AP BGB § 123 Nr. 35.

124 BAG 11.11.1993 – 2 AZR 467/93, AP BGB § 123 Nr. 38.

125 BAG 14.12.1979 – 7 AZR 38/78, BAGE 32, 237; *Hönn*, ZfA 1987, 61, 87 ff.; ErfK/*Preis*, § 611a BGB, Rn. 356 f.

126 BAG 21.2.1991 – 2 AZR 449/90, AP BGB § 123 Nr. 35.

127 BeckOK-BGB/*Wendtland*, § 144, Rn. 2 ff. m.w.N.

128 BAG 12.2.1970 – 2 AZR 184/69, BAGE 22, 278, 281 f.; 18.9.1987 – 7 AZR 507/86, AP BGB § 123 Nr. 32; 11.11.1993 – 2 AZR 467/93, BAGE 75, 77, 86; 28.5.1998 – 2 AZR 549/97, AP BGB § 123 Nr. 46.

129 BAG 18.9.1987 – 7 AZR 507/86, AP BGB § 123 Nr. 32; ein Ausschluss des Anfechtungsrechts nach § 242 BGB wurde ferner bei einem „sesshaft" gewordenen „Wandervogel" bejaht (BAG 12.2.1970 – 2 AZR 184/69, BAGE 22, 278), abgelehnt hingegen z.B. bei arglistiger Täuschung über frühere Stasi-Mitarbeit (BAG 28.5.1998 – 2 AZR 549/97, AP BGB § 123 Nr. 46) bzw. Schwerbehinderung (BAG 11.11.1993 – 2 AZR 467/93, BAGE 75, 77, 86).

rechtigten nicht sein an sich bestehendes Anfechtungsrecht zu nehmen, ist ein Ausschluss nach § 242 BGB nur unter strengen Voraussetzungen zu bejahen.

184 Auch wenn sich P im Kindergarten nie etwas zuschulden kommen ließ, ist ein Ausschluss der Anfechtung nach § 242 BGB in **Fall 5** abzulehnen. Das Risiko, dass er doch eines Tages ein Kind im Kindergarten missbraucht, ist zu groß und weder den Kindern, deren Eltern, noch A zumutbar.

185 **ff) Rechtsfolgen.** Klausurrelevante (!) Besonderheiten bestehen bei den Rechtsfolgen einer Anfechtung des Arbeitsvertrages. Entgegen § 142 I BGB kommt dieser i.d.R. nicht ex-tunc-Wirkung zu, sondern sie wirkt nur **ex nunc** (s. Rn. 186 ff.).

C. Folgen von Nichtigkeit und Anfechtbarkeit des Arbeitsvertrags

I. Lehre vom fehlerhaften Arbeitsverhältnis

186 Ist der Vertrag nach z.B. §§ 134, 138 BGB nichtig oder nach den §§ 119 ff. BGB anfechtbar, so ist er nach der Systematik des BGB **ex tunc**, d.h. von Anfang an nichtig, so dass er rechtlich nie existent war (vgl. § 142 I BGB). Für das in Vollzug gesetzte Arbeitsverhältnis gilt nach der sog. **Lehre vom fehlerhaften**[130] **Arbeitsverhältnis** aber etwas anderes. Nach ihr führen Nichtigkeit/Anfechtbarkeit des Arbeitsvertrages unter bestimmten Voraussetzungen nur zu einer Unwirksamkeit **ex nunc**.[131] Auf diese Weise sollen die Schwierigkeiten vermieden werden, die mit einer **Rückabwicklung** der bereits erbrachten Leistungen verbunden wären: Mangels Rechtsgrund hätten beide Vertragspartner Ansprüche aus § 812 I 1[132] Alt. 1 BGB, der Arbeitnehmer müsste also den gesamten empfangenen Lohn zurückzahlen (ohne dass insoweit Lohnschutzvorschriften eingriffen) und hätte im Gegenzug einen u.U. schwer zu quantifizierenden Anspruch auf Ersatz des Wertes seiner Arbeitsleistung (§ 818 II BGB).

187 Das zeigt in extremer Form **Fall 6**, müsste hier doch ein siebenjähriges (!) Arbeitsverhältnis rückabgewickelt werden. (Fortsetzung **Rn. 189**)

188 Diese Konsequenzen vermeidet die Lehre vom fehlerhaften Arbeitsverhältnis unter den folgenden **Voraussetzungen**:

- Es muss eine **tatsächliche Willenseinigung** vorliegen, d.h. zwei korrespondierende, auf den Arbeitsvertragsschluss gerichtete Willenserklärungen, die jedoch

---

130 Zum Teil findet man auch den Ausdruck „**faktisches** Arbeitsverhältnis". Dieser sollte jedoch nicht verwendet werden, weil damit der fälschliche Eindruck entsteht, es bedürfe keinerlei versuchten Vertragsschlusses (vgl. MüKo-BGB/*Spinner*, § 611a, Rn. 557).

131 BAG 15.11.1957 – 1 AZR 189/57, BAGE 5, 58, 65 f.; 5.12.1957 – 1 AZR 594/56, BAGE 5, 159, 161 f.; 3.12.1998 – 2 AZR 754/97, BAGE 90, 251, 254 ff.; ErfK/*Preis*, § 611a BGB, Rn. 145; Staudinger/*Richardi/Fischinger*, § 611a, Rn. 688 m.w.N.

132 Bei der Anfechtung ist umstritten, ob § 812 I 1 Alt. 1 BGB oder § 812 I 2 Alt. 1 BGB eingreift (vgl. *Brox/Walker*, Besonderes Schuldrecht, § 40, Rn. 30).

nichtig sind oder wirksam angefochten wurden.[133] Fehlt es hingegen schon am Versuch einer wirksamen Einigung, so entsteht kein fehlerhaftes Arbeitsverhältnis.

- Der Arbeitsvertrag muss **tatsächlich in Vollzug gesetzt** worden sein, wofür der Arbeitnehmer seine Arbeitsleistung tatsächlich erbracht haben muss.
- Der Anwendung der Lehre vom fehlerhaften Arbeitsverhältnis dürfen keine **übergeordneten Interessen widersprechen**. So ist sie nicht anwendbar, wenn beide Vertragsparteien bewusst gegen Straf-[134] oder Verbotsgesetze[135] verstoßen oder der Vertragsinhalt **krass sittenwidrig** ist (z.B. Auftragsmörder)[136] oder wenn der Vertrag durch **widerrechtliche Drohung** erzwungen und deswegen angefochten wurde. Bei **arglistiger Täuschung** greifen die Grundsätze über das fehlerhafte Arbeitsverhältnis dagegen grundsätzlich ein, etwas anderes gilt nur, wenn die Arbeitsleistung infolge der Täuschung für den Arbeitgeber keinerlei Wert hatte.[137] Ist ein **Geschäftsunfähiger/beschränkt Geschäftsfähiger** beteiligt, so sind diese Grundsätze einseitig zu seinen Gunsten anwendbar: Ist es der Arbeitnehmer, der minderjährig ist und dem die erforderliche Einwilligung seines gesetzlichen Vertreters fehlt, so hat er zwar alle Rechte (und daher einen Lohnanspruch auf vertraglicher Grundlage und nicht nur § 812 I 1 Alt. 1 BGB), ihn treffen aber nicht die arbeitsvertraglichen Pflichten; ist umgekehrt der Arbeitgeber minderjährig, so schuldet er nicht aus § 611 BGB, sondern allein aus § 812 BGB „Lohnzahlung“, hat im Gegenzug aber Ansprüche auf Erbringung der Arbeitsleistung aus Arbeitsvertrag.

In **Fall 6** hat P den A zwar (durch Unterlassen, vgl. Rn. 177) arglistig getäuscht, so dass P wirksam anfechten konnte (vgl. Rn. 177, 181). Eine tatsächliche Willenseinigung lag aber vor und das Arbeitsverhältnis wurde auch in Vollzug gesetzt. Überdies ist nicht ersichtlich, dass die Arbeitsleistung infolge der Täuschung für A wertlos war. Die Voraussetzungen der Lehre vom fehlerhaften Arbeitsverhältnis liegen vor. (Fortsetzung **Rn. 192**) **189**

Liegen diese Voraussetzungen vor, so wird das Arbeitsverhältnis für die **Vergangenheit als wirksam behandelt**, es bestehen also die gleichen Rechte und Pflichten wie in einem wirksam begründeten Arbeitsverhältnis, so dass letztlich die eigentlich bestehende ex-tunc-Nichtigkeit teleologisch reduziert wird.[138] Der Arbeitgeber hat Anspruch auf Arbeitsleistung, im Gegenzug steht dem Arbeitnehmer Lohn zu, dessen Höhe nach § 612 II BGB zu bestimmen ist. Eine spätere Rückabwicklung der wechselseitig erbrachten Leistungen scheidet aus. Etwas anderes gilt allein für Phasen, in denen das Arbeitsverhältnis zu einem späteren Zeitpunkt wieder **außer Vollzug** gesetzt worden war: Wurde der Arbeitnehmer – z.B. infolge einer ausgesprochenen Kündigung – von der Arbeit freigestellt, so wirkt die Nichtigkeit/Anfechtbarkeit zwar nicht ex tunc auf den ursprünglichen Vertragsschluss, aber auf den Zeitpunkt der Freistellung zurück.[139] **190**

133 Vgl. BAG 16.3.1972 – 5 AZR 379/71, AP BGB § 611 Lehrer, Dozenten Nr. 11.
134 BAG 25.4.1963 – 5 AZR 398/62, AP BGB § 611 Faktisches Arbeitsverhältnis Nr. 2.
135 BAG 3.11.2004 – 5 AZR 592/03, NZA 2005, 1409, 1410.
136 BAG 1.4.1976 – 4 AZR 96/75, AP BGB § 138 Nr. 34.
137 Staudinger/*Richardi/Fischinger*, § 611a, Rn. 698 ff. m.w.N.
138 BAG 15.1.1986 – 5 AZR 237/84, NZA 1986, 561, 562; ErfK/*Preis*, § 611a BGB, Rn. 145.
139 BAG 3.12.1998 – 2 AZR 754/97, AP BGB § 123 Nr. 49.

191 Allerdings begründet die Lehre vom fehlerhaften Arbeitsverhältnis **keinen Bestandsschutz für die Zukunft**. Daher kann sich sowohl der Arbeitnehmer als auch der Arbeitgeber **jederzeit** durch entsprechende Lösungserklärung vom Arbeitsverhältnis **lösen**, ohne dass die Vorschriften über den Kündigungsschutz, über Kündigungsfristen oder über Formerfordernisse zu beachten wären.[140] Das birgt gerade für den Arbeitnehmer erhebliche Härten, ist aber sachgerecht, erfolgt eine Reduktion der Nichtigkeits-/Anfechtungsfolgen doch nur zu dem Zweck, Rückabwicklungsschwierigkeiten zu vermeiden – solche drohen hinsichtlich künftiger, noch nicht erbrachter Arbeitsleistungen aber gerade nicht.

192 In **Fall 6** scheidet eine Rückabwicklung der gegenseitig über sieben Jahre hinweg wechselseitig erbrachten Leistungen also aus, P kann sich aber jederzeit vom Vertrag lösen.

Hinweis: Ähnliche Probleme ergeben sich, wenn eine Gesellschaft (oHG, KG...) unwirksam gegründet wurde. Hier behilft man sich über vergleichbare Grundsätze, nämlich die **Lehre von der fehlerhaften Gesellschaft**[141].

II. Folgen der Teilnichtigkeit

193 Ist nur ein Teil eines Vertrages nichtig, so führt dies nach **§ 139 BGB** im Zweifel zu seiner Totalnichtigkeit. Im Arbeitsrecht wird dieser Grundsatz aber zum Schutz des Arbeitnehmers **nicht angewandt**, so dass die Teilnichtigkeit **nicht** zu einer Gesamtnichtigkeit führt.[142] Entstehende Lücken werden durch Tarifvertrag oder Rückgriff auf gesetzliche Regelungen (z.B. § 612 II BGB) geschlossen.

Hinweis: Ist eine einzelne Vertragsabrede nach §§ 307-309 BGB nichtig, greift § 139 BGB ohnehin nicht ein, wird er hier doch durch **§ 306 BGB** verdrängt, der grundsätzlich (Ausnahme: Abs. 3) die bloße Teilnichtigkeit anordnet (Abs. 1) und zur Lückenfüllung auf das Gesetz verweist (Abs. 2).

D. Beschränkungen der Vertragsabschlussfreiheit

I. Grundsatz

194 Wie im übrigen Zivilrecht, so gilt auch im Arbeitsrecht für beide potenziellen Vertragspartner zunächst **Vertragsabschlussfreiheit**: Ob überhaupt und mit wem ein Arbeitsvertrag geschlossen wird, entscheidet jeder Arbeitnehmer und Arbeitgeber eigenständig.[143] Das folgt nicht nur einfachgesetzlich aus § 105 S. 1 GewO, sondern letztlich aus der jeweils durch Art. 12 I GG geschützten Berufs- bzw. Unternehmer-

140 Sächsisches LAG 28.6.2013 – 3 Sa 746/12, juris Rn. 41; MüKo-BGB/*Spinner*, § 611a, Rn. 558; ErfK/*Preis*, § 611a BGB, Rn. 147.

141 BGH 28.11.1953 – II ZR 188/52, NJW 1954, 231; *Schäfer*, Gesellschaftsrecht, § 5, Rn. 18 ff.

142 BAG 4.10.1978 – 5 AZR 886/77, AP BGB § 611 Anwesenheitsprämie Nr. 11; 9.9.1981, AP GG Art. 3 Nr. 117; ErfK/*Preis*, § 611a BGB, Rn. 342.

143 Vgl. z.B. BAG 5.4.1984 – 2 AZR 513/82, NZA 1985, 329, 330.

freiheit.[144] Es existiert daher kein allgemeiner individueller Anspruch eines Bewerbers gegen einen Arbeitgeber auf Arbeit.[145] Allerdings unterliegt die Vertragsabschlussfreiheit im Arbeitsrecht einigen Einschränkungen:

II. Gesetzlich „aufgedrängte" Arbeitsverhältnisse

In drei Fällen geht das Arbeitsverhältnis kraft gesetzlicher Anordnung unabhängig vom Wissen oder Wollen der Betroffenen auf einen anderen Vertragspartner über: 195

- Wird ein Betrieb z.B. verkauft und kommt es deshalb zu einem identitätswahrenden **Betriebsübergang** auf einen neuen Inhaber, so gehen die Arbeitsverhältnisse der im Betrieb Beschäftigten nach **§ 613a I 1 BGB** auf den Erwerber über, unabhängig davon, ob dies dem Willen der Beteiligten entspricht. Zum Schutz der Vertragsfreiheit des Arbeitnehmers – dem nicht einfach ein neuer Arbeitgeber ohne oder sogar gegen seinen Willen aufgedrängt werden soll – sieht § 613a VI BGB allerdings ein Widerspruchsrecht vor, mittels dessen er diesen Vertragsübergang verhindern kann (zum Betriebsübergang vgl. ausf. Rn. 1265 ff.).
- Bei der **Arbeitnehmerüberlassung** besteht der Arbeitsvertrag zwar grundsätzlich zwischen Arbeitnehmer und Verleiher (zur Arbeitnehmerüberlassung vgl. Rn. 55 ff.). Fehlt dem Verleiher aber die notwendige Erlaubnis zur Arbeitnehmerüberlassung, wurde die Arbeitnehmerüberlassung nicht als solche bezeichnet oder überschritt sie die Höchstdauer von 18 Monaten, so ist der Arbeitsvertrag zwischen Arbeitnehmer und Verleiher unwirksam (§ 9 I Nr. 1, 1a, 1b AÜG) und es gilt gemäß **§ 10 I 1 AÜG** kraft gesetzlicher Fiktion stattdessen ein **Arbeitsverhältnis mit dem Entleiher** als zustande gekommen. Wiederum zum Schutz der Vertragsfreiheit des Arbeitnehmers hat dieser aber die Möglichkeit, den Eintritt dieser Rechtsfolgen über eine sog. Festhaltenserklärung zu verhindern (vgl. § 9 I Nr. 1 Hs. 2, 1a, 1b AÜG).
- Beim **Tod des Arbeitgebers** treten regelmäßig dessen Erben in das Arbeitsverhältnis nach §§ 1922, 1967 BGB ein (näher Rn. 1142).

III. Einstellungsgebote

Anders als bei den aufgedrängten Arbeitsverhältnissen (Rn. 195) entsteht bei den unter das Stichwort der „Einstellungsgebote" zu subsumierenden Konstellationen das Arbeitsverhältnis nicht kraft gesetzlicher Anordnung, vielmehr trifft hier den Arbeitgeber „nur" das Gebot, einen (bestimmten) Arbeitnehmer einzustellen. Dabei ist aber grundlegend zwischen Einstellungsgeboten zu unterscheiden, die einer bestimmten Person einen klageweise durchsetzbaren, **individuellen Einstellungsanspruch** geben, und solchen, die nur dem Arbeitgeber eine **abstrakte Einstellungspflicht** aufer- 196

144 BVerfG 11.6.1958 – 1 BvR 596/56, BVerfGE 7, 397, 398 f.; 1.3.1979 – 1 BvR 532, 533/77, 419/78, 1 BvL 21/78; 7.2.1990 – 1 BvR 26/84, BVerfGE 81, 242, 254 f.; 27.1.1998 – 1 BvL 15/87, BVerGE 97, 169, 176.

145 *Boemke*, NJW 1993, 2083, 2084.

legen, mit denen also kein Individualanspruch eines bestimmten Bewerbers korrespondiert.

197 V Die wohl wichtigste abstrakte **Einstellungspflicht** folgt aus dem Schwerbehindertenrecht: Gemäß **§ 154 I 1 SGB IX** müssen Arbeitgeber, die über mindestens 20 Arbeitsplätze verfügen, mindestens 5 % davon mit schwerbehinderten Menschen besetzen. Es handelt sich aber hierbei „nur" um eine öffentlich-rechtliche Pflicht, die dem einzelnen, sich bewerbenden Schwerbehinderten keinen Anspruch auf einen bestimmten Arbeitsplatz gibt, und zwar selbst dann nicht, wenn der Arbeitgeber die 5 %-Vorgabe nicht erfüllt (sanktioniert wird das vielmehr nur dadurch, dass er eine sog. Ausgleichsabgabe zu zahlen hat, § 160 SGB IX).[146]

198 V Ein individueller **Einstellungsanspruch** folgt dagegen aus **§ 78a II BetrVG**: Verlangt ein Auszubildender, der Mitglied des Betriebsrats oder der Jugend- und Auszubildendenvertretung ist, vom Arbeitgeber die Weiterbeschäftigung nach Ende der Ausbildung, so gilt zwischen ihnen ein unbefristetes Arbeitsverhältnis als begründet. Der Arbeitgeber kann dem nur unter den Voraussetzungen von § 78a IV BetrVG „entkommen".

199 V Ein individueller **Einstellungsanspruch kann** überdies aus **Art. 33 II GG** folgen, wonach jeder Deutsche „nach seiner Eignung, Befähigung und fachlichen Leistung gleichen Zugang zu jedem öffentlichen Amte" hat.[147] Einen Einstellungsanspruch hat allerdings ein Bewerber nur, wenn er (1) alle Einstellungsvoraussetzungen erfüllt und wenn sich (2) „nach den Verhältnissen im Einzelfall jede andere Entscheidung als die Einstellung dieses Bewerbers als rechtswidrig oder ermessensfehlerhaft und mithin die Einstellung als die einzige rechtmäßige Entscheidung der Behörde über die Bewerbung darstellt"[148]. Diese Voraussetzungen werden nur selten vorliegen, kommt der Behörde doch meist ein nicht unerheblicher Beurteilungsspielraum zu.

200 V Einen Sonderfall individueller Einstellungsansprüche stellen **Wiedereinstellungsansprüche** dar, die dem Arbeitnehmer, dem wirksam gekündigt wurde, ausnahmsweise einen Anspruch auf Wiederbegründung des Arbeitsverhältnisses geben (dazu näher Rn. 1103 ff.).

201 V Abschlussgebote können schließlich auch **vertraglich** begründet werden, so in Tarifverträgen und ggf. auch Betriebsvereinbarungen. Möglich ist auch eine Begründung im Arbeitsvertrag (gerichtet auf künftige Verträge).

Beispiel: Einer Saisonarbeitskraft in der Landwirtschaft wird zugesagt, sie im Folgejahr wieder zu beschäftigen.

IV. Einstellungsverbote; Beschäftigungsverbote

202 V Gewissermaßen das Gegenstück zu den Einstellungsgeboten stellen **Einstellungsverbote** dar. Sie verbieten bereits den Abschluss des Arbeitsvertrags, bei einem Verstoß ist dieser unwirksam. Das geschieht z.T. durch tarifliche Besetzungsverbote. Andere entnehmen §§ 2, 5 I JArbSchG ein Einstellungsverbot i.d.S.; nach hier vertretener Auffassung handelt es sich hingegen nur um ein Beschäftigungsverbot (s. Rn. 162).

146 BAG 5.10.1995 – 2 AZR 923/94, NZA 1996, 371, 372.

147 Das gilt nicht nur für Beamtenverhältnisse, sondern auch für Arbeitsverhältnisse im Öffentlichen Dienst, vgl. BAG 2.12.1970 – 4 AZR 59/70, BAGE 23, 101, 109; 31.3.1976 – 5 AZR 104/74, BAGE 28, 62, 66.

148 BAG 31.3.1976 – 5 AZR 104/74, BAGE 28, 62, 67; 28.1.1993 – 8 AZR 169/92, BAGE 72, 176, 183 f.; 19.2.2003 – 7 AZR 67/02, AP GG Art. 33 Abs. 2 Nr. 58.

Anders als Einstellungsverbote untersagen **Beschäftigungsverbote** nicht den Abschluss des Arbeitsvertrags, sondern allein die (spätere) tatsächliche Beschäftigung. Beispiele hierfür sind die in §§ 3 ff. MuSchG geregelten Beschäftigungsverbote für **werdende Mütter**. Gleiches gilt in der Regel bei der Beschäftigung eines Ausländers, dem die notwendige **Aufenthaltserlaubnis** fehlt[149] oder einem Arzt ohne Approbation. 203 V

E. Vertragsinhaltskontrolle im Arbeitsrecht

Fall 7: Unternehmer U ist überglücklich, als es ihm im Januar 2018 nach langer Suche gelingt, einen neuen Softwaredesigner (S) einzustellen, der im März 2018 zu arbeiten beginnen soll. Weil er auf die Arbeitsleistung von S dringend angewiesen ist, enthält der Formulararbeitsvertrag folgende Klausel: „Tritt der Arbeitnehmer das Arbeitsverhältnis nicht an oder löst er es unter Vertragsbruch, so hat er an den Arbeitgeber eine Vertragsstrafe in Höhe von einem Brutto-Monatsgehalt zu zahlen.“. Als S Ende Februar 2018 eine lukrativere Stelle bei einem anderen Unternehmen angeboten bekommt, schreibt er U, dass er bei ihm nicht zu arbeiten beginnen werde. Hat U Anspruch auf die Vertragsstrafe? **(Lösung Rn. 209)** 204

Fall 8: Das Medienunternehmen M stellt für die einzige Stelle als China-Korrespondentin die studierte Sinologin S ein. Um den Besonderheiten dieser Position gerecht zu werden, entwirft der Personalchef P von Grund auf einen neuen, von den bisherigen Verträgen komplett abweichenden Arbeitsvertrag, den er S zur Unterschrift vorlegt, ohne ihr noch die Chance zu geben, darüber zu verhandeln. Da man beidseitig von einem langjährigen Engagement ausgeht, plant P nicht, diesen Vertrag als „Blaupause“ für weitere zu verwenden. Als später Streit über eine Vertragsklausel entsteht, beruft sich S auf AGB-Recht. P hält das für unzutreffend, da gar keine AGB vorliegen. Wer hat Recht? **(Lösung Rn. 211)** 205

I. Einführung

Auch im Arbeitsrecht herrscht in Ausfluss von Art. 12, 2 I GG im Ausgangspunkt **Vertrags(-inhalts-)freiheit**, so dass es zunächst den Arbeitsvertragsparteien überlassen ist, autonom die gegenseitigen Rechte und Pflichten festzulegen (vgl. § 105 S. 1 GewO). Angesichts der strukturellen, typischen Verhandlungsübermacht des Arbeitgebers kann aber ein gerechtes, modernes Arbeitsrecht nicht beim Konzept einer rein formal verstandenen Vertragsfreiheit stehen bleiben, sondern muss vielmehr danach streben, einen fairen Ausgleich der widerstreitenden Interessen zu ermöglichen. Die Vertragsinhaltsfreiheit wird deshalb mittels verschiedener Mechanismen beschränkt. Neben der Schaffung spezieller, in der Regel (halb-)zwingender[150] **Arbeitnehmerschutzgesetze** (z.B. TzBfG, AÜG, EFZG usw.) und der gesetzlichen Anerkennung von Systemen **kollektiver Interessenwahrnehmung** der Arbeitnehmer, deren „Produkt“ (Tarifvertrag und Betriebsvereinbarung) grundsätzlich Vorrang vor einzelvertraglichen Absprachen zukommt (s. Rn. 99, 102), zählt hierzu auch die **Inhaltskontrolle** arbeitsvertraglicher Regelungen. Letztere kann wiederum unterteilt werden: Zum einen die Wirksamkeitskontrolle anhand der §§ 134, 138 BGB (dazu 206

149 Staudinger/*Richardi/Fischinger*, § 611a, Rn. 629; *Krause*, Arbeitsrecht, § 6, Rn. 12.
150 Vgl. dazu Rn. 77 f.

Rn. 169 ff.), zum anderen die **Angemessenheits-/Billigkeitskontrolle**. Seit der Schuldrechtsmodernisierung 2002 erfolgt letztere bei Formulararbeitsverträgen anhand der §§ 307 ff. BGB (s. Rn. 207 ff.). Nur wenn es sich bei der arbeitsvertraglichen Regelung – wegen § 310 III Nr. 2 BGB (s. Rn. 210) ausnahmsweise – um eine echte Individualvereinbarung handelt, findet die Angemessenheitskontrolle über § 242 BGB statt (s. Rn. 229).

II. AGB-Kontrolle

Hinweis: Die folgenden Ausführungen können und sollen kein Lehrbuch zum AGB-Recht ersetzen. Sie beschränken sich vielmehr auf die arbeitsrechtlichen Besonderheiten. Dabei werden in diesem Kapitel nur die wichtigen dogmatischen Grundlagen der Prüfung erörtert. Die Zulässigkeit einzelner Klauseln (z.B. Rückzahlungs- oder Widerrufvorbehalt) wird, von illustrierenden Beispielen abgesehen, im jeweiligen Kontext erörtert.

1. Arbeitsrechtliche Besonderheiten, § 310 IV 2 Hs. 1 BGB

207 Bei der AGB-Kontrolle sind gemäß § 310 IV 2 Hs. 1 BGB „die im Arbeitsrecht geltenden Besonderheiten angemessen zu berücksichtigen". Weil dies nicht nur bei der eigentlichen Inhaltskontrolle (§§ 307 ff. BGB), sondern bei den gesamten §§ 305 ff. BGB gilt, ist darauf vorab einzugehen.[151] Aufgrund der Unbestimmtheit der Vorschrift ist ihre Bedeutung umstritten. Als geklärt können aber wohl immerhin die folgenden Aspekte gelten:

- Es sind nur Besonderheiten zu berücksichtigen, die auf dem Rechtsgebiet des Arbeitsrechts insgesamt bestehen, nicht aber die Besonderheiten bestimmter Typen von Arbeitsverhältnissen (z.B. befristete Verträge).[152]
- Es muss sich nicht um Besonderheiten handeln, die ausschließlich auf dem Gebiet des Arbeitsrechts bestehen, es genügt auch, dass sie sich v.a. dort (praktisch) auswirken (z.B. § 888 III ZPO, s. Rn. 209).[153]
- Nach h.M. sind nicht nur rechtliche, sondern auch tatsächliche Besonderheiten des Arbeitslebens berücksichtigungsfähig.[154]

208 **Folgen:** Die Berücksichtigung arbeitsrechtlicher Besonderheiten kann sowohl dazu führen, dass eine Klausel, die im allgemeinen Zivilrechtsverkehr unzulässig wäre, zulässig ist, wie umgekehrt eine im allgemeinen Zivilrecht zulässige Abrede unzulässig sein kann. Die Bedeutung von § 310 IV 2 Hs. 1 BGB zeigt beispielhaft Fall 7.

209 **Lösung Fall 7:** Nach § 309 Nr. 6 BGB sind formularmäßige **Vertragsstrafenregelungen** eigentlich apodiktisch unzulässig. Auf Vertragsstrafen in Arbeitsverträgen, mit denen der Arbeitgeber die vereinbarte Aufnahme der Arbeit oder die Einhaltung der vereinbarten Kün-

151 Staudinger/*Krause*, Anhang zu § 310, Rn. 145; BeckOGK-BGB/*Witschen*, § 310, Rn. 213.
152 BAG 4.3.2004 – 8 AZR 196/03, AP BGB § 309 Nr. 3.
153 BAG 4.3.2004 – 8 AZR 196/03, AP BGB § 309 Nr. 3; **a.A.** *Annuß*, BB 2006, 1333, 1334 f.
154 BAG 1.3.2006 – 5 AZR 540/05, AP BGB § 308 Nr. 3; 20.5.2008 – 9 AZR 382/07, AP BGB § 307 Nr. 35: „ständige Dynamik und Veränderung" des Arbeitsverhältnisses; 29.9.2010 – 3 AZR 557/08, NZA 2011, 206, 209; ebenso *Hanau*, in: FS Konzen [2006], 249; **a.A.** z.B. *Hönn*, ZfA 2003, 325, 331; ErfK/*Preis*, § 310 BGB, Rn. 11.

digungsfrist sichern will, ist die Norm nach h.M. aber wegen § 310 IV 2 Hs. 1 BGB **unanwendbar**.[155] Die arbeitsrechtliche Besonderheit besteht darin, dass der (titulierte) Primäranspruch des Arbeitgebers (d.h. derjenige auf Erbringung der geschuldeten Dienstleistung) nach § 888 III ZPO nicht vollstreckt werden kann. Da zudem Schadensersatzansprüche wegen Verletzung der Arbeitspflicht oft daran scheitern, dass sich ein kausaler Schaden nicht beweisen lässt, soll es dem Arbeitgeber wenigstens mittels Vertragsstrafen möglich sein, auf den Arbeitnehmer (finanziellen) Druck zur ordnungsgemäßen Erfüllung der Arbeitspflichten auszuüben. Dieser arbeitsrechtlichen Besonderheit kann nur durch eine Nichtanwendung von § 309 Nr. 6 BGB auf formularmäßige Vertragsstrafenabsprachen Rechnung getragen werden. Daraus folgt aber wiederum nicht, dass Vertragsstrafen im Arbeitsrecht unbeschränkt zulässig wären, sie sind vielmehr an § 307 BGB zu messen (s. dazu Rn. 611).

Hinweis: In einer **Klausur** sollte bei der AGB-Kontrolle wegen § 310 IV 2 Hs. 1 BGB immer in **drei Schritten** vorgegangen werden:[156]

(1) Zunächst ist eine „normale" AGB-Kontrolle anhand der §§ 305 ff. BGB durchzuführen.
(2) Sodann ist zu prüfen, ob arbeitsrechtliche Besonderheiten bestehen, die eine abweichende Bewertung erfordern. Dabei ist zu fragen, ob im Arbeitsrecht eine besondere Interessenlage besteht, die eine Modifikation der §§ 305 ff. BGB gebietet.[157]
(3) Ist dies zu bejahen, so ist zu würdigen, wie (Unanwendbarkeit oder Modifikation einer Vorschrift aus den §§ 307 ff. BGB?) diese Besonderheiten „angemessen zu berücksichtigen" sind.

2. Vorliegen von AGB

Auch im Arbeitsrecht gilt die Legaldefinition von AGB in **§ 305 I BGB** mit ihren dort aufgestellten Voraussetzungen; es sei daher insoweit auf entsprechende Schuldrechtslehrbücher verwiesen.[158] Hinzuweisen ist darauf, dass – anders als bei Vertragsschlüssen über alltägliche Geschäfte (z.B. im Internet) – der Arbeitnehmer zwar den Vertrag und seine Bedingungen oft vor Unterschrift genau(er) durchforsten dürfte, ein individuelles, der Annahme von AGB entgegenstehendes Aushandeln nach § 305 I 3 BGB aber dennoch meist nicht vorliegt, weil es an der dafür erforderlichen Bereitschaft des Arbeitgebers, die vorgelegten Bedingungen ernsthaft zur Disposition zu stellen,[159] fehlen wird.[160] Zu beachten ist weiter, dass der Arbeitnehmer nach zutreffender h.M. beim Abschluss arbeitsrechtlicher Verträge **Verbraucher** (§ 13 BGB, s. Rn. 40) und der Arbeitgeber – jedenfalls in der Regel – **Unternehmer** (§ 14 BGB, s. Rn. 64) ist, so dass ein **Verbrauchervertrag** i.S.v. **§ 310 III BGB** vorliegt. Das hat im Kontext von § 305 I BGB zwei Konsequenzen: 210

- In Bezug auf das Erfordernis des **„Stellens"** der vorformulierten Vertragsbedingungen fingiert § 310 III **Nr. 1** BGB, dass sie als vom Arbeitgeber gestellt gelten,

155 BAG 4.3.2004 – 8 AZR 196/03, AP BGB § 309 Nr. 3; 28.5.2009 – 8 AZR 896/07, AP BGB § 306 Nr. 6; 23.9.2010 – 8 AZR 897/08, NZA 2011, 89, 90; 23.1.2014 – 8 AZR 130/13, NZA 2014, 777, 779.

156 Vgl. z.B. BeckOGK-BGB/*Witschen*, § 310, Rn. 211.

157 Vgl. ErfK/*Preis*, § 310 BGB, Rn. 11.

158 Vgl. z.B. *Looschelders*, Schuldrecht Allgemeiner Teil, § 16.; *Schwab/Löhnig*, Einführung in das Zivilrecht, Teil V, Rn. 788.

159 Zu dieser Anforderung vgl. z.B. BeckOGK-BGB/*Lehmann-Richter*, § 305, Rn. 152 m.w.N.

160 Zutreffend *Krause*, Arbeitsrecht, § 7, Rn. 4.

es sei denn, dass sie vom Arbeitnehmer in den Vertrag eingeführt wurden. Praktische Bedeutung hat das nur selten, da die Vertragsbedingungen meist ohnehin unstrittig vom Arbeitgeber vorgegeben werden; relevant wird Nr. 1 v.a., wenn der Vorschlag von einem neutralen Dritten oder beiden Vertragsparteien gemeinsam erfolgt.[161]

- § 305 I BGB verlangt, dass die vorformulierten Vertragsbedingungen **für eine Vielzahl von Verträgen** verwendet werden sollen.[162] Das wird angenommen, wenn ihre mindestens dreimalige Verwendung beabsichtigt ist.[163] Hingegen genügt es für die Anwendbarkeit der §§ 305c II, 306, 307-309 BGB gemäß § 310 III **Nr. 2** BGB, dass nur eine **einmalige** Verwendung geplant ist, soweit der Verbraucher auf den Inhalt keinen Einfluss nehmen konnte. Das hat für das Arbeitsrecht **gravierende Konsequenzen**. Weil Arbeitsverträge meist vom Arbeitgeber vorgegeben werden, unterliegt die weit überwiegende Vielzahl arbeitsvertraglicher Absprachen der AGB-Kontrolle!

211 Das zeigt **Fall 8**: Die Tatsache, dass der von P entworfene Arbeitsvertrag ausschließlich gegenüber der S verwendet werden soll, ändert nichts an der Anwendbarkeit der §§ 305c II, 306, 307–309 BGB.

Hinweis: § 310 III Nr. 2 BGB ist also der „Hebel", mit dem Sie in der Klausur fast immer in die AGB-Kontrolle gelangen! Übersehen Sie dabei aber nicht, dass die Norm voraussetzt, dass es sich um **vorformulierte** Vertragsbedingungen handelt. Einigen sich Arbeitgeber und Arbeitnehmer also in mündlichen Verhandlungen über die Fassung jeder einzelnen Klausel, eröffnet auch § 310 III Nr. 2 BGB nicht den Anwendungsbereich der Inhaltskontrolle!

3. Einbeziehungskontrolle

212 AGB werden nach **§ 305 II, III BGB** an sich nur bei Beachtung der dort genannten Voraussetzungen Vertragsbestandteil. Für Arbeitsverträge entbindet aber **§ 310 IV 2 Hs. 2 BGB** von diesen Anforderungen, für ihre Einbeziehung ist daher nur eine darauf gerichtete Einigung nach **§§ 145 ff. BGB** nötig.

213 Auch in Arbeitsverträgen gilt aber **§ 305c I BGB**, nach dem überraschende Klauseln nicht Vertragsbestandteil werden. Da der Arbeitsvertrag ein Verbrauchervertrag (Rn. 210) ist, findet diese Vorschrift gemäß **§ 310 III Nr. 2 BGB** regelmäßig auch Anwendung, wenn die vorformulierte Vertragsbedingung nur zur einmaligen Verwendung vorgesehen ist. Der für § 305c I BGB erforderliche Überrumpelungseffekt kann sich aus dem ungewöhnlichen **Inhalt** einer Abrede oder dem äußeren **Erscheinungsbild** des Vertrages ergeben. Maßgebend sind dabei stets die Einzelfallumstände.

Beispiele: (1) Inhaltlich überraschend ist z.B. die Aufnahme einer mündlich nicht abgesprochenen Befristung des Arbeitsvertrags[164] oder die Vereinbarung einer Aufhebung des Arbeits-

161 MüKo-BGB/*Basedow*, § 310, Rn. 89, 92.

162 Zur Maßgeblichkeit der bloßen **Absicht** der mehrmaligen Verwendung vgl. z.B. MüKo-BGB/*Basedow*, § 305, Rn. 18.

163 BGH 27.9.2001 – VII ZR 388/00, NJW 2002, 138, 139; 11.12.2003 – VII ZR 31/03, NJW 2004, 1454.

164 BAG 16.4.2008 – 7 AZR 132/07, NZA 2008, 876, 877.

vertrags in einer als bloßer Änderungsvertrag konzipierten Zusatzabrede.[165] **(2) Nicht** inhaltlich überraschend sind dagegen z.B. Ausschlussfristen,[166] Bezugnahmeklauseln auf einschlägige Tarifverträge[167] oder die Pauschalabgeltung von Überstunden.[168] **(3)** Gerade bei den unter (2) genannten Klauseln kann sich der Überraschungseffekt aber aus der **äußeren Gestaltung** des Vertrags ergeben, insb., wenn sie unter einer irreführenden (z.B. Vertragsstrafenregelung im Kapitel „Urlaub") oder nichtssagenden Überschrift (z.B. „Sonstiges") „versteckt" werden.[169]

Schließlich gilt auch bei Arbeitsverträgen **§ 305b BGB**, nach dem individuelle Vertragsabreden Vorrang vor AGB haben. **214**

4. Bereichsausnahme für Kollektivvereinbarungen, § 310 IV 1 BGB

Gemäß § 310 IV 1 BGB finden die §§ 305 ff. BGB insgesamt **keine Anwendung** auf Tarifverträge, Betriebs- und Dienstvereinbarungen. Es wäre also grob falsch, eine tarifliche Regelung anhand von z.B. § 307 I BGB zu messen. **215**

Fraglich ist, ob die Bereichsausnahme auch Anwendung findet, wenn der Tarifvertrag nicht normativ kraft Mitgliedschaft des Arbeitnehmers in der Gewerkschaft gilt (§§ 4 I, 3 I TVG), sondern nur aufgrund einer **Bezugnahmeklausel** auf den Tarifvertrag im Arbeitsvertrag. Hier ist richtigerweise zu unterscheiden: **216 V**

- Bei einer **Globalbezugnahme**, d.h. einer Verweisung auf den gesamten Tarifvertrag, ist § 310 IV 1 BGB anwendbar, die in Bezug genommenen Regelungen sind also ebenfalls nicht kontrollierbar.[170]

  Beispiel für eine Globalbezugnahme: „Der zwischen Arbeitgeberverband x und Gewerkschaft y am 5.7.2017 geschlossene Manteltarifvertrag ist auf das vorliegende Arbeitsverhältnis anwendbar."

- Umgekehrt unterliegen Klauseln, die per bloßer **Einzelverweisung**, also einer Verweisung auf ausgewählte, bestimmte einzelne Klauseln des Tarifvertrags, in das Arbeitsverhältnis einbezogen werden, einer vollständigen, „normalen" AGB-Kontrolle, § 310 IV 1 BGB findet also keine Anwendung.[171]

  Beispiel für Einzelverweisung: „Auf das vorliegende Arbeitsverhältnis finden § 4 und § 8 des zwischen Arbeitgeberverband x und Gewerkschaft y am 5.7.2017 geschlossenen Manteltarifvertrags Anwendung."

- Gleiches gilt richtigerweise bei der **Teilverweisung** auf abgegrenzte Regelungskomplexe eines Tarifvertrags.[172]

---

165 BAG 15.2.2007 – 6 AZR 286/06, NZA 2007, 614, 616 f.

166 BAG 25.5.2005 – 5 AZR 572/04, AP BGB § 310 Nr. 1; 24.9.2014 – 5 AZR 506/12, NJW-Spezial 2014, 755.

167 BAG 24.9.2008 – 6 AZR 76/07, AP BGB § 305c Nr. 11; 23.7.2014 – 7 AZR 771/12, NZA 2014, 1341, 1343.

168 BAG 16.5.2012 – 5 AZR 331/11, NZA 2012, 908, 909.

169 Vgl. z.B. BAG 25.5.2005 – 5 AZR 572/04, AP BGB § 310 Nr. 1.

170 BAG 25.4.2007 – 6 AZR 622/06, AP InsO § 113 Nr. 23; 9.2.2011 – 7 AZR 91/10, NZA-RR 2012, 232, 236; 18.9.2012 – 9 AZR 1/11, NZA 2013, 216, 218.

171 BAG 25.4.2007 – 10 AZR 634/06, AP BAT §§ 22, 23 Nr. 29; 6.5.2009 – 10 AZR 390/08, NZA-RR 2009, 593, 594.

172 *Thüsing/Lambrich*, NZA 2002, 1361, 1363; *Reinecke*, BB 2005, 378; Staudinger/*Richardi/Fischinger*, § 611a, Rn. 900; vgl. BGH 22.1.2004 – VII ZR 419/02, NJW 2004, 1597; **a.A.** (wenn auch wohl zu einem Sonderfall) BAG 6.5.2009 – 10 AZR 390/08, NZA-RR 2009, 593, 594.

Beispiel für Teilverweisung: „Auf das vorliegende Arbeitsverhältnis finden die Vorschriften über den Urlaubsanspruch des zwischen Arbeitgeberverband x und Gewerkschaft y am 5.7.2017 geschlossenen Manteltarifvertrags Anwendung."

Klausurhinweis: Details können von Examenskandidaten kaum erwartet werden.

5. Inhaltskontrolle, §§ 307 ff. BGB

217 Nach der – in Klausuren meist weitgehend unproblematischen – Kontrolle, ob die Klausel(n) wirksam Vertragsbestandteil wurden, ist/sind sie anhand der §§ 307 ff. BGB inhaltlich zu kontrollieren.

Hinweis: Nicht eindeutige Klauseln sind zunächst auszulegen, wobei verbleibende Unklarheiten zulasten des Arbeitgebers gehen, § 305c II BGB.

a) Schranken der Inhaltskontrolle, § 307 III BGB

218 Dabei sind allerdings die Beschränkungen der Inhaltskontrolle zu beachten. Grundsätzlich sind nur solche AGB kontrollfähig, die „von Rechtsvorschriften abweichende oder diese ergänzende Regelungen" enthalten (§ 307 III **1** BGB); Tarifverträge, Dienst- und Betriebsvereinbarungen stehen – kaum klausurrelevant – Gesetzen gleich, § 310 IV 3 BGB. Grundsätzlich von der AGB-Kontrolle ausgenommen sind demnach zum einen AGB, die nur das Gesetz wiedergeben. Zum anderen – und das ist praxis- wie klausurrelevant – dürfen **Leistungsbeschreibungen** und **Preisabsprachen** nicht über §§ 307 I 1, II, 308, 309 BGB inhaltlich kontrolliert werden. Das betrifft v.a.:

- die **Lohnhöhe** und den **Umfang** und **Inhalt** der Arbeitsverpflichtung[173]
- die (Nicht-)Vergütung von **Überstunden**[174]
- die Absprache über die **Aufhebung** des Arbeitsverhältnisses als solche sowie die Höhe einer dafür eventuell gezahlten Abfindung (vgl. Rn. 1122).

219 Allerdings wird diese Beschränkung der Inhaltskontrolle selbst wiederum in zweifacher, nicht unwichtiger Hinsicht eingeschränkt:

- Erstens dadurch, dass auch die oben genannten Leistungsbeschreibungen und Preisabsprachen klar und verständlich sein müssen und deshalb der **Transparenzkontrolle** nach § 307 I 2 BGB unterliegen (vgl. § 307 III **2** BGB).
- Zweitens sind sog. Leistungs- bzw. Preis**neben**absprachen voll anhand der §§ 307-309 BGB kontrollfähig. Gemeint sind Absprachen, die sich zwar mittelbar z.B. auf die Gehaltshöhe auswirken, diese aber nicht unmittelbar regeln (z.B. Widerrufsvorbehalt[175]). Als Nebenabsprache und somit kontrollfähig ist auch die **Befristung** einer im Synallagma stehenden Leistung zu werten.[176]

Hinweis: Beachten Sie unbedingt, dass insb. die **Lohnhöhe nicht** anhand von §§ 309, 308, 307 I 1, II BGB kontrolliert werden darf! Insoweit ist ausschließlich § 138 BGB anwendbar (s. Rn. 391 ff.). Die **Transparenz** der Lohnabsprache ist hingegen an § 307 I 2 BGB zu messen.

173 BAG 17.10.2012 – 5 AZR 792/11, NZA 2013, 266, 267.
174 BAG 16.5.2012 – 5 AZR 331/11, NZA 2012, 908, 909.
175 BAG 12.1.2005 – 5 AZR 364/04, NZA 2005, 465; 20.4.2011 – 5 AZR 191/10, NZA 2011, 796.
176 BAG 15.12.2011 – 7 AZR 394/10, NZA 2012, 674, 676.

b) Inhaltskontrolle nach §§ 309, 308 BGB

Bei der Inhaltskontrolle selbst gelten im Ausgangspunkt die allgemeinen Regeln. Es ist also zunächst **§ 309 BGB** (Klauselverbote **ohne** Wertungsmöglichkeiten) zu prüfen, wobei nach dem oben Gesagten immer (im zweiten Schritt) wegen § 310 IV 2 BGB zu fragen ist, ob arbeitsrechtliche Besonderheiten ein abweichendes Ergebnis – wie z.B. die Nichtanwendbarkeit des Klauselverbots – erfordern (s. Rn. 209). 220

Ist kein Klauselverbot des § 309 BGB einschlägig, so ist im nächsten Schritt **§ 308 BGB** zu prüfen. Die arbeitsrechtlichen Besonderheiten können hierbei in der Regel meist schon im Rahmen der Klauselverbote **mit** Wertungsmöglichkeit berücksichtigt werden (z.B. bei der Bestimmung der „Zumutbarkeit" bei § 308 Nr. 4 BGB). 221

c) Inhaltskontrolle nach § 307 BGB

Scheitert die Klausel nicht an §§ 309, 308 BGB, so ist auf **§ 307 BGB** zurückzugreifen, wobei aufgrund des Spezialitätsgrundsatzes zunächst **Abs. 2** zu prüfen und nur, wenn dieser nicht eingreift, auf die Generalnorm des **Abs. 1 S. 1** einzugehen ist. Die arbeitsrechtlichen Besonderheiten können unschwer bei der Feststellung der „unangemessenen Benachteiligung" berücksichtigt werden. 222

Gerade in der Rechtsprechung des BAG spielt neben der inhaltlichen Kontrolle nach § 307 II, I 1 BGB auch die **Transparenzkontrolle** gemäß § 307 I 2 BGB – die auch für Leistungsbeschreibungen und Preisabreden gilt, § 307 III 2 BGB (!) – eine große Rolle. Aus diesem Grund hat das Gericht viele Absprachen für unwirksam erklärt bzw. (wesentlich) strengere Vorgaben dafür aufgestellt (z.B. bei Freiwilligkeitsvorbehalten[177], Vertragsstrafenabsprachen[178] oder Schriftformklauseln[179]). Das Transparenzgebot verlangt, dass die Klausel im Rahmen des Möglichen sowie rechtlich und tatsächlich Zumutbaren die Rechte und Pflichten der Vertragspartner so klar und präzise wie möglich umschreibt.[180] 223

Da der Arbeitsvertrag ein Verbrauchervertrag ist (Rn. 210), ist bei der AGB-Kontrolle im Arbeitsrecht **§ 310 III Nr. 3 BGB** zu beachten. Danach wird der im AGB-Recht normalerweise rein generell-abstrakte, typisierende Prüfungsmaßstab[181] durch einen **individuell-konkreten ergänzt.**[182] Zu berücksichtigen sind somit insb. persönliche Eigenschaften des Arbeitnehmers, die sich auf die Verhandlungsstärke auswirken (z.B. Fußballstar einerseits, des Deutschen unkundiger Flüchtling anderseits), sowie die Besonderheiten der konkreten Vertragsabschlusssituation (z.B. Überrumpelung im Gegensatz zu Einräumung einer angemessenen Überlegungszeit).[183] Die Einbeziehung der Umstände des konkreten Einzelfalles kann sich sowohl zugunsten wie zulasten des Arbeitnehmers auswirken: Es kann sowohl eine nach allgemeinen Maßstäben 224

177 S. Rn. 315 ff.
178 Dazu Rn. 610 ff.
179 BAG 20.5.2008 – 9 AZR 382/07, NZA 2008, 1233, 1235 f.
180 Vgl. BAG 31.8.2005 – 5 AZR 545/04, AP ArbZG § 6 Nr. 8.
181 Dazu z.B. MüKo-BGB/*Basedow*, § 310, Rn. 108 ff. m.w.N.
182 BAG 31.8.2005 – 5 AZR 545/04, AP ArbZG § 6 Nr. 8.
183 BAG 31.8.2005 – 5 AZR 545/04, AP ArbZG § 6 Nr. 8; MüKo-BGB/*Basedow*, § 310, Rn. 108.

unzulässige Klausel zulässig wie umgekehrt eine eigentlich zulässige Klausel aufgrund der individuell-konkreten Betrachtung unzulässig sein.[184]

6. Rechtsfolgen

a) Grundlagen

225 Verstößt eine arbeitsvertragliche Klausel gegen die §§ 307 ff. BGB, bestehen im Grundsatz keine Besonderheiten. Auch hier greift der Rechtsfolgenmechanismus des § 306 BGB, nach dem (1) grundsätzlich (Ausnahme § 306 **III** BGB) nur die betroffene Klausel unwirksam ist, der restliche Arbeitsvertrag – entgegen der Zweifelsregelung des § 139 BGB – hingegen wirksam bleibt, § 306 **I** BGB. Die sich durch die Unwirksamkeit der Klausel ergebende Lücke ist (2) durch Gesetzesrecht zu schließen, so dieses existiert, § 306 **II** BGB; anderenfalls verbleibt es bei der Lücke.

Beispiel: Wird vereinbart, dass die Kündigung eines Arbeitsvertrags der notariellen Beurkundung bedarf, so verstößt das gegen § 309 Nr. 13 b) BGB. An die Stelle der unwirksamen Klausel tritt das gesetzliche Schriftformerfordernis des § 623 BGB.

Gegenbeispiel: Ist eine Vertragsstrafenabsprache unwirksam, so entfällt sie ersatzlos, weil das Gesetzesrecht keine Vertragsstrafe ohne Absprache kennt.

b) Geltungserhaltende Reduktion, teilbare Klausel und ergänzende Vertragsauslegung

226 Nach allgemeinen, auch im Arbeitsrecht geltenden Grundsätzen, ist eine sog. **geltungserhaltende Reduktion nach h.M. verboten**, weil sie die Verwendung unzulässiger Klauseln für den Verwender risikolos machen und ihm Spekulationen zulasten seines Vertragspartners ermöglichen würde (wehrt sich dieser nicht, „gewinnt" der Verwender mit der unwirksamen Klausel, zieht der Vertragspartner dagegen vor Gericht, bekäme der Verwender per geltungserhaltender Reduktion zumindest das, was er von Anfang an hätte vereinbaren können).[185] Beispiel: Ist eine formularmäßige **Ausschlussfrist** unzulässig kurz gewählt (z.B. nur zwei Monate), so darf der über den Rechtsstreit entscheidende Richter nicht die Unwirksamkeit der Klausel vermeiden, indem er die Frist auf das gerade noch zulässige Mindestmaß (von drei Monaten) oder eine sonst „angemessene" Dauer verlängert und die derart „korrigierte" Klausel anwendet (zu Ausschlussfristen vgl. Rn. 411 ff.).

227 Von der geltungserhaltenden Reduktion zu unterscheiden ist die erlaubte **Aufrechterhaltung des zulässigen Teils** einer **teilbaren Klausel**. Diese ist aber nur möglich, wenn der zulässige Teil – bei Streichung des unzulässigen – einen sinnvollen Gehalt behält, und zwar sowohl sprachlich als auch inhaltlich („blue-pencil-test"); fehlt es daran, fällt auch der an sich zulässige Teil weg und es greift § 306 II BGB.[186]

---

184 BAG 31.8.2005 – 5 AZR 545/04, AP ArbZG § 6 Nr. 8; *Junker*, in: FS Buchner [2009] 369, 371 f., 379; MüKo-BGB/*Basedow*, § 310, Rn. 114.

185 BAG 12.1.2005 – 5 AZR 364/04, AP BGB § 308 Nr. 1; 14.9.2011 – 10 AZR 526/10, NZA 2012, 81; *Preis*, Individualarbeitsrecht, § 25, Rn. 1055; Palandt/*Grüneberg*, § 306, Rn. 6; kritisch Staudinger/*Schlosser* [2013], § 306, Rn. 22 ff.

186 Staudinger/*Richardi/Fischinger*, § 611a, Rn. 954.

Beispiele: (1) Ist lediglich die **zweite Stufe** einer **Ausschlussfrist** unzulässig, deren erste aber für sich betrachtet nicht zu beanstanden, so kann zwar die zweite Stufe nicht mehr per geltungserhaltender Reduktion „gerettet" werden (Rn. 421). Da es sich jedoch i.d.R. um eine sowohl sprachlich wie inhaltlich teilbare Klausel handelt und die Existenz der ersten Stufe einer Ausschlussfrist nicht denklogisch die einer zweiten voraussetzt, kann die erste Stufe regelmäßig isoliert aufrecht erhalten bleiben.[187] Ist dagegen umgekehrt die **erste Stufe** unzulässig, die zweite – isoliert betrachtet – dagegen zulässig, so wird regelmäßig die gesamte Ausschlussfrist wegfallen, baut doch die zweite Stufe regelmäßig auf der ersten Stufe auf.[188]

(2) Enthält ein **Vertragsstrafenversprechen** mehrere die Sanktion auslösende Tatbestände, von denen einige zulässig, andere dagegen unzulässig sind, so ist die Klausel inhaltlich meist teilbar (kann doch ein Umstand sanktionswürdig sein, auch wenn es ein anderer nicht ist). Entscheidend ist dann, ob die Klausel sprachlich teilbar ist. Ist das zu bejahen, ist sie teilweise aufrechtzuerhalten, anderenfalls vollständig unwirksam.[189]

Entsteht infolge der Unwirksamkeit nach § 306 I BGB eine Lücke im Vertragsrecht, **228**
die auch nicht durch das Gesetzesrecht (§ 306 II BGB) geschlossen werden kann, so ist unter Umständen eine **ergänzende Vertragsauslegung** möglich und an die Stelle der unwirksamen Regelung tritt dasjenige, was die Parteien bei einer angemessenen Abwägung der beiderseitigen Interessen nach Treu und Glauben als redliche Vertragsparteien vereinbart hätten.[190] Um das Verbot der geltungserhaltenden Reduktion nicht zu konterkarieren, ist das nur **höchst ausnahmsweise** unter der engen Voraussetzung möglich, dass sich ohne die ergänzende Vertragsauslegung dem Verwender unzumutbare Ergebnisse ergeben würden.[191]

- Bei **Rückzahlungsklauseln** bezüglich Ausbildungs-/Fortbildungskosten, die allein wegen ihrer überlangen Bindungsdauer unzulässig sind, lässt die Rechtsprechung eine Verkürzung der Bindungsdauer auf das zulässige Maß per ergänzender Vertragsauslegung zu (näher dazu Rn. 456 ff.).[192]
- Dagegen scheidet eine Verkürzung überlanger **Ausschlussfristen** per ergänzender Vertragsauslegung aus. Angesichts der Möglichkeit von Verwirkung bzw. Verjährung fehlt es hier an einer ausfüllungsbedürftigen Lücke.[193]

III. Angemessenheitskontrolle von Individualvereinbarungen

Liegt – angesichts der auch wegen § 310 III Nr. 1, 2 BGB geltenden Besonderheiten: **229**
ausnahmsweise – keine AGB, sondern eine echte Individualvereinbarung vor, scheidet eine Kontrolle anhand der §§ 305 ff. BGB aus. Hier kommt zum Schutz der mate-

187 BAG 12.3.2008 – 10 AZR 152/07, 19.3.2008 – 5 AZR 429/07, AP BGB § 305 Nr. 10, 11; 23.10.2013 – 5 AZR 556/12, NZA 2014, 313, 314.

188 BAG 16.5.2012 – 5 AZR 251/11, NZA 2012, 971, 973 f.; anders, wenn die zweite Stufe ausnahmsweise von der ersten völlig unabhängig ist, vgl. z.B. LAG Hamm 17.12.2008 – 10 Sa 1113/08, nv.

189 BAG 23.9.2010 – 8 AZR 897/08, NZA 2011, 89, 90; Staudinger/*Richardi/Fischinger*, § 611a, Rn. 1341.

190 BAG 28.11.2007 – 5 AZR 992/06, AP BGB § 307 Nr. 33.

191 Vgl. BAG 19.12.2006 – 9 AZR 294/06, AP BGB § 611 Sachbezüge Nr. 21; *Krause*, Arbeitsrecht, § 7, Rn. 11.

192 BAG 14.1.2009 – 3 AZR 900/07, AP BGB § 611 Ausbildungsbeihilfe Nr. 41.

193 BAG 28.11.2007 – 5 AZR 992/06, AP BGB § 307 Nr. 33.

riellen Vertragsfreiheit des Arbeitnehmers vor einer Fremdbestimmung durch den machtüberlegenen Arbeitgeber lediglich eine Angemessenheitskontrolle anhand von § 242 BGB in Betracht.[194] Die Anforderungen sind hier aber deutlich höher als diejenigen bei § 307 I 1 BGB: Voraussetzung ist eine **strukturelle Störung der Vertragsparität** mit der Folge, dass der Vertrag bei einer Gesamtschau seiner Regelungen eine Seite **ungewöhnlich belastet** und als Ausgleich der widerstreitenden Interessen offenkundig ungeeignet ist.[195] Ist das der Fall, so ist die Regelung zwar wirksam, der Arbeitgeber kann sich aber nach Treu und Glauben nicht auf sie berufen.[196]

Hinweis: Beachten Sie unbedingt, dass die Angemessenheits-/Billigkeitskontrolle nach § 242 BGB nur bei echten Individualvereinbarungen erfolgen darf, bei AGB sind die §§ 305 ff. BGB abschließend, ein (ergänzender) Rückgriff auf § 242 BGB ist also ausgeschlossen.[197] Da im Arbeitsrecht meist AGB vorliegen (Rn. 210), ist die Klausurrelevanz der Kontrolle nach § 242 BGB sehr überschaubar.

Weiterführende Literatur: *Schubert, Claudia:* Referendarexamensklausur – Arbeitsrecht: Wirbel nach der Kündigung, JuS 2008, 52; *Joussen, Jacob/Husemann, Tim/Bullmann, Boris:* Sandy trinkt Cola – Schwerpunktbereichsklausur, Jura 2011, 154; *Stöhr, Alexander:* Immer Ärger mit Gustav, JA 2013, 174; *Malorny, Friederike/Richter, Barbara:* Referendarexamensklausur – Zivilrecht: Anfechtung, Annahmeverzug, Diskriminierung und Versäumnisurteil, JuS 2017, 1196; *Tillmanns, Kerstin:* Klausurenkurs I, Fälle 3, 9.

§ 5 Die Diskriminierungsverbote des AGG

230 **Fall 9:** Die 30jährige C bewirbt sich bei Arbeitgeber A. Obwohl sie die mit Abstand beste Bewerberin ist, lehnt A sie ab. Ihm passt weder, dass sie offenkundig aus Asien stammt (A mag nur „Arier"), noch dass sie Frau ist, gehören diese doch – nach A's Meinung – an den Herd. Überdies findet er sie unsympathisch. Infolge der Ablehnung erleidet C einen „psychischen Knacks", der zu dauerhafter Arbeitsunfähigkeit führt. Hat sie gegen C Anspruch auf Schadensersatz und Schmerzensgeld? **(Lösung Rn. 240, 244, 254, 277, 279 und 282)**

231 **Fall 10:** Arbeitgeber A sucht eine(n) neue(n) Sekretär(in), zu dessen/deren Aufgaben es v.a. gehören wird, seine Geschäftsbriefe, die traditionell von ellenlangen und hochtrabenden Sätzen (à la Thomas Mann) strotzen, Korrektur zu lesen. Er sucht daher nach einer/einem „Sekretär (m/w/d) mit sehr guten Deutschkenntnissen". Der aus Ghana stammende B bewirbt sich, wird von A aber nach einem Test wegen nicht ausreichender Sprachkenntnisse abgelehnt. B fühlt sich unzulässig diskriminiert. Zu Recht? **(Lösung Rn. 257)**

194 BAG 25.5.2005 – 5 AZR 572/04, NZA 2005, 1111, 1116.
195 BAG 21.11.2001 – 5 AZR 158/00, NZA 2002, 551, 552; 25.5.2005 – 5 AZR 572/04, NZA 2005, 1111, 1116; vgl. auch BVerfGE 89, 214, 232 f.
196 BAG 25.5.2005 – 5 AZR 572/04, NZA 2005, 1111, 1116.
197 BAG 25.5.2005 – 5 AZR 572/04, NZA 2005, 1111, 1116.

A. Einführung

Das 2006 in Kraft getretene „Allgemeine Gleichbehandlungsgesetz“ (AGG) gebietet – entgegen seinem irreführenden Namen – nicht allgemein die Gleichbehandlung von Menschen (im Arbeitsrecht), sondern **verbietet** „lediglich“ die **ungerechtfertigte Ungleichbehandlung** (= Diskriminierung) **wegen der in § 1 AGG abschließend genannten Merkmale** (z.B. Alter, Geschlecht, Religion). Das Gesetz dient der Umsetzung mehrerer europarechtlicher Richtlinien und war bei seinem Inkrafttreten angesichts des mit ihm verbundenen Eingriffs in die Privatautonomie rechtspolitisch umstritten.[1] Sein Hauptanwendungsbereich liegt im Arbeitsrecht, allerdings gilt es (unter engen Voraussetzungen) auch im allgemeinen Zivilrecht. 232

Systematischer Überblick: Die **§§ 1-5 AGG** enthalten den AT des Gesetzes, in dem grundlegende Regelungen getroffen werden. Die sich anschließenden **§§ 6-18 AGG** normieren das hier interessierende Arbeitsrecht, die §§ 19-21 AGG treffen Bestimmungen zum Schutz vor Diskriminierungen im allgemeinen Zivilrecht, **§ 22 AGG** normiert eine wichtige Beweislastregelung und die §§ 23-33 AGG enthalten nicht klausurrelevante Fragen. 233

Verhältnis zu anderen Vorschriften: Das AGG lässt Diskriminierungsverbote in anderen Vorschriften (z.B. § 4 TzBfG) ebenso unberührt wie die Geltung des arbeitsrechtlichen Gleichbehandlungsgrundsatzes (Rn. 335 ff.). 234

B. Voraussetzungen

Ausgangspunkt für die Prüfung eines Verstoßes gegen das AGG ist **§ 7 I AGG**. Danach dürfen Beschäftigte nicht wegen eines in § 1 AGG genannten Grundes benachteiligt werden. Ob das der Fall ist, ist wie folgt zu prüfen: 235

I. Persönlicher Anwendungsbereich, § 6 AGG

Im Zentrum des AGG steht der Begriff des **Beschäftigten**, der nach § 6 I AGG nicht nur **Arbeitnehmer** (Nr. 1), sondern auch zur **Berufsbildung Beschäftigte** (Nr. 2; erfasst Rechtsverhältnisse nach §§ 1 II-V, 26 BBiG) und **arbeitnehmerähnliche Personen** (Nr. 3) sowie **Bewerber** und Personen, deren Beschäftigungsverhältnis beendet wurde, umfasst. **Arbeitgeber** ist umgekehrt, wer eine dieser Personen beschäftigt, § 6 II AGG. Im öffentlichen Dienst gilt das AGG ebenfalls, bei Beamten und Richtern ist allerdings § 24 AGG zu beachten. 236

Auf **Organmitglieder** ist das AGG nach seinem **§ 6 III** nur anwendbar, soweit es um den Zugang zur Erwerbstätigkeit und den beruflichen Aufstieg (vgl. § 2 I Nr. 1 AGG) geht, nicht aber für die Beschäftigungs- und Arbeitsbedingungen (z.B. Gehalt, Urlaub, vgl. § 2 I Nr. 2 AGG). Da das AGG der Umsetzung mehrerer unionsrechtlicher Richtlinien dient, ist aber die Rechtsprechung des EuGH zu beachten, nach der jedenfalls GmbH-Fremdgeschäftsführer und GmbH-Eigengeschäftsführer mit geringer Beteiligung Arbeitnehmer sein 237 V

1 Kritisch z.B. *Picker*, ZfA 2005, 167 ff.; *Adomeit*, NJW 2002, 1622; *Säcker*, ZRP 2002, 286.

können (s. Rn. 51).[2] Ist der Geschäftsführer im Einzelfall Arbeitnehmer, so ist nach dem BGH in unionsrechtskonformer Auslegung § 6 I Nr. 1 AGG mit der Folge anzuwenden, dass das AGG insgesamt anwendbar ist.[3]

II. Sachlicher Anwendungsbereich, § 2 AGG

238 Benachteiligung wegen eines in § 1 AGG genannten Grundes verbietet § 2 AGG in Bezug auf eine Reihe von Aspekten. Die klausurrelevantesten sind:

(1) Die **Begründung** des Arbeitsverhältnisses (vgl. § 2 I Nr. 1 AGG).

(2) Die Beschäftigungs- und Arbeitsbedingungen im **laufenden** Arbeitsverhältnis, § 2 I Nr. 2 AGG (z.B. Urlaub, Gehalt). Dazu zählt auch der **berufliche Aufstieg**, vgl. jeweils § 2 I Nr. 1 und 2 AGG a.E.

(3) Was die **Beendigung** von Arbeitsverhältnissen anbelangt, scheint das AGG nach § 2 IV AGG keine Anwendung zu finden. Die Vorschrift ist aber nicht unionsrechtskonform (näher zu diesem Problem und seiner Lösung Rn. 289 f.).

Hinweis: Mit dem am 6.7.2017 in Kraft getretenen Entgelttransparenzgesetz **(EntgTranspG)** versucht der Gesetzgeber, dem Ziel einer Entgeltgleichheit von Frauen und Männern auch in der Praxis zum Durchbruch zu verhelfen. Herzstück des wenig examensrelevanten Gesetzes ist der individuelle Auskunftsanspruch nach §§ 10 ff. EntgTranspG.

III. Verbotene Diskriminierungsmerkmale, § 1 AGG

1. Rasse und ethnische Herkunft

239 Wenn der Richtlinien-/Gesetzgeber eine Diskriminierung wegen der **Rasse** verbietet, so soll das keine Anerkennung verquerer rechtsradikaler Rassentheorien bedeuten, sondern vielmehr an rassistisches Verhalten anknüpfen.[4] Der Rassenbegriff ist weitgehend unbestimmt. Um eine Abgrenzung zum Merkmal der ethnischen Herkunft zu ermöglichen, bietet es sich an, für die Rasse auf **äußere Erscheinungsmerkmale** – wie Hautfarbe, Physiognomie und Körperbau – abzustellen.[5]

Beispiele: Rassistisch ist die Bezeichnung als „Neger“ für einen Dunkelhäutigen oder „Schlitzauge“ für einen Asiaten. Eine Beschimpfung als „Türke“ ist dagegen nicht rassistisch, allerdings liegt hier ggf. eine Benachteiligung wegen der ethnischen Herkunft vor.

240 In **Fall 9** wird C abgelehnt, weil sie Asiatin ist. Damit liegt eine Benachteiligung wegen der Rasse vor. (Fortsetzung **Rn. 244**)

241 Die **ethnische Herkunft** ist Oberbegriff zum Merkmal „Rasse“. Gemeint ist die Zugehörigkeit eines Menschen zu einer durch sprachliche und/oder kulturelle Merkmale verbundenen Gemeinschaft mit einer langen gemeinsamen Geschichte.[6] Indizien

2 Vgl. im sozialversicherungsrechtlichen Kontext auch *Fabritius/Markgraf*, NZS 2016, 808, 814.
3 BGH 26.3.2019 – II ZR 244/17, NZA 2019, 706, 707 f.
4 BT-Drucks. 16/1780, S. 30 f.
5 Vgl. MüKo-BGB/*Thüsing*, § 1 AGG, Rn. 56.
6 BAG 21.6.2012 – 8 AZR 364/11, NZA 2012, 1345, 1347; ErfK/*Schlachter*, § 1 AGG, Rn. 4a.

hierfür sind gemeinsame familiäre oder soziale Sitten und Gebräuche, gemeinsame Religion, Sprache, geographischer Ursprung, aber auch gemeinsame Kleidung und typische Erscheinungsbilder (z.B. Haartracht).[7] Daran gemessen sind sicherlich Sinti und Roma eine Ethnie, gleichermaßen Sorben und Juden[8] oder Deutsche gegenüber z.B. Nigerianern. Aufgrund seiner Unbestimmtheit führt das Merkmal in Grenzbereichen zu **Rechtsunsicherheiten**. So ist fraglich, ob das deutsche Volk nur eine Ethnie darstellt,[9] oder ob innerhalb Deutschlands nicht mehrere Ethnien bestehen können (z.B. Schwaben vs. Hanseaten);[10] im letzteren Fall stellt sich das Problem einer Grenzziehung im „Kleinteiligen“ (Düsseldorfer vs. Kölner? Schwabe vs. Badener?).

Nicht erfasst von den Merkmalen Rasse und ethnischer Herkunft ist eine Diskriminie- **242**
rung wegen der **Staatsangehörigkeit**.[11] Jedoch kann unter dem „Deckmantel“ der Staatsangehörigkeit in Wahrheit eine Benachteiligung wegen der Rasse oder ethnischen Herkunft stehen. Werden (deutsche) **Sprachkenntnisse** oder akzentfreies Deutsch verlangt, so kann das eine mittelbare Diskriminierung (§ 3 II AGG) wegen der ethnischen Herkunft begründen (vgl. **Fall 10**, Rn. 257).[12]

2. Geschlecht

Geschlecht meint die biologische Zuordnung zu einer Geschlechtsgruppe (also Mann, **243**
Frau oder 3. Geschlecht[13]). Richtigerweise ist Transsexualität unter das Merkmal „Geschlecht“ – und nicht unter die „sexuelle Identität“ – zu subsumieren,[14] geht mit ihr doch nicht automatisch eine bestimmte sexuelle Ausrichtung einher (a.A. vertretbar, die Unterscheidung ist praktisch ohnehin bedeutungslos).

In **Fall 9** liegt auch eine Diskriminierung wegen des Geschlechts der C vor, lehnt A sie doch **244**
auch ab, weil Frauen „an den Herd“ gehörten. (Fortsetzung **Rn. 254**)

3. Religion und Weltanschauung

Eine verbindliche – gar Legal- – Definition der Begriffe „Religion“ und „Weltan- **245**
schauung“ fehlt. Das BAG charakterisiert beide als „eine mit der Person des Menschen verbundene Gewissheit über bestimmte Aussagen zum Weltganzen sowie zur Herkunft und zum Ziel des menschlichen Lebens“[15]. Der Unterschied zwischen beiden liegt im **transzendentalen** Bezug der Religion, die auf eine überindividuelle Sinngebung des Daseins zielt, wohingegen für die Weltanschauung eine nichtreligiö-

---

7 HWK/*Rupp*, § 1 AGG, Rn. 3; ErfK/*Schlachter*, § 1 AGG, Rn. 4a.
8 MüKo-BGB/*Thüsing*, § 1 AGG, Rn. 56.
9 So MüKo-BGB/*Thüsing*, § 1 AGG, Rn. 56; vgl. auch **a.A.** ArbG Stuttgart 15.4.2010 – 17 Ca 8907/09.
10 Dafür *Bauer/Krieger/Günther*, AGG, § 1, Rn. 23; Staudinger/*Richardi/Fischinger*, § 611a, Rn. 450.
11 BAG 21.6.2012 – 8 AZR 364/11, NZA 2012, 1345.
12 BAG 28.1.2010 – 2 AZR 764/08, NZA 2010, 625, 626; ErfK/*Schlachter*, § 1 AGG, Rn. 5.
13 Zu dessen Anerkennung BVerfG 10.10.2017 – 1 BvR 2019/6, NJW 2017, 3643.
14 So auch MüKo-BGB/*Thüsing*, § 1 AGG, Rn. 55; BeckOGK-AGG/*Baumgärtner*, § 1 AGG, Rn. 158; offengelassen dagegen von BAG 17.12.2015 – 8 AZR 421/14, NZA 2016, 888, 891; tendenziell **a.A.** ErfK/*Schlachter*, § 1 AGG, Rn. 6.
15 BAG 22.3.1995 – 5 AZB 21/94, NZA 1995, 823, 824.

se Sinndeutung der Welt im Mittelpunkt steht. Gemeinsam ist beiden der jeweils notwendige **umfassende Geltungsanspruch** für das gesamte Leben („zum Weltganzen“). Überzeugungen zu Teilaspekten des menschlichen Lebens (z.B. politische Gesinnung, Sympathie für den FC Bayern München) genügen daher nicht.[16] **Scientology** wird von der höchstrichterlichen Rechtsprechung nicht als geschützte Religions- oder Weltanschauungsgemeinschaft angesehen.[17]

246 Geschützt ist nicht nur das Recht, eine Religion oder Weltanschauung (nicht) zu haben **(forum internum)**, sondern auch sich den Anforderungen der Religion entsprechend zu verhalten **(forum externum)**. Zu letzterem gehören bspw. der Besuch des Gottesdienstes, die Beachtung von Kleidervorschriften (z.B. Kopftuch) oder die Beachtung religiöser Ge-/Verbote.

247 Eine Ungleichbehandlung wegen Religion oder Weltanschauung kann bei der Beschäftigung durch Religionsgemeinschaften nach der speziellen Regelung des **§ 9 AGG** gerechtfertigt sein (Rn. 264).

4. Behinderung

248 Für den Behinderungsbegriff will der Gesetzgeber des AGG sich im Ausgangspunkt an der Definition in **§ 2 I 1 SGB IX** anlehnen.[18] Danach sind „Menschen mit Behinderungen Menschen, die körperliche, seelische, geistige oder Sinnesbeeinträchtigungen haben, die sie in Wechselwirkung mit einstellungs- und umweltbedingten Barrieren an der gleichberechtigten Teilhabe an der Gesellschaft mit hoher Wahrscheinlichkeit länger als sechs Monate hindern können“. Die so verstandene Behinderung ist von einer nicht von § 1 AGG erfassten **Krankheit** abzugrenzen, was nach h.M. über das Kriterium der (langen) Dauer erfolgt (näher Rn. 142).[19] Keine Behinderung begründen Sehschwäche, bloßes Übergewicht[20] (anders extreme Fettleibigkeit[21]) oder unter-/überdurchschnittliche Körpergröße (Ausnahme: Überschreitung von Extremgrenzen).[22]

Hinweise: (1) Das AGG setzt keine **Schwer**behinderung voraus, es genügt eine „einfache“ Behinderung![23] **(2)** Im Detail ist der Behindertenbegriff umstritten und komplex,[24] von einem Examenskandidaten können Einzelheiten nicht verlangt werden.

---

16 BAG 20.6.2013 – 8 AZR 482/12, NZA 2014, 21, 23 f.; HWK/*Rupp*, § 1 AGG, Rn. 6; Staudinger/*Richardi/Fischinger*, § 611a, Rn. 452.

17 BAG 22.3.1995 – 5 AZB 21/94, AP ArbGG § 5 Nr. 21.

18 BT-Drucks. 16/1780, S. 31.

19 EuGH 11.7.2006 – C-13/05, AP Richtlinie 2000/78/EG Nr. 3.

20 OVG Lüneburg 31.7.2012 – 5 LC 216/10, NJOZ 2013, 219; VG Gelsenkirchen 25.6.2008 – 1 K 3143/06, NVwZ-RR 2009, 252.

21 Adomeit/*Mohr*, AGG, § 1, Rn. 137.

22 VG Düsseldorf 2.10.2007 – 2 K 2070/07.

23 BAG 3.4.2007 – 9 AZR 823/06, NZA 2007, 1098, 1099 f.; 27.1.2011 – 8 AZR 580/09, NZA 2011, 737, 740.

24 Vgl. z.B. MüKo-BGB/*Thüsing*, § 1 AGG, Rn. 40 ff.

5. Alter

Verboten ist ferner die Diskriminierung wegen des Alters. Gemeint ist **jedes Lebensalter**, unzulässig ist also nicht nur die Schlechterbehandlung wegen „vorgerückten", sondern auch wegen geringeren Alters.[25] In der Praxis kommt diesem Merkmal die größte Bedeutung zu, wird doch traditionell in vielen arbeitsrechtlichen Regelungen an das Alter angeknüpft. Für die Ungleichbehandlung wegen des Alters bestehen die speziellen Rechtfertigungsmöglichkeiten des **§ 10 AGG** (Rn. 261). **249**

6. Sexuelle Identität

Sexuelle Identität meint zunächst die sexuelle Ausrichtung eines Menschen, d.h. Hetero-, Homo- oder Bisexualität. Ob sexuelle Vorlieben und Verhaltensweisen (Gruppensex, sadomasochistische Praktiken) geschützt sind, ist umstritten, richtigerweise aber zu bejahen.[26] Strafrechtlich sanktionierte Verhaltensweisen – insb. Pädophilie und Nekrophilie – fallen nach h.M. nicht unter § 1 AGG.[27] **250**

IV. Verbotene Diskriminierungshandlungen, § 3 AGG

Ein Verstoß gegen das AGG setzt des Weiteren voraus, dass der Beschäftigte wegen eines Merkmals i.S.v. § 1 AGG benachteiligt wird. Insoweit kennt das Gesetz unterschiedliche Arten von Diskriminierungshandlungen: **251**

1. Unmittelbare Diskriminierung, § 3 I AGG

Eine unmittelbare Diskriminierung (§ 3 I **1** AGG) liegt vor, wenn ein Beschäftigter **wegen eines in § 1 AGG** genannten Merkmals eine weniger günstige Behandlung erfährt, als ein „Nichtmerkmalsträger" in einer vergleichbaren Situation erfährt, erfahren hat oder erfahren würde. Es wird also bereits formal ungleich behandelt. Eine Benachteiligung wegen des Geschlechts liegt auch vor, wenn eine Frau wegen Schwangerschaft oder Mutterschaft ungünstiger behandelt wird (§ 3 I **2** AGG). **252**

Beispiel: Die Bewerberin wird nicht eingestellt, weil sie lesbisch ist.

Es genügt, dass das Merkmal nach § 1 AGG nur ein Motiv in einem **Motivbündel** ist.[28] Das „verpönte" Merkmal muss nicht tatsächlich vorgelegen haben, es genügt, dass der Täter davon ausgeht, dass es vorliegt und deshalb schlechter behandelt.[29] **253**

25 BAG 19.8.2010 – 8 AZR 530/09, NZA 2010, 1412, 1415; ErfK/*Schlachter*, § 1 AGG, Rn. 12.

26 Staudinger/*Richardi/Fischinger*, § 611a, Rn. 455; *Annuß*, BB 2006, 1629, 1630 f.; BeckOK-ArbR/*Roloff*, § 1 AGG, Rn. 9; *v. Roetteken*, AGG, § 1, Rn. 614; **a.A.** *Bauer/Krieger/Günther*, AGG, § 1, Rn. 53; PWW/*Lingemann*, § 1 AGG, Rn. 10.

27 Staudinger/*Richardi/Fischinger*, § 611a, Rn. 455; HWK/*Rupp*, § 1 AGG, Rn. 12.

28 BAG 5.2.2004 – 8 AZR 112/03, AP BGB § 611a Nr. 23; 21.7.2009 – 8 AZR 112/03, NZA 2009, 1087, 1090; 24.1.2013 – 8 AZR 429/11, NZA 2013, 498, 501.

29 BAG 17.12.2009 – 8 AZR 670/08, NZA 2010, 383, 384.

254 In **Fall 9** ändert daher die Tatsache, dass A die C auch deshalb ablehnt, weil er sie unsympathisch findet, nichts daran, dass eine unmittelbare Diskriminierung wegen des Geschlechts und der Rasse vorliegt. (Fortsetzung **Rn. 277**)

2. Mittelbare Diskriminierung, § 3 II AGG

255 Eine mittelbare Diskriminierung ist **zweistufig** zu prüfen:

1. Stufe: Es liegen dem Anschein nach neutrale Vorschriften, Kriterien oder Verfahren vor, die dazu führen können, dass Personen wegen eines in § 1 AGG genannten Grundes benachteiligt werden. Anders als bei der unmittelbaren Diskriminierung wird hier also zwar formal gleichbehandelt, **faktisch** kommt es aufgrund der gewählten Kriterien usw. aber zu einer Ungleichbehandlung wegen eines Merkmals von § 1 AGG.

Beispiele: (1) Der Arbeitgeber entlohnt Teilzeitkräfte pro Stunde geringer als Vollzeitarbeitnehmer. Damit wird zwar nicht an ein Merkmal des § 1 AGG angeknüpft, ist aber – wie das meist der Fall ist – der prozentuale Anteil weiblicher Arbeitnehmer in Teilzeit deutlich höher als der männlicher, liegt mittelbar eine Diskriminierung wegen des Geschlechts vor.[30] **(2)** Ordnet ein ein Kaufhaus betreibender Arbeitgeber an, dass alle in der Hutabteilung Beschäftigten das Haar offen tragen müssen, stellt dies eine mittelbare Benachteiligung muslimischer Frauen dar.

256 **2. Stufe:** Schon tatbestandlich liegt eine mittelbare Diskriminierung nicht vor, wenn die betreffenden Vorschriften, Kriterien oder Verfahren durch ein rechtmäßiges Ziel **sachlich gerechtfertigt** und die Mittel zur Erreichung dieses Ziels **angemessen** und **erforderlich** sind. Anders als Abs. 1 enthält Abs. 2 also schon im Tatbestand eine spezielle **Rechtfertigungsmöglichkeit**, dessen Anforderungen gegenüber § 8 AGG (dazu Rn. 267) niedriger sind. So kann (!) bspw. die schlechtere Entlohnung von Teilzeitkräften gerechtfertigt sein, wenn diese weniger produktiv sind (z.B. weil sie nur an einigen Tagen die Woche tätig sind und sich daher zu Beginn der verkürzten Arbeitswoche immer erst wieder zeitraubend in den vorherigen Stand einarbeiten müssen). Nach umstrittener, aber zutreffender Ansicht ist der Anspruchssteller darlegungs- und beweisbelastet dafür, dass der Rechtfertigungsgrund des § 3 II AGG nicht vorliegt.[31]

257 In **Fall 10** liegt keine unmittelbare Diskriminierung vor, knüpft A die Ablehnung des B doch nicht an dessen ethnische Herkunft, sondern vielmehr an mangelnde Deutschkenntnisse an. Weil im Ausland geborene Ausländer meist nicht in gleicher Weise der deutschen Sprache mächtig sind wie in Deutschland geborene Menschen, werden erstere durch das Kriterium „Deutschkenntnisse" typischerweise schlechter gestellt. Es liegt daher eine mittelbare Diskriminierung wegen der ethnischen Herkunft vor.[32] Diese kann aber nach § 3 II AGG gerechtfertigt sein, wenn – wie hier – die zu besetzende Position sehr gute Deutsch-

30 Staudinger/*Richardi/Fischinger*, § 611a, Rn. 461.

31 Gaier/*Wendtland*, AGG, § 22, Rn. 155; *v. Steinau-Steinrück/Schneider/Wagner*, NZA 2005, 28, 31; Staudinger/*Richardi/Fischinger*, § 611a, Rn. 462; **a.A.** ErfK/*Schlachter*, § 3 AGG, Rn. 13; Däubler/*Bertzbach/Beck*, AGG, § 22, Rn. 120.

32 Vgl. BeckOK-ArbR/*Roloff*, § 3 AGG, Rn. 26; MüKo-BGB/*Thüsing*, § 3 AGG, Rn. 54.

kenntnisse erfordert. A verfolgt also ein legitimes, vom AGG gebilligtes Ziel. Auch hat er B nicht einfach aufgrund dessen afrikanischer Abstammung ein mangelndes Sprachniveau unterstellt, sondern ihm die Chance gegeben, sich zu „beweisen“. Da B nicht gut genug war, liegt letztlich keine unzulässige mittelbare Ungleichbehandlung vor.

3. (Sexuelle) Belästigung und Anweisung zur Benachteiligung, § 3 III-V AGG

§ 3 III AGG verbietet die dort näher definierte Belästigung wegen eines in § 1 AGG genannten Grundes. Dabei genügt sowohl der erfolglose Versuch einer solchen („bezweckt“), als auch die unvorsätzliche Belästigung („bewirkt“). **258 V**

Beispiel: Der Arbeitgeber macht wiederholt gegenüber einem bosnischen Arbeitnehmer sowie öffentlich im Betrieb Witze über „Batschaken“ und behauptet, diese seien faul, stänken und seien Träger exotischer Krankheiten.

§ 3 IV AGG untersagt speziell sexuelle Belästigungen und § 3 V AGG stellt die Anweisung zur Benachteiligung der Benachteiligung gleich. **259 V**

Beispiel: Der Arbeitgeber weist den Personalleiter an, den bekennend homosexuellen Arbeitnehmern niedrigere Dienste zuzuweisen.

V. (Keine) Rechtfertigung der Ungleichbehandlung, §§ 5, 8-10 AGG

Auch wenn tatbestandsmäßig eine Ungleichbehandlung wegen eines in § 1 AGG genannten Merkmals vorliegt, steht damit noch nicht automatisch ein Verstoß gegen das AGG fest. Möglich ist nämlich, dass die Ungleichbehandlung nach den §§ 5, 8-10 AGG **gerechtfertigt** ist. **260**

Hinweise: (1) Bei der mittelbaren Diskriminierung findet bereits auf der Ebene des Tatbestands eine Rechtfertigungsprüfung statt (Rn. 256). Ist danach die Ungleichbehandlung nicht gerechtfertigt, so wird sie meist auch nicht nach §§ 8-10 AGG rechtfertigbar sein, sind deren Anforderungen doch vergleichbar hoch (§§ 5, 9, 10 AGG) oder sogar deutlich höher (§ 8 AGG) als diejenigen von § 3 II AGG.

(2) Prüfungsreihenfolge: Zuerst ist ein etwaiger spezieller Rechtfertigungsgrund (§ 10 AGG bzw. § 9 AGG) und erst danach § 8 AGG anzusprechen. Auf § 5 AGG ist nur einzugehen, wenn – in der Klausur selten – Anhaltspunkte für eine positive Maßnahme bestehen.

1. Rechtfertigung von Altersdiskriminierungen, § 10 AGG

Nach § 10 AGG ist eine unterschiedliche Behandlung wegen des Alters gerechtfertigt, wenn diese „objektiv und angemessen und durch ein **legitimes Ziel** gerechtfertigt ist“ (S. 1) und die **Mittel** zu dessen Erreichung **angemessen und erforderlich** sind (S. 2, Verhältnismäßigkeitsprüfung). Damit stellt er im Vergleich zu § 8 AGG, der u.a. verlangt, dass es sich um „wesentliche und entscheidende berufliche Anforderungen handelt“ (Rn. 267), deutlich geringere Rechtfertigungsvoraussetzungen auf. Ob legitime Ziele dabei nur solche der Allgemeinheit (z.B. Legitimität einer Altersgrenze **261** zur gerechten Verteilung der Berufschancen zwischen den Generationen[33]) oder auch solche nur des Unternehmers sein dürfen, ist umstritten. Richtigerweise wird man grundsätzlich auch unternehmensbezogene Ziele (z.B. Sicherung einer ausgewogenen Altersstruktur der Belegschaft)[34] als legitim i.d.S. bezeichnen können; nicht genügen wird allerdings der Wunsch nach bloßer Kostenersparnis oder Verbesserung der Wettbewerbsfähigkeit.[35]

262 § 10 **S. 3** AGG enthält einen nicht abschließenden („insbesondere") Beispielskatalog von an das Lebensalter anknüpfenden Maßnahmen, die gerechtfertigt sein können. Erforderlich ist aber auch insoweit die Erforderlichkeit und Angemessenheit des Mittels (§ 10 S. 2 AGG).[36] Zu § 10 AGG existiert eine ausufernde, kaum noch überschaubare Judikatur, deren Detailkenntnis von Examenskandidaten nicht erwartet werden kann.

2. Besonderheiten bei Religion und Weltanschauung, § 9 AGG

263 Einen speziellen Rechtfertigungsgrund für die Ungleichbehandlung wegen der Religion oder Weltanschauung normiert § 9 AGG für **Religionsgemeinschaften** und die ihnen zugeordneten Einrichtungen (z.B. Caritas, Diakonie). Er soll das grundrechtlich gewährleistete Selbstbestimmungsrecht der Religionsgemeinschaften aus Art. 140 GG i.V.m. Art. 137 III WRV sichern. Erfasst werden neben der römisch-katholischen Kirche und den evangelischen Landeskirchen auch z.B. jüdische Religionsgemeinschaften, Baptisten und Zeugen Jehovas.[37]

264 V **§ 9 I AGG** erlaubt es der Religionsgemeinschaft, nach der Religion/Weltanschauung zu differenzieren, wenn dies unter Beachtung des Selbstverständnisses der jeweiligen Religionsgemeinschaft eine **gerechtfertigte** berufliche Anforderung darstellt. Infolge des *Egenberger*-Urteils des EuGH[38] ist § 9 I Alt. 1 AGG („im Hinblick auf ihr Selbstbestimmungsrecht") aber unanwendbar und ist § 9 I Alt. 2 AGG unionsrechtskonform dergestalt auszulegen, dass es nicht genügt, dass eine bestimmte Religion oder Weltanschauung nach der Art der Tätigkeit eine *gerechtfertigte berufliche Anforderung* darstelle, sondern es sei erforderlich, dass sie *„eine wesentliche, rechtmäßige und gerechtfertigte berufliche Anforderung"* darstellt.[39] Anwendbar ist sie deshalb (wohl) nur bei einer Tätigkeit im sog. **verkündungsnahen** Bereich, d.h. also einer solchen, die mit dem religiösen Auftrag der Religionsgemeinschaft (eng) verbunden ist.[40] So ist selbstverständlich, dass z.B. die katholische Kirche für die Tätigkeit als Priester oder Seelsorger nur einen katholischen Bewerber akzeptieren muss, genauso klar ist aber, dass die Konfession nicht für alle Tätigkeiten zur conditio sine qua non erhoben werden kann (z.B. Putzfrau).[41]

---

33 EuGH 12.1.2010 – C-341/08, AP Richtlinie 2000/78/EG „Petersen" Nr. 15.

34 Vgl. BAG 6.11.2008 – 2 AZR 523/07, NZA 2009, 361, 366; 22.1.2009 – 8 AZR 906/07, NZA 2009, 945, 949.

35 BAG 23.7.2015 – 6 AZR 457/14, NZA 2015, 1380, 1383.

36 Vgl. BAG 12.2.2013 – 3 AZR 100/11, NZA 2013, 733, 736; vgl. auch BAG 10.12.2013 – 3 AZR 796/11, NZA 2015, 50.

37 *Bauer/Krieger/Günther*, AGG, § 9, Rn. 88.

38 EuGH 17.4.2018 – C-414/16, NZA 2018, 569.

39 BAG 25.10.2018 – 8 AZR 501/14, NZA 2019, 455.

40 LAG Berlin 28.5.2014 – 4 Sa 157/14, BeckRS 2014, 71581; *Schliemann*, NZA 2003, 407, 413; *Kock*, MdR 2006, 1088, 1090.

41 Däubler/Bertzbach/*Wedde*, AGG, § 9, Rn. 51 f.

Nach **§ 9 II AGG** kann die Religionsgemeinschaft trotz § 1 AGG von ihren Beschäftigten ein loyales und aufrichtiges Verhalten im Sinne ihres Selbstverständnisses verlangen und im Falle eines Verstoßes dieses arbeitsrechtlich sanktionieren. Auch diese Vorschrift ist unionsrechtskonform einengend auszulegen. Nach dem BAG hat eine der Kirche zugeordnete Einrichtung nicht das Recht, bei einem Verlangen an das loyale und aufrichtige Verhalten im Sinne ihres jeweiligen Selbstverständnisses Beschäftigte in leitender Stellung je nach deren Konfession oder Konfessionslosigkeit unterschiedlich zu behandeln, wenn nicht die Religion oder die Weltanschauung im Hinblick auf die Art der betreffenden beruflichen Tätigkeiten oder die Umstände ihrer Ausübung eine berufliche Anforderung ist, die angesichts des Ethos der in Rede stehenden Einrichtung wesentlich, rechtmäßig und gerechtfertigt ist und dem Grundsatz der Verhältnismäßigkeit entspricht.[42] Auch hier spielt die Unterscheidung zwischen verkündungsnahem und -fernem Bereich eine Rolle, bestimmt sich doch der Umfang der Loyalitätspflichten gegenüber dem kirchlichen Selbstverständnis nach der Nähe der Aufgabe des Arbeitnehmers zum Verkündungsauftrag der Religionsgemeinschaft.[43] **265 V**

Hinweis: Die Kenntnis dieser Details der Auslegung von § 9 AGG wird man von Examenskandidaten kaum erwarten können.

3. Rechtfertigung nach § 8 AGG

Nach dem allgemeinen Rechtfertigungstatbestand des § 8 AGG ist eine Ungleichbehandlung nur zulässig, wenn der Grund i.S.v. § 1 AGG wegen der Art der auszuübenden Tätigkeit oder der Bedingungen ihrer Ausübung eine „**wesentliche und entscheidende** berufliche Anforderung" darstellt und der Zweck rechtmäßig und die Anforderung angemessen ist. Wesentlich und entscheidend ist das Merkmal, wenn die Tätigkeit ohne dieses Merkmal bzw. ohne Fehlen dieses Merkmals entweder gar nicht oder nicht ordnungsgemäß durchgeführt werden kann.[44] Die Anforderungen sind also **sehr hoch**, „bloße" sachliche Gründe genügen nicht und das Merkmal darf nicht nur eine untergeordnete Rolle spielen, sondern muss **zentraler Bestandteil für die auszuübende Tätigkeit** sein. **266**

Beispiel: Profifußballspieler kann nur sein, wer über eine bestimmte körperliche Mindestkonstitution verfügt. Die Bewerbung eines Behinderten mit nur einem Bein kann deshalb abgelehnt werden, auch wenn das eine Ungleichbehandlung wegen einer Behinderung beinhaltet.

Gegenbeispiel: Auch wenn traditionell Frauen als Kindergärtnerinnen tätig sind, kann diese Tätigkeit genauso von Männern erbracht werden (s. „Der Kindergartencop" mit *Arnold Schwarzenegger*) – das Geschlecht ist also keine wesentliche und entscheidende berufliche Anforderung.

Inwieweit Kundenwünsche **(„customer preferences")** und ein bestimmtes **Unternehmerkonzept** eine Ungleichbehandlung zu rechtfertigen vermögen, ist umstritten.[45] Angesichts der grundrechtlich geschützten Unternehmerfreiheit kann das richtigerweise nicht apodiktisch abgelehnt werden, es sind aber strenge Maßstäbe anzulegen, könnte doch anderenfalls das AGG leicht ausgehebelt werden.[46] Rechtfertigbar **267**

42 BAG 20.2.2019 – 2 AZR 746/14, NZA 2019, 901, 903.
43 BeckOK-ArbR/*Roloff*, § 9 AGG, Rn. 4.
44 BAG 28.5.2009 – 8 AZR 536/08, NZA 2009, 1016, 1019; BeckOK-ArbR/*Roloff*, § 8 AGG, Rn. 4.
45 Nachweise zum komplexen Streitstand bei BeckOK-ArbR/*Roloff*, § 8 AGG, Rn. 5.
46 Vgl. BAG 18.3.2010 – 8 AZR 77/09, NZA 2010, 872, 875.

sind insb. nur solche Auswahlkriterien, die einen engen Bezug zum **Kern der zu erbringenden Arbeitsleistung** und der vom Arbeitgeber angebotenen Leistungen aufweisen und/oder zum Schutz des berechtigten Schamgefühls der Kunden erforderlich sind.[47]

Beispiele: (1) Der Betreiber eines Stripteaselokals darf als Tänzerinnen Männer und ältere Frauen ablehnen und nur jüngere, attraktive Damen einstellen, ist Kern der Tätigkeit doch die sexuelle Stimulation der i.d.R. männlichen Kunden. **(2)** Ballett- und Theaterrollen wie z.B. die von Wilhelm Tell's Sohn Walter müssen aus Gründen der Authentizität oft mit einer Person eines bestimmten Geschlechts und eines bestimmten Alters besetzt werden. **(3)** Ist eine Betreuerstelle in einem Mädcheninternat zu besetzen, so kann zum Schutz des Intimgefühls der Schülerinnen die Suche auf Frauen beschränkt werden, wenn die Tätigkeit auch Nachtdienste umfasst.[48] **(4)** Gleiches gilt, wenn eine Pflegekraft in einem Altersheim mit ausschließlich weiblichen Bewohnern gesucht wird. **(5)** Ein allgemeines Kopftuchverbot kann durch berufliche Anforderungen (z.B. Sicherstellung der Beachtung von Hygienevorschriften) gerechtfertigt sein, bloße Kundenwünsche (z.B. Verkäuferin in Kaufhaus) genügen hingegen nicht, kann die Verkäuferin doch nach wie vor ihrer Tätigkeit nachgehen.[49]

Gegenbeispiele: (1) Auch wenn das Konzept eines Luftfahrtunternehmens darauf beruht, dass „erschöpfte Geschäftsleute ein nettes Mädchen lieber als einen angegrauten Mann anschauen“[50], rechtfertigt dies nicht, nur junge, hübsche Frauen als Flugbegleiterinnen einzustellen und Männer oder ältere Frauen abzulehnen.[51] Kern der Tätigkeit eines Flugbegleiters/einer Flugbegleiterin ist es nämlich nicht, als „eye candy“ für die Kunden zu dienen, sondern vielmehr, Getränke und Speisen zu verabreichen – das aber kann durch Männer und ältere Damen gleich gut geschehen. **(2)** Vergleichbares gilt bei einem sog. „Breastaurant“, also einem Speiselokal, in das die – vorwiegend männliche – Kundschaft dadurch gelockt werden soll, dass junge, großbrüstige Kellnerinnen servieren (z.B. „Hooters“). Auch hier ist Kern der Tätigkeit nicht die sexuelle Stimulation der Kunden, sondern das Servieren von Speisen, eine Ablehnung von Männern oder älteren Damen ist daher nicht gerechtfertigt. **(3)** Die auf diskriminierenden Gründen beruhende Weigerung eines Geschäftspartners des Arbeitgebers, mit einer weiblichen Assistentin der Geschäftsleitung zusammenzuarbeiten, rechtfertigt regelmäßig nicht arbeitsrechtliche Maßnahmen gegenüber der Assistentin. Etwas anderes wird man nur in dem (pathologischen) Lehrbuchfall annehmen können, dass der für den Fortbestand des Unternehmens essenzielle Geschäftspartner anderenfalls mit einem Abbruch der Geschäftsbeziehungen droht.

4. Rechtfertigung positiver Maßnahmen, § 5 AGG

268 § 5 AGG erfasst sog. „positive Maßnahmen“ (z.B. in Form von „diversity management“). Gemeint ist, dass zum Ausgleich existierender Nachteile einer Gruppe von Merkmalsträgern eine Ungleichbehandlung zulasten eines Individuums erfolgen soll, das dieses Merkmal nicht aufweist. Der klassische Fall hierfür ist die Bevorzugung

47 *Bauer/Krieger/Günther*, AGG, § 8, Rn. 29; vgl. auch *Duchstein*, NJW 2013, 3066; *Novara*, NZA 2015, 142, 145 f.

48 BAG 28.5.2009 – 8 AZR 536/08, NZA 2009, 1016, 1020.

49 ErfK/*Schlachter*, § 1 AGG, Rn. 7; vgl. auch BAG 10.10.2002 – 2 AZR 472/01, NZA 2003, 483. – Vgl. nunmehr auch den Vorlagebeschluss des BAG 30.1.2019 – 10 AZR 299/18 (A), NZA 2019, 693.

50 *Gamillscheg*, in: FS Floretta [1983], 171, 178.

51 Vgl. Wilson v Southwest Airlines 517 F Supp 292 [N.D. Texas 1981]; International Union UAW v Johnson Controls Inc., 499 U.S. 187 [1991].

von Frauen bei gleicher Eignung und Leistung in Berufen, in denen Männer nach wie vor in der Überzahl sind (z.B. Universitätslehrer).

§ 5 AGG setzt dabei voraus, dass der Nachteilsausgleich der der Ungleichbehandlung zugrundeliegende **Zweck** ist („werden sollen"); überdies erfordert er eine geeignete, erforderliche und angemessene Maßnahme. Zu Recht sind deshalb **starre Quoten** – die z.B. eine automatische Bevorzugung von Frauen unabhängig von der Qualifikation vorsehen – ebenso **unzulässig** wie Quoten, die bei gleicher Qualifikation einen unbedingten Vorrang vorsehen, ohne Raum für eine Einzelfallentscheidung zu lassen.[52] **269**

VI. Verschuldenserfordernis bei § 15 I AGG

Keine generelle Voraussetzung eines Verstoßes gegen das AGG ist, dass der Arbeitgeber dies zu vertreten hat. Etwas anderes gilt nur für den Anspruch auf materiellen Schadenersatz aus § 15 I AGG (näher Rn. 273 ff.). **270**

C. Rechtsfolgen von Verstößen gegen das AGG

Für die Darstellung der Rechtsfolgen von Verstößen gegen das AGG bietet es sich – trotz mancher Parallele – an, danach zu unterscheiden, in welchem „Stadium" des Arbeitsverhältnisses (bei Begründung, im laufenden Arbeitsverhältnis oder bei Beendigung) die Diskriminierung erfolgt. **271**

I. Bei diskriminierender Nichteinstellung

1. Kein Anspruch auf Begründung eines Arbeitsverhältnisses

Wird ein Bewerber unter Verstoß gegen §§ 7, 1 AGG nicht eingestellt, so schließt **§ 15 VI AGG** einen Anspruch auf Abschluss eines Arbeitsverhältnisses explizit aus. **272**

2. Anspruch auf materiellen Schadensersatz, § 15 I AGG

Nach § 15 I 1 AGG hat der Bewerber Anspruch auf materiellen Schadensersatz, wenn der Arbeitgeber die Diskriminierung zu **vertreten** hat (§§ 276, 278 BGB), was allerdings – wie bei § 280 I 2 BGB – vermutet wird, § 15 I 2 AGG. **273**

Das Verschuldenserfordernis wirft zwei **Streitfragen** auf: **274 V**

(1) Ist das Erfordernis unionsrechtskonform oder müsste der Schadensersatzanspruch verschuldensunabhängig ausgestaltet werden?[53]

---

52 BAG 21.1.2003 – 9 AZR 307/02, NZA 2003, 1036, 1038; ErfK/*Schlachter*, § 5 AGG, Rn. 4; BeckOK-ArbR/*Roloff*, § 5 AGG, Rn. 4.

53 Für Unionrechtskonformität z.B. *Bauer/Evers*, NZA 2006, 893; PWW/*Lingemann*, § 15 AGG, Rn. 4; Adomeit/*Mohr*, AGG, § 15, Rn. 30 f.; Staudinger/*Richardi/Fischinger*, § 611a, Rn. 479; **a.A.** HWK/*Rupp*, § 15 AGG, Rn. 3; MüKo-BGB/*Thüsing*, § 15 AGG, Rn. 24 f.; ErfK/*Schlachter*, § 15 AGG, Rn. 1 ff.

(2) Ist die Haftungsprivilegierung auf grobe Fahrlässigkeit und Vorsatz bei Anwendung kollektivrechtlicher Vereinbarungen (§ 15 III AGG) auch im Rahmen von § 15 I AGG anwendbar?[54]

Hinweis: Beide Aspekte sollten in der Klausur nur angesprochen werden, wenn sie im Sachverhalt angelegt sind. Ist dem Arbeitgeber ohnehin ein Verschulden vorzuwerfen, kann die erste Frage kurz angesprochen werden, unter Verweis auf das vorliegende Verschulden ist die Diskussion aber – so nicht der Klausurersteller erkennbar eine Auseinandersetzung mit der Problematik erwartet – zügig abzubrechen.

275 Weitere Voraussetzung für den Anspruch nach § 15 I AGG ist, dass der Anspruchsteller der **bestqualifizierte Bewerber** war, der deshalb bei einer diskriminierungsfreien Entscheidung eingestellt worden wäre. Anderenfalls fehlt es nämlich an der erforderlichen haftungsausfüllenden Kausalität.[55] Keinen Anspruch hat wegen § 242 BGB ein sog. **AGG-Hopper**, d.h. jemand, der sich nicht bewirbt, um den ausgeschriebenen Arbeitsplatz zu erhalten, sondern nur, um nach einer Ablehnung Schadensersatz und/oder Entschädigung (§ 15 II AGG) zu verlangen.[56]

276 Der Anspruch geht grundsätzlich auf Naturalrestitution **(positives Interesse)**, §§ 249 ff. BGB. Dem entspräche eigentlich ein Anspruch auf Begründung eines Arbeitsverhältnisses, der aber durch § 15 VI AGG gerade explizit ausgeschlossen ist (Rn. 272). Entsprechend kann der diskriminierte Bewerber „nur" verlangen, finanziell so gestellt zu werden, wie wenn das Arbeitsverhältnis zustande gekommen wäre. Er hat also Anspruch auf den **entgangenen Lohn**, muss sich im Wege der **Vorteilsausgleichung** aber eventuelle Sozialleistungen (oder den bei einem anderen Arbeitgeber bezogenen, niedrigeren Lohn) anrechnen lassen. Überdies trifft ihn nach § 254 II BGB die Obliegenheit, den Schaden möglichst klein zu halten, indem er sich um ein anderes Arbeitsverhältnis bemüht; verletzt er diese, ist der Schadensersatzanspruch um den hypothetischen Lohn zu kürzen.

277 In **Fall 9** kann C den ihr entgehenden Lohn – und zwar einschließlich aller künftigen betriebsüblichen Lohnerhöhungen (z.B. bei Erreichen einer bestimmten Betriebszugehörigkeitsdauer) – verlangen. Da sie arbeitsunfähig ist, ist der Anspruch auch nicht nach § 254 II 1 BGB zu kürzen. Gemindert wird er allein über eine Vorteilsausgleichung eventueller von C bezogener Sozialleistungen. Letztlich geht C's Schaden sogar noch weiter, erwirbt sie mangels Arbeitseinkommens doch keine Ansprüche in der Rentenversicherung und wird deshalb im Alter auf die staatliche Grundsicherung angewiesen sein; richtigerweise ist auch die Differenz zwischen (hypothetischer) Rente und Grundsicherung über § 249 I BGB zu ersetzen. (Fortsetzung **Rn. 279**)

278
V Wie Fall 9 zeigt, könnte eine konsequente Anwendung von § 249 I BGB zur Folge haben, dass der bestqualifizierte, aber wegen eines Merkmals nach § 1 AGG diskriminierend abge-

54 Bejahend *Annuß*, DB 2006, 1629, 1635; *Jacobs*, RdA 2009, 193, 198; *Bauer/Krieger/Günther*, AGG, § 15, Rn. 45; Staudinger/*Richardi/Fischinger*, § 611a, Rn. 479; **a.A.** BAG 10.11.2011 – 6 AZR 148/09, NZA 2012, 161, 166; 20.3.2012 – 9 AZR 529/10, NZA 2012, 803, 807; Däubler/Bertzbach/*Deinert*, AGG, § 15, Rn. 101.

55 BAG 19.8.2010 – 8 AZR 530/09, NZA 2010, 1412, 1417; BGH 23.4.2012 – II ZR 163/10, NZA 2012, 797, 801 f.; *Krieger*, in: FS Bauer [2010], 613, 620; *Stoffels*, RdA 2009, 204, 212.

56 BAG 19.5.2016 – 8 AZR 470/14, NZA 2016, 1394, 1402; vgl. auch *Armbrüster/Wollenberg*, JuS 2020, 400, 403.

lehnte Bewerber einen **„Endlos-Schadensersatzanspruch"** hat und bis zur Erreichung des Renteneintrittsalters den ihm monatlich entgehenden Lohn verlangen kann – nämlich dann, wenn er keinen anderen, mindestens gleich gut entlohnten Arbeitsplatz findet. Zum Teil wird in der Literatur dafür plädiert, genau diese Konsequenz zu ziehen, eine Anspruchsbeschränkung also abgelehnt.[57] Dem wird entgegnet, dass die dem AGG zugrundeliegenden Richtlinien zwar abschreckende, aber auch verhältnismäßige Sanktionen erfordern,[58] von letzterem aber insb. dann kaum die Rede sein könne, wenn der Arbeitgeber leicht fahrlässig handelte und/oder eine auch für ihn nur schwer erkennbare mittelbare Diskriminierung vorliege. Manche wollen daher den Anspruch auf den Zeitraum bis zu dem Zeitpunkt begrenzen, zu dem der Arbeitgeber das (hypothetische) Arbeitsverhältnis **frühestens hätte kündigen** können.[59] Das überzeugt nicht, weil davon auszugehen ist, dass auch diese hypothetische Kündigung wieder diskriminierend – und damit unwirksam (Rn. 289) – wäre. Überdies erreicht diese starre Lösung keine Einzelfallgerechtigkeit. Vorzugswürdig ist es, über **§ 242 BGB** im Einzelfall eine Reduktion des Anspruchs auf ein den legitimen Interessen beider Parteien gerecht werdendes Maß vorzunehmen, wobei Kriterien dafür der Verschuldensgrad, die Art der Diskriminierung (mittelbar vs. unmittelbar) und die Berufssituation des Bewerbers sind.[60]

In **Fall 9** wird man auf Basis der hier vertretenen Auffassung eine Haftungsbeschränkung über § 242 BGB wohl ablehnen müssen. C wurde wegen zweier verbotener Merkmale vorsätzlich und unmittelbar diskriminiert, was umso schlimmer wiegt, als sie durch die dadurch verursachte Berufsunfähigkeit dauerhaft geschädigt ist. Während sie also extrem schutzwürdig ist, ist es A überhaupt nicht. (Fortsetzung **Rn. 282**) **279**

Hinweis: Die Problematik der Anspruchsbeschränkung bei § 15 I AGG ist bislang nicht höchstrichterlich entschieden. Sobald dies aber der Fall ist, wird sie von erheblicher Examensrelevanz sein!

3. Anspruch auf Entschädigung, § 15 II AGG

Wegen eines Nichtvermögensschadens kann der diskriminierend Nichteingestellte **280**
auch eine angemessene Entschädigung in Geld (Schmerzensgeld) verlangen, § 15 II 1 AGG. Zur Verwirklichung der unionsrechtlich gebotenen Sanktionswirkung besteht der Anspruch unter vergleichsweise leichten Voraussetzungen:

(1) Verlangt wird letztlich – auch wenn dies sich nicht eindeutig aus dem Wortlaut ergibt – ein Verstoß gegen das Diskriminierungsverbot der §§ 7, 1 AGG.

(2) Dagegen ist der Anspruch – anders als der nach Abs. 1 (Rn. 273) – **verschuldensunabhängig**[61], wobei aber § 15 III AGG zu beachten ist, wonach der Arbeitge-

57 BeckOK-BGB/*Fuchs*, § 15 AGG, Rn. 4; Däubler/Bertzbach/*Deinert*, AGG, § 15, Rn. 42 ff.

58 Z.B. Art. 15 RL 2000/43/EG.

59 *Simon/Greßlin*, BB 2007, 1782, 1787; Däubler/Bertzbach/*Deinert*, AGG, § 15, Rn. 42 f.; *Stoffels*, RdA 2009, 204, 213; *Bauer/Krieger/Günther*, AGG, § 15, Rn. 27; HWK/*Rupp*, § 15 AGG, Rn. 2; *Deinert*, AiB 2006, 741, 742.

60 Staudinger/*Richardi/Fischinger*, § 611a, Rn. 481; ähnlich BeckOK-BGB/*Horcher*, § 15 AGG, Rn. 16, der eine Schadensschätzung gem. § 287 ZPO in einen Dreijahres-Zeitraum in Anlehnung an § 195 BGB abstellt.

61 BAG 21.2.2013 – 8 AZR 180/12, NZA 2013, 840, 843; *Bauer/Krieger/Günther*, AGG, § 15, Rn. 32 m.w.N.

ber, der eine diskriminierende kollektivrechtliche Vereinbarung anwendet, nur dann eine Entschädigung schuldet, wenn er grob fahrlässig oder vorsätzlich handelte.[62]

(3) Ebenfalls **keine** Voraussetzung ist eine Verletzung des **Persönlichkeitsrechts** des Anspruchsstellers.[63]

(4) Schließlich steht der Anspruch – anders als der des Abs. 1 (Rn. 275) – **nicht** nur dem **bestqualifizierten Bewerber**, sondern allen diskriminierten zu (aber: Rn. 281).[64] Keinen Anspruch haben AGG-Hopper (Rn. 275).

281 Der Anspruch ist auf eine **„angemessene Entschädigung“** gerichtet. Maßgeblich sind alle Einzelfallumstände (z.B. Verschuldensgrad, Art der Diskriminierung). Zu beachten ist die Obergrenze des **§ 15 II 2 AGG**, wonach derjenige, der auch ohne die Benachteiligung nicht eingestellt worden wäre (also jeder außer der bestqualifizierte Bewerber), maximal drei Monatsgehälter beanspruchen kann.[65]

282 In **Fall 9** kann C neben materiellem Schadensersatz auch eine angemessene Entschädigung verlangen. Da sie die bestqualifizierte Bewerberin war, greift § 15 II 2 AGG nicht ein, die Entschädigung kann sich daher auch oberhalb von drei Monatsgehältern belaufen.

4. Ausschlussfristen, § 15 IV AGG und § 61b ArbGG

283 Nach **§ 15 IV 1 AGG** müssen Ansprüche aus § 15 I bzw. II AGG gegenüber dem Anspruchsgegner innerhalb von **zwei Monaten schriftlich** geltend gemacht werden. Wird die Frist nicht gewahrt, so **erlischt der Anspruch** (Einwendung).[66] Nach zutreffender Auffassung ist § 15 IV AGG angesichts seines Wortlauts sowie der klaren Aussage des § 15 V AGG auf andere Anspruchsgrundlagen nicht anwendbar.[67]

284 V Den Fristbeginn regelt § 15 IV 2 AGG, der danach unterscheidet, ob die Diskriminierung bei Bewerbung/beruflichem Aufstieg oder in sonstigen Fällen erfolgte; aufgrund unionsrechtlicher Vorgaben ist § 15 IV 2 **Alt. 1** AGG aber dahingehend zu modifizieren, dass die Frist auch bei Bewerbung/beruflichem Aufstieg frühestens mit dem Zeitpunkt zu laufen beginnt, in dem der Bewerber von der Benachteiligung Kenntnis erlangt.[68] Nach dem BAG wird die schriftliche Geltendmachung durch eine rechtzeitige gerichtliche Anspruchsgeltendmachung ersetzt, wobei § 167 ZPO Anwendung findet.[69]

285 Nur für Ansprüche aus § 15 II AGG normiert **§ 61b I ArbGG** eine zweite Ausschlussfrist, wonach der Anspruch innerhalb von **drei Monaten** nach schriftlicher Geltendmachung **gerichtlich** geltend gemacht werden muss, anderenfalls verfällt er.

---

62 BAG 16.2.2012 – 8 AZR 697/10, NZA 2012, 667, 673.

63 BAG 22.1.2009 – 8 AZR 906/07, NZA 2009, 945; 15.3.2012 – 8 AZR 37/11, NZA 2012, 910, 914.

64 BAG 26.6.2014 – 8 AZR 547/13, ZTR 2014, 731, 733; vgl. auch schon BAG 17.8.2010 – 9 AZR 839/09, NZA 2011, 153, 155.

65 Zur Verfassungswidrigkeit der Vorschrift vgl. Staudinger/*Richardi/Fischinger*, § 611a, Rn. 487.

66 BAG 15.3.2012 – 8 AZR 160/11; BeckRS 2012, 72176; ErfK/*Schlachter*, § 15 AGG, Rn. 16.

67 HWK/*Rupp*, § 15 AGG, Rn. 14; *Fischinger*, AP AGG § 15 Nr. 11 sub F; **a.A.** *Bauer/Krieger/Günther*, AGG, § 15, Rn. 49, 67.

68 BAG 15.3.2012 – 8 AZR 37/11, NZA 2012, 910, 913; 21.6.2012 – 8 AZR 188/11, NZA 2012, 1211, 1213; *Kolbe*, EuZA 2011, 65, 68; die Unionrechtskonformität von § 15 IV AGG ist insgesamt umstritten, vgl. näher *Fischinger*, AP AGG § 15 Nr. 11.

69 BAG 22.5.2014 – 8 AZR 662/13, NZA 2014, 924, 925.

II. Diskriminierung im laufenden Arbeitsverhältnis

1. Schadensersatzansprüche

Auch im laufenden Arbeitsverhältnis hat der Diskriminierte Anspruch auf materiellen Schadensersatz (**§ 15 I AGG**) und/oder eine angemessene Entschädigung (**§ 15 II AGG**). Zu beachten ist dabei lediglich: 286

(1) Der Anspruch auf Entschädigung kann hier nicht nach § 15 II 2 AGG „gedeckelt" sein.

(2) Bei diskriminierender Nicht-Beförderung bzw. unterlassener Gehaltserhöhung stellt sich wiederum die Frage, ob hier ein Endlos-Schadensersatz möglich ist; nach hier vertretener Auffassung ist dies ggf. über § 242 BGB zu verhindern (Rn. 278).

Nach **§ 15 V AGG** bleiben Ansprüche aus anderen Rechtsvorschriften unberührt. Das gilt namentlich für **deliktische Ansprüche** (v.a. §§ 823 I/II, 826, 831 BGB), wobei als verletztes Rechtsgut regelmäßig nur das allgemeine Persönlichkeitsrecht in Betracht kommt; anders als bei § 15 II AGG muss hier dessen Verletzung positiv festgestellt werden.[70] Ob neben § 15 I/II AGG auch vertragliche Ansprüche, insb. aus **§§ 280 I, 241 II BGB** anwendbar sind, ist umstritten. Dafür spricht neben § 15 V AGG auch § 7 III AGG, wonach eine Diskriminierung eine Verletzung vertraglicher Pflichten darstellt. Für die Ansprüche aus § 15 I/II AGG gelten aber die besonderen Vorschriften der **§§ 15 III, IV AGG, 61b ArbGG**, die durch eine unbesehene Anwendung von §§ 280 I, 241 II BGB umgangen werden würden. Um das zu vermeiden, müsste man die §§ 15 III, IV AGG, 61b ArbGG analog anwenden, so dass sich letztlich das gleiche Ergebnis ergäbe. Es spricht daher mehr dafür, die §§ 280 I, 241 II BGB als verdrängt anzusehen.[71] 287

2. Sonstige Ansprüche und Rechte

Neben Schadensersatzansprüchen stehen dem diskriminierten Arbeitnehmer noch weitere Rechte und Ansprüche zu, die wegen ihrer geringen Examensrelevanz hier nur überblicksartig angesprochen werden: 288

(1) Wer sich diskriminiert fühlt – also nicht nur, wer es tatsächlich ist – hat ein **Beschwerderecht**, § 13 AGG.[72] Wegen der Beschwerde darf der Arbeitnehmer nicht gemaßregelt werden, § 16 AGG.

(2) Der Diskriminierte hat ferner einen aus § 1004 I BGB analog (Persönlichkeitsrecht) abzuleitenden Anspruch auf **Beseitigung** der Diskriminierung und, so weitere Beeinträchtigungen zu befürchten sind, auf **Unterlassung**.[73]

---

70 Staudinger/*Richardi/Fischinger*, § 611a, Rn. 483.

71 Ebenso BAG 21.6.2012 – 8 AZR 188/11, NZA 2012, 1211, 1214 f.; *Richardi*, NZA 2006, 881, 886; HWK/*Rupp*, § 15 AGG, Rn. 14; *Stoffels*, RdA 2009, 204, 214; *Fischinger*, AP AGG § 15 Nr. 11 sub E IV; **a.A.** *v. Roetteken*, AGG, § 15, Rn. 589; *Simon/Greßlin*, BB 2007, 1782, 1784; *Bauer/Krieger/Günther*, AGG, § 15, Rn. 65.

72 Unberührt bleiben nach § 13 II AGG die Rechte der Arbeitnehmervertretungen (z.B. §§ 84, 85 BetrVG).

73 Staudinger/*Richardi/Fischinger*, § 611, Rn. 491.

(3) Nach § 14 AGG kann dem Arbeitnehmer ein **Leistungsverweigerungsrecht** zustehen (näher Rn. 620).

(4) **Zweiseitige Absprachen**, die gegen §§ 7 I, 1 AGG verstoßen, sind **unwirksam**, § 7 II AGG. Bewirkte die Absprache eine Benachteiligung gegenüber anderen Arbeitnehmern (erhielten z.B. die Frauen nur wegen des Geschlechts weniger Lohn), so gelten die gleichen Rechtsfolgen wie bei einem Verstoß gegen den allgemeinen arbeitsrechtlichen Gleichbehandlungsgrundsatz (dazu näher Rn. 346).

(5) Ebenso **unwirksam** sind **einseitig diskriminierende Maßnahmen** des Arbeitgebers (z.B. Weisungen, die Homosexuelle diskriminieren), § 7 I AGG.

(6) Als Spezialvorschrift zu § 612a BGB untersagt das **Maßregelungsverbot** des § 16 AGG es dem Arbeitgeber, den Arbeitnehmer wegen Inanspruchnahme von Rechten nach dem AGG oder wegen der Weigerung, eine diskriminierende Weisung auszuführen, zu benachteiligen. Voraussetzung ist aber, dass das Recht tatsächlich bestand.[74] Geschützt sind auch Helfer und Zeugen, § 16 I 2 AGG. Nach § 16 III AGG gilt die Beweiserleichterung von § 22 AGG, der Benachteiligte muss also nur Indizien dartun und ggf. beweisen, die eine unzulässige Maßregelung nahelegen.

III. Diskriminierende Kündigung

1. Unwirksamkeit der Kündigung

289 Verstößt eine Kündigung gegen das Benachteiligungsverbot des § 7 I AGG, müsste sie eigentlich nach § 7 I AGG, § 134 BGB unwirksam sein. Nun ordnet **§ 2 IV AGG** allerdings an, dass für Kündigungen „ausschließlich die Bestimmungen zum allgemeinen und besonderen Kündigungsschutz" gelten sollen. Unbefangen gelesen bedeutet das also, dass das AGG auf diskriminierende Kündigungen überhaupt nicht anwendbar sein soll. Mit den dem AGG zugrundeliegenden Richtlinien ist das aber nicht vereinbar, da diese auch die Beendigung des Beschäftigungsverhältnisses erfassen (z.B. Art. 3 I lit. c] RL 2000/43/EG). Z.T. wird § 2 IV AGG wegen Unionsrechtswidrigkeit für unanwendbar gehalten.[75]

290 So weit wird man aber nicht gehen müssen, vielmehr ist mit dem BAG eine gespaltene Lösung vorzuziehen:

- Ist das **KSchG** auf das Arbeitsverhältnis **anwendbar**, so sind die Wertungen der §§ 1-10 AGG im Rahmen der Sozialwidrigkeitsprüfung des § 1 II KSchG konkretisierend heranzuziehen. Liegt daran gemessen ein Verstoß vor, folgt die Unwirksamkeit der Kündigung nicht aus § 7 I AGG, § 134 BGB, sondern aus **§ 1 II KSchG**.[76]

---

74 MüKo-BGB/*Thüsing*, § 16 AGG, Rn. 5; PWW/*Lingemann*, § 16 AGG, Rn. 3; *Bauer/Krieger/Günther*, AGG, § 16, Rn. 2.

75 Schleusener/Suckow/Plum/*Schleusener*, AGG, § 2, Rn. 21 ff.; *Thüsing*, BB 2007, 1506, 1507.

76 BAG 6.11.2008 – 2 AZR 523/07, AP KSchG 1969 § 1 Nr. 182; 5.11.2009 – 2 AZR 676/08, NZA 2010, 457, 459; Staudinger/*Richardi/Fischinger* [2016], § 611, Rn. 500 m.w.N. auch zur Gegenauffassung.

- Ist das **KSchG** hingegen auf das Arbeitsverhältnis **nicht anwendbar**, weil es sich entweder um einen Kleinbetrieb handelt (Rn. 959 ff.) oder der betroffene Arbeitnehmer die Wartezeit des § 1 I KSchG noch nicht erfüllt hat (Rn. 971 ff.), ist die Kündigung direkt am AGG zu messen; bei einem Verstoß ist die Kündigung daher nach **§ 7 I AGG, § 134 BGB** unwirksam.[77]

2. Weitere Rechtsfolgen

Ob auf diskriminierende Kündigungen noch weitere Vorschriften des AGG anwendbar sind, oder ob dem § 2 IV AGG entgegensteht, ist im Einzelnen umstritten: **291**

- Anwendbar ist jedenfalls **§ 22 AGG**, so dass dem Gekündigten dessen Beweislasterleichterung zugutekommt (zu dieser Rn. 292 ff.).[78]
- Richtigerweise hat der diskriminierend Gekündigte einen Anspruch auf angemessene **Entschädigung**, **§ 15 II AGG**.[79]
- Auch **§ 15 I AGG** ist anwendbar, allerdings fehlt es hier angesichts der Unwirksamkeit der Kündigung und der Möglichkeit, Annahmeverzugslohn zu fordern, meist an einem ersatzfähigen materiellen Schaden.[80]

D. Beweislast, § 22 AGG

Die praktische Wirksamkeit jeglichen Anspruchs hängt maßgeblich von seiner Durchsetzbarkeit im Gerichtssaal ab („Grau ist alle Theorie – entscheidend ist auf'm Platz" [*Alfred Preißler*]). Das gilt für Diskriminierungsansprüche umso mehr, findet Diskriminierung doch oft nur im Kopf statt, so dass der Beweis für eine solche oftmals kaum zu erbringen wäre. Um die praktische Wirksamkeit des AGG sicherzustellen und den (vermeintlich) Diskriminierten zu schützen, enthält § 22 AGG eine spezielle Beweislastregelung. Sie ist **zweistufig** aufgebaut: **292**

(1) Auf **erster Stufe** trifft die Darlegungs- und Beweislast zunächst den **Anspruchssteller**. Dieser muss **Indizien** darlegen und – bei Bestreiten – beweisen, die eine Benachteiligung wegen eines in § 1 AGG genannten Merkmals vermuten lassen. Derartige Indizien sind bspw.:[81] diskriminierende Äußerungen; Fragen im Vorstellungsgespräch, die auf ein unerlaubtes Merkmal zielen; Ausschreibung des Arbeitsplatzes unter Verstoß gegen § 11 AGG; Verletzung der dem Arbeitgeber nach § 164 I 1, 2 SGB IX auferlegten Pflichten; Statistiken, die im Zusammenspiel mit anderen Faktoren eine Benachteiligung nach § 1 AGG nahelegen. **293**

Nach h.M. hat ein erfolgloser Bewerber **keinen Auskunftsanspruch** gegen den Arbeitgeber auf Übergabe der Daten aller Bewerber. Allerdings soll die Weigerung des

77 BAG 19.12.2013 – 6 AZR 190/12, NZA 2014, 372, 374 ff.; Staudinger/*Richardi/Fischinger* [2016], § 611, Rn. 501 m.w.N.
78 BAG 19.12.2013 – 6 AZR 190/12, NZA 2014, 372, 376.
79 BAG 12.12.2013 – 8 AZR 838/12, NZA 2014, 722, 723 f.; 19.12.2013 – 6 AZR 190/12, NZA 2014, 372, 376; näher und m.w.N. zum Streitstand Staudinger/*Richardi/Fischinger* [2016], § 611, Rn. 502.
80 BAG 19.12.2013 – 6 AZR 190/12, NZA 2014, 372, 374 f.
81 Einzelnachweise bei Staudinger/*Richardi/Fischinger*, § 611a, Rn. 494.

Arbeitgebers, über die Person des erfolgreichen Bewerbers Auskunft zu geben, zusammen mit anderen Faktoren ein Indiz i.S.v. § 22 AGG begründen können.[82]

294 **(2)** Kann der Anspruchsteller nicht derartige Indizien darlegen und sie ggf. beweisen, so wird er im Prozess mangels nachgewiesener Diskriminierung unterliegen. Gelingt ihm hingegen der entsprechende Indiziennachweis, so „springt“ die Darlegungs- und Beweislast auf **zweiter Stufe** auf den **Arbeitgeber** über. Es ist nun an diesem, darzulegen und ggf. zu beweisen, dass kein Verstoß gegen das AGG vorliegt. Gelingen kann ihm das zum einen dadurch, dass er nachweist, dass entgegen der Indizienlage schon tatbestandlich **keine Ungleichbehandlung aufgrund eines Merkmals des § 1 AGG** erfolgte, zum anderen dadurch, dass diese Ungleichbehandlung nach den §§ 5, 8–10 AGG **gerechtfertigt** war.

295 V Unproblematisch **anwendbar** ist § 22 AGG auf Ansprüche aus § 15 I bzw. II AGG sowie auf § 16 AGG (vgl. § 16 III AGG). Nach umstrittener, aber zutreffender Ansicht ist er auch auf Ansprüche außerhalb des AGG anwendbar, wenn diese sich inhaltlich nach dem AGG richten.[83]

E. Prüfungsschema: Anspruch auf Schadensersatz aus § 15 I AGG

296

1. Anspruchsgrundlage: § 15 I AGG

2. Voraussetzungen

a) Anspruch entstanden:
- **Persönlicher Anwendungsbereich**
  - Beschäftigter, § 6 I AGG (Rn. 236)
  - Arbeitgeber, § 6 II AGG (Rn. 236)
- **Sachlicher Anwendungsbereich, § 2 AGG** (Rn. 238)
- **Vorliegen eines verbotenen Merkmals i.S.v. § 1 AGG** (Rn. 239 ff.)
- **Ungleichbehandlung wegen Merkmal nach § 1 AGG**
  - Unmittelbare Diskriminierung, § 3 I AGG (Rn. 252 ff.)
  - Mittelbare Diskriminierung, § 3 II AGG (Rn. 255 ff.)
  - (Sexuelle) Belästigung, § 3 III, IV AGG (Rn. 258)
  - Anweisung zur Benachteiligung, § 3 V AGG (Rn. 259)
- **Kausalität** zwischen Ungleichbehandlung und verbotenem Merkmal
- **Keine Rechtfertigung** der Ungleichbehandlung
  - [§ 3 II AGG – hier Rechtfertigung schon Teil des Tatbestands, s. Rn. 256]
  - § 5 AGG (Rn. 269)
  - § 10 AGG (Rn. 261 ff.)
  - § 9 AGG (Rn. 263 ff.)
  - § 8 AGG (Rn. 266 ff.)
- **Vertretenmüssen** des Arbeitgebers, § 15 I 2 AGG[84]

82 EuGH 21.7.2011 – C-104/10, RDV 2011, 291, 293; 19.4.2012 – C-415/10, NZA 2012, 493, 494; BAG 25.4.2013 – 8 AZR 287/08, DB 2013, 2509, 2512.

83 ErfK/*Schlachter*, § 22 AGG, Rn. 13; MüKo-BGB/*Thüsing*, § 22 AGG, Rn. 5; *Fischinger*, AP AGG § 15 Nr. 11 sub G; **a.A.** *Bauer/Krieger/Günther*, AGG, § 22, Rn. 5.

84 **Achtung:** Das Vertretenmüssen ist **nur** bei § 15 I AGG Anspruchsvoraussetzung, nicht hingegen bei § 15 II AGG oder sonstigen Rechten aus dem AGG!

- Grundsatz: Haftung für jedes Maß an Verschulden (Rn. 273 ff.)
- Ausnahmsweise Haftungsreduktion nach § 15 III AGG

b) **Kein Erlöschen** des Anspruchs
- allgemeine Erlöschensgründe (z.B. § 362 BGB)
- Wahrung der **Ausschlussfrist** des § 15 IV AGG (Rn. 283 ff.)[85]

c) Durchsetzbarkeit des Anspruchs

3. **Rechtsfolge:** Anspruch auf Schadensersatz (Naturalrestitution), §§ 249 ff. BGB (Rn. 286 f.); dabei ggf. Problem des „Endlos-Schadensersatzes"

Weiterführende Literatur: *Armbrüster, Christian/Wollenberg, Viktoria:* Grundfälle zum AGG, Teil 1, JuS 2020, 301; Teil 2, JuS 2020, 400; *Bernhardt, Nadine/Utech, Jan-Philip:* Mitarbeiter außer Rand und Band, JURA 2018, 1133; *Hellmich, Thomas/Preuß, Melanie:* Klausur – Sexuelle Belästigung am Arbeitsplatz, JA 2020, 582; *Sagmeister, Holger M.:* Referendarexamensklausur – Arbeitsrecht und Europarecht: Diskriminierung aufgrund des Alters, JuS 2007, 841; *Jacobs, Matthias/Krois, Christopher:* Schwerpunktbereichsklausur – Arbeitsrecht: Kündigungsschutz und europäisches Arbeitsrecht – Flexibler Personaleinsatz?, JuS 2016, 150; *Odemer, Hilmar:* Das AGG in der Fallbearbeitung, JURA 2019, 1160; *Roloff, Sebastian/Lampe, Julia:* Schwerpunktbereichsklausur – Arbeits- und Sozialrecht: Der „Quotendeutsche" im Profifußball, JuS 2007, 354; *Rupp, Hans-Jürgen:* Benachteiligung beim beruflichen Aufstieg, JA 2009, 335; *Malorny, Friederike/Richter, Barbara:* Referendarexamensklausur – Zivilrecht: Anfechtung, Annahmeverzug, Diskriminierung und Versäumnisurteil, JuS 2017, 1196; *Tillmanns, Kerstin:* Klausurenkurs I, Fall 2.

§ 6 Betriebliche Übung und Gleichbehandlungsgrundsatz

Fall 11: Weil die Geschäfte „brummten", zahlte Arbeitgeber U – ohne hierzu durch Tarif- oder Arbeitsvertrag verpflichtet zu sein – 2015, 2016 und 2017 an jeden Mitarbeiter mit dem Novembergehalt zusätzlich ein Weihnachtsgeld von € 2.500 brutto aus. Als er im Oktober 2018 ankündigt, wegen schlechter Geschäftsentwicklung kein Weihnachtsgeld zu zahlen, ist Arbeitnehmer A empört, hatte er seiner „Liebsten" doch eine Reise geschenkt in der festen Erwartung, diese mit dem Weihnachtsgeld bezahlen zu können. Anspruch auf Weihnachtsgeld 2018? **(Lösung Rn. 317)** 297

Fall 12: Bei Unternehmer U besteht seit zehn Jahren eine Betriebsübung, nach der jeden Juni ein Urlaubsgeld in Höhe eines Bruttomonatslohns ausgezahlt wird. Da die Geschäfte schlecht laufen, zahlte U das Urlaubsgeld weder 2016, 2017 noch 2018 aus, ohne dass ein Arbeitnehmer dem widersprochen hätte oder sonstige Abreden getroffen wurden. Als die Geschäfte 2019 wieder besser laufen, verlangt Arbeitnehmer R wieder „sein" Urlaubsgeld. Mit Recht? **(Lösung Rn. 324)** 298

Fall 13: Bei Unternehmer U besteht eine Betriebsübung, nach der er ein jährliches Weihnachtsgeld von € 500 (Arbeiter) bzw. € 1.000 (Angestellte) zahlt, um der Tatsache gerecht 299

85 **Achtung:** Bei Ansprüchen aus § 15 II AGG ist zusätzlich die Ausschlussfrist des **§ 61b ArbGG** zu prüfen!

zu werden, dass Mehrkosten für Weihnachtsgeschenke entstehen. Dabei hat sich U aber wirksam die Möglichkeit vorbehalten, die Betriebsübung zu widerrufen, wenn das Unternehmen in eine – im Einzelnen anhand konkreter Parameter bestimmte – wirtschaftliche „Schieflage" gerät. Der Anfang 2017 eingestellte Arbeiter A meint, auch er habe unmittelbar Anspruch auf Weihnachtsgeld, wohingegen U meint, A müsse drei Jahre warten. A findet zudem, dass auch ihm € 1.000 zustehen. Zu Recht? **(Lösung Rn. 319)**

300 **Fall 14** (Fortsetzung zu **Fall 13**): Der von dem Streit mit A entnervte U fragt, wie er ab dem Jahr 2020 dem ganzen „Gleichbehandlungsblödsinn" entkommen kann. Dabei verweist er zutreffend darauf, dass sich sein Unternehmen mittlerweile in einer wirtschaftlichen „Schieflage" befindet und er, wenn er weiterhin zur Gewährung des Weihnachtsgelds verpflichtet sei, bald Arbeitnehmer entlassen müsse. **(Lösung Rn. 330** und **347)**

A. Bedeutung

301 Neben den üblichen prägen zwei weitere, besondere Rechtsquellen die Arbeitsvertragsbeziehungen: Die **betriebliche Übung** (auch Betriebsübung genannt), die auf eine „Gleichbehandlung in der Zeit" zielt, sowie der allgemeine arbeitsrechtliche **Gleichbehandlungsgrundsatz**, bei dem es um eine „Gleichbehandlung in der Person" geht. Beide sind gleichermaßen praxis- wie klausurrelevant.

B. Betriebliche Übung

I. Charakteristika und rechtsdogmatische Begründung

302 Erbringt im allgemeinen Zivilrechtsverkehr eine Person, ohne hierzu verpflichtet zu sein, wiederholt eine Leistung für eine andere, so käme niemand auf die Idee, daraus eine Rechtsbindung **für die Zukunft** abzuleiten, und zwar unabhängig davon, ob zwischen den beiden Beteiligten bereits ein Rechtsverhältnis besteht.

Beispiel: Schippt der freundliche Student seiner Nachbarin, einer alten Dame, im Winter mehrmals den Gehweg, folgt daraus nicht, dass er hierzu auch dauerhaft verpflichtet wäre.

Anders dagegen im Arbeitsverhältnis. Hier kann durch die Gewährung kollektiver, nicht geschuldeter Leistungen im Laufe der Zeit eine sog. betriebliche Übung entstehen, die eine **Rechtsbindung für die Zukunft** zur Folge hat und damit den Arbeitgeber zu einer **Gleichbehandlung in der Zeit** verpflichtet.[1]

303 Die **rechtsdogmatische Begründung** dieses auf den ersten Blick seltsam anmutenden Rechtsinstituts, das gesetzlich nicht geregelt ist, dessen Existenz der Gesetzgeber aber in § 1b I 4 BetrAVG anerkannt hat, ist umstritten:

1 BAG 8.11.1957 – 1 AZR 123/56, AP BGB § 242 Betriebliche Übung Nr. 2; 13.10.1960 – 5 AZR 284/59, AP BGB § 242 Gleichbehandlung Nr. 30; 5.7.1968 – 3 AZR 134/67, 5.2.1971 – 3 AZR 28/70 zuletzt 8.12.2010 – 10 AZR 671/09, AP BGB § 242 Betriebliche Übung Nr. 6, 10 und 91; grundlegend *Seiter*, Die Betriebsübung; *Picker*, Die betriebliche Übung.

- Nach der **Vertragstheorie** ist die Betriebsübung rechtsgeschäftlich zu erklären und fundiert. Eine Betriebsübung sei nur anzunehmen, wenn (1) in der Leistungserbringung ein konkludentes Angebot des Arbeitgebers zu sehen sei, den **Arbeitsvertrag** um eine entsprechende Leistungsverpflichtung zu **ergänzen** und (2) der Arbeitnehmer durch die Entgegennahme der Leistung dieses konkludent annehme (der Zugang der Annahmeerklärung sei dabei nach § 151 S. 1 Alt. 2 BGB entbehrlich).[2] Die Annahme eines entsprechenden Verpflichtungswillen des Arbeitgebers erfordert nach der Rechtsprechung die Erfüllung verschiedener Voraussetzungen (dazu unten Rn. 304 ff.).
- Die **Vertrauenstheorie** geht hingegen davon aus, dass es i.d.R. an (konkludenten) Willenserklärungen fehle. Die Bindung des Arbeitgebers beruhe daher nicht auf einer Ergänzung des Arbeitsvertrages, sondern vielmehr auf **§ 242 BGB**. Das setze voraus, dass durch das Verhalten in der Vergangenheit bei dem Arbeitnehmer ein Vertrauen dahingehend begründet worden sei, diese Leistungen auch künftig zu erhalten, sei eine Einstellung der Leistungen dann doch treuwidrig.[3]

Überzeugender, weil systemkonformer, ist die **Vertragstheorie**. Dabei ist es letztlich sogar verfehlt, über die Lehre von der betrieblichen Übung einen genuinen arbeitsrechtlichen Sonderweg zu postulieren. Vielmehr handelt es sich letztlich um ein Problem der **konkludenten Vertragsänderung**, das sich im Prinzip im Arbeitsrecht in gleicher Weise stellt wie im allgemeinen Zivilrecht.[4]

Klausurhinweis: In der Klausur sollte der obige Meinungsstreit nur kurz skizziert werden, mit dem Verweis auf die Systemgerechtigkeit für die Vertragstheorie optiert werden und dann einfach die im Folgenden genannten Voraussetzungen dargestellt werden.

II. Voraussetzungen

Auf eine Formel gebracht setzt die Annahme eines Verpflichtungswillens des Arbeitgebers – und damit die Entstehung einer betrieblichen Übung – nach der Rechtsprechung ein **regelmäßiges, arbeitnehmerbegünstigendes** und **vorbehaltloses** Verhalten des Arbeitgebers mit **kollektivem Bezug** über einen gewissen **Zeitraum** voraus, zu dem er **nicht** schon aufgrund eines anderen Rechtsgrundes **verpflichtet** ist. Keine Anspruchsvoraussetzung ist, ob dem Arbeitgeber bekannt ist, dass er durch sein Verhalten eine betriebliche Übung begründet oder ob dies seinem Willen entspricht. **304**

1. Regelmäßiges, arbeitnehmerbegünstigendes Verhalten

Erforderlich ist zunächst ein regelmäßiges, also wiederholtes Verhalten des Arbeitgebers. Dieses kann sich auf alle Gegenstände beziehen, die in Arbeitsverträgen geregelt werden können und eine **Begünstigung der Arbeitnehmer** zur Folge haben. **305**

2 BAG 9.3.1961 – 5 AZR 114/60, 18.7.1968 – 5 AZR 400/67, 17.9.1970 – 5 AZR 539/69, 1.3.1972 – 4 AZR 200/71, 16.4.1997 – 10 AZR 705/96, 16.1.2002 – 5 AZR 715/00, 20.1.2004 – 3 AZR 360/01 und 8.12.2010 – 10 AZR 671/09, AP BGB § 242 Betriebliche Übung Nr. 5, 8, 9, 11, 53, 56, 65 und 91.

3 *Seiter*, Die Betriebsübung, S. 92 ff.; ebenso *Canaris*, Vertrauenshaftung im deutschen Privatrecht, S. 254 ff.; *Singer*, ZfA 1993, 487, 494 ff.

4 Vgl. *Picker*, Die betriebliche Übung, S. 189 ff., 371 ff., 470 ff.; ErfK/*Preis*, § 611a BGB, Rn. 220; Staudinger/*Richardi/Fischinger*, § 611a, Rn. 980.

Beispiele: Zahlung von Gratifikationen (z.B. Weihnachtsgeld); Gestattung privater Dienstwagennutzung; Einmalleistungen aus besonderen Anlässen (z.B. goldene Uhr zum 30-jährigen Betriebsjubiläum); verbilligter Strombezug bei Angestellten eines Energieunternehmens.

2. Freiwillige Leistung

306 Voraussetzung ist ferner, dass der Arbeitgeber nicht bereits aufgrund anderer Rechtsquellen zur Erbringung der Leistung verpflichtet ist, der Arbeitgeber also eine **freiwillige Leistung** erbringt.

307 V Von der freiwilligen ist die **irrtümliche Übung** zu unterscheiden, bei der der Arbeitgeber Leistungen erbringt, weil er aufgrund einer rechtlichen oder tatsächlichen Fehleinschätzung glaubt, hierzu verpflichtet zu sein. Teilte die Belegschaft den Irrtum, so tritt in der Regel keine Bindung ein.[5] Etwas anderes kann nur gelten, wenn aufgrund besonderer Anhaltspunkte davon auszugehen war, dass der Arbeitgeber trotz mangelnder rechtlicher Verpflichtung zur weiteren Leistungserbringung bereit sein wird.[6]

3. Erfordernis eines gleichförmigen Verhaltens?

308 Nach der traditionellen Rechtsprechung kann eine Betriebsübung nur entstehen, wenn das Verhalten des Arbeitgebers überdies gleichförmig war. Zahlte der Arbeitgeber also z.B. von Jahr zu Jahr ein unterschiedlich hohes Weihnachtsgeld aus, so entstehen danach für die Zukunft keine Ansprüche aus betrieblicher Übung, auch nicht in Höhe der niedrigsten, freiwillig erbrachten Leistung.[7] Anders entscheidet nun der 10. Senat des BAG: Aus der wiederholten Erbringung von Leistungen in unterschiedlicher Höhe dürfe der Arbeitnehmer auf ein verbindliches Angebot des Arbeitgebers auf Leistung einer jährlichen Sonderzahlung schließen, deren Höhe der Arbeitgeber einseitig nach billigem Ermessen (§ 315 BGB) festsetzt.[8] Der 3. und 5. Senat sind dem nicht gefolgt,[9] so dass abzuwarten bleibt, wie sich die Rechtsprechung künftig entwickeln wird. Will man dem 10. Senat folgen, so wird man (wohl) wie folgt unterscheiden müssen:

- Erbringt der Arbeitgeber mehrmals Leistungen in **identischer Höhe**, so entsteht – so die übrigen Voraussetzungen vorliegen – eine Betriebsübung in entsprechender Höhe, Raum für ein einseitiges Leistungsbestimmungsrecht des Arbeitgebers besteht nicht.
- Anders verhält es sich nur bei der **Höhe nach unterschiedlichen Leistungen**, hier bleibt in der Tat nur der Rekurs auf das Leistungsbestimmungsrecht des Arbeitgebers (§ 315 BGB).

---

5 BAG 26.8.2009 – 5 AZR 969/08, NZA 2010, 173, 175; 23.8.2011 – 3 AZR 650/09, NZA 2012, 37, 41.
6 BAG 22.1.2002 – 3 AZR 554/00, NZA 2002, 1224, 1227; 23.8.2011 – 3 AZR 650/09, NZA 2012, 37, 41.
7 BAG 28.2.1996 – 10 AZR 516/95, AP BGB § 611 Gratifikation Nr. 192.
8 BAG 13.5.2015 – 10 AZR 266/14, NZA 2015, 992, 993; 23.8.2017 – 10 AZR 136/17, juris Rn. 18.
9 BAG 25.4.2018 – 5 AZR 85/17, juris Rn. 35; 25.9.2018 – 3 AZR 402/17, juris Rn. 58; 13.11.2018 – 3 AZR 483/16, juris Rn. 25.

4. Kollektiver Bezug

Die Leistungen müssen einen kollektiven Bezug haben.[10] Unproblematisch zu bejahen ist das, wenn der Arbeitgeber die Leistungen an alle oder zumindest eine (große) Mehrzahl an Arbeitnehmern erbringt. **309**

Zahlt der Arbeitgeber dagegen nur an einen **einzelnen Arbeitnehmer**, so fehlt es in der Regel[11] an einem kollektiven Bezug. Daraus folgt allerdings nicht, dass nicht dennoch eine Rechtsbindung für die Zukunft eintreten kann. Grundlage ist dann allerdings nicht eine betriebliche Übung, sondern eine (konkludente) **individuelle Vertragsabrede**, die – je nach Inhalt – ebenfalls Ansprüche auch für die Zukunft begründen kann.[12] **310 V**

5. Zeitraum

Der Zeitraum, über den hinweg der Arbeitgeber die Leistungen erbracht haben muss (bzw. die Zahl der Wiederholungen, die erforderlich sind), um eine betriebliche Übung zu begründen, lässt sich nicht abstrakt für alle denkbaren Konstellationen bestimmen. Entscheidend sind nach den Umständen des Einzelfalls die **Art, Dauer, Häufigkeit und Intensität der Leistungen** sowie die Zahl ihrer **Anwendungsfälle** im Verhältnis zur Belegschaftsstärke; dabei gilt: Je bedeutender die Leistung für die Arbeitnehmer ist, umso eher ist die Entstehung einer Betriebsübung anzunehmen.[13] **311**

Für einen der in der Praxis und Klausuren wichtigsten Anwendungsfälle der Betriebsübung – nämlich die freiwillige Gewährung von **Gratifikationen** (zum Begriff vgl. Rn. 438) wie z.B. Weihnachts- oder Urlaubsgelder – hat die Rechtsprechung diese reichlich unpräzise Formel aber auf eine einfach anwendbare Regel reduziert: Hier genügt, dass der Arbeitgeber die freiwillige Zuwendung **vorbehaltslos in drei aufeinanderfolgenden Jahren** erbringt; ab dem vierten Jahr ist er dann über die Grundsätze der Betriebsübung gebunden.[14] **312**

6. Vorbehaltlose Erbringung

Ein Anspruch aus Betriebsübung entsteht nur, wenn dies der Arbeitgeber nicht durch einen wirksamen (!) Vorbehalt verhindert. Das ermöglicht es dem Arbeitgeber, dem Arbeitnehmer durch eine freiwillige, nicht geschuldete Leistung Gutes zu tun und zugleich sicherzustellen, dass er nicht dauerhaft gebunden wird. Fraglich ist, auf welche Weise ein solcher Vorbehalt begründet werden kann. **313**

a) Schriftformklauseln

Hinsichtlich ihrer Eignung, die Entstehung einer betrieblichen Übung zu verhindern, ist bei Schriftformklauseln zu unterscheiden: **314**

10 BAG 21.4.2010 – 10 AZR 163/09, NZA 2010, 808, 809; 17.4.2013 – 10 AZR 251/12, juris Rn. 16.

11 Etwas anderes kann ausnahmsweise gelten, wenn dieser Arbeitnehmer ein Repräsentant einer größeren, erst noch durch Neueinstellungen zu schaffenden Arbeitnehmergruppe ist.

12 BAG 13.5.2015 – 10 AZR 266/14, NZA 2015, 992.

13 BAG 28.5.2008 – 10 AZR 274/07, AP BGB § 242 Betriebliche Übung Nr. 80; MüKo-BGB/*Spinner*, § 611a, Rn. 339.

14 BAG 6.3.1956 – 3 AZR 175/55, BAGE 2, 302, 304; 8.12.2010 – 10 AZR 671/09, NZA 2011, 628, 629.

- Enthält ein auf das Arbeitsverhältnis normativ anwendbarer (vgl. Rn. 100) **Tarifvertrag** eine **einfache** Schriftformklausel *(„Änderungen des Arbeitsvertrages bedürfen der Schriftform")*, **hindert** diese die Entstehung einer Betriebsübung, können doch die Arbeitsvertragsparteien nicht die tarifliche Formvorgabe abändern.[15]
- **Einfache** Schriftformklauseln im **Arbeitsvertrag** stehen einer Betriebsübung dagegen **nicht** entgegen. Denn sie können nach ganz h.M. durch spätere mündliche Absprachen – auch stillschweigend und somit auch durch betriebliche Übung – aufgehoben werden (s. Rn. 167)[16].
- Dagegen kann durch eine **doppelte arbeitsvertragliche** Schriftformklausel *(„Vertragsänderungen bedürfen der Schriftform; eine mündliche Vereinbarung über die Aufhebung dieses Formerfordernisses ist nicht wirksam")* die Entstehung einer Betriebsübung im Grundsatz **verhindert** werden, fehlt es doch an der erforderlichen Schriftform für die Aufhebung des Schriftformerfordernisses. Allerdings gilt das unproblematisch nur, wenn die doppelte Schriftformklausel in einer **Individualvereinbarung** getroffen wurde. Handelt es sich dagegen – wie beim Arbeitsvertrag wegen § 310 III Nr. 2 BGB in der Regel (s. Rn. 210) – um eine Vereinbarung in **AGB**, so ist die Rechtslage komplizierter: Zwar ist auch insoweit im Grundsatz die doppelte Schriftformklausel in der Lage, eine Betriebsübung zu verhindern, stellt die Betriebsübung als kollektiver Tatbestand doch keine den AGB vorrangige *Individual*abrede i.S.v. § 305b BGB dar. Eine formularmäßige doppelte Schriftformklausel ist aber nach § 307 I BGB unwirksam, wenn sie bei dem anderen Vertragspartner den unzutreffenden Eindruck erweckt, mündliche Absprachen seien entgegen § 305b BGB unwirksam, droht eine solche Klausel ihn doch von der Durchsetzung ihm zustehender Rechte abzuhalten.[17] Erforderlich ist also, dass in der Klausel der Vorrang von Individualabreden klargestellt wird.[18] Geschieht das nicht und ist die Klausel deshalb unwirksam, so ist sie wegen des Verbots geltungserhaltender Reduktion vollständig unwirksam und kann *deshalb* im Ergebnis die Begründung einer Betriebsübung nicht verhindern.[19]

b) Freiwilligkeitsvorbehalte

315 Traditionell konnte der Arbeitgeber die Entstehung von Ansprüchen aus betrieblicher Übung im Grundsatz durch einen sog. Freiwilligkeitsvorbehalt – d.h. einen Hinweis, dass die erbrachte Leistung freiwillig erfolge – verhindern. Die Rechtsprechung hat die Anforderungen an Freiwilligkeitsvorbehalte aber mittlerweile sehr verschärft, zusammengefasst ist er (wohl) nur möglich, wenn er **(1)** sich nicht auf laufendes Entgelt bezieht, **(2)** bei jeder Leistungserbringung aufs Neue erklärt wird, dies **(3)** hinreichend deutlich geschieht („einmalige, freiwillige Leistung, aus der kein Rechtsan-

15 BAG 18.9.2002 – 1 AZR 477/01, NZA 2003, 337, 338; 15.3.2011 – 9 AZR 799/09, AP TVöD § 26 Nr. 1.

16 BAG 18.9.2002 – 1 AZR 477/01, AP BGB § 242 Betriebliche Übung Nr. 59; 20.5.2008 – 9 AZR 382/07, NZA 2008, 1233, 1234.

17 BAG 20.5.2008 – 9 AZR 382/07, NZA 2008, 1233, 1235 f.

18 Vgl. ein Klauselbeispiel bei *Melms*, in: Münchener Anwaltshandbuch, § 10, Rn. 215.

19 *Picker*, Die betriebliche Übung, S. 250 f.; Staudinger/*Richardi/Fischinger*, § 611a, Rn. 991.

spruch für die Zukunft entsteht") und **(4)** keine Kombination mit einem Widerrufsvorbehalt (dazu Rn. 325 ff.) vorliegt.[20]

III. Rechtsfolgen

Liegen diese Voraussetzungen vor, haben die Arbeitnehmer, denen gegenüber die entsprechenden Leistungen erbracht wurden, **für die Zukunft** Anspruch auf deren Weitergewähr (bzw. – bei nicht gleichförmigen Leistungen – auf Leistungen, deren Höhe der Arbeitgeber einseitig in den Grenzen billigen Ermessens bestimmt, s. Rn. 308). Rechtsgrundlage ist (richtigerweise) der durch die Betriebsübung **geänderte Arbeitsvertrag** (nach a.A. folgt selbiges aus Vertrauenshaftungsgesichtspunkten, s. Rn. 303). **316**

In **Fall 11** liegen die Voraussetzungen einer Betriebsübung vor: U erbrachte regelmäßig eine die Arbeitnehmer begünstigende Leistung. Da es sich um eine Gratifikation (zum Begriff Rn. 438) handelt, stellt die Auszahlung über drei Jahre hinweg einen ausreichenden Zeitraum dar. Auch der notwendige Kollektivbezug ist angesichts der Zahlung an die gesamte Belegschaft zu bejahen. Die Leistungen erfolgten schließlich auch vorbehaltlos. Da diese Leistungen stets in gleicher Höhe ausfielen, bedarf es überdies keines Rückgriffs auf § 315 BGB. Entsprechend hat A auch im Jahr 2018 Anspruch auf Weihnachtsgeld. **317**

Ein nach Begründung einer Betriebsübung **neu in den Betrieb eintretender Arbeitnehmer** kann im Grundsatz die entsprechenden Leistungen ebenfalls verlangen. Rechtsgrundlage hierfür ist aber nicht originär die Betriebsübung (wurde eine solche ihm gegenüber doch gar nicht begründet), sondern der arbeitsrechtliche **Gleichbehandlungsgrundsatz**.[21] Allerdings ist es aufgrund des **Vorrangs der Vertragsfreiheit** (s. Rn. 341) zulässig, diesen Anspruch im Arbeitsvertrag auszuschließen.[22] **318**

In **Fall 13** wurde zwischen A und U keine entsprechende Abrede im Arbeitsvertrag getroffen, A hat daher dem Grunde nach Anspruch auf Weihnachtsgeld, und zwar schon im Jahr 2017 (zur Höhe des Anspruchs s. Rn. 346 f.). **319**

IV. Beendigung bzw. Änderung einer einmal entstandenen Betriebsübung

Ob eine einmal entstandene betriebliche Übung wieder beseitigt oder zumindest geändert werden kann, ist von erheblicher Bedeutung. Denn oftmals wird ihre Entstehung gar nicht dem Willen des Arbeitgebers entsprechen und/oder es ändern sich spä- **320**

20 Vgl. zu den wohl kaum examensrelevanten Details näher und m.w.N. Staudinger/*Richardi/Fischinger*, § 611a, Rn. 992.

21 ErfK/*Preis*, § 611a BGB, Rn. 227; Schaub/*Ahrendt*, ArbRHdB, § 110, Rn. 21; so i.E. auch (aber ohne klare dogmatische Verankerung) BAG 13.10.1960 – 5 AZR 284/59, AP BGB § 242 Gleichbehandlung Nr. 30; 15.5.2012 – 3 AZR 610/11, NZA 2012, 1279, 1287; i.E. ebenso aber unter Annahme eines Arbeitsvertrags zu den im Betrieb üblichen Bedingungen *Waltermann*, RdA 2006, 257, 265.

22 Staudinger/*Richardi/Fischinger*, § 611a, Rn. 1001; ErfK/*Preis*, § 611a BGB, Rn. 227; vgl. *Bepler*, RdA 2004, 226, 238.

ter die tatsächlichen Umstände, aufgrund derer die Leistungen ursprünglich erbracht wurden (z.B. statt glänzender Geschäfte herrscht plötzlich „Flaute").

1. Änderungsvertrag

321 Juristisch unproblematisch geändert/beendet werden kann eine Betriebsübung durch eine Änderung des (um die Betriebsübung „ergänzten") Arbeitsvertrages. Neben einem Angebot des Arbeitgebers – das nicht in der bloßen Nichterfüllung der Ansprüche aus Betriebsübung liegt[23] – ist hierfür die Zustimmung des jeweils betroffenen Arbeitnehmers erforderlich. Daran wird die Änderung/Beendigung der Betriebsübung in der Praxis oft scheitern. Das bloße Schweigen des Arbeitnehmers auf ein Angebot des Arbeitgebers genügt hierfür nach allgemeiner Rechtsgeschäftslehre grundsätzlich ebenso wenig wie die widerspruchslose Weiterarbeit nach Zahlungseinstellung.[24]

2. Änderungskündigung

322 Jedenfalls theoretisch denkbar ist es, Ansprüche aus Betriebsübung per Änderungskündigung nach § 2 KSchG (näher Rn. 1238 ff.) abzuschmelzen oder vollständig zu beseitigen. Das BAG legt an Änderungskündigungen zur Entgeltsenkung aber **strenge Maßstäbe** an: Möglich ist sie nur, wenn ohne sie der Fortbestand des Betriebs konkret gefährdet wäre und die Gefahr nicht anders abgewendet werden kann.[25] Diese Voraussetzungen werden im Hinblick auf durch betriebliche Übung begründete Ansprüche kaum einmal vorliegen.

3. Gegenläufige betriebliche Übung („Ent-Übung")?

323 Fraglich ist, ob der Arbeitgeber die einmal begründete Betriebsübung durch eine gegenläufige betriebliche Übung („Ent-Übung") beenden oder modifizieren kann. Gemeint ist, dass er über einen gewissen Zeitraum – bei Gratifikationen: drei aufeinanderfolgende Jahre – die eigentlich geschuldete **Leistung nicht erbringt** (bzw. nur unter einem Freiwilligkeits- oder Widerrufsvorbehalt), ohne dass dem der Arbeitnehmer widerspricht. Die ältere Rechtsprechung ließ eine derartige „Ent-Übung" zu, so dass in ihrem Gefolge die Betriebsübung beendet (bzw. modifiziert) wurde.[26] Das BAG hat diese Rechtsprechung aber nunmehr unter Berufung auf **§ 308 Nr. 5 BGB** aufgegeben, eine betriebliche **„Ent-Übung" funktioniert deshalb nicht mehr**.[27] Dem ist zwar nicht in der Begründung, aber im Ergebnis zuzustimmen. Die alte Auffassung des BAG war nicht mit der allgemeinen Rechtsgeschäftslehre vereinbar, kann doch

---

23 BAG 25.11.2009 – 10 AZR 779/08, NZA 2010, 283; Schaub/*Ahrendt*, ArbRHdB, § 110, Rn. 30.

24 BAG 14.8.1996 – 10 AZR 69/96, NZA 1996, 1323; 25.11.2009 – 10 AZR 779/08, NZA 2010, 283.

25 BAG 23.6.2005 – 2 AZR 642/04, NZA 2006, 92, 96; 12.1.2006 – 2 AZR 126/05, NZA 2006, 587, 588; 26.6.2008 – 2 AZR 139/07, NZA 2008, 1182, 1138; näher APS/*Künzl*, § 2 KSchG, Rn. 257b m.w.N.

26 BAG 18.7.1968 – 5 AZR 400/67, AP BGB § 242 Betriebliche Übung Nr. 8; 4.5.1999 – 10 AZR 290/98, BAGE 91, 283.

27 BAG 18.3.2009 – 10 AZR 281/08, AP BGB § 242 Betriebliche Übung Nr. 83; 16.2.2010 – 3 AZR 123/08, BeckRS 2010, 66518.

dem bloßen Schweigen des Arbeitnehmers (kein Protest gegen die Unterlassung der Leistungsgewährung) kein rechtsgeschäftlicher Erklärungswert zugemessen werden.[28]

In **Fall 12** konnte sich U also nicht durch die dreijährige Nichtauszahlung von der bestehenden Betriebsübung lösen. A (und die anderen Arbeitnehmer) haben deshalb für 2019 (und im Übrigen auch für 2016-2018) Anspruch auf das Urlaubsgeld. **324**

4. Änderungs-/Widerrufsvorbehalt

Anders als der Freiwilligkeitsvorbehalt, der schon die Entstehung einer betrieblichen Übung verhindern soll (s. Rn. 315), setzt ein Änderungs-/Widerrufsvorbehalt[29] gerade voraus, dass eine Rechtsbindung des Arbeitgebers eintritt. Er soll dem Arbeitgeber aber das Recht geben, den Anspruch später **einseitig** wieder **mit Wirkung für die Zukunft** zu **beseitigen** bzw. zu ändern. Damit will der Arbeitgeber sich die Möglichkeit erhalten, flexibel auf spätere tatsächliche Änderungen reagieren zu können. Möglich ist das aber nur, wenn (1) der Widerrufsvorbehalt als solcher wirksam vereinbart wurde (Inhaltskontrolle) und (2) der darauf später gestützte Widerruf wirksam ist (Ausübungskontrolle). **325**

a) 1. Stufe: Inhaltskontrolle

Ist der Widerrufsvorbehalt – wie wegen § 310 III Nr. 2 BGB im Arbeitsrecht in der Regel (s. Rn. 210) – in AGB enthalten, so ist er **materiell** an **§ 308 Nr. 4 BGB** zu messen. Danach ist die Vereinbarung eines Rechts des Arbeitgebers, die versprochene Leistung zu ändern, unwirksam, es sei denn, die Vereinbarung ist dem Arbeitnehmer unter Abwägung mit dem Flexibilisierungsinteresse des Arbeitgebers zumutbar. Unzulässig ist es dabei, durch den Widerrufsvorbehalt in den Kernbestand des Arbeitsverhältnisses einzugreifen. Im Einzelnen: **326**

- Der fest zugesagte, nicht unter einen Widerrufsvorbehalt gestellte Teil des Entgelts darf den **Tariflohn** bzw. – in Ermangelung einer Tarifbindung – die übliche Vergütung (§ 612 II BGB, dazu Rn. 157) **nicht unterschreiten**.
- Selbst wenn das gewahrt ist, darf der widerrufliche Teil maximal **24,9 % des Gesamtverdienstes** erfassen, der unmittelbar im Gegenseitigkeitsverhältnis zur Arbeitsleistung des Arbeitnehmers steht. Dazu zählt neben dem laufenden Lohn z.B. auch das Recht, ein Dienstfahrzeug privat nutzen zu können.[30]
- Leistet der Arbeitgeber auch Zahlungen, die nicht unmittelbar Gegenleistung für die Arbeitsleistung sind, sondern Ersatz für Aufwendungen, die an sich der Arbeitnehmer selbst tragen muss (z.B. Fahrtkosten von der Wohnung zur Arbeitsstelle), erhöht sich der widerrufliche Teil auf **29,9 % des Gesamtverdienstes**.[31]

28 *Henssler*, in: FS 50 Jahre BAG, S. 683, 704 ff.; *Bepler*, RdA 2004, 226, 239; zum Schweigen im Rechtsverkehr vgl. *Fischinger*, JuS 2015, 294.

29 Im Folgenden ist aus sprachlichen Gründen allein von Widerrufsvorbehalt die Rede, die Aussagen gelten für Änderungsvorbehalte aber entsprechend.

30 BAG 19.12.2006 – 9 AZR 294/06, AP BGB § 611 Sachbezüge Nr. 21; 21.3.2012 – 5 AZR 651/10, NZA 2012, 616, 617.

31 BAG 11.2.2006 – 5 AZR 721/05, NZA 2007, 87, 89.

327 In **formeller** Hinsicht ist das **Transparenzgebot** des § 307 I 2 BGB zu beachten. Das BAG verlangt, dass im Widerrufsvorbehalt sowohl die unter den Vorbehalt gestellte **Leistung** wie auch die **Voraussetzungen und Gründe** für den Widerruf verständlich und eindeutig geregelt werden.[32]

328 Genügt der Widerrufsvorbehalt diesen materiellen und/oder formellen Vorgaben nicht, so ist er insgesamt unwirksam, eine geltungserhaltende Reduktion auf das (gerade noch) zulässige Maß ist nicht statthaft;[33] ein Widerruf scheidet dann aus.

b) 2. Stufe: Ausübungskontrolle

329 Ist der Widerrufsvorbehalt wirksam, so ist weiter zu prüfen, ob die Ausübung des Widerrufs auf einen der **im Widerrufsvorbehalt genannten Gründe** gestützt werden kann und, wenn ja, ob er **billigem Ermessen** entspricht (§ 315 I BGB).[34] Ist dies der Fall, so kann sich der Arbeitgeber durch den Widerruf für die Zukunft von der Betriebsübung lösen, vorher begründete Ansprüche bleiben unberührt.

330 In **Fall 14** hatte sich U laut Sachverhalt wirksam die Möglichkeit vorbehalten, die Betriebsübung zu widerrufen. Auch der darin genannte Grund – wirtschaftliche „Schieflage" – liegt 2020 vor. Soweit die Ausübung des Widerrufs billigem Ermessen (§ 315 I BGB) entspricht, kann sich U daher von der Betriebsübung lösen. Das ist hier anzunehmen, drohte doch anderenfalls die Entlassung von Arbeitnehmern. Dass Auslöser für U's Überlegungen der Streit mit A war, steht dem nicht entgehen. (Fortsetzung **Rn. 347**)

5. Anfechtung?

331 V Vergleichsweise wenig untersucht – und schon gar nicht höchstrichterlich entschieden – ist, ob und unter welchen Voraussetzungen der Arbeitgeber die Entstehung einer Betriebsübung anfechten kann. Man wird das (theoretisch) wohl bejahen können, wenn der Arbeitgeber bei Leistungserbringung nicht wusste, dass er durch die vorbehaltlose Zahlung eine Betriebsübung samt Bindung für die Zukunft begründet, handelt es sich dabei doch um einen **beachtlichen Rechtsfolgenirrtum** (§ 119 I Alt. 1 BGB).[35] In der Praxis wird die Anfechtung aber meist daran scheitern, dass der Arbeitgeber nicht nachweisen kann, einem entsprechenden Irrtum unterlegen zu sein. In jedem Fall kann der Arbeitgeber **nur die Bindung für die Zukunft** anfechten, nicht aber bereits erbrachte freiwillige Leistungen.

6. Ablösende Betriebsvereinbarung

332 V Nach der – in Teilen fragwürdigen – Rechtsprechung des BAG[36] kann eine Betriebsübung ferner durch eine zwischen Arbeitgeber und Betriebsrat geschlossene Betriebsvereinbarung geändert werden. Mangels Pflichtfachrelevanz wird hierauf nicht näher eingegangen.[37]

32 BAG 12.1.2005 – 5 AZR 364/04, 11.10.2006 – 5 AZR 721/05, AP BGB § 308 Nr. 1, 6; 19.12.2006 – 9 AZR 294/06, AP BGB § 611 Sachbezüge Nr. 21; die Anforderungen wurden wohl durch BAG 13.4.2010 – 9 AZR 113/09, NZA-RR 2010, 457 weiter verschärft.
33 BAG 12.1.2005 – 5 AZR 364/04, AP BGB § 308 Nr. 1.
34 BAG 11.2.2009 – 10 AZR 222/08, NZA 2009, 428; 1.3.2012 – 5 AZR 651/10, NZA 2012, 616, 617.
35 Näher Staudinger/*Richardi/Fischinger*, § 611a, Rn. 1008 ff. m.w.N. auch zur Gegenauffassung.
36 BAG 5.3.2013 – 1 AZR 417/12, NZA 2013, 916, 918.
37 Näher z.B. Schaub/*Ahrendt*, ArbRHdB, § 110, Rn. 33 f. m.w.N.

V. Darlegungs- und Beweislast

Für die Entstehung einer Betriebsübung ist der Arbeitnehmer, für ihre spätere Beendigung bzw. Änderung der Arbeitgeber darlegungs- und beweisbelastet. **333**

VI. Prüfungsschema: Anspruch aus betrieblicher Übung

334

1. **Anspruchsgrundlage:** §§ 611, 611a BGB i.V.m. Arbeitsvertrag i.V.m. betrieblicher Übung
2. **Anspruch entstanden**
   a) **Regelmäßiges, arbeitnehmerbegünstigendes** Verhalten des Arbeitgebers (Rn. 305)
   b) **Freiwilliges Verhalten** (Rn. 306)
   c) [Gleichförmiges Verhalten, s. Rn. 308][38]
   d) **Kollektiver Bezug** des arbeitnehmerbegünstigenden Verhaltens (Rn. 309)
   e) Über gewissen **Zeitraum** (Rn. 311)
   f) **Vorbehaltslos**
      - keine wirksame, entgegenstehende Schriftformklausel (Rn. 314)
      - kein wirksamer Freiwilligkeitsvorbehalt (Rn. 315)
3. **Kein Erlöschen des Anspruchs**
   a) Kein wirksamer **Änderungsvertrag** (Rn. 321)
   b) Keine wirksame **Änderungskündigung** (Rn. 322)
   c) Unbeachtlichkeit einer möglichen **„Ent-Übung“** (Rn. 323)
   d) Kein wirksamer **Widerruf** (Rn. 325 ff.)
   e) Keine wirksame **Anfechtung** (Rn. 331)
   f) [Keine ablösende **Betriebsvereinbarung**, Rn. 332][39]
4. **Rechtsfolge**
   a) Anspruch der begünstigten Arbeitnehmer auf Weitergewährung auch in der Zukunft (Rn. 316)
   b) Grundsätzlich auch Anspruch neu in den Betrieb eintretender Arbeitnehmer (aus Gleichbehandlungsgrundsatz, Rn. 318)

C. Der allgemeine arbeitsrechtliche Gleichbehandlungsgrundsatz

I. Charakteristika und rechtsdogmatische Begründung

Anders als bei der Betriebsübung geht es beim allgemeinen arbeitsrechtlichen Gleichbehandlungsgrundsatz nicht um eine Gleichbehandlung (derselben Person[en]) in der Zeit, sondern um die **Gleichbehandlung in der Person**. Der Gleichbehandlungsgrundsatz verbietet es dem Arbeitgeber, Arbeitnehmer in **vergleichbarer Lage willkürlich unterschiedlich zu behandeln**. Dahinter steht die zutreffende Vorstellung, **335**

38 Achtung: Als solches zwar keine Voraussetzung mehr, aber unterschiedliche Rechtsfolgen.
39 Kein Pflichtfachstoff.

dass auch in durch Machtungleichgewicht geprägten Privatrechtsverhältnissen eine einseitige Gestaltungsmacht nicht vollkommen ungebunden sein darf, sondern zumindest einer Willkürkontrolle unterliegen muss.[40]

336 Die **Rechtsgrundlage** des einfachgesetzlich nicht geregelten – aber immerhin anerkannten (vgl. § 1b I 4 BetrAVG) – allgemeinen arbeitsrechtlichen Gleichbehandlungsgrundsatzes ist nicht endgültig geklärt. Jedenfalls ist sie mangels unmittelbarer Drittwirkung von Grundrechten nicht in Art. 3 I GG zu sehen, der Grundsatz ist vielmehr **privatrechtlich** fundiert, wobei die dogmatische Begründung umstritten ist (z.B. Fürsorgepflicht des Arbeitgebers[41], Grundsatz von Treu und Glauben[42], Gewohnheitsrecht[43], Anlehnung an § 315 I BGB[44]).

Hinweis: Weil Existenz und wesentlicher Inhalt des Gleichbehandlungsgrundsatzes einhellig anerkannt sind, muss auf seine dogmatische Fundierung in Klausuren nicht näher eingegangen werden.

337 Neben dem im Folgenden zu erläuternden allgemeinen Gleichbehandlungsgrundsatz existieren **spezielle Gleichbehandlungsgebote**, die in ihrem Anwendungsbereich dem allgemeinen Gleichbehandlungsgrundsatz vorgehen, ihn im Übrigen aber nicht verdrängen.[45] Zu nennen sind v.a.:

(1) **§ 4 I TzBfG:** Schlechterstellung von in **Teilzeit Beschäftigten**,
(2) **§ 4 II TzBfG:** Schlechterstellung von **befristet Beschäftigten**,
(3) **AGG:** Diskriminierung wegen u.a. Alter, Geschlecht, Behinderung, ethnischer Herkunft (s. Rn. 232 ff.).

II. Voraussetzungen

1. Aufstellung einer eigenen Regel oder deren Anwendung

338 Der Gleichbehandlungsgrundsatz greift nur dort ein, wo es darum geht, dass der Arbeitgeber eine **Regel aufstellt** oder eine **von ihm aufgestellte Regel anwendet**, die **generell** für eine Mehrzahl von Fällen gelten soll und **abstrakt** an allgemeine Merkmale anknüpft. Erforderlich ist also, dass die Regel bzw. Maßnahme einen **kollektiven Bezug** aufweist, sie mithin über die Regelung eines Einzelfalls hinausweist. Das setzt ein Vorgehen nach einem bestimmten, erkennbaren und generalisierenden Prinzip voraus,[46] woran es bei einer individuellen Besser- oder Schlechterstellung eines Arbeitnehmers oftmals fehlen wird (s. auch Rn. 341).

339 Inhalt einer solchen Regel können grundsätzlich **alle** in einem Arbeitsverhältnis auftretenden Fragen sein, unabhängig davon, ob sich die deswegen getroffenen Maßnah-

40 Vgl. *Krause*, Arbeitsrecht, § 4, Rn. 12.
41 LAG Düsseldorf 11.11.1981 – 22 Sa 421/81, LAGE § 242 BGB Gleichbehandlung Nr. 6.
42 Däubler/Bertzbach/*Däubler*, AGG, § 2, Rn. 229.
43 So z.B. MüKo-BGB/*Spinner*, § 611a, Rn. 1042; *Junker*, Grundkurs Arbeitsrecht, § 1, Rn. 52.
44 *Waltermann*, Arbeitsrecht, § 12, Rn. 210.
45 *Fischinger*, JA 2006, 246.
46 ErfK/*Preis*, § 611a BGB, Rn. 580; HWK/*Thüsing*, § 611a BGB, Rn. 337 f.; *Richardi*, ZfA 2008, 31, 38.

men zugunsten oder zulasten der Arbeitnehmer auswirken.[47] Seine größte (praktische) Bedeutung hat der Gleichbehandlungsgrundsatz allerdings bei der **Gewährung von Gratifikationen** oder sonstigen Zusatzleistungen.

Beispiele: Ausübung des Weisungsrechts, freiwillige Zahlung von Gratifikationen, Kontrolle von Arbeitnehmern, Anordnung von Kurzarbeit. Ob aus dem Gleichbehandlungsgrundsatz ein eigenständiges **Kündigungsverbot** resultiert, ist umstritten.[48] In jedem Fall ist seine Bedeutung hier überschaubar. Erstens werden oft die (vorrangigen) Regelungen des KSchG eingreifen, so dass es auf den Gleichbehandlungsgrundsatz gar nicht mehr ankommt, und zweitens werden die der Kündigung zugrundeliegenden Umstände angesichts der gebotenen Einzelfallbetrachtung nie ganz identisch sein, so dass an der Vergleichbarkeit (Rn. 343) Zweifel bestehen.

Da der Gleichbehandlungsgrundsatz der Beschränkung der einseitigen Gestaltungs- **340**
macht des Arbeitgebers dient, ist er nur anwendbar, wo dieser über **Gestaltungsmacht** verfügt, nicht hingegen, wenn er nur vertragliche Pflichten erfüllt oder ihm selbst gesetzte Vorgaben – z.B. aus Gesetz oder Tarifvertrag – umsetzt.[49]

Problematisch ist in diesem Kontext das Verhältnis zur Vertragsfreiheit. Auch wenn **341**
der arbeitsrechtliche Gleichbehandlungsgrundsatz nicht vertraglich abbedungen werden kann,[50] ist der **Vorrang der Vertragsfreiheit** anerkannt.[51] Mit anderen Worten ist der Gleichbehandlungsgrundsatz nur anwendbar, wo der Arbeitgeber den Arbeitnehmer „behandelt“,[52] nicht dagegen, wenn er im Einvernehmen mit ihm die Vertragsbedingungen vereinbart.

Beispiele: **(1)** Mit einem besonders erfolgreichen Verkäufer kann eine neben das Grundgehalt tretende Gewinnbeteiligung vereinbart werden. **(2)** Hatte der Arbeitnehmer bei Abschluss seines Arbeitsvertrages einen geringeren Lohn vereinbart, so kann er später nicht über den Gleichbehandlungsgrundsatz den im Betrieb üblichen Lohn verlangen.[53]

Wird aber die Vergütung im Betrieb nach einem bestimmten erkennbaren und generalisierenden Prinzip geregelt, indem der Arbeitgeber bestimmte Voraussetzungen oder Zwecke festlegt, greift der arbeitsrechtliche Gleichbehandlungsgrundsatz.[54]

2. Ungleichbehandlung

Der Arbeitgeber muss einen oder mehrere Arbeitnehmer oder auch eine ganze Arbeit- **342**
nehmergruppe durch die Aufstellung der eigenen Regel oder deren Anwendung ungleich behandeln.[55] Der Gleichbehandlungsgrundsatz greift also ein:

---

47 *Brox/Rüthers/Henssler*, Arbeitsrecht, Rn. 323.

48 Eingeschränkt bejahend HWK/*Thüsing*, § 611a BGB, Rn. 340; *Brox/Rüthers/Henssler*, Arbeitsrecht, Rn. 326; ablehnend Staudinger/*Richardi/Fischinger*, § 611a, Rn. 1029.

49 *Hromadka/Maschmann*, Arbeitsrecht I, § 7, Rn. 166.

50 BAG 4.5.1962 – 1 AZR 250/61, NJW 1962, 1459, 1460; Staudinger/*Richardi/Fischinger*, § 611a, Rn. 1037; MüKo-BGB/*Spinner*, § 611a, Rn. 1042.

51 Vgl. BAG 4.5.1962 – 1 AZR 250/61, 10.4.1973 – 4 AZR 180/72 und 27.7.1988 – 5 AZR 244/87, AP BGB § 242 Gleichbehandlung Nr. 32, 38 und 83; BAG 17.12.2009 – 6 AZR 242/09, NZA 2010, 273, 276.

52 *Fischinger*, JA 2006, 246.

53 *Zöllner/Loritz/Hergenröder*, Arbeitsrecht, § 20, Rn. 13.

54 BAG 25.1.2012 – 4 AZR 147/10, NZA-RR 2012, 530, 537; 21.5.2014 – 4 AZR 50/13, DB 2015, 135.

55 BAG 11.9.1974 – 5 AZR 567/73, AP BGB § 242 Gleichbehandlung Nr. 39; *Zöllner/Loritz/Hergenröder*, Arbeitsrecht, § 20, Rn. 13.

(1) wenn bei der **Anwendung** der selbst gesetzten Regel einzelne Arbeitnehmer willkürlich schlechter behandelt werden;

Beispiele: Unternehmer U zahlt an alle Arbeitnehmer ein Weihnachtsgeld, nicht aber an den X, hält er diesen doch für einen „gefährlichen Querulanten".[56] Der Arbeitgeber, der eigentlich nur stichprobenartige Torkontrollen durchführen lässt, kontrolliert einen Arbeitnehmer ständig;

(2) *oder* bei der **Aufstellung** der Regel eine willkürliche **Gruppenbildung** erfolgt;

Beispiel: Der Arbeitgeber zahlt zwar an alle Arbeitnehmer ein Weihnachtsgeld, die Gruppe der Arbeiter erhält aber nur 50 % eines Bruttomonatslohns, die der Angestellten hingegen 70 %.

3. Vergleichbare Arbeitnehmer

343 Die unterschiedlich behandelten Arbeitnehmer (bzw. Arbeitnehmergruppen) müssen **vergleichbar** sein. Das ist im Grundsatz **tätigkeitsbezogen** zu ermitteln, d.h. vergleichbar sind Arbeitnehmer, die identische oder zumindest vergleichbare Tätigkeiten ausüben, wobei es auf die überwiegend ausgeübte Tätigkeit ankommt.[57] Neben dem Inhalt der Arbeitsleistung sind hierbei insb. die **Qualifikation** und die betriebliche **Hierarchiestufe** zu berücksichtigen.[58]

344 Die Gleichbehandlungspflicht ist nicht betriebs-, sondern **unternehmensbezogen**.[59] Auch eine Ungleichbehandlung von Arbeitnehmern, die in unterschiedlichen Betrieben desselben Unternehmens beschäftigt sind, ist deshalb am Gleichbehandlungsgrundsatz zu messen; allerdings wird die Zugehörigkeit zu verschiedenen Betrieben oft sachlicher Differenzierungsgrund sein, der die Ungleichbehandlung rechtfertigt (s. Rn. 345).[60] Konzernweit gilt der Gleichbehandlungsgrundsatz dagegen nicht.[61]

4. Ungleichbehandlung aufgrund sachfremder Erwägungen

345 Die Ungleichbehandlung ist unzulässig, wenn sie auf einem **sachfremden Grund** beruht und darum willkürlich ist. Das hängt von den **Umständen des Einzelfalles** ab, wobei es maßgeblich auf den **Zweck der Leistung** bzw. Maßnahme des Arbeitgebers ankommt.[62] Zur Illustration folgende Beispiele:

(1) Der Arbeitgeber zahlt ein 13. Monatsgehalt, um die Bindung seiner Arbeitnehmer an den Betrieb zu erhöhen. Insoweit wäre es eine nicht gerechtfertigte Ungleichbehandlung, bspw. alle Arbeitnehmer auszunehmen, die unverheiratet sind.[63] Auch eine Differenzierung zwischen Arbeitern und Angestellten wäre insoweit grundsätzlich unzulässig; etwas anderes kann aber gel-

---

56 Vgl. *Kamanabrou*, Arbeitsrecht, Rn. 916.
57 BAG 20.11.1996 – 5 AZR 401/95, NZA 1997, 724, 725.
58 HWK/*Thüsing*, § 611a BGB, Rn. 346.
59 BAG 17.11.1998 – 1 AZR 147/98, 3.12.2008 – 5 AZR 74/08, AP BGB § 242 Gleichbehandlungsgrundsatz Nr. 162, 206; *Richardi*, ZfA 2008, 31, 37; MüKo-BGB/*Spinner*, § 611a, Rn. 1055; HWK/*Thüsing*, § 611a BGB, Rn. 350.
60 ErfK/*Preis*, § 611a BGB, Rn. 586; Staudinger/*Richardi/Fischinger*, § 611a, Rn. 1023.
61 *Brox/Rüthers/Henssler*, Arbeitsrecht, Rn. 327.
62 BAG 26.9.2007 – 10 AZR 569/06, NZA 2007, 1424, 1425.
63 *Kamanabrou*, Arbeitsrecht, Rn. 928.

ten, wenn ausgeschiedene Angestellte am Arbeitsmarkt schwerer zu ersetzen wären als Arbeiter.[64]

(2) Der Arbeitgeber kontrolliert immer nur einen bestimmten Arbeitnehmer bei Verlassen des Betriebsgeländes. Sachlich gerechtfertigt ist das, wenn Anzeichen für eine im Vergleich zu anderen Arbeitnehmern erhöhte Diebstahlsgefahr bestehen (z.B. alleiniger Zugang zum Safe; Diebstähle in der Vergangenheit), nicht aber, wenn ein sachfremdes, persönliches Motiv hinter der Maßnahme steht.[65]

(3) Gewährt der Arbeitgeber ein Weihnachtsgeld, um die Mehrkosten für Geschenke zu kompensieren, wäre es zulässig, nach den Familienverhältnissen (z.B. wie viele Kinder?) zu unterscheiden.[66] Dagegen wäre es (vollkommen) sachfremd, für die Höhe der Gratifikation an die Haarfarbe der Arbeitnehmer[67] anzuknüpfen oder einen Arbeitnehmer deshalb von der Leistung auszuschließen, weil dieser in den letzten Monaten das Betriebsklima gestört hatte.[68] Bei einer derart motivierten Leistung ist es ebenfalls nicht gerechtfertigt, zwischen Arbeitern und Angestellten zu unterscheiden **(Fall 13)**.

Klausurhinweis: Die präzise Herausarbeitung des mit der Maßnahme verfolgten **Zwecks** ist also für die korrekte Anwendung des Gleichbehandlungsgrundsatzes entscheidend. „Schlampen" Sie hier in der Klausur nicht!

III. Rechtsfolgen

Liegen die obigen Voraussetzungen vor, so kann der unzulässig benachteiligte Arbeitnehmer **Beseitigung der Ungleichbehandlung** verlangen. Auf welche Weise dies geschieht, hängt zunächst von der Art der Maßnahme ab: 346

(1) Handelt es sich um ein den Arbeitnehmer **belastendes Rechtsgeschäft** (z.B. Kündigung, Weisung), so ist dieses **unwirksam**.

(2) Besteht die nicht gerechtfertigte Ungleichbehandlung dagegen in der **Vorenthaltung** von gegenüber anderen Arbeitnehmern **erbrachten Leistungen**, so ist weiter zu unterscheiden:

(a) Für in der **Vergangenheit** erbrachte Leistungen kann dem Verstoß gegen den Gleichbehandlungsgrundsatz in aller Regel nur durch eine **„Anpassung nach oben"** abgeholfen werden: Die begünstigten Arbeitnehmer dürfen die Leistungen behalten, die benachteiligten haben Anspruch auf Nachgewähr; etwas anderes gilt nur, wenn – ausnahmsweise (!) – der Arbeitgeber die bereits erbrachte Leistung zurückfordern kann und dies auch tatsächlich tut.[69]

Diese „Anpassung nach oben" kann i.d.R. selbst dann verlangt werden, wenn der Arbeitgeber eine **Vielzahl von Arbeitnehmern** ungerechtfertigt schlechterstellte, auch

64 BAG 12.10.2005 – 10 AZR 640/04, NZA 2005, 1418, 1419 f.; *Fischinger*, JA 2006, 246.

65 Vgl. auch *Hromadka/Maschmann*, Arbeitsrecht I, § 7, Rn. 176.

66 *Zöllner/Loritz/Hergenröder*, Arbeitsrecht, § 20, Rn. 19; *Krause*, Arbeitsrecht, § 4, Rn. 15.

67 *Zöllner/Loritz/Hergenröder*, Arbeitsrecht, § 20, Rn. 19; *Junker*, Grundkurs Arbeitsrecht, § 1, Rn. 53.

68 *Krause*, Arbeitsrecht, § 4, Rn. 15.

69 Vgl. BAG 11.9.1974 – 5 AZR 667/73, 10.3.1982 – 4 AZR 540/79, 30.11.1982 – 3 AZR 214/80, 15.5.2001 – 1 AZR 672/00, AP BGB § 242 Gleichbehandlung Nr. 39, 47, 54, 176; *Richardi*, ZfA 2008, 31, 41 f.

wenn dies zu erheblichen wirtschaftlichen Belastungen für den Arbeitgeber führt. Anders aber, wenn die Anzahl der begünstigten im Verhältnis zur Gesamtzahl der betroffenen Arbeitnehmer sehr gering ist (weniger als **5 %**), so dass den Arbeitgeber die Erweiterung der Leistungspflicht auf die gesamte Belegschaft unverhältnismäßig hart treffen würde; hier kann keine Gleichstellung verlangt werden.[70]

(b) Was die erst in der **Zukunft** geschuldeten Leistungen anbelangt, so hängt die Frage, wie der Gleichbehandlungsverstoß vermieden werden kann, von den rechtlichen Handlungsmöglichkeiten des Arbeitgebers ab:

(aa) Kann er den bislang Begünstigten ihre gleichheitswidrigen Zusatzleistungen durch rechtliche Gestaltungsmittel künftig entziehen (z.B. Widerrufsvorbehalt, Änderungskündigung), so hat er die **Wahl**, ob er die Ungleichbehandlung durch **„Anpassung nach oben"** oder **„Anpassung nach unten"** abstellt. Im ersten Fall gewährt er allen vergleichbaren Arbeitnehmern ebenfalls die Leistung, im zweiten schafft er sie für alle Arbeitnehmer ab.

(bb) Hat der Arbeitgeber **hingegen nicht die Möglichkeit, sich gegenüber** den begünstigten Arbeitnehmern von seiner Verpflichtung zu lösen, so ist grundsätzlich eine **„Anpassung nach oben"** vorzunehmen, allerdings wiederum vorbehaltlich, dass dies den Arbeitgeber nicht unvertretbar hart träfe (s. oben).

347 In **Fall 14** kann U sich per Widerruf von der Betriebsübung lösen (Rn. 330) und hat somit die Wahl, ob er das Weihnachtsgeld allen Arbeitnehmern „streicht" oder ob er es in gleicher Höhe den Arbeitern gewährt.

IV. Auskunftsanspruch; Darlegungs- und Beweislast

348 Werden Arbeitnehmer unterschiedlich behandelt, so haben sie einen Auskunftsanspruch über die der Ungleichbehandlung zugrundeliegende Regel, wenn sie sich die entsprechenden Informationen nicht leicht selbst beschaffen können und der Arbeitgeber durch das Auskunftsverlangen nicht unzumutbar belastet wird.[71]

349 Nach allgemeinen zivilprozessualen Grundsätzen träfe eigentlich den sich auf den Gleichbehandlungsgrundsatz berufenden Arbeitnehmer die Darlegungs- und Beweislast für alle obigen Voraussetzungen. Um den Arbeitnehmer nicht unzumutbar zu belasten, bürdet die Rechtsprechung aber dem Arbeitgeber die Darlegungs- und Beweislast für das Vorliegen eines **sachlichen Grundes** auf.[72]

70 BAG 13.2.2002 – 5 AZR 713/00, NZA 2003, 215, 217; 14.6.2006 – 5 AZR 584/05, NZA 2007, 221.

71 BAG 1.12.2004 – 5 AZR 664/03, NZA 2005, 289, 291, Rn. 23 ff.

72 Vgl. BAG 12.10.2005 – 10 AZR 640/04, NZA 2005, 1418, 1420; 27.7.2010 – 1 AZR 874/08, NZA 2010, 1369; 23.2.2011 – 5 AZR 84/10, NZA 2011, 693, 694.

V. Prüfungsschema: Anspruch aufgrund Verletzung des allgemeinen Gleichbehandlungsgrundsatzes

1. **Anspruchsgrundlage:** §§ 611, 611a BGB i.V.m. Arbeitsvertrag i.V.m. dem allgemeinen arbeitsrechtlichen Gleichbehandlungsgrundsatz 350
2. [kurze **dogmatische Verortung** als privatrechtlich begründete Gleichbehandlungspflicht, Rn. 335 ff.]
3. **Voraussetzungen**
   a) Maßnahme des Arbeitgebers:
   - Aufstellung einer Regel *oder* deren Anwendung (Rn. 338)
   - kollektiver Bezug (Rn. 338)
   - keine bloße Erfüllung bereits existierender Vorgaben (Rn. 340)
   - keine aufgrund der Vertragsfreiheit vorrangige Individualabrede (Rn. 341)

   b) Ungleichbehandlung bei Aufstellung oder Anwendung einer eigenen Regel (Rn. 342)
   c) Vergleichbare Arbeitnehmer in gleichem Betrieb oder Unternehmen (Rn. 343)
   d) Ungleichbehandlung aufgrund sachfremder Gründe (Rn. 345)
4. **Rechtsfolgen**
   a) Unwirksamkeit belastender Maßnahmen (Rn. 346)
   b) Anspruch auf vorenthaltene begünstigende Leistungen? (Rn. 346)

Weiterführende Literatur: *Walker, Wolf-Dietrich:* Die betriebliche Übung, JuS 2007, 1; *Schubert, Claudia:* Referendarexamensklausur – Arbeitsrecht: Wirbel nach der Kündigung, JuS 2008, 52; *Hromadka, Wolfgang:* Die betriebliche Übung: Vertrauensschutz im Gewande eines Vertrags, NZA 2011, 65; *Seel, Henning-Alexander:* Die Gleichbehandlung in der arbeitsrechtlichen Praxis, JA 2007, 792; *Tillmanns, Kerstin:* Klausurenkurs I, Fall 3.

§ 7 Hauptpflicht des Arbeitgebers: Lohnzahlung

Fall 15: Nach seinem Formulararbeitsvertrag ist der Raumpfleger A verpflichtet, in „erforderlichem Umfang" über die Normalarbeitszeit von 40 Stunden/Woche hinaus Überstunden zu leisten. Diese sollen mit dem Monatslohn abgegolten sein, auch ein Freizeitausgleich erfolgt nicht. Als A im Dezember insgesamt 30 Überstunden leistet, hat er die „Schnauze voll". Er verlangt für jede dieser Überstunden (1) den für jede Normalstunde üblichen Grundlohn und (2) eine Überstundenzulage in Höhe von „mindestens" 30 %. Zu Recht? **(Lösung Rn. 373** und **462)** 351

Fall 16: A ist bei U angestellt und Mitglied der Gewerkschaft G, die mit U einen Tarifvertrag geschlossen hat, in dem als Lohn € 2.000 pro Monat festgelegt wird. Da U das aber zu teuer ist, vereinbart er mit A, dass dieser nur € 1.900 verdienen soll. Zulässigkeit dieser arbeitsvertraglichen Absprache? **(Lösung Rn. 377)** 352

Fall 17: A ist bei U ganzjährig als Reinigungskraft eingestellt und erhält pro regulärer Arbeitsstunde nur € 9,00 brutto (Arbeitszeit: 40 Stunden/Woche), obwohl in der betreffenden Branche € 11,00 brutto üblich sind. Zusätzlich erhält sie, jeweils mit dem Dezembergehalt, 353 ein Weihnachtsgeld, bei dessen Einberechnung sie im Jahresschnitt auf € 9,52 brutto pro Arbeitsstunde kommt. A meint dennoch, dass von Januar-November ein Verstoß gegen das MiLoG vorliegt. Zu Recht? **(Lösung Rn. 383** und **386)**

354 **Fall 18:** Der Arbeitsvertrag des A enthält folgende Absprache: „*Ansprüche aus dem Arbeitsverhältnis müssen innerhalb von drei Monaten nach ihrem Entstehen gegenüber der anderen Vertragspartei geltend gemacht werden, anderenfalls erlöschen sie. Wird die Erfüllung des geltend gemachten Anspruchs durch die andere Partei verweigert, so muss der Anspruchssteller innerhalb von zwei Monaten nach Zugang der Ablehnung Klage zum zuständigen Arbeitsgericht erheben, anderenfalls erlischt der Anspruch.*“. Ist die Klausel wirksam? **(Lösung Rn. 422)**

355 **Fall 19:** Dem bei ihm beschäftigten A kündigt U am 31.5.2017 wegen eines vermeintlichen Diebstahls fristlos. Ab dem 1.6. erscheint A deshalb nicht mehr zur Arbeit und meldet sich auch sonst nicht mehr bei U. Anfang 2018 stellt das Arbeitsgericht (rechtskräftig) die Unwirksamkeit der Kündigung fest. Kann A Lohnzahlung vom 1.6.-31.12.2017 verlangen? **(Lösung Rn. 474)**

356 **Fall 20:** Wie **Fall 19**, aber A war den gesamten September über arbeitsunfähig erkrankt. A informiert den U weder darüber noch von seiner Genesung. Hat A Anspruch auf Annahmeverzugslohn? **(Lösung Rn. 476)**

357 **Fall 21:** Arbeitnehmer A wurde unwirksam aus betriebsbedingten Gründen gekündigt. Trotz wiederholter Aufforderung seines Arbeitgebers U weigert er sich in der Folge, an einem vergleichbaren Arbeitsplatz in einer anderen Abteilung weiterzuarbeiten, obwohl er weiß, dass seine Arbeitskraft dort dringend gebraucht wird. Das von A angerufene Arbeitsgericht erklärt später die Kündigung für unwirksam. Hat A Anspruch auf Annahmeverzugslohnzahlung? **(Lösung Rn. 480** und **495)**

358 **Fall 22:** Der bei U beschäftigte Arbeitnehmer A erscheint am 27.1.2017 nicht zur Arbeit, weil er wegen extremer Eisglätte nicht zum Betrieb gelangt. Der Betrieb liegt an diesem Tag aber ohnehin still, da die Stromzufuhr durch einen Unfall am Vorabend unterbrochen ist. Kann A von U Lohnzahlung für den Tag verlangen? **(Lösung Rn. 506** und **572)**

359 **Fall 23:** Weil seine Geschäfte schlecht laufen, zündet Unternehmer U seinen Betrieb an. Die Arbeitnehmer können deshalb in der Folge nicht mehr arbeiten, verlangen aber dennoch Lohnzahlung. Zu Recht? **(Lösung Rn. 509)**

360 **Fall 24:** Im Zuge der weltweiten Corona-Pandemie müssen im Jahr 2020 für mehrere Wochen Betriebe aufgrund landesbehördlicher Anordnung geschlossen werden. Dazu zählt auch die Gaststätte des W. Die dort angestellte Kellnerin K, die direkt neben der Gaststätte wohnt, und sowohl arbeitswillig wie -fähig wäre, bietet dem W ihre Arbeitsleistung an. Als dieser unter Verweis auf die ihm oktroyierte Betriebsschließung ablehnt, verlangt sie von ihm Lohnfortzahlung für die Dauer der Betriebsschließung. W lehnt ab, während einer flächendeckenden Krise habe er keinen Lohn zu zahlen, hier verwirkliche sich vielmehr das die K treffende allgemeine Lebensrisiko. Hat K einen Lohnanspruch für die Dauer der pandemiebedingten behördlichen Betriebsschließung? **(Lösung Rn. 484)**

361 **Fall 25:** Unglücksrabe A, der bei Unternehmer U angestellt ist, ist vom 17.1.-21.2. wegen einer Fraktur des Schlüsselbeins arbeitsunfähig erkrankt. Am 22.2. erscheint er erstmals zur

Arbeit, nur um sich am 23.2. gleich wieder vor Arbeitsbeginn das Schlüsselbein zu brechen mit der Folge, dass er bis einschließlich zum 16.3. nicht in der Lage ist, zu arbeiten. Hat er für die Dauer der Arbeitsunfähigkeiten Anspruch auf Entgeltfortzahlung? **(Lösung Rn. 537** und **539)**

Fall 26: Wie Fall 25, allerdings bricht sich A nicht erneut das Schlüsselbein, sondern den Ellenbogen, und zwar am 19.2. und ist deshalb bis zum 16.3. krankgeschrieben. **(Lösung Rn. 537** und **539)** **362**

Fall 27: A leidet an Herzschwäche und war deshalb 2017 für drei Wochen im Januar, drei Wochen im März und zwei Wochen im April krankgeschrieben. Im November/Dezember wird er wiederum deswegen für sechs Wochen krankgeschrieben. Hat er gegen Arbeitgeber U für die Fehltage jeweils einen Anspruch aus § 3 EFZG? **(Lösung Rn. 537** und **541)** **363**

Fall 28: Wie Fall 27, nur ist A nun auch im Februar/März 2018 wieder fünf Wochen wegen Herzproblemen krank. Hat er Anspruch auf Entgeltfortzahlung für diese fünf Wochen? **(Lösung Rn. 542)** **364**

Fall 28a: Arbeitnehmer A hat vom 16.12. (Freitag) bis 3.1. (Dienstag) Urlaub. Am 4.1. erscheint er unentschuldigt nicht zur Arbeit. Unterstellt, die sonstigen Voraussetzungen liegen vor: Hat er Anspruch auf Feiertagsvergütung für den 25.12., 26.12. und 1.1.? **(Lösung Rn. 557)** **365**

Fall 28b: V ist als Vertreter im Außendienst tätig. Seine Frau ist Ärztin in der Chirurgie. Sie haben eine sechsjährige Tochter T, deren Schule aufgrund der Corona-Pandemie ab dem 23.3.2020 (bis zum 5.6.2020) für elf Wochen geschlossen ist. Die 80-jährige Mutter M des V wäre zwar bereit, sich um T zu kümmern. V entschließt sich aber, die T selbst zu betreuen und bleibt daher elf Wochen zu Hause. Hat er für diesen Zeitraum einen Lohnanspruch? **(Lösung Rn. 573** und **577)** **366**

Fall 28c: Während der Corona-Krise 2020 zeigt die bei Arbeitgeber U beschäftigte Arbeitnehmerin K nach der Rückkehr aus einem Hochinfektionsgebiet deutliche Anzeichen für eine Ansteckung mit Covid-19. Als die zuständige Landesbehörde hiervon Kenntnis erlangt, ordnet sie umgehend eine zweiwöchige häusliche Quarantäne nach § 30 I 2 IfSG an. K fragt sich, ob sie für die zwei Wochen von U Lohn verlangen kann, wenn sich später herausstellt, dass sie gar nicht erkrankt war? **(Lösung Rn. 522, 574** und **578)** **367**

A. Grundlagen

I. Synallagmatische Hauptleistungspflicht

Nach § 611a II BGB ist der Arbeitgeber zur Gewährung der vereinbarten Vergütung verpflichtet. Dafür haben sich verschiedene Begriffe (v.a. Lohn, Gehalt, Bezüge, Vergütung) eingebürgert, die aber weitestgehend synonym verwendet werden. Die Lohnzahlungspflicht ist **Hauptleistungspflicht** des Arbeitgebers, die im **Synallagma** zur Dienstleistungspflicht des Arbeitnehmers steht. Zum Schutz des Arbeitnehmers wird der daraus resultierende Grundsatz des „ohne Arbeit kein Lohn“ aber mannigfach **368** durchbrochen (Rn. 463 ff.). Die (in der Klausur so zu zitierende) **Anspruchsgrundlage** des Lohnanspruchs ist dabei **§ 611a BGB i.V.m. dem Arbeitsvertrag**.[1]

II. Abgrenzungen

369 Im Hinblick auf das Arbeitsentgelt können verschiedene Unterteilungen vorgenommen werden:

- Es kann zwischen **laufendem Entgelt**, das periodisch (typischerweise am Monatsende) für die im jeweiligen Zeitabschnitt erbrachte Arbeitsleistung gezahlt wird, und sog. **Sondervergütungen**, d.h. Leistungen, die zusätzlich zum laufenden Arbeitsentgelt aus einem besonderen Anlass oder zu einem besonderen Zweck erbracht werden (vgl. § 4a EFZG; s. näher Rn. 437), unterschieden werden.
- Zu trennen ist ferner zwischen **Brutto**- und **Nettolohn**: Einigen sich die Parteien – wie in der Regel – auf einen Bruttolohn, so schuldet der Arbeitgeber zwar diesen, ausbezahlt wird aber nur der Nettolohn. Dieser ergibt sich durch Subtraktion der Lohnsteuer (als Unterfall der Einkommensteuer) und der Beiträge zur gesetzlichen Sozialversicherung (Kranken-, Renten-, Pflege- und Arbeitslosenversicherung) vom Bruttolohn (s. auch Rn. 401).
- Meist schuldet der Arbeitgeber **Geldzahlung** (vgl. §§ 6 II, 107 I GewO, Rn. 436). Es ist aber nicht ausgeschlossen, dass der Arbeitnehmer Anspruch auf **Sachleistungen** – wie z.B. Privatnutzung eines Dienstfahrzeugs – hat (näher Rn. 430).
- Der Lohn kann rein **zeitbezogen** oder rein **leistungsbezogen** sein; auch ein **Mix** beider „Systeme" ist möglich. Die Tatsache, dass der Arbeitnehmer nur die Arbeitsleistung als solche, nicht aber – wie v.a. ein Werkunternehmer – den Erfolg schuldet (näher Rn. 24), steht nicht entgegen, dass seine Vergütung (rein) leistungsbezogen ausgestaltet sein kann. Beispiele für derartige – kaum examensrelevante – leistungsbezogene Vergütungen sind Akkordlöhne, Provisionen, Tantiemen oder Zielvereinbarungen.[2]
- Schließlich kann zwischen **Grundlohn** und **Zulagen** unterschieden werden. Der Grundlohn wird für die „Normalleistung" des Arbeitnehmers unter „normalen" Bedingungen erbracht. Durch Zulagen hingegen wird Arbeit unter besonderen Umständen oder besondere Leistungen honoriert (näher Rn. 459).

III. Die Bedeutung von § 612 BGB

1. Atypische Fiktion einer Entgeltabrede, § 612 I BGB

370 Nach § 612 I BGB „gilt eine Vergütung als stillschweigend vereinbart, wenn die Dienstleistung den Umständen nach nur gegen eine Vergütung zu erwarten ist". Aufgabe dieser atypischen Fiktion[3] ist es, zu verhindern, dass der Abschluss des Dienst-

1 *Dütz/Thüsing*, Arbeitsrecht, Rn. 164.

2 Näher zu diesen einzelnen Vergütungsformen Staudinger/*Richardi/Fischinger*, § 611a, Rn. 1465 ff. m.w.N.

3 Zur rechtsdogmatischen Einordnung der Vorschrift s. Staudinger/*Richardi/Fischinger*, § 612, Rn. 5 ff. m.w.N.

vertrags am Fehlen einer Entgeltabrede scheitert, weil dann ein Dissens (§§ 154, 155 BGB) vorliegen würde (Rn. 157).[4] § 612 I BGB greift unstreitig ein, wenn ein Arbeitsvertrag geschlossen wurde, eine Einigung über die Vergütung aber **vollständig fehlt**, nicht hingegen, wenn eine *konkludente* Vergütungsabrede getroffen wurde, ohne deren Höhe festzulegen (insoweit ist dann § 612 II BGB anwendbar). Wurde eine Vergütungsabrede hingegen getroffen, ist sie aber – z.B. wegen Verstoßes gegen § 138 I BGB – unwirksam, so ist die Anwendbarkeit von § 612 I BGB umstritten;[5] letztlich kommt es darauf aber nicht an, weil nach beiden Auffassungen § 612 II BGB eingreift.[6]

§ 612 I BGB setzt voraus, dass eine Dienstleistung nach den Umständen nur gegen Vergütung **zu erwarten** ist. Entscheidend sind nicht die subjektiven Vorstellungen der Parteien, anzulegen ist vielmehr ein objektiver Maßstab. Ausschlaggebend sind hier insb. der Umfang und die Dauer der Dienste, die Lebens- und Berufssituation des Dienstleistenden sowie die Verkehrssitte.[7] Abzugrenzen von vergütungspflichtigen Dienstverträgen sind **Gefälligkeitsleistungen**, bei denen aus objektiver Perspektive eine Vergütung nicht zu erwarten ist. **371**

Beispiel: Hilft F seinem Nachbarn zwei Stunden lang, dessen ausgebrochenes Pferd wieder einzufangen, so handelt es sich um eine Gefälligkeit, § 612 I BGB greift nicht ein.

Gegenbeispiel: Hilft eine ehemalige Haushaltsgehilfin bei ihrem früheren Dienstherrn wochenlang aus, weil dessen Ehefrau erkrankt ist, besteht eine Vergütungserwartung.

Ob **Überstunden**, d.h. vorübergehende Mehrarbeit über die vertraglich vereinbarte Arbeitszeit hinaus (vgl. Rn. 599), mit dem üblichen Stundenlohn zu vergüten sind, richtet sich vorrangig nach den (wirksamen) Vereinbarungen der Parteien. Eine Abgeltungsklausel, nach der anfallende Überstunden mit dem Grundgehalt abgegolten werden, ist in vielen Arbeitsverträgen enthalten und grundsätzlich auch möglich. Insb. unterliegen solche Klauseln **keiner Inhaltskontrolle** anhand von § 307 I **1** BGB. Denn es handelt sich bei der Frage der Vergütungspflicht von Überstunden um eine Regelung, die unmittelbar das synallagmatische Austauschverhältnis „Arbeit gegen Lohn" und somit die Hauptleistungspflicht des Arbeitgebers betrifft.[8] Eine Inhaltskontrolle scheidet hier nach § 307 III 1 BGB aber aus. Unberührt bleibt aber die Möglichkeit einer **Transparenzkontrolle**, § 307 I **2** BGB. Dem Transparenzgebot genügt v.a. eine Abrede nicht, nach der „erforderliche Überstunden" mit dem monatlichen Entgelt abgegolten seien. **372**

Fehlt es an einer vertraglichen Regelung, kann ein Entgeltanspruch für Überstunden aus **§ 612 I BGB** folgen.[9] Entscheidend ist die Verkehrssitte: Für geringfügige Überschreitungen der Arbeitszeit (z.B. wenige Minuten) kann der Arbeitnehmer regelmä-

4 BAG 15.3.1960 – 5 AZR 409/58, AP BGB § 612 Nr. 13; 10.2.2015 – 9 AZR 289/13, AP BGB § 612 Nr. 77; ErfK/*Preis*, § 612 BGB, Rn. 1.

5 Bejahend MüKo-BGB/*Müller-Glöge*, § 612, Rn. 7; ErfK/*Preis*, § 612 BGB, Rn. 2; **a.A.** Staudinger/*Richardi/Fischinger*, § 612, Rn. 18.

6 Vgl. Staudinger/*Richardi/Fischinger*, § 612, Rn. 18.

7 BAG 11.10.2000 – 5 AZR 122/99, AP BGB § 611 Arbeitszeit Nr. 20.

8 Küttner/*Poeche*, Personalbuch, „Überstunden", Rn. 10.

9 BAG 21.3.2002 – 6 AZR 108/01, AP TVG § 1 Tarifverträge: Musiker Nr. 17; 18.5.2011 – 5 AZR 181/10, AP ZPO § 253 Nr. 57; 18.4.2012 – 5 AZR 195/11, NZA 2012, 796, 797; 16.5.2012 – 5 AZR 347/11, NZA 2012, 939, 940 f.; für direkte Anwendung hingegen Staudinger/*Richardi/Fischinger*, § 612, Rn. 26, 30.

ßig keine Entlohnung verlangen. Dagegen ist bei erheblichen Mehrleistungen bei „normalen" Arbeitnehmern grundsätzlich ein Anspruch auf Überstundenvergütung zu bejahen, es sei denn, diese sind nach der vertraglichen Vereinbarung vorrangig durch Freizeit auszugleichen.[10] Bei Arbeitnehmern, die in herausgehobenen Positionen beschäftigt werden und/oder eine Vergütung weit jenseits der Beitragsbemessungsgrenze zur gesetzlichen Rentenversicherung (ca. € 6.900 West, € 6.450 Ost) verdienen oder erfolgsbezogen entlohnt werden, sind Überstunden hingegen nach der Verkehrsanschauung oftmals mit dem Grundgehalt „abgegolten" und es besteht somit keine objektive Vergütungserwartung; relevant wird das z.B. bei Großkanzleianwälten, leitenden Angestellten oder Chefärzten.[11]

Von der hier behandelten Frage, ob für Überstunden überhaupt die übliche Stundenentlohnung verlangt werden kann, ist diejenige danach zu unterscheiden, ob ein Anspruch auf sog. Überstunden**zuschläge**, also auf einen erhöhten Lohn pro Überstunde, besteht (s. dazu Rn. 461).

373 In **Fall 15** könnte ein Anspruch auf Entlohnung für die im Dezember geleisteten 30 Überstunden durch die vertragliche Vereinbarung, nach der Überstunden „in erforderlichem Umfang" zu leisten sind und diese mit dem Monatslohn abgegolten sein sollen, ausgeschlossen sein. Voraussetzung wäre aber die Wirksamkeit der Absprache. Diese scheitert daran, dass eine Formulierung wie „in erforderlichem Umfang" intransparent ist und daher gegen § 307 I 2 BGB verstößt.[12] Weil es also an einer wirksamen Vertragsabsprache über die Überstundenvergütung fehlt, ist § 612 I BGB maßgeblich. Da es sich vorliegend um eine erhebliche Zahl an Überstunden handelt und A als Raumpfleger mit Sicherheit kein „Großverdiener" ist, wird man eine Vergütungspflicht für die Überstunden annehmen können. A kann also den üblichen Stundenlohn auch für die im Dezember geleisteten Überstunden verlangen. (Fortsetzung **Rn. 462**)

2. Die Auslegungsregel des § 612 II BGB

374 Ist die **Höhe** der Vergütung nicht (wirksam) durch Gesetz, Tarifvertrag, Betriebsvereinbarung oder Arbeitsvertrag bestimmt, so enthält § 612 II BGB eine Auslegungsregelung,[13] nach der die taxmäßige Vergütung bzw. die übliche Vergütung als vereinbart anzusehen ist (näher Rn. 157).

B. Vorgaben für die Entgeltfestsetzung

I. Grundsatz: Vertragsfreiheit

375 Für die Entgeltfestsetzung gilt der Grundsatz der **Vertragsfreiheit** der Arbeitsvertragsparteien. Daher können sie im Ausgangspunkt frei festlegen:

---

10 BAG 4.5.1994 – 4 AZR 445/93, NZA 1994, 1035, 1036 f.; LAG Köln 7.9.1989 – 10 Sa 488/89, NZA 1990, 349, 350.

11 Vgl. BAG 22.2.2012 – 5 AZR 765/10, NZA 2012, 861, 862 f.

12 BAG 1.9.2010 – 5 AZR 517/09, NZA 2011, 571; 17.8.2011 – 5 AZR 406/10, NZA 2011, 1335.

13 Staudinger/*Richardi/Fischinger*, § 612, Rn. 40.

(1) ob der Arbeitnehmer ein Fixgehalt oder eine rein leistungsbezogene Vergütung erhalten oder ob sich seine Entlohnung aus einer Mischung beider Modelle ergeben soll;

(2) ob der Arbeitnehmer Geld- und/oder Sachleistungen erhält;

(3) wie hoch die Vergütung des Arbeitnehmers pro Stunde/Tag/Monat sein soll.

Allerdings werden dieser Freiheit zum Schutz des Arbeitnehmers durch eine Reihe von Vorschriften **Grenzen** gezogen, die im Folgenden erläutert werden.

II. Lohnvorgaben durch Tarifvertrag

Praktisch von großer Bedeutung ist die Festlegung der Arbeitsbedingungen durch Tarifverträge. Sind sowohl der Arbeitgeber wie der Arbeitnehmer gemäß § 3 TVG **normativ** an den Tarifvertrag gebunden, so gelten dessen Rechtsnormen unmittelbar und zwingend zwischen den Arbeitsvertragsparteien, § 4 I 1 TVG. Eine Abweichung von ihnen ist nur zu Gunsten, nicht aber zu Lasten des Arbeitnehmers möglich (**Günstigkeitsprinzip**, § 4 III Alt. 2 TVG, s. Rn. 99). Eine solche normative Tarifbindung setzt nach § 2 I TVG allerdings voraus, dass (1) der Arbeitnehmer Mitglied der tarifschließenden Gewerkschaft ist *und* (2) der Arbeitgeber den Tarifvertrag entweder selbst geschlossen hat oder Mitglied in dem tarifschließenden Arbeitgeberverband ist. **376 V**

In **Fall 16** sind beide Arbeitsvertragspartner tarifgebunden (A ist Mitglied der Gewerkschaft F, U hat selbst mit ihr den Tarifvertrag geschlossen), § 2 I TVG. Nach § 4 I 1 TVG gelten deshalb die Tarifnormen unmittelbar und zwingend, eine Ausnahme ist nach § 4 III TVG nur bei für den Arbeitnehmer günstigeren Abmachungen möglich. Der Arbeitsvertrag weicht nun aber gerade zu A's Lasten ab. Das ist nicht zulässig, A hat deshalb Anspruch auf € 2.000. **377**

III. Gesetzlich vorgegebener Mindestlohn

1. Grundlagen

Mit Wirkung zum 1.1.2015 hat der Gesetzgeber durch das **MiLoG** einen flächendeckenden, nahezu **alle** Arbeitsverhältnisse erfassenden Mindestlohn geschaffen, der rechtspolitisch äußerst umstritten ist. **Zwecke**: Der Gesetzgeber wollte mit dem Mindestlohn u.a. sicherstellen, dass bei einer regulären Arbeitszeit von 40 Stunden pro Woche das Einkommen oberhalb der Pfändungsgrenzen des § 850c ZPO liegt und damit die wirtschaftliche Existenz des Arbeitnehmers gesichert und zugleich ein Lohnunterbietungswettbewerb der Arbeitgeber („race to the bottom") verhindert wird.[14] Aufgrund seiner schlechten handwerklichen Fassung wirft das Gesetz eine Fülle von Auslegungsproblemen auf, die aber nur in Ansätzen examensrelevant sein dürften. **378**

14 BT-Drucks. 18/1558, S. 27 f.

2. Anwendungsbereich, §§ 20, 22 MiLoG

379 Nach § 20 MiLoG gilt das Gesetz für alle „im Inland beschäftigten Arbeitnehmer". Keine Rolle spielt, ob das Arbeitsverhältnis deutschem Recht unterfällt, es gilt das **Territorialitätsprinzip**.

Hinweis: Stark umstritten ist, ob das Gesetz auch gilt, wenn die Beschäftigungsdauer im Inland nur sehr kurz ist (z.B. bei einem v.a. in Polen tätigen LKW-Fahrer, der einmal auf dem Weg von Polen nach Frankreich und zurück für ca. sechs Stunden durch Deutschland fährt).[15] Der Wortlaut von § 20 MiLoG spricht *für*, sein Sinn und Zweck *gegen* die Anwendbarkeit.

Den **persönlichen Anwendungsbereich** erstreckt **§ 22 I 1 MiLoG** auf Arbeitnehmer. Zu beachten ist, dass die Regelungen des MiLoG auf **jedes Arbeitsverhältnis** Anwendung finden, also auch auf solche, bei denen der Lohnanspruch weit oberhalb des Mindestlohns von € 9,50 brutto/Stunde liegt; bedeutsam ist das insb. mit Blick auf § 3 MiLoG (Rn. 385).

380 V Zu den Arbeitnehmern zählen nach § 22 I 2 MiLoG grundsätzlich auch **Praktikanten** (Begriffsdefinition in § 22 I 3 MiLoG), es sei denn, eine der vier Nummern des S. 2 greift ein. Eine verfassungs- und unionsrechtlich mindestens zweifelhafte[16] Ausnahme macht § 22 II MiLoG für **Jugendliche unter 18 Jahren**. § 22 III MiLoG hat rein deklaratorische Bedeutung, denn weder zur **Berufsbildung Beschäftigte** noch **ehrenamtlich Tätige** sind Arbeitnehmer, so dass hier ohnehin nicht der Anwendungsbereich nach § 22 I 1 MiLoG eröffnet ist.[17] Nach § 22 IV MiLoG gilt das MiLoG schließlich für **Langzeitarbeitslose** unter den dort genannten Voraussetzungen nicht in den ersten sechs Monaten des Arbeitsverhältnisses.

3. Höhe des Mindestlohns

381 Der Mindestlohn beträgt aktuell[18] **brutto € 9,50 je Zeitstunde**, § 1 II 1 MiLoG.

382 V Details:

(1) Muss der Lohn tatsächlich für jede Arbeitsstunde mindestens € 9,50 betragen oder ist eine **Durchschnittsbetrachtung** möglich, so dass es nicht zu beanstanden wäre, wenn der Arbeitnehmer zwar für manche Stunden unter € 9,50 brutto verdiente, solange er nur im Schnitt auf € 9,50 käme? Entgegen dem Wortlaut wird man eine solche Durchschnittsbetrachtung für zulässig halten können, weil den Zwecken des Gesetzes – Existenzsicherung, Verhinderung von Lohnunterbietungswettbewerb – ausreichend Rechnung getragen wird, wenn er im Durchschnitt € 9,50 pro Stunde verdient.[19]

(2) Das MiLoG steht einer **leistungsbezogenen** Vergütungsvereinbarung nicht entgegen, solange der Arbeitnehmer im Ergebnis € 9,50 pro Zeitstunde erhält.[20]

---

15 Dagegen ErfK/*Franzen*, § 20 MiLoG, Rn. 2; *Sittard*, NZA 2015, 78, 80; **a.A.** *Lakies*, AuR 2016, 14, 15; *Riechert/Nimmerjahn*, MiLoG, § 20, Rn. 15 ff.

16 Vgl. z.B. *Brors*, NZA 2014, 938, 941 f.

17 Staudinger/*Richardi/Fischinger*, § 611a, Rn. 1401.

18 Die Höhe wird durch die Mindestlohnkommission (§§ 4 ff. MiLoG) regelmäßig überprüft und ggf. eine Anpassung vorgeschlagen, die dann durch Rechtsverordnung verbindlich gemacht wird (§ 11 MiLoG).

19 So z.B. *Bayreuther*, NZA 2014, 865, 867; *Sittard*, NZA 2014, 951; ErfK/*Franzen*, § 1 MiLoG, Rn. 8.

20 Vgl. BT-Drucks. 18/1558, S. 34; *Berndt*, DStR 2014, 1878, 1880; *Bayreuther*, NZA 2014, 865, 868.

(3) Aufwendungsersatzleistungen des Arbeitgebers an den Arbeitnehmer sind bei der Frage, ob der Mindestlohn erreicht ist, nicht zu berücksichtigen, da sie kein Lohn sind, sondern nur dem Kostenersatz des Arbeitnehmers dienen.[21]

(4) Sonderzahlungen wie Weihnachts- oder Urlaubsgeld können nur berücksichtigt werden, wenn sie in der jeweiligen Fälligkeitsperiode unwiderruflich ausgezahlt werden.[22] Bei monatlicher Gehaltsauszahlung sind sie also nur im Auszahlungsmonat zu berücksichtigen.

In **Fall 17** ist der vereinbarte Grundlohn mit € 9,00 brutto/Stunde zu niedrig. Ein Verstoß gegen § 1 I, II MiLoG würde aber dennoch ausscheiden, wenn das Weihnachtsgeld angerechnet werden könnte, käme A dann doch auf € 9,52 brutto. Nach dem oben Gesagten können Sonderzahlungen aber nur in der Fälligkeitsperiode berücksichtigt werden, in der sie tatsächlich unwiderruflich ausgezahlt werden. Das ist hier der Monat Dezember (in dem folglich kein Verstoß gegen das MiLoG vorliegt). Für die Monate Januar bis November ist das Weihnachtsgeld hingegen außer Betracht zu lassen, so dass insoweit § 1 I, II MiLoG verletzt wurde (Fortsetzung **Rn. 386**). 383

Die Fälligkeit des Mindestlohnanspruchs richtet sich gemäß **§ 2 I Nr. 1 MiLoG** vorrangig nach der vertraglichen Vereinbarung; § 2 I Nr. 2 MiLoG enthält eine subsidiäre Auffangregelung, die praktisch kaum Bedeutung hat, wird doch meist monatliche Lohnzahlung vereinbart und greift daher Nr. 1. 384

4. Schutz des Mindestlohnanspruchs und Folgen eines Verstoßes

Nach **§ 3 S. 1 MiLoG** ist der Mindestlohnanspruch unabdingbar. Abreden, die ihn einschränken oder ausschließen, sind also unwirksam. Umstritten ist, welche Folgen eine mindestlohnwidrige Lohnabsprache hat. Angesichts des Wortlauts („soweit") führt eine Unterschreitung des Mindestlohns nach zutreffender h.M. (nur) zu einem Differenzanspruch auf „Aufstockung" des vereinbarten Lohns auf den gesetzlichen Mindestlohnanspruch.[23] 385

In **Fall 17** verstößt die Lohnabrede in den Monaten Januar bis November gegen § 1 I, II MiLoG (s. Rn. 383). Weil die Abrede deshalb gemäß § 3 S. 1 MiLoG unwirksam ist, hat A nach h.M. für diese Zeit einen Anspruch auf Aufstockung bis zur Höhe des gesetzlichen Mindestlohns, d.h. € 9,50. 386

Weil § 3 S. 1 MiLoG auch die bloße Beschränkung des Mindestlohnanspruchs verbietet, sind **Ausschlussfristen** zumindest insoweit unwirksam, als sie auch den Mindestlohn betreffen (näher Rn. 416); weil das MiLoG für **alle Arbeitsverhältnisse** gilt (s. Rn. 379), kann dies auch bei Arbeitsverhältnissen relevant werden, in denen der Arbeitnehmer weit über dem Mindestlohn verdient. **§ 3 S. 2, 3** MiLoG schließen überdies den **Verzicht** auf sowie die **Verwirkung** des Mindestlohnanspruchs aus. 387

---

21 *Lembke*, NZA 2015, 70, 75.

22 Näher *Berndt*, DStR 2014, 1878, 1880; *Bayreuther*, NZA 2014, 865, 868; *Schweibert/Leßmann*, DB 2014, 1866, 1869.

23 BAG 25.5.2016 – 5 AZR 135/16; *Lembke*, NZA 2015, 70, 77; *Waltermann*, AuR 2015, 166, 170; Staudinger/*Richardi/Fischinger*, § 611a, Rn. 1423; **a.A.** *Däubler*, NZA 2014, 1924, 1927; *Bayreuther*, NZA 2014, 865, 866.

5. Weitere staatliche Mindestentlohnungsvorschriften

388 V Neben dem MiLoG existiert noch eine Reihe weiterer staatlicher Vorgaben für Mindestlöhne, die aber – mangels Examensrelevanz – hier nur kurz erwähnt werden sollen: Für bestimmte Branchen (§ 4 AEntG) können die Rechtsnormen eines Tarifvertrags (§ 3 AEntG) durch **Rechtsverordnung (§ 7 AEntG)** auf alle Arbeitnehmer dieser Branche erstreckt werden; etwas Ähnliches erlaubt **§ 3a AÜG** für die Leiharbeit. **§ 5 TVG** ermöglicht überdies ganz allgemein die **Allgemeinverbindlicherklärung** von Tarifverträgen mit der Folge, dass diese auch für nicht tarifgebundene Arbeitgeber und Arbeitnehmer gelten (§ 5 IV TVG). **Auszubildende** müssen nach § 17 BBiG eine **angemessene Vergütung** erhalten.

IV. Vorgaben durch Diskriminierungsverbote

389 Von der Vorgabe einer abstrakten Lohnhöhe durch Gesetz oder Rechtsverordnung ist die Einschränkung der Vertragsfreiheit der Arbeitsvertragspartner im Bereich von Lohnabsprachen durch Diskriminierungsverbote zu unterscheiden. Diese bestimmen nicht, wie hoch der Lohn sein muss, sie verbieten aber allgemein die Diskriminierung bestimmter Arbeitnehmer und damit auch eine solche in Bezug auf den Lohn. So untersagt **§ 4 I TzBfG**, dass ein **Teilzeitbeschäftigter** *wegen* der Teilzeitarbeit schlechter behandelt wird als ein vergleichbarer vollzeitbeschäftigter Arbeitnehmer. **§ 4 II TzBfG** verbietet die Schlechterstellung eines befristeten gegenüber einem vergleichbaren unbefristeten Arbeitnehmer. **§ 3 EntgTranspG** verbietet bei gleicher oder gleichwertiger Arbeit eine unmittelbare oder mittelbare Benachteiligung wegen des Geschlechts hinsichtlich des Arbeitsentgelts. Nach **§ 7 AGG** schließlich dürfen Arbeitnehmer nicht wegen eines in § 1 AGG genannten Merkmals benachteiligt werden (näher dazu Rn. 230 ff.). Zu beachten ist, dass keine dieser Vorschriften eine Ungleichbehandlung apodiktisch verbietet, vielmehr ist jeweils denkbar, dass die schlechtere Bezahlung **gerechtfertigt** sein kann (vgl. „sachliche Gründe" in § 4 I bzw. II TzBfG sowie die §§ 8-10 AGG). Bei der Teilzeitarbeit ist z.B. denkbar, dass deren Beschäftigung verhältnismäßig größere Mehrkosten für den Arbeitgeber bedeutet, die es rechtfertigen können, dass er diese über den geringeren Lohn an die Arbeitnehmer weitergibt.[24]

390 V Einen praktisch bedeutsamen Sonderfall stellen **§§ 8 I, 9 Nr. 2 AÜG** dar, wonach mit einem **Leiharbeitnehmer** keine schlechteren Arbeitsbedingungen vereinbart werden können, als sie jeweils für vergleichbare Arbeitnehmer des Entleihers gelten (equal-treatment-Grundsatz); das gilt insb. für das Arbeitsentgelt (equal pay). Allerdings kann davon durch oder aufgrund eines Tarifvertrags zu Lasten des Leiharbeitnehmers abgewichen werden (§ 8 II AÜG), was in der Praxis regelmäßig geschieht.

24 Vgl. EuGH 13.5.1986 – Rs 170/84, NZA 1986, 599, 600; BAG 14.10.1986 – 3 AZR 66/83, NZA 1987, 445, 447; ErfK/*Preis*, § 4 TzBfG, Rn. 53.

V. Lohnwucher und Sittenwidrigkeit der Lohnabsprache

1. Ausgangspunkt

Verstößt eine arbeitsrechtliche Lohnabrede weder gegen § 4 I TVG noch gegen einen gesetzlich oder durch Rechtsverordnung festgelegten Mindestlohn oder ein Diskriminierungsverbot, so konstituiert § 138 BGB eine letzte Schranke. Praktisch relevant wird dieser v.a. bei **anstößig niedrigen Gehältern**, denkbar ist hier sowohl ein Verstoß gegen § 138 II BGB (sog. „Lohnwucher") als auch § 138 I BGB (in Gestalt des wucherähnlichen Geschäfts). Weil die Lohnhöhe wegen § 307 III BGB nicht anhand des § 307 I, II BGB geprüft werden kann (näher Rn. 218), kommt § 138 BGB insoweit erhebliche praktische Bedeutung zu. **391**

2. Objektiver Tatbestand

Was den objektiven Tatbestand anbelangt, so bestehen im Bereich sittenwidrig niedriger Vergütung keine Unterschiede zwischen § 138 II und I BGB. Beide verlangen ein **auffälliges Missverhältnis** zwischen dem Wert der Leistung (Arbeitsleistung) und dem der Gegenleistung (Lohn).[25] Ob dies der Fall ist, hängt von zwei Umständen ab: **(1)** Wie bestimmt sich der Wert der Arbeitsleistung? Und: **(2)** Ab welcher Abweichung zwischen dem Wert der Arbeitsleistung und dem vereinbarten Lohn liegt ein auffälliges Missverhältnis vor? **392**

(Zu 1) Der tatsächliche Wert einer Arbeitsleistung lässt sich regelmäßig „objektiv" nicht feststellen, bildet er sich in einer Marktwirtschaft doch im freien Spiel von Angebot und Nachfrage. Man behilft sich im Rahmen von § 138 BGB deshalb mit der Prüfung, ob zwischen dem **vereinbarten** und dem **marktüblichen Lohn** ein auffälliges Missverhältnis besteht. Die Schwierigkeit, einen marktüblichen Lohn bestimmen zu müssen, vermeidet das BAG weitgehend dadurch, dass nach seiner Auffassung in der Regel der **übliche Tariflohn** im jeweiligen Wirtschaftsgebiet und der jeweiligen Wirtschaftsbranche den marktüblichen Lohn bestimmt.[26] **393**

(Zu 2) Lässt sich nach diesen Grundsätzen ein bestimmter üblicher Tariflohn – und damit zugleich der marktübliche Lohn – ermitteln,[27] sind in einem zweiten Schritt der vereinbarte Lohn (als Wert der Gegenleistung) und der marktübliche Lohn (als Wert der Leistung) gegenüber zu stellen und zu prüfen, ob zwischen beiden ein auffälliges Missverhältnis besteht. Ein solches **auffälliges Missverhältnis** ist in der Regel anzunehmen, wenn die vereinbarte Vergütung geringer ist als **2/3 des marktüblichen Lohns** (also: des üblichen Tariflohns).[28] Diese 2/3-Grenze ist aber nicht als starre Grenze zu verstehen, entscheidend sind vielmehr stets **alle Einzelfallumstände**. **394**

25 Staudinger/*Sack/Fischinger*, § 138, Rn. 542.

26 BAG 22.4.2009 – 5 AZR 436/08, NZA 2009, 837, 839; 18.11.2015 – 5 AZR 814/14, NZA 2016, 494, 496; näher und teilweise kritisch Staudinger/*Sack/Fischinger*, § 138, Rn. 547 ff.

27 Ist das nicht möglich, muss der marktübliche Lohn anderweitig ermittelt werden (s. näher Staudinger/*Sack/Fischinger*, § 138, Rn. 550 m.w.N.).

28 BAG 22.4.2009 – 5 AZR 436/08, NZA 2009, 837, 838; 16.2.2012 – 8 AZR 242/11, NZA 2012, 1307, 1311; 18.4.2012 – 5 AZR 630/10, NZA 2012, 978, 979; 18.3.2014 – 9 AZR 694/12, juris Rn. 26; kritisch *Rieble/Picker*, ZfA 2014, 153, 187.

Dementsprechend kann auch eine Lohnabrede, die sich (knapp) oberhalb der 2/3-Grenze bewegt, sittenwidrig sein (z.B. weil auch die sonstigen Arbeitsbedingungen einseitig belastend sind oder das Arbeitsverhältnis durch die öffentliche Hand subventioniert wird[29]); umgekehrt kann auch ein Lohn, der die 2/3-Grenze nicht erreicht, mit den guten Sitten zu vereinbaren sein (z.B. gering qualifizierte Arbeitnehmer mit einfachen Tätigkeiten;[30] dagegen rechtfertigt eine schlechte wirtschaftliche Lage des Arbeitgebers keine Unterschreitung der 2/3-Grenze[31]).

3. Subjektiver Tatbestand

395 Während beim objektiven Tatbestand die gleichen Maßstäbe für § 138 I und II BGB gelten, unterscheiden sich die Anforderungen an den subjektiven Tatbestand. Der **Lohnwucher** (§ 138 II BGB) setzt das Vorliegen eines der dort abschließend genannten **Ausbeutungstatbestände**[32] voraus.

396 Das wucherähnliche Geschäft (**§ 138 I BGB**) verlangt hingegen eine **verwerfliche Gesinnung** des Arbeitgebers.[33] Eine solche wird widerleglich vermutet, wenn zwischen Leistung und Gegenleistung nicht nur ein auffälliges, sondern darüber hinausgehend ein **besonders grobes Missverhältnis** besteht; das wiederum ist der Fall, wenn der **Wert der Leistung mindestens doppelt so hoch ist wie der Wert der Gegenleistung**;[34] für den Wert der Arbeitsleistung ist dabei nach dem oben Gesagten wiederum die marktübliche Vergütung, d.h. in der Regel der übliche Tariflohn, maßgeblich.

Klausurhinweise: Trennen Sie hier – und auch sonst bei der Prüfung von § 138 I BGB – klar zwischen dem („bloß") auffälligen und dem besonders groben Missverhältnis. Beide haben nicht nur ganz unterschiedliche Anforderungen, sondern auch eine ganz andere Funktion: Während das **auffällige Missverhältnis** unverzichtbare Voraussetzung für den **objektiven Tatbestand** des wucherähnlichen Geschäfts ist, begründet das **besonders grobe Missverhältnis** nur eine Beweiserleichterung für den eigentlichen Kern des subjektiven Tatbestands, d.h. die verwerfliche Gesinnung desjenigen, der durch das Rechtsgeschäft bevorteilt wird!

4. Rechtsfolgen

397 Verstößt die Lohnabrede gegen § 138 I oder II BGB, so ist sie **unwirksam**. Entgegen § 139 BGB bleibt der Arbeitsvertrag im **Übrigen wirksam**, würde doch anderenfalls die Sittenwidrigkeitskontrolle zu Lasten des Arbeitnehmers gehen, der statt eines gültigen Arbeitsvertrages nur noch über die Grundsätze des fehlerhaften Arbeitsverhältnisses geschützt würde. Anstelle der unwirksamen Lohnabrede besteht nach ganz

29 Vgl. BAG 26.4.2006 – 5 AZR 549/05, NZA 2006, 1354, 1356.

30 BAG 22.4.2009 – 5 AZR 436/08, NZA 2009, 837, 838 f.; kritisch *Brecht-Heitzmann* EzA BGB § 138 Nr. 5 [sub II 4].

31 Staudinger/*Sack/Fischinger*, § 138, Rn. 552.

32 *Bitter/Röder*, BGB – Allgemeiner Teil, § 6, Rn. 44; *Schack*, BGB – Allgemeiner Teil, § 12, Rn. 255 ff.

33 BAG 22.4.2009 – 5 AZR 436/08, NZA 2009, 837, 839; MünchArbR/*Krause*, § 60, Rn. 86.

34 BAG 16.5.2012 – 5 AZR 268/11, NZA 2012, 974, 977; 18.3.2014 – 9 AZR 694/12, juris Rn. 28; 18.11.2015 – 5 AZR 814/14, NZA 2016, 494, 497.

h.M. **analog § 612 II BGB** Anspruch auf die **übliche Vergütung**, d.h. regelmäßig auf den üblichen Tariflohn.[35]

5. Zeitpunkt

Für die Prüfung der Sittenwidrigkeit stellt die h.M. nicht auf die Verhältnisse im Zeitpunkt des Abschlusses des Arbeitsvertrages ab, sondern auf den zwischen den Parteien **jeweils strittigen Vergütungszeitraum**.[36] Mit anderen Worten vergleicht sie also jeweils den arbeitsvertraglich vereinbarten Lohn mit dem **aktuellen** marktüblichen Lohn/üblichen Tariflohn. Das hat zur Folge, dass eine arbeitsvertragliche Lohnabsprache, die bei ihrem Abschluss noch mit den guten Sitten zu vereinbaren war, im Laufe der Zeit sittenwidrig werden kann, nämlich dann, wenn sie selbst nicht angepasst wird, der übliche Tariflohn aber erhöht wird. **398**

Hinweis: Diese Auffassung der h.M. überzeugt zwar nicht, ihr sollte in der Klausur aber dennoch gefolgt werden, ist die Gegenmeinung[37] doch erstens wenig verbreitet und führt sie zweitens zu wesentlich komplizierteren Rechtsfolgen, die den meisten Korrektoren nicht bewusst sein dürften und deren Darstellung und Anwendung zu viel Zeit in der Klausur kosten würde.

6. Überbürdung des Betriebs- und Wirtschaftsrisikos

§ 138 kann nicht nur bei der Vereinbarung eines anstößig geringen Lohns eingreifen, sondern auch dann, wenn der Arbeitgeber das von ihm in einer marktwirtschaftlichen Ordnung zu tragende Betriebs- und Wirtschaftsrisiko auf den Arbeitnehmer abzuwälzen versucht. Das ist z.B. anzunehmen, wenn der Arbeitnehmer erst dann seinen Lohn verlangen können soll, wenn die von ihm bedienten Kunden an den Arbeitgeber bezahlt haben, oder wenn der Arbeitnehmer eine Verlustbeteiligung übernehmen soll.[38] Dagegen sind umsatz- oder erfolgsabhängige Entlohnungssysteme nicht automatisch als unzulässige Überwälzung des Betriebs- und Wirtschaftsrisikos einzustufen.[39] **399**

7. Sonderfall Auszubildende

Bei Auszubildenden ist die Sondervorschrift des **§ 17 I BBiG** zu beachten, wonach Auszubildende Anspruch auf eine „angemessene Vergütung" haben. Dieser wird verletzt, wenn die absoluten Mindestvorgaben des § 17 II BBiG nicht erreicht sind. Aber selbst wenn dies der Fall ist, ist die Vergütung i.d.R. unangemessen, wenn sie die tarifvertraglich geregelte Vergütung um mehr als **20 %** unterschreitet, § 17 IV BBiG.[40] **400 V**

35 BAG 26.4.2006 – 5 AZR 549/04, NZA 2006, 1354, 1357; 18.11.2015 – 5 AZR 814/14, NZA 2016, 494, 497.

36 BAG 22.4.2009 – 5 AZR 436/08, NZA 2009, 837, 838; ErfK/*Preis*, § 612 BGB, Rn. 3; *Joussen*, SAE 2010, 95, 97 f.; Palandt/*Ellenberger*, § 138, Rn. 9.

37 Vgl. *Fischinger*, JZ 2012, 546, 547 ff.; Staudinger/*Sack/Fischinger*, § 138, Rn. 560 ff. m.w.N.

38 BAG 10.10.1990 – 5 AZR 404/89, NJW 1991, 860, 861; LAG Hamm 3.10.1979 – Sa 946/79, BB 1980, 105; 21.4.2015 – 14 Sa 1249/14, DStR 2015, 2095.

39 Näher und m.w.N. Staudinger/*Sack/Fischinger*, § 138, Rn. 556 f.

40 So vor Schaffung von § 17 IV BBiG schon BAG 10.4.1991 – 5 AZR 226/90, NZA 1991, 773, 774; 29.4.2015 – 9 AZR 108/14, NZA 2015, 1384, 1386 f.

C. Auszahlung des Arbeitsentgelts

I. Erfüllung

401 Der Lohnanspruch ist in der Regel auf Geldzahlung gerichtet (zu Sachbezügen s. Rn. 430), für seine Erfüllung (§ 362 I BGB) gelten deshalb grundsätzlich die allgemeinen zivilrechtlichen Regeln. Zu beachten ist aber, dass die Parteien zwar meist eine **Bruttovergütung** vereinbaren, dass der Arbeitgeber aber nicht den gesamten Betrag an den Arbeitnehmer zahlen muss. Vielmehr hat er von dem Bruttobetrag zunächst die Lohnsteuer sowie Sozialversicherungsbeiträge einzubehalten und diese an das Finanzamt bzw. die zuständige Krankenkasse abzuführen (§ 38 III EStG, §§ 28d, 28g SGB IV). Zahlt er den nach dem Abzug dieser Posten verbleibenden **Nettobetrag** an den Arbeitnehmer, tritt Erfüllung ein.[41] Über die Lohnauszahlung ist dem Arbeitnehmer eine **Abrechnung** in Textform zu erteilen (§§ 6 II, 108 GewO).

402 Der **Erfüllungsort** richtet sich vorrangig nach der vertraglichen Absprache. Fehlt es an einer solchen, greift § 269 BGB, wobei in der Regel Erfüllungsort der Ort ist, an dem sich der Betrieb befindet.[42] Es handelt sich also eigentlich um eine Holschuld. In aller Regel wird aber vereinbart, dass der Arbeitgeber den Lohn auf seine Kosten und Gefahr auf ein vom Arbeitnehmer benanntes Konto überweist.[43]

403 **Fällig** ist der Lohnanspruch gemäß § 614 S. 1 BGB erst nach der Entrichtung der Dienste. § 614 S. 1 BGB ist jedoch dispositiv, so dass auch ein früherer Auszahlungszeitpunkt vereinbart werden kann. Da bei Arbeitnehmern in aller Regel ein Monatslohn vereinbart wird, ist § 614 S. 2 BGB zu beachten, wonach der jeweilige Monatslohn nach Ablauf des jeweiligen Monats fällig wird.

404 V Schon vor der Fälligkeit – und damit bevor der Arbeitnehmer sich dies durch Arbeitsleistung verdient hat – kann ihm ein **Gehaltsvorschuss** gezahlt werden. Auf die Gewährung eines solchen hat er – vorbehaltlich einer anderweitigen Abrede – grundsätzlich keinen Anspruch; etwas anderes kann in extremen Ausnahmefällen aufgrund der Fürsorgepflicht des Arbeitgebers bei plötzlich auftretenden Notlagen, in denen sich der Arbeitnehmer zumutbar nicht anders helfen kann, gelten.[44] Erhält der Arbeitnehmer einen Vorschuss und erbringt er später die entsprechende Arbeitsleistung nicht, so hat er diesen zurückzuzahlen, ohne sich auf § 818 III BGB berufen zu können, ist Basis der Rückforderung doch nicht § 812 BGB, sondern ein konkludent geschlossener Vertrag mit entsprechendem Inhalt.[45]

405 V Von einem Gehaltsvorschuss ist ein **Arbeitgeberdarlehen** zu unterscheiden, das auf Basis eines neben dem Arbeitsvertrag bestehenden, grundsätzlich von diesem unabhängigen Darlehensvertrag (§§ 488 ff. BGB[46]) an den Arbeitnehmer ausgezahlt wird. Die Abgrenzung zum Gehaltsvorschuss kann schwierig sein. Für ein Arbeitgeberdarlehen spricht, wenn der

---

41 BAG 30.4.2008 – 5 AZR 725/07, NZA 2008, 884, 885; Staudinger/*Richardi/Fischinger*, § 611a, Rn. 1681.

42 ErfK/*Preis*, § 611a BGB, Rn. 397; HWK/*Thüsing*, § 611a BGB, Rn. 244.

43 *Hromadka/Maschmann*, Arbeitsrecht I, § 7, Rn. 117.

44 ErfK/*Preis*, § 614 BGB, Rn. 19; MüKo-BGB/*Müller-Glöge*, § 614, Rn. 16; *Herschel*, BB 1954, 98.

45 BAG 10.3.1960 – 5 AZR 426/58, AP BGB § 138 Nr. 2; 28.6.1965 – 3 AZR 86/65, AP BGB § 614 Gehaltsvorschuss Nr. 3; Staudinger/*Richardi/Fischinger*, § 614, Rn. 33.

46 Die §§ 491 ff. BGB gelten nur, wenn der Zinssatz nicht unter den marktüblichen Sätzen liegt (§ 491 II Nr. 4 BGB).

überlassene Betrag die Lohnhöhe nicht unwesentlich übersteigt und die Auszahlung zu einem Zweck erfolgt, der mit dem normalen Lohn nicht (sofort) erreicht werden kann.[47]

II. Zuvielzahlung

Zahlt der Arbeitgeber an den Arbeitnehmer zu viel Lohn aus, so gelten zunächst die allgemeinen zivilrechtlichen Grundsätze: Weil für die Zuvielzahlung ein Rechtsgrund fehlt, hat der Arbeitgeber im Grunde einen bereicherungsrechtlichen Anspruch (**§ 812 I 1 Alt. 1 BGB**). In Betracht kommt das wegen § 814 Alt. 1 BGB aber nicht, wenn der Arbeitgeber wusste, dass er nicht zur Leistung verpflichtet war. **406**

Der Anspruch besteht ferner nicht, soweit der Arbeitnehmer **entreichert** ist (**§ 818 III BGB**). Das ist insb. anzunehmen, wenn er die Überzahlung ausgab, ohne dass dadurch noch ein Gegenwert in seinem Vermögen – auch in Form ersparter Aufwendungen – vorhanden ist.[48] Dafür trifft den Arbeitnehmer die Darlegungs- und Beweislast, der er aber oftmals nicht genügen könnte. Die Rechtsprechung hält deshalb eine Beweiserleichterung in Form eines **Anscheinsbeweises** für möglich: Handelt es sich um eine verhältnismäßig nicht hohe Überzahlung (10 % des Monatsgehalts) und gehört der Arbeitnehmer der niedrigen oder mittleren Einkommensgruppe an, so wird davon ausgegangen, dass der überzahlte Lohn alsbald nach seiner Auszahlung ersatzlos verbraucht wurde; höhere Einkommensgruppen müssen dagegen konkret die Entreicherung darlegen und ggf. beweisen.[49] **407 V**

III. Zuwenigzahlung/Zuspätzahlung

Zahlt der Arbeitgeber umgekehrt den geschuldeten Lohn nicht vollständig und/oder zu spät aus, so gerät er – wenn, was in der Regel der Fall ist, jeweils ein konkreter Auszahlungstermin (z.B. letzter Wochentag im Monat) vereinbart ist – wegen § 286 II Nr. 1 BGB in Verzug, ohne dass es einer Mahnung bedarf. Der Arbeitnehmer hat – so er infolge der Verzögerung/Zuwenigzahlung einen Schaden erleidet – dann Anspruch auf **Schadensersatz** nach §§ 280 I, II, 286 BGB. Insb. kann er **Verzugszinsen** verlangen, § 288 I 1 BGB. Der Zinssatz richtet sich nach § 288 I **2** BGB (und nicht § 288 II BGB),[50] weil der Arbeitnehmer als Verbraucher anzusehen ist. Die Verzinsung kann aus der **Brutto**vergütung – und nicht nur dem Nettolohn – verlangt werden, ist das doch der Betrag, den der Arbeitgeber nach dem Arbeitsvertrag schuldet.[51] Ob der Arbeitnehmer beim Verzug des Arbeitgebers zusätzlich die **40-Euro-Beitreibungskostenpauschale** gemäß **§ 288 V BGB** geltend machen kann, ist entgegen dem BAG zu bejahen.[52] **408**

47 LAG Düsseldorf 14.7.1955 – 2a Sa 158/55, AP BGB § 614 Gehaltsvorschuss Nr. 1; LAG Bremen 21.12.1960 – 1 Sa 147/60, DB 1962, 243.

48 BAG 1.6.1995 – 6 AZR 912/94, BAGE 80, 144, 147.

49 BAG 12.1.1994 – 5 AZR 597/92, AP BGB § 818 Nr. 3; 25.4.2001 – 5 AZR 497/99, AP BGB § 242 Verwirkung Nr. 46; 9.2.2005 – 5 AZR 175/04, AP BGB § 611 Lohnrückzahlung Nr. 12.

50 BAG 23.2.2005 – 10 AZR 602/03, NZA 2005, 694, 697.

51 BAG 7.3.2001 – GS 1/00, AP BGB § 288 Nr. 4.

52 Näher *Hofer*, JA 2017, 853, 858; *Lembke*, NZA 2016, 1501; a.A. BAG 25.9.2018 – 8 AZR 26/18, NZA 2019, 121; 12.12.2018 – 5 AZR 588/17, NZA 2019, 775, 780.

IV. Verjährung und Verwirkung des Lohnanspruchs

409 Für die **Verjährung** des Lohnanspruchs bestehen keine Besonderheiten, es gelten §§ 195, 199 BGB. Eine Verjährungshemmung nach § 204 I Nr. 1 BGB tritt nur bei einer Leistungs- oder Feststellungsklage ein, deren Gegenstand der Lohnanspruch als solcher ist; die Erhebung einer Kündigungsschutzklage genügt nicht.[53]

410 Auch für die **Verwirkung** von Lohnansprüchen (§ 242 BGB) gelten im Ausgangspunkt die allgemeinen Grundsätze.[54] Sie setzt neben dem Zeit- ein Umstandsmoment voraus, der Arbeitnehmer muss also nicht nur über einen geraumen Zeitraum seinen Anspruch nicht geltend gemacht haben, sondern sein Verhalten muss zudem den Eindruck erweckt haben, dass er dies auch nicht mehr tun wird. Dabei stehen Umstands- und Zeitmoment in Wechselwirkung zueinander; je ausgeprägter das eine ist, umso weniger stark muss das andere erfüllt sein, um schon eine Verwirkung annehmen zu können. Zu beachten ist, dass **tarifliche Rechte** (§ 4 IV 2 TVG) sowie Rechte aus **Betriebsvereinbarungen** (§ 77 IV 3 BetrVG) **nicht verwirkt** werden können.

V. Ausschluss-/Verfallfristen

1. Grundlagen

411 Im Arbeitsleben weit verbreitet sind sog. Ausschlussfristen (auch Verfallfristen genannt), nach denen Ansprüche innerhalb einer bestimmten Zeitdauer auf eine bestimmte Weise geltend gemacht werden müssen und für den Fall, dass dies nicht geschieht, der jeweilige Anspruch **erlischt**. Ausschlussfristen finden sich nicht im Gesetz, relevant können sie also nur werden, wenn sie in Arbeits-, Tarifvertrag oder Betriebsvereinbarung **vereinbart** wurden.

412 Zu unterscheiden ist zwischen ein- und zweistufigen Ausschlussfristen. Eine **einstufige Ausschlussfrist** verlangt lediglich die Geltendmachung des Anspruchs gegenüber dem Vertragspartner innerhalb einer bestimmten Zeitspanne.

Klauselbeispiel: *„Ansprüche aus dem Arbeitsverhältnis müssen innerhalb von drei Monaten nach ihrem Entstehen* ***gegenüber der anderen Vertragspartei*** *geltend gemacht werden, anderenfalls erlöschen sie."*

Zweistufige Ausschlussfristen enthalten auf 1. Stufe die obige Klausel, „satteln" darauf aber zusätzlich noch eine 2. Stufe, die bspw. wie folgt lautet:

„Wird die Erfüllung des geltend gemachten Anspruchs durch die andere Partei verweigert, so muss der Anspruchssteller innerhalb von drei Monaten nach Zugang der Ablehnung ***Klage zum zuständigen Arbeitsgericht*** *erheben, anderenfalls erlischt der Anspruch."*

Für die Wirksamkeit der Ausschlussfrist ist entscheidend danach zu differenzieren, ob diese in einem (Formular-)Arbeitsvertrag oder einem Tarifvertrag enthalten ist.

---

53 BAG 24.6.2015 – 5 AZR 509/13, NZA 2015, 1256.
54 *Bitter/Röder*, BGB – Allgemeiner Teil, § 3, Rn. 43 ff.

2. Zulässigkeit in Arbeitsverträgen

Ausschlussfristen sind aufgrund der Vertragsfreiheit – auch in AGB – grundsätzlich zulässig. Das gilt umso mehr, als sie legitimen **Zwecken** dienen, nämlich der Sicherung des **Rechtsfriedens** und der **Rechtssicherheit**, stellen sie doch sicher, dass Streitigkeiten zeitnah vor Gericht gebracht werden und damit langfristige, ggf. unterschwellig schwelende Konflikte im Arbeitsverhältnis ebenso vermieden werden wie Beweisschwierigkeiten, die sich daraus ergeben würden, dass die aufzuklärenden Vorfälle lange zurückliegen.[55] Dennoch unterliegen sie verschiedenen Schranken: 413

a) Allgemeine Schranken

(1) Nach **§ 202 I BGB** kann die Haftung wegen Vorsatzes nicht im Voraus durch Rechtsgeschäft erleichtert werden. Diese für Verjährungsvereinbarungen geltende Vorschrift kann auf vertragliche Ausschlussfristen **analog** angewandt werden.[56] Aus ihr folgt, dass Ansprüche, die auf vorsätzlichen Handlungen beruhen, nicht wirksam einer Ausschlussfrist unterworfen werden können. Nun nehmen die in der Praxis üblichen Ausschlussfristklauseln derartige Ansprüche typischerweise nicht von ihrem Anwendungsbereich aus. „Schädlich" in dem Sinne, dass dies zur Gesamtunwirksamkeit der Klausel führen würde, ist das aber letztlich nicht. Denn das BAG geht von bloßer **Teilunwirksamkeit** aus, beschränkt also die Unwirksamkeit der Klausel auf den mit § 202 I BGB nicht zu vereinbarenden Teil.[57] 414 V

(2) Gemäß **§ 4 IV 3 TVG** können Ausschlussfristen für die Geltendmachung – normativ anwendbarer (dazu Rn. 100) – tariflicher Rechte nur in dem Tarifvertrag selbst vereinbart werden. Ist eine arbeitsvertragliche Ausschlussfrist so formuliert, dass sie nach ihrem Wortlaut auch tarifliche Ansprüche umfasst, ist sie aber nicht insgesamt unwirksam, sondern wegen Verstoßes gegen § 4 IV 3 TVG nur insoweit **teilnichtig**, als sie auch die Geltendmachung tariflicher Ansprüche beschränkt.[58] 415 V

(3) Nach **§ 3 S. 1 MiLoG** sind Vereinbarungen insoweit unwirksam, als sie den Anspruch auf den Mindestlohn unterschreiten oder seine Geltendmachung beschränken oder ausschließen. Als derartige Vereinbarung ist auch eine Ausschlussfrist anzusehen.[59] Erfasst eine formularmäßige Ausschlussfristklausel ihrem Wortlaut nach undifferenziert auch Ansprüche aus dem MiLoG (z.B.: „Ansprüche aus dem Arbeitsverhältnis…"), so ist sie jedenfalls in Verträgen, die nach Inkrafttreten des MiLoG zum 1.1.2015 geschlossen werden **(„Neuverträgen"), insgesamt** unwirksam: Soweit der Mindestlohnanspruch selbst erfasst ist, folgt das aus § 3 S. 1 MiLoG, im Übrigen stuft das BAG die Klausel als intransparent ein, so dass die Unwirksamkeit insoweit aus § 307 I 2 BGB folgt.[60] Bei echten Individualvereinbarungen sowie AGB in Altverträ- 416

55 BAG 12.12.2006 – 1 AZR 96/06, NZA 2007, 453, 457, AP BetrVG 1972 § 77 Nr. 94; Staudinger/*Richardi/Fischinger*, § 611, Rn. 1653.
56 BAG 12.12.2006 – 1 AZR 96/06, NZA 2007, 453, 457, AP BetrVG 1972 § 77 Nr. 94; BeckOK-BGB/*Baumgärtner*, § 611a, Rn. 85.
57 BAG 28.9.2005 – 5 AZR 52/05, NZA 2006, 149, 151; 26.9.2013 – 8 AZR 1013/12, NZA-RR 2014, 177, 181; per Auslegung letztlich zum gleichen Ergebnis kommt BAG 20.6.2013 – 8 AZR 280/12, NZA 2013, 1265, 1266 f.
58 ErfK/*Franzen*, § 4 TVG, Rn. 48; MünchArbR/*Krause*, § 71, Rn. 19.
59 *Däubler*, NJW 2014, 1924, 1927 f.; ErfK/*Franzen*, § 3 MiLoG, Rn. 3.
60 BAG 18.9.2018 – 9 AZR 162/18, juris Rn. 27 ff.

gen aus der Zeit vor Inkrafttreten des MiLoG ist die Ausschlussfrist hingegen nur insoweit unwirksam, als der Mindestlohnanteil des Lohns betroffen ist.[61]

Hinweis: Zu beachten ist, dass § 3 MiLoG nicht nur für Arbeitnehmer relevant wird, die gerade den Mindestlohn erhalten, sondern – weil das MiLoG auf **alle Arbeitsverhältnisse** anwendbar ist – für alle Arbeitnehmer. Der Problemkreis „§ 3 S. 1 MiLoG und Ausschlussfrist" kann deswegen leicht in eine Klausur integriert werden, bei der (vordergründig) der Mindestlohn (oder überhaupt Entgeltansprüche) keine Rolle zu spielen scheint!

b) Schranken aus § 307 BGB

417 Handelt es sich bei der Ausschlussfrist um eine **AGB** – was beim Arbeitsvertrag wegen § 310 III Nr. 2 BGB regelmäßig der Fall ist (Rn. 210) –, so sind des Weiteren die §§ 307 ff. BGB zu beachten. Dabei ist nach h.M. im Arbeitsrecht **§ 309 Nr. 7 BGB** kein Hindernis, da eine Ausschlussfrist nicht als Haftungsausschluss/-begrenzung angesehen wird.[62] Im Übrigen ziehen die §§ 307 ff. BGB Ausschlussfristen aber mehrere klausurrelevante Schranken:

418 (1) Nach **§ 309 Nr. 13 b) BGB** ist es unzulässig, wenn eine Erklärung, die dem Verwender (= Arbeitgeber) gegenüber abzugeben ist, an eine strengere Form als die **Textform** (§ 126b BGB) gebunden wird. Daher ist eine Ausschlussfrist, die auf **1. Stufe** Schriftform (§ 126 BGB) verlangt, unwirksam. Was die **2. Stufe** (Erfordernis gerichtlicher Geltendmachung) anbelangt, so wäre diese eigentlich (erst recht) nicht zulässig. Das BAG hat hier aber anders entschieden und eine solche Vereinbarung unter Berufung auf die im Arbeitsrecht geltenden Besonderheiten (§ 310 IV 2 BGB, s. Rn. 207) nicht als Verstoß gegen § 309 Nr. 13 BGB gewertet.[63]

419 (2) Wegen des **Transparenzgebots** des § 307 I 2 BGB muss die Klausel eindeutig erkennen lassen, welche Ansprüche von ihr erfasst sind und was die Konsequenzen eines Verstreichens der Frist sind.[64]

420 (3) Die Ausschlussfrist darf keine **unangemessene Benachteiligung** des Arbeitnehmers beinhalten, § 307 I 1 BGB. Das ist v.a. anzunehmen, wenn die Klausel **einseitig** nur seine Ansprüche, nicht aber auch solche des Arbeitgebers erfasst.[65] Selbst wenn die Klausel (ordnungsgemäß) beide Parteien gleichermaßen belastet, ist sie unwirksam, wenn sie nicht **mindestens drei Monate** für die jeweilige Stufe vorsieht.[66]

421 **Rechtsfolgen:** Verstößt die Klausel gegen eine der genannten Vorgaben, so ist sie unwirksam. An ihre Stelle tritt das Gesetzesrecht, § 306 II BGB; da dieses keine Ausschlussfristen normiert, **entfällt** die Klausel ersatzlos. Zu beachten ist, dass eine **geltungserhaltende Reduktion** durch den Richter **unzulässig** ist. Er darf also nicht eine

61 BAG 18.9.2018 – 9 AZR 162/18, juris Rn. 42; 17.4.2019 – 5 AZR 331/18, juris Rn. 23.

62 BAG 25.5.2005 – 5 AZR 572/04, AP BGB § 310 Nr. 1; 28.9.2005 – 5 AZR 52/05, AP BGB § 307 Nr. 7; MüKo-BGB/*Spinner*, § 611a, Rn. 1096; **a.A.** BGH 15.11.2006 – VIII ZR 3/06, NJW 2007, 674.

63 BAG 25.5.2005 – 5 AZR 572/04, AP BGB § 310 Nr. 1.

64 BAG 25.5.2005 – 5 AZR 572/04, AP BGB § 310 Nr. 1.

65 BAG 2.3.2004 – 1 AZR 271/03, AP TVG § 3 Nr. 31; 31.8.2005 – 5 AZR 545/04, AP ArbZG § 6 Nr. 8.

66 BAG 28.9.2005 – 5 AZR 52/05, NZA 2006, 149, 152; 16.5.2012 – 5 AZR 251/11, NZA 2012, 971, 973.

unwirksame Klausel so „korrigieren", dass diese gerade noch zulässig ist. Entsprechend darf er nicht eine einseitige Ausschlussfrist als zweiseitige „lesen" oder die zu kurze Frist auf die Dreimonatsmindestfrist „verlängern". Von der verbotenen geltungserhaltenden Reduktion zu unterscheiden ist aber die Aufrechterhaltung zulässiger Teile einer **teilbaren Klausel**. Möglich ist dies, wenn nach dem sog. **blue-pencil-Test** der zulässige Teil der Klausel bei Streichung des unzulässigen Teils nach sprachlichen und inhaltlichen Kriterien sinnvollerweise aufrechterhalten werden kann. Der Unterschied zwischen verbotener geltungserhaltender Reduktion und zulässiger Aufrechterhaltung abgrenzbarer Teile einer teilbaren Klausel wird gerade bei **zweistufigen Ausschlussfristen** praktisch relevant.

In **Fall 18** ist die 2. Stufe zu kurz gewählt (zwei Monate) und daher unwirksam, eine geltungserhaltende Reduktion der Klausel auf die zulässige Untergrenze von drei Monaten scheidet aus. Jedoch handelt es sich sprachlich und logisch um eine teilbare Klausel, enthält doch der die 1. Stufe enthaltende erste Satz selbst dann noch eine sinnvolle Aussage, wenn man den zweiten Satz ersatzlos streicht. Die Klausel ist daher nicht insgesamt unwirksam, sondern nur die in ihr vorgesehene 2. Stufe; die 1. Stufe bleibt nach dem blue-pencil-Test bestehen. **422**

Hinweis: Verhielte es sich in Fall 18 umgekehrt, wäre also die Frist auf 1. Stufe zu kurz, diejenige auf 2. Stufe aber nicht zu beanstanden, so wäre die Klausel **insgesamt unwirksam**. Die im zweiten Satz angeordnete 2. Stufe lässt sich nämlich sinnvoll nicht ohne die vorgelagerte 1. Stufe aufrechterhalten.

3. Zulässigkeit in Tarifverträgen

Weil – anders als beim (Formular-)Arbeitsvertrag – bei Tarifverträgen nicht davon auszugehen ist, dass sie einem einseitigen Diktat der Arbeitgeberseite entspringen, ist die gerichtliche Kontrolldichte wesentlich geringer, wenn die Ausschlussfrist nicht in einem Formulararbeitsvertrag, sondern in einem normativ auf das Arbeitsverhältnis anwendbaren Tarifvertrag (s. Rn. 100) enthalten ist. Zwar gelten auch insoweit die durch **§ 202 I BGB** sowie **§ 3 S. 1 MiLoG** gezogenen Grenzen (s. Rn. 385), wegen **§ 310 IV 1 BGB** findet aber **keine AGB-Kontrolle** statt.[67] Deshalb sind auch nur **einseitig zulasten des Arbeitnehmers** gefasste Ausschlussfristen zulässig,[68] und es muss auch **keine Mindestfrist von drei Monaten** gewahrt werden.[69] Allerdings darf auch eine tarifliche Ausschlussfrist mit Blick auf § 138 BGB nicht so kurz gefasst sein, dass eine effektive Rechtswahrung nicht mehr zumutbar möglich wäre (z.B. Ausschlussfrist von zwei Tagen).[70] **423 V**

4. Fristwahrung

Wurde die Ausschlussfrist wirksam vereinbart, so muss der Anspruchsteller rechtzeitig die darin postulierten Voraussetzungen erfüllen, um einen Anspruchsverlust zu verhindern. Dabei muss der geltend gemachte Anspruch nach Grund und Höhe hinreichend klar bezeichnet **424 V**

67 BAG 18.9.2012 – 9 AZR 1/11, NZA 2013, 216.
68 BAG 4.12.1997 – 2 AZR 809/96, AP TVG § 4 Ausschlussfristen Nr. 143.
69 BAG 4.12.1997 – 2 AZR 809/96, NZA 1998, 431, 434; 13.12.2011 – 9 AZR 399/10, AP BUrlG § 7 Abgeltung Nr. 93; 18.9.2012 – 9 AZR 1/11, NZA 2013, 216, 218.
70 BAG 18.9.2012 – 9 AZR 1/11, NZA 2013, 216, 218.

werden.[71] Verlangt die Klausel gerichtliche Geltendmachung, so ist **§ 167 ZPO** anwendbar. Durch rechtzeitige Erhebung einer hinreichend bestimmten **Leistungsklage** wird den Anforderungen einer solchen Klausel stets genügt; auch eine auf die jeweilige Forderung zugeschnittene zulässige **Feststellungsklage** genügt, wenn sie den gesamten Streitstoff vor Gericht bringt.[72]

425 V Bei Erhebung einer **Bestandsschutzklage** – wozu insb. eine punktuelle Kündigungsschutzklage nach §§ 4, 7 KSchG zählt – ist zu differenzieren: Weil mit ihr der Fortbestand des gesamten Arbeitsverhältnisses über einen bestimmten Zeitpunkt hinaus geltend gemacht wird, werden mit ihr nach umstrittener Ansicht des BAG alle Ansprüche fristwahrend geltend gemacht, die vom Fortbestand des Arbeitsverhältnisses abhängen, auch wenn sie nicht im Einzelnen beziffert werden (z.B. Lohnansprüche für die Zeit nach Ablauf der Kündigungsfrist).[73] Vom Fortbestand des Arbeitsverhältnisses unabhängige Ansprüche (z.B. auf Urlaub[-sabgeltung]) werden dagegen durch die Bestandsschutzklage nicht geltend gemacht und müssen deshalb gesondert rechtzeitig geltend gemacht werden.[74]

5. Fristversäumnis und NachweisG

426 Macht der Arbeitnehmer den Anspruch nicht rechtzeitig ordnungsgemäß geltend, erlischt dieser. Anders als die Verjährung begründet die Fristversäumnis nicht nur eine Einrede, sondern eine von Amts wegen zu berücksichtigende **Einwendung**.[75] Das gilt auch, wenn der Arbeitgeber entgegen seiner Pflicht aus **§ 2 I 2 Nr. 2 NachweisG** (s. Rn. 165) nicht schriftlich auf eine arbeits- oder tarifvertragliche Ausschlussfrist verwiesen hatte.[76] Allerdings befand sich der Arbeitgeber dann in der Regel mit der Nachweispflicht im Schuldnerverzug und kann sich somit schadensersatzpflichtig machen.[77] Der Schaden liegt im Erlöschen des Anspruchs, der Arbeitnehmer ist daher über §§ 280 I, II, 286, 249 I BGB so zu stellen, wie wenn er den Anspruch rechtzeitig geltend gemacht hätte;[78] im Ergebnis hat er den zunächst verfallenen Anspruch also letztlich doch wieder, eben nur in anderer dogmatischer Gestalt.

VI. Ausgleichsquittung

427 Insb. bei Beendigung des Arbeitsverhältnisses vereinbaren die Parteien oft eine sog. Ausgleichsquittung. In dieser „bestätigen" sie, dass sie – außer der ggf. in der Vereinbarung genannten – keinerlei Ansprüche mehr gegeneinander haben. **Zweck** einer

71 BAG 14.12.2006 – 8 AZR 628/05, NZA 2007, 262, 265.

72 Vgl. BAG 1.3.1979 – 3 AZR 472/77, AP TVG § 4 Ausschlussfristen Nr. 66; 10.5.1995 – 10 AZR 589/94, BeckRS 1995, 30754781.

73 BAG 19.3.2008 – 5 AZR 429/07, AP BGB § 305 Nr. 11; 19.9.2012 – 5 AZR 627/11, NZA 2013, 101, 102; 19.9.2012 – 5 AZR 924/11, NZA 2013, 156, 157 f.; **a.A.** *Schöne*, SAE 2009, 25; Staudinger/*Richardi/Fischinger*, § 611 [2016], Rn. 1662.

74 BAG 18.9.2011 – 9 AZR 570/00, NZA 2002, 895.

75 BAG 17.8.2011 – 5 AZR 490/10, NZA 2012, 563, 566.

76 BAG 17.4.2002 – 5 AZR 89/01, NZA 2002, 1096, 1098; 21.2.2012 – 9 AZR 486/10, NZA 2012, 750, 753.

77 Eine Mahnung ist im Hinblick auf die in § 2 I 1 NachweisG angeordnete Monatsfrist gemäß § 286 II Nr. 2 BGB entbehrlich.

78 Vgl. BAG 5.11.2003 – 5 AZR 676/02, AP NachwG § 2 Nr. 7.

solchen Vereinbarung ist es, einen schwelenden Streit über Ansprüche zu beenden bzw. künftigen Streitigkeiten darüber vorzubeugen.[79] Sie sind aufgrund der Vertragsfreiheit **grundsätzlich zulässig**, unterliegen aber **Schranken**: (1) Unabdingbare Ansprüche (z.B. §§ 12 EFZG, 3 S. 2 MiLoG, 13 I BUrlG) können von ihnen nicht wirksam erfasst werden. (2) In AGB liegt § 305c BGB vor, wenn die Ausgleichsquittung unter einer falschen oder missverständlichen Überschrift „versteckt" wird.[80] (3) Eine unangemessene Benachteiligung nach § 307 I 1 BGB ist anzunehmen, wenn der Arbeitnehmer ohne jede Gegenleistung auf sämtliche Ansprüche aus dem Arbeitsverhältnis verzichtet, umso mehr, wenn er zugleich das Recht aufgibt, Kündigungsschutzklage zu erheben.[81] (4) Wegen § 307 I 2 BGB müssen sich zudem aus der Ausgleichsquittung eindeutig die erfassten Ansprüche ergeben.[82]

D. Sicherung des Entgeltanspruchs

Der Arbeitslohn ist für die meisten Arbeitnehmer die wichtigste beständige Einkunftsquelle und für die Bestreitung des Lebensunterhalts deshalb unabdingbar. Dieser besonderen Bedeutung von Arbeitslöhnen trägt der Gesetzgeber an verschiedenen Stellen durch eine Reihe besonderer Schutzinstrumente Rechnung: **428**

I. Geldleistungsprinzip, § 107 GewO

Nach §§ 6 II, 107 **I** GewO ist das Arbeitsentgelt **in Euro zu berechnen** und auszubezahlen. Dies dient der Transparenz und verhindert, dass der Arbeitnehmer – auf seine Mühen und Kosten – Fremdwährung in Euro umtauschen muss.[83] **429**

Unter welchen Voraussetzungen der Arbeitgeber anstelle von Geld **Sachleistungen** erbringen darf, regelt § 107 **II** GewO. Möglich ist das nur, wenn es dem Interesse des Arbeitnehmers oder der Eigenart des Arbeitsverhältnisses entspricht (S. 1). Letzteres meint z.B. die im Bergbau übliche Überlassung gewisser Abbaudeputate.[84] Ob die Sachleistung dem Interesse des Arbeitnehmers entspricht, richtet sich nach einem objektiv-abstrakten Maßstab. Entscheidend ist, ob die Sachleistung sinnvoll genutzt werden kann.[85] Das ist z.B. anzunehmen, wenn ein Dienstwagen auch privat genutzt werden darf[86] oder wenn der Arbeitgeber Kost und Logis stellt; bei der (gar: massenweisen) Überlassung von vom Arbeitgeber hergestellten Playmobil-Figuren an den Arbeitnehmer als Arbeitslohn ist das hingegen z.B. zu verneinen. Eine nach §§ 6 II, 107 II GewO zulässige Sachleistung ist Vergütungsbestandteil, für sie gelten deshalb **430**

79 Küttner/*Schmidt*, „Ausgleichsquittung", Rn. 1.
80 BAG 23.2.2005 – 4 AZR 139/04, AP TVG § 1 Tarifverträge: Druckindustrie Nr. 42.
81 BAG 6.9.2007 – 2 AZR 722/06, AP KSchG 1969 § 4 Nr. 62; LAG Düsseldorf 13.4.2005 – 12 Sa 154/05, AuR 2006, 67.
82 LAG Berlin 5.6.2007 – 12 Sa 524/07, LAGE § 307 BGB 2002 Nr. 1.
83 BeckOK-GewO/*Hoffmann*, § 107 GewO, Rn. 9; ErfK/*Preis*, § 107 GewO, Rn. 2.
84 BT-Drucks. 14/8796, S. 24.
85 *Bauer/Opolony*, BB 2002, 1590, 1593; Staudinger/*Richardi/Fischinger*, § 611a, Rn. 1453.
86 BAG 24.3.2009 – 9 AZR 733/07, NZA 2009, 861, 862.

die allgemeinen Vorschriften (z.B. Pfändungsschutz, Lohnsteuerpflicht, Ausschlussfristen usw.) gleichermaßen.

431 §§ 6 II, 107 **III** GewO regeln **Trinkgelder**. Dass der Arbeitnehmer solche von Dritten (regelmäßig) erhält, rechtfertigt es nicht, die ihm vertraglich zugesagte Vergütung zu kürzen. Der Arbeitgeber darf also nicht die Trinkgelder für sich beanspruchen, weder direkt durch Auskehr der erlangten Beträge vom Arbeitnehmer an den Arbeitgeber, noch durch Lohnabzug um die entsprechende Summe. Trinkgelder sind deshalb auch weder bei der Frage, ob die Lohnabrede mit dem MiLoG, noch ob sie mit § 138 I, II BGB („Lohnwucher") vereinbar ist, zu berücksichtigen.[87]

II. Pfändungsschutz, §§ 850 ff. ZPO

432 V Der Sicherung der Existenzgrundlage dienen ferner die Pfändungsschutzvorschriften der §§ 850 ff. ZPO. Diese sollen sicherstellen, dass die Gläubiger des Arbeitnehmers auf das Arbeitseinkommen als meist wichtigste Einkunftsquelle nur insoweit zugreifen können, dass dem Arbeitnehmer finanziell noch genug zur Führung eines menschenwürdigen Lebens verbleibt. Die §§ 850 ff. ZPO dienen aber nicht nur dem Schutz des allgemeinen Persönlichkeitsrechts des Arbeitnehmers, sondern auch öffentlichen Interessen, müsste bei einer „Kahlpfändung" des Arbeitnehmers doch die Sozialhilfe einspringen.[88] Was Arbeitseinkommen i.d.S. ist, definiert § 850 II ZPO. Dabei unterscheidet das Gesetz grundlegend zwischen **wiederkehrendem** Arbeitseinkommen (§§ 850-850h ZPO) und **einmaligen** Einkünften (§ 850i ZPO). Beim wiederkehrenden Arbeitseinkommen werden manche Bestandteile für stets (§ 850a ZPO) bzw. nur bedingt (§ 850b ZPO) unpfändbar erklärt; im Übrigen sieht § 850c ZPO **Pfändungsgrenzen** vor.

III. Abtretungs- und Aufrechnungsverbot

433 Im materiellen Recht können die §§ 850 ff. ZPO (Rn. 432) erstens insofern relevant werden, als nach **§ 400 BGB** eine Forderung nicht **abgetreten** werden kann, soweit sie nicht pfändbar ist. Bei der Abtretung einer Lohnforderung ist deshalb zu prüfen, ob dies mit den Vorgaben der §§ 850 ff. ZPO vereinbar ist. Ist das nicht der Fall, so ist die Abtretung (teilweise) unwirksam, § 134 BGB.[89]

434 Vermittelt über **§ 394 S. 1 BGB** werden die §§ 850 ff. ZPO zweitens bei der **Aufrechnung** relevant. Danach kann **gegen** eine Forderung nicht aufgerechnet werden, soweit diese der Pfändung nicht unterliegt. Der Arbeitgeber kann also mit einer ihm gegen den Arbeitnehmer zustehenden Forderung gegen dessen Lohnanspruch nicht aufrechnen, soweit dieser Anspruch nicht nach §§ 850 ff. ZPO pfändbar ist. Damit wird sichergestellt, dass der Arbeitgeber stets den unpfändbaren Teil des Lohnanspruchs an den Arbeitnehmer auszahlen muss.[90] Ein Verstoß gegen § 394 S. 1 BGB

87 *Berndt*, DStR 2014, 1878, 1881; *Däubler*, NZA 2014, 1924, 1926; ErfK/*Franzen*, § 1 MiLoG, Rn. 7; Staudinger/*Richardi/Fischinger*, § 611a, Rn. 1410.

88 Vgl. MüKo-ZPO/*Smid*, § 850, Rn. 1 m.w.N.

89 Vgl. BAG 21.11.2000 – 9 AZR 692/99, AP BGB § 400 Nr. 2; *Schulz-Löhnig*, WM 2004, 1116, 1118; Staudinger/*Busche*, § 400, Rn. 9.

90 Staudinger/*Richardi/Fischinger*, § 611a, Rn. 1642.

führt zur (teilweisen) Unwirksamkeit.[91] Eine **Ausnahme** von dieser Beschränkung der Aufrechnungsmöglichkeit besteht, wenn der Arbeitgeber gegen den Arbeitnehmer einen Anspruch aus **vorsätzlicher unerlaubter Handlung** hat;[92] Gleiches gilt nach überzeugender, aber umstrittener Auffassung, wenn der Anspruch auf einer **vorsätzlichen Vertragsverletzung** beruht.[93]

Hat der Arbeitgeber gegen den Arbeitnehmer einen nicht mit dessen Lohnanspruch gleichartigen Anspruch, so kommt mangels Aufrechnungslage keine Aufrechnung in Betracht, sondern vielmehr die Geltendmachung eines **Zurückbehaltungsrechts (§ 273 BGB)**. Auf dieses ist **§ 394 S. 1 BGB analog** anwendbar.[94] **435**

IV. Insolvenzgeld, §§ 165 ff. SGB III

Gerät der Arbeitgeber in die Insolvenz, so sind seine Arbeitnehmer bezüglich der Ansprü- **436**
che aus der Zeit vor der Insolvenzeröffnung nicht gegenüber den anderen Gläubigern privi- **V**
legiert, ihre Ansprüche sind vielmehr normale Insolvenzforderungen (§ 38 InsO); einen gewissen Schutz bietet insoweit das in den §§ 165 ff. SGB III geregelte sozialrechtliche **Insolvenzgeld** für Lohnansprüche aus den vorausgegangenen drei Monaten vor Insolvenzeröffnung. Lohnansprüche nach Verfahrenseröffnung sind hingegen Masseverbindlichkeiten (§ 55 I Nr. 2 InsO) und daher aus der Masse zu befriedigen.[95]

E. Sondervergütungen

I. Begriff

Unter Sondervergütungen sind nach **§ 4a S. 1 EFZG** „Leistungen [zu verstehen], die **437**
der Arbeitgeber **zusätzlich zum laufenden Arbeitsentgelt** erbringt". Der Begriff der „Leistung" ist denkbar weit, entsprechend lässt sich unter „Sondervergütungen" ein vielfältiges Spektrum geldwerter Vorteile subsumieren. Neben Gratifikationen (Rn. 438 ff.) und Ausbildungs-/Fortbildungshilfen (Rn. 454 ff.) zählen hierzu z.B. auch Leistungen des Arbeitgebers im Rahmen einer betrieblichen Altersversorgung oder die Gestattung der Verwendung von Dienstfahrzeugen für private Zwecke. Rechtsgrund für diese Leistungen ist regelmäßig kein Schenkungsvertrag (§ 516 BGB), sondern der Arbeitsvertrag i.V.m. § 611a II BGB.[96]

---

91 Staudinger/*Gursky*, § 394, Rn. 53.

92 BGH 22.4.1959 – IV ZR 255/58, NJW 1959, 1275; BAG 31.3.1960 – 5 AZR 441/57 und 28.8.1964 – 1 AZR 414/63, AP BGB § 394 Nr. 5 und 9; Staudinger/*Gursky*, § 394, Rn. 60 m.w.N.

93 Staudinger/*Richardi/Fischinger*, § 611a, Rn. 1669; einschränkend BAG 31.3.1960 – 5 AZR 441/57 und 28.8.1964 – 1 AZR 414/63, AP BGB § 394 Nr. 5 und 9; vgl. näher Staudinger/*Gursky*, § 394, Rn. 60 m.w.N.

94 Vgl. BeckOK-BGB/*Lorenz*, § 273, Rn. 28 m.w.N.

95 Vgl. LAG Köln 30.7.2001 – 2 Sa 1457/00, NZA-RR 2002, 181; näher dazu *Waltermann*, Sozialrecht, Rn. 487 f.

96 BAG 29.6.1954 – 2 AZR 13/53, 4.10.1956 – 2 AZR 213/54, 10.5.1962 – 5 AZR 452/61 und 10.5.1962 – 5 AZR 353/61, AP BGB § 611 Gratifikation Nr. 1, 4, 22 und 23; Staudinger/*Richardi/Fischinger*, § 611a, Rn. 1556.

II. Gratifikationen

1. Begriffe; Zwecke

438 Gratifikationen sind aus bestimmten Anlässen zusätzlich zum laufenden Entgelt erbrachte Vergütungen. Beispiele: Weihnachtsgeld, Urlaubsgeld. Traditionell werden Gratifikationen nach den mit ihnen verfolgten **Zwecken** in drei Kategorien eingeteilt:

439 **(1)** Die Funktion einer Gratifikation kann darin bestehen, vergangene oder künftige **Betriebstreue** des Arbeitnehmers zu belohnen.[97]

440 **(2)** Die Gratifikation kann auch **reines Entgelt für erbrachte Arbeitsleistung** sein (z.B. 13. Monatsgehalt). In diesem Fall bedeutet sie lediglich eine Verschiebung der Fälligkeit für einen Teil des laufenden Entgelts.

441 **(3)** Schließlich kann mit der Gratifikation auch ein Mix aus den beiden vorgenannten Motiven verfolgt werden, d.h. z. T. erbrachte Arbeitsleistungen vergütet, z.T. Betriebstreue honoriert werden **(Gratifikation mit Mischcharakter)**.

442 Die Abgrenzung erfolgt durch Auslegung und ist bedeutsam, weil sich daran u.a. unterschiedliche Rechtsfolgen im Hinblick auf die Entstehungsvoraussetzungen (Rn. 444) sowie dafür ergeben, ob die Gratifikation unter einen sog. Rückzahlungsvorbehalt (Rn. 450) gestellt werden kann. In der neueren Rechtsprechung zeichnet sich insoweit eine Vereinfachung ab, als das BAG Gratifikationen mit Mischcharakter gleich wie solche behandelt, die reines Entgelt für erbrachte Arbeitsleistung sind.

2. Rechtsgrundlage

443 Ein Anspruch auf Gratifikationszahlungen kann sich aus Tarifvertrag, Betriebsvereinbarung, Arbeitsvertrag sowie – klausurrelevant! – aus **Betriebsübung** (Rn. 302 ff.) und aus dem arbeitsrechtlichen **Gleichbehandlungsgrundsatz** (Rn. 335 ff.) ergeben.[98]

3. Ausgestaltung des Anspruchs

444 In den Grenzen höherrangigen Rechts ist der Arbeitgeber grundsätzlich frei, darüber zu entscheiden, unter welchen **Voraussetzungen** und in welcher **Höhe** der Anspruch auf Gratifikationszahlung entsteht. Für die Frage, ob er den Gratifikationsanspruch wegen **Fehlzeiten** des Arbeitnehmers (z.B. vierwöchige Erkrankung im Oktober) kürzen kann, ist zu unterscheiden:

445 **(1)** Hat der Arbeitnehmer während der Fehlzeit einen (gesetzlichen) **Anspruch auf Entgeltzahlung** (z.B. EFZG, BUrlG oder MuSchG), so steht dem Arbeitgeber grundsätzlich kein Kürzungsrecht zu.[99] Für krankheitsbedingte Abwesenheitszeiten kann

97 ErfK/*Preis*, § 611a BGB, Rn. 534.

98 BAG 29.6.1954 – 2 AZR 13/53, BAGE 1, 36; 11.9.1974 – 5 AZR 567/73, AP BGB § 242 Gleichbehandlung Nr. 39.

99 BAG 27.7.1994 – 10 AZR 314/93, 19.4.1995 – 10 AZR 49/94 und 10.5.1995 – 10 AZR 648/94, AP BGB § 611 Gratifikation Nr. 164, 173 und 174.

aber unter den Voraussetzungen und in den Grenzen von § 4a EFZG ein solches vereinbart werden.

(2) Steht dem Arbeitnehmer während der Fehlzeit **kein Entgeltanspruch** zu, so ist danach zu differenzieren, welcher **Zweck** mit der Gratifikation verfolgt wird: **446**

(a) Stellt die Gratifikation ein **reines Entgelt** für erbrachte Arbeitsleistungen dar, so kann der Anspruch um die Dauer der Fehlzeiten gekürzt werden, hat sich der Arbeitnehmer die Gratifikation insoweit doch buchstäblich „nicht verdient". **447**

(b) Anders ist hingegen für Gratifikationen zu entscheiden, mit denen **Betriebstreue** honoriert wird. Unabhängig davon, ob dies der einzige Zweck ist oder ob es sich um eine Gratifikation mit **Mischcharakter** handelt, scheidet eine Kürzung der Gratifikation grundsätzlich aus;[100] etwas anderes gilt, soweit eine entsprechende, § 4a EFZG gerecht werdende Kürzungsvereinbarung getroffen wurde. **448**

4. Stichtagsklausel

Oftmals wird der Anspruch auf die Gratifikationszahlung unter den Vorbehalt gestellt, dass der Arbeitnehmer mindestens bis zu einem bestimmten Zeitpunkt (z.B.: 31.12. des jeweiligen Jahres) in einem ungekündigten Arbeitsverhältnis steht. Ob eine solche **Stichtagsklausel** zulässig ist, hängt davon ab, welchen Zweck die Gratifikation (dazu Rn. 438 ff.) verfolgt: **449**

(1) Hat sie **reinen Entgeltcharakter**, so kann mittels einer Stichtagsklausel wirksam nur eine anteilige Kürzung, nicht aber ein vollständiger Wegfall der Gratifikation vorgesehen werden. Denn in diesem Fall hat der Arbeitnehmer mit seiner Arbeitsleistung die Gratifikation bereits teilweise verdient.[101]

(2) Gleiches gilt nach der neuen Rechtsprechung des BAG für Gratifikationen mit **Mischcharakter**.[102]

(3) Dagegen ist eine Stichtagsklausel grundsätzlich möglich, wenn die Gratifikation **allein** der **Honorierung** der **Betriebstreue** des Arbeitnehmers dienen soll, und zwar selbst dann, wenn das Arbeitsverhältnis aus einem aus der Sphäre des Arbeitgebers stammenden Grund gekündigt wird.[103]

5. Rückzahlungsvorbehalt

Gratifikationen werden oft unter sog. Rückzahlungsvorbehalte gestellt. Danach muss der Arbeitnehmer die erhaltene Gratifikation zurückzahlen, wenn er vor einem bestimmten Stichtag (z.B.: „31.3. des Folgejahres") aus dem Unternehmen ausscheidet. **450**

100 BAG 5.8.1992 – 10 AZR 88/90 und 9.8.1995 – 10 AZR 539/94, AP BGB § 611 Gratifikation Nr. 143 und 181.

101 BAG 8.11.1978 – 5 AZR 358/77, AP BGB § 611 Gratifikation Nr. 100.

102 BAG 18.1.2012 – 10 AZR 612/10, NZA 2012, 561, 562 f.; 13.11.2013 – 10 AZR 848/12, NZA 2014, 368, 370.

103 BAG 27.10.1978 – 5 AZR 139/77, 4.9.1985 – 5 AZR 655/84, AP BGB § 611 Gratifikation Nr. 96, 123; 18.1.2012 – 10 AZR 667/10, NZA 2012, 620, 621; 22.7.2014 – 9 AZR 981/12, NZA 2014, 1136.

451 Für die Zulässigkeit des Rückzahlungsvorbehalts ist zunächst danach zu differenzieren, um welche Art von Gratifikation – gemessen an ihrem Zweck (dazu näher Rn. 438 ff.) – es sich handelt. Stets **unzulässig** sind Rückzahlungsverpflichtungen, wenn die **Gratifikation reinen Entgeltcharakter hat**, denn hier hat der Arbeitnehmer diese bereits durch die erbrachte Arbeitsleistung verdient, ein nachträglicher Entzug seiner Entlohnung würde das synallagmatische Gefüge von Leistung und Gegenleistung verletzen.[104] Anders als nach früherer Rechtsprechung gilt Gleiches mittlerweile auch bei **Gratifikationen mit Mischcharakter**.[105]

452 In Betracht kann ein Rückzahlungsvorbehalt also überhaupt nur bei Gratifikationen kommen, die **ausschließlich vergangene oder künftige Betriebstreue** belohnen. Insoweit ist eine Rückzahlungsverpflichtung aufgrund der Vertragsfreiheit – und weil der Arbeitgeber ein legitimes Interesse daran hat, festzulegen, unter welchen Bedingungen er freiwillige Zusatzleistungen erbringt – zwar grundsätzlich möglich. Zum Schutz der **Berufswahlfreiheit (Art. 12 GG)** des Arbeitnehmers sind der Rückzahlungspflicht aber Schranken zu ziehen, weil er anderenfalls ggf. faktisch gezwungen sein könnte, im Unternehmen zu bleiben.[106] Die zulässige Bindungsdauer ist deshalb per Abwägung der widerstreitenden Interessen von Arbeitgeber und Arbeitnehmer zu bestimmen.[107] Das BAG hat Richtlinien aufgestellt, die auf einem Zusammenhang zwischen Höhe der Gratifikation und Bindungsdauer beruhen:[108]

(1) **Kleingratifikationen** von nicht mehr als € 100 können überhaupt nicht mit einem Rückzahlungsvorbehalt versehen werden („minima non curat praetor").

(2) Bewegt sich die Gratifikation oberhalb der € 100-Grenze, aber **unter einem Bruttomonatsgehalt**, so kann Rückzahlung verlangt werden, wenn der Arbeitnehmer *vor* dem **31.3.** des Folgejahres ausscheidet; scheidet er *am* 31.3. des Folgejahres oder *danach* aus, kann er die Gratifikation behalten.

(3) Erhält der Arbeitnehmer eine Gratifikation von **einem Bruttomonatsgehalt oder mehr**, so kann Rückzahlung verlangt werden, wenn der Arbeitnehmer *vor* dem **30.6.** des Folgejahres ausscheidet.

453 Ist die Rückzahlungsverpflichtung nach diesen Grundsätzen wirksam und scheidet der Arbeitnehmer vor dem festgelegten Stichtag aus, so muss er die gesamte erhaltene Gratifikation zurückzahlen, einen „Sockelbetrag" in Höhe von € 100 kann er also nicht behalten.[109]

---

104 Vgl. BAG 13.9.1974 – 5 AZR 48/74, AP BGB § 611 Gratifikation Nr. 84.

105 *Hromadka/Maschmann*, Arbeitsrecht I, § 7, Rn. 57; Staudinger/*Richardi/Fischinger*, § 611a, Rn. 1570; anders noch *Junker*, Grundkurs Arbeitsrecht, Rn. 250.

106 Staudinger/*Richardi/Fischinger*, § 611a, Rn. 1571; *Nikisch*, BB 1962, 1332, 1333; *Bötticher*, AuR 1965, 161, 165; *ders.*, ZfA 1970, 3, 19 ff.

107 Vgl. BAG 10.5.1962 – 5 AZR 452/61, BAGE 13, 129, 133 f.

108 BAG 10.5.1962 – 5 AZR 452/61, BAGE 13, 129.

109 BAG 11.6.1964 – 5 AZR 472/63, BAGE 16, 107.

III. Aus-/Fortbildungsbeihilfen und Rückzahlungsklauseln

1. Grundlagen

Teilweise vereinbaren die Arbeitsvertragsparteien, dass der Arbeitgeber finanziell die berufliche Fort- oder Weiterbildung des Arbeitnehmers (z.B. Facharztausbildung, EDV-Schulungen, Meisterkurs) unterstützt, sei es, dass er ihn unter Fortbezahlung der Bezüge zeitweise von der Arbeitsleistung freistellt, sei es, dass er alternativ oder kumulativ die Kosten der Fortbildung (z.B. Kursgebühren, Lehrmittel) trägt. **454**

Klausurrelevante Fragen können sich stellen, wenn – wie dies in der Praxis regelmäßig geschieht – die Parteien zugleich mit der Kostenübernahme durch den Arbeitgeber vereinbaren, dass der Arbeitnehmer die Ausbildungskosten zurückzuerstatten hat, wenn das Arbeitsverhältnis vor Ablauf eines bestimmten Zeitpunkts beendet wird. Aufgrund der Vertragsfreiheit sind solche sog. **Rückzahlungsklauseln** zwar grundsätzlich wirksam. Zu beachten ist aber, dass die drohende Rückzahlungsverpflichtung dem Arbeitnehmer eine Aufgabe des Arbeitsplatzes faktisch erheblich erschweren und dadurch seine durch Art. 12 GG geschützte **Berufswahlfreiheit** unzulässig beschränken kann.[110] **455**

2. Zulässigkeit der Rückzahlungsverpflichtung

Solche Rückzahlungsklauseln unterliegen – insb. wenn es sich, wie meist, um AGB handelt – deshalb einigen **Schranken**: **456**

(1) In **Berufsausbildungsverhältnissen** nach dem BBiG sind sie wegen der Kostentragungspflicht des Ausbilders (§§ 12 II Nr. 1, 25 BBiG) stets unzulässig.

(2) Gleiches gilt hinsichtlich solcher Fortbildungsmaßnahmen, die zwingend der Arbeitgeber zu tragen hat, wie z.B. Betriebsratsschulungen (§§ 37 VI, VII, 40 I BetrVG) oder die Kosten einer betriebsärztlichen Untersuchung.

(3) Die Klausel muss dem **Transparenzgebot** des § 307 I 2 BGB genügen. Sie muss nicht nur klar und verständlich regeln, unter welchen Voraussetzungen die Rückzahlungsverpflichtung entsteht, sondern auch die Kosten der Ausbildung soweit möglich und zumutbar benennen.[111]

(4) Ob die Klausel eine **unangemessene Benachteiligung** (§ 307 I 1 BGB) darstellt, ist durch eine Abwägung der beiderseitigen Interessen zu ermitteln. Dabei sind alle Einzelfallumstände abzuwägen, relevant sind aber v.a. drei Faktoren:

(a) Hat die Fortbildung dem Arbeitnehmer einen **geldwerten (beruflichen) Vorteil** gebracht? Wenn ja, so spricht das für die Zulässigkeit der Rückzahlungsverpflichtung, wenn nein, gegen sie.[112] Ein solcher geldwerter Vorteil ist anzunehmen, wenn

---

110 BAG 11.4.2006 – 9 AZR 610/05, AP BGB § 307 Nr. 16; 28.3.2007 – 10 AZR 261/06, AP BGB § 611 Gratifikation Nr. 265; 14.1.2009 – 3 AZR 900/07, AP BGB § 611 Ausbildungsbeihilfe Nr. 41.

111 BAG 21.8.2012 – 3 AZR 698/10, NZA 2012, 1428, 1430; 6.8.2013 – 9 AZR 442/12, NZA 2013, 1361, 1362.

112 BAG 16.3.1994 – 5 AZR 339/92, 21.11.2001 – 5 AZR 158/00 und 5.12.2002 – 6 AZR 539/01, AP BGB § 611 Ausbildungsbeihilfe Nr. 18, 31 und 32.

der Arbeitnehmer entweder beim finanzierenden Arbeitgeber infolge der Fortbildung ein höheres Gehalt erhält/befördert wird und/oder wenn er Kenntnisse erwarb, die auch bei einem anderen Arbeitgeber sinnvoll verwendbar sind, so dass seine Arbeitsmarktchancen steigen.

(b) Zentral ist ferner die **Relation von Ausbildungs- und Bindungsdauer**: Je länger die Ausbildung dauerte – und je höher typischerweise die damit einhergehenden Kosten waren –, desto länger hat der Arbeitgeber ein legitimes Interesse daran, von dem erhöhten Ausbildungsstand des Arbeitnehmers zu profitieren. Das BAG[113] hat für die zulässige Relation „Faustformeln" entwickelt:

Ausbildungsdauer	Zulässige Bindungsfrist
Bis zu einem Monat	Sechs Monate
Bis zu zwei Monate	12 Monate
Drei bis vier Monate	24 Monate
Sechs bis 12 Monate	36 Monate
Mehr als 24 Monate	60 Monate

Hinweis: Es handelt sich insoweit nur um Richtwerte. Aufgrund der Umstände des konkreten Einzelfalls kann eine kürzere/längere Bindung geboten sein.[114] Überdies sollten Sie die genannten **Zahlenwerte nicht auswendig lernen**, sondern vielmehr die dahinterstehende Interessenabwägung verstehen.

(c) Eine Rückzahlungsverpflichtung darf schließlich nur für den Fall vorgesehen werden, dass der **Grund für die Beendigung** des Arbeitsverhältnisses in die **Sphäre des Arbeitnehmers** fällt.[115] Das ist v.a. anzunehmen, wenn der Arbeitgeber den Arbeitnehmer wegen dessen vertragswidrigen Verhaltens kündigt; Gleiches gilt aber auch, wenn der Arbeitnehmer seinerseits innerhalb der Bindungsfrist das Arbeitsverhältnis kündigt, ohne dass dies durch ein vertragswidriges Verhalten des Arbeitgebers gerechtfertigt gewesen wäre. Dagegen kann eine Rückzahlung nicht wirksam für Fälle vorgesehen werden, in denen die Beendigung aus dem Verantwortungsbereich des Arbeitgebers stammt. Die Rückzahlungsklausel muss also so gefasst sein, dass der Arbeitnehmer durch eigene Vertragstreue die Entstehung der Rückzahlungsverpflichtung vermeiden kann. Differenziert die Rückzahlungsklausel insoweit nicht, so ist sie nach § 307 I 1 BGB unwirksam.[116]

113 BAG 19.6.1974 – 4 AZR 299/73, 12.12.1979 – 5 AZR 1056/77, 23.2.1983 – 5 AZR 531/80, 15.12.1993 – 5 AZR 279/93, 16.3.1994 – 5 AZR 339/92, 6.9.1995 – 5 AZR 241/94, 21.7.2005 – 6 AZR 539/01, AP BGB § 611 Ausbildungsbeihilfe Nr. 1, 4, 6, 17, 18, 23, 37; 18.3.2008 – 9 AZR 186/07, AP BGB § 310 Nr. 12; 15.9.2009 – 3 AZR 173/08, NZA 2010, 342.

114 Vgl. z.B. BAG 5.12.2002 – 6 AZR 537/00, AP BBiG § 5 Nr. 11.

115 BAG 6.5.1998 – 5 AZR 535/97, 5.7.2000 – 5 AZR 883/98, 24.6.2004 – 6 AZR 383/03, AP BGB § 611 Ausbildungsbeihilfe Nr. 28, 29, 34; 19.1.2011 – 3 AZR 621/08, NZA 2012, 85, 88.

116 BAG 13.12.2011 – 3 AZR 791/09, NZA 2012, 738, 739 f.

3. Rechtsfolgen

Ist die Rückzahlungsklausel daran gemessen **unwirksam**, so tritt nur eine Teilunwirksamkeit ein, die Wirksamkeit der Fortbildungsvereinbarung im Übrigen bleibt also unberührt. Der Arbeitnehmer hat also dennoch Anspruch auf Kostenerstattung. Für die Rechtsfolgen ist im Übrigen zu unterscheiden: Handelt es sich bei der Rückzahlungsvereinbarung um eine **Individualvereinbarung**, so kann sie geltungserhaltend auf das gerade noch zulässige Maß zurückgeführt und insoweit „gerettet" werden.[117] Bei einer **AGB** scheidet eine derartige geltungserhaltende Reduktion zwar aus (s. Rn. 226 ff.).[118] Allerdings macht das BAG im vorliegenden Kontext in gewisser Weise eine Ausnahme, wenn die Klausel **nur** wegen der überlangen Bindung unzulässig ist. Grund hierfür ist, dass es für den Arbeitgeber angesichts der einzelfallbezogenen Betrachtungsperspektive oftmals objektiv schwierig bis unmöglich ist vorherzusagen, welche Bindungsdauer ein Gericht anerkennen würde. Deshalb erlaubt das Gericht in diesen Fällen eine **ergänzende Vertragsauslegung**, mittels derer die unzulässige Bindungsdauer auf eine zulässige verkürzt wird.[119] **457**

Ist die Rückzahlungsklausel hingegen **wirksam** und scheidet der Arbeitnehmer vor Ablauf der zulässigen Bindungsfrist aus, so ist zu prüfen, ob (a) dies aus einem von ihm veranlassten Grund geschah und, wenn ja, (b) in welcher **Höhe** er Rückzahlung schuldet. Der Arbeitnehmer schuldet maximal die vertraglich vereinbarte Summe, selbst wenn die Fortbildungskosten tatsächlich höher waren; waren die tatsächlichen Kosten umgekehrt geringer, so schuldet er nur diese.[120] Hat er zudem nach Abschluss der Ausbildung eine Zeit lang beim Arbeitgeber gearbeitet, so verringert sich seine Rückzahlungsverpflichtung anteilig.[121] **458**

F. Zulagen

Vom Grundlohn, der für die gewissermaßen „Normalleistung" des Arbeitnehmers unter „normalen" Bedingungen gezahlt wird, sind Zulagen zu unterscheiden. Diese honorieren Arbeit unter besonderen Umständen oder besondere Leistungen durch einen Aufschlag auf den Grundlohn. **459**

Aus gesetzlichen Vorgaben folgt grundsätzlich kein Anspruch auf Zulagen. Eine Ausnahme macht allein **§ 6 V ArbZG**, wonach bei **Nachtarbeit** entweder Anspruch auf eine angemessene Zahl bezahlter freier Tage oder einen angemessenen Zuschlag auf das ihm hierfür zustehende Bruttoarbeitsentgelt besteht. Im Übrigen besteht ein Anspruch auf Zulagengewährung dagegen nur, wenn dies kollektiv- oder individualvertraglich **vereinbart** wurde. **460**

---

117 BAG 16.3.1994 – 5 AZR 339/92, 6.9.1995 – 5 AZR 241/94, 5.12.2002 – 6 AZR 539/01, AP BGB § 611 Ausbildungsbeihilfe Nr. 18, 23, 32.
118 BAG 11.4.2006 – 9 AZR 610/05, AP BGB § 307 Nr. 16.
119 BAG 14.1.2009 – 3 AZR 900/07, AP BGB § 611 Ausbildungsbeihilfe Nr. 41.
120 BAG 16.3.1994 – 5 AZR 339/92, AP BGB § 611 Ausbildungsbeihilfe Nr. 18.
121 BAG 23.4.1986 – 5 AZR 159/85, AP BGB § 611 Ausbildungsbeihilfe Nr. 10.

461 V In der Praxis sind v.a. folgende Zulagen anzutreffen:

(1) Von der Frage, ob Überstunden überhaupt – *mit dem Grundlohn* – vergütet werden müssen (dazu Rn. 372), ist die danach zu trennen, ob der Arbeitnehmer darüber hinaus einen besonderen **Überstundenzuschlag** verlangen kann. Das ist nur bei einer entsprechenden Vereinbarung der Fall.

(2) Zuschläge für **Sonn- und Feiertagsarbeit** (wenn nicht ein vorrangiger Freizeitausgleich vereinbart wird).

(3) **Erschwerniszulagen** für Arbeiten unter erschwerten Bedingungen, z.B. für besonders schmutzige, gefährliche oder laute Arbeiten.

(4) **Sozialzulagen**, die für Arbeitnehmer in besonderen sozialen Verhältnissen gezahlt werden, z.B. Zuschläge für Verheiratete oder Kinder.

(5) **Leistungszulagen** dienen der Honorierung einer besonderen Leistung.

(6) **Anwesenheitsprämien** werden zusätzlich zum Grundlohn gezahlt, wenn der Arbeitnehmer während eines bestimmten Zeitraums tatsächlich ununterbrochen gearbeitet hat.

462 In **Fall 15** fehlt es an einer entsprechenden Vereinbarung. A kann daher zwar für jede Überstunde den Stundengrundlohn verlangen (Rn. 373), nicht aber einen darüber hinausgehenden Überstundenzuschlag.

G. Lohnanspruch trotz Nichterbringung der Arbeitsleistung

I. Grundsatz: „Ohne Arbeit kein Lohn"

463 Der Arbeitsvertrag als gegenseitiger Vertrag ist auf den Austausch von Arbeitsleistung gegen Lohnzahlung gerichtet. Schon das legt nahe, dass der Arbeitnehmer grundsätzlich nur einen Lohnanspruch hat, wenn er die geschuldete Arbeitsleistung zur richtigen Zeit am richtigen Ort gegenüber dem richtigen Arbeitgeber erbracht hat. Dieser Grundsatz des **„ohne Arbeit kein Lohn"** wird von der wohl h.M. dogmatisch unter Verweis auf **§ 614 BGB** zu begründen versucht.[122] Das überzeugt nicht, da § 614 BGB eine reine Fälligkeitsregelung normiert. Richtigerweise beruht der Grundsatz des „ohne Arbeit kein Lohn" auf dem Synallagma von Arbeitsleistung und Lohnzahlungspflicht: Die Pflicht des Arbeitnehmers zur Erbringung der vertraglich geschuldeten Leistung stellt eine **absolute Fixschuld** dar (Rn. 581). Dementsprechend wird die Erfüllung dieser Pflicht mit dem Ablauf des jeweiligen Zeitraums, in dem die jeweilige Arbeitsleistung zu erbringen gewesen wäre, unmöglich (§ 275 I BGB). Im Gegenzug erlischt angesichts der synallagmatischen Verknüpfung von Leistung und Gegenleistung gemäß **§ 326 I 1 BGB** auch die Lohnzahlungspflicht des Arbeitgebers. Deswegen – und nicht wegen § 614 BGB – hat der Arbeitnehmer also grundsätzlich nur dann einen Lohnanspruch, wenn er zuvor seine Arbeitsleistung erbracht hat.[123]

---

122 So BAG 21.3.1958 – 1 AZR 555/56, AP BGB § 614 Nr. 1; MüKo-BGB/*Müller-Glöge*, § 614, Rn. 1.
123 Staudinger/*Richardi/Fischinger*, § 614, Rn. 1; ErfK/*Preis*, § 614 BGB, Rn. 4; HWK/*Krause*, § 614 BGB, Rn. 1.

Dieser Grundsatz erfährt aber mit Blick auf die besondere Schutzwürdigkeit des Arbeitnehmers sowie seine regelmäßig bestehende finanzielle Abhängigkeit von seiner Haupteinkunftsquelle „Arbeitsverhältnis" **zahlreiche klausur- und praxisrelevante Ausnahmen**, die im Folgenden zu erläutern sind. Auch das während des **Erholungsurlaubs** geschuldete Urlaubsentgelt gemäß §§ 1, 11 BUrlG zählt dazu. Weil dessen Darstellung aber den Rahmen dieses Kapitels sprengen würde, wird das Urlaubsrecht gesondert behandelt (s. Rn. 630 ff.). **464**

II. Annahmeverzug, § 615 S. 1 BGB

1. Grundlagen und Abgrenzung zu § 326 II 1 BGB

Nimmt der Arbeitgeber die ihm vom Arbeitnehmer angebotenen Dienste nicht an, so gerät er gemäß § 615 S. 1 BGB in Annahmeverzug mit der Folge, dass der Arbeitnehmer – ohne zur Nacharbeit der ausgefallenen Dienste verpflichtet zu sein – Anspruch auf Zahlung der „vereinbarten Vergütung" (sog. **Annahmeverzugslohn**) hat. § 615 S. 1 BGB normiert allein die Rechtsfolgen des Annahmeverzugs, seine Voraussetzungen richten sich dagegen nach **§§ 293 ff. BGB**. § 615 S. 1 BGB ist auch **keine Anspruchsgrundlage**, sondern hält „nur" unter Durchbrechung des Grundsatzes „ohne Arbeit kein Lohn" den ursprünglichen Zahlungsanspruch aufrecht. **465**

Die dogmatische Einordung der Vorschrift und ihr Verhältnis zur **Unmöglichkeit** sind nicht einfach. Wie ausgeführt (Rn. 463), wird die Erfüllung der Arbeitspflicht mit dem Ablauf des jeweiligen Zeitraums, in dem sie jeweils zu erbringen wäre, aber nicht erbracht wurde, unmöglich (§ 275 I BGB). Nun schließen sich Annahmeverzug und Unmöglichkeit eigentlich aus,[124] so dass es begrifflich gar nicht zum Annahmeverzug des Arbeitgebers kommen könnte und § 615 S. 1 BGB daher keinen Anwendungsbereich hätte. Überdies enthält **§ 326 II 1 BGB** eine Vorschrift, die eine Aufrechterhaltung des Gegenleistungsanspruchs regelt. Das wirft die Fragen auf, wann § 615 S. 1 BGB anwendbar ist und in welchem **Verhältnis** er zu § 326 II 1 BGB steht:

- Von Bedeutung ist zunächst, dass nach der heute h.M. § 615 S. 1 BGB nicht nur Fallkonstellationen erfasst, in denen der Arbeitgeber nicht willens ist, die Arbeitsleistung anzunehmen (sog. **Annahmeunwilligkeit**), sondern auch solche, in denen er diese – z.B. weil der Betrieb niedergebrannt ist – nicht annehmen kann (**Annahmeunmöglichkeit**).[125]
- Für das Verhältnis von § 615 S. 1 BGB zu § 326 II BGB ist im Übrigen zu unterscheiden: Im Verhältnis zu § 326 II 1 **Alt. 2** BGB ist er als **lex specialis** zu sehen; befindet sich der Arbeitgeber bei Eintritt der Unmöglichkeit (wegen Zeitablaufs) in Annahmeverzug, so behält der Arbeitnehmer seinen Lohnzahlungsanspruch also wegen § 615 S. 1 BGB – und nicht wegen § 326 II 1 Alt. 2 BGB. Dagegen wird § 326 II 1 **Alt. 1** BGB durch § 615 S. 1 BGB **nicht verdrängt**.[126] Bedeutsam kann

124 Preis/Temming/*Preis*, Individualarbeitsrecht, § 43, Rn. 2039; MüKo-BGB/*Henssler*, § 615, Rn. 3.

125 MünchArbR/*Tillmanns,* § 76, Rn. 39 f.; ErfK/*Preis*, § 615 BGB, Rn. 7; näher Staudinger/*Richardi/ Fischinger*, § 615, Rn. 19 ff.; **a.A.** noch die ältere Rechtsprechung, vgl. BAG 24.11.1960 – 5 AZR 545/59, AP BGB § 615 Nr. 18; 18.8.1961 – 4 AZR 132/60, AP BGB § 615 Nr. 20.

126 BAG 23.9.2015 – 5 AZR 146/14, NZA 2016, 293, 294 f.

§ 326 II 1 Alt. 1 BGB werden, wenn die Annahmeverzugsvoraussetzungen nicht vorliegen, z.B. weil der Arbeitnehmer nicht leistungsfähig ist (§ 297 BGB, s. Rn. 481). In einem solchen Fall kann der Vergütungsanspruch über Rückgriff auf § 326 II 1 Alt. 1 BGB aufrechtzuerhalten sein (zu beachten ist dann aber das Konkurrenzverhältnis zwischen § 326 II 1 Alt. 1 BGB und § 615 S. 3 BGB, dazu Rn. 508).

466 Für das Verständnis von § 615 S. 1 BGB ist es essentiell zu wissen, dass der historische Gesetzgeber mit dieser Vorschrift die sog. **Substratsgefahr dem Arbeitgeber zuweisen** wollte. Damit ist die Gefahr gemeint, die vom leistungsbereiten und -fähigen Arbeitnehmer angebotene Arbeitsleistung wegen einer Störung des Arbeitssubstrats – d.h. den Betrieb und die Betriebsmittel – nicht annehmen zu können.[127] Diese Risikozuweisung entspricht dem allgemeinen zivilrechtlichen Grundsatz, nach dem jeder das Risiko trägt, die von ihm bestellten Leistungen nicht verwenden zu können. Es handelt sich gewissermaßen um das schuldrechtliche Äquivalent zur sachenrechtlichen „casum-sentit-dominus"-Regel.[128] Angesichts dessen greift § 615 S. 1 BGB nicht nur ein, wenn die Störung aus der Sphäre des Arbeitgebers (z.B. wegen mangelhafter Organisation seines Betriebs fehlen plötzlich die für die Durchführung der Arbeiten notwendigen Materialien), sondern gerade auch, wenn sie aus der „neutralen", d.h. weder von ihm noch vom Arbeitnehmer zu vertretenden Sphäre stammt.[129] Deshalb greift § 615 S. 1 BGB z.B. auch bei Betriebseinschränkungen/-schließungen infolge von Naturkatastrophen[130] sowie bei pandemiebedingten flächendeckenden Betriebsschließungen (**Fall 24**, s. Rn. 484) ein. Schon § 615 S. 1 BGB erfasst deshalb richtigerweise alle Fälle, die heute verbreitet unter die Vorschrift des § 615 S. 3 BGB, in der der Gesetzgeber die Betriebsrisikolehre kodifizierte, subsumiert werden; § 615 S. 3 BGB ist deshalb schlicht überflüssig (Rn. 484).[131]

2. Voraussetzungen

a) Bestehendes Arbeitsverhältnis

467 Ein Annahmeverzug setzt zunächst voraus, dass zwischen den Parteien ein erfüllbares und durchführbares[132] Arbeitsverhältnis besteht. Problematisch ist das v.a. in zwei Konstellationen:

- Handelt es sich um ein an einem Nichtigkeitsgrund leidendes oder anfechtbares und deswegen **fehlerhaftes Arbeitsverhältnis** (dazu näher Rn. 186 ff.), so hindert das die Anwendung von § 615 BGB solange nicht, wie nicht eine der beiden

127 *E. Picker*, JZ 1985, 693 ff.; *ders.*, JZ 1988, 63 ff.; *ders.*, FS Kissel, 1994, 813 ff.; *ders.*, FS Huber, 2006, 497, 497, 500, 532 f., 538; MüKo-BGB/*Henssler*, § 615 Rn. 10; *Fischinger/Hengstberger*, NZA 2020, 559, 560; *dies.*, JA 2020, 561, 562.

128 *E. Picker*, JZ 1979, 285, 293; *ders.*, FS Huber, 2006, 497, 502.

129 *Canaris*, FS Prölls, 2009, 21, 38; vgl. auch *E. Picker*, FS Kissel, 1994, 813, 854; *Fischinger/Hengstberger*, NZA 2020, 559, 560.

130 ErfK/*Preis*, § 615 BGB, Rn. 131; Staudinger/*Richardi/Fischinger*, § 615, Rn. 238; MüKo-BGB/*Henssler*, § 615, Rn. 108; BeckOGK-BGB/*Bieder*, § 615, Rn. 119.

131 Staudinger/*Richardi/Fischinger*, § 615, Rn. 6; *Fischinger/Hengstberger*, NZA 2020, 559, 560.

132 Daran fehlt es z.B., wenn das Arbeitsverhältnis erst nachträglich mit rückwirkender Wirkung durch Urteil begründet wurde (BAG 19.8.2015 – 5 AZR 975/13, NZA 2015, 1460, 1461).

Parteien die Lossagung von diesem erklärt. Allerdings kann in der Nichtannahme der angebotenen Arbeitsleistung durch den Arbeitgeber die Lossagungs-Erklärung zu sehen sein mit der Folge, dass mangels weiterbestehenden (fehlerhaften) Arbeitsverhältnisses ein Annahmeverzug ausscheidet.[133]

- **Kündigt der Arbeitgeber** und verweigert er die vom Arbeitnehmer verlangte Weiterbeschäftigung über den Ablauf der Kündigungsfrist hinaus, so können Annahmeverzugsansprüche in Betracht kommen (näher Rn. 673).

b) Angebot der vertragsmäßigen Arbeitsleistung

Konzeptionell setzt ein Annahmeverzug voraus, dass der Schuldner die geschuldete Leistung dem Gläubiger ordnungsgemäß anbietet. Die entscheidenden Vorschriften enthalten die §§ 294-296 BGB. **468**

aa) Tatsächliches Angebot, § 294 BGB. § 294 BGB verlangt, dass der Arbeitnehmer in eigener Person (vgl. § 613 S. 1 BGB) am vereinbarten Arbeitsort zum Dienstbeginn erscheint und seine Arbeitskraft entsprechend der vertraglichen Absprachen anbietet.[134] Das tatsächliche Angebot ist rechtsdogmatisch ein Realakt, die Vorschriften über Willenserklärungen finden dementsprechend nicht – auch nicht analog – Anwendung.[135] **469**

bb) Wörtliches Angebot, § 295 BGB. § 295 BGB erklärt ein tatsächliches Angebot in zwei Konstellationen für entbehrlich und lässt ein wörtliches Angebot genügen: **470**

(1) Zum einen bedarf es keines tatsächlichen Angebots, wenn der Arbeitgeber ausdrücklich oder konkludent erklärt hat, dass er die Arbeitsleistung nicht annehmen wird (§ 295 S. 1 **Alt. 1** BGB). Denkbar ist das z.B., wenn der Arbeitgeber den Arbeitnehmer solange einseitig (unwirksam) freigestellt (Rn. 666) hat, bis bestimmte Vorwürfe geklärt sind. In einem solchen Fall wäre es bloße Förmelei, vom Arbeitnehmer zu verlangen, sich dennoch – gar jeden Tag erneut – zum Betrieb zu begeben und seine Arbeitsleistung anzubieten. Stattdessen genügt es (ist aber auch erforderlich), dass er *nach* der Ankündigung des Arbeitgebers ein wörtliches Angebot abgibt.[136] **471**

(2) Ein wörtliches Angebot genügt zum anderen, wenn zur Bewirkung der Leistung des Schuldners (= Arbeitnehmers) eine Handlung des Gläubigers (= Arbeitgebers) erforderlich ist, § 295 S. 1 **Alt. 2** BGB. Das ist bei Arbeitsverhältnissen angesichts der typischerweise bestehenden Eingliederung des Arbeitnehmers in die Betriebsorganisation des Arbeitgebers meist der Fall, kann der Arbeitnehmer seiner Arbeit doch nicht nachgehen, wenn ihm der Arbeitgeber keinen funktionsfähigen Arbeitsplatz samt erforderlicher Arbeitsmittel und Ressourcen zur Verfügung stellt und/oder ihm keine Arbeit zuweist.[137] § 295 S. 1 Alt. 2 BGB wird durch **§ 296 BGB** ergänzt (Rn. 473). **472**

---

133 HWK/*Krause*, § 615 BGB, Rn. 12; MüKo-BGB/*Henssler*, § 615, Rn. 14; Staudinger/*Richardi/Fischinger*, § 615, Rn. 109 f.

134 Staudinger/*Richardi/Fischinger*, § 615, Rn. 52.

135 Staudinger/*Feldmann*, § 294, Rn. 14; ErfK/*Preis*, § 615 BGB, Rn. 17.

136 BAG 10.7.1969 – 5 AZR 323/68, AP BGB § 615 Kurzarbeit Nr. 2; *Fischinger/Straub*, JuS 2016, 208, 209.

137 Staudinger/*Richardi/Fischinger*, § 615, Rn. 66 ff.; MüKo-BGB/*Henssler*, § 615, Rn. 23.

Für das wörtliche Angebot genügt eine fernmündliche Übermittlung, z.B. per Telefon oder E-Mail. Inhaltlich muss es – wie das tatsächliche Angebot – die Arbeitsleistung so, wie sie geschuldet ist, also nach richtigem Ort und Inhalt, richtiger Zeit sowie den richtigen Parteien, anbieten. Ein einmal für die Zukunft abgegebenes wörtliches Angebot muss nicht jeden (Arbeits-)Tag aufs Neue wiederholt werden, wird dem Arbeitnehmer die Leistung aber später zeitweise unmöglich (z.B. weil er arbeitsunfähig erkrankt), entfällt seine Wirkung (s. auch Rn. 475).[138]

473 **cc) Entbehrlichkeit jeglichen Angebots, § 296 BGB.** In **Erweiterung zu § 295 S. 1 Alt. 2 BGB** erklärt § 296 BGB sogar jegliches Angebot für entbehrlich, wenn für die vom Gläubiger (= Arbeitgeber) vorzunehmende Handlung eine Zeit nach dem Kalender bestimmt ist und er diese nicht rechtzeitig vornimmt. Weil in einem Arbeitsverhältnis der Arbeitnehmer seine Leistung in der Regel nur erbringen kann, wenn ihm der Arbeitgeber zuvor einen funktionstüchtigen Arbeitsplatz zur Verfügung stellt und ihm Arbeit zuweist (Rn. 472), ist die erste Anwendungsvoraussetzung von § 296 BGB erfüllt. Auch die zweite – die kalendermäßige Bestimmung der Handlung des Gläubigers – ist zu bejahen, hat der Arbeitgeber doch an jedem neuen Arbeitstag einen Arbeitsplatz zur Verfügung zu stellen. Auch wenn § 296 BGB damit scheinbar stets erfüllt ist, differenziert die Rechtsprechung für dessen Anwendbarkeit wie folgt:

- Hat der Arbeitgeber das Arbeitsverhältnis **unwirksam gekündigt** und ist die Kündigungsfrist abgelaufen bzw. handelt es sich um eine außerordentliche fristlose Kündigung, wendet die Rechtsprechung § 296 BGB mit der Folge an, dass er – wenn die sonstigen Voraussetzungen vorliegen – in Annahmeverzug gerät, ohne dass es eines Angebots des Arbeitnehmers bedarf.[139] Denn mit Ausspruch der Kündigung habe der Arbeitgeber erklärt, den Arbeitnehmer nicht mehr beschäftigen und damit seiner Pflicht zur täglichen Zurverfügungstellung eines Arbeitsplatzes nicht mehr nachkommen zu wollen. Die gleichen Grundsätze gelten für das **unwirksam befristete** Arbeitsverhältnis, bei einer **zu kurz bemessenen Kündigungsfrist**[140] einer im Übrigen wirksamen Kündigung, bei unrechtmäßiger Anordnung von **Kurzarbeit**[141] sowie bei **Bestreiten der Existenz eines Arbeitsverhältnisses**.[142]
- Anders entscheidet das BAG im **ungekündigten Arbeitsverhältnis**. Hier sei **§ 296 BGB nicht anwendbar**, so dass Annahmeverzug nur bei einem tatsächlichen oder – unter den Voraussetzungen von § 295 BGB – wörtlichen Angebot des Arbeitnehmers eintritt.[143] Das gilt auch, wenn der Arbeitgeber zwar ordentlich gekündigt hat, die Kündigungsfrist aber noch nicht abgelaufen ist.

474 In **Fall 19** hat A seine Arbeitsleistung weder tatsächlich noch wörtlich angeboten. Allerdings greift im unwirksam gekündigten Arbeitsverhältnis nach Auffassung des BAG § 296

---

138 BAG 18.8.1961 – 4 AZR 132/60, AP BGB § 615 Nr. 20.

139 BAG 9.8.1984 – 2 AZR 374/83, AP BGB § 615 Nr. 34; 15.9.2011 – 8 AZR 846/09, NZA 2012, 377, 379; ebenso Erman/*Riesenhuber*, § 615, Rn. 20.

140 BAG 9.4.1987 – 2 AZR 280/86, AP AÜG § 9 Nr. 1.

141 BAG 27.1.1994 – 6 AZR 541/93, AP BAT-O § 15 Nr. 1.

142 MüKo-BGB/*Henssler*, § 615, Rn. 24; ErfK/*Preis*, § 615 BGB, Rn. 42.

143 BAG 25.4.2007 – 5 AZR 504/06, NZA 2007, 801, 803; 16.4.2013 – 9 AZR 554/11, NZA 2013, 849, 850.

BGB ein, so dass ein Angebot entbehrlich ist und U sich vom 1.6.-31.12.2017 in Annahmeverzug befand und Lohnzahlung schuldet.

Hinweis: Auf einfache Formeln gebracht gilt nach dem BAG also Folgendes:

- **Kündigte** der Arbeitgeber das Arbeitsverhältnis **unwirksam** *und* ist die Kündigungsfrist bereits abgelaufen (bzw. handelte es sich um eine außerordentliche Kündigung), so ist gemäß § 296 BGB ein Angebot vollständig entbehrlich. Gleiches gilt in den anderen, in Rn. 473 genannten Fällen.
- In allen anderen Konstellationen, d.h. insb. im normalen **ungekündigten Arbeitsverhältnis**, greift § 296 BGB hingegen nicht ein. Liegen die Voraussetzungen des § 295 BGB nicht vor, so ist ein tatsächliches Angebot erforderlich.[144]

dd) Sonderfall: Erkrankung im Zeitpunkt des (entbehrlichen) Angebots.

Ein Sonderproblem stellt sich, wenn der Arbeitnehmer in dem Zeitpunkt, in dem er seine **475**
Arbeitskraft gemäß §§ 294, 295 BGB anbietet oder in dem gemäß § 296 BGB ein Angebot **V**
entbehrlich ist, arbeitsunfähig erkrankt ist. Wegen **§ 297 BGB** (s. Rn. 481) tritt dann bis zur Gesundung zweifellos kein Annahmeverzug ein, vielmehr erhält der Arbeitnehmer Entgeltfortzahlung nach und in den Grenzen des § 3 EFZG. Fraglich ist aber, ob der Arbeitgeber mit Gesundung des Arbeitnehmers automatisch in Annahmeverzug gerät oder ob es einer Genesungsanzeige durch den Arbeitnehmer bedarf. Es ist zu unterscheiden:

- Im **unwirksam gekündigten Arbeitsverhältnis** nach Ablauf der Kündigungsfrist (bzw. bei fristloser Kündigung) hält die Rechtsprechung eine Anzeige durch den Arbeitnehmer für entbehrlich, der Arbeitgeber gerät also auch ohne, dass er von der wiedererlangten Arbeitsfähigkeit des Arbeitnehmers Kenntnis hat, in Annahmeverzug.[145] Begründet wird dies damit, dass die Kündigung eine Zäsur darstelle, die es rechtfertige, den Arbeitnehmer von seinen ansonsten bestehenden Anzeige- und Nachweispflichten des § 5 EFZG zu befreien.[146] Überdies gehöre eine solche Anzeige nicht zu den in §§ 615, 293 ff. BGB genannten Voraussetzungen.
- Im **ungekündigten Arbeitsverhältnis** hingegen verlangt das BAG ein Angebot der Arbeitsleistung durch den genesenen Arbeitnehmer.[147]

In **Fall 20** befindet sich U wegen der Anwendbarkeit von § 296 BGB unproblematisch im **476**
Juni, Juli und August im Annahmeverzug. Im September scheidet ein solcher dagegen mangels Leistungsfähigkeit des Arbeitnehmers aus (§ 297 BGB; insoweit kommt aber ein Anspruch aus § 3 EFZG in Betracht). Fraglich ist, ob nach der Genesung des A (ab 1.10.) wieder ein Anspruch auf Annahmeverzugslohn besteht, obwohl sich A nicht wieder gesund gemeldet hat. Unter Zugrundelegung der BAG-Ansicht ist das zu bejahen, da es sich um ein vom Arbeitgeber unwirksam gekündigtes Arbeitsverhältnis handelt.

144 BAG 29.10.1992 – 2 AZR 250/92, BeckRS 1992, 30742988; ErfK/*Preis*, § 615 BGB, Rn. 31; *Hromadka/Maschmann*, Arbeitsrecht I [2014], § 8, Rn. 10.

145 BAG 19.4.1990 – 2 AZR 591/89, AP BGB § 615 Nr. 45; 24.10.1991 – 2 AZR 112/91, AP BGB § 615 Nr. 50; 24.11.1994 – 2 AZR 179/94, AP BGB § 615 Nr. 60; Staudinger/*Richardi/Fischinger*, § 615, Rn. 73.

146 BAG 24.11.1994 – 2 AZR 179/94, NZA 1995, 263, 264.

147 BAG 29.10.1992 – 2 AZR 250/92, BeckRS 1992, 30742988.

c) Nichtannahme

477 Weitere Voraussetzung ist, dass der Arbeitgeber die ihm ordnungsgemäß angebotene Dienstleistung nicht annimmt, ohne hierfür einen berechtigten Grund zu haben. Dabei spielt keine Rolle, ob den Arbeitgeber insoweit ein **Verschulden** trifft.[148] Er kann deshalb dem Anspruch aus § 615 S. 1 BGB z.B. nicht entgegenhalten, er sei schuldlos einem tatsächlichen oder rechtlichen Irrtum unterlegen. Genauso wenig ist relevant, ob er die Leistung nicht annehmen kann (z.B. abgebrannter Betrieb) oder nicht annehmen will (vgl. Rn. 465 f.).

Die Nichtannahme liegt in jedem den Erfüllungseintritt verhindernden Verhalten.[149] Sie kann daher in einer expliziten Verweigerungshandlung durch den Arbeitgeber bestehen („Du kommst hier nicht rein"), Folge einer rechtswidrigen und damit unwirksamen einseitigen Arbeitszeitverlegung oder Freistellung des Arbeitnehmers sein oder darin bestehen, dass der Arbeitgeber zwar nicht apodiktisch die Annahme *einer* Arbeitsleistung durch den Arbeitnehmer verweigert, diesem aber nur eine andere als die vertraglich vereinbarte Arbeit zu übertragen bereit ist.[150]

478 V Trotz Nichtannahme der ordnungsgemäß angebotenen Dienstleistung scheidet ein Annahmeverzug aus, wenn der Arbeitgeber einen sachlichen Grund für die Ablehnung hat und diese deshalb **berechtigt** ist. Das setzt allerdings i.d.R. voraus, dass dem Arbeitnehmer ein besonders grober Verstoß unterlaufen ist und bei Annahme der Leistung (strafrechtlich geschützte) Rechtsgüter des Arbeitgebers, seiner Angehörigen oder anderer Arbeitnehmer bedroht werden könnten, deren Schutz im Rahmen einer Interessenabwägung den an sich berechtigten Interessen des Arbeitnehmers am Erhalt seiner Verdienstmöglichkeiten vorgehen.[151] Das wird nur in Ausnahmefällen in Betracht kommen, denn dieser besonders grobe Verstoß muss schwerer wiegen als die Gründe für eine außerordentliche Kündigung.

479 V Besonderheiten sind zu beachten, wenn es um den Annahmeverzug im **gekündigten Arbeitsverhältnis** geht. Eine Annahme ist hier nur zu bejahen, wenn der Arbeitgeber die angebotenen Dienste als Erfüllung der aus dem Arbeitsverhältnis resultierenden Dienstverpflichtung annimmt. Daran fehlt es, wenn er den Fortbestand des Arbeitsverhältnisses bestreitet. Deshalb ist eine Annahme nach einer Kündigung, deren Wirksamkeit zwischen den Parteien umstritten ist, nur zu bejahen, wenn der Arbeitgeber auf die Kündigung „verzichtet".[152] Das gilt auch dann, wenn Arbeitnehmer und Arbeitgeber während des laufenden Kündigungsschutzverfahrens ein auf dessen Beendigung auflösend bedingtes **Prozessbeschäftigungsverhältnis** vereinbaren (näher Rn. 673). Wird der Arbeitnehmer aufgrund dessen tätig, so hat er im Gegenzug einen Lohnanspruch gemäß § 611a II BGB; daneben hat er – solange dieses (noch) wirksam besteht – dem Grunde nach Anspruch auf Annahmeverzugslohn bezogen auf das erste Arbeitsverhältnis, wobei auf diesen jedoch dasjenige nach § 615 S. 2 Alt. 2 BGB (Rn. 490) angerechnet wird, was er durch anderweitigen Verdienst – wozu auch derjenige aus dem Prozessbeschäftigungsverhältnis zählt – erworbenen hat.[153]

Hinweis: Diese nicht ganz leicht zu verstehende – und auf den ersten Blick vielleicht unnötig erscheinende – Konstruktion ist v.a. bedeutsam, wenn der Lohn aus dem ursprünglichen Arbeitsverhältnis von dem für das Prozessbeschäftigungsverhältnis Vereinbarten abweicht.

---

148 Studienkommentar Arbeitsrecht/*Rolfs*, § 615 BGB, Rn. 12; *Fischinger/Straub*, JuS 2016, 208, 210.
149 MünchArbR/*Tillmanns*, § 76, Rn. 39; ErfK/*Preis*, § 615 BGB, Rn. 55.
150 Vgl. bspw. BAG 3.3.1964 – 1 AZR 209/63, AP BGB § 324 Nr. 1.
151 BAG 26.4.1956 – GS /56, AP MuSchG § 9 Nr. 5; 29.10.1987 – 2 AZR 144/87, NZA 1988, 465.
152 BAG 14.11.1985 – 2 AZR 98/84, BAGE 50, 164.
153 Staudinger/*Richardi/Fischinger*, § 615, Rn. 104.

Das zeigt **Fall 21**: U beschäftigt den A nach dem 30.6.2017 allein auf Basis des zweiten, für die Dauer des Kündigungsschutzverfahrens geschlossenen Arbeitsverhältnisses. In Bezug auf das ursprüngliche Arbeitsverhältnis liegt hingegen eine Nichtannahme der Arbeitsleistung vor, hat der U doch nicht auf seine Kündigung verzichtet. Dementsprechend befindet sich U insoweit im Annahmeverzug. (Fortsetzung **Rn. 495**) **480**

d) Leistungsfähigkeit

Ein Annahmeverzug ist nur denkbar, wenn der Arbeitnehmer im Zeitpunkt des Angebots **objektiv** dazu in der Lage ist, die geschuldete Arbeitsleistung zu erbringen, § 297 BGB. Die wichtigsten Fälle, in denen das nicht gegeben ist, sind: **481**

- Der Arbeitnehmer ist aufgrund von **Verkehrsstörungen** physisch nicht in der Lage, den Betrieb zu erreichen (z.B. infolge Eisglätte, Verkehrsstau, Zusammenbruch des Verkehrs wegen Smog-Alarms oder des Flugverkehrs nach Ausbruch eines Vulkans).[154] Dagegen sind Störungen des Betriebs(-ablaufs) des Arbeitgebers selbst (z.B. Überschwemmung, Betriebsuntersagung infolge Smog-Alarms) nicht unter § 297 BGB zu subsumieren, hier besteht vielmehr Anspruch auf Lohnzahlung, der richtigerweise nicht aus § 615 S. 3, sondern aus § 615 S. 1 BGB folgt (s. Rn. 466).
- Der Arbeitnehmer darf aus **Rechtsgründen die Arbeitsleistung nicht erbringen**. Zu bejahen ist das bspw. bei einem Arzt ohne Approbation[155], bei einem LKW-Fahrer ohne Fahrerlaubnis[156] oder bei einem Ausländer, dem die erforderliche Arbeitserlaubnis fehlt.
- Der Arbeitnehmer ist **krankheitsbedingt arbeitsunfähig**. Ein Annahmeverzug scheidet hier selbst dann aus, wenn der Arbeitnehmer subjektiv der irrigen Auffassung ist, arbeitsfähig zu sein.[157]
- § 297 BGB greift auch, wenn sich der Arbeitnehmer in **Straf**- oder **Untersuchungshaft** befindet.[158]

e) Leistungswilligkeit

Auch wenn dies in § 297 BGB nicht explizit ausgesprochen ist, muss der Arbeitnehmer auch subjektiv leistungswillig sein.[159] Daran fehlt es z.B., wenn er nur (noch) bereit ist, unter einer von ihm aufgestellten Bedingung (z.B. „Verzicht" des Arbeitgebers auf eine ausgesprochene Kündigung, Mitbringen des Säuglings und Stillen am Arbeitsplatz) zur Arbeit zu kommen.[160] Bietet der Arbeitnehmer dagegen seine Arbeitskraft vorbehaltlos an, so spricht selbst dann eine Vermutung für seine Leistungswilligkeit, wenn er gegen eine vom Arbeitgeber ausgesprochene ordentliche Kündigung keine Kündigungsschutzklage erhebt.[161] **482**

154 Staudinger/*Richardi/Fischinger*, § 615, Rn. 90; vgl. auch *Gutzeit*, NZA 2010, 618, 620.
155 BAG 6.3.1974 – 5 AZR 313/73, AP BGB § 615 Nr. 29.
156 BAG 18.12.1986 – 2 AZR 34/86, AP BGB § 297 Nr. 2.
157 BAG 29.10.1998 – 2 AZR 666/97, NZA 1999, 377, 379 f.
158 Staudinger/*Richardi/Fischinger*, § 615, Rn. 87.
159 BAG 19.5.2004 – 5 AZR 434/03, AP BGB § 615 Nr. 108; 17.8.2011 – 5 AZR 251/10, NZA-RR 2012, 342.
160 BAG 3.7.1985 – 5 AZR 79/84, NZA 1986, 131; 13.7.2005 – 5 AZR 578/04, NZA 2005, 1348, 1351.
161 Vgl. auch ErfK/*Preis*, § 615 BGB, Rn. 47.

483 V Im Ergebnis greift § 615 S. 1 BGB nicht ein, wenn der Arbeitgeber die Arbeitsleistung eines Arbeitnehmers nicht annimmt, bei dem der **Verdacht** besteht, dass er mit einer **hochansteckenden**, nicht ungefährlichen **Krankheit** (z.B. Covid-19) infiziert ist: Stellt sich der Verdacht später als zutreffend heraus, ist der Arbeitnehmer schon nicht arbeitsfähig, so dass der Annahmeverzug an § 297 BGB scheitert; in Betracht kommen hier ggf. Ansprüche aus § 3 EFZG, § 616 BGB oder 56 I IfSG (s. Rn. 574). Erweist sich der Verdacht hingegen später als falsch, so greift zwar nicht § 297 BGB, jedoch durfte der Arbeitgeber die ihm angebotene Arbeitsleistung berechtigt ablehnen; in Betracht kommen hier nur Ansprüche aus § 616 BGB oder § 56 I IfSG (s. Rn. 574).[162]

484 **Fall 24** wirft die Frage auf, ob § 615 S. 1 BGB auch bei pandemiebedingten behördlichen Betriebsschließungen anwendbar ist. In der Literatur wurde das im Zuge der Corona-Krise 2020 vereinzelt mit dem Argument abgelehnt, bei flächendeckenden Betriebsschließungen verwirkliche sich nicht das – vom Arbeitgeber zu tragende – Betriebsrisiko (vgl. auch § 615 S. 3 BGB), sondern das – den Arbeitnehmer treffende – allgemeine Lebensrisiko.[163]

Das überzeugt schon deshalb nicht, weil sich derartige Konstellationen zwanglos unter § 615 S. 1 BGB subsumieren lassen: (1) Der Arbeitgeber hat die Arbeitsleistung nicht angenommen, wobei es nach dem Wortlaut von § 293 BGB keine Rolle spielt, aus welchem Grund dies geschieht, ob der Arbeitgeber diesen zu vertreten hat (Rn. 477) und ob der Grund nur beim konkreten Arbeitgeber oder – wie in Pandemiefällen – bei vielen Arbeitgebern vorlag. (2) Die K hat ihre Arbeitsleistung dem W auch zumindest wörtlich angeboten, was nach § 295 BGB genügt, da W erklärt hat, sie nicht anzunehmen. (3) Die K war laut Sachverhalt auch arbeitsfähig und -willig (§ 297 BGB). Etwas anderes wäre nur bei einem generellen Lockdown im Sinne einer Ausgangssperre, die jegliches Verlassen der eigenen Wohnung – selbst zum Zwecke der Aufsuchung der Arbeitsstätte – untersagt hätte, anzunehmen gewesen; eine solche wurde aber während der Corona-Krise in Deutschland nicht erlassen.

Weitere Voraussetzungen statuieren die §§ 615 S. 1, 293 ff. BGB nicht, so dass die Gegenansicht nur überzeugen würde, wenn die Voraussetzungen einer teleologischen Reduktion vorlägen. Das Gegenteil ist richtig, entspricht das durch die Subsumtion gewonnene Ergebnis doch der Konzeption des historischen Gesetzgebers. Denn dieser wollte die Substratsgefahr, d.h. die Gefahr, dass der Arbeitgeber die vom leistungsfähigen und -willigen Arbeitnehmer angebotene Arbeitsleistung nicht annehmen kann, dem Arbeitgeber auferlegen (s. Rn. 466).

K hat deshalb nach zutreffender Ansicht während der pandemiebedingten Betriebsschließung einen Lohnanspruch aus §§ 615 S. 1, 611a II BGB i.V.m. dem Arbeitsvertrag.[164]

3. Rechtsfolgen des Annahmeverzugs

a) Annahmeverzugslohn, § 615 S. 1 BGB

485 Nach § 615 S. 1 BGB hat der Arbeitnehmer für die Dauer des Annahmeverzugs grundsätzlich Anspruch auf Fortzahlung der „vereinbarte[n] Vergütung“. Es handelt sich um den aufrechterhaltenen ursprünglichen Lohnzahlungsanspruch. Für die Be-

162 *Fischinger/Hengstberger*, JA 2020, 561, 567.

163 *Sagan/Brockfeld*, NJW 2020, 1112, 1116; *Bonanni*, ArbRB 2020, 110, 115 f.; *Schuster/M. Schunder*, NZA Editorial Heft 7/2020.

164 Vgl. *Fischinger/Hengstberger*, NZA 2020, 559; *dies.*, JA 2020, 561, 562; ebenso *Weller/Lieberknecht/Habrich*, NJW 2020, 1017, 1019; *Fuhlrott/Fischer*, NZA 2020, 345, 349; *Müller/Becker*, COVuR 2020, 126, 129 f.; *Falder/Franke-Fahle*, COVuR 2020, 184, 185.

rechnung des Anspruchs gilt das **Lohnausfallprinzip**, der Arbeitnehmer hat also Anspruch auf die Brutto(!)vergütung, die er erhalten hätte, wenn er gearbeitet hätte (aber: § 615 S. 2 BGB, s. Rn. 488 ff.).

Hätte der Arbeitnehmer **Überstunden** geleistet, so hat er auch Anspruch für die zusätzliche hierfür gezahlte Vergütung. § 615 S. 1 BGB erfasst nicht nur das Arbeitsentgelt i.e.S., sondern alle geldwerten Leistungen, die Gegenleistung für die Arbeitsleistung des Arbeitnehmers sind (z.B. Gefahrenzulage, Sozialzulage, Privatnutzung von Dienstwagen, sonstige Sachwerte); der Arbeitnehmer hat deshalb auch Anspruch auf Gratifikationen, die er ohne Annahmeverzug verdient hätte.[165] Dagegen besteht im Rahmen von § 615 S. 1 BGB kein Anspruch auf Zulagen, die allein der Kompensation von konkreten Aufwendungen des Arbeitnehmers dienen, die wegen des Annahmeverzugs aber gar nicht anfielen (z.B. Fahrtkostenzuschuss für den Weg zur Arbeit). **486 V**

Weil es sich bei dem Annahmeverzugslohnanspruch um den aufrechterhaltenen ursprünglichen Vergütungsanspruch (Rn. 485) und nicht um einen Schadensersatzanspruch handelt, **findet § 254 BGB keine Anwendung**.[166] Der Anspruch unterliegt im Übrigen den gleichen Regelungen (z.B. Fälligkeit, Ausschlussfristen, Pfändungsschutz) wie der ursprüngliche Vergütungsanspruch.[167] Eine Ausnahme von der Pflicht zur Zahlung von Annahmeverzugslohn hat das BAG in seiner älteren Judikatur für möglich erklärt, wenn die Lohnzahlung die **wirtschaftliche Existenz des Arbeitgebers gefährden** würde.[168] Ob das Gericht diese Ausnahme, die es bislang noch nie praktisch anwandte, sondern stets nur als Möglichkeit angesprochen hat, im Zuge der Corona-Krise „aktivieren" wird, bleibt abzuwarten.[169] Dogmatisch vermag sie nicht zu überzeugen, da sie entgegen den Grundlagen unserer Rechts- und Wirtschaftsordnung das Betriebs- und Wirtschaftsrisiko auf den Arbeitnehmer verlagert.[170] Das gilt umso mehr, als der Arbeitgeber sein Lohnrisiko ggf. über die Einführung von **Kurzarbeit** (dazu Rn. 600) vermindern/ausschließen kann. **487**

b) Anrechnung, § 615 S. 2 BGB

aa) Fallgruppen. Die Vorschriften über den Annahmeverzug sollen verhindern, dass der Arbeitnehmer wegen der Nichtannahme seiner Dienste durch den Arbeitgeber Nachteile erleidet. Umgekehrt soll der Arbeitnehmer aber auch keine Vorteile aus der Situation ziehen und infolge des Annahmeverzugs besser stehen, als er bei Erbringung seiner Dienstleistung gestanden hätte.[171] Deshalb sieht § 615 S. 2 BGB in drei Konstellationen eine **Anrechnung** vor: **488**

165 BAG 18.1.1963 – 5 AZR 200/62, AP BGB § 615 Nr. 22.

166 BAG 5.9.2002 – 8 AZR 702/01, NZA 2003, 973, 975; Staudinger/*Richardi/Fischinger*, § 615, Rn. 134; ErfK/*Preis*, § 615 BGB, Rn. 75.

167 Vgl. BAG 7.11.1991 – 2 AZR 159/91, NZA 1992, 1025, 1026; 24.6.2015 – 5 AZR 509/13, NZA 2015, 1256, 1257.

168 BAG 30.5.1963 – 5 AZR 282/62, RdA 1963, 353; 28.9.1972 – 2 AZR 506/71, NJW 1973, 342; 9.3.1983 – 4 AZR 301/80, NJW 1983, 2159; 13.6.1990 – 2 AZR 635/89, BeckRS 1990, 30816127; 23.6.1994 – 6 AZR 853/93, NZA 1995, 468.

169 Vgl. auch *Fischinger/Hengstberger*, NZA 2020, 559, 564.

170 Staudinger/*Richardi/Fischinger*, § 615, Rn. 231; ErfK/*Preis*, § 615 BGB, Rn. 126; HWK/*Krause*, § 615 BGB, Rn. 120; BeckOK-ArbR/*Joussen*, § 615 BGB, Rn. 94; **a.A.** MüKo-BGB/*Henssler*, § 615, Rn. 105.

171 BAG 6.9.1990 – 2 AZR 165/90, NZA 1991, 221, 222 f.; ErfK/*Preis*, § 615 BGB, Rn. 83.

489 (1) Der Arbeitnehmer muss sich anrechnen lassen, was er durch die Nichtleistung der Dienste **erspart** hat **(Alt. 1)**. Typischer Fall sind Fahrtkosten, die für die Fahrt zum Betrieb während des Annahmeverzugs nicht anfallen.

490 (2) Anzurechnen ist ferner, was der Arbeitnehmer durch **„anderweitige Verwendung seiner Dienste"** erzielt **(Alt. 2)**. Geht er während des Annahmeverzugs einer anderen – bezahlten – Tätigkeit nach, so wird durch Alt. 2 verhindert, dass er zweimal „abkassiert".

491 (3) Der Arbeitnehmer muss sich weiter den **hypothetischen Verdienst** anrechnen lassen, den er durch anderweitige Verwendung seiner Dienste hätte erzielen können, was er aber **böswillig unterlassen** hat **(Alt. 3)**. Das setzt voraus, dass dem Arbeitnehmer die Aufnahme einer anderweitigen bezahlten Tätigkeit **möglich** und **zumutbar** gewesen wäre und er in positiver Kenntnis (eine Schädigungsabsicht ist dagegen nicht erforderlich) vorsätzlich untätig bleibt oder die Arbeitsaufnahme verhindert.[172] Ob die anderweitige Tätigkeit zumutbar ist, ist durch eine Abwägung aller Einzelfallumstände nach Treu und Glauben aus der Sicht des Arbeitnehmers zu bestimmen.[173] Kriterien für die Zumutbarkeit sind z.B. Ort, Zeit und Art der anderweitigen Tätigkeit (z.B. muss ein leitender Angestellter keinen Job als Hausmeister annehmen), der mögliche Verdienst sowie eine mögliche Gefährlichkeit der Tätigkeit.[174]

492 V Nach der neuen Rechtsprechung kann auch eine von dem sich im Annahmeverzug befindenden Arbeitgeber angebotene, vertraglich nicht geschuldete Tätigkeit zumutbar sein.[175] Im ungekündigten Arbeitsverhältnis ist insoweit aber richtigerweise starke Zurückhaltung zu üben, ist doch nicht zu übersehen, dass der Arbeitnehmer über den „Hebel" des § 615 S. 2 Alt. 3 BGB faktisch gezwungen werden kann, nicht der vertraglichen Abrede entsprechende Arbeit zu leisten.[176] Wurde dem Arbeitnehmer hingegen gekündigt, so ist für die Zumutbarkeitsprüfung neben den oben genannten Faktoren auch das Verhalten des Arbeitgebers vor, während und nach der Kündigung relevant.[177]

493 **bb) Rechtsmethodische Ausgestaltung der Anrechnung.** Die von § 615 S. 2 BGB angeordnete Anrechnung begründet keinen Gegenanspruch des Arbeitgebers und ermöglicht somit **keine Aufrechnung**. Stattdessen erfolgt die Anrechnung **kraft Gesetzes**, also automatisch und unabhängig vom Willen und einer entsprechenden Erklärung des Arbeitgebers.[178] Leistete dieser den vollen Annahmeverzugslohn, weil ihm nicht bekannt war, dass eine Anrechnung erfolgte, so leistete er (teilweise) ohne Rechtsgrund und kann den überschießenden Betrag nach **§ 812 I 1 Alt. 1 BGB** kondizieren (vgl. Rn. 406).[179]

---

172 BAG 18.10.1958 – 2 AZR 291/58, BAGE 6, 306, 308 f.; 30.9.2003 – 13 Sa 570/03, AP BGB § 615 Böswilligkeit Nr. 9; Staudinger/*Richardi/Fischinger*, § 615, Rn. 166, 169.

173 BAG 18.6.1965 – 5 AZR 351/64, AP BGB § 615 Böswilligkeit Nr. 2.

174 ErfK/*Preis*, § 615 BGB, Rn. 97.

175 BAG 7.2.2007 – 5 AZR 422/06, NZA 2007, 561, 562; 17.11.2011 – 5 AZR 564/10, NZA 2012, 260, 261.

176 MüKo-BGB/*Henssler*, § 615, Rn. 83; Staudinger/*Richardi/Fischinger*, § 615, Rn. 175 f.

177 Vgl. BAG 14.11.1985 – 2 AZR 98/84, NZA 1986, 637, 638 f.

178 Palandt/*Weidenkaff*, § 615, Rn. 18; ErfK/*Preis*, § 615 BGB, Rn. 83.

179 BAG 6.2.1964 – 5 AZR 93/63, BAGE 15, 258, 261; 29.7.1993 – 2 AZR 110/93, BAGE 74, 28, 35.

cc) § 11 KSchG als lex specialis. Zu beachten ist, dass die Anrechnungsvorschrift des § 11 KSchG in seinem Anwendungsbereich lex specialis zu § 615 S. 2 BGB ist. Beide Vorschriften entsprechen sich weitgehend, allerdings sieht § 11 KSchG keine Anrechnung dessen vor, was der Arbeitnehmer durch Nichterbringung der Dienste erspart. § 11 KSchG ist anwendbar auf Annahmeverzugszeiten nach einer vom Arbeitgeber ausgesprochenen Kündigung, die das Arbeitsgericht (später) für unwirksam erklärt. **494**

In **Fall 21** befand sich U zwar dem Grunde nach im Annahmeverzug (eines Angebots des A bedurfte es wegen § 296 BGB nicht, s. **Fall 19**, Rn. 474). Es könnte aber § 11 Nr. 2 KSchG eingreifen. Das setzt voraus, dass A es böswillig unterließ, bei U zu arbeiten. Böswillig handelt der Arbeitnehmer, der während des Annahmeverzugs trotz Kenntnis aller Umstände (Arbeitsmöglichkeit, Zumutbarkeit der Arbeit und nachteilige Folgen für den Arbeitgeber) vorsätzlich untätig bleibt oder die Aufnahme der Arbeit bewusst verhindert. Das kann auch der Fall sein, wenn der Arbeitnehmer eine Beschäftigungsmöglichkeit bei demjenigen Arbeitgeber nicht wahrnimmt, der sich im Annahmeverzug befindet (Rn. 492). A wusste, dass seine Arbeitskraft von U dringend benötigt wird und wurde zudem mehrmals aufgefordert zu arbeiten. Es ist nicht ersichtlich, warum es für A unzumutbar sein sollte, weiterhin bei U zu arbeiten, insb. weil es sich um einen vergleichbaren Arbeitsplatz handelt. § 11 Nr. 2 KSchG ist anwendbar und reduziert den an sich gegebenen Anspruch auf Annahmeverzugslohn auf Null. **495**

dd) Auskunftsrecht des Arbeitgebers.

Der Arbeitgeber ist für das Vorliegen der Voraussetzungen von § 615 S. 2 BGB darlegungs- und ggf. beweisbelastet. Um ihm Beweisschwierigkeiten zu ersparen, hat er **analog § 74c II HGB** einen Auskunftsanspruch gegen den Arbeitnehmer über die **Höhe** des anderweitigen Verdienste.[180] **496 V**

c) Keine Nacharbeitspflicht, § 615 S. 1 BGB

Wie § 615 S. 1 BGB klarstellt, ist der Arbeitnehmer nicht verpflichtet, die infolge des Annahmeverzugs nicht erbrachten Arbeitsleistungen später nachzuarbeiten. **497**

d) Darlegungs- und Beweislast

Die Darlegungs- und Beweislast für die Voraussetzungen von § 615 **S. 1** BGB trifft grundsätzlich den **Arbeitnehmer**. Bei einem tatsächlichen Angebot ist die Leistungsbereitschaft indiziert, nicht aber bei einem bloß wörtlichen.[181] Der **Arbeitgeber** ist demgegenüber für die Anrechnungsvoraussetzungen von § 615 S. 2 BGB bzw. § 11 KSchG darlegungs- und beweisbelastet (Rn. 496). Will er dem Anspruch entgegenhalten, der Arbeitnehmer sei leistungsunfähig gewesen (§ 297 BGB, Rn. 481), so trägt er auch dafür die Darlegungs- und Beweislast; trägt er konkrete Anhaltspunkte dafür vor, so muss sich der Arbeitnehmer substantiiert einlassen und ggf. auch seine Ärzte von der Schweigepflicht entbinden.[182] **498**

---

180 BAG 27.3.1974 – 5 AZR 351/73, AP BGB § 242 Nr. 15; 19.3.2002 – 9 AZR 16/01, NJOZ 2003, 1319, 1320.

181 BAG 10.5.1973 – 5 AZR 493/72, AP BGB § 615 Nr. 27.

182 BAG 5.11.2003 – 5 AZR 562/02, AP BGB § 615 Nr. 106; 17.8.2011 – 5 AZR 251/10, NZA-RR 2012, 342, 343.

4. Beendigung des Annahmeverzugs

499 Ein einmal begründeter Annahmeverzug endet bei Eintritt einer der folgenden Umstände:

- **Annahme** der angebotenen Dienste (mit Wirkung für die Zukunft) durch den Arbeitgeber. Weil das jederzeit möglich ist, hat sich der Arbeitnehmer im Grundsatz stets verfügungsbereit zu halten, die Arbeit auf Aufforderung des Arbeitgebers wieder aufzunehmen.[183] Zu beachten ist, dass eine derartige Annahme nur zu bejahen ist, wenn der Arbeitgeber die Dienste gerade als Erfüllung der Arbeitspflicht aus dem bestehenden Arbeitsverhältnis entgegennimmt, nicht aber, wenn er dem Arbeitnehmer während der Dauer eines Kündigungsschutzstreits einen zweiten (befristeten) Arbeitsvertrag anbietet (s. Rn. 479).[184]
- Wirksame **Beendigung** des Arbeitsverhältnisses (z.B. Ablauf der Kündigungsfrist).
- Später eintretende **Leistungsunfähigkeit** (§ 297 BGB) oder -unwilligkeit des Arbeitnehmers.

5. Abdingbarkeit

500 V § 615 BGB ist zwar – wie der Gegenschluss zu § 619 BGB zeigt – im Grundsatz **keine zwingende Vorschrift** und daher durch Individual- oder Kollektivvertrag abdingbar.[185] Allerdings geht die Vertragsfreiheit nicht so weit, dass der Arbeitgeber das ihn treffende Arbeitsentgeltrisiko generell auf den Arbeitnehmer verlagern dürfte.[186] Insb. in AGB wird man eine Abbedingung zulasten des Arbeitnehmers sehr kritisch sehen müssen; je weiter diese reicht, umso gewichtigere Anliegen des Arbeitgebers müssen in die Interessenabwägung nach § 307 I 1 BGB eingestellt werden.[187] Unzulässig sind z.B. Absprachen, wonach der Arbeitnehmer bei Auftragsmangel unbezahlten Urlaub nehmen muss oder dass bei unwirksamer außerordentlicher Kündigung kein Anspruch auf Annahmeverzugslohn bestehen soll.[188]

6. Prüfungsschema: Anspruch auf Annahmeverzugslohn, § 615 S. 1 BGB

501

1. **Voraussetzungen**
   a) Anwendbarkeit/Abgrenzung zu § 326 II BGB (Rn. 465)
   b) Bestehendes Arbeitsverhältnis (Rn. 467)
   c) Angebot der vertragsgemäßen Arbeitsleistung
      - Tatsächliches Angebot, § 294 BGB (Rn. 469)
      - *ggf.* genügt wörtliches Angebot nach § 295 BGB (Rn. 470 ff.)
      - *ggf.* Angebot völlig entbehrlich gemäß § 296 BGB (Rn. 473)

183 BAG 16.5.2012 – 5 AZR 251/11, NZA 2012, 971, 972; Staudinger/*Richardi/Fischinger*, § 615, Rn. 125.

184 Staudinger/*Richardi/Fischinger*, § 615, Rn. 126.

185 BAG 6.2.1964 – 5 AZR 93/63, AP BGB § 615 Nr. 24; 8.12.1982 – 4 AZR 134/80, AP BGB § 616 Nr. 58; 10.1.2007 – 5 AZR 84/06, NZA 2007, 384, 386; MüKo-BGB/*Henssler*, § 615, Rn. 10.

186 Staudinger/*Richardi/Fischinger*, § 615, Rn. 11.

187 BAG 30.6.1976 – 5 AZR 246/75, BB 1976, 1419; 7.12.2005 – 5 AZR 535/04, NZA 2006, 423, 427.

188 LAG Nürnberg 30.5.2006 – 6 Sa 111/06, NZA-RR 2006, 511, 512; MüKo-BGB/*Henssler*, § 615, Rn. 11.

d) Nichtannahme durch Arbeitgeber (Rn. 477 ff.)
e) Leistungsfähigkeit, § 297 BGB (Rn. 481)
f) Leistungswilligkeit (Rn. 482)

2. Rechtsfolgen
a) Keine Nacharbeitspflicht (Rn. 497)
b) Annahmeverzugslohn nach Lohnausfallprinzip (Rn. 488 ff.)
c) Anrechnung, § 615 S. 2 BGB (Rn. 488 ff.)

III. Lohnzahlungspflicht bei Betriebsrisiko (§ 615 S. 3 BGB)

1. Betriebsrisiko

Nach § 615 S. 3 BGB gelten dessen S. 1 und 2 entsprechend in den „Fällen, in denen der Arbeitgeber das Risiko des Arbeitsausfalls trägt". Diese kryptisch formulierte, im Zuge der Schuldrechtsreform 2002 eingefügte Vorschrift ist aus sich heraus nahezu unverständlich, weil sie gerade nicht regelt, wann der Arbeitgeber das Risiko des Arbeitsausfalls zu tragen hat.[189] Letztlich ist die Vorschrift auch überflüssig, weil die von ihr erfassten Fälle richtigerweise schon unter § 615 S. 1 BGB fallen (s. Rn. 466);[190] in der Klausur sollte sie dennoch angesprochen werden, ist doch davon auszugehen, dass der Korrektor sie bei den im Folgenden genannten Konstellationen erwartet. Der Gesetzgeber wollte mit S. 3 gefestigte Rechtsprechungsgrundsätze aufgreifen, ohne eine Änderung der Rechtslage herbeizuführen.[191] Diese Rechtsprechung unterscheidet grundlegend **zwei Konstellationen**, bei denen es jeweils um die Frage geht, ob der Arbeitgeber zur Lohnzahlung verpflichtet ist, obwohl die Arbeitsleistung unterblieben ist: **502**

Zum einen das sog. **Betriebsrisiko** (vgl. auch die amtliche Überschrift von § 615 BGB). Gemeint sind Fälle, in denen der Arbeitgeber den Arbeitnehmer ohne sein Verschulden aus betriebstechnischen Gründen nicht beschäftigen **kann**[192] (z.B. weil der Betrieb abgebrannt ist, ein Betriebsverbot wegen Smogalarms verhängt oder die Energiezufuhr abgeschnitten wurde).[193] Hier liegt eine Leistungsstörung vor, auf die unstrittig § 615 S. 3 BGB anzuwenden ist, so dass der Arbeitgeber über §§ 615 S. 3, 1, 611a II BGB i.V.m. dem Arbeitsvertrag Lohnzahlung schuldet, wenn die übrigen Voraussetzungen (insb. Angebot, Leistungsfähigkeit und -willigkeit) vorliegen. **503**

Zum anderen das sog. **Wirtschaftsrisiko**. In diesen Fällen kann der Arbeitgeber den Arbeitnehmer zwar beschäftigen, dies ist aber für den Arbeitgeber **wirtschaftlich sinnlos**, z.B. weil er die produzierten Güter nicht (gewinnbringend) absetzen könnte.[194] Nach zutreffender Auffassung ist das **kein Fall von § 615 S. 3 BGB**, anwendbar ist vielmehr – wenn der Arbeitgeber die für ihn wirtschaftlich sinnlose Arbeitsleis- **504**

189 Staudinger/*Richardi/Fischinger*, § 615, Rn. 6.
190 *Fischinger/Hengstberger*, NZA 2020, 559, 560 m.w.N.
191 BeckOK-ArbR/*Joussen*, § 615 BGB, Rn. 87.
192 BAG 22.12.1980 – 1 ABR 2/79, NJW 1981, 937.
193 ErfK/*Preis*, § 615 BGB, Rn. 130 ff. m.w.N. und Beispielen.
194 Vgl. BAG 22.12.1980 – 1 ABR 2/79, NJW 1981, 937.

tung nicht annimmt – **§ 615 S. 1 BGB**.[195] Genau betrachtet liegt hier auch keine Leistungsstörung vor. Dass der Arbeitgeber den Arbeitslohn fortzuzahlen hat, ist eine Selbstverständlichkeit, schließlich trägt er in einer marktwirtschaftlichen Wirtschaftsordnung das Risiko, dass sein Betrieb nicht rentabel arbeitet.

2. Abgrenzungen

505 **a)** Von dem vom Arbeitgeber zu tragenden Betriebs- und Wirtschaftsrisiko abzugrenzen ist zum einen das sog. **allgemeine Wegerisiko**. Dieses erfasst Situationen, in denen der Arbeitnehmer aufgrund einer Verkehrsstörung (z.B. Eisglätte, Stau, Streik der Verkehrsbetriebe, allgemeines Fahrverbot wegen Smogalarms) nicht zum Arbeitsort gelangen kann. Das Wegerisiko hat der **Arbeitnehmer** zu tragen, ein Lohnanspruch kann nicht über § 615 S. 3 BGB (oder § 615 S. 1 BGB) hergeleitet werden.[196] Umstritten sind Fälle, in denen **Wegerisiko** und **Betriebsrisiko** zusammentreffen.

506 So verhält es sich in **Fall 22**: Dass A wegen Eisglätte nicht zur Betriebsstätte gelangen kann, ist ein klassischer Fall des Wegerisikos, die Stromzufuhrunterbrechung des Betriebs unterfällt dagegen dem Betriebsrisiko. Nach einer Auffassung soll bei einer Kumulation beider Risiken über § 615 S. 3 BGB ein Lohnanspruch bestehen.[197] Dem ist zu widersprechen, denn auch im Rahmen von § 615 S. 3 BGB ist angesichts des Verweises auf S. 1 ein annahmeverzugsbegründendes Angebot des leistungsfähigen Arbeitnehmers erforderlich, woran es hier aber fehlt. Mit der wohl h.M. ist daher ein Vergütungsanspruch abzulehnen.[198] (Fortsetzung **Rn. 572**)

507 V **b)** Vom Betriebs- und Wirtschaftsrisiko ist ferner das **Arbeitskampfrisiko** zu unterscheiden, d.h. die Frage, ob Arbeitnehmer einen Lohnanspruch haben, wenn es infolge eines Arbeitskampfes zu Arbeitsausfällen kommt. Es ist zu differenzieren: Arbeitnehmer, die **selbst streiken**, haben keinen Anspruch auf Lohnzahlung.[199] Bei Arbeitnehmern, die **nicht streiken**, versagt das BAG einen Lohnanspruch, wenn infolge des Streiks die Fortsetzung des Betriebs (teilweise) unmöglich oder wirtschaftlich unzumutbar ist, würde eine Lohnzahlungspflicht hier doch zu einer nicht sachgerechten Störung der sog. Kampfparität zwischen den Kampfparteien führen.[200]

3. Verhältnis von § 615 S. 3 BGB zu § 326 II 1 Alt. 1 BGB

508 V Wie bei § 615 S. 1 BGB kann man auch bei S. 3 die Frage stellen, in welchem Verhältnis dieser zu § 326 II 1 Alt. 1 BGB steht. Trifft den Arbeitgeber kein Verschulden an der Betriebsstörung, scheidet § 326 II 1 Alt. 1 BGB schon tatbestandlich aus, es bleibt fraglos nur der Rückgriff auf § 615 S. 3 BGB. Hat der Arbeitgeber aber die Betriebsstörung allein oder

195 BAG 22.12.1980 – 1 ABR 76/79, NJW 1981, 942; ErfK/*Preis*, § 615 BGB, Rn. 121; Staudinger/*Richardi/Fischinger*, § 615, Rn. 197 f.
196 BAG 8.12.1982 – 4 AZR 134/80, AP BGB § 616 Nr. 58; *Dossow*, BB 1988, 2455, 2458.
197 ErfK/*Preis*, § 615 BGB, Rn. 133.
198 *Gräf/Rögele*, NZA 2013, 1120; *Bauer/Opolony*, NJW 2002, 3503, 3508; MüKo-BGB/*Henssler*, § 615, Rn. 36; Staudinger/*Richardi/Fischinger*, § 615, Rn. 238; *Fischinger/Straub*, JuS 2016, 208, 211.
199 Staudinger/*Richardi/Fischinger*, § 611a, Rn. 1377.
200 BAG 22.12.1980 – 1 ABR 2/79, BAGE 34, 331.

überwiegend verschuldet, so dürfte es vorzugswürdig sein, nicht § 615 S. 3 BGB, sondern § 326 II 1 Alt. 1 BGB anzuwenden, die Betriebsrisikolehre also auf vom Arbeitgeber nicht zu verantwortende Betriebsstörungen zu beschränken.[201]

In **Fall 23** hat U selbst durch die von ihm vorsätzlich begangene Brandstiftung dafür gesorgt, dass er die Arbeitnehmer nicht mehr beschäftigen kann. Dass er ihnen nicht deswegen die Lohnzahlung verweigern kann, liegt auf der Hand. Zu begründen ist das nach dem oben Gesagten damit, dass der Grundsatz des § 326 I BGB durch § 326 II 1 Alt. 1 BGB (und eben nicht § 615 S. 3 BGB) durchbrochen wird. **509**

Zusammenfassung zum Verhältnis von § 615 BGB und § 326 II BGB: **510**

(1) § 326 II 1 **Alt. 2** BGB wird stets durch den spezielleren § 615 **S. 1** BGB verdrängt (Rn. 465).

(2) Im Verhältnis zu § 326 II 1 **Alt. 1** BGB ist § 615 **S. 1** BGB hingegen nicht vorrangig (Rn. 465).

(3) Greift § 326 II 1 **Alt. 1** BGB tatbestandlich ein, so verdrängt er § 615 S. 3 BGB.

IV. Entgeltfortzahlung im Krankheitsfall, § 3 EFZG

1. Grundlagen

Nach § 3 EFZG hat ein Arbeitnehmer, der infolge Krankheit arbeitsunfähig ist und den daran kein Verschulden trifft, einen Anspruch auf Entgeltfortzahlung für einen Zeitraum von bis zu sechs Wochen. Die Norm dient der Sicherung des **Lebensunterhalts** des Arbeitnehmers und entlastet zugleich die Sozialkassen.[202] Die **Rechtsnatur** von § 3 EFZG ist umstritten. Z.T. wird er ins Vertragsrecht eingeordnet mit der Folge, dass er als Durchbrechung von § 326 I BGB angesehen wird und Anspruchsgrundlage § 611a II BGB i.V.m. dem Arbeitsvertrag ist.[203] Die Gegenauffassung sieht den Entgeltfortzahlungsanspruch hingegen als originär gesetzlichen Anspruch, dessen Anspruchsgrundlage § 3 I EFZG ist.[204] Praktisch spielt der Streit keine Rolle. **511**

Klausurhinweis: In der Klausur macht der Meinungsstreit insoweit einen Unterschied, als die Anspruchsgrundlage divergiert. Zu empfehlen ist, mit der Prüfung von § 611a II BGB i.V.m. dem Arbeitsvertrag zu beginnen und dort im Rahmen von § 326 I BGB den Streit – wenn überhaupt – kurz aufzuwerfen. Unter Verweis darauf, dass er zu keinen praktischen Unterschieden führt, kann er sodann für entbehrlich erklärt und weitergeprüft werden.

Ein (möglicher) Anspruch auf Entgeltfortzahlung kann **im Voraus** nicht beschränkt oder ausgeschlossen werden (vgl. § 12 EFZG); auf einen einmal entstandenen Anspruch kann der Arbeitnehmer aber wirksam verzichten.[205] **512**

201 So auch die gängige Definition des Betriebsrisikos, vgl. z.B. BAG 22.12.1980 – 1 ABR 2/79, NJW 1981, 937; MüKo-BGB/*Henssler*, § 615, Rn. 96; ErfK/*Preis*, § 615 BGB, Rn. 120; BeckOK-ArbR/*Joussen*, § 615 BGB, Rn. 89.

202 Staudinger/*Oetker*, § 616, Rn. 180; ErfK/*Reinhard*, § 3 EFZG, Rn. 1.

203 BSG 27.9.2011 – B 4 AS 180/10 R; MüKo-BGB/*Müller-Glöge*, § 3 EFZG Rn. 3.

204 Staudinger/*Oetker*, § 616, Rn. 189; *Hromadka/Maschmann*, Arbeitsrecht I, § 8, Rn. 64.

205 ErfK/*Reinhard*, § 12 EFZG, Rn. 5 m.w.N.

513 In seinem Anwendungsbereich verdrängt § 3 EFZG als abschließende **Sonderregelung** den allgemeinen § 616 BGB.[206] Damit ist es insb. ausgeschlossen, während der Wartezeit des § 3 III EFZG auf § 616 BGB zurückzugreifen.

2. Voraussetzungen

a) Persönlicher Anwendungsbereich

514 Das EFZG ist gemäß seinem § 1 II (nur) auf Arbeitnehmer sowie zu ihrer Berufsbildung Beschäftigte anwendbar. Keine Rolle spielt, ob es sich um einen unbefristeten oder befristeten Arbeitsvertrag handelt und ob Voll- oder Teilzeit vereinbart wurde. Auch wenn das Arbeitsverhältnis fehlerhaft zustande kam, ist § 3 EFZG anwendbar, solange nicht mindestens eine Partei die Unwirksamkeit geltend gemacht hat; etwas anderes gilt nur, wenn der Arbeitnehmer nur deshalb eingestellt wurde, weil er den Arbeitgeber arglistig täuschte.[207]

b) Erfüllung der Wartezeit, § 3 III EFZG

515 Nach § 3 III EFZG entsteht der Anspruch auf Entgeltfortzahlung im Krankheitsfall erst nach „vierwöchiger ununterbrochener Dauer des Arbeitsverhältnisses“. Damit soll eine gewisse Kostenentlastung des Arbeitgebers erreicht werden.[208] § 3 III EFZG setzt einen vierwöchigen **rechtlichen** Bestand des Arbeitsverhältnisses voraus; ob der Arbeitnehmer in der Zeit tatsächlich die Arbeit aufgenommen hat, spielt keine Rolle.[209]

516 Wird der Arbeitnehmer **während der Wartezeit** arbeitsunfähig krank, so ist zu unterscheiden: Beginnt und endet die Krankheit während der Wartezeit, so hat er überhaupt keinen Anspruch aus § 3 EFZG (und auch nicht aus § 616 BGB, s. Rn. 568). Dauert die Krankheit hingegen über die Wartezeit hinaus an, so besteht ab Ablauf der Wartezeit ein Anspruch; dieser beträgt maximal sechs Wochen (s. Rn. 533), wobei diese Sechswochenfrist nicht ab dem ersten Tag der Erkrankung, sondern ab dem Ende der Wartezeit zu laufen beginnt.[210]

c) Krankheitsbedingte Arbeitsunfähigkeit

517 § 3 EFZG setzt voraus, dass der Arbeitnehmer krankheitsbedingt arbeitsunfähig ist. Der Anspruch besteht also weder, wenn der Arbeitnehmer zwar krank, aber deswegen nicht arbeitsunfähig ist, noch, wenn er zwar arbeitsunfähig ist, dies aber nicht auf einer Erkrankung beruht. Die beiden Begriffe sind daher strikt zu unterscheiden und auch jeweils getrennt zu prüfen.

Beispiele: Zeugungsunfähigkeit/Unfruchtbarkeit sind zwar Krankheiten, zur Arbeitsunfähigkeit führen sie aber in aller Regel nicht.

---

206 Staudinger/*Oetker*, § 616, Rn. 27.

207 BAG 16.9.1982 – 2 AZR 228/80, NJW 1984, 446, 447; 3.12.1998 – 2 AZR 754/97, NZA 1999, 584, 585 f.; *Schmitt*, EFZG, § 3, Rn. 28; *Fischinger/Straub*, JuS 2016, 208, 213.

208 BT-Drucks. 13/4612, S. 16; ErfK/*Reinhard*, § 3 EFZG, Rn. 2.

209 *Schmitt*, EFZG, § 3, Rn. 327.

210 S. zu diesem Problem näher *Fischinger/Straub*, JuS 2016, 208, 212 f. (Fall 8) m.w.N.

(1) Unter **Krankheit** versteht man einen regelwidrigen Körper- und/oder Geisteszustand,[211] wobei keine Rolle spielt, was Ursache hierfür ist.[212] Ob der Zustand regelwidrig ist, hängt von einem Vergleich mit der typischen natürlichen Körperentwicklung ab. Entsprechend sind altersbedingte Gebrechen keine Krankheiten i.d.S.[213] Gleiches gilt für eine normal verlaufende Schwangerschaft.[214] Ob die Erkrankung heilbar ist, spielt keine Rolle. § 3 EFZG kann stets nur eingreifen, wenn der jeweilige **Arbeitnehmer selbst** krank ist, die Erkrankung von Angehörigen eröffnet den Anwendungsbereich nicht, ggf. greift hier aber § 616 BGB (dazu Rn. 569). **518**

(2) Der Arbeitnehmer muss des Weiteren **arbeitsunfähig** sein. Das ist zunächst natürlich anzunehmen, wenn er objektiv wegen der Schwere der Erkrankung seiner Arbeit nicht nachgehen kann. Ob das der Fall ist, hängt letztlich auch von der Art der Tätigkeit und dem konkreten Arbeitnehmer ab (Beispiel: Bricht sich der wissenschaftliche Mitarbeiter eines juristischen Lehrstuhls den kleinen Zeh, ist er in aller Regel nicht deshalb arbeitsunfähig). **519**

Arbeitsunfähigkeit i.S.v. § 3 EFZG liegt auch vor, wenn er zwar arbeiten könnte, dadurch aber die **Gefahr** einer **Verschlechterung des Gesundheitszustands** bestünde und er deshalb die Arbeitsleistung nach § 275 III BGB (Rn. 618) berechtigt verweigert.[215] **520**

Hoch umstritten ist, ob Arbeitsunfähigkeit i.d.S. schließlich auch anzunehmen ist, wenn der Arbeitnehmer zwar seine Arbeitspflicht erfüllen könnte, aber die Möglichkeit bestünde, dass er dabei **andere Arbeitnehmer** mit einer ansteckenden Krankheit **ansteckt** (s. auch Rn. 615).[216] Das ist richtigerweise zu verneinen, in Betracht kommt hier nur ein Anspruch aus § 616 BGB oder § 56 I IfSG (s. Rn. 574). **521**

In **Fall 28c** greift § 3 EFZG schon deshalb nicht zugunsten der K ein, weil sie zwar krankheitsverdächtig war, nicht aber arbeitsunfähig erkrankt. (Fortsetzung **Rn. 574**) **522**

d) Monokausalität

§ 3 EFZG setzt voraus, dass:

(1) die Arbeitsunfähigkeit auf der Krankheit beruht und

(2) die krankheitsbedingte Arbeitsunfähigkeit die **alleinige Ursache** für die Arbeitsverhinderung war.[217] Daran fehlt es, wenn die Arbeitsleistung auch dann unter-

---

211 BAG 7.12.2005 – 5 AZR 228/05, NJOZ 2006, 2632, 2638; *Schmitt*, EFZG, § 3, Rn. 49 f.; Staudinger/*Oetker*, § 616, Rn. 210.

212 *Reinecke*, DB 1998, 130; ErfK/*Reinhard*, § 3 EFZG, Rn. 6.

213 BAG 7.12.2005 – 5 AZR 228/05, NJOZ 2006, 2632, 2638.

214 BAG 14.11.1984 – 5 AZR 394/82, NZA 1985, 501, 502; Staudinger/*Oetker*, § 616, Rn. 216.

215 BAG 26.7.1989 – 5 AZR 301/88, NZA 1990, 140; 7.8.1991 – 5 AZR 410/90, NZA 1992, 69; *Fischinger/Hengstberger*, JA 2020, 561, 565.

216 Für Arbeitsunfähigkeit i.S.v. § 3 EFZG ErfK/*Reinhard*, § 3 EFZG, Rn. 10; BeckOK ArbR/*Ricken*, § 3 EFZG, Rn. 26; **a.A.** *Düwell*, BB 2020, 89; MüKo-BGB/*Müller-Glöge*, § 3 EFZG, Rn. 10; Schaub/*Linck*, ArbRHdB, § 98, Rn. 14.

217 BAG 24.3.2004 – 5 AZR 355/03, NJOZ 2004, 2666, 2668; 28.1.2004 – 5 AZR 58/03, NJOZ 2005, 2340, 2344.

blieben wäre, wenn der Arbeitnehmer nicht krank gewesen wäre. Insoweit bestehen folgende „Konfliktlagen“:

- Erkrankt der Arbeitnehmer während eines bereits ordnungsmäßig bewilligten **Erholungsurlaubs** nach dem BUrlG, so werden die durch ärztliches Attest nachgewiesenen Arbeitsunfähigkeitstage gemäß **§ 9 BUrlG** nicht auf den Urlaub angerechnet. Er erhält dementsprechend für diese Tage kein Urlaubsentgelt (§§ 1, 11 BUrlG, dazu Rn. 656), sondern – sofern die übrigen Voraussetzungen vorliegen – gemäß § 3 EFZG Entgeltfortzahlung im Krankheitsfall. Zudem wird der Urlaubsanspruch während dieser Zeit nicht „verbraucht“.
- Zum Zusammentreffen von krankheitsbedingter Arbeitsunfähigkeit und einem **Feiertag** vgl. Rn. 555.
- Erkrankt der Arbeitnehmer während einer **Elternzeit** nach dem BEEG, so besteht kein Anspruch aus § 3 EFZG.
- Besteht für eine **Schwangere** eines der in § 18 MuSchG genannten **Beschäftigungsverbote**, so hat sie keinen Anspruch auf Entgeltfortzahlung aus § 3 EFZG, sondern auf die in § 18 MuSchG angesprochene Vergütung.[218]

524 Keine Kollisionslage kann zwischen **Erkrankung** und **Annahmeverzug** des Arbeitgebers bestehen. Denn wenn der Arbeitnehmer krankheitsbedingt arbeitsunfähig ist, so kann sich der Arbeitgeber mangels Leistungsfähigkeit des Arbeitnehmers (§ 297 BGB, vgl. Rn. 481) nicht in Annahmeverzug befinden. Der Arbeitnehmer erhält also entweder Lohnfortzahlung nach § 3 EFZG (bei Krankheit) oder – wenn er gesund ist – nach § 615 S. 1 BGB.

e) Kein Verschulden

525 Der Anspruch auf Entgeltfortzahlung steht unter der negativen Tatbestandsvoraussetzung, dass den Arbeitnehmer kein Verschulden an der Arbeitsverhinderung trifft. Mit Verschulden ist nach § 276 BGB Vorsatz und eigentlich jede Form der Fahrlässigkeit gemeint. Würde man diesen Verschuldensmaßstab auf § 3 EFZG übertragen, wäre dessen praktische Bedeutung indes gering bzw. der Arbeitnehmer in seiner Lebensführungsfreiheit faktisch stark beeinträchtigt. Denn leichte Fahrlässigkeit – mit der Folge eines Ausschlusses von § 3 EFZG – wäre dem Arbeitnehmer oftmals sehr schnell vorzuwerfen.

Beispiele: **(1)** Der sportlich wenig begabte Arbeitnehmer spielt mit seinem Neffen Fußball und bricht sich dabei aufgrund leichter Fahrlässigkeit ein Bein. **(2)** Der Arbeitnehmer geht zu leicht bekleidet 10 Meter zum Briefkasten und holt sich dabei eine Lungenentzündung.

526 Im Rahmen des § 3 EFZG ist daher der strenge Verschuldensmaßstab des **§ 276 BGB nicht anwendbar**. Erforderlich ist vielmehr ein **„Verschulden gegen sich selbst“**, das erst anzunehmen ist bei einem **groben Verstoß gegen das von einem verständigen Menschen zu erwartende Verhalten**.[219] Leichtsinn genügt also nicht, erforderlich ist ein besonders leichtfertiges oder vorsätzliches Verhalten. Maßgeblich sind die

218 BAG 13.2.2002 – 5 AZR 588/00, NZA 2002, 738, 741; 9.10.2002 – 5 AZR 443/01, NZA 2004, 257, 260 f.

219 BAG 7.10.1981 – 5 AZR 338/79, NJW 1982, 1014; Preis/Temming/*Preis*, Individualarbeitsrecht, § 46, Rn. 2141.

Einzelfallumstände. Das gilt auch für **Suchterkrankungen**, auch hier verbietet sich also ein schematischer Vorwurf, der Alkoholiker sei an seinem Schicksal „selbst schuld“.[220] Kommt es zu einem **Arbeitsunfall**, weil der Arbeitnehmer sich grob fahrlässig über sicherheitsrelevante Weisungen des Arbeitgebers oder über die Vorschriften der Unfallversicherungsträger hinweggesetzt hat, ist ein Verschulden in der Regel zu bejahen.[221] Umgekehrt gilt ein **Suizidversuch** meist als unverschuldet.[222] Bei **Sportverletzungen** unterscheidet das BAG im Grundsatz zwischen solchen bei gefährlichen Sportarten und bei sonstigen Sportarten. Bei ersteren soll bereits die Ausübung als solche ein Verschulden i.S.v. § 3 EFZG begründen; diese Fallgruppe ist – bislang – aber graue Theorie, da die Rechtsprechung noch keine Sportart als per se gefährlich anerkannt hat, nicht einmal Amateurboxen[223] und Drachenfliegen[224] (!). Bei den „sonstigen“ Sportarten ist ein Verschulden i.S.d. § 3 EFZG anzunehmen, wenn der Arbeitnehmer entweder grob und leichtsinnig gegen anerkannte Regeln der Sportart verstößt oder diese in einer Weise ausübt, die seine Kräfte und Fähigkeiten deutlich übersteigt.[225]

Nur ein solches Verschulden des **Arbeitnehmers selbst** schließt den Anspruch aus § 3 **527**
EFZG aus. Verschuldet dagegen ein Dritter die krankheitsbedingte Arbeitsunfähigkeit, so berührt das die Entgeltfortzahlungspflicht des Arbeitgebers nicht; allerdings greift dann § 6 EFZG (s. Rn. 544).[226] Hat der Arbeitgeber die Arbeitsunfähigkeit des Arbeitnehmers allein verursacht oder trifft ihn daran ein weit überwiegendes Verschulden, so greift nicht § 3 EFZG ein; stattdessen bleibt der ursprüngliche Lohnanspruch bestehen, weil § 326 I 1 BGB durch § 326 II 1 Alt. 1 BGB ausgeschlossen ist.[227]

f) Kein Leistungsverweigerungsrecht des Arbeitgebers, § 7 EFZG

Der Anspruch auf Entgeltfortzahlung ist (zeitweise) nicht durchsetzbar, wenn der Ar- **528**
beitgeber nach § 7 I EFZG die Leistung verweigern kann. Dies gilt aber stets nur, wenn den Arbeitnehmer ein Verschulden an der Verletzung der in § 7 I EFZG genannten Verpflichtungen trifft, § 7 II EFZG.

(1) Gemäß § 5 I 1, 2 EFZG hat der arbeitsunfähig erkrankte Arbeitnehmer dem Ar- **529**
beitgeber unverzüglich (§ 121 I 1 BGB) die Arbeitsunfähigkeit und deren voraussichtliche Dauer **mitzuteilen** und, wenn diese länger als drei Kalendertage (nicht: Arbeitstage!) dauert, am darauf folgenden Arbeitstag ein ärztliches **Attest** darüber vorzulegen. Der Arbeitgeber kann die Vorlage des Attests nach § 5 I 3 EFZG generell[228] oder im Einzelfall auch schon zu einem früheren Zeitpunkt verlangen. Nur bezüglich

220 BAG 1.6.1983 – 5 AZR 536/80, AP LohnFG § 1 Nr. 52; BAG 18.3.2015 – 10 AZR 99/14, NZA 2015, 801, 802.
221 ErfK/*Reinhard*, § 3 EFZG, Rn. 26.
222 BAG 28.2.1979 – 5 AZR 611/77, AP LohnFG § 1 Nr. 44.
223 BAG 1.12.1976 – 5 AZR 601/75, AP LohnFG § 1 Nr. 42; anders für Kick-Boxen ArbG Hagen 15.9.1989 – 4 Ca 648/87, NZA 1990, 311.
224 BAG 7.10.1981 – 5 AZR 338/79, AP LohnFG § 1 Nr. 45.
225 *Schmitt*, EFZG, § 3, Rn. 155; BeckOK-ArbR/*Ricken*, § 3 EFZG, Rn. 46.
226 BAG 23.11.1971 – 1 AZR 388/70, AP LohnFG § 1 Nr. 8; ErfK/*Reinhard*, § 3 EFZG, Rn. 24.
227 *Fischinger/Straub*, JuS 2016, 208, 210; BeckOK-ArbR/*Ricken*, § 3 EFZG, Rn. 36.
228 Will der Arbeitgeber eine solche generelle Regelung und besteht im Betrieb ein Betriebsrat, so hat dieser darüber nach § 87 I Nr. 1 BetrVG mitzubestimmen, vgl. BAG 25.1.2000 – 1 ABR 3/99, NZA 2000, 665, 667.

der Verletzung dieser **Vorlagepflicht** des ärztlichen Attests – nicht aber der „bloßen" Verletzung der Mitteilungspflicht aus § 5 I 1 EFZG[229] – knüpft **§ 7 I Nr. 1 EFZG** eine **dilatorische Einrede** des Arbeitgebers. Als dilatorische Einrede gibt § 7 I Nr. 1 EFZG dem Arbeitgeber nur das Recht, die Leistung so lange zu verweigern, bis der Arbeitnehmer seinerseits die oben genannten Pflichten vollständig erfüllt hat. Damit aber entfällt das Leistungsverweigerungsrecht, und zwar nicht nur für die Zukunft, sondern auch **rückwirkend**. Der Arbeitnehmer hat also einen nunmehr fälligen Entgeltfortzahlungsanspruch für den gesamten Zeitraum der Erkrankung.[230]

530 (2) Anders als § 7 I Nr. 1 EFZG statuiert dessen **Nr. 2** eine **peremptorische Einrede**. Relevant kann diese werden, wenn die krankheitsbedingte Arbeitsunfähigkeit auf einem Verhalten eines Dritten beruht, der deshalb dem Arbeitnehmer schadensersatzpflichtig ist (v.a. §§ 823 ff. BGB). Da das Verschulden des Dritten den Entgeltfortzahlungsanspruch des Arbeitnehmers unberührt (Rn. 527) lässt, erleidet dieser in den ersten sechs Krankheitswochen keinen Entgeltausfall und hat *insoweit* keinen Schaden. Den Schaden hat insoweit vielmehr zunächst der lohnzahlungspflichtige Arbeitgeber. Damit dieser ihn nicht dauerhaft tragen muss, sondern ihn auf den eigentlich „Schuldigen" abwälzen kann, ordnet § 6 EFZG als gesetzlicher Spezialfall der Drittschadensliquidation eine **cessio legis** zu Gunsten des Arbeitgebers an, soweit dieser gemäß § 3 EFZG an den Arbeitnehmer das Arbeitsentgelt zahlt;[231] der darüber hinausgehende Anspruch – insb. derjenige auf Schmerzensgeld – verbleibt beim Arbeitnehmer.[232] Der Anspruchsübergang erfolgt nicht bereits mit Eintritt des schädigenden Ereignisses, sondern erst mit Entgeltfortzahlung.[233] Daran anknüpfend sieht § 7 I Nr. 2 EFZG ein dauerhaftes Leistungsverweigerungsrecht des Arbeitgebers gegenüber dem Arbeitnehmer vor, wenn dieser „den Übergang eines Schadensersatzanspruchs gegen einen Dritten [...] verhindert". Das ist anzunehmen, wenn der Arbeitnehmer vor der Entgeltfortzahlung durch den Arbeitgeber den Anspruch gegen den Dritten z.B. an einen Vierten abtritt oder auf diesen verzichtet.[234] Auch die bloße Erschwernis der tatsächlichen Chancen des Arbeitgebers, den Regressanspruch gegen den Dritten zu realisieren, fällt unter Nr. 2 (z.B. Nichtmitteilung der Angaben, die für die Durchsetzbarkeit des übergegangenen Anspruchs notwendig sind).[235] In beiden Fällen wäre es dem Arbeitgeber nicht zumutbar, zunächst an den Arbeitnehmer leisten zu müssen, obwohl er nicht beim Dritten Regress nehmen kann.

3. Rechtsfolgen

a) Höhe der Entgeltfortzahlung

531 Nach **§ 4 I EFZG** gilt kein reines, sondern ein **modifiziertes Entgeltausfallprinzip**. Denn der Arbeitgeber hat dem Arbeitnehmer (nur) das diesem bei der für ihn maßge-

229 So die h.M. ErfK/*Reinhard*, § 7 EFZG, Rn. 4; Staudinger/*Oetker*, § 616, Rn. 563; *Treber*, EFZG, § 7, Rn. 6 m.w.N.
230 *Schmitt*, EFZG, § 7, Rn. 29 ff.
231 BGH 13.8.2013 – VI ZR 389/12, NZA 2014, 91, 93; ErfK/*Reinhard*, § 3 EFZG, Rn. 1.
232 *Hromadka/Maschmann*, Arbeitsrecht I, § 8, Rn. 99.
233 Staudinger/*Oetker*, § 616, Rn. 465; MüKo-BGB/*Müller-Glöge*, § 6 EFZG, Rn. 11.
234 ErfK/*Reinhard*, § 7 EFZG, Rn. 12.
235 LAG Schleswig-Holstein 18.7.2006 – 2 Sa 155/06, NZA-RR 2006, 568, 570; *Schmitt*, EFZG, § 7, Rn. 39 f. m.w.N.

benden **regelmäßigen** Arbeitszeit zustehende Arbeitsentgelt fortzuzahlen; dazu zählt insb. nicht ein zusätzlich für Überstunden gezahltes Arbeitsentgelt (§ 4 Ia 1 EFZG). Der erkrankte Arbeitnehmer wird also dem arbeitsfähigen Arbeitnehmer nicht vollständig gleichgestellt, sondern verliert die „Chance" zusätzlicher Überstundenvergütungen. Und auch bei einer leistungsbezogenen Vergütungsstruktur erhält der Arbeitnehmer nicht 1:1 das, was er bei Erbringung der Arbeitsleistung hätte verdienen können, vielmehr ist der in seiner regelmäßigen Arbeitszeit erzielbare **Durchschnittsverdienst** der Berechnung zugrunde zu legen (§ 4 Ia 2 EFZG).

Konkret hängt die – kaum examensrelevante – Berechnung des Fortzahlungsanspruchs von zwei Faktoren ab: Der **Zeitfaktor** bestimmt sich nach der Arbeitszeit, für die der Arbeitnehmer in dem von § 3 EFZG genannten Zeitraum gemäß § 611a II BGB Arbeitsentgelt bezogen hätte, wenn er nicht krankheitsbedingt daran gehindert gewesen wäre.[236] Der **Geldfaktor** bemisst sodann, was der ihm für diese Arbeitszeit zustehende Lohn ist.[237] **532 V**

b) Dauer der Entgeltfortzahlung

aa) Grundsatz. Nach § 3 I 1 EFZG besteht der Anspruch auf Entgeltfortzahlung „bis zur Dauer von sechs Wochen". Ist der Arbeitnehmer durchgängig für einen längeren Zeitraum als sechs Wochen erkrankt, so endet mit Ablauf der sechs Wochen sein Anspruch auf Entgeltfortzahlung. Finanziell abgesichert wird er in diesem Fall i.d.R. durch die (gesetzliche) Krankenversicherung (sog. Krankengeld, §§ 44 ff. SGB V). Sechs Wochen entsprechen einem Zeitraum von **42 Kalendertagen**, ohne dass es darauf ankäme, wie viele Arbeitstage in diesen fallen, so dass auch Sonn- und Feiertage sowie Werktage, die ein Teilzeitarbeitnehmer nie arbeitet, voll mitzählen.[238] **533**

In Grenzfällen kann der konkrete Zeitpunkt des Eintritts der Arbeitsunfähigkeit von Bedeutung sein. Denn: Tritt diese noch **vor** Beginn der Arbeitspflicht an einem Kalendertag ein, so ist dieser Tag nach h.M. bei der Berechnung des 42-Kalendertage-Zeitraums mitzuzählen, § 187 I BGB wird entsprechend teleologisch reduziert. Wird der Arbeitnehmer dagegen **erst im Laufe** eines Kalendertages arbeitsunfähig, so zählt dieser Tag nicht mit, die 42 Kalendertage werden also erst ab dem nächsten Tag gezählt und der Arbeitnehmer hat für den Tag teilweiser Arbeitsleistung den normalen Lohnanspruch aus § 611a BGB.[239] **534 V**

bb) Sonderfall: Mehrfache Arbeitsunfähigkeiten. Wird der Arbeitnehmer innerhalb eines überschaubaren Zeitraums mehrfach arbeitsunfähig krank und überschreitet die Gesamtdauer den Sechs-Wochen-Zeitraum, so stellt sich die Frage, ob hierfür Entgeltfortzahlung nach § 3 EFZG verlangt werden kann oder ob der Anspruch nach insgesamt sechs Wochen endet. **535**

Für die Antwort ist grundlegend danach zu unterscheiden, ob die erneute Arbeitsunfähigkeit auf einer **neuen Krankheit** oder **derselben (fortgesetzten) Krankheit** beruht, gilt doch nur in letzterem Falle § 3 I **2** EFZG (dazu Rn. 540). Entscheidend für **536**

236 ErfK/*Reinhard*, § 4 EFZG, Rn. 3.
237 BeckOK-ArbR/*Ricken*, § 4 EFZG, Rn. 2.
238 BAG 22.2.1973 – 5 AZR 461/72, AP LohnFG § 1 Nr. 28; *Müller-Glöge*, RdA 2006, 105, 109; *Schmitt*, EFZG, § 3, Rn. 211.
239 BAG 4.5.1971 – 1 AZR 305, 70, AP LohnFG § 1 Nr. 3; 21.9.1971 – 1 AZR 65/71, AP LohnFG § 1 Nr. 6; ErfK/*Reinhard*, § 3 EFZG, Rn. 34 m.w.N.

diese Abgrenzung ist, ob die frühere und die jetzige Arbeitsunfähigkeit auf **dasselbe Grundleiden**, also dieselbe Krankheitsursache zurückzuführen sind (dann: dieselbe Krankheit, § 3 I 2 EFZG), oder ob sie auf ganz anderen Ursachen beruhen (dann: neue Krankheit). Keine Rolle für die Abgrenzung spielt hingegen, ob das Krankheitsbild, die Art der Schmerzen sowie die Symptome identisch sind.

537 In **Fall 25** handelt es sich zwar medizinisch zwei Mal um die gleiche Krankheit (Schlüsselbeinfraktur), diese beruht aber nicht auf demselben Grundleiden, sondern auf zwei unglücklichen Zufällen. Im Rechtssinne handelt es sich daher nicht um dieselbe, sondern um eine neue Krankheit; etwas anderes wäre nur denkbar, wenn der A ein besonders sensibles Knochengerüst („Glasknochen") hätte, welches immer wieder dazu führt, dass er leicht Knochenbrüche erleidet. Auch in **Fall 26** liegt (natürlich) eine neue Krankheit vor. Dagegen sind die Erkrankungen in **Fall 27** auf das jeweils gleiche Grundleiden (= Herzschwäche) zurückzuführen, es liegt also dieselbe Krankheit i.S.v. § 3 I 2 EFZG vor. (Fortsetzung **Rn. 539**)

538 Wurde auf diese Weise zwischen neuer und derselben Krankheit abgegrenzt, so gilt für die rechtliche Behandlung Folgendes:

- Bei einer **neuen Erkrankung** hat der Arbeitnehmer im Grundsatz immer wieder erneut Anspruch auf bis zu sechswöchige Entgeltfortzahlung. Etwas anderes gilt allerdings dann, wenn die zweite Krankheit noch zu einem Zeitpunkt eintritt, zu dem der Arbeitnehmer noch wegen der ersten Erkrankung arbeitsunfähig war. In diesem Fall geht die h.M. vom Grundsatz der **Einheit des Verhinderungsfalls** aus. Folge ist, dass die zweite Krankheit keinen neuen Sechs-Wochen-Zeitraum auslöst, sondern der Arbeitnehmer, wenn die erste Krankheit vor Ablauf der Sechs-Wochen-Frist endet, die Arbeitsunfähigkeit infolge der zweiten Krankheit aber noch andauert, den Sechs-Wochen-Zeitraum nur einmalig ausschöpfen kann.

539 In **Fall 25** trat die zweite Erkrankung erst ein, als die Arbeitsunfähigkeit wegen der ersten Erkrankung bereits beendet war. Deshalb kann A zweimal für jeweils bis zu sechs Wochen Entgeltfortzahlung beanspruchen (vom 17.1.-21.2. und vom 23.2.-16.3).

In **Fall 26** dagegen brach sich der A den Ellenbogen, bevor er nach der vorherigen Schlüsselbeinfraktur wieder arbeitsfähig genesen war. Entsprechend löst der Bruch des Ellenbogens *keinen* neuen Sechs-Wochen-Zeitraum aus, es bewendet vielmehr bei *einem* maximal sechswöchigen Zeitraum. Damit hat A Anspruch auf Entgeltfortzahlung vom 17.1.-27.2.

540 • Handelt es sich um **dieselbe (fortgesetzte) Krankheit**, greift § 3 I **2** EFZG. In diesem Fall gilt als Grundsatz, dass der Arbeitnehmer für alle fortgesetzten Erkrankungen zusammen nur einmal für bis zu sechs Wochen Entgeltfortzahlung verlangen kann.[240] Davon macht allerdings § 3 I 2 EFZG zwei Ausnahmen: Zum einen, wenn zwischen dem Ende der ersten Arbeitsunfähigkeit und dem Beginn der zweiten mindestens ein Zeitraum von sechs Monaten liegt **(Nr. 1)**. Zum anderen, wenn zwischen dem *Beginn* der ersten Arbeitsunfähigkeit und dem Beginn der letzten Arbeitsunfähigkeit ein Zeitraum von zwölf Monaten liegt **(Nr. 2)**, wo-

240 BAG 14.11.1984 – 5 AZR 394/82, AP LohnFG § 1 Nr. 61; ErfK/*Reinhard*, § 3 EFZG, Rn. 38.

bei es nicht darauf ankommt, wie oft der Arbeitnehmer innerhalb des Zwölf-Monats-Zeitraums wegen derselben Krankheit arbeitsunfähig war.[241]

Da es sich in **Fall 27** um dieselbe Krankheit handelt, erhält A für die einzelnen Erkrankungsphasen nur einmalig insgesamt sechs Wochen Entgeltfortzahlung, es sei denn, es greift § 3 I 2 Nr. 1 oder 2 EFZG ein. Weil für die Erkrankungsphase im Januar, März und April dies nicht der Fall ist, erhält A nur für die insgesamt sechs Wochen im Januar und März (2 x 3 Wochen) Entgeltfortzahlung; für die Dauer der Arbeitsunfähigkeit im April hat er dagegen keinen Anspruch gegen den U, sondern kann sich nur an die Krankenkasse halten (§§ 44 ff. SGB V). Anders verhält es sich hingegen für die sechswöchige krankheitsbedingte Arbeitsunfähigkeit im November/Dezember. Weil zwischen dem Ende der früheren (April) und der jetzigen Erkrankung mehr als sechs Monate liegen, greift § 3 I 2 **Nr. 1** EFZG ein und A hat erneut Anspruch auf Entgeltfortzahlung bis zu sechs Wochen. Insgesamt kann er in **Fall 27** also für zwölf Wochen Entgeltfortzahlung geltend machen (2 x 3 + 6). **541**

In **Fall 28** nützt § 3 I 2 Nr. 1 EFZG dem A in Bezug auf die sechswöchige Erkrankung im Februar/März 2018 nichts, lag vor dieser angesichts der Arbeitsunfähigkeit im Dezember 2017 doch kein sechsmonatiger Zeitraum, in dem er nicht wegen derselben Krankheit arbeitsunfähig war. Jedoch greift hier § 3 I 2 **Nr. 2** EFZG ein, sind zwischen dem Beginn der ersten Arbeitsunfähigkeitsperiode (= Januar 2017) und dem Beginn der neuen (= Februar 2018) doch mehr als zwölf Monate verstrichen. Er kann dementsprechend auch für die fünf Wochen im Februar/März 2018 Entgeltfortzahlung verlangen. **542**

c) Weitere Rechtsfolgen

aa) Anzeige- und Nachweispflichten, § 5 EFZG. Den arbeitsunfähig erkrankten Arbeitnehmer treffen Mitteilungs- und Nachweispflichten gemäß § 5 EFZG (s. Rn. 529). **543**

bb) Forderungsübergang bei Dritthaftung, § 6 EFZG. Ist die arbeitsunfähige Erkrankung des Arbeitnehmers auf das Verhalten eines Dritten zurückzuführen und hat der Arbeitnehmer gegen den Schädiger einen Schadensersatzanspruch, so geht dieser insoweit über, als der Arbeitgeber an ihn gemäß § 3 EFZG das Entgelt fortzahlt, § 6 I 1 EFZG. Diese Legalzession wird in Klausuren meist im Rahmen von **§ 7 I Nr. 2 EFZG** relevant (s. Rn. 530). **544**

4. Darlegungs- und Beweislast

In der Praxis bestehen nicht selten Zweifel daran, ob der Arbeitnehmer wirklich arbeitsunfähig erkrankt ist oder ob er dies nur vorgibt, um bezahlte Freizeit zu genießen („blaumachen"). Daher stellen sich die Fragen, wer die krankheitsbedingte Arbeitsunfähigkeit beweisen muss, auf welche Weise dies geschehen kann und welche Möglichkeiten der Gegenseite verbleiben, um sich zu wehren. **545 V**

Grundsätzlich ist der **Arbeitnehmer** darlegungs- und beweisbelastet für die Voraussetzungen des Entgeltfortzahlungsanspruchs. Insb. gilt das für die krankheitsbedingte Arbeitsunfähigkeit. In aller Regel führt er den Beweis durch Vorlage einer entsprechenden **ärztlichen** **546 V**

241 *Schmitt*, EFZG, § 3, Rn. 269.

Arbeitsunfähigkeitsbescheinigung. Auch wenn diese das vom Gesetz vorgesehene Nachweisinstrument ist, ist er nicht gezwungen, sich ihrer zu bedienen, sondern kann auf jedes gesetzlich zulässige Beweismittel zurückgreifen.[242]

547 Zu beachten ist, dass die ärztliche Arbeitsunfähigkeitsbescheinigung in jedem Fall ein bloßes Beweismittel ist, das nichts an der materiellen Rechtslage zu ändern vermag. Die krankheitsbedingte Arbeitsunfähigkeit muss objektiv vorliegen, der Anspruch besteht dementsprechend materiell-rechtlich auch dann, wenn sie nicht ordnungsgemäß nachgewiesen wird; ist der Arbeitnehmer umgekehrt nicht arbeitsunfähig erkrankt, ändert das Vorliegen eines – dann eben falschen – ärztlichen Attests nichts daran, dass kein Anspruch aus § 3 EFZG besteht.

548 Während nach dem oben Gesagten grundsätzlich den Arbeitnehmer die Darlegungs- und Beweislast trifft, ist dafür, dass die krankheitsbedingte Arbeitsunfähigkeit vom Arbeitnehmer **verschuldet** wurde, der **Arbeitgeber** darlegungs- und beweisbelastet, handelt es sich doch um eine anspruchshindernde Einwendung.[243] Weil der Arbeitgeber die notwendigen Informationen hierüber meist nicht besitzen kann, ist der Arbeitnehmer aber zur Mitwirkung und Information verpflichtet; verletzt er diese Pflicht, so ist von Verschulden auszugehen.[244]

5. Weitere Fälle

549 V Neben dem Anspruch auf Entgeltfortzahlung im Krankheitsfall (§ 3) und während eines Feiertags (§ 2, s. Rn. 551 ff.) regelt das EFZG noch weitere Konstellationen, insb.:

- Arbeitsverhinderung infolge einer Maßnahme der **medizinischen Vorsorge oder Rehabilitation (§ 9 EFZG)**. Angesichts des Verweises auf die §§ 3–4a, 6–8 EFZG gilt hier im Wesentlichen das zu § 3 EFZG Gesagte entsprechend.
- Arbeitsverhinderung infolge von **Organ- oder Gewebespenden, § 3a EFZG**. Auch in diesem Fall sieht das Gesetz eine Entgeltfortzahlung bis zu sechs Wochen vor.

Hinweis: Beide Konstellationen dürften kaum examensrelevant sein. Sollten Sie doch einmal geprüft werden, dürfte es regelmäßig genügen, die entsprechende Vorschrift zu finden und sauber anzuwenden, Spezialwissen ist hier nicht verlangt.

6. Prüfungsschema: Anspruch auf Entgeltfortzahlung nach § 3 I EFZG

550

1. Voraussetzungen

a) Persönlicher Anwendungsbereich: v.a. Arbeitnehmer (Rn. 514)
b) Erfüllung der Wartezeit des § 3 III EFZG (Rn. 515)
c) Krankheit (Rn. 518) und dadurch Arbeitsunfähigkeit (Rn. 519)
d) Kausalität zwischen krankheitsbedingter Arbeitsunfähigkeit und Arbeitsausfall (Rn. 523)
e) Kein Verschulden des Arbeitnehmers (Rn. 525)
f) Kein Leistungsverweigerungsrecht des Arbeitgebers, § 7 EFZG (Rn. 528)

---

242 BAG 1.10.1997 – 5 AZR 726/96, NZA 1998, 369, 372; MüKo-BGB/*Müller-Glöge*, § 3 EFZG, Rn. 78; *Treber*, EFZG, § 5, Rn. 51.
243 *Treber*, EFZG, § 3, Rn. 91.
244 MüKo-BGB/*Müller-Glöge*, § 3 EFZG, Rn. 85; ErfK/*Reinhard*, § 3 EFZG, Rn. 32.

2. Rechtsfolgen
a) Lohnfortzahlung
- Höhe nach Lohnausfallprinzip (Rn. 531)
- Dauer maximal sechs Wochen (Rn. 533)
- Sonderproblem: mehrfache Arbeitsunfähigkeiten (Rn. 535)

b) Anzeige- und Nachweispflichten, § 5 EFZG (Rn. 543)
c) Cessio legis, § 6 EFZG (Rn. 544)

V. Entgeltzahlung an Feiertagen, § 2 EFZG

1. Normzweck

Neben der Lohnfortzahlung im Krankheitsfall regelt das EFZG in seinem § 2 auch diejenige an Feiertagen. Nach § 2 I EFZG hat der Arbeitnehmer für Arbeitszeit, die infolge eines gesetzlichen Feiertages ausfällt, Anspruch auf Zahlung des Lohns, den er erhalten hätte, wenn er an diesem Tag gearbeitet hätte. **Zweck** ist es, dem Arbeitnehmer zu ermöglichen, die gesetzlichen Feiertage zu begehen, ohne die Arbeit an einem anderen Tag nachholen zu müssen und ohne einen Einkommensverlust zu erleiden. Wie bei § 3 EFZG (Rn. 511 ff.), so kann auch der Anspruch aus § 2 EFZG nicht vor seiner Entstehung ausgeschlossen werden, auf einen einmal entstandenen Anspruch kann der Arbeitnehmer aber verzichten.[245] **551**

2. Voraussetzungen

(1) Unter den **persönlichen Anwendungsbereich** fallen gemäß § 1 II EFZG Arbeitnehmer sowie zur Berufsbildung Beschäftigte; es gilt insoweit das zu § 3 EFZG Gesagte entsprechend (Rn. 514). Im Unterschied zur Entgeltfortzahlung im Krankheitsfall (vgl. § 3 III EFZG, dazu Rn. 515) setzt § 2 EFZG **nicht** die vorherige Erfüllung einer **Wartezeit** voraus, der Anspruch besteht – im Extremfall – also selbst dann, wenn der erste Tag des Arbeitsverhältnisses auf einen gesetzlichen Feiertag fällt; um das zu vermeiden, kann der Beginn des Arbeitsverhältnisses auf den folgenden Tag angesetzt werden (z.B. „Das Arbeitsverhältnis beginnt am 2.5.“).[246] **552**

(2) Es muss sich um einen **gesetzlichen Feiertag** handeln. Von diesen sind die nur staatlich geschützten Feiertage und sonstige Gedenktage zu unterscheiden, auf die § 2 EFZG keine Anwendung findet. Mit Ausnahme des 3.10. fällt die Festlegung der gesetzlichen Feiertage in die Kompetenz der **Bundesländer**. Entsprechend ist stets zu prüfen, ob der jeweilige Tag auch in dem jeweiligen Bundesland gesetzlicher Feiertag ist. Hierfür hilft die in der Beck Textsammlung „Arbeitsrecht“ unter Nr. 18b zu findende Übersicht.[247] Wohnt der Arbeitnehmer in einem Bundesland und arbeitet in einem anderen, so kommt es nach zutreffender h.M. allein auf den **Arbeitsort** **553**

245 ErfK/*Reinhard*, § 12 EFZG, Rn. 5 m.w.N.
246 Preis/Temming/*Preis*, Individualarbeitsrecht, § 48, Rn. 2275.
247 Besonders für bayerische Examenskandidaten ist auf das Friedensfest (8.8.) hinzuweisen, das nur im Stadtkreis **Augsburg** in Gedenken an den Augsburger Religionsfrieden von 1555 gefeiert wird.

an.[248] Ist der Arbeitnehmer zeitweise im Ausland tätig, greift § 2 EFZG für einen deutschen Feiertag nach wohl h.M. nur ein, wenn der entsprechende Tag auch im Gastland ein Feiertag ist.[249]

554 **(3)** Es muss ein **Arbeitsausfall** vorliegen. Hat der Arbeitnehmer am Feiertag dagegen gearbeitet, scheidet § 2 EFZG aus, er hat vielmehr einen ganz „normalen" Lohnanspruch nach § 611a II BGB i.V.m. seinem Arbeitsvertrag.[250]

555 **(4)** Der Anspruch besteht nach dem Wortlaut („infolge") nur, wenn der Feiertag **monokausal** für den Arbeitsausfall ist.[251] Ist der Arbeitsausfall kumulativ oder alternativ auf andere Umstände zurückzuführen, scheidet § 2 EFZG also aus. Ein solcher anderer Umstand kann z.B. sein, dass angesichts objektiver Leistungshindernisse – wie ein Ausfall öffentlicher Verkehrsmittel, Schneeglätte, Verkehrssperren oder Streiks – es dem Arbeitnehmer ohnehin unmöglich gewesen wäre, an dem Tag zum Arbeitsort zu gelangen. Fallen **Sonn- und Feiertag** zusammen, so besteht regelmäßig ebenfalls kein Anspruch aus § 2 EFZG, ist der Sonntag doch ohnehin arbeitsfrei; etwas anderes gilt, wenn der Arbeitnehmer normalerweise an Sonntagen arbeitet.[252] Fällt ein Feiertag in die **Urlaubszeit** eines Arbeitnehmers *und* wird wegen des Feiertags im Betrieb nicht gearbeitet, so darf der Feiertag nicht auf den Urlaub angerechnet werden; mit anderen Worten „verbraucht" der Arbeitnehmer an diesem Tag keinen Urlaubstag und erhält zudem nach § 2 EFZG Entgeltfortzahlung für diesen.[253] Hätte der Arbeitnehmer hingegen – denkt man sich die Urlaubserteilung weg – an dem Feiertag gearbeitet, so greift nicht § 2 EFZG ein, der Feiertag wird vielmehr auf den Urlaub angerechnet und der Arbeitnehmer erhält Urlaubsentgelt (§§ 1, 11 I BUrlG).[254] Ist ein Arbeitnehmer am Feiertag **arbeitsunfähig erkrankt**, so dürfte eigentlich weder nach § 2 EFZG noch nach § 3 EFZG ein Anspruch bestehen, fehlt es doch jeweils an der erforderlichen Kausalität zwischen Feiertag/krankheitsbedingter Arbeitsunfähigkeit einerseits, Arbeitsausfall andererseits. Diese Konsequenz wäre aber offenkundig unbillig und wird deshalb durch **§ 4 II EFZG** vermieden. Aus dessen Wortlaut folgt (etwas verklausuliert), dass sich der Anspruch *dem Grunde nach* nur aus § 3 EFZG ergeben kann, sich seine *Höhe* aber nach § 2 EFZG bestimmt.[255] Weil also in diesem Fall Anspruchsgrundlage nicht § 2 EFZG, sondern § 3 EFZG ist, scheidet ein Anspruch insb. aus, wenn entweder am Feiertag die Sechs-Wochen-Frist des § 3 EFZG (dazu Rn. 533) bereits überschritten ist oder den Arbeitnehmer an der Erkrankung ein Verschulden i.S.v. § 3 EFZG trifft (näher Rn. 525).

556 **(5)** Nach **§ 2 III EFZG** ist der Anspruch ausgeschlossen, wenn der Arbeitnehmer am letzten Arbeitstag vor und/oder am ersten Arbeitstag nach dem Feiertag unentschuldigt der Arbeit fernbleibt. Damit soll taktisch geschicktem **„Bummeln"** vorge-

248 BAG 16.4.2014 – 5 AZR 483/12, NZA 2014, 1262, 1264; ErfK/*Reinhard*, § 2 EFZG, Rn. 5; MüKo-BGB/*Müller-Glöge*, § 2 EFZG, Rn. 9; Staudinger/*Richardi/Fischinger*, § 611a, Rn. 1621; *Schmitt*, EFZG, § 2, Rn. 28 m.w.N.

249 ErfK/*Reinhard*, § 2 EFZG, Rn. 6 m.w.N.

250 BAG 19.9.2012 – 5 AZR 727/11, AP ArbZG § 11 Nr. 4.

251 BAG 10.1.2007 – 5 AZR 84/06, NZA 2007, 384, 387; *Schmitt*, EFZG, § 2, Rn. 35.

252 *Fischinger/Straub*, JuS 2016, 208, 214.

253 *Schmitt*, EFZG, § 2, Rn. 54; BeckOK-ArbR/*Ricken*, § 2 EFZG, Rn. 19.

254 ErfK/*Reinhard*, § 2 EFZG, Rn. 9; BeckOK-ArbR/*Ricken*, § 2 EFZG, Rn. 20.

255 MüKo-BGB/*Müller-Glöge*, § 4 EFZG, Rn. 24; ErfK/*Reinhard*, § 2 EFZG, Rn. 10.

beugt werden, das andernfalls v.a. zu befürchten wäre, wenn der Feiertag auf einen Donnerstag oder einen Dienstag fällt.[256] Das Gesetz rekurriert explizit nicht auf den „Kalendertag" nach/vor dem Feiertag, sondern den „Arbeitstag". Damit wird auf die **individuelle Arbeitsverpflichtung** des jeweiligen Arbeitnehmers Bezug genommen. Wenn deshalb zwischen dem Feiertag und dem Fehltag Tage liegen, an denen der konkrete Arbeitnehmer ohnehin nicht arbeiten musste, kommt es auf *seinen* nächst vorangehenden oder nachfolgenden Tag mit Arbeitsverpflichtung an.[257]

Welch weitreichende Folgen § 2 III EFZG haben kann, zeigt **Fall 28a**. Weil A vom 16.12. bis 3.1. im Erholungsurlaub war, kommt es bei § 2 III EFZG für alle drei in diese Periode fallende Feiertage (25.12., 26.12., 1.1.) auf den 15.12. bzw. 4.1. an. Da er am 4.1. unentschuldigt nicht zur Arbeit erschien, entfallen rückwirkend seine Feiertagslohnansprüche für alle drei Tage.[258] **557**

Ein **Fernbleiben** i.S.d. § 2 III EFZG ist nicht nur anzunehmen, wenn der Arbeitnehmer am entscheidenden Tag überhaupt nicht zur Arbeit kommt, sondern auch, wenn er mindestens die Hälfte der geschuldeten Arbeitszeit verpasst.[259] **Unentschuldigt** ist dieses, wenn objektiv eine Vertragsverletzung vorliegt und dem Arbeitnehmer subjektiv ein Verschulden an der Arbeitsversäumnis zur Last fällt oder er den Entschuldigungsgrund nicht unverzüglich mitteilt.[260] **558 V**

3. Rechtsfolgen

Liegen diese Voraussetzungen vor, hat der Arbeitnehmer Anspruch auf das Arbeitsentgelt, das er ohne den Arbeitsausfall erhalten hätte **(Lohnausfallprinzip)**. Erhält er ausschließlich ein **fixes Monatsgehalt**, so wird mit dessen Auszahlung der Anspruch aus § 2 EFZG miterfüllt, besondere Berechnungsfragen stellen sich dann nicht; die Bedeutung von § 2 EFZG liegt in einem solchen Fall darin, dass erstens der Arbeitgeber das feste Monatsgehalt nicht wegen des Feiertags kürzen darf und zweitens der Arbeitnehmer die infolge des Feiertags ausgefallene Arbeitsleistung nicht nachholen muss. Schwieriger, aber kaum klausurrelevant, sind Konstellationen, in denen der Arbeitnehmer (auch) ein **variables Entgelt** erhält. Hier muss festgestellt werden, wie viele Stunden tatsächlich durch den Feiertag ausgefallen sind und mit welchem Betrag diese jeweils zu vergüten gewesen wären (Zeit- und Entgeltfaktor).[261] **559**

256 BAG 28.10.1966 – 3 AZR 186/66, NJW 1967, 594, 595; ErfK/*Reinhard*, § 2 EFZG, Rn. 20; *Schmitt*, EFZG, § 2, Rn. 125.
257 ErfK/*Reinhard*, § 2 EFZG, Rn. 22; MüKo-BGB/*Müller-Glöge*, § 2 EFZG, Rn. 36; Staudinger/*Richardi/Fischinger*, § 611a, Rn. 1631.
258 Vgl. *Schmitt*, EFZG, § 2, Rn. 134 f.
259 BAG 28.10.1966 – 3 AZR 186/66, NJW 1967, 594, 595; Staudinger/*Richardi/Fischinger*, § 611a, Rn. 1631.
260 BAG 28.10.1966 – 3 AZR 186/66, NJW 1967, 594; *Schmitt*, EFZG, § 2, Rn. 145 m.w.N.
261 S. dazu näher und m.w.N. ErfK/*Reinhard*, § 2 EFZG, Rn. 14 ff.; BeckOK-ArbR/*Ricken*, § 2 EFZG, Rn. 25 ff.

4. Prüfungsschema: Anspruch auf Entgeltfortzahlung aus § 2 I EFZG

560

1. Voraussetzungen a) Persönlicher Anwendungsbereich, § 1 II EFZG (Rn. 552) b) Gesetzlicher Feiertag am Arbeitsort (Rn. 553) c) Arbeitsausfall (Rn. 554) d) Kausalität zwischen Feiertag und Arbeitsausfall (Rn. 555) e) Kein Anspruchsausschluss nach § 2 III EFZG (Rn. 556) **2. Rechtsfolgen** a) Lohnanspruch nach Lohnausfallprinzip (Rn. 559) b) Keine Nacharbeitspflicht (Rn. 559)

VI. Vorübergehende Verhinderung, § 616 BGB

1. Normcharakter und -zweck

561 Nach § 616 BGB verliert ein Arbeitnehmer seinen Entgeltanspruch nicht, wenn er – ohne dass ihn hieran ein Verschulden trifft – für eine verhältnismäßig nicht erhebliche Zeit durch einen in seiner Person liegenden Grund an der Dienstleistung verhindert ist. Dogmatisch enthält die Vorschrift keine eigenständige Anspruchsgrundlage, sondern ordnet nur eine Ausnahme zu § 326 I 1 BGB an; Anspruchsgrundlage einer entsprechenden Lohnforderung ist deshalb § 611a II BGB i.V.m. dem Arbeitsvertrag.[262] § 616 BGB ist eine **subsidiäre Auffangregelung**, die nur eingreift, wenn der Lohnanspruch nicht bereits aufgrund einer anderen Vorschrift – wie z.B. §§ 2, 3 EFZG oder § 19 I 1 Nr. 1 BBiG – aufrechterhalten wird.[263] Anders als § 3 EFZG gilt § 616 BGB nach seinem Wortlaut nicht nur für Arbeitnehmer, sondern alle Dienstnehmer und damit auch arbeitnehmerähnliche Personen.

562 **Zweck:** Zum Teil wurde § 616 BGB als Ausfluss der allgemeinen Fürsorgepflicht des Arbeitgebers eingestuft.[264] Weil der weite Wortlaut nicht nur Arbeitnehmer, sondern auch freie Dienstnehmer umfasst, ist es aber überzeugender, die Begründung für den Fortbestand der Lohnzahlungspflicht darin zu sehen, dass bei an die Person gebundenen Dienstleistungspflichten (vgl. § 613 S. 1 BGB) der zu jeder Zeit mögliche kurzzeitige Ausfall der Arbeitskraft bei der Bemessung des Grundgehaltentgelts typischerweise mit einkalkuliert wird.[265]

563 § 616 BGB ist – wie der Gegenschluss zu § 619 BGB zeigt – **abdingbar**, und zwar nicht nur zugunsten, sondern auch zulasten des Arbeitnehmers.[266]

262 *Richardi*, NZA 2002, 1004, 1008; Staudinger/*Oetker*, § 616, Rn. 21 f.
263 *Hromadka/Maschmann*, Arbeitsrecht I, § 8, Rn. 110; Staudinger/*Oetker*, § 616, Rn. 25 ff.
264 Soergel/*Kraft*[12], § 616, Rn. 2.
265 *Fischinger/Straub*, JuS 2016, 208, 211; *Schwerdtner*, ZfA 1979, 1, 20; vgl. auch Staudinger/*Oetker*, § 616, Rn. 15, der das Prinzip des „minima non curat praetor" anführt.
266 Staudinger/*Oetker*, § 616, Rn. 148 ff.; ErfK/*Preis*, § 616 BGB, Rn. 13; fraglich ist, ob das uneingeschränkt auch in AGB gelten kann (ablehnend z.B. HWK/*Krause*, § 616 BGB, Rn. 50; zweifelnd Staudinger/*Oetker*, § 616, Rn. 152).

2. Voraussetzungen

a) Persönlicher Verhinderungsgrund

Der Arbeitnehmer muss an der Erbringung seiner Dienstleistung verhindert sein. § 616 BGB greift dabei sowohl ein, wenn die Arbeitsleistung objektiv unmöglich ist (§ 275 I BGB, Rn. 615), wie wenn sie zwar möglich, ihre Erbringung aber subjektiv unzumutbar ist (§ 275 III BGB, Rn. 618). Entscheidend ist im letzten Fall regelmäßig eine Abwägung der beiderseitigen Interessen. Dabei überwiegen diejenigen des Arbeitgebers, wenn der Arbeitnehmer seinem Interesse ohne gravierende Beeinträchtigung auch außerhalb der Arbeitszeit nachgehen kann (z.B. Arztbesuch erst nach der Arbeit).[267] 564

In beiden Fällen ist Voraussetzung, dass der Arbeitnehmer durch einen **„in seiner Person liegenden Grund"** an der Dienstleistung gehindert war. Diese Formulierung darf nicht zu eng verstanden werden, der Grund muss nicht auf den (höchst-) persönlichen Eigenschaften des Arbeitnehmers beruhen, es genügt vielmehr, dass der Grund aus der **persönlichen Sphäre** des Arbeitnehmers stammt.[268] 565

Erfasst sind zunächst **familiäre Ereignisse** wie z.B. die eigene Hochzeit[269] oder die der Kinder oder der Eltern[270], die Niederkunft der Ehefrau oder der in häuslicher Gemeinschaft mit dem (künftigen) Vater lebenden, nicht-ehelichen Lebenspartnerin[271], Begräbnisse im engen Familienkreis (Ehegatte/Lebenspartner, Kinder, Eltern, Geschwister)[272], **persönliche Unglücksfälle** wie Brand oder Wohnungseinbruch[273] sowie **religiöse Feste** wie Konfirmation. 566

Die **Erkrankung** des Arbeitnehmers würde eigentlich als „Paradefall" unter § 616 BGB fallen; insoweit enthält aber für Arbeitnehmer das EFZG vorrangige, die Anwendung von § 616 BGB ausschließende Regelungen.[274] Ist der Arbeitnehmer (noch) nicht arbeitsunfähig krank, ist aber dennoch aus medizinischen Gründen ein Arztbesuch erforderlich, so greift § 616 BGB ein, wenn der Termin nicht auch außerhalb der Arbeitszeit gelegt werden konnte.[275] 567

Ein persönlicher Hinderungsgrund liegt auch vor, wenn gegen den Arbeitnehmer – z.B. im Rahmen einer Pandemie wie der Corona-Krise 2020 – ein **behördliches Tätigkeitsverbot** bzw. eine behördliche **Quarantäne** (§§ 30, 31 IfSG) verhängt wird, da er Kranker oder Krankheitsverdächtiger ist.[276] 568

---

267 *Hromadka/Maschmann*, Arbeitsrecht I [2014], § 8, Rn. 114.
268 BAG 19.4.1978 – 5 AZR 834/76, AP BGB § 616 Nr. 48; 8.12.1982 – 4 AZR 134/80, AP BGB § 616 Nr. 58; Staudinger/*Oetker*, § 616, Rn. 54; ErfK/*Preis*, § 616 BGB, Rn. 3.
269 BAG 27.4.1983 – 4 AZR 506/80, AP BGB § 616 Nr. 61.
270 Staudinger/*Oetker*, § 616, Rn. 66.
271 BAG 18.1.2001 – 6 AZR 492/99, NZA 2002, 47, 49.
272 Staudinger/*Oetker*, § 616, Rn. 65; MüKo-BGB/*Henssler*, § 616, Rn. 46.
273 ErfK/*Preis*, § 616 BGB, Rn. 4; HWK/*Krause*, § 616 BGB, Rn. 35.
274 BeckOK-ArbR/*Joussen*, § 616 BGB, Rn. 27.
275 ErfK/*Preis*, § 616 BGB, Rn. 7.
276 BeckOGK-BGB/*Bieder*, § 616, Rn. 17; Staudinger/*Oetker*, § 616, Rn. 75; *Fischinger/Hengstberger*, JA 2020, 561, 566.

569 Von praktischer Bedeutung ist § 616 BGB bei der Pflege **erkrankter Angehöriger**.[277] Das gilt sowohl bei „normaler“ Erkrankung (z.B. grippekrankes Kind) wie bei der Pflegebedürftigkeit naher Angehöriger, wegen derer der Arbeitnehmer gemäß § 2 PflegeZG bis zu zehn Arbeitstage der Arbeit fernbleiben kann (s. Rn. 622). Umstritten ist, ob ein persönlicher Hinderungsgrund auch vorliegt, wenn ein Kind des Arbeitnehmers zwar nicht krank ist, aber wegen der **flächendeckenden Schließung von Kinderbetreuungseinrichtungen** (so z.B. während der Corona-Krise 2020) betreuungsbedürftig (s. Rn. 618) ist. Das ist richtigerweise zu bejahen, weil wahrer Grund für die Notwendigkeit der Leistungsbefreiung die jeden Elternteil individuell treffende Sorgepflicht für das Kind ist, so dass ein Hindernis in der persönlichen Sphäre vorliegt.[278]

570 Kollidiert die Arbeitspflicht zeitlich notwendigerweise mit **ehrenamtlichen Pflichten**, so ist zu unterscheiden: Handelt es sich um eine öffentlich-rechtliche Ehrenamtspflicht, der sich der Arbeitnehmer nicht oder nur unter der Gefahr, einen Bußgeldtatbestand zu verwirklichen, entziehen kann, so ist er i.S.v. § 616 BGB verhindert; anzunehmen ist das z.B. bei ehrenamtlichen Richtern und Wahlhelfern.[279] Dagegen begründet ein ehrenamtliches Engagement für private Vereine (z.B. Jugendfußballtrainer) keinen persönlichen Verhinderungsgrund, handelt es sich dabei doch um das reine „Privatvergnügen“ des Arbeitnehmers.[280] Gleiches gilt für die Kandidatur für ein öffentliches Amt, auch hier greift § 616 BGB also nicht ein.[281]

571 **Objektive Leistungshindernisse**, die (theoretisch) in der gleichen Situation eine Mehrzahl von Arbeitnehmern betreffen können, sind **nicht** als ein in der Person des Arbeitnehmers liegender Grund anzusehen.[282] So greift § 616 BGB v.a. nicht bei Verkehrsbehinderungen, die die Erreichung des Arbeitsplatzes unmöglich machen (z.B. Stau, Überschwemmung, Blitzeis, Streik der öffentlichen Verkehrsbetriebe).[283]

572 In **Fall 22** kann A den Betrieb wegen Eisglätte nicht erreichen. Dabei handelt es sich nicht um einen in seiner Person liegenden Grund, sondern um ein objektives Leistungshindernis. (Auch) über § 616 BGB hat er deshalb keinen Anspruch auf Lohnzahlung.

573 In **Fall 28b** liegt hingegen nach hier vertretener Auffassung ein persönliches Leistungshindernis in Gestalt des Betreuungsbedarfs der T vor. Zwar waren von der Schließung der Kinderbetreuungseinrichtungen im Zuge der Corona-Krise 2020 deutschlandweit Millionen Eltern betroffen. Das Merkmal des „in seiner Person liegenden Grund[es]“ ist aber nicht quantitativ, sondern qualitativ zu bestimmen. Entscheidend ist im vorliegenden Fall, dass jeder Elternteil aufgrund der ihn höchstpersönlich treffenden Sorgfaltspflicht zur Kinderbetreuung verpflichtet ist. Im konkreten Fall war auch eine Betreuung durch V erforderlich: T ist

277 BAG 20.6.1979 – 5 AZR 479/77, NJW 1980, 903; ErfK/*Preis*, § 616 BGB, Rn. 8.

278 Näher und m.w.N. *Fischinger/Hengstberger*, JA 2020, 561, 564.

279 BAG 22.1.2009 – 6 AZR 78/08, AP TVöD § 29 Nr. 2; MüKo-HGB/*Müller-Glöge*, § 616, Rn. 48; ErfK/*Preis*, § 616 BGB, Rn. 5.

280 ErfK/*Preis*, § 616 BGB, Rn. 5; *Fischinger/Straub*, JuS 2016, 208, 212.

281 MüKo-HGB/*Müller-Glöge*, § 616, Rn. 42; Staudinger/*Oetker*, § 616, Rn. 71.

282 BAG 8.12.1982 – 4 AZR 134/80, AP BGB § 616 Nr. 58; 8.9.1982 – 5 AZR 283/80, AP BGB § 616 Nr. 59; Staudinger/*Oetker*, § 616, Rn. 78 m.w.N.

283 Palandt/*Weidenkaff*, § 616, Rn. 8; MüKo-BGB/*Henssler*, § 616, Rn. 59; Staudinger/*Oetker*, § 616, Rn. 81 m.w.N.

als Sechsjährige betreuungsbedürftig (vgl. die Wertungen von § 45 I SGB V sowie § 56 Ia IfSG). Das Betreuungsangebot durch die 80jährige Mutter M stellt keine zumutbare, alternative Betreuungsmöglichkeit dar, zählt sie doch zur von Covid-19 besonders gefährdeten Risikogruppe, deren Sozialkontakte möglichst minimiert werden sollen.[284] Und auch die Frau von V kommt als Betreuerin nicht in Betracht, arbeitet sie als Ärztin doch in einem gerade während einer Pandemie systemrelevanten Beruf. (Fortsetzung **Rn. 577**)

Auch in **Fall 28c** liegt angesichts der ihr behördlich auferlegten Quarantäne ein in der Person der K liegender Grund vor, der sie an der Erbringung der Arbeitsleistung hindert. Wiederum steht dem nicht entgegen, dass deutschlandweit ggf. viele Arbeitnehmer von entsprechenden behördlichen Anordnungen betroffen sind. Denn es ist auf Umstände in ihrer Person – vorherige Reise in Krisengebiet, Krankheitsanzeichen – zurückzuführen, dass sie sich in häusliche Isolation begeben muss. (Fortsetzung **Rn. 578**) **574**

b) Kausalität

Der persönliche Verhinderungsgrund muss für den Arbeitsausfall **monokausal** gewesen sein. Entsprechend besteht kein Anspruch aus § 616 S. 1 BGB, wenn der Arbeitnehmer bei Eintritt des persönlichen Verhinderungsgrundes z.B. bereits freigestellt war, sich im Urlaub befand oder streikte.[285] **575**

c) Zeitliche Begrenzung

§ 616 S. 1 BGB setzt voraus, dass die Verhinderung nur für eine „verhältnismäßig nicht erhebliche Zeit" besteht. Umstritten ist, wie dieses Tatbestandsmerkmal zu verstehen ist. Teilweise wird zwischen der **Verhinderungsdauer** und der **Gesamtdauer** des bisherigen und zu erwartenden künftigen Arbeitsverhältnisses mit der Folge abgewogen, dass sich für verschieden lange beschäftigte Arbeitnehmer unterschiedlich lange Perioden ergeben.[286] Dabei werden z.T. Faustregeln aufgestellt (z.B. bei Beschäftigungszeiten bis drei Monate ein Tag, von drei bis sechs Monate drei Tage usw).[287] Nach anderer Ansicht ist ereignisbezogen zu differenzieren, so dass v.a. Art, Dauer und Schwere des Verhinderungsgrundes sowie die persönliche Situation des Arbeitnehmers und der zu betreuenden Person zu berücksichtigen seien.[288] Letztlich ist man sich aber weitgehend einig, dass bei der praktisch wichtigsten, potentiell von § 616 BGB erfassten Konstellation – der Pflege erkrankter Angehöriger und Beaufsichtigung betreuungsbedürftiger Kinder – nur wenige Tage anzuerkennen sind, wobei als Obergrenze überwiegend fünf Tage angesetzt werden.[289] Weil es sich beim Merkmal der „verhältnismäßig nicht erhebliche[n] Zeit" um eine Tatbestandsvoraussetzung handelt, entfällt – wenn die Verhinderung zu lange andauert – der Anspruch **576**

284 *Kleinebrink*, DB 2020, 952, 953; *Hohenstatt/Krois*, NZA 2020, 413, 414; vgl. auch BT-Drs. 19/18111, S. 25.
285 MüKo-BGB/*Henssler*, § 616, Rn. 62.
286 BAG 17.12.1959 – GS 2/59, NJW 1960, 738; *Löwisch*, DB 1979, 209, 210.
287 Vgl. Erman/*Riesenhuber*, § 616, Rn. 51.
288 BeckOK-ArbR/*Joussen*, § 616 BGB, Rn. 47; Staudinger/*Oetker*, § 616, Rn. 102; HWK/*Krause*, § 616 BGB, Rn. 41 f.
289 Staudinger/*Oetker*, § 616, Rn. 104; HWK/*Krause*, § 616 BGB, Rn. 42; Erman/*Riesenhuber*, § 616, Rn. 52; BeckOK-ArbR/Joussen, § 616 BGB, Rn. 48.

vollständig und nicht nur teilweise für die Dauer der Überschreitung.[290] Dieses auf den ersten Blick unbillig erscheinende Ergebnis folgt aus dem eindeutigen Wortlaut, in dem von „dass" und nicht von „soweit" die Rede ist.

577 Unabhängig davon, welcher Auffassung man folgt, ist die Verhinderungsdauer von elf Wochen in **Fall 28b** viel zu lang, um noch als „verhältnismäßig nicht erhebliche Zeit" eingestuft werden zu können. § 616 BGB greift mithin nicht ein, V hat nach dem BGB keinen Lohnanspruch. Der Gesetzgeber hat dieses, im Zuge der Corona-Krise 2020 massenhaft auftretende Problem aber erkannt, und **§ 56 Ia IfSG** geschaffen.[291] Danach erhalten – verkürzt gesagt – erwerbstätige Sorgeberechtigte eine Entschädigung vom Staat, wenn sie aufgrund des Zusammenbruchs des öffentlichen Betreuungswesens ihre unter 12-jährigen oder behinderten und auf Hilfe angewiesenen Kinder selbst betreuen müssen, andere zumutbare Betreuungsmöglichkeiten nicht bestehen und sie einen Verdienstausfall erleiden. Die Entschädigung wird für längstens zehn Wochen in Höhe von 67 Prozent des Verdienstausfalls, maximal aber 2.016 Euro im Monat, geleistet (§ 56 II 4 IfSG). Deshalb bekommt V hier immerhin für zehn der elf Wochen seinen Verdienstausfall teilweise ersetzt. Er hat insoweit aber keinen Direktanspruch gegen den Staat, sondern muss sich vielmehr an den U halten, der seinerseits von der zuständigen Behörde Erstattung verlangen kann (vgl. § 56 V IfSG).

578 Auch in **Fall 28c** hilft § 616 BGB der K nicht weiter. Denn auch eine zweiwöchige Verhinderung überschreitet die Obergrenze von fünf Tagen weit, so dass es sich nicht mehr um eine „verhältnismäßig nicht erhebliche Zeit" handelt. Zu K's Gunsten greift allerdings **§ 56 I IfSG** ein, der – verkürzt ausgedrückt – eine Entschädigungsleistung des Staates normiert. Rechtstechnisch erfolgt die Abwicklung wiederum über den Arbeitgeber (vgl. § 56 V IfSG).

Hinweis: Ob von Examenskandidaten erwartet werden kann, dass sie § 56 I, Ia IfSG kennen, erscheint fraglich. So die Prüfungsordnung es zulässt, empfiehlt es sich, die Vorschrift in der Gesetzessammlung neben § 616 BGB zu kommentieren.

d) Kein Verschulden

579 Als negative Tatbestandsvoraussetzung macht § 616 S. 1 BGB den Anspruch davon abhängig, dass den Arbeitnehmer kein Verschulden an den zur Dienstverhinderung führenden Umständen trifft. Wie bei § 3 EFZG (s. Rn. 525), so ist auch hier (unstrittig) nicht jedes „normale" Verschulden i.S.v. § 276 BGB gemeint. Ein Verschulden ist vielmehr nur bei einem **groben Verstoß** gegen das von einem **verständigen Menschen** zu erwartende Verhalten anzunehmen.[292] Andere beschränken den Verschuldensmaßstab gleich auf Vorsatz und grobe Fahrlässigkeit, was regelmäßig zu gleichen Resultaten wie auf dem Boden der Rechtsprechung führen dürfte.[293]

Beispiel: Wirft ein Vater zu „Abhärtungszwecken" sein unbekleidetes Kind im tiefsten Winter in einen weitgehend zugefrorenen See, kann er später nicht über § 616 S. 1 BGB Entgeltzahlung mit dem Argument verlangen, er müsse das an Grippe erkrankte Kind pflegen.

290 BeckOK-ArbR/*Joussen*, § 616, Rn. 45; MüKo-BGB/*Henssler*, § 616, Rn. 61.
291 Vgl. auch *Fischinger/Hengstberger*, JA 2020, 561, 565.
292 BAG 7.10.1981 – 5 AZR 338/79, AP LohnFG § 1 Nr 45.
293 Z.B. MüKo-BGB/*Henssler*, § 616, Rn. 64 m.w.N.

3. Rechtsfolgen

Wie bei § 615 BGB, so behält der Arbeitnehmer auch bei Eingreifen von § 616 S. 1 BGB seinen Lohnanspruch, der sich nach dem **Entgeltausfallprinzip** bemisst, ohne zur Nachleistung verpflichtet zu sein. Dem Arbeitnehmer ist folglich das zu zahlen, was er erhalten hätte, wenn er gearbeitet hätte. Dazu zählt nicht nur der normale Grundstundenlohn, sondern auch eventuelle Überstundenzuschläge. **580**

Auf den so dem Arbeitnehmer zustehenden Betrag ist jedoch gemäß § 616 S. 2 BGB dasjenige anspruchsmindernd **anzurechnen**, was er für den Verhinderungszeitraum von der gesetzlichen Kranken- bzw. Unfallversicherung erhalten hat. In sonstigen Fällen findet keine Anrechnung statt, § 616 S. 2 BGB ist deshalb für den Arbeitnehmer günstiger als § 615 S. 2 BGB. Die Anrechnung erfolgt nicht ipso jure, sondern muss als Gestaltungserklärung vom Arbeitgeber ausgeübt werden.[294] **581**

4. Prüfungsschema: Lohnanspruch trotz vorübergehender Verhinderung, § 616 BGB

582

1. **Voraussetzungen**
   a) Persönlicher Verhinderungsgrund (Rn. 564)
   b) Arbeitsausfall
   c) Kausalität zwischen Verhinderungsgrund und Arbeitsausfall (Rn. 575)
   d) Verhältnismäßig nicht erhebliche Zeit des Arbeitsausfalls (Rn. 576)
   e) Kein Verschulden (Rn. 579)
2. **Rechtsfolgen**
   a) Lohnanspruch nach Lohnausfallprinzip (Rn. 580)
   b) *Ggf.* Anrechnung nach § 616 S. 2 BGB (Rn. 581)

Weiterführende Literatur: *Fischinger, Philipp S./Hengstberger, Silas:* Lohnanspruch bei pandemiebedingten behördlichen Betriebsschließungen?, NZA 2020, 559; *dies.*, Arbeitsrechtliche Fragen in der Corona-Krise, JA 2020, 561; *Fischinger, Philipp S./Straub, Christine:* Ohne Arbeit kein Lohn, JuS 2016, 208; *Götz, Johannes:* Klausur – Geld regiert den Amateurfußball, Jura 2020, 44; *Malorny, Friederike/Richter, Barbara:* Referendarexamensklausur – Zivilrecht: Anfechtung, Annahmeverzug, Diskriminierung und Versäumnisurteil, JuS 2017, 1196; *Kaiser, Dagmar:* Entgelt bei Nichtzuweisung hindernisgerechter Arbeit, RdA 2015, 76; *Plocher, Eva Maria:* Entgeltfortzahlung im Krankheitsfall und Handlungsoptionen bei Zweifeln an der Arbeits(un)fähigkeit, DB 2015, 1597; *Seel, Henning-Alexander:* Krankheitsbedingte Arbeitsunfähigkeit – Rechte und Pflichten von Arbeitgeber und Arbeitnehmer, JA 2009, 131; *Tillmanns, Kerstin:* Klausurenkurs I, Fall 6.

294 Staudinger/*Oetker*, § 616, Rn. 129.

§ 8 Hauptpflicht des Arbeitnehmers: Arbeitsleistung

583 **Fall 29:** Arbeitnehmer A ist bei U seit Jahren angestellt. Anfang 2017 fordert ihn U dazu auf, im Laufe des Jahres seinen Urlaub zu nehmen und informiert ihn darüber, dass dieser anderenfalls zum 31.12.2017, spätestens aber 31.3.2018, verfallen werde. Weil A seinen gesamten Jahresurlaub im letzten Quartal nehmen möchte, beantragt er zunächst keinen Urlaub. Als er sodann Ende November von A den gesamten Urlaub einfordert, lehnt U ab, weil er angesichts eines überraschenden Großauftrags jeden Mann braucht. Die Lage ändert sich auch bis Mitte 2018 nicht. A fragt sich, ob er nun endlich den Urlaub aus 2017 verlangen kann? **(Lösung Rn. 646** und **648)**

584 **Fall 30:** B ist bei U seit dem 1.1.2020 in Fünftagewoche beschäftigt. Vertragliche Zusatzurlaubsansprüche bestehen nicht. Aus Angst, bei dem cholerischen „Workaholic" U nicht gut gelitten zu sein, verlangt B in den Jahren 2020-2022 keinen Urlaub, sondern „arbeitet durch". Als es Mitte 2023 zum Streit kommt, fragt B, wie viele Urlaubstage ihm zustehen. U hat den B niemals aufgefordert, Urlaub zu nehmen und ihn auch nie darüber informiert, was mit nicht erfüllten Urlaubsansprüchen zum Jahresende geschieht. **(Lösung Rn. 646, 648** und **650)**

585 **Fall 30a:** C ist bei U seit dem 2015 in Fünftagewoche beschäftigt. Vertragliche Zusatzurlaubsansprüche bestehen nicht. C ist von Anfang 2017 durchgängig bis Ende Juni 2020 arbeitsunfähig erkrankt. Dennoch forderte ihn U – wie jeden anderen seiner Arbeitnehmer – 2018-2020 jeweils dazu auf, im Laufe des Jahres seinen Urlaub zu nehmen und informierte ihn darüber, dass dieser anderenfalls zum jeweils 31.12., spätestens aber zum 31.3. des jeweiligen Folgejahres, verfallen werde. Als C im Juli endlich wieder genesen ist, verlangt er von dem erstaunten U die Gewährung der Jahresurlaube 2017-2020 „en bloc". Zu Recht? **(Lösung Rn. 646, 648, 650, 652)**

A. Pflicht zur Arbeitsleistung

I. Synallagmatische Hauptleistungspflicht

586 Der Arbeitnehmer ist aufgrund des Arbeitsvertrags „zur Leistung der versprochenen Dienste" (§ 611 I BGB) bzw., wie § 611a I 1 BGB präzisiert, „zur Leistung weisungsgebundener, fremdbestimmter Arbeit in persönlicher Abhängigkeit" verpflichtet. Diese Arbeitspflicht steht im **Synallagma** zur Verpflichtung des Arbeitgebers zur Zahlung der versprochenen Vergütung. Der Arbeitnehmer schuldet nur die **Dienstleistung** als solche, **nicht** hingegen **einen durch die Dienstleistung herbeizuführenden Erfolg**; das gilt selbst dann, wenn sein Gehalt insgesamt oder in Teilen erfolgsbezogen ausgestaltet ist. Der Arbeitnehmer **erfüllt** seine Arbeitspflicht, wenn er als richtiger Schuldner gegenüber dem richtigen Gläubiger (Rn. 587 ff.) die richtige Leistung (Rn. 589) am richtigen Ort (Rn. 593) zur richtigen Zeit (Rn. 594) erbringt. Die Arbeitspflicht ist **absolute Fixschuld**. Wird sie nicht zum geschuldeten Zeitpunkt erbracht, so wird ihre Erfüllung unmöglich (§ 275 I BGB). Sie kann nicht an einem anderen Tag (z.B. am Wochenende) nachgeholt werden (zu den Folgen Rn. 606).

II. Das Weisungsrecht des Arbeitgebers

Um seine Arbeitspflicht zu erfüllen, muss der Arbeitnehmer am richtigen Ort zur richtigen Zeit die richtige Arbeitsleistung erbringen. Wo, wann und wie er zu arbeiten hat, kann in einem Dauerschuldverhältnis aber naturgemäß nicht bis ins letzte Detail bereits im ursprünglichen Arbeitsvertrag geregelt werden. Vielmehr bedarf die dort nur rahmenmäßig bestimmte Arbeitspflicht einer **Konkretisierung**. Hinzu kommt, dass bei einer Zusammenarbeit mehrerer Arbeitnehmer eine einheitliche Planung, Organisation und Leitung des Arbeitsprozesses erforderlich ist.[1] Der Arbeitgeber hat deshalb grundsätzlich ein Weisungsrecht (auch **Direktionsrecht** genannt), mit dem er **Inhalt, Ort und Zeit** der Arbeitsleistung sowie **Ordnung und Verhalten** der Arbeitnehmer im Betrieb (z.B. Bekleidungsvorschriften, Rauchverbote) näher bestimmen kann, **§§ 6 II**[2], **106 S. 1, 2 GewO**. Das Weisungsrecht ist ein Gestaltungsrecht, durch dessen rechtmäßige Ausübung die Arbeitspflicht im Einzelnen festgelegt wird. Es kann jederzeit neu ausgeübt werden, auch unter „Widerruf" früherer Weisungen. Das Weisungsrecht unterliegt allerdings bedeutsamen **Schranken**: 587

(1) Erstens besteht es, wie § 106 S. 1 Hs. 2 GewO klarstellt, nur in den Grenzen des **höherrangigen Rechts**. Es kann also nur zur Füllung der durch Gesetze, Kollektivvereinbarungen oder den Arbeitsvertrag offen gelassenen Lücken verwendet werden und darf diesen übergeordneten Rechtsquellen nicht widersprechen – m.a.W., das Weisungsrecht ist zwar eine Rechtsquelle des Arbeitsrechts, aber diejenige auf niedrigster Stufe. Zugleich folgt daraus: Je detaillierter die Arbeitsbedingungen (insb.) im **Arbeitsvertrag** geregelt werden, umso geringer ist der Spielraum für das Weisungsrecht.[3] 588

Beispiel: Wird der Arbeitnehmer laut Arbeitsvertrag als „Vertriebsleiter" eingestellt, so kann ihm der Arbeitgeber per Weisungsrecht alle Tätigkeiten zuweisen, die für gewöhnlich ein Vertriebsleiter verübt. Nicht zuweisen kann er ihm hingegen eine Tätigkeit, die einem ganz anderen Berufsbild entspricht, bspw. dem eines Controllers. Das gilt selbst dann, wenn der Arbeitgeber weiterhin die vereinbarte Vergütung zahlt.[4] Sind die Grenzen des Weisungsrechts erreicht, so ist eine Änderung nur entweder einvernehmlich (Änderungsvertrag) oder unter den Voraussetzungen einer sog. Änderungskündigung (dazu Rn. 1238 ff.) möglich.

Bei einem Verstoß gegen höherrangiges Recht (z.B. Anweisung zu einer nach AGG verbotenen Ungleichbehandlung) einschließlich des Arbeitsvertrags ist die Weisung **unwirksam**. An eine Weigerung des Arbeitnehmers, sie zu befolgen, können keine arbeitsrechtlichen Sanktionen (wie Abmahnung, Kündigung) geknüpft und keine Schadensersatzpflichten daraus abgeleitet werden;[5] ggf. kommt der Arbeitgeber in Annahmeverzug (s. Rn. 465 ff.).

(2) Die Ausübung des Weisungsrechts muss **billigem Ermessen** entsprechen, § 106 S. 1 GewO. Der Arbeitgeber darf also nicht willkürlich handeln, sondern bedarf eines 589

1 Staudinger/*Richardi/Fischinger*, § 611a, Rn. 957.

2 Beachten Sie **§ 6 II GewO**, nach dem der Titel VII der GewO (§§ 105-139m) für Arbeitnehmer aller Arbeitgeber gilt.

3 Staudinger/*Richardi/Fischinger*, § 611a, Rn. 962.

4 Vgl. BAG 14.7.1965 – 4 AZR 347/63, AP BGB § 611 Direktionsrecht Nr. 19; 11.4.2006 – 9 AZR 557/05, NZA 2006, 1149, 1150.

5 Staudinger/*Richardi/Fischinger*, § 611a, Rn. 965.

sachlichen Grundes für die Weisung und muss dabei die wesentlichen Umstände des Falles abgewogen sowie die beiderseitigen Interessen angemessen berücksichtigt haben;[6] dabei muss er auch auf eine eventuelle **Behinderung** – eine Schwerbehinderung ist nicht erforderlich[7] – des Arbeitnehmers Rücksicht nehmen, § 106 S. 3 GewO. Auch **Grundrechte** sind hierbei zu berücksichtigen, § 106 S. 1 GewO ist also ein Beispiel für ein zivilrechtliches „Einfallstor".

Beispiele: **(a)** Beschäftigt der Betreiber eines großen Getränkemarkts mit alkoholischen und nicht-alkoholischen Verkaufsständen mehrere Arbeitnehmer, so hat er, soweit betrieblich möglich, bei der Einteilung (= Ausübung des Weisungsrechts), wer die Alkoholika verkauft, ein eventuell religiös motiviertes Alkoholverbot eines Arbeitnehmers zu berücksichtigen.

(b) Der Arbeitgeber kann zwar grds. einen „Dress-Code" vorgeben (§ 106 S. 2 GewO), die Grenze ist aber das Persönlichkeitsrecht des Arbeitnehmers, so dass z.B. von einer Sekretärin keine freizügige Kleidung verlangt werden kann.

Entspricht die Weisung nicht billigem Ermessen, so ist der Arbeitnehmer nach nunmehr einhelliger Auffassung **nicht** an sie **gebunden** sein.[8] Problematisch für den Arbeitnehmer ist allerdings, dass er das Risiko einer Fehleinschätzung trägt: Weigert er sich, der Weisung Folge zu leisten, weil er irrig davon ausgeht, sie sei mangels Beachtung billigen Ermessens unwirksam, so verletzt er seine arbeitsvertraglichen Pflichten, was der Arbeitgeber sanktionieren kann (Abmahnung, Kündigung, Schadensersatz).[9]

590 **(3)** Last but not least unterliegt das Weisungsrecht insoweit einer Schranke, als oftmals ein – nicht examensrelevantes – **Mitbestimmungsrecht** des Betriebsrats nach §§ 87 I Nr. 1-3, 99 BetrVG besteht.

591 Durch Tarif- oder Arbeitsvertrag kann das **Weisungsrecht erweitert** werden. Werden dem Arbeitgeber dadurch über § 106 GewO hinausgehende Rechte eingeräumt, so ist zweistufig zu prüfen: Zunächst ist zu prüfen, ob die vertragliche Erweiterung als solche überhaupt wirksam ist **(Wirksamkeitskontrolle)**. § 308 Nr. 4 BGB steht einer Erweiterung dabei nicht entgegen, erfasst dieser doch nur einen Änderungsvorbehalt hinsichtlich der vom Verwender (= Arbeitgeber) zu erbringenden Leistung, vorliegend dreht es sich aber um die Leistung des Arbeitnehmers.[10] Die Wirksamkeitsgrenze wird hierbei also v.a. durch § 307 I BGB markiert. Ist die Erweiterung des Weisungsrechts daran gemessen unwirksam, so ist es auch automatisch eine darauf gestützte Weisung. Anderenfalls ist auf zweiter Stufe zu prüfen, ob die auf die Erweiterung gestützte Weisung billigem Ermessen entspricht **(Ausübungskontrolle)**.

---

6 BAG 24.4.1996 – 5 AZR 1031/94, NZA 1996, 1088; 17.4.2002 – 4 AZR 174/01, AP BAT § 24 Nr. 23.

7 BT-Drucks. 14/8796, S. 24.

8 BAG 18.10.2017 – 10 AZR 330/16, NZA 2017, 1452, 1458 f. (der 5. Senat, der zuvor [BAG 22.2.2012 – 5 AZR 249/11, NZA 2012, 858, 860] eine aA vertreten hatte, hat diese aufgegeben); *Boemke*, NZA 2013, 6; *ders.*, JuS 2018, 714; ErfK/*Preis*, § 106 GewO, Rn. 13; *Krause*, Arbeitsrecht, § 9, Rn. 13.

9 Staudinger/*Richardi/Fischinger*, § 611a, Rn. 968; BeckOGK/*Maschmann*, § 106 GewO, Rn. 98.

10 BAG 11.4.2006 – 9 AZR 557/05, AP BGB § 307 Nr. 17; 13.3.2007 – 9 AZR 433/06, AP BGB § 307 Nr. 26.

III. Gläubiger und Schuldner

Gläubiger der Dienstleistungspflicht ist grundsätzlich der Arbeitgeber, also diejenige natürliche oder juristische Person, die mit dem Arbeitnehmer den Arbeitsvertrag geschlossen hat. Der Anspruch auf die Dienstleistung ist nach der Auslegungsregelung des **§ 613 S. 2 BGB** im Zweifel nicht übertragbar, d.h. insb. nicht abtretbar (§ 398 BGB). § 613 S. 2 BGB steht aber weder entgegen, dass das Arbeitsverhältnis – und mit ihm die Dienstleistungspflicht – bei **Tod** des Arbeitgebers auf dessen Erben übergeht (Rn. 1142), noch dass es im Wege eines **Betriebsübergangs** rechtsgeschäftlich auf einen anderen übertragen wird, § 613a BGB (näher Rn. 1265 ff.). Wird der Arbeitnehmer hingegen **im Betrieb eines Dritten eingesetzt**, so ist zu unterscheiden: 592

- Hat sein Arbeitgeber einen Dienst- oder Werkvertrag mit dem Dritten geschlossen, zu dessen Erfüllung er sich des Arbeitnehmers bedient, so ist das mit Blick auf § 613 S. 2 BGB unproblematisch, bleibt doch Inhaber des Anspruchs auf die Arbeitsleistung allein sein Arbeitgeber. Eine eventuelle Weisung des Dritten an den Arbeitnehmer ist keine arbeitsrechtliche Weisung im obigen Sinne, sondern eine dienst- oder werkvertragliche (vgl. § 645 S. 1 BGB); der Arbeitnehmer ist für sie nur Empfangsbote für seinen Arbeitgeber.
- Anders verhält es sich hingegen, wenn der Dritte selbst das arbeitsrechtliche Weisungsrecht gegenüber dem Arbeitnehmer erhalten soll, wie das namentlich bei der Arbeitnehmerüberlassung (Rn. 55 ff.) der Fall ist. Hier ist § 613 S. 2 BGB einschlägig, so dass derartige Konstruktionen nur mit der Einwilligung des Arbeitnehmers möglich sind, die allerdings auch schon generell vorab im Arbeitsvertrag erteilt werden kann.[11]

Schuldner der Dienstleistungspflicht ist der Arbeitnehmer. Gemäß **§ 613 S. 1 BGB** hat er die Dienste im Zweifel in Person zu leisten, es handelt sich also um eine **höchstpersönliche** Pflicht. Er kann daher nicht – z.B. im Fall seiner Erkrankung – einen „Ersatzmann" schicken;[12] etwas anderes gilt, wenn der Arbeitgeber dem zustimmt („im Zweifel"). Wegen § 613 S. 1 BGB endet das Arbeitsverhältnis mit dem Tod des Arbeitnehmers (näher Rn. 1141). 593

IV. Art der Arbeitsleistung

Gegenstand eines Arbeitsvertrags können „Dienste jeder Art" sein (§ 611 II BGB). 594
Welche Arbeit der Arbeitnehmer auszuüben hat, wird meist mehr oder weniger detailliert im **Arbeitsvertrag** geregelt; jedenfalls hat der Arbeitgeber gemäß **§ 2 I Nr. 5 NachwG** dem Arbeitnehmer eine „kurze Charakterisierung oder Beschreibung der [von ihm] zu leistenden Tätigkeit" schriftlich auszuhändigen. Soweit der Arbeitsvertrag Lücken lässt, hat der Arbeitgeber das Recht, die Arbeitspflicht innerhalb des vertraglich festgelegten Tätigkeitsbereichs mittels seines **Weisungsrechts** im Rahmen billigen Ermessens zu konkretisieren (§ 106 S. 1 GewO). Die Zuweisung eines anderen Tätigkeitsbereichs ist hingegen grundsätzlich nicht vom Weisungsrecht gedeckt

11 Vgl. BGH 11.12.2003 – IX ZR 336/01, NJW-RR 2004, 696, 697.
12 Vgl. LAG Schleswig-Holstein 16.6.1986 – 4 [5] Sa 684/85, NZA 1987, 669.

(s. Rn. 588). Die Abgrenzung des Tätigkeitsbereichs ist nach dem **Berufsbild** vorzunehmen und kann im Einzelfall schwierig sein. In jedem Fall gehört zum jeweiligen Tätigkeitsbereich nicht nur die eigentliche Hauptaufgabe (z.B. bei einer Bäckereiverkäuferin der Verkauf von Backwaren), sondern auch (vorbereitende) Neben- und „Zusammenhangsarbeiten“ (z.B. Nachfüllen der Backwaren, *nicht* dagegen das Putzen der Toiletten).[13] Liegt ein **Notfall** vor, so muss der Arbeitnehmer vorübergehend aufgrund seiner „Treuepflicht“ (Rn. 697) auch an sich nicht geschuldete Tätigkeiten ausüben. Gemeint ist mit Notfall aber nicht ein betrieblicher Engpass (z.B. Auftragsspitze), sondern z.B. Hochwasser oder ein Wasserrohrbruch (vgl. auch § 14 I ArbZG).

595 Eine **vertragliche Erweiterung** des Weisungsrechts hinsichtlich der Art der zu erbringenden Arbeitsleistung (z.B. indem er sich die Versetzung auf einen anderen Arbeitsplatz vorbehält), ist nicht grundsätzlich ausgeschlossen (vgl. Rn. 591). Die Absprache bedarf aber zur Vermeidung eines Verstoßes gegen § 307 I BGB jedenfalls einer gewissen Konkretisierung und Einschränkung, welche anderen Tätigkeiten („gleichwertige Tätigkeiten“) zugewiesen werden können sollen. Insb. kann sich der Arbeitgeber nicht das Recht einräumen, auch geringwertigere Tätigkeiten zuzuweisen, und zwar selbst dann nicht, wenn er bereit ist, die bisherige Vergütung weiterzuzahlen.[14] Auch wenn die Erweiterung als solche wirksam ist, ist ihre Ausübung der Kontrolle auf billiges Ermessen unterworfen.

596 V Auch wenn die arbeitsvertragliche Beschreibung der Art der zu erbringenden Arbeit weit gefasst ist (z.B. „Handwerkstätigkeiten“), so ist es nicht ausgeschlossen, dass durch faktische Übung im Laufe der Zeit eine gewisse **Konkretisierung** der Arbeitspflicht eintritt mit der Folge, dass der Arbeitgeber dem Arbeitnehmer nicht mehr per Weisungsrecht ein anderes Tätigkeitsfeld zuteilen kann. Voraussetzungen hierfür sind, dass dem Arbeitnehmer längere Zeit nur eine bestimmte Tätigkeit zugewiesen wurde und er aufgrund besonderer Umstände darauf vertrauen darf, dass dies auch in der Zukunft so bleibt. Die Rechtsprechung ist mit der Annahme einer derartigen Konkretisierung durch faktische Übung aber äußerst zurückhaltend, selbst eine sehr langjährige Tätigkeit ist meist nicht ausreichend.[15]

V. Maß der Arbeitsleistung

597 Was das Maß, also die Intensität und Qualität der geschuldeten Arbeitsleistung anbelangt, so ist zentraler Ausgangspunkt die Erkenntnis, dass der Arbeitnehmer seine Dienste in Person zu erbringen hat (Rn. 593). Es handelt sich daher nicht um eine Gattungsschuld, bei der nach einem objektiven Leistungsstand eine Leistung mittlerer Art und Güte (§ 243 I BGB) geschuldet wäre, vielmehr bestimmt sich die Arbeitspflicht nach dem **individuellen Leistungsvermögen** des jeweiligen Arbeitnehmers.[16]

---

13 BAG 21.2.1990 – 4 AZR 603/89, AP BAT §§ 22, 23 Krankenkassen Nr. 7; ErfK/*Preis*, § 106 GewO, Rn. 23.

14 BAG 24.4.1996 – 4 AZR 976/94, NZA 1997, 104, 106; ErfK/*Preis*, § 106 GewO, Rn. 22.

15 BAG 17.8.2011 – 10 AZR 202/10, NZA 2012, 265, 266; 13.6.2012 – 10 AZR 296/11, NZA 2012, 1154, 1156.

16 BAG 17.7.1970 – 3 AZR 423/69, BAGE 22, 402, 406; *Richardi*, NZA 2002, 1004, 1011; *Rüthers*, ZfA 1973, 399, 403.

Dieses muss der Arbeitnehmer aber soweit möglich und zumutbar und somit in angemessenem Umfang ausschöpfen. Prägnant auf eine Formel gebracht: „Der Arbeitnehmer muss tun, was er soll und zwar so gut, wie er kann“[17]. Tut er dies nicht, **verletzt** er seine **Hauptleistungspflicht** (s. Rn. 613).

VI. Ort der Arbeitsleistung

Der Ort, an dem der Arbeitnehmer seine Arbeitsleistung zu erbringen hat, ergibt sich in der Regel aus dem Arbeitsvertrag (§ 2 I Nr. 4 NachwG). Ist das nicht der Fall, folgt er meist aus den Umständen, vgl. § 269 I, II BGB. In aller Regel wird er für **einen bestimmten Betrieb** eingestellt (vgl. auch § 269 I, II BGB), ihn trifft also eine Bringschuld, so dass Leistungs- und Erfolgsort zusammenfallen; das gilt auch, wenn er Arbeiten an verschiedenen Orten auszuführen hat (z.B. Bauarbeiter, Verkaufsfahrer). Aus dieser Festlegung des Arbeitsorts folgt zweierlei: Was den konkreten Arbeitsplatz innerhalb des Betriebs betrifft, entscheidet der Arbeitgeber im Rahmen seines Weisungsrechts. Will er hingegen, dass der Arbeitnehmer in einem **anderen Betrieb** tätig wird, so bedarf das entweder einer Änderung des Arbeitsvertrags (einvernehmlich oder unter den Voraussetzungen einer Änderungskündigung) oder aber er muss sein Weisungsrecht durch eine sog. **Versetzungsklausel** im Arbeitsvertrag wirksam erweitert haben.[18] Eine Versetzungsklausel ist grundsätzlich auch in AGB möglich, § 308 Nr. 4 BGB steht dem nicht entgegen (Rn. 591).[19] Zu beachten ist aber § 307 BGB, so dass die Interessen des Arbeitnehmers angemessen zu berücksichtigen sind.[20] Das BAG ist insoweit angesichts des Flexibilisierungsinteresses des Arbeitgebers tendenziell eher großzügig. Neben der Klauselkontrolle hat eine **Ausübungskontrolle** gemäß § 315 BGB zu erfolgen, m.a.W. die Ausübung der konkreten Weisung muss billigem Ermessen entsprechen; dabei ist insb. auch auf die familiäre Situation des Arbeitnehmers Rücksicht zu nehmen. Trifft der Arbeitsvertrag hingegen (ausnahmsweise) **keine Aussage über den Arbeitsort** und folgt dieser auch nicht aus § 269 BGB, kann der Arbeitgeber im Rahmen seines Weisungsrechts entscheiden, in welchem seiner Betriebe der Arbeitnehmer tätig werden soll; bei der Entscheidung hat er aber billiges Ermessen (§ 315 BGB) walten zu lassen.[21] Zum Tätigwerden im **Homeoffice** ist der Arbeitnehmer verpflichtet, wenn dies im Arbeitsvertrag oder später einvernehmlich geregelt wird. Ist dagegen der Betrieb vertraglich als Arbeitsort festgelegt, kann der Arbeitgeber einseitig per Weisungsrecht nur in Ausnahme- und Notsituationen (z.B. während der Corona-Krise 2020) unter Beachtung billigen Ermessens Homeoffice anordnen.[22] **598**

17 BAG 11.12.2003 – 2 AZR 667/02, NJW 2004, 2545, 2546 m.w.N.
18 Hinweis: Bei einer Versetzung besteht ggf. ein Mitbestimmungsrecht des Betriebsrats nach § 99 BetrVG.
19 BAG 11.4.2006 – 9 AZR 557/05, AP BGB § 307 Nr. 17; 13.3.2007 – 9 AZR 433/06, AP BGB § 307 Nr. 26.
20 BAG 9.5.2006 – 9 AZR 424/05, NZA 2007, 145; *Junker*, Grundkurs Arbeitsrecht, § 4, Rn. 211.
21 BAG 28.8.2013 – 10 AZR 569/12, NZA-RR 2014, 181, 182.
22 Näher *Fischinger/Hengstberger*, JA 2020, 561.

VII. Zeit der Arbeitsleistung

599 Erbringt der Arbeitnehmer die geschuldete Arbeitsleistung nicht zum richtigen Zeitpunkt, so kann er diese, da die Arbeitspflicht absolute Fixschuld ist, später nicht nachholen (§ 275 I BGB, s. näher Rn. 606). Die Bestimmung der richtigen Arbeitszeit ist deshalb von großer Bedeutung.[23] Zu beachten sind dabei zunächst die Vorgaben des **öffentlich-rechtlichen Arbeitszeitschutzes** (Rn. 600). Da dieser aber nur Höchstgrenzen bzw. Verbote regelt, richtet sich der **Umfang** (Rn. 603) und die **zeitliche** Lage (Rn. 606) der Arbeitszeit nach Tarif- oder Arbeitsvertrag bzw. wird durch den Arbeitgeber per Weisungsrecht bestimmt. Nach dem EuGH ist der Arbeitgeber verpflichtet, ein System zur Erfassung der täglichen effektiven Arbeitszeit zu etablieren.[24]

1. Öffentlich-rechtlicher Arbeitszeitschutz

600 Der öffentlich-rechtliche Arbeitszeitschutz ist insb. im **ArbZG** sowie einigen Spezialvorschriften (JArbSchG, MuSchG, § 164 IV Nr. 4 SGB IX) geregelt. Er enthält u.a. Vorgaben zur Höchstdauer samt Pausen (§§ 3, 4 ArbZG), Ruhezeiten (§ 5 ArbZG), Nachtarbeit (§ 6 ArbZG) sowie zur Sonn- und Feiertagsarbeit (§§ 9-13 ArbZG), wobei Ziel stets ist, zwar einerseits flexible Arbeitszeiten zu ermöglichen, andererseits aber den Gesundheitsschutz der Arbeitnehmer sicherzustellen (§ 1 Nr. 1 ArbZG).

601 Gegen das ArbZG verstoßende Abreden sind nach § 134 BGB unwirksam,[25] eine darauf gerichtete Weisung muss der Arbeitnehmer nicht beachten.[26] Arbeitet er länger, als nach dem Arbeitszeitrecht zulässig, hat er aber dennoch einen Vergütungsanspruch.[27] Wichtig ist, was in diesem Kontext unter **Arbeitszeit** zu verstehen ist. Nach **§ 2 I 1 ArbZG** ist dies die Zeit zwischen Beginn und Ende der Arbeit unter Herausrechnung von Ruhepausen. Ob es sich arbeitsvertraglich um die Normalarbeitszeit oder Überstunden handelt (s. Rn. 372, 599), ist insoweit irrelevant.

602 V **Keine Arbeitszeit** ist – vorbehaltlich einer abweichenden Vertragsregelung – die sog. **Wegezeit**, d.h. die Zeit, die der Arbeitnehmer aufwenden muss, um (täglich) von seinem Wohnort zum Betrieb des Arbeitsgebers zu gelangen; entsprechend ist sie auch nicht vergütungspflichtig.[28] Bei **Dienstreisen** ist zu differenzieren: Arbeitszeit ist (natürlich) die Zeit, während der der Arbeitnehmer während der Dienstreise tatsächlich arbeitet (z.B. einen Vortrag hält). Ob die An- und Abreisezeit Arbeitszeit ist, ist im Einzelnen umstritten; abzulehnen ist das jedenfalls, wenn der Arbeitnehmer mit öffentlichen Verkehrsmitteln reist und während der Anfahrtszeit in seiner Zeitverwendung frei ist (z.B. Bahnfahrt, während derer er privat lesen kann). Gleiches gilt richtigerweise für Aufenthaltszeiten am auswärtigen Dienstort, während derer der Arbeitnehmer in der Verwendung seiner Zeit frei ist (z.B. Übernachtung in Hotel).[29] **Umkleidezeiten** im Betrieb sind Arbeitszeit, wenn das Umkleiden zur eigentli-

23 *Reichold*, Arbeitsrecht, § 9, Rn. 12.
24 EuGH 14.5.2019 – C-55/18, NZA 2019, 683.
25 Staudinger/*Sack/Seibl*, § 134, Rn. 199 ff.; beachte überdies die Straf- und Bußgeldvorschriften der §§ 22, 23 ArbZG.
26 *Bergwitz*, NZA 2017, 1553; *Junker*, Grundkurs Arbeitsrecht, Rn. 212.
27 BAG 19.6.1959 – 1 AZR 565/57, NJW 1959, 2036, 2037; *Krause*, Arbeitsrecht, § 9, Rn. 24.
28 BAG 8.12.1960 – 5 AZR 304/58, BeckRS 1960, 303681158; 21.12.2006 – 6 AZR 341/06, BeckRS 2007, 44363.
29 Näher zu allem Staudinger/*Richardi/Fischinger*, § 611a, Rn. 1084 m.w.N.

chen Arbeitsleistung gehört (z.B. Model). Gleiches gilt, wenn der Arbeitgeber vorgibt, dass die Arbeitskleidung zwingend im Betrieb an- und abzulegen ist. Kann sie auch zu Hause angelegt werden, so ist die Ankleidezeit im Grundsatz keine Arbeitszeit; anders verhält es sich nur bei besonders auffälliger Dienstkleidung, die den Arbeitnehmer als Mitarbeiter eines bestimmten Arbeitgebers oder Angehörigen eines bestimmten Berufszweigs identifiziert.[30] Liegen diese Voraussetzungen vor, so sind Umkleidezeiten – vorbehaltlich einer abweichenden Absprache – nach § 612 I BGB vergütungspflichtig.[31]

Problematisch sind ferner Konstellationen, in denen der Arbeitnehmer sich zwar zur Arbeit bereithält, aber nicht tatsächlich tätig wird. Hierbei ist zu unterscheiden:

- Bei der sog. **Arbeitsbereitschaft** handelt es sich um „Zeiten wacher Achtsamkeit im Zustande der Entspannung“[32], in denen sich der Arbeitnehmer bereithält, um ggf. von sich aus tätig zu werden. Sie ist in vollem Umfang als Arbeitszeit zu werten (vgl. § 7 I Nr. 1 lit. a] ArbZG) und deshalb zu vergüten, wobei eine geringere Vergütung als bei Vollarbeit vereinbart werden kann (der Mindestlohn nach dem MiLoG ist aber die Untergrenze).[33]

  Beispiel: Ein Kellner wartet in einem leeren Restaurant auf Gäste, ein Rettungssanitäter wartet auf der Wache auf den nächsten Einsatz.[34]

- Beim **Bereitschaftsdienst** hat sich der Arbeitnehmer – ohne dass von ihm wache Achtsamkeit gefordert wäre – für Zwecke des Betriebs an einer vom Arbeitgeber bestimmten Stelle innerhalb oder außerhalb des Betriebs aufzuhalten, um auf Abruf seine volle Arbeitstätigkeit unverzüglich aufnehmen zu können.[35] Bis auf die Ortswahl ist der Arbeitnehmer in der Gestaltung seiner Zeit frei. Obwohl es sich also eigentlich nur um eine Art „Aufenthaltsbeschränkung“ des Arbeitnehmers handelt,[36] ist sie arbeitszeitrechtlich voll als Arbeitszeit zu rechnen (vgl. § 7 I Nr. 1 lit. a] ArbZG) und daher auch vergütungspflichtig;[37] möglich ist allerdings, sie geringer als Vollarbeitszeit und Arbeitsbereitschaft zu vergüten, der Mindestlohn nach MiLoG ist wiederum die Untergrenze.[38]

  Beispiel: Ein Arzt schläft in einem speziellen Zimmer im Krankenhaus, muss aber bei Bedarf eine Operation durchführen.

- Bei der **Rufbereitschaft** ist der Arbeitnehmer in der Wahl seines Aufenthaltsortes frei, er muss aber jederzeit erreichbar und in der Lage sein, auf Abruf des Arbeitgebers hin innerhalb einer bestimmten Zeitdauer seine Arbeit aufzunehmen.[39] Arbeitszeitrechtlich handelt es sich nicht um Arbeitszeit, sondern um Ruhezeiten.[40] Sie wird meist pauschal – und deutlich geringer als Vollarbeit – vergütet.[41]

---

30 Näher und m.w.N. Staudinger/*Richardi/Fischinger*, § 611a, Rn. 1085.

31 Ausf. *Franzen*, NZA 2016, 136 ff. m.w.N.

32 BAG 14.4.1966 – 2 AZR 337/64, BAGE 18, 273, 276; 12.2.1986 – 7 AZR 358/84, BAGE 51, 131, 137 f.

33 BAG 28.11.1973 – 4 AZR 74/73, AP MTB II § 19 Nr. 2; 19.11.2014 – 5 AZR 1101/12, BeckRS 2014, 74316.

34 BAG 24.9.1992 – 6 AZR 101/90, NZA 1993, 517.

35 BAG 10.6.1959 – 4 AZR 567/56, AP AZO § 7 Nr. 5.

36 BAG 29.6.2016 – 5 AZR 716/15, BeckRS 2016, 73397; BeckOK-ArbR/*Kock*, § 2 ArbZG, Rn. 6, 8.

37 EuGH 9.9.2003 – C-151/02, NZA 2003, 1019.

38 BAG 29.6.2016 – 5 AZR 716/15, BeckRS 2016, 73397.

39 BAG 5.6.2003 – 6 AZR 114/02, AP BGB § 611 Bereitschaftsdienst Nr. 7.

40 BAG 11.7.2006 – 9 AZR 519/05, NZA 2007, 155, 158; vgl. auch EuGH 21.2.2018 – C-518/15, NZA 2018, 293, 296 „Matzak“.

41 Zur Mindestlohnpflichtigkeit vgl. Staudinger/*Richardi/Fischinger*, § 611a, Rn. 1408 m.w.N.

2. Umfang der Arbeitsleistung

603 Das öffentlich-rechtliche Arbeitsschutzrecht legt zwar den Maximalumfang der Arbeitszeit fest, regelt aber nicht, wie lange ein Arbeitnehmer konkret zu arbeiten hat. Dies erfolgt meist **tarif- oder arbeitsvertraglich**, was zugleich bedeutet, dass der Umfang der Arbeitsleistung dem Weisungsrecht des Arbeitgebers entzogen ist; eine – kaum klausurrelevante – Ausnahme besteht bei der sog. Arbeit auf Abruf (§ 12 TzBfG).

604 Zu einer vorübergehenden Mehrarbeit über die vertraglich vereinbarte Arbeitszeit hinaus (sog. **Überstunden**) ist der Arbeitnehmer grundsätzlich nicht verpflichtet, auch nicht auf Anordnung des Arbeitgebers, hat dieser doch kein Weisungsrecht. Etwas anderes gilt aber, wenn dem Arbeitgeber im Tarif- oder Arbeitsvertrag wirksam die Befugnis eingeräumt wurde, Überstunden anzuordnen und die konkrete Anordnung billigem Ermessen (§ 106 S. 1 GewO) entspricht. Auch ohne eine solche vertragliche Befugnis des Arbeitgebers ist der Arbeitnehmer aufgrund seiner „Treuepflicht" (näher Rn. 697) in Notfällen (vgl. § 14 I ArbZG) zur Leistung von Überstunden verpflichtet.[42]

Hinweis: Von der Frage, ob der Arbeitnehmer zur Leistung von Überstunden verpflichtet ist, ist zu trennen, ob er hierfür seine „normale" Vergütung und ggf. sogar einen Überstundenzuschlag verlangen kann (vgl. dazu Rn. 372 und 461).

605 Bei einer vorübergehenden Verkürzung der Arbeitszeit spricht man von **Kurzarbeit**. Sie führt zu einer teilweisen Suspendierung der Hauptleistungspflichten und damit einer Gehaltskürzung. Angewandt wird sie meist in wirtschaftlichen Krisenzeiten (v.a. Auftragsmangel), um eine zu starke finanzielle Belastung des Arbeitgebers und damit den Verlust von Arbeitsplätzen zu vermeiden. Als Kompensation für ihren Einkommensverlust können die Arbeitnehmer ggf. von der Bundesagentur für Arbeit Kurzarbeitergeld verlangen, §§ 95 ff. SGB III. Ein Recht des Arbeitgebers zur einseitigen **Anordnung** von Kurzarbeit (per Weisungsrecht) besteht nicht. Eine entsprechende Befugnis kann ihm aber ggf. im Tarif- oder – in den Grenzen des § 307 I BGB – im Arbeitsvertrag eingeräumt werden.[43] Selbst wenn eine entsprechende Befugnis wirksam vereinbart wurde, muss die konkrete Anordnung billigem Ermessen entsprechen. Ist die Anordnung von Kurzarbeit unwirksam, gerät der Arbeitgeber hinsichtlich der nicht geleisteten Teile der Arbeitszeit in Annahmeverzug.[44] In der **Corona-Krise 2020** war Kurzarbeit ein zentrales Instrument für viele Arbeitgeber, um wenigstens insoweit die finanziellen Folgen der Pandemie teilweise abzumildern. Der Staat förderte Kurzarbeit stark, insb. durch die Erleichterung des Bezugs von Kurzarbeitergeld.[45]

Hinweise: **(1)** Ein Mitbestimmungsrecht des Betriebsrats bezüglich der Dauer der Arbeitszeit besteht grundsätzlich nicht. Etwas anders gilt aber bei einer vorübergehenden Verkürzung oder

42 Vgl z.B. ArbG Leipzig 4.2.2003 – 7 Ca 6866/02, NZA-RR 2003, 365.

43 Vgl. BAG 18.10.1994 – 1 AZR 503/93, AP BGB § 615 Kurzarbeit Nr. 11; 3.5.2006 – 1 ABR 14/05, AP BetrVG 1972 § 87 Arbeitszeit Nr. 119.

44 Staudinger/*Richardi/Fischinger*, § 611a, Rn. 1092.

45 Vgl. https://www.bmas.de/DE/Schwerpunkte/Informationen-Corona/Kurzarbeit/kurzarbeit.html, abgerufen am 16.7.2020.

Verlängerung, § 87 I Nr. 3 BetrVG. **(2)** Zum Anspruch auf Verringerung der Arbeitszeit nach § 8 TzBfG vgl. Rn. 607.

3. Zeitliche Lage

Hinsichtlich der zeitlichen Lage – also der **Verteilung auf die einzelnen Wochentage** sowie **Beginn und Ende der täglichen Arbeitszeit einschließlich Pausen** – besteht meist keine (abschließende) tarif- oder arbeitsvertragliche Fixierung, so dass insoweit Raum für das **Weisungsrecht** des Arbeitgebers ist.[46] Er hat hierbei aber die Vorgaben des öffentlich-rechtlichen Arbeitszeitschutzes zu beachten (s. Rn. 600). Zudem muss er billiges Ermessen walten lassen (§ 106 S. 1 GewO). Möglich ist es, dem **Arbeitnehmer** ein gewisses Maß an **Arbeitszeitsouveränität** einzuräumen („Vertrauensarbeitszeit", „Gleitzeit"); innerhalb dieser Grenzen entscheidet er dann selbst, wann er arbeitet. **606**

4. Teilzeitarbeit

Die Arbeitsgesetze gehen grundsätzlich von einer Vollzeitbeschäftigung, d.h. – je nach Branche – ca. 35-40 Wochenstunden aus. Allerdings ist der Anteil der sog. Teilzeitbeschäftigten, also Personen, deren regelmäßige Wochenarbeitszeit kürzer ist als die eines vergleichbaren Vollzeitbeschäftigten (§ 2 I 1 TzBfG), seit Jahren nicht unerheblich (ca. 12 %), insb. bei Frauen (ca. 24 %).[47] An der **Arbeitnehmereigenschaft** ändert dies grundsätzlich nichts (näher Rn. 36). Klausurrelevant sind aus dem Bereich der Teilzeitarbeit, wenn überhaupt, die folgenden Aspekte: **607**

(1) Der Arbeitgeber darf Teilzeitbeschäftigte grundsätzlich nicht wegen der Teilzeit **diskriminieren**, § 4 I TzBfG.

(2) Unter den Voraussetzungen von **§ 8 TzBfG** hat der Arbeitnehmer einen allgemeinen **Anspruch auf Zustimmung des Arbeitgebers zur Reduzierung der Arbeitszeit** (spezielle Ansprüche finden sich in §§ 3 PflegeZG, 2 FPflZG, 15 V-VII BEEG, 164 V 3 SGB IX). Der Anspruch gilt nicht nur für Vollzeitbeschäftigte, sondern auch für bereits Teilzeitbeschäftigte, die eine weitere Verringerung ihrer Arbeitszeit wünschen.[48]

(3) Den umgekehrten Fall einer **Verlängerung der Arbeitszeit** regelt **§ 9 TzBfG**. Anders als bei § 8 TzBfG hat der Arbeitnehmer schon konzeptionell keinen Anspruch, den der Arbeitgeber nur bei Vorliegen betrieblicher Gründe ablehnen kann und entsprechend keinen Anspruch darauf, dass der Arbeitgeber einen Vollzeitarbeitsplatz schafft. Vielmehr kann er nur verlangen, bei der Besetzung eines freien Arbeitsplatzes bei gleicher Eignung bevorzugt berücksichtigt zu werden.[49]

46 Vgl. BAG 25.10.1989 – 2 AZR 633/88, AP BGB § 611 Direktionsrecht Nr. 36; 18.4.2012 – 5 AZR 195/11, NZA 2012, 796, 797.

47 Vgl. Statistisches Jahrbuch 2017, S. 358, abzurufen unter: https://www.destatis.de/DE/Publikationen/StatistischesJahrbuch/Arbeitsmarkt.pdf?__blob=publicationFile.

48 BAG 13.11.2012 – 9 AZR 259/11, NZA 2013, 373, 374.

49 BAG 15.8.2006 – 9 AZR 8/06, AP TzBfG § 9 Nr. 1; 16.9.2008 – 9 AZR 781/07, AP TzBfG § 9 Nr. 6.

(4) Der seit dem 1.1.2019 geltende **§ 9a TzBfG** gibt dem Arbeitnehmer unter bestimmten Voraussetzungen einen Anspruch auf **befristete Verringerung der Arbeitszeit** („sabbatical"). Das ermöglicht es ihm, zB eine längere – unbezahlte (!) – Auszeit zu nehmen, um eine Weltreise zu machen, hernach aber automatisch wieder zu seiner früheren (längeren) Arbeitszeit zurückzukehren, ohne auf den unsicheren Weg über § 9 TzBfG angewiesen zu sein.[50]

Hinweis: Kaum klausurrelevante Sonderformen der Teilzeitarbeit sind die „Arbeit auf Abruf" (§ 12 TzBfG) und die Arbeitsplatzteilung („job sharing", § 13 TzBfG). Teilzeitarbeit findet oft als Nebenbeschäftigung zu einem zweiten Arbeitsverhältnis statt; zu den sich daraus ergebenden Fragen s. Rn. 171.

B. Leistungsstörungen und ihre Sanktionierung

I. Nichterfüllung der Arbeitspflicht

1. Grundlagen

608 Eine Nichterfüllung der Arbeitspflicht liegt vor, wenn der Arbeitnehmer, der nicht von der Arbeitspflicht befreit ist (näher Rn. 614 ff.), zur vertraglich geschuldeten Zeit nicht am Arbeitsort erscheint oder zwar physisch anwesend ist, aber keinerlei Erfüllungshandlungen vornimmt. Da es sich bei der Arbeitspflicht um eine absolute Fixschuld handelt (Rn. 586), wird ihre Erfüllung in Bezug auf jede versäumte Zeiteinheit regelmäßig **unmöglich** (§ 275 I BGB), der Arbeitgeber hat auch keinen Anspruch auf Nachholung der versäumten Arbeitszeit.[51] Im Hinblick auf künftige Zeiträume kann er dagegen ein entsprechendes **Leistungsurteil** erstreiten. Allerdings ist dieses zum Schutz der Menschenwürde und aus Praktikabilitätsgründen **nicht vollstreckbar, § 888 III ZPO**,[52] es hat also weitgehend reine Appellfunktion. Entgegen dem ersten Eindruck ist der Arbeitgeber bei Nichtleistung des Arbeitnehmers aber nicht schutzlos, sondern hat durchaus Sanktionsmöglichkeiten. Erstens **entfällt** grundsätzlich der **Lohnanspruch** (§ 326 I 1 BGB), wobei aber Ausnahmen bestehen (Rn. 463 ff.). Zweitens kommt, wenn der Arbeitnehmer die Nichtleistung der Arbeit zu vertreten hat, ein **Schadensersatzanspruch** aus **§§ 280 I, III, 283 BGB** in Betracht. Schließlich kann der Arbeitgeber den Arbeitnehmer **abmahnen** und ggf. auch **kündigen**. Neben diesen „allgemeinen" Rechtsfolgen ist im Folgenden auf zwei besondere Sanktionsmöglichkeiten im Arbeitsleben einzugehen:

2. Entschädigung nach § 61 II ArbGG

609 V Erhebt der Arbeitgeber Leistungsklage auf Arbeitsleistung, so kann er beantragen, dass das Gericht den Arbeitnehmer nicht nur dazu, sondern ihn zugleich für den Fall, dass er diese innerhalb einer bestimmten Frist nicht erfüllt, zur Zahlung einer vom Gericht festgesetzten Entschädigung verurteilt, § 61 II ArbGG. Da es sich dogmatisch um eine **Schadensersatzleistung** handelt, setzt dies aber voraus, dass dem Arbeitgeber durch die Nichterfüllung der

50 Näher Staudinger/*Richardi/Fischinger*, § 611a, Rn. 1105 ff.
51 Staudinger/*Richardi/Fischinger*, § 611a, Rn. 1077 m.w.N.
52 BAG 5.2.2009 – 6 AZR 110/08, NZA 2009, 1215, 1216; HWK/*Thüsing*, § 611a BGB, Rn. 497.

Arbeitspflicht ein Schaden entsteht und die Entschädigung den zu erwartenden Schaden nicht übertrifft.[53] Mit der Entschädigung sind sämtliche aus der Nichterfüllung resultierende Schäden abgegolten.[54]

3. Vertragsstrafe

a) Begriff und Abgrenzungen

Eine Vertragsstrafe ist die Zusage einer Vertragspartei, bei Nichtleistung oder nicht 610
gehöriger Leistung eine Geldsumme als Strafe zu zahlen (§ 339 BGB). Sie verfolgt zwei Zwecke: Zum einen soll der Schuldner unter Druck gesetzt werden, Pflichtverletzungen zu vermeiden **(Präventivfunktion)**, zum anderen soll dem Gläubiger bei nicht ordnungsgemäßer Leistung die Schadensdurchsetzung erleichtert werden, indem ein beweisfreier Mindestschadensersatz in Höhe der zugesagten Vertragsstrafe festgelegt wird **(Schadensersatzfunktion)**.[55] Vertragsstrafen sind von **Schadenspauschalisierungen** zu unterscheiden. Diese sollen dem Gläubiger allein den Nachweis eines konkreten Schadens ersparen, ihnen fehlt also der mit der Präventivfunktion von Vertragsstrafen bezweckte Druck, ordnungsgemäß zu erfüllen.[56] Schadenspauschalierungen sind auch im Arbeitsrecht nur unter den Voraussetzungen von **§ 309 Nr. 5 BGB** zulässig. Ebenfalls nicht mit der Vertragsstrafe zu verwechseln sind sog. **Betriebsbußen**, die Verstöße gegen die betriebliche Ordnung (z.B. Rauchverbot) sanktionieren (näher Rn. 722).[57]

b) Zulässigkeit von Vertragsstrafen

Aufgrund der Vertragsfreiheit ist die Vereinbarung von Vertragsstrafen **grundsätz-** 611
lich möglich. Das gilt im Arbeitsrecht selbst in AGB, findet doch **§ 309 Nr. 6 BGB**, der Vertragsstrafenabreden apodiktisch verbietet, wegen **§ 310 IV 2 Hs. 1 BGB keine Anwendung**. Die Besonderheit besteht darin, dass der (titulierte) Primäranspruch des Arbeitgebers nach § 888 III ZPO nicht vollstreckt werden kann (Rn. 608). Da zudem Schadensersatzansprüche wegen Verletzung der Arbeitspflicht oft daran scheitern, dass sich ein kausaler Schaden nicht beweisen lässt, soll es dem Arbeitgeber wenigstens mittels Vertragsstrafen möglich sein, auf den Arbeitnehmer (finanziellen) Druck zur ordnungsgemäßen Erfüllung der Arbeitspflichten auszuüben. Aus der Unanwendbarkeit von § 309 Nr. 6 BGB folgt aber nicht, dass Vertragsstrafen im Arbeitsrecht unbeschränkt zulässig wären. Vielmehr bestehen folgende **Schranken**:

- Stets unzulässig sind Vertragsstrafenabreden in **Berufsausbildungsverhältnissen, § 12 II Nr. 2 BBiG**.
- In formeller Hinsicht verlangt das **Transparenzgebot** des § 307 I 2 BGB die eindeutige Bezeichnung der Strafe sowie die genaue Angabe des Verhaltens, durch das sie verwirkt wird.

---

53 BAG 5.6.1985 – 4 AZR 533/83 und 27.8.1986 – 4 AZR 280/85, AP TVG § 1 Tarifverträge: Bau Nr. 67 und 70; BeckOK-ArbR/*Hamacher*, § 61 ArbGG, Rn. 34.

54 Germelmann/Matthes/Prütting/*Schleusner*, ArbGG, § 61, Rn. 38; BeckOK-ArbR/*Hamacher*, § 61 ArbGG, Rn. 34.

55 S. näher MüKo-BGB/*Gottwald*, Vor § 339, Rn. 6.

56 *Niemann*, RdA 2013, 92, 93; MüKo-BGB/*Gottwald*, Vor § 339, Rn. 34.

57 Näher Staudinger/*Richardi/Fischinger*, § 611a, Rn. 1344; Fischinger/*Reiter*, Profisport, § 8, Rn. 56 ff.

Beispiele: Unwirksam sind Absprachen, nach denen ein „gravierender Vertragsverstoß" oder ein „schuldhaftes vertragswidriges Verhalten, das zur außerordentlichen Kündigung berechtigt", die Sanktion auslösen soll.[58] Gleiches gilt, wenn eine „angemessene Zahlung" vereinbart wird.

- In materieller Hinsicht kann sich eine unangemessene Benachteiligung (§ 307 I 1 BGB) insb. aus der **Höhe der Vertragsstrafe** ergeben. In der Regel darf sie nicht höher sein als das Arbeitsentgelt, das der Arbeitgeber während des Zeitraums einer (hypothetischen) Eigenkündigung des Arbeitnehmers schuldet; etwas anderes gilt nur bei einem besonderen Sanktionsinteresse des Arbeitgebers.

Beispiel: Beträgt die Kündigungsfrist des Arbeitnehmers zwei Wochen, so ist eine Vertragsstrafe in Höhe eines vollen Monatsgehalts i.d.R. unangemessen.[59]

- Weil es sich um eine unzulässige Kündigungserschwerung handeln würde, darf eine Vertragsstrafe ferner nicht an eine zulässige Kündigung durch den Arbeitnehmer geknüpft werden.[60]

c) Rechtsfolgen von Verstößen

612 Benachteiligt ein formularmäßiges Vertragsstrafenversprechen den Arbeitnehmer unangemessen, so ist es grundsätzlich vollständig unwirksam, eine geltungserhaltende Herabsetzung der Strafe nach § 343 BGB scheidet aus.[61] Der Vertrag im Übrigen bleibt – ohne Vertragsstrafe – wirksam, § 306 I, II BGB. Enthält ein Vertragsstrafenversprechen allerdings mehrere die Sanktion auslösende Tatbestände, die z.T. zulässig und z.T. unzulässig sind, so kann die Klausel teilbar und deshalb teilweise aufrecht zu erhalten sein (näher Rn. 226 ff.).

II. Schlechterfüllung

613 Eine Schlechterfüllung kann zum einen vorliegen, wenn der Arbeitnehmer zwar gearbeitet hat, die Arbeitsleistung aber **inhaltlich mangelhaft** ist (z.B. eine Sekretärin tippt ein Diktat mit zahlreichen Rechtschreibfehlern), zum anderen bei **zu langsamer** Arbeit (z.B. die Sekretärin braucht zwei Stunden für einen einseitigen Brief). Nun gilt im Arbeitsrecht aber ein **subjektiver Leistungsmaßstab** mit der Folge, dass der Arbeitnehmer zwar so gut arbeiten muss, wie er kann (Rn. 597), aber eben auch nicht besser. Anders gewendet: Eine vorwerfbare, abmahnungsfähige Pflichtverletzung begeht der Arbeitnehmer nur, wenn er schlechter arbeitet, als es **ihm** eigentlich möglich wäre. Entsprechend ist zu unterscheiden:

- Bleibt die Arbeitsleistung hinter demjenigen zurück, was dieser Arbeitnehmer leisten könnte, so liegt eine Schlechterfüllung und damit eine Pflichtverletzung

58 BAG 21.4.2005 – 8 AZR 425/04, NZA 2005, 1053, 1055; 8.8.2005 – 8 AZR 65/05, NZA 2006, 34, 36.

59 BAG 4.3.2004 – 8 AZR 196/03, AP BGB § 309 Nr. 3; 18.12.2008 – 8 AZR 81/08, NZA-RR 2009, 519; 23.9.2010 – 8 AZR 897/08, NZA 2011, 89, 90.

60 BAG 6.9.1989 – 5 AZR 586/88, AP BGB § 622 Nr. 27; 3.7.2000 – II ZR 282/98, NZA 2000, 945, 947.

61 BAG 4.3.2004 – 8 AZR 196/03, AP BGB § 309 Nr. 3; 14.8.2007 – 8 AZR 973/06, AP BGB § 307 Nr. 28.

vor. Diese kann zwar nicht zum Anlass genommen werden, die dem Arbeitnehmer für die Arbeitsleistung zustehende Entlohnung zu mindern, kennen doch die §§ 611 ff. BGB – anders als z.B. das Kaufrecht (§ 441 BGB) – keine Gewährleistungsansprüche.[62] Es kommen aber ggf. **Schadensersatzansprüche** (aber: § 619a BGB, dazu Rn. 833 ff.) und/oder eine **verhaltensbedingte** Kündigung in Betracht.

- Schöpft der Arbeitnehmer hingegen seine subjektiven Möglichkeiten vollständig aus und bleibt dennoch (weit) hinter dem zurück, was aufgrund des Arbeitsvertrags von ihm erwartet werden kann und/oder was andere Arbeitnehmer in vergleichbarer Position leisten, so macht er sich damit mangels Pflichtverletzung nicht schadensersatzpflichtig. Allerdings kommt auch hier ggf. eine Kündigung in Betracht, mangels vorwerfbaren Verhaltens jedoch keine verhaltens-, sondern eine **personenbedingte** (dazu Rn. 1001).

Hinweis: Von der so verstandenen Schlechterfüllung sind Fälle zu unterscheiden, in denen der Arbeitnehmer ein bereits existierendes Rechtsgut des Arbeitgebers schädigt, z.B. indem er eine Maschine zerstört. Dafür haftet er grundsätzlich auf Schadensersatz. Jedoch kann seine Haftung über die Grundsätze beschränkter Arbeitnehmerhaftung begrenzt sein (näher Rn. 737 ff.).

C. Befreiung von der Pflicht zur Arbeitsleistung

In einer Reihe von Fällen wird der Arbeitnehmer von seiner Pflicht zur Erbringung **614**
der vertraglich geschuldeten Arbeitsleistung frei. Neben dem aus Gründen der Übersichtlichkeit gesondert zu erläuternden Erholungsurlaub sind das insb.:

I. Unmöglichkeit der Leistungserbringung, § 275 I BGB

Der Anspruch auf Arbeitsleistung ist ausgeschlossen (Einwendung), wenn dem Ar- **615**
beitnehmer die Arbeitsleistung unmöglich ist, § 275 I BGB.[63] Das ist v.a. anzunehmen, wenn er **arbeitsunfähig erkrankt** ist (zur Abgrenzung zu § 275 III BGB s. Rn. 618).[64] Gleiches kann ferner gelten, wenn der Arbeitnehmer trotz einer ansteckbaren Erkrankung arbeitsfähig ist, aber die konkrete Gefahr besteht, dass er den Arbeitgeber, Arbeitskollegen oder Dritte infiziert. Ist hier ein für andere sicheres Arbeiten (z.B. im Homeoffice) nicht möglich, greift § 275 I BGB ein, weil der Arbeitgeber die Arbeitsleistung aufgrund seiner Schutzpflicht gegenüber den anderen Arbeitnehmern nicht annehmen darf (§§ 3, 4 ArbSchG, 618 I BGB).[65] § 275 I BGB ist ferner anwendbar, wenn die Leitungserbringung rechtlich unmöglich ist, insb. bei einem **Arbeitsverbot** (z.B. einem Rechtsanwalt fehlt die Anwaltszulassung oder einem Arzt die Approbation).

---

62 BAG 17.7.1970 – 3 AZR 423/69, AP MuSchG 1968 § 11 Nr. 3; MünchArbR/*Reichold*, § 43, Rn. 62 f.

63 Da der Arbeitnehmer zur persönlichen Leistungserbringung verpflichtet ist (§ 613 BGB, Rn. 593), liegt dabei bei subjektivem Unvermögen zugleich stets auch objektive Unmöglichkeit vor.

64 *Canaris*, JZ 2001, 499, 501 Fn. 33, 504 Fn. 54.

65 *Fischinger/Hengstberger*, JA 2020, 561, 565.

616 **Rechtsfolgen:** Das Entfallen der Arbeitsleistungspflicht führt nach allgemeinen schuldrechtlichen Grundsätzen zum Wegfall des Lohnanspruchs, § 326 I 1 Hs. 1 BGB; allerdings bestehen im Arbeitsrecht hiervon zahlreiche Abweichungen (s. Rn. 463 ff.). Bei einem Verschulden des Arbeitnehmers kommen ferner Schadensersatzansprüche des Arbeitgebers aus §§ 280 I, III, 283 BGB in Betracht, auch eine Vertragsstrafe kann verwirkt sein. Schließlich kann der Arbeitnehmer ggf. abgemahnt oder sogar gekündigt werden.

II. Leistungsverweigerungsrechte des Arbeitnehmers

1. Grundlagen

617 In einigen Fällen ist der Arbeitnehmer berechtigt, die Erbringung der vertraglich geschuldeten Leistung zu verweigern. Er kann diese Leistungsverweigerungsrechte **einseitig** mit, ohne oder auch gegen den Willen des Arbeitgebers ausüben. Jedoch muss er ihn aufgrund seiner „Treuepflicht" (Rn. 697) in der Regel vor Ausübung des Zurückbehaltungsrechts informieren und ihm den Grund so konkret mitteilen, dass der Arbeitgeber – wenn sein steuerbares Verhalten dafür ursächlich ist – weiß, wie er den Missstand abstellen kann.[66] Leistungsverweigerungsrechte bergen für den Arbeitnehmer ein nicht unerhebliches **Risiko**. Denn liegen ihre Voraussetzungen tatsächlich nicht vor, verletzt er durch das Fernbleiben von der Arbeit seine Hauptleistungspflicht. Ihm drohen dann ggf. Sanktionen (Rn. 608 ff.), wobei er sich aber u.U. damit exkulpieren kann, dass er sich in einem unverschuldeten Rechtsirrtum über die Voraussetzungen des Leistungsverweigerungsrechts befand.

2. Persönliche Unzumutbarkeit, § 275 III BGB

618 Der gemäß § 613 S. 1 BGB zur persönlichen Leistungserbringung verpflichtete Arbeitnehmer (Rn. 593) kann die Arbeit verweigern, wenn sie ihm unter Abwägung der Interessen des Arbeitgebers **nicht zumutbar** ist, § 275 III BGB. Bei der Interessenabwägung ist auch zu berücksichtigen, ob der Arbeitnehmer in der Lage ist, dem „problematischen" Umstand auf andere Weise abzuhelfen. Da § 275 III BGB als **Einrede** konzipiert ist, hat er die Wahl, ob er der Arbeit fernbleibt. Tut er es, entfällt gemäß § 326 I BGB grundsätzlich sein Gegenanspruch; ggf. hält aber § 616 BGB den Lohnanspruch aufrecht (s. Rn. 561 ff.).

Beispiele für § 275 III BGB:

- Betreuungsbedürftigkeit eines **Kinds** des Arbeitnehmers, v.a. weil das Kind **erkrankt** ist oder weil **Kinderbetreuungseinrichtungen geschlossen** wurden (z.B. im Zuge der Corona-Krise 2020). Betreuungsbedürftig sind nach den Wertungen von § 45 SGB V und § 56 Ia IfSG Kinder, die das zwölfte Lebensjahr noch nicht vollendet haben, sowie – unabhängig vom Alter – behinderte Kinder, die auf Hilfe angewiesen sind. Voraussetzung ist weiter, dass eine Betreuung durch den Arbeitnehmer selbst erforderlich ist.[67] Das ist nicht der Fall,

66 BAG 23.1.2007 – 9 AZR 557/06, NZA 2007, 1166, 1167; Staudinger/*Richardi/Fischinger*, § 611a, Rn. 1148.

67 BAG 19.4.1978 – 5 AZR 834/6, NJW 1978, 2316.

wenn eine andere Betreuungsperson – zB der nicht erwerbstätige (Ehe-) Partner oder ein Verwandter – (ggf. hälftig) die Betreuung übernehmen kann.[68] Ist das Kind pflegebedürftig i.S.v. §§ 14, 15 SGB XI, so wird § 275 III BGB durch **§ 2 PflegeZG** (dazu Rn. 622) verdrängt.

- Ist der **Arbeitnehmer selbst erkrankt** und deshalb nicht arbeitsfähig, so unterfällt dies § 275 **I** BGB, auf § 275 III BGB kommt es nicht an. Der Anwendungsbereich von § 275 **III** BGB ist hingegen eröffnet, wenn dem Arbeitnehmer trotz Erkrankung die Arbeitsleistung zwar möglich wäre, mit ihr aber die Gefahr verbunden wäre, dass sich sein Gesundheitszustand erneut verschlechtert.[69] In beiden Fällen richtet sich die Frage, ob ein Lohnanspruch besteht, nach dem EFZG (s. Rn. 511 ff, 518 ff.).
- Arbeitsverweigerung aus **Gewissensgründen** (z.B. Mitwirkung an Kriegswaffenproduktion).[70]
- Die Erbringung der Arbeitsleistung würde eine erhebliche **Gesundheits- oder Lebensgefahr** für den Arbeitnehmer begründen.[71] Dazu zählen auch Konstellationen, in denen eine Ansteckung mit einer nicht unerheblichen Krankheit droht (z.B. Covid-19), wenn der Arbeitgeber keine oder nur ungeeignete Schutzmaßnahmen ergreift.[72]

3. Sonstige Leistungsverweigerungsrechte

Der in der Regel (§ 614 BGB) vorleistungspflichtige Arbeitnehmer kann die Arbeitsleistung nach **§ 321 BGB** verweigern, wenn nach Vertragsschluss erkennbar wird, dass der Arbeitgeber die Lohnzahlung mangels Leistungsfähigkeit nicht wird erbringen können. Die Anforderungen sind aber hoch, bspw. genügt die Eröffnung des Insolvenzverfahrens über das Vermögen des Arbeitgebers noch nicht.[73] **619**

Wird ein Arbeitnehmer am Arbeitsplatz (sexuell) belästigt und ergreift der Arbeitgeber keine oder – objektiv betrachtet – nur offensichtlich ungeeignete Maßnahmen zur Unterbindung dieser Vorgänge, hat der Arbeitnehmer ein Leistungsverweigerungsrecht nach **§ 14 AGG**, ohne dass er dadurch seinen Anspruch auf Lohnzahlung verlieren würde. Bei Benachteiligungen (§ 3 I, II AGG) ist die Vorschrift mangels planwidriger Regelungslücke nicht analog anwendbar.[74] **620**

Gewissermaßen eine Art „Auffangzurückbehaltungsrecht" enthält **§ 273 BGB**, der eingreift, wenn der Arbeitgeber eine ihm obliegende fällige Leistung oder Pflicht nicht erfüllt. Relevant wird dies z.B., wenn er die öffentlich-rechtlichen Arbeitnehmerschutzvorschriften des ArbSchG nicht einhält (vgl. auch §§ 617, 618 BGB)[75] oder gegen ein ihm bekanntes Mobbing von Kollegen nicht einschreitet.[76] **621**

---

68 Vgl. BAG 21.5.1992 – 2 AZR 10/92, AP KSchG 1969 § 1 Verhaltensbedingte Kündigung Nr. 29; Staudinger/*Oetker*, § 616, Rn. 62 m.w.N.
69 *Fischinger/Hengstberger*, JA 2020, 561, 565; ErfK/*Preis*, § 611a BGB, Rn. 685 m.w.N.
70 Vgl. BAG 24.5.1989 – 2 AZR 285/88, NZA 1990, 144, 145.
71 Vgl. BAG 22.12.1982 – 2 AZR 282/82, AP BGB § 123 Nr. 23.
72 Näher *Fischinger/Hengstberger*, JA 2020, 561, 567 f.
73 Staudinger/*Schwarze*, § 321, Rn. 36.
74 ErfK/*Schlachter*, § 14 AGG, Rn. 1; *Bauer/Krieger/Günther*, AGG, § 14, Rn. 5.
75 BAG 8.5.1996 – 5 AZR 315/95, NZA 1997, 86, 89.
76 BAG 23.1.2007 – 9 AZR 557/06, AP BGB § 611 Mobbing Nr. 4; 13.3.2008 – 2 AZR 88/07, AP KSchG 1969 § 1 Nr. 87.

III. Freistellung zur Pflege naher Angehöriger

622 Um es Beschäftigten (§ 7 I PflegeZG) zu ermöglichen, pflegebedürftige nahe Angehörige (§ 7 III, IV PflegeZG) zu pflegen und damit die Vereinbarkeit von Beruf und Familie zu erhöhen, sehen PflegeZG und FPfZG verschiedene Befreiungsmöglichkeiten von der Arbeitspflicht vor, die durch ein Kündigungsverbot (§§ 2 III FPfZG, 5 PflegeZG) abgesichert werden (dazu Rn. 917 ff.):

- **§ 2 PflegeZG** erlaubt es, bei einer akut auftretenden Pflegesituation bis zu zehn Arbeitstage von der Arbeit fernzubleiben, wenn dies zur Organisation oder Sicherstellung einer bedarfsgerechten Pflege erforderlich ist. § 2 PflegeZG hat gegenüber § 275 III BGB Vorrang, letzterer hat aber nach wie vor Bedeutung, wo § 2 PflegeZG nicht eingreift (z.B. es liegt keine Pflegebedürftigkeit vor oder die 10-Tages-Frist wird überschritten).[77]
- Die **Pflegezeit** nach **§ 3 PflegeZG** beträgt pro pflegebedürftigem nahem Angehörigen maximal sechs Monate (§ 4 I PflegeZG). Sie kann nur bei Arbeitgebern geltend gemacht werden, die in der Regel mindestens 15 Arbeitnehmer beschäftigen, § 3 I 2 PflegeZG. Außerdem kann sie pro Angehörigem nur einmal in Anspruch genommen werden.[78]
- Nach **§ 3 VI PflegeZG** kann für bis zu drei Monate (§ 4 III 2 PflegeZG) Freistellung für die **Sterbebegleitung** eines nahen Angehörigen, bei dem eine Heilung ausgeschlossen ist (einer Pflegebedürftigkeit i.S.v. § 7 IV PflegeZG bedarf es aber nicht), erreicht werden.
- **§ 2 FPfZG** ermöglicht schließlich sogar eine – wenn auch nur teilweise (§ 2 I 2 FPfZG) – Freistellung von bis zu 24 Monaten (beachte § 2 II FPfZG) für die Pflege eines pflegebedürftigen nahen Angehörigen. Das gilt aber nicht bei Arbeitgebern, die i.d.R. weniger als 26 Beschäftigte beschäftigen (§ 2 I 4 FPfZG).

Hinweis: Überschätzen Sie nicht die (Klausur-)Bedeutung von PflegeZG und FPfZG. Beide setzen eine Pflegebedürftigkeit voraus, die aber nur unter den (engen) Voraussetzungen von §§ 14, 15 SGB XI vorliegt. Beim Klausurklassiker des an Grippe erkrankten Kindes des Arbeitnehmers bleibt es also bei § 275 III BGB!

623 PflegeZG und FPfZG normieren keinen **Lohnanspruch** des die dortigen Rechte in Anspruch nehmenden Arbeitnehmers. Während bei der kurzzeitigen Arbeitsverhinderung des § 2 PflegeZG oft die Voraussetzungen von **§ 616 BGB** (Rn. 561 ff.) erfüllt sind und deshalb ein Lohnanspruch besteht, scheidet ein solcher bei den Freistellungsrechten in der Regel aus, weil keine „verhältnismäßig nicht erhebliche Zeit" vorliegt.

Hinweis: Um zu verhindern, dass Arbeitnehmer die Geltendmachung der Rechte aus PflegeZG und FPfZG aufgrund finanzieller Überlegungen unterlassen, räumt ihnen § 3 FPfZG einen Anspruch auf ein zinsloses Darlehen gegen das Bundesamt für Familie ein; überdies sieht § 44a SGB IX weitere Leistungen vor.

---

77 *Linck*, BB 2008, 2738, 2739; ErfK/*Gallner*, § 2 PflegeZG, Rn. 1; **a.A.** *Müller*, BB 2008, 1058, 1063.
78 BAG 15.11.2011 – 9 AZR 348/10, NZA 2012, 323, 324.

IV. Wegfall der Beschäftigungspflicht nach MuSchG und BEEG

Nach **§ 3 MuSchG** dürfen schwangere Frauen innerhalb der dort genannten **Schutzfristen** vor (Abs. 1) bzw. nach Entbindung (Abs. 2) nicht beschäftigt werden. Überdies sehen die §§ 4 ff. MuSchG spezielle Beschäftigungsverbote vor. In allen Fällen entfällt die Arbeitspflicht der Frau. Zur „Entlohnung" vgl. §§ 18-20 MuSchG. **624**

Zur Betreuung und Erziehung ihres Kindes haben Arbeitnehmerinnen und Arbeitnehmer bis zur Vollendung des dritten Lebensjahres des Kindes nach **§ 15 I, II BEEG** das Recht auf Elternzeit. Machen sie von diesem Recht Gebrauch, so ruht das Arbeitsverhältnis mit der Folge, dass die Arbeitspflicht (und korrespondierend die Vergütungspflicht des Arbeitgebers) suspendiert wird. Der Entgeltausfall soll durch das staatliche Elterngeld (§§ 1 ff. BEEG) zumindest z.T. aufgefangen werden. **625**

V. Weitere Fälle

Die Arbeitspflicht kann durch eine sog. **Freistellungsabrede** vertraglich aufgehoben werden. Einseitig kann der Arbeitgeber die Arbeitspflicht im laufenden Arbeitsverhältnis nur unter engen Voraussetzungen aufheben, beeinträchtigt er hiermit doch den Beschäftigungsanspruch des Arbeitnehmers (s. Rn. 666). **626**

Im Zuge eines rechtmäßigen **Arbeitskampfes** – insb. eines Streiks – werden die Hauptleistungspflichten suspendiert, der Arbeitnehmer kann folglich der Arbeit fernbleiben, ohne seine Arbeitspflicht zu verletzen.[79] Er ist auch nicht zur Nacharbeit verpflichtet. Im Gegenzug entfällt sein Lohnanspruch (s. auch Rn. 507). Bei rechtswidrigen Streiks werden die Hauptpflichten zwar nicht suspendiert, hier entfällt der Lohnanspruch aber nach §§ 275 I, IV, 326 I 1 BGB. **627 V**

Arbeitnehmervertreter (insb. **Betriebsratsmitglieder**) haben das Recht, ihrer Arbeit unter Fortzahlung des Entgelts fernzubleiben, wenn und soweit dies zur Durchführung ihrer Betriebsratstätigkeit erforderlich ist (vgl. § 37 II BetrVG). **628 V**

In einigen Fällen ruht das Arbeitsverhältnis **kraft Gesetzes** mit der Folge, dass die Arbeitspflicht entfällt (z.B. § 1 ArbPlSchG). **629 V**

D. Erholungsurlaub nach dem BUrlG

I. Begriff und Abgrenzungen

(Temporär) ebenfalls nicht zur Arbeitsleistung verpflichtet ist ein „beurlaubter" Arbeitnehmer. Unter dem Oberbegriff des „Urlaubs" werden eine Reihe verschiedener Arbeitsbefreiungen zusammengefasst, die z.T. mit, im Übrigen aber ohne Fortzahlung des Arbeitsentgelts erfolgen. Zu nennen sind v.a.: **630**

- **Bildungsurlaub** nach den Landesgesetzen zur politischen Bildung oder beruflichen Weiterbildung (z.B. § 1 BzG Baden-Württemberg: bis zu fünf Arbeitstage bezahlte Freistellung pro Kalenderjahr).

79 Staudinger/*Richardi/Fischinger*, § 611a, Rn. 1151, 1175.

- Urlaub zur Wahrnehmung **staatsbürgerlicher Rechte** oder Ausübung **öffentlicher Ehrenämter** (z.B. Bewerbung um Bundestagsmandat, Art. 48 I GG; Schöffe beim Arbeitsgericht, § 26 ArbGG).
- **Freizeitgewährung zur Stellensuche** gemäß § 629 BGB nach Kündigung des Arbeitsverhältnisses (s. Rn. 1146).
- **Sabbatical**, bei dem es sich um eine – in der Regel – unbezahlte, vertraglich vereinbarte Freistellung für einen längeren Zeitraum handelt, in dem der Arbeitnehmer z.B. auf Weltreise gehen möchte (vgl. nun auch § 9a TzBfG, dazu Rn. 607).
- Unbezahlter **Wahlvorbereitungsurlaub** nach **Art. 48 I GG, § 3 AbgG** für einen Bewerber um ein Bundestagsmandat bis zu zwei Monate vor dem Wahltag. Entsprechendes gilt für Landtagsmandate (z.B. Art. 3 BayAbgG).

631 Von diesen – kaum klausurrelevanten – Fällen zu unterscheiden ist der **im BUrlG geregelte Erholungsurlaub**: Nach **§ 1 BUrlG** hat jeder Arbeitnehmer in jedem Kalenderjahr Anspruch auf Erholungsurlaub unter Fortzahlung des Arbeitsentgelts. Damit soll ihm – unabhängig von einem konkreten Erholungsbedürfnis – Gelegenheit zur regelmäßigen Erholung gegeben werden.[80] Terminologisch und in der Sache ist streng zwischen verschiedenen Ansprüchen zu differenzieren:

- Der Anspruch auf Urlaubs**gewährung** selbst, d.h. auf Freistellung von der Arbeitspflicht (§ 1 BUrlG).
- Der Anspruch auf das Urlaubs**entgelt**, d.h. auf Fortzahlung des durchschnittlichen Arbeitsverdiensts (§ 11 BUrlG) aus § 611a BGB i.V.m. dem Arbeitsvertrag (s. Rn. 656).[81]
- (Eventuell) der Anspruch auf Urlaubs**abgeltung** (§ 7 IV BUrlG), d.h. einer Ausgleichszahlung dafür, dass Urlaub nicht gewährt wird (näher Rn. 658 ff.).
- (Eventuell) der Anspruch auf Urlaubs**geld**, bei dem es sich um eine Gratifikation handelt, die nur geschuldet ist, wenn dies wirksam kollektiv- oder einzelvertraglich vereinbart wurde (s. Rn. 438 ff.).

II. Voraussetzungen des Anspruchs auf Urlaubsgewährung

632 Der **persönliche Anwendungsbereich** des BUrlG ist in dessen **§ 2** geregelt. Danach findet das Gesetz auf Arbeitnehmer, arbeitnehmerähnliche Personen und zu ihrer Berufsausbildung Beschäftigte Anwendung.

633 Urlaub kann nur erteilt werden, wenn der Arbeitnehmer **arbeitsfähig** ist. Ist er dagegen arbeitsunfähig erkrankt, so besteht schon deshalb keine Arbeitspflicht, von der er befreit werden könnte. Das zeigt § 9 BUrlG (dazu Rn. 653).

634 Keinen Urlaubsanspruch hat der Arbeitnehmer, **soweit** ihm im laufenden Kalenderjahr bereits von einem früheren Arbeitgeber Urlaub gewährt worden ist, **§ 6 BUrlG**. Dadurch soll verhindert werden, dass er sich durch einen unterjährigen Arbeitgeber-

---

80 BAG 20.6.2000 – 9 AZR 405/99, NZA 2001, 100, 101; ErfK/*Gallner*, § 1 BUrlG, Rn. 4 f.

81 BAG 8.3.1984 – 6 AZR 600/82, BAGE 45, 184, 188; Staudinger/*Richardi/Fischinger*, § 611a, Rn. 1912.

wechsel eine Verdopplung seines Urlaubsanspruchs „erschleicht“.[82] Davon ist aber die Konstellation zu unterscheiden, dass der Arbeitnehmer **gleichzeitig** in zwei Arbeitsverhältnissen zu zwei verschiedenen Arbeitgebern steht. Hier ist **§ 6 BUrlG nicht anwendbar**, der Arbeitnehmer hat gegen beide Arbeitgeber den vollen Urlaubsanspruch.[83]

Beispiel zu § 6 BUrlG: Hat der Arbeitnehmer bei Arbeitgeber 1 im Zeitraum vom 1.1.-31.3.2018 bereits neun Werktage Urlaub erhalten, stehen ihm von den 24 Werktagen (vgl. § 3 I BUrlG, Rn. 639) nach einem Wechsel zu Arbeitgeber 2 zum 1.4. für 2018 „nur“ noch weitere 15 Werktage zu.

III. Urlaubserteilung, § 7 I, II BUrlG

Liegen die obigen Voraussetzungen vor, so hat der Arbeitnehmer einen Anspruch auf Urlaubsgewährung. Er hat aber keinen apodiktischen Anspruch darauf, zu einem ganz bestimmten Zeitraum beurlaubt zu werden und insb. **kein Recht zur Selbstbeurlaubung**; eine solche stellt eine schwerwiegende Verletzung der Arbeitspflicht dar, die den Arbeitgeber ggf. sogar zur außerordentlichen Kündigung berechtigen kann.[84] Das gilt auch dann, wenn das Ende des Urlaubsjahrs bevorsteht oder das Arbeitsverhältnis gekündigt ist.[85] **635**

Über die Urlaubserteilung – d.h. seine zeitliche Lage – entscheidet vielmehr einseitig der **Arbeitgeber**, der Arbeitnehmer muss ihn ggf. per Leistungsklage oder einstweiliger Verfügung darauf gerichtlich in Anspruch nehmen.[86] Bei der Urlaubserteilung muss der Arbeitgeber aber nach **§ 7 I BUrlG** die Wünsche des Arbeitnehmers berücksichtigen, es sei denn, es stehen dringende betriebliche Belange oder Urlaubswünsche anderer Arbeitnehmer, die unter sozialen Gesichtspunkten Vorrang verdienen, entgegen.[87] **636**

Beispiele: (1) Der Arbeitnehmer möchte Ende November/Anfang Dezember in den Urlaub. In dieser Phase fallen aber erfahrungsgemäß zahlreiche und dringende Arbeitsaufträge an. Können diese nur „abgearbeitet“ werden, wenn alle Arbeitnehmer „an Bord“ sind, kann der Arbeitgeber die Urlaubserteilung unter Verweis auf **dringende betriebliche Belange** in diesem Zeitraum ablehnen. **(2)** Demgegenüber genügen bloß übliche Störungen im Betriebsablauf nicht, um einen Wunschurlaubstermin abzulehnen, treten solche doch regelmäßig beim Fehlen eines Arbeitnehmers auf und müssen vom Arbeitgeber durch entsprechende Personalmaßnahmen aufgefangen werden.[88] **(3) Urlaubswünsche anderer Arbeitnehmer** rechtfertigen nur dann eine Urlaubsversagung, wenn durch die gleichzeitige Urlaubsgewährung der Betriebsablauf

82 ErfK/*Gallner*, § 6 BUrlG, Rn. 1.

83 BAG 19.6.1959 – 1 AZR 565/57, AP BGB § 611 Doppelarbeitsverhältnis Nr. 1; ErfK/*Gallner*, § 6 BUrlG, Rn. 2.

84 BAG 22.1.1998 – 2 ABR 19/97, NZA 1998, 708, 709 f.; 16.3.2000 – 2 AZR 75/99, NZA 2000, 1332, 1334.

85 BAG 25.1.1994 – 9 AZR 312/92, NZA 1994, 652; ErfK/*Gallner*, § 7 BUrlG, Rn. 9.

86 Näher ErfK/*Gallner*, § 7 BUrlG, Rn. 29 ff.

87 Zur Urlaubserteilung gegen den Wunsch des Arbeitnehmers in Krisenzeiten vgl. *Fischinger/Hengstberger*, JA 2020, 561, 568.

88 Schaub/*Linck*, ArbRHdB, § 104, Rn. 76; ErfK/*Gallner*, § 7 BUrlG, Rn. 18.

unzumutbar gestört würde. Dann hat z.B. der Wunsch eines Familienvaters, in den Schulferien Urlaub zu bekommen, Vorrang vor dem Urlaubswunsch eines kinderlosen Singles.

637 Eine Urlaubserteilung i.d.S. liegt nur vor, wenn der Arbeitgeber den Arbeitnehmer **unwiderruflich freistellt**. Denn ein Arbeitnehmer, der jederzeit damit rechnen muss, aus dem Urlaub zurückgerufen zu werden, kann diesen nicht im vom Gesetzgeber intendierten Sinne genießen.[89] Entsprechend erfüllt ein Arbeitgeber mit einer nur widerruflichen Freistellung nicht den Anspruch auf Urlaubsgewährung; auch wenn er also den Arbeitnehmer während der widerruflich gewährten Freistellungsperiode nicht in den Betrieb zurückrief, kann der Arbeitnehmer „erneut" Urlaubsgewährung verlangen. Da die unwiderrufliche Erteilung aber der Regelfall ist, muss der Arbeitgeber sie nicht explizit erklären, vielmehr müsste er umgekehrt die Widerruflichkeit gesondert zum Ausdruck bringen. Hat der Arbeitgeber den Urlaub unwiderruflich erteilt, so hat er **kein Rückrufrecht**.[90]

638 Nach **§ 7 II BUrlG** ist der Urlaub grundsätzlich **zusammenhängend zu gewähren**. Ob ein Verstoß gegen die Vorschrift – wie er in der Praxis regelmäßig erfolgt – zu einer nicht ordnungsgemäßen Erfüllung des Urlaubsanspruchs (mit der Folge, dass er nochmals zu gewähren ist) führt, ist umstritten.[91]

IV. Umfang des Anspruchs auf Urlaubsgewährung

639 Nach § 3 I BUrlG beträgt der gesetzliche Mindesturlaubsanspruch 24 Werktage, was scheinbar einen Urlaubsanspruch von 4 Wochen und 4 Tagen ergibt. Allerdings geht das Gesetz, wie § 3 II BUrlG zeigt, von einer 6-Tage-Woche aus. Umgerechnet auf Urlaubswochen ergibt sich also ein Mindestjahresurlaubsanspruch von „nur" vier Wochen (24 : 6 = 4). Um die konkrete Zahl der Urlaubstage zu bestimmen, ist daher zu berechnen, wie viele Urlaubstage notwendig sind, damit der Arbeitnehmer vier Wochen Urlaub nehmen kann. Das sind bei einer Fünf-Tage-Woche (Montag-Freitag) 20 Tage, bei einer Drei-Tage-Woche dagegen z.B. 12 Tage. Ändern sich im Laufe eines Kalenderjahres die Zahl der Wochenarbeitstage, an denen der Arbeitnehmer regelmäßig tätig wird, so muss in einem ersten Schritt für jeden Zeitabschnitt isoliert der jeweilige Urlaubsanspruch berechnet werden; der Jahresanspruch ergibt sich dann aus einer Addition dieser Einzelwerte.[92] Nimmt der Arbeitnehmer während des Kalenderjahres eine unbezahlte Auszeit („sabbatical"), zB um eine lange Reise zu unternehmen, so erwirbt er für diese Zeiten grds. keinen Urlaubsanspruch (Ausnahme: Zeiten nach §§ 3 ff. MuSchG und während krankheitsbedingter Arbeitsunfähigkeit nach Ablauf der 6-Wochen-Frist des § 3 EFZG).[93]

640 Bei **Jugendlichen** (§ 19 II, III JArbSchG) sowie **Schwerbehinderten** (§ 208 SGB IX) besteht ein **erhöhter gesetzlicher Mindesturlaubsanspruch**.

89 BAG 14.3.2006 – 9 AZR 11/05, AP BUrlG § 7 Nr. 32.
90 BAG 20.6.2000 – 9 AZR 405/99, AP BUrlG § 7 Nr. 28.
91 Gegen ordnungsgemäße Erfüllung z.B. ErfK/*Gallner*, § 7 BUrlG, Rn. 25 f.; **a.A.** BeckOK-ArbR/*Lampe*, § 7 BUrlG, Rn. 14.
92 Näher *Fischinger*, JA 2020, 502.
93 Vgl. BAG 19.3.2019 – 9 AZR 406/17, NZA 2019, 1435; 21.5.2019 – 9 AZR 259/18, NZA 2019, 1365; näher *Fischinger*, JA 2020, 502, 502 f.

Dieser (ggf. erhöhte) **volle** Urlaubsanspruch wird erstmals nach sechsmonatigem Bestehen des Arbeitsverhältnisses erlangt, **§ 4 BUrlG**.[94] Vor Ablauf dieser sog. **Wartezeit** besteht aber nicht überhaupt kein Urlaubsanspruch, sondern der Arbeitnehmer hat Anspruch auf Teilurlaub nach § 5 I lit. a) bzw. b) BUrlG (näher Rn. 642). Ist die Wartezeit einmal „überstanden", so entsteht der **gesamte** Urlaubsanspruch für das jeweilige Kalenderjahr am **1. Januar** des jeweiligen Jahres. 641

Hinweis: § 4 BUrlG wird oft falsch so verstanden, dass der Arbeitnehmer erst nach den ersten sechs Monaten des Arbeitsverhältnisses überhaupt Urlaub verlangen könne. Richtigerweise kann er aber bereits nach einem Monat 1/12 des Jahresurlaubs verlangen (§ 5 I lit. a] BUrlG).

Einen Sonderfall stellt der **Teilurlaub nach § 5 BUrlG** dar. In drei Konstellationen hat der Arbeitnehmer danach einen Anspruch auf 1/12 des Jahresurlaubs für jeden **vollen Monat** des Bestehens des Arbeitsverhältnisses. Dabei werden Bruchteile von Urlaubstagen, die mindestens einen halben Tag ergeben, aufgerundet (§ 5 II BUrlG). 642

(1) Der Arbeitnehmer hat in dem jeweiligen Kalenderjahr wegen Nichterfüllung der Wartezeit (§ 4 BUrlG) noch keinen vollen Jahresurlaubsanspruch, **§ 5 I lit. a) BUrlG**.

Beispiel: Beginnt das 5-Wochentage-Arbeitsverhältnis am 1.9.2020, so stehen dem Arbeitnehmer 4 x 1/12 x 20 = 6,667 Urlaubstage zu. Wegen § 5 II BUrlG hat er also Anspruch auf 7 Urlaubstage in 2020.

(2) Der Arbeitnehmer scheidet vor Vollendung der Wartezeit aus, **§ 5 I lit. b) BUrlG**.

Beispiel: Der Arbeitnehmer wurde zum 1.3.2020 eingestellt und scheidet am 31.5.2020 aus. Urlaubsanspruch: 3 x 1/12 x 20 = 5 Tage.

(3) Der Arbeitnehmer hatte die Wartezeit bereits erfüllt und scheidet später in der ersten Hälfte eines Kalenderjahres aus, **§ 5 I lit. c) BUrlG**.

Beispiel: Der 2018 eingestellte Arbeitnehmer scheidet zum 31.5.2020 aus. Für 2020 steht ihm deshalb ein Urlaubsanspruch i.H.v. 5 x 1/12 x 20 = 8,333 Tage zu; eine Erhöhung auf 9 Tage gemäß § 5 II BUrlG erfolgt hier nicht, da der Bruchteil geringer ist als 0,5, es ist vielmehr allein der konkrete Bruchteil von 0,333 zu gewähren.[95] Hatte der Arbeitnehmer im Januar 2020 schon mehr als die ihm zustehenden 8,333 Tage Urlaub erhalten, so scheidet eine spätere Rückforderung des geleisteten Urlaubsentgelts aus, **§ 5 III BUrlG**.

V. Erlöschen des Anspruchs auf Urlaubsgewährung

1. Erfüllung

Der Urlaubsanspruch erlischt grundsätzlich per **Erfüllung** (§ 362 I BGB) durch unwiderrufliche (Rn. 637) Urlaubserteilung. Etwas anderes gilt, wenn der Arbeitnehmer während des Urlaubs erkrankt, § 9 BUrlG (s. auch Rn. 653). 643

94 Vgl. zum Problem der Addition der Wartezeit aus zwei Arbeitsverhältnissen *Fischinger*, JA 2020, 502, 503.

95 BAG 26.1.1989 – 8 AZR 730/87, NZA 1989, 756.

2. Erlöschen nach § 7 III BUrlG

a) Grundlagen

644 Soweit der Urlaubsanspruch nicht wegen Erfüllung nach § 362 I BGB erlischt, wird die Rechtslage sehr kompliziert. Ein Blick ins BUrlG hilft in diesem Fall nur bedingt weiter. Es ist daher für die Examensvorbereitung unabdingbar, die folgenden Rechtsprechungsgrundsätze zu kennen.[96] Zu beachten ist zunächst **§ 7 III BUrlG**. Nach dessen S. 1 muss der Urlaub grundsätzlich **im laufenden Kalenderjahr** genommen werden. Das soll sicherstellen, dass entsprechend dem Zweck des BUrlG jeder Arbeitnehmer in regelmäßigem Rhythmus Zeit zur Erholung erhält.[97] Der Urlaubsanspruch ist mithin auf das Kalenderjahr befristet. Wird der Jahresurlaub nicht bis zum 31.12. des jeweiligen Jahres gewährt und genommen, so wird seine Gewährung **unmöglich**, der Anspruch des Arbeitnehmers **erlischt nach § 275 I BGB**.[98]

645 Der Urlaub wird aber automatisch auf das folgende Kalenderjahr **übertragen**, wenn dies durch dringende betriebliche oder in der Person des Arbeitnehmers liegende Gründe gerechtfertigt ist, § 7 III **2** BUrlG. Er muss dann bis zum **31.3.** des Folgejahrs gewährt und genommen werden, anderenfalls **erlischt** er wiederum, §§ 7 III **3** BUrlG, 275 I BGB.[99] Dringende betriebliche Gründe liegen z.B. vor, wenn aufgrund der Auftragslage gegen Jahresende ein Verbleib des Arbeitnehmers im Betrieb erforderlich ist. Ein in der Person des Arbeitnehmers liegender Grund ist v.a. dessen Erkrankung (vgl. § 9 BUrlG), mutterschutzrechtliche Beschäftigungsverbote oder die Erkrankung eines Angehörigen, mit dem der Urlaub verbracht werden sollte.[100]

646 In **Fall 29** wurde der Urlaubsanspruch 2017 zwar nach § 7 III 3 BUrlG auf das Jahr 2018 übertragen, lagen doch dringende betriebliche Gründe vor, die einer Urlaubsgewährung im letzten Quartal 2017 entgegenstanden. Das nützt A Mitte 2018 unmittelbar aber nichts, ist doch der Anspruch am 31.3.2018 erloschen. (Fortsetzung **Rn. 648**)

In **Fall 30** wurden die Urlaubsansprüche für 2020, 2021 und 2022 jeweils nicht auf das Folgejahr übertragen, weil es an einem Übertragungsgrund nach § 7 III 2 BUrlG fehlt. Es ist deshalb (zunächst) davon auszugehen, dass sie erloschen sind. B scheint nur der Anspruch für 2023 zuzustehen. (Fortsetzung **Rn. 648**)

In **Fall 30a** wurden die Urlaubsansprüche für 2017-2019 zwar jeweils nach § 7 III 2 BUrlG auf das jeweilige Folgejahr übertragen. Nach § 7 III 3 BUrlG sind sie aber – Zwischenergebnis – jeweils zum 31.3. des Folgejahrs verfallen. C scheint nur der Anspruch für 2020 zuzustehen. (Fortsetzung **Rn. 650**)

Hinweis: Neben § 7 III 2, 3 BUrlG bestehen noch einige – wohl nicht klausurrelevante – spezialgesetzlich geregelte Fälle einer Urlaubsübertragung (v.a. §§ 17 II BEEG, 4 II ArbPlSchG, 24 S. 2 MuSchG). Ein Teilurlaubsanspruch nach § 5 I lit. a) BUrlG (Rn. 642) ist auf Verlangen auf das gesamte folgende Kalenderjahr zu übertragen, § 7 III 4 BUrlG.

96 Vgl. auch *Fischinger*, JA 2020, 502, 503 ff.
97 BAG 26.6.1969 – 5 AZR 393/68, NJW 1969, 1981, 1982.
98 Vgl. BAG 13.5.1982 – 6 AZR 360/80, BAGE 39, 53.
99 Küttner/*Röller*, Personalbuch, „Urlaubsanspruch", Rn. 11.
100 ErfK/*Gallner*, § 7 BUrlG, Rn. 62.

b) Traditionell: Schadensersatzlösung

Aus Sicht des Arbeitnehmers scheint dieser Regelungsmechanismus des § 7 III 1-3 BUrlG sehr misslich zu sein, droht ihm doch der Verlust des Urlaubsanspruchs am 31.12., spätestens aber am 31.3. des Folgejahres – und ohne dies verhindern zu können, ist eine Selbstbeurlaubung doch gerade unzulässig (Rn. 635). Traditionell schützt das BAG den Arbeitnehmer vor dieser misslichen Konsequenz über einen **Schadensersatzanspruch** aus **§§ 280 I, III, 283 BGB**. Auf den ersten Blick scheitert der Anspruch zwar daran, dass der Arbeitgeber den die Unmöglichkeit verursachenden Umstand (Zeitablauf am 31.12. bzw. 31.3.) nicht zu vertreten hat und es mithin an seinem notwendigen **Verschulden** fehlt. Wenn aber der arbeitsfähige (Rn. 633) Arbeitnehmer vor dem 31.12. bzw. 31.3. den Urlaubsanspruch rechtzeitig geltend gemacht und der Arbeitgeber die damals noch objektiv mögliche Urlaubserteilung unterlassen hatte, befand sich der Arbeitgeber im Verzug mit der Folge, dass er gemäß **§ 287 S. 2 BGB** auch für Zufall – und damit auch den Zeitablauf – haftet. Der dann bestehende Schadensersatzanspruch ist auf **Naturalrestitution** (§ 249 I BGB) und somit auf Urlaubsgewährung in Höhe des nach § 275 I BGB erloschenen Anspruchs gerichtet **(Ersatzurlaub)**.[101] Anders formuliert: Durch rechtzeitige Geltendmachung kann der Arbeitnehmer also das Erlöschen des Urlaubsanspruchs verhindern, er ist deshalb nicht ungeschützt. **647**

Der Weg über den Schadensersatzanspruch ist für den Arbeitnehmer ein zweischneidiges Schwert: **Vorteilhaft** ist er im Vergleich zum ursprünglichen Urlaubsanspruch insoweit, als der Schadensersatzanspruch nicht seinerseits dem engen Fristenregime des § 7 III BetrVG unterfällt, sondern nach dem EuGH dauerhaft (!) nicht verfallen soll, wenn der Arbeitgeber die Urlaubsgewährung entweder vollständig verweigerte oder nur eine unbezahlte Freistellung anbot.[102] Der Arbeitnehmer kann den Anspruch also auch noch Jahre später geltend machen, ggf. als Abgeltungsanspruch bei Beendigung des Arbeitsverhältnisses (Rn. 658).

Die Schadensersatzlösung weist aus Sicht des Arbeitnehmers aber auch zwei gravierende **Nachteile** auf: Erstens muss er von sich aus (aktiv) den Urlaubsanspruch geltend machen, weil er nur so den Arbeitgeber in Annahmeverzug versetzen und dadurch den Weg zu § 287 S. 2 BGB eröffnen kann. Zweitens kann der Arbeitgeber nur dann in Annahmeverzug geraten, wenn die Urlaubserteilung überhaupt möglich ist. Das ist v.a. bei länger erkrankten Arbeitnehmern nicht der Fall, weil hier angesichts der Erkrankung ohnehin keine Arbeitspflicht besteht. Die Schadensersatzlösung vermag deshalb dauerhaft erkrankte Arbeitnehmer nicht davor zu schützen, dass der jeweilige Jahresurlaub zwar zunächst noch auf das jeweilige Folgejahr übertragen wurde (§ 7 III 2 BUrlG), dann aber ersatzlos zum 31.3. erlosch. Beide Nachteile hat die Rechtsprechung mittlerweile ausgeräumt.

---

101 BAG 5.9.1985 – 6 AZR 86/82, BAGE 49, 299, 302 f.; 18.3.2003 – 9 AZR 190/02, AP BUrlG § 3 Rechtsmißbrauch Nr. 17; 14.5.2013 – 9 AZR 760/11, LSG 2013, 370875.

102 EuGH 29.11.2017 – C-214/16 („King"). – Schon davor hatte das BAG nicht § 7 III BUrlG, sondern die §§ 195, 199 I BGB angewandt (BAG 11.4.2006 – 9 AZR 523/05, AP Nr. 28 zu § 7 BUrlG; 16.5.2017 – 9 AZR 572/16).

648 In **Fall 29** steht A also letztlich nicht schutzlos. Weil er den Urlaubsanspruch 2017 rechtzeitig geltend gemacht hatte, befand sich U im Schuldnerverzug. Entsprechend haftet U nach § 287 S. 2 BGB auch für die Unmöglichkeit infolge Zeitablaufs am 31.3.2018. A kann aus §§ 280 I, III, 283, 249 I BGB Ersatzurlaub für den entfallenen Urlaub 2017 verlangen.

In **Fall 30** hilft auch die Schadensersatzlösung nicht weiter, setzt sie doch voraus, dass der B seine Urlaubsansprüche aus 2020-2022 rechtzeitig – d.h. vor Ablauf des jeweiligen 31.12. – geltend machte und auf diese Weise U in Schuldnerverzug versetzte. Das ist hier nicht geschehen. (Fortsetzung **Rn. 650**)

Gleiches gilt im Ergebnis in **Fall 31**. Selbst wenn C in den Jahren 2017-2019 seine Urlaubsansprüche geltend gemacht hätte, wären diese wegen seiner krankheitsbedingten Arbeitsunfähigkeit nicht erfüllbar gewesen. Entsprechend befand sich U jeweils nicht im Schuldnerverzug, die Schadensersatzlösung versagt. (Fortsetzung **Rn. 650**)

c) Mitwirkungsobliegenheiten des Arbeitgebers

649 Nach neuer Rechtsprechung treffen den Arbeitgeber Mitwirkungsobliegenheiten bei der Urlaubserteilung. Zwar muss er den Arbeitnehmer nicht zur Inanspruchnahme des Urlaubs zwingen, d.h. ihm ohne/gegen seinen Willen Urlaub gewähren. Der Arbeitgeber muss aber den Arbeitnehmer dazu **auffordern**, Urlaub zu nehmen und ihn darüber **informieren**, dass der Urlaubsanspruch mit Ende des Kalenderjahres (bzw. zum 31.3. des Folgejahres) erlischt, wenn der Arbeitnehmer ihn nunmehr nicht (rechtzeitig) beantragt und antritt.[103] Kommt der Arbeitgeber diesen Mitwirkungsobliegenheiten nicht nach, so erlischt der Urlaubsanspruch nicht zum Ende des Kalenderjahres, sondern wird **auf das folgende Jahr übertragen**, dem Urlaubsanspruch des Folgejahres hinzugerechnet und teilt dessen zeitliche Befristung.

650 In **Fall 30** hat U in den Jahren 2020-2022 jeweils seine Mitwirkungsobliegenheiten verletzt. Folge ist, dass der jeweilige Jahresurlaubsanspruch (z.B. 2020) auf das Folgejahr (2021) übertragen und mit dem Urlaubsanspruch für dieses Jahr zu einem neuen Gesamtanspruch addiert wird, der seinerseits dem Fristenregime des § 7 III BUrlG unterliegt. Werden die Mitwirkungsobliegenheiten auch im Folgejahr (2021) verletzt, wird wiederum der nicht erfüllte Teil des Gesamtanspruchs auf das nächste Jahr (2022) mit den gleichen Folgen übertragen. In Fall 30 hat das zur Folge, dass dem B Mitte des Jahres 2023 die addierten Jahresurlaubsansprüche 2020-2023 (dh 4 x 4 = 16 Wochen) zustehen.

In **Fall 30a** hilft dieser Weg nicht weiter, kam U doch auch gegenüber C seinen Mitwirkungsobliegenheiten nach. (Fortsetzung **Rn. 652**)

d) Besonderheiten bei dauerhafter krankheitsbedingter Arbeitsunfähigkeit

651 Die oben skizzierte Rechtslage, die bei dauerhaft krankheitsbedingt arbeitsunfähigen Arbeitnehmern dazu führte, dass der jeweilige Jahresurlaub jeweils zum 31.3. des Folgejahres erlosch (Rn. 647), ist nach dem EuGH nicht mit dem Unionsrecht vereinbar.[104] Das BAG hat deshalb **§ 7 III, IV BUrlG** dergestalt **unionsrechtskonform**

103 EuGH 6.11.2018 – C-619/16, BeckRS 2018, 27418 „Kreuziger"; 6.11.2018 – C-684/16, BeckRS 2018, 27414 „Shimizu"; BAG 19.2.2019 – 9 AZR 541/15, juris Rn. 26, 41.

104 EuGH 20.1.2009 – C-350/06, AP Richtlinie 2003/88/EG Nr. 1.

rechtsfortgebildet, dass der originäre Urlaubsanspruch **nicht** nach diesen Vorschriften **erlischt**, wenn der Arbeitnehmer bis zum Ende des Urlaubsjahres/Übertragungszeitraums **krankheitsbedingt arbeitsunfähig ist**.[105] In der ursprünglichen Ausgestaltung dieser Rechtsprechung konnte dies – in den Grenzen der Verjährung – zu einer Kumulation mehrerer Jahresurlaubsansprüche bei langjährig arbeitsunfähig Erkrankten führen. Wie der EuGH mittlerweile aber selbst erkannt hat, ist eine derartige Kumulation weder mit dem Urlaubszweck noch mit berechtigten Interessen des Arbeitgebers zu vereinbaren.[106] Das BAG geht nunmehr davon aus, dass der Urlaubsanspruch **15 Monate** nach dem Ende des jeweiligen Urlaubsjahrs erlischt, und zwar selbst dann, wenn der Arbeitnehmer weiterhin ununterbrochen arbeitsunfähig war.[107]

Weil in **Fall 30a** der Urlaub in den Jahren 2017-2019 jeweils wegen der krankheitsbedingten Arbeitsunfähigkeit des B nicht gewährt werden konnte, ist § 7 III, IV BUrlG so anzuwenden, dass der Urlaubsanspruch für das jeweilige Urlaubsjahr 15 Monate nach dem Jahr erlischt. Der Urlaubsanspruch für 2017 ist deshalb am 31.3.2019, der für 2018 am 31.3.2020 erloschen. Dagegen besteht der Anspruch für 2019 ebenso noch wie (natürlich) derjenige für 2020 selbst. C kann deshalb für 2019 und 2020 Urlaub verlangen (insgesamt acht Wochen). **652**

Diese Besonderheiten bei dauerhaft arbeitsunfähig erkrankten Arbeitnehmern gelten zwingend nur für den gesetzlichen Mindesturlaub von vier Wochen. Sieht eine tarif- oder arbeitsvertragliche Absprache **Zusatzurlaub** vor, so kann **insoweit** etwas anderes vereinbart werden; fehlt es aber an solchen abweichenden Abreden, so gelten die gesetzlichen Maßstäbe auch für den Zusatzurlaub.[108] **653**

e) Zusammenfassung

Die Rechtslage hinsichtlich des Verfalls von Urlaubsansprüchen ist recht kompliziert. Zum besseren Verständnis werden sie daher im Folgenden zusammenfassend systematisiert: **654**

- Ausgangspunkt: Ein nicht genommener Urlaubsanspruch erlischt zum Ende des jeweiligen Kalenderjahres (§ 7 III 1 BUrlG).
- 1. Ausnahme: Der Urlaub wird nach § 7 III 2 BUrlG auf das Folgejahr übertragen, wenn er wegen Gründen in der Person des Arbeitnehmers oder betrieblichen Gründen nicht genommen werden kann. Er muss dann aber bis zum 31.3. des Folgejahres genommen werden, anderenfalls erlischt er (§ 7 III 3 BUrlG).
- 2. Ausnahme: Wenn der Arbeitgeber seine Mitwirkungsobliegenheiten verletzt, wird der Urlaub auf das folgende Kalenderjahr übertragen und teilt dessen zeitliche Befristung (d.h. grds. Erlöschen zum 31.12. des Folgejahres). Verletzt der Arbeitgeber im Folgejahr seine Mitwirkungsobliegenheiten erneut, wird der noch

105 BAG 24.3.2009 – 9 AZR 983/07, AP BUrlG § 7 Nr. 39; kritisch *Bauer/Arnold*, NJW 2009, 631, 632 f.

106 EuGH 22.11.2011 – C-214/10, NZA 2011, 1333, 1334.

107 BAG 7.8.2012 – 9 AZR 353/10, NZA 2012, 1216, 1221; 12.11.2013 – 9 AZR 646/12, NZA-RR 2014, 658; 22.9.2015 – 9 AZR 170/14, NZA 2016, 37; mit einiger Berechtigung kritisch gegenüber der Unionsrechtskonformität dieser Interpretation der EuGH-Entscheidung durch das BAG NK-ArbR/*Holthaus*, § 7 BUrlG, Rn. 82 f.

108 BAG 12.11.2013 – 9 AZR 551/12, NZA 2014, 383 f.

nicht genommene Teil der Urlaubsansprüche für das erste Jahr und das Folgejahr auf das nächste Jahr übertragen.

- 3. Ausnahme: Wenn der Arbeitgeber zwar seinen Mitwirkungsobliegenheiten nachkam, später aber dem Arbeitnehmer, der seinen Urlaubsanspruch geltend machte, die (bezahlte) Urlaubsgewährung verweigert, erlischt der Urlaub zum 31.12. Der Arbeitnehmer hat jedoch einen auf bezahlte Freistellung in gleicher Höhe gerichteten Schadensersatzanspruch.
- 4. Ausnahme: Bei dauerhaft arbeitsunfähig erkrankten Arbeitnehmern wird der Urlaubsanspruch zunächst nach § 7 III 2 BUrlG auf das Folgejahr übertragen. Ist der Arbeitnehmer auch bis zum 31.3. des Folgejahres erkrankt, erlischt der Anspruch entgegen § 7 III 3 BUrlG zwar zunächst nicht, jedoch zum 31.3. des auf das Folgejahr folgenden Jahres.

Konsequenzen:

- Angesichts der Mitwirkungsobliegenheiten hat die traditionelle Schadensersatzlösung kaum noch Bedeutung. Denn wenn der Arbeitgeber sowohl seine Mitwirkungsobliegenheiten verletzte als auch den Urlaubswunsch des Arbeitnehmers ablehnte, scheidet ein Schadensersatzanspruch mangels Schadens aus, weil infolge der Verletzung der Mitwirkungsobliegenheiten der Urlaubsanspruch gar nicht erlischt. Relevant ist die Schadensersatzlösung daher nur noch in dem in der Praxis seltenen Fall, dass der Arbeitgeber zunächst seiner Mitwirkungsobliegenheit genügt, dann aber die verlangte Urlaubsgewährung ablehnt.
- Auf eine Formel gebracht verfallen nicht erfüllte Urlaubsansprüche nur zum Ende des Kalenderjahres, wenn 1) der Arbeitgeber seinen Mitwirkungsobliegenheiten genügte, 2) der Arbeitnehmer dennoch keinen Urlaub verlangte, 3) der Arbeitnehmer nicht dauerhaft erkrankt war und 4) kein Übertragungsgrund nach § 7 Abs. 3 S. 2 BUrlG vorlag.

VI. Sicherung des Urlaubszwecks, §§ 8-10 BUrlG

655 Um den Zweck des BUrlG (regelmäßige Erholung) möglichst zu sichern, enthält das Gesetz neben der Bindung an das Kalenderjahr weitere Vorgaben:

- **§ 8 BUrlG** verbietet es dem Arbeitnehmer, während des Urlaubs eine dem Urlaubszweck widersprechende selbständige oder unselbständige **Erwerbstätigkeit** auszuüben. Erfasst sind aber nur Tätigkeiten, die unmittelbar auf die Erzielung von Einnahmen gerichtet sind. Sonstige Aktivitäten sind selbst dann nicht untersagt, wenn sie anstrengend sind (Aktivurlaube, Nachbarschaftshilfe beim Hausbau, Weiterbildungen);[109] auch die Mithilfe im Familienbetrieb kann zulässig sein.[110] Selbst wenn es sich um eine Erwerbstätigkeit handelt, ist § 8 BUrlG nur verletzt, wenn diese dem Urlaubszweck zuwiderläuft; das ist z.B. zu verneinen, wenn der Arbeitnehmer permanent einer zulässigen Nebenbeschäftigung nachgeht und dies auch im Urlaub tut. Ein **Verstoß** gegen § 8 BUrlG stellt eine Neben-

109 BeckOK-ArbR/*Lampe*, § 8 BUrlG, Rn. 2 m.w.N.
110 LAG Köln 21.9.2009 – 2 Sa 674/09, AiB 2010, 487.

pflichtverletzung dar. Der Arbeitgeber kann abmahnen und, bei Wiederholung, ggf. kündigen; entsteht ihm ein Schaden – der Nachweis dürfte regelmäßig schwerfallen – so hat er Anspruch auf Schadensersatz aus § 280 I BGB. Der Arbeitgeber kann ferner Unterlassung verlangen. Er ist aber nicht berechtigt, das dem Arbeitnehmer zustehende Urlaubsentgelt (Rn. 657) zu kürzen.[111] Auch führt der Verstoß gegen § 8 BUrlG nicht über § 134 BGB zur Unwirksamkeit eines im Urlaub eingegangenen zweiten Arbeitsverhältnisses.[112]

- **Erkrankt** der Arbeitnehmer während des Urlaubs, so werden die durch ärztliches Attest nachgewiesenen Arbeitsunfähigkeitstage nicht auf den Urlaub angerechnet **(§ 9 BUrlG)**. Statt Urlaubsentgelt erhält der Arbeitnehmer hier Entgeltfortzahlung (EFZG). Der Urlaubsanspruch wird während der Krankheitstage nicht „verbraucht“, der Arbeitnehmer hat vielmehr Anspruch auf „Nachgewährung“, wofür wiederum § 7 I BUrlG gilt (eine „Selbstbeurlaubung“, z.B. in Form eines „Dranhängens“ der versäumten Urlaubstage ist also auch hier unzulässig).[113]
- Nach **§ 10 BUrlG** dürfen auch Maßnahmen der **medizinischen Vorsorge oder Rehabilitation** (vgl. § 9 EFZG) nicht auf den Urlaub angerechnet werden, ist doch auch hier nicht sichergestellt, dass sie zur Erholung des Arbeitnehmers beitragen. Das gilt allerdings nur, soweit der Arbeitnehmer Entgeltfortzahlung nach dem EFZG beanspruchen kann.

VII. Unabdingbarkeit, Unabtretbarkeit, Unpfändbarkeit

Nach § 13 I 3 BUrlG kann vom BUrlG in Arbeitsverträgen grundsätzlich nicht zulasten des Arbeitnehmers abgewichen werden. Möglich ist hingegen die Vereinbarung **vertraglichen Zusatzurlaubs**, was in der Praxis oft geschieht. Die Bedingungen eines solchen Zusatzurlaubs können dann grundsätzlich frei und ohne Beachtung der Vorgaben des BUrlG vereinbart werden. Werden aber (abgesehen von der Vereinbarung des Zusatzurlaubs selbst) keine gesonderten Abreden für ihn getroffen, so finden die Vorschriften des BUrlG auch auf ihn Anwendung.[114] Angesichts seines Zwecks (Rn. 631) hat der **Anspruch auf Urlaubsgewährung** eine **höchstpersönliche** Natur mit der Folge, dass er weder abgetreten noch verpfändet werden kann.[115] Verstirbt der Arbeitnehmer während des laufenden Arbeitsverhältnisses und sind noch (Rest-)Urlaubsansprüche offen, so haben seine Erben aber nach Auffassung des EuGH Urlaubsabgeltungsansprüche (Rn. 660). **656**

111 BAG 25.2.1988 – 8 AZR 596/85, AP BUrlG § 8 Nr. 3; Staudinger/*Richardi/Fischinger*, § 611a, Rn. 1944.

112 BAG 25.2.1988 – 8 AZR 596/85, AP BUrlG § 8 Nr. 3; BeckOK-ArbR/*Lampe*, § 8 BUrlG, Rn. 4.

113 ErfK/*Gallner*, § 9 BUrlG, Rn. 6.

114 BAG 23.3.2010 – 9 AZR 128/09, NZA 2010, 810, 814; *Fischinger*, JA 2020, 502, 506; vgl. auch *Powietzka/Fallenstein*, NZA 2010, 673.

115 Str., ebenso ErfK/*Gallner*, § 1 BUrlG, Rn 24; MüKo-BGB/*Müller-Glöge*, 7. Aufl., § 611, Rn. 922; **a.A.** MüKo-BGB/*Spinner*, § 611a, Rn. 836.

VIII. Urlaubsentgelt, § 11 BUrlG

657 Nach § 1 BUrlG hat der Arbeitnehmer Anspruch auf **bezahlten** Urlaub. Anspruchsgrundlage für das sog. Urlaubsentgelt ist dabei § 611a BGB i.V.m. dem Arbeitsvertrag, die Höhe richtet sich nach § 11 BUrlG. Maßgeblich ist demnach der durchschnittliche Arbeitsverdienst in den letzten 13 Wochen vor Urlaubsbeginn (sog. **Referenzmethode**). Als reiner Geldanspruch ist der Anspruch auf das Urlaubsentgelt abtretbar, pfändbar und vererblich.[116]

658 V Die – kaum examensrelevante – Berechnung des Urlaubsentgelts richtet sich nach **zwei Faktoren**: Zum einen danach, in welchem Umfang Arbeitsleistungen durch den Urlaub ausgefallen sind **(Zeitfaktor)**, zum anderen, mit welchem Betrag eine durch den Urlaub ausfallende Zeiteinheit zu messen ist **(Geldfaktor)**. Relevant wird das z.B., wenn der Arbeitnehmer in der Referenzzeitspanne **Überstunden** geleistet hatte. Diese sind zwar beim Zeitfaktor zu berücksichtigen, wegen § 11 I 1 BUrlG aber nicht beim Geldfaktor.[117]

Hinweis: Verwechseln Sie das Urlaubsentgelt nicht mit einem eventuellen Anspruch auf **Urlaubsgeld**, bei dem es sich um eine Sonderzahlung handelt, wobei der Anspruch darauf regelmäßig durch Betriebsübung begründet wird.

IX. Urlaubsabgeltung

1. Grundsatz

659 Weil das BUrlG die regelmäßige Erholungsmöglichkeit des Arbeitnehmers bezweckt, ist der Urlaubsanspruch in „natura", d.h. durch bezahlte Freistellung, zu gewähren. Angesichts dessen – und eines Gegenschlusses zu § 7 IV BUrlG – ist ein „Abkauf" des Urlaubs bzw. eine **Abgeltung** nicht genommenen Urlaubs hingegen grundsätzlich **verboten**. Eine entsprechende Abrede ist nichtig (§ 134 BGB), der Arbeitnehmer behält seinen Urlaubsanspruch.[118] Leistete der Arbeitgeber auf Basis der Vereinbarung eine Abgeltungszahlung, so hat er zwar dem Grunde nach einen Anspruch aus § 812 I 1 Alt. 1 BGB; dieser ist aber regelmäßig nach § 814 Alt. 1 BGB oder § 817 S. 2 BGB ausgeschlossen.[119]

2. Ausnahme: § 7 IV BUrlG

660 Eine Ausnahme vom Abgeltungsverbot besteht nur, wenn der Urlaub wegen der Beendigung des Arbeitsverhältnisses ganz oder z.T. nicht mehr in natura gewährt werden kann, § 7 IV BUrlG. Während der Urlaubsabgeltungsanspruch dogmatisch früher als Surrogat des Urlaubsanspruchs angesehen und deshalb unter die gleichen Voraussetzungen hinsichtlich seiner Entstehung und seines Fortbestands gestellt wurde,[120]

116 BAG 11.1.1990 – 8 AZR 440/88, AP TVG § 4 Gemeinsame Einrichtungen Nr. 11.

117 BAG 9.11.1999 – 9 AZR 771/98, NZA 2000, 1335, 1337.

118 Leinemann/Linck, BUrlG, § 7, Rn. 198; NK-ArbR/*Holthaus*, § 7 BUrlG, Rn. 95; vgl. BAG 21.3.1968 – 5 AZR 270/67, AP BUrlG § 5 Nr. 5.

119 NK-ArbR/*Holthaus*, § 7 BUrlG, Rn. 95; *Neumann/Fenski*, BUrlG, § 7, Rn. 103.

120 BAG 23.6.1983 – 6 AZR 180/80, 7.3.1985 – 6 AZR 334/82, 7.11.1985 – 6 AZR 202/83 und 5.12.1995 – 9 AZR 871/94, AP § 7 BUrlG Abgeltung Nr. 14, 21, 24 und 70.

wird er heute als **reiner Geldanspruch** angesehen.[121] Das hat zwei wichtige Konsequenzen: Zum einen unterliegt er nicht (mehr) dem Fristenregime des § 7 III BUrlG, sondern allein der Verjährung/Verwirkung. Zum anderen hängt seine Entstehung nicht davon ab, ob der Arbeitnehmer bei der Beendigung des Arbeitsverhältnisses arbeitsfähig war oder nicht. **Voraussetzung** des Anspruchs ist neben dem Bestehen von (Rest-)Urlaubsansprüchen also lediglich die rechtliche Beendigung des Arbeitsverhältnisses (§ 7 IV BUrlG greift z.B. nicht bei einem Betriebsübergang).[122] **Anspruchsinhalt**: Anstelle der wegen der Beendigung des Arbeitsverhältnisses nicht mehr möglichen bezahlten Freistellung erhält der Arbeitnehmer eine Abgeltung, deren Höhe sich nach § 11 BUrlG bestimmt. Der einmal entstandene Urlaubsabgeltungsanspruch ist **abtretbar und pfändbar**.[123] Hinsichtlich seiner **Vererblichkeit** ist richtigerweise zu unterscheiden:

- War das Arbeitsverhältnis zunächst „normal" (z.B. durch Kündigung) beendet worden und verstarb der Arbeitnehmer im Anschluss, so ist der nicht erfüllte Abgeltungsanspruch unproblematisch vererblich.[124]
- Umstritten ist dagegen, ob das auch gilt, wenn das Arbeitsverhältnis durch den Tod des Arbeitnehmers endete. Der EuGH und – diesem folgend – nun auch das BAG bejaht dies unter Berufung auf unionsrechtliche Vorgaben und im Wege unionsrechtskonformer Auslegung von §§ 1, 7 IV BUrlG, 1922 BGB[125] Zu überzeugen vermag das allerdings nicht. Der Erblasser (= Arbeitnehmer) selbst hatte keinen Abgeltungs-, sondern nur den Urlaubsanspruch, eine automatische Umwandlung dessen in einen Abgeltungsanspruch widerspricht erbrechtlichen Prinzipien.[126]

Hinweis: Auch wenn die Auffassung des EuGH nicht zutrifft, sollte ihr in der Klausur angesichts der Bindungswirkung von EuGH-Judikaten dennoch gefolgt werden, d.h. stets von der Vererblichkeit des Urlaubsabgeltungsanspruchs ausgegangen werden.

Weiterführende Literatur: *Fischinger, Philipp S.:* Neues im Urlaubsrecht, JA 2020, 502; *Arnold, Christian/Zeh, Ricarda:* Der EuGH und das deutsche Urlaubsrecht – schon wieder Neues aus Luxemburg!, NZA 2019, 1; *Latzel, Clemens/Sausmikat, Philipp:* Die Zeiten ändern sich, JA 2015, 497; *Polzer, Nikolaus/Kafka, Frank:* Verfallbare und unverfallbare Urlaubsansprüche, NJW 2015, 2289; *Ott, Anja/Schweighart, Wilma:* Die tarifvertragliche Abdingbarkeit des gesetzlichen Urlaubsanspruchs und ihre unionsrechtlichen Grenzen, NZA-RR 2015, 1.

---

121 BAG 19.6.2012 – 9 AZR 652/10, NZA 2012, 1087, 1088 f.

122 BAG 2.12.1999 – 8 AZR 774/98, AP BGB § 613a Nr. 202; 10.5.2005 – 9 AZR 196/04, AP BUrlG § 7 Abgeltung Nr. 88.

123 BAG 28.8.2001 – 9 AZR 611/99, AP BUrlG § 7 Abgeltung Nr. 80; ErfK/*Gallner*, § 7 BUrlG, Rn. 82.

124 *Pötters*, EuZW 2014, 590, 591 f.; *Fischinger*, AP BUrlG § 7 Abgeltung Nr. 92 sub III 2 d.

125 EuGH 12.6.2014 – C-118/13, NZA 2014, 651 „Bollake"; 6.11.2018 – C-569/16 und C-570/16, NZA 2018, 1467 „Bauer" und „Willmeroth vs. Broßonn"; BAG 22. 1. 2019 – 9 AZR 45/16, NZA 2019, 829.

126 Näher *Fischinger*, JA 2020, 502, 506; Staudinger/*Richardi/Fischinger*, § 613, Rn. 15 ff. m.w.N.

§ 9 Nebenpflichten des Arbeitgebers

661 **Fall 31:** Arbeitnehmer A nutzt mit Billigung seines Arbeitgebers U gelegentlich seinen privaten Pkw für dienstliche Besorgungsfahrten. Laut Arbeitsvertrag erhält er für jeden dienstlich gefahrenen Kilometer € 0,25. Auf einer Dienstfahrt übersieht A eines Tages leicht fahrlässig einen vorfahrtsberechtigten Lkw. Bei dem Unfall wird das Auto des A zerstört, der Lkw-Fahrer begeht Fahrerflucht und ist nicht zu ermitteln. A verlangt von U Ersatz (€ 25.000). U lehnt ab, weil nicht er, sondern A und der Lkw-Fahrer am Unfall schuld seien und U überdies eine Kilometerpauschale zahle. (**Lösung Rn. 682** und **686**)

A. Dogmatische Grundlage

662 Korrespondierend zur Treuepflicht des Arbeitnehmers (s. Rn. 697) leitete man traditionell Nebenpflichten des Arbeitgebers aus dessen sog. **Fürsorgepflicht** für den Arbeitnehmer ab. Dahinter stand die Vorstellung, dass das Arbeitsverhältnis kein normales, rein durch zwei sich gegenüberstehende Vertragsparteien geprägtes Schuldverhältnis, sondern vielmehr ein besonderes personenrechtliches Gemeinschaftsverhältnis sei.[1] Diese Sichtweise ist überholt, das Arbeitsverhältnis ist im Kern ein schuldrechtliches Daueraustauschverhältnis, wobei damit nicht verdeckt werden soll, dass zwischen den Vertragspartnern angesichts der langfristigen Zusammenarbeit oftmals deutlich intensivere Bindungen bestehen können als bspw. zwischen Kaufvertragsparteien. Die dogmatische Neuverortung des Arbeitsverhältnisses hat auch Rückwirkungen auf die dogmatische Fundierung der Nebenpflichten des Arbeitgebers: Selbst wenn man diese nach wie vor unter dem Oberbegriff „Fürsorgepflicht" zusammenfassen wollte, so stellen sie doch letztlich nur besondere, auf die speziellen Interessen der Arbeitsvertragsparteien zugeschnittene Schutz- und Rücksichtnahmepflichten aus **§ 241 II BGB** dar.[2] Ein abschließender Kreis der den Arbeitgeber treffenden Nebenpflichten kann angesichts der unbestimmten Fassung von § 241 II BGB nicht benannt werden. Die wichtigsten sind aber:

B. Beschäftigungspflicht

I. Beschäftigungspflicht im laufenden Arbeitsverhältnis

1. Anspruchsinhalt

663 Wie oben dargelegt (Rn. 580 ff.), ist es Haupt**pflicht** des Arbeit**nehmers**, die vertraglich zugesagte Arbeitsleistung zu erbringen. Arbeit ist aber nicht nur Pflicht, sondern auch **Recht des Arbeitnehmers**. Mit anderen Worten hat er einen **Beschäftigungsanspruch**, dem korrespondierend eine Beschäftigungspflicht des Arbeitgebers entspricht. Hergeleitet wird dies aus dem grundrechtlich (Art. 2 I, 1 I GG) geschützten

1 Vgl. Staudinger/*Richardi/Fischinger*, Vorbem. zu § 611a, Rn. 62.
2 Vgl. BAG 24.9.2009 – 8 AZR 444/08, NZA 2010, 337, 338; 14.12.2010 – 9 AZR 631/09, NZA 2011, 569, 570; Staudinger/*Richardi/Fischinger*, § 611a, Rn. 1752.

Allgemeinen Persönlichkeitsrecht des Arbeitnehmers, konkret gestützt wird der Anspruch auf §§ 611a, 613 BGB i.V.m. §§ 241 II, 242 BGB.[3] Denn zur Persönlichkeitsentfaltung gehört auch die Verwirklichung im Berufsleben, umso mehr, als die Achtung und Anerkennung des Arbeitnehmers in der Gemeinschaft auch daran gemessen wird, dass und wie er seine Arbeitskraft einsetzt. Überdies ist der Arbeitnehmer oftmals für sein weiteres Berufsleben darauf angewiesen, seine beruflichen Fähigkeiten und Fertigkeiten aufrechtzuerhalten und weiterzuentwickeln, was durch eine (längerfristige) Freistellung gefährdet werden könnte.[4] Einen speziellen Beschäftigungsanspruch bei Schwerbehinderten regelt § 164 IV SGB IX.

Der allgemeine Beschäftigungsanspruch gibt dem Arbeitnehmer im Grundsatz einen **664** Anspruch darauf, dass ihn der Arbeitgeber **vertragsgemäß beschäftigt**. Das steht einer vollständigen Verweigerung der Arbeitszuweisung grundsätzlich ebenso entgegen wie der Zuweisung anderer, vertraglich nicht vereinbarter Arbeit.

Beispiel: Wurde der Arbeitnehmer als „Elektriker" eingestellt, erfüllt der Arbeitgeber seine Beschäftigungspflicht nicht, indem er ihm anbietet, (vorübergehend) als Chauffeur zu arbeiten.

Der Beschäftigungsanspruch besteht allerdings nur im **unstreitig rechtlich bestehenden Arbeitsverhältnis**, d.h. im laufenden, ungekündigten Arbeitsverhältnis sowie im **665** ordentlich gekündigten Arbeitsverhältnis vor Ablauf der Kündigungsfrist. Danach – bzw. nach Ausspruch einer außerordentlichen Kündigung – scheidet er aus. Beschäftigung kann der Arbeitnehmer dann nur (ausnahmsweise) auf Basis eines Weiterbeschäftigungsanspruchs verlangen (dazu Rn. 669 ff.).

2. Schranken

Der Beschäftigungsanspruch besteht nicht schrankenlos. Wenn der Arbeitgeber ein **666** schutzwürdiges, überwiegendes Interesse an der Nichtbeschäftigung hat, kann er den Arbeitnehmer **einseitig freistellen/suspendieren**.[5] Die Anforderungen hierfür sind aber hoch. Die weitere Beschäftigung muss für den Arbeitgeber **unzumutbar** sein, wofür nicht jeder Umstand genügt, der eine ordentliche Kündigung rechtfertigen könnte.[6] Eine einseitige Freistellung ist insb. möglich, wenn ein wichtiger, eine außerordentliche Kündigung tragender Grund vorliegt, die Kündigung (z.B. weil noch eine Genehmigung einzuholen ist) aber noch nicht ausgesprochen werden kann und durch die Beschäftigung des Arbeitnehmers Gefahren drohen (z.B. Begehung [gewichtiger] Straftaten im Betrieb oder Verrat von Geschäftsgeheimnissen). Durch die einseitige Freistellung entfällt in der Regel aber nicht der **Lohnanspruch** des Arbeitnehmers, weil der Arbeitgeber mit der Freistellung regelmäßig in Annahmeverzug gerät.[7]

3 Vgl. BAG 10.11.1955 – 2 AZR 591/54, NJW 1956, 359, 360; 9.4.2014 – 10 AZR 637/13, NZA 2014, 719, 720; ErfK/*Preis*, § 611a BGB, Rn. 563 ff.; Staudinger/*Richardi/Fischinger*, § 611a, Rn. 1758 ff.

4 *Krause*, Arbeitsrecht, § 12, Rn. 4.

5 BAG 27.2.1985 – GS 1/84, BAGE 48, 122, 134 f.; 9.4.2014 – 10 AZR 637/13, NZA 2014, 719, 720; Fischinger/*Reiter*, Profisport, § 7, Rn. 147 ff.

6 MüKo-BGB/*Spinner*, § 611a, Rn. 890, 893; ErfK/*Preis*, § 611a BGB, Rn. 567.

7 BAG 23.9.2009 – 5 AZR 518/08, NZA 2010, 781, 783; ErfK/*Preis*, § 611a BGB, Rn. 567.

667 Während die einseitige Suspendierung somit nur in engen Grenzen zulässig ist, kann die Beschäftigungspflicht durch eine **einvernehmliche Freistellung** kraft vertraglicher Vereinbarung in einer konkreten Situation unproblematisch aufgehoben werden. Der Beschäftigungsanspruch ist also dispositiv.[8] Jedenfalls in AGB kritisch zu sehen sind aber Klauseln, mit denen der Arbeitgeber sich ein über die obigen Grundsätze hinausgehendes Recht zur späteren einseitigen Freistellung vorbehält **(Freistellungsklausel)**. Zulässig ist eine darauf gestützte Freistellung nur, wenn die Klausel sachlich vertretbare, das Interesse des Arbeitnehmers an der Beschäftigung überwiegende Gründe für die Freistellung (z.B. Gefahr des Geheimnisverrats) benennt und die konkrete Freistellung auf diese Gründe gestützt werden kann sowie billigem Ermessen (§ 315 BGB) entspricht.[9]

3. Rechtsfolge bei Verletzung

668 Verletzt der Arbeitgeber die Beschäftigungspflicht, kann der Arbeitnehmer auf vertragsgemäße Beschäftigung klagen (auch per einstweiliger Verfügung)[10] und die Ausübung einer ihm vertragswidrig zugewiesenen anderen Beschäftigung verweigern. Sollte er einen materiellen Schaden erleiden, schuldet der Arbeitgeber Schadensersatz;[11] da i.d.R. über § 615 S. 1 BGB ein Lohnanspruch besteht, scheidet ein Schaden aber meist aus. Falls die Verletzung der Beschäftigungspflicht zu einer schweren Persönlichkeitsrechtsverletzung führt, kann der Arbeitnehmer auch immateriellen Schadensersatz verlangen.[12] Schließlich kann er ggf. das Arbeitsverhältnis außerordentlich kündigen (§ 626 BGB) und Schadensersatz geltend machen (§ 628 II BGB, s. Rn. 1081 ff.).

II. Weiterbeschäftigung nach Ablauf der Kündigungsfrist bzw. nach außerordentlicher fristloser Kündigung

669 Der oben dargestellte Beschäftigungsanspruch besteht nur im unstrittig bestehenden Arbeitsverhältnis, d.h. im ungekündigten oder ordentlich gekündigten Arbeitsverhältnis vor Ablauf der Kündigungsfrist. Kündigt der Arbeitgeber hingegen außerordentlich fristlos oder ist die Kündigungsfrist einer von ihm erklärten ordentlichen Kündigung abgelaufen und hatte der Arbeitnehmer Kündigungsschutzklage erhoben, so ist **unsicher**, ob das Arbeitsverhältnis noch besteht. Hinsichtlich der Beschäftigung des Arbeitnehmers treffen hier regelmäßig zwei kollidierende Interessenlagen aufeinander: Der Arbeitgeber will sich von dem Arbeitnehmer trennen und ihn nicht mehr beschäftigen, umso mehr, wenn das Vertrauensverhältnis zwischen den Parteien zerbrochen ist. Der Arbeitnehmer hingegen will nicht nur möglichst seinen Gehaltsanspruch nicht verlieren, sondern ist oftmals daran interessiert, weiterzuarbeiten, um

8 BAG 23.1.2008 – 5 AZR 393/07, NZA 2008, 595, 596.

9 HWK/*Thüsing*, § 611a BGB, Rn. 329; ErfK/*Preis*, § 611a BGB, Rn. 567; Staudinger/*Richardi/Fischinger*, § 611a, Rn. 1769.

10 LAG Chemnitz 8.3.1996 – 3 Sa 77/96, NZA-RR 1997, 4, 5.

11 BAG 24.9.2003 – 5 AZR 282/02, AP BGB § 151 Nr. 3; 27.8.2008 – 5 AZR 16/08, AP BGB § 615 Nr. 124.

12 Vgl. LAG Baden-Württemberg 17.6.2011 – 12 Sa 1/10, juris, Rn. 181 ff.

seine beruflichen Fähigkeiten nicht zu verlieren und den Anschluss an Neuentwicklungen nicht zu verpassen. Es stellt sich somit die Frage, wer das mit der unsicheren Rechtslage verbundene **Prognoserisiko** tragen muss: der Arbeitgeber oder der Arbeitnehmer? Relevant wird das in zweierlei Hinsicht: Zum einen in Bezug darauf, ob der Arbeitnehmer in einer solchen Situation sog. **Weiterbeschäftigung** verlangen kann, zum anderen, wie es sich mit **Lohnansprüchen** verhält. Für die Antwort ist zunächst grundlegend zwischen dem speziellen Weiterbeschäftigungsanspruch aus § 102 V 1 BetrVG (Rn. 670 f.) und dem allgemeinen Weiterbeschäftigungsanspruch (Rn. 672 ff.) und bei Letzterem sodann noch danach zu differenzieren, ob die Kündigung (offenkundig) unwirksam oder wirksam war. Im Einzelnen:

1. Weiterbeschäftigungspflicht nach § 102 V BetrVG

Ein spezieller Weiterbeschäftigungsanspruch folgt aus § 102 V 1 BetrVG. Er greift nur bei **ordentlichen Kündigungen** und setzt voraus, dass der **Betriebsrat** fristgemäß (§ 102 II 1 BetrVG) aus einem der in § 102 III BetrVG abschließend genannten Gründe **widersprochen** hat; überdies muss der Arbeitnehmer **Kündigungsschutzklage** (s. Rn. 1355 ff.) erhoben haben. Liegen diese Voraussetzungen vor, muss der Arbeitgeber den Arbeitnehmer auch nach Ablauf der Kündigungsfrist grundsätzlich (Ausnahme: § 102 V 2 BetrVG) bis zum rechtskräftigen Abschluss des Rechtsstreits weiterbeschäftigen. Durchgesetzt wird der Anspruch in der Praxis meist per einstweiliger Verfügung (ein Hauptsacheverfahren würde zu lange dauern).[13] 670

Lohnansprüche: Wird der Arbeitnehmer aufgrund der Weiterbeschäftigungspflicht des § 102 V BetrVG **beschäftigt**, hat er unabhängig davon, ob die Kündigung später für wirksam oder unwirksam erklärt wird, Lohnansprüche aus **§ 611a BGB**: Wird rechtskräftig festgestellt, dass die Kündigung unwirksam war, bestand das Arbeitsverhältnis ohnehin fort und ist Basis von Lohnansprüchen. Aber auch, wenn später die Kündigung für wirksam erklärt wird, besteht der Anspruch. Zwar wurde das Arbeitsverhältnis eigentlich mit Ablauf der Kündigungsfrist rechtlich beendet, in diesem Fall suspendiert § 102 V 1 BetrVG aber die Wirkungen der Kündigung bis zum Zeitpunkt des rechtskräftigen Abschlusses des Kündigungsschutzverfahrens, entsprechend besteht das Arbeitsverhältnis trotz der wirksamen Kündigung bis zu diesem Zeitpunkt fort.[14] Auch wenn der Arbeitnehmer **nicht beschäftigt** wurde, bestehen in beiden Konstellationen unter den Voraussetzungen des § 615 S. 1 BGB Lohnansprüche – sie scheitern jedenfalls nicht am Erfordernis eines bestehenden Arbeitsverhältnisses.[15] 671 V

2. Allgemeine Weiterbeschäftigungspflicht

Greift § 102 V 1 BetrVG nicht ein, so kommt ein Beschäftigungsanspruch nur auf Basis des richterrechtlich entwickelten, auf § 242 BGB i.V.m. Art. 1 I, 2 I GG (Persönlichkeitsrecht) gestützten allgemeinen Weiterbeschäftigungsanspruchs in Betracht.[16] 672

13 ErfK/*Kania*, § 102 BetrVG, Rn. 36.

14 Vgl. BAG 12.9.1985 – 2 AZR 324/84, NZA 1986, 424; 10.3.1987 – 8 AZR 146/84, NZA 1987, 373, 374; Staudinger/*Richardi/Fischinger*, § 615, Rn. 111.

15 Staudinger/*Richardi/Fischinger*, § 615, Rn. 111.

16 BAG 27.2.1985 – GS 1/84, BAGE 48, 122; kritisch gegen diese Rechtsprechung die h.L., vgl. z.B. *Picker*, ZfA 1981, 472; *Wank*, RdA 1987, 129, 159; Staudinger/*Richardi/Fischinger*, § 611a, Rn. 1761 ff.

Anders als § 102 V 1 BetrVG ist er sowohl bei ordentlichen wie bei außerordentlichen Kündigungen denkbar, Voraussetzung ist aber auch hier stets, dass der Arbeitnehmer rechtzeitig (§§ 4, 7 KSchG, s. Rn. 857 ff.) Kündigungsschutzklage erhoben hat. Ob ein Anspruch besteht, hängt dann von einer **Interessenabwägung** ab. Das BAG differenziert:

- **Vor** einem der Kündigungsschutzklage stattgebenden (erst-)instanzlichen Urteil besteht **grundsätzlich keine Pflicht** zur Weiterbeschäftigung, weil angesichts der Ungewissheit über den Ausgang des Verfahrens die Interessen des Arbeitgebers an der Nichtbeschäftigung überwiegen.[17] Etwas anderes gilt aber, wenn die Kündigung **offensichtlich unwirksam** war, wäre es doch rechtsmissbräuchlich, wenn sich der Arbeitgeber durch eine offenkundig nicht haltbare Kündigung seiner Beschäftigungspflicht entledigen könnte.
- Ist ein (erst-)instanzliches **Urteil** ergangen, das die **Kündigung für unwirksam erklärte**, so drehen sich die Vorzeichen um und es besteht **grundsätzlich ein Weiterbeschäftigungsanspruch**, auch wenn der Arbeitgeber gegen das Urteil Rechtsmittel eingelegt hat.[18] Etwas anderes gilt, wenn neben der Ungewissheit über den Prozessausgang weitere berechtigte Interessen des Arbeitgebers bestehen, die in der Gesamtschau das Beschäftigungsinteresse überwiegen; es gilt hier das Gleiche wie beim Beschäftigungsanspruch im unstreitigen Arbeitsverhältnis (Rn. 666 f.).[19] Die Weiterbeschäftigungspflicht entfällt überdies, wenn das die Kündigung für unwirksam erklärende Judikat später durch ein höherinstanzliches Urteil aufgehoben wird.

673 Komplizierter als bei § 102 V 1 BetrVG (Rn. 671) gestaltet sich die Frage nach Lohnansprüchen nach Ablauf der Kündigungsfrist/Ausspruch der außerordentlichen Kündigung. Für die Antwort ist danach zu differenzieren, ob die Kündigung wirksam war und der Arbeitnehmer beschäftigt wurde:

(1) War die **Kündigung unwirksam** und hatte der Arbeitnehmer **gearbeitet**, so bestand das Arbeitsverhältnis die ganze Zeit fort, der Arbeitnehmer hat – ganz „normal" – einen Lohnanspruch aus § 611a BGB i.V.m. dem Arbeitsvertrag.

(2) War die **Kündigung unwirksam**, hatte der Arbeitnehmer aber **nicht gearbeitet**, so scheidet zwar mangels Arbeitsleistung ein Lohnanspruch aus § 611a BGB aus, da aber das Arbeitsverhältnis die ganze Zeit bestand, hat der Arbeitnehmer unter den Voraussetzungen des § 615 BGB Anspruch auf Annahmeverzugslohn. Nach § 11 KSchG – der hier lex specialis zu § 615 S. 2 BGB ist – findet aber ggf. eine Anrechnung statt (s. Rn. 494).

(3) War dagegen die **Kündigung wirksam** und hatte der Arbeitnehmer **nicht gearbeitet**, so scheidet ein Lohnanspruch aus § 611a BGB ebenso aus wie Annahmeverzugslohn, fehlt es doch jeweils an einem Arbeitsverhältnis.

(4) War schließlich die **Kündigung wirksam**, wurde der Arbeitnehmer aber tatsächlich **beschäftigt**, so ist nochmals danach zu differenzieren, auf welcher Basis die

17 BAG 27.2.1985 – GS 1/84, NZA 1985, 702, 705 f.; APS/*Koch*, § 102 BetrVG, Rn. 239.
18 BAG 27.2.1985 – GS 1/84, BAGE 48, 122, 149.
19 Küttner/*Kania*, Personalbuch, „Weiterbeschäftigungsanspruch", Rn. 14; MüKo-BGB/*Spinner*, § 611a, Rn. 894.

Beschäftigung erfolgte:

- Die Parteien können ein sog. **Prozessarbeitsverhältnis** vereinbaren. Bei diesem handelt es sich um ein zweites Arbeitsverhältnis, das befristet bzw. auflösend bedingt ist bis zum rechtskräftigen Abschluss des Kündigungsschutzprozesses. Es erfordert nach (§ 21), § 14 TzBfG Schriftform und das Vorliegen eines sachlichen Grundes (s. zum TzBfG näher Rn. 1157 ff.); letzterer wird aber aufgrund der eigentümlichen Situation mit im Detail verschiedener Begründung stets bejaht.[20] Die Beschäftigung erfolgt dann auf Basis dieses zweiten Arbeitsverhältnisses, der Lohnanspruch folgt aus § 611a BGB i.V.m. diesem Arbeitsvertrag.
- Anders verhält es sich, wenn der Arbeitgeber den Arbeitnehmer ohne Vertrag allein **zur Abwendung der Zwangsvollstreckung** des Weiterbeschäftigungsanspruchs beschäftigte. Hier fehlt es am Willen der Parteien, ein zweites Arbeitsverhältnis zu begründen. Die Beschäftigung erfolgt daher ohne vertragliche Basis, insb. greift mangels entsprechender Willenserklärungen auch nicht die Lehre vom fehlerhaften Arbeitsverhältnis (dazu Rn. 186 ff.) ein. Lohnansprüche aus § 611a BGB bestehen folglich nicht, der Arbeitnehmer kann vielmehr nur über Bereicherungsrecht (§ 812 I 1 Alt. 1 BGB) Wertersatz entsprechend der üblichen Vergütung verlangen (§ 818 II BGB).[21] Das gilt nur, soweit er tatsächlich gearbeitet hat; hat er das (zeitweise) nicht getan (z.B. wegen Krankheit oder Urlaub), besteht kein Lohnanspruch.

Die **Abgrenzung** zwischen beiden Möglichkeiten hängt von den Vereinbarungen der Parteien ab. Fehlt es an einer eindeutigen Absprache, so spricht für das Vorliegen eines Prozessarbeitsverhältnisses, wenn der Arbeitgeber den Arbeitnehmer zur Arbeit auffordert, obwohl der Arbeitnehmer keinen Weiterbeschäftigungsantrag gestellt hatte.[22] Umgekehrt liegt i.d.R. eine Beschäftigung zur Abwendung der Vollstreckung vor, wenn der Arbeitnehmer ein Urteil erstritten hat, das die Weiterbeschäftigungspflicht ausspricht und/oder der Arbeitgeber klargestellt hatte, dass er den Arbeitnehmer allein aufgrund des Weiterbeschäftigungsanspruchs beschäftigen werde und dadurch kein zweites Arbeitsverhältnis begründet werde.[23]

Hinweise: (1) Ergibt die Auslegung, dass ein Prozessarbeitsverhältnis vereinbart wurde, fehlte es diesem aber an der notwendigen Schriftform (§ 14 IV TzBfG), hat der Arbeitgeber ein Problem: Auch wenn er im Kündigungsschutzverfahren obsiegt und somit rechtskräftig festgestellt wird, dass das erste Arbeitsverhältnis wirksam durch die Kündigung beendet wurde, liegt zwischen den Parteien ein unbefristetes Arbeitsverhältnis vor. Denn das „Prozessarbeitsverhältnis" gilt mangels Beachtung der Schriftform als unbefristet (§ 16 TzBfG, s. Rn. 1227), der Arbeitgeber kann sich von ihm also nur per erneuter Kündigung einseitig lösen. **(2)** Vermischen Sie nicht Weiterbeschäftigungsanspruch und Wiedereinstellungsanspruch (dazu Rn. 1103 ff.)!

---

20 Vgl. LAG Köln 5.4.2012 – 13 Sa 1360/11, BeckRS 2012, 71361; *Ricken*, NZA 2005, 323, 328 ff.; Küttner/*Kania*, Personalbuch, „Weiterbeschäftigungsanspruch", Rn. 19; Schaub/*Koch*, ArbRHdb, § 40, Rn. 61.

21 BAG 10.3.1987 – 8 AZR 146/84, DB 1987, 1045, 1047; 1.3.1990 – 6 AZR 649/88, DB 1990, 1287.

22 BAG 15.1.1986 – 5 AZR 237/84, DB 1986, 1393; Küttner/*Kania*, Personalbuch, „Weiterbeschäftigungsanspruch", Rn. 19.

23 BAG 22.7.2014 – 9 AZR 1066/12, NZA 2014, 1330; ErfK/*Kiel*, § 4 KSchG, Rn. 41.

674 V Hinsichtlich der **prozessualen Durchsetzung** des allgemeinen Weiterbeschäftigungsanspruchs ist zu unterscheiden:

- Beruht er darauf, dass die Kündigung offensichtlich unwirksam ist, so ist er per einstweiliger Verfügung geltend zu machen.
- Erging hingegen bereits ein erstinstanzliches Urteil, das die – nicht offensichtlich unwirksame Kündigung – für unwirksam erklärte und den Arbeitgeber zur Weiterbeschäftigung verurteilte, bedarf es keiner einstweiligen Verfügung. Denn nach § 62 I 1 ArbGG ist das Urteil ohnehin vorläufig vollstreckbar.

C. Pflicht zum Aufwendungsersatz

I. Grundlagen

675 Gelegentlich setzt der Arbeitnehmer zur Erfüllung seiner Arbeitspflicht ihm gehörende eigene Mittel ein. Entsteht ihm daraus ein finanzieller Nachteil, kommt **analog § 670 BGB** ein **Aufwendungsersatzanspruch** in Betracht. Denn ein Arbeitnehmer, der eigene Mittel im Interesse des Arbeitgebers einsetzt, gleicht einem Beauftragten, wenn er insoweit nicht schon einen Ausgleich durch sein Arbeitsentgelt erhält.[24] Zu Ansprüchen von Stellenbewerbern s. Rn. 114.

II. Anspruchsvoraussetzungen

1. Aufwendung

676 Unter Aufwendungen sind im Ausgangspunkt **freiwillige Vermögensopfer** zu verstehen, die **zum Zwecke der Auftragsausführung** getätigt werden.[25] Dazu zählen Geldleistungen an Dritte ebenso wie die Aufopferung anderer vermögenswerter Gegenstände.[26] Ersatz kann der Arbeitnehmer z.B. für von ihm ausgelegte Reisespesen oder dafür verlangen, dass er seinen privaten Pkw für eine dienstliche Fahrt (z.B. zu einem Außentermin) nutzt. Gleiches gilt, wenn er auf eigene Kosten spezielle Schutzkleidung anschafft, die durch die Art seiner Tätigkeit notwendig ist.[27] Nicht erstattungsfähig sind dagegen **allgemeine Lebenshaltungskosten** des Arbeitnehmers (v.a. Kosten für Fahrten zwischen der Wohnung des Arbeitnehmers und der Arbeitsstätte oder für Verpflegung oder übliche Kleidung).[28]

2. Erforderlichkeit

677 Der Arbeitnehmer musste die zum Zwecke der Ausführung des Auftrags getätigten Aufwendungen „für erforderlich halten [dürfen]“. Entscheidend ist nicht die objektive Erforderlichkeit, sondern, was der Arbeitnehmer bei vernünftiger Ermessensaus-

---

24 BAG 10.11.1961 – GS 1/60, BAGE 12, 5, 24; 12.4.2011 – 9 AZR 14/10, NZA 2012, 97, 99; Staudinger/*Richardi/Fischinger*, § 611a, Rn. 1802.
25 BGH 4.2.1999 – III ZR 268/97, NJW 1999, 1464, 1466.
26 Staudinger/*Marinek/Omlor*, § 670, Rn. 8.
27 Küttner/*Griese*, Personalbuch, „Aufwendungsersatz“, Rn. 2.
28 Vgl. BAG 22.6.2011 – 8 AZR 102/10, NZA 2012, 91, 92.

übung subjektiv für erforderlich halten durfte.[29] Maßgeblich sind insoweit vorrangig eventuelle **Weisungen des Arbeitgebers**: Steht die Aufwendung mit diesen in Einklang, durfte der Arbeitnehmer sie für erforderlich halten, widersprach sie ihnen, nicht. Fehlt eine Weisung, so hat der Arbeitnehmer eine eigene Entscheidungskompetenz, bei der er den Grundsatz der **Verhältnismäßigkeit** beachten muss, d.h. die Aufwendung muss aus seiner Sicht geeignet, erforderlich und angemessen sein, wobei zentral die Interessen des Arbeitgebers sind.[30] Entscheidend ist der Zeitpunkt, in dem die Aufwendung getätigt wird.[31]

Beispiel: Fehlt einem auf einer 200km vom Betriebshof gelegenen Baustelle eingesetzten Maurer die erforderliche Kelle, wird er es für erforderlich halten dürfen, in einem nahegelegenen Baumarkt eine zu erwerben.[32]

Gegenbeispiel: Stellt der Arbeitgeber seinen Arbeitnehmern ein Dienst-Smartphone für den mobilen Arbeitseinsatz zur Verfügung, ist die Anschaffung eines anderen Geräts durch den Arbeitnehmer, nur weil er mit dieser Marke besser zurechtkommt, regelmäßig nicht erforderlich.

Werden gegen den Arbeitnehmer infolge einer dienstlichen Tätigkeit **Bußgelder** oder **678** **Geldstrafen** verhängt, so sind diese nicht als erforderlich anzusehen und deshalb nicht erstattungsfähig; Gleiches gilt für die damit zusammenhängenden Kosten der Rechtsverfolgung oder Strafverteidigung. Auch kann sich der Arbeitgeber nicht per Vereinbarung mit dem Arbeitnehmer zu deren Übernahme verpflichten, ist eine solche Absprache doch mit dem Zweck der Straf-/Ordnungswidrigkeitenvorschriften nicht zu vereinbaren und deshalb sittenwidrig.[33] Nimmt jedoch der Arbeitgeber durch entsprechende Anordnungen bewusst in Kauf, dass es zu Verstößen kommt, kann der Arbeitnehmer – in Ausnahmefällen – über § 826 BGB Ersatz für die Geldbuße verlangen; Voraussetzung ist aber, dass es ihm unzumutbar war, sich den Anordnungen des Arbeitgebers zu widersetzen.[34] Überdies hat das BAG den Arbeitgeber dann für ersatzpflichtig für die Verteidigungskosten des Arbeitnehmers erklärt, wenn dieser unverschuldet einen schweren Verkehrsunfall verursachte und gegen ihn ein staatsanwaltschaftliches Ermittlungsverfahren eingeleitet wurde.[35]

3. Eigenschäden des Arbeitnehmers

Erleidet der Arbeitnehmer bei der Erfüllung seiner dienstlichen Pflichten ungewollte **679** **Personen- oder Sachschäden**, so dürfte § 670 BGB eigentlich nicht eingreifen, weil es sich hier mangels freiwilligen Vermögensopfers nicht um eine Aufwendung handelt. Dennoch ist heute anerkannt, dass ein Ersatzanspruch des Auftragnehmers/Arbeitnehmers auch für solche Personen- oder Sachschäden in Betracht kommen kann. Die genaue dogmatische Begründung ist umstritten, z.T. wird ein „erweiterter Auf-

29 Schaub/*Koch*, ArbRHdb, § 82, Rn. 1.
30 Staudinger/*Marinek/Omlor*, § 670, Rn. 13.
31 MüKo-BGB/*Schäfer*, § 670, Rn. 26 f.
32 Vgl. für Anschaffung eines notwendigen Schulbuchs durch Lehrer BAG 12.3.2013 – 9 AZR 455/11, NJW 2013, 2923 f.
33 BAG 25.1.2001 – 8 AZR 465/00, NJW 2001, 1962, 1963; LAG Hamm 30.7.1990 – 19 (14) Sa 1824/89, NJW 1991, 861; Staudinger/*Sack/Fischinger*, § 138, Rn. 100; kritisch Staudinger/*Martinek/Omlor*, § 670, Rn. 16c.
34 BAG 25.1.2001 – 8 AZR 465/00, NZA 2001, 653, 654.
35 BAG 16.3.1995 – 8 AZR 260/94, NZA 1995, 836.

wendungsbegriff" zugrunde gelegt und § 670 BGB unmittelbar angewandt,[36] z.T. eine analoge[37] und z.T. unter Berufung auf den in § 110 HGB zum Ausdruck kommenden Rechtsgedanken eine mittelbare Anwendung postuliert.[38]

680 Unabhängig von der dogmatischen Begründung wird § 670 BGB insoweit zu einer verschuldens**un**abhängigen **Risikohaftung** des Arbeitgebers. Sie findet ihre Legitimation, aber auch ihre Grenze darin, dass der Arbeitnehmer im Interesse des Arbeitgebers seine Person oder seine Sachen der betrieblichen Risikosphäre aussetzt. Deshalb kann der Arbeitnehmer **nicht** für **sämtliche** Schäden, die ihm im Zusammenhang mit der Erfüllung seiner Arbeitspflicht entstehen, Ersatz verlangen. Ersatzfähig sind nur Schäden, die in die **betriebliche Risikosphäre** fallen – insb., weil sich der Arbeitnehmer mit der Erbringung seiner Arbeitsleistung besonderen Risiken aussetzt –, nicht aber solche, die zum allgemeinen Lebensrisiko des Arbeitnehmers zählen.[39]

Beispiel: Für den Verschleiß seiner Kleidung kann der Arbeitnehmer ebenso wenig Ersatz verlangen, wie wenn ihm zufällig während der Arbeit die Brille von der Nase rutscht und diese dadurch zerstört wird. Anders hingegen, wenn die Brille eines Pflegers einer Psychiatrie durch einen geistesgestörten Patienten beschädigt wird.

681 Besonders praxisrelevant sind Fälle, in denen der **private Pkw des Arbeitnehmers** beschädigt wird. Hierfür kann kein Ersatz verlangt werden, wenn der Schaden auf der Fahrt zwischen Wohnung und Betrieb oder während des Parkens auf dem Firmenparkplatz eintritt (allgemeines Lebensrisiko);[40] Gleiches gilt, wenn der Pkw während einer Dienstreise nur eingesetzt wird, weil dies für den Arbeitnehmer komfortabler ist.[41] Zum Ersatz verpflichtet ist der Arbeitgeber aber, wenn der Pkw mit seiner Billigung im betrieblichen Betätigungsbereich eingesetzt wird. Das ist anzunehmen, wenn der Arbeitgeber ohne den Einsatz des Privat-Pkw des Arbeitnehmers ein eigenes Fahrzeug einsetzen und damit das Schadensrisiko hätte tragen müssen.[42]

682 In **Fall 31** war U mit der dienstlichen Nutzung des Privatfahrzeugs des A einverstanden. Der Unfall geschah auch während einer Dienstfahrt. Der Schaden unterfällt somit nicht dem allgemeinen Lebensrisiko, sondern der betrieblichen Risikosphäre und ist daher dem Grunde nach über § 670 BGB analog ersatzfähig. (Fortsetzung **Rn. 683, 686**)

4. Keine Vorab-/Pauschalvergütung

683 Ein Aufwendungsersatzanspruch kommt nur in Betracht, wenn die Aufwendung nicht bereits durch den **gezahlten Arbeitslohn** oder eine Auslagenpauschale vergütet wird. Ob Ersteres der Fall ist, hängt von einer Auslegung des Arbeitsvertrages in Bezug auf

36 BGH 7.11.1960 – VII ZR 82/59, NJW 1961, 359, 361; BAG 10.11.1961 – GS 1/60, NJW 1962, 411, 414.

37 *Krause*, Arbeitsrecht, § 16, Rn. 22.

38 *Canaris*, RdA 1966, 41, 42 f.; *Genius*, AcP 173, 481, 511 f.; MüKo-BGB/*Schäfer*, § 670, Rn. 12, 16.

39 Küttner/*Griese*, Personalbuch, „Aufwendungsersatz", Rn. 8; vgl. auch BAG 28.10.2010 – 8 AZR 647/09, NZA 2011, 406, 407; 22.6.2011 – 8 AZR 102/10, NZA 2012, 91, 92; MüKo-BGB/*Schäfer*, § 670, Rn. 17.

40 Vgl. BAG 25.5.2000 – 8 AZR 518/99, NZA 2000, 1052, 1053.

41 Küttner/*Griese*, Personalbuch, „Aufwendungsersatz", Rn. 9.

42 BAG 23.11.2006 – 8 AZR 701/05, NZA 2000, 870, 871.

die konkrete Aufwendung ab. Wird z.B. vereinbart, dass der Arbeitnehmer für die Benutzung des eigenen Kfz die steuerlich anerkannte Kilometerpauschale (0,30 €/km) erhält, so sollen dadurch typischerweise nur die laufenden Betriebskosten (Benzin, Steuer, Versicherung) kompensiert werden, nicht aber Schäden des Kfz (so in **Fall 31**).[43] Eine **Pauschalisierung** des Aufwendungsersatzanspruches ist grundsätzlich möglich, auch in AGB. Denn damit wird dem legitimen Interesse beider Parteien, aufwendige Einzelabrechnungen zu vermeiden, Rechnung getragen; relevant ist das v.a. bei regelmäßig wiederkehrenden Posten wie Fahrt- und Reisekosten.[44] In AGB ist jedoch eine Pauschalisierungsvereinbarung als unangemessene Benachteiligung einzustufen, wenn der Aufwendungsersatz so niedrig ausfällt, dass er faktisch weitgehend entwertet wird.[45]

III. Rechtsfolgen

Der Arbeitgeber hat dem Arbeitnehmer die von diesem getätigten Aufwendungen zu 684
ersetzen. Der Aufwendungsersatzanspruch ist **kein Lohnanspruch**. Er ist nach § 850a Nr. 3 ZPO unpfändbar, gegen ihn kann daher nicht aufgerechnet werden.[46] Es handelt sich auch **nicht** um einen **Schadensersatzanspruch**, und zwar selbst dann nicht, wenn die „Aufwendung“ im Erleiden ungewollter Schäden besteht;[47] deshalb kann keine Totalreparation verlangt werden (z.B. entgangener Gewinn beim Weiterverkauf des beschädigten PKW).[48] Der konkrete **Anspruchsinhalt** hängt von der Art der Aufwendung ab: Ist der Arbeitnehmer eine noch nicht erfüllte Verbindlichkeit eingegangen, hat ihn der Arbeitgeber von dieser freizustellen (§ 257 BGB); wurde die Verbindlichkeit bereits vom Arbeitnehmer gegenüber dem Dritten erfüllt, wandelt sich dieser Befreiungsanspruch in einen Zahlungsanspruch. Bestand die „Aufwendung“ darin, dass der Arbeitnehmer Schäden erlitt, geht der Anspruch ebenfalls auf Geldzahlung. Analog § 669 BGB besteht Anspruch auf einen **Vorschuss**.

IV. Kürzung wegen Mitverschuldens

Bestand die „Aufwendung“ darin, dass der Arbeitnehmer Körper- oder Sachschäden 685
erlitt, so kommt eine Kürzung des Anspruchs in Betracht, wenn den Arbeitnehmer an dem schadensverursachenden Ereignis ein Mitverschulden traf. Die h.M. zieht insoweit **§ 254 BGB analog**[49] heran. In diesem Kontext sind aber die Grundsätze über die **Beschränkung der Arbeitnehmerhaftung** (näher Rn. 737 ff.) quasi „reziprok“ an-

43 Vgl. BAG 8.5.1980 – 3 AZR 82/79, AP BGB § 611 Gefährdungshaftung des Arbeitgebers Nr. 6; LAG Baden-Württemberg 17.9.1991 – 7 Sa 44/91, NZA 1992, 458.
44 Vgl. Küttner/*Griese*, Personalbuch, „Aufwendungsersatz“, Rn. 4.
45 Schaub/*Koch*, ArbRHdB, § 82, Rn. 25; Staudinger/*Richardi/Fischinger*, § 611, Rn. 1756.
46 BAG 19.2.2014 – 5 AZR 700/12, NZA 2014, 1097, 1102; Staudinger/*Richardi/Fischinger*, § 611a, Rn. 1818.
47 Staudinger/*Martinek/Omlor*, § 670, Rn. 4, 28.
48 *Reichold*, Arbeitsrecht, § 9, Rn. 44.
49 Eine direkte Anwendung scheidet aus, da der Anspruch aus § 670 BGB kein Schadensersatzanspruch ist.

zuwenden. Das bedeutet: Trifft den Arbeitnehmer nur ein leicht fahrlässiges Mitverschulden, so findet keine Anspruchskürzung über § 254 BGB analog statt, umgekehrt entfällt der Aufwendungsersatzanspruch bei Vorsatz sowie – grundsätzlich – bei grober Fahrlässigkeit vollständig, bei mittlerer Fahrlässigkeit schließlich erfolgt eine Aufteilung anhand verschiedener Umstände. Begründen lässt sich diese „reziproke" Anwendung damit, dass es wirtschaftlich betrachtet für die Schadensverteilung keinen Unterschied machen darf, ob der Arbeitnehmer eine Sache des Arbeitgebers beschädigt oder ob eine von ihm zulässigerweise zu Dienstzwecken eingesetzte Privatsache beschädigt wird und ihn daran ein Mitverschulden trifft.

686 In **Fall 31** ist fraglich, ob der dem Grunde nach bestehende Aufwendungsersatzanspruch gemäß § 254 I BGB analog zu kürzen ist. Aufgrund des fahrlässigen Verhaltens des A wäre das grundsätzlich zu bejahen. Allerdings finden zu seinen Gunsten die Grundsätze beschränkter Arbeitnehmerhaftung Anwendung. Da A „nur" leicht fahrlässig handelte, hat U den Schaden intern vollständig alleine zu tragen, eine Anspruchskürzung findet nicht statt. A kann von U die vollen € 25.000 verlangen.

D. Pflicht zum Schutz der Rechtsgüter des Arbeitnehmers

I. Leben und Gesundheit

687 Schon aus der allgemeinen Regelung des § 241 II BGB lässt sich angesichts der regelmäßig erfolgenden Eingliederung des Arbeitnehmers in den Betrieb des Arbeitgebers die Pflicht ableiten, dessen Leib und Leben zu schützen. Spezielle (Schutz-)pflichten normieren insoweit u.a. die unabdingbaren (§ 619 BGB) **§§ 617, 618 BGB**, das ArbSchG, das ASiG, die Unfallverhütungsvorschriften der Berufsgenossenschaften sowie – jeweils für ganz bestimmte Arbeitsverhältnisse – §§ 62 I HGB, 114 SeeArbG, 28 JArbSchG und § 12 HAG.

688 Verletzt der Arbeitgeber diese – wenig klausurrelevanten – Vorschriften, so hat der Arbeitnehmer verschiedene Rechte. Er hat nicht nur einen **Erfüllungsanspruch**,[50] sondern kann auch die Arbeitsleistung verweigern **(§ 273 BGB)** und – nach **§ 615 S. 1 BGB** – Lohnzahlung verlangen.[51] Erleidet er infolge der schuldhaften Verletzung der Schutzpflichten einen Schaden, so hat er zudem Anspruch auf **Schadensersatz** nach §§ 280 I, 241 II BGB; im Fall des § 618 BGB finden gemäß § 618 III BGB die §§ 842-846 BGB auch auf den vertraglichen Anspruch Anwendung. Daneben wird oftmals der Tatbestand von § 823 I BGB erfüllt sein. Schutzgesetze i.S.v. § 823 II BGB stellen § 618 I, II BGB nach h.M. dagegen *nicht* dar.[52] Zu beachten ist allerdings, dass diese Schadensersatzansprüche oftmals **wegen § 104 SGB VII entfallen** und durch öffentlich-rechtliche Ansprüche gegen die gesetzliche Unfallversicherung ersetzt werden (näher Rn. 784 ff.).

50 Staudinger/*Oetker*, § 618, Rn. 248 ff. m.w.N.
51 Staudinger/*Oetker*, § 618, Rn. 257 ff., 276 ff. m.w.N.
52 Staudinger/*Oetker*, § 618, Rn. 248 ff. m.w.N.

II. Persönlichkeitsrecht des Arbeitnehmers

Der Arbeitgeber ist ferner zum Schutz des Persönlichkeitsrechts des Arbeitnehmers (Art. 2 I, 1 I GG) verpflichtet. Einzelne Ausprägungen dieses allgemeinen Postulats umfassen z.B. die Beschränkung des Fragerechts des Arbeitgebers vor Begründung des Arbeitsverhältnisses (Rn. 118 ff.) oder den Beschäftigungsanspruch des Arbeitnehmers (Rn. 663 ff.). Das Persönlichkeitsrecht wird ferner (z.T. mittelbar) bei folgenden Aspekten relevant: **689**

- Nach **§ 83 I 1 BetrVG** hat der Arbeitnehmer einen Anspruch darauf, Einsicht in die über ihn geführte **Personalakte** zu nehmen.
- Auch im laufenden Arbeitsverhältnis ist das **Fragerecht** des Arbeitgebers beschränkt, auch hier muss der Arbeitnehmer nur solche Fragen beantworten, an deren Beantwortung der Arbeitgeber ein dem Interesse des Arbeitnehmers an der Geheimhaltung vorrangiges, berechtigtes und billigenswertes Interesse hat.[53]
- Nach **§ 12 AGG** muss der Arbeitgeber die erforderlichen Maßnahmen zum Schutz der bei ihm Beschäftigten vor Benachteiligungen wegen eines in § 1 AGG genannten Merkmals treffen. § 12 III, IV AGG verpflichten ihn speziell zum Vorgehen gegen den „Täter".
- Der Arbeitgeber muss das **informationelle Selbstbestimmungsrecht** als spezielle Ausprägung des Persönlichkeitsrechts beachten. Dabei sind insb. auch die Vorgaben der **DSGVO** und von **§ 26 BDSG** zu beachten.
- Der Arbeitgeber darf keine **sexuelle Belästigung** und kein **Mobbing** gegen den Arbeitnehmer betreiben oder ein solches durch Vorgesetzte oder Kollegen dulden. Unter Mobbing ist ein systematisches Anfeinden, Schikanieren und Diskriminieren von Arbeitnehmern untereinander, gegenüber Untergebenen oder Vorgesetzten zu verstehen, das die Würde der betreffenden Person verletzt und ein von Einschüchterungen, Anfeindungen, Erniedrigungen, Entwürdigungen oder Beleidigungen gekennzeichnetes Umfeld schafft (vgl. auch § 3 III AGG).[54] Charakteristisch für Mobbing ist, dass die Persönlichkeitsrechtsverletzung nicht durch eine einzelne „große" Handlung erfolgt, sondern durch eine Gesamtbetrachtung vieler, für sich jeweils betrachtet wenig schwerwiegender „Nadelstiche".[55]

Wie im sonstigen Zivilrecht auch, so hängt eine Verletzung des allgemeinen Persönlichkeitsrechts als offenes Rahmenrecht von einer Abwägung der gegenseitigen, widerstreitenden Interessen ab.[56] Sie kann in einer Vielzahl hier im Einzelnen nicht zu nennender Handlungen bestehen (z.B. Diskriminierung wegen Übergewicht;[57] Weitergabe sensibler Gesundheitsdaten des Arbeitnehmers an außenstehende Dritte[58]). Liegt ein **Verstoß** vor, so kann der Arbeitnehmer Unterlassung künftiger Rechtsverletzungen verlangen, bei schweren Verstößen zudem außerordentlich kündigen **690**

53 Vgl. BAG 7.9.1995 – 8 AZR 828/93, NZA 1996, 637, 638.

54 BAG 15.1.1997 – 7 ABR 14/96, AP BetrVG 1972 § 37 Nr. 118; 28.10.2010 – 8 AZR 546/09, NZA 2011, 378, 379.

55 Staudinger/*Richardi/Fischinger*, § 611a, Rn. 1873.

56 BAG 18.12.1984 – 3 AZR 389/83, AP BGB § 611 Persönlichkeitsrecht Nr. 8; 21.6.2012 – 2 AZR 153/11, NZA 2012, 1025, 1028.

57 ArbG Marburg 13.2.1998 – 2 Ca 482/97, NZA-RR 1999, 124, 125 f.

58 BAG 18.12.1984 – 3 AZR 389/83, NZA 1985, 811; 15.7.1987 – 5 AZR 215/86, NZA 1988, 53, 54.

(§ 626 BGB – ggf. Schadensersatz nach § 628 II BGB, s. Rn. 1081 f.) und ggf. Schadensersatz (§§ 280 I, 241 II BGB) verlangen.

III. Eigentums- und Vermögensschutz

691 Den Arbeitgeber treffen ferner Schutzpflichten in Bezug auf die vom Arbeitnehmer in den Betrieb mitgebrachten **Gegenstände**. Für solche hat er im Rahmen des Möglichen und Zumutbaren Schutzeinrichtungen zu schaffen bzw. sonstige Schutzmaßnahmen zu ergreifen. So muss er z.B. abschließbare Spinde zur Verfügung stellen, die es dem Arbeitnehmer ermöglichen, seine (Wert-)Sachen sicher zu verschließen. Die Schutzpflicht erstreckt sich aber nur auf solche Sachen, die der Arbeitnehmer notwendigerweise oder berechtigterweise mit in den Betrieb bringt. Entsprechend besteht in der Regel keine Pflicht, einen Parkplatz für den privaten Pkw des Arbeitnehmers zur Verfügung zu stellen;[59] richtet der Arbeitgeber aber einen Betriebsparkplatz ein, so hat er diesen verkehrssicher zu gestalten.[60] Verletzt er seine Pflicht, kann der Arbeitnehmer Schadensersatz verlangen, §§ 280 I, 241 II BGB.

692 Schutz- und Rücksichtnahmepflichten bestehen des Weiteren im Hinblick auf die **Vermögensinteressen** des Arbeitnehmers. Allerdings trifft den Arbeitgeber **keine allgemeine Vermögensbetreuungspflicht**,[61] die Deduktion konkreter Pflichten ist also erst nach einer Abwägung der beiderseitigen Interessen möglich. Relevant sind v.a. die folgenden Pflichten:

- Der Arbeitgeber muss die auf den Arbeitslohn geschuldeten **Sozialversicherungsbeiträge** (§§ 28d, e SGB IV) abführen. Tut er dies nicht und entsteht dem Arbeitnehmer dadurch ein Schaden, so haftet der Arbeitgeber auf Schadensersatz (§§ 280 I, 241 II BGB sowie §§ 823 II BGB, 266a StGB).[62]
- Der Arbeitgeber darf **keine falschen oder unvollständigen Auskünfte** erteilen;[63] das gilt unabhängig davon, ob er zur Auskunft verpflichtet war.
- Zwar obliegt dem Arbeitgeber keine allgemeine (Rechts-)Beratung des Arbeitnehmers, sondern es fällt vielmehr in dessen Verantwortungsbereich, sich die für seine Rechtswahrung notwendigen Informationen und Auskünfte selbst zu besorgen.[64] Dennoch trifft den Arbeitgeber eine Reihe von **Auskunftspflichten**. Sie folgen z.T. aus spezialgesetzlicher Anordnung (z.B. § 83 BetrVG [Einsicht in Personalakte] oder § 2 II Nr. 3 SGB III [dazu Rn. 1148]), im Übrigen kann sich ein entsprechender Anspruch aus **§ 242 BGB** ergeben. Anzunehmen ist das, wenn der Arbeitnehmer über die entsprechende Information nicht verfügt, er an ihr ein berechtigtes Interesse hat, sie für ihn nur mit nicht unerheblichem Auf-

---

59 Vgl. BAG 25.5.2000 – 8 AZR 518/99, NZA 2000, 1052, 1053; LAG Hessen 11.4.2003 – 12 Sa 243/02, NZA-RR 2004, 69.

60 Vgl. BAG 4.2.1960 – 2 AZR 290/57, BAGE 9, 31, 34; 16.3.1966 – 1 AZR 340/65, BAGE 18, 190.

61 Vgl. z.B. BAG 12.8.2014 – 3 AZR 492/12, juris, Rn. 84.

62 Vgl. ErfK/*Preis*, § 611a BGB, Rn. 629; Staudinger/*Richardi/Fischinger*, § 611a, Rn. 1827.

63 BAG 13.11.2014 – 8 AZR 817/13, NZA 2015, 166, 167; 15.12.2016 – 6 AZR 578/15, NZA 2017, 528, 530.

64 Vgl. BAG 13.11.1991 – 4 AZR 20/91, AP ZPO § 850 Nr. 13.

wand zu ermitteln wäre und umgekehrt der Arbeitgeber unschwer Auskunft erteilen kann.[65]

E. Maßregelungsverbote (insb. § 612a BGB)

Keine Pflicht des Arbeitgebers, sondern vielmehr eine Beschränkung seiner Möglichkeiten, Maßnahmen gegenüber dem Arbeitnehmer zu ergreifen, stellen sog. **Maßregelungsverbote** dar. Sie verbieten es ihm, einen Arbeitnehmer deswegen schlechterzustellen, weil dieser ihm zustehende Rechte in Anspruch genommen hat. Das regeln als leges speciales eine Reihe von Normen. So untersagt bspw. **§ 5 TzBfG**, den Arbeitnehmer wegen der Inanspruchnahme von Rechten nach dem TzBfG zu benachteiligen. **§ 16 AGG** wiederum verbietet es, Arbeitnehmer wegen Inanspruchnahme von Rechten nach §§ 6-18 AGG oder wegen der Weigerung, eine gegen diese Vorschriften verstoßende Anweisung auszuführen, zu benachteiligen. Weitere Beispiele: §§ 21 GenDG, 84 III BetrVG, 13 SoldGG. Soweit der Anwendungsbereich dieser Spezialregelungen nicht eröffnet ist, greift **§ 612a BGB** als Auffangtatbestand. Benachteiligt ist der Arbeitnehmer sowohl, wenn er schlechter behandelt wird, wie auch wenn ihm eine anderen Arbeitnehmern gewährte Begünstigung vorenthalten wird. Dafür muss die vorherige Rechteausübung tragendes Motiv gewesen sein.[66] Richtigerweise ist § 612a BGB aber nur anwendbar, wenn das vom Arbeitnehmer ausgeübte Recht auch tatsächlich bestand;[67] das BAG ist hingegen arbeitnehmerfreundlicher und sieht ihn auch dann als geschützt, wenn der Anspruch zwar nicht bestand, aber nicht völlig indiskutabel war bzw. es sich im Falle einer erfolglosen Klageerhebung durch den Arbeitnehmer nicht um eine mutwillige oder rechtsmissbräuchliche Klage handelte.[68] 693

Verstößt ein ein- oder zweiseitiges Rechtsgeschäft gegen ein Maßregelungsverbot, so ist es **nichtig**. Das Maßregelungsverbot verletzende tatsächliche Maßnahmen sind rechtswidrig. Erleidet der Arbeitnehmer einen Schaden, so kann er nach §§ 280 I, 241 II BGB sowie §§ 823 II, 612a BGB **Schadensersatz** verlangen.[69] Besteht der Verstoß gegen das Maßregelungsverbot darin, dass dem Arbeitnehmer begünstigende Leistungen vorenthalten werden, so hat er zudem **Anspruch auf diese Leistungen**, wobei umstritten ist, ob der Anspruch direkt aus § 612a BGB oder aus dem arbeitsrechtlichen Gleichbehandlungsgrundsatz folgt.[70] 694

Weiterführende Literatur: *Brose, Wiebke/Ulber, Daniel:* Schwerpunktbereichsklausur – Arbeitsrecht: Schadensersatz wegen Verletzung des allgemeinen Persönlichkeitsrechts – Mobbing, JuS 2012, 721; *Jacobs, Matthias/Krois, Christopher:* Klausurenkurs II, Fall 2; *Reichold, Hermann:* (Original)-Referendarexamensklausur – Arbeitsrecht: Befristung eines Arbeitsvertrages, JuS 2004, 318.

65 Vgl. BAG 18.1.1996 – 6 AZR 314/95, NZA 1997, 41, 42; ErfK/*Preis*, § 611a BGB, Rn. 633; BGH 17.7.2002 – VI ZR 64/01, NJW 2002, 3771.

66 BAG 16.10.2013 – 10 AZR 9/13, NZA 2014, 264; Staudinger/*Richardi/Fischinger*, § 612a, Rn. 22.

67 *Isenhardt*, in: FS Richardi, 269, 273 f.; Staudinger/*Richardi/Fischinger*, § 612a, Rn. 19.

68 BAG 23.11.1961 – 2 AZR 301/61, AP BGB § 138 Nr. 22; 23.2.2000 – 10 AZR 1/99, AP BAT §§ 22, 23 Lehrer Nr. 80.

69 Staudinger/*Richardi/Fischinger*, § 612a, Rn. 33.

70 Vgl. BAG 4.8.1987 – 1 AZR 486/85, AP GG Art. 9 Arbeitskampf Nr. 88; 23.2.2000 – 10 AZR 1/99, NZA 2001, 680; APS/*Linck*, § 612a BGB, Rn. 25; *Benecke*, NZA 2011, 481, 482; MüKo-BGB/*Müller-Glöge*, § 612a, Rn. 22.

§ 10 Nebenpflichten des Arbeitnehmers

695 **Fall 32** A ist als Tierarzt in der Praxis des P angestellt. P hat spezielle Methoden zur erfolgreichen Behandlung der sog. „Mondblindheit" bei Pferden entwickelt, die nur ihm und seinen Angestellten bekannt sind und die er in ganz Süddeutschland einsetzt. Da er Angst hat, dass A die bei ihm erworbenen Kenntnisse bei Konkurrenten verwerten könnte, vereinbart er mit ihm in einer schriftlichen Urkunde, die A ausgehändigt wird, dass A im Falle seines eventuellen Ausscheidens für die Dauer von drei Jahren im gesamten Bundesgebiet nicht als Tierarzt praktizieren wird; im Gegenzug sagt er ihm zu, ihm für diesen Zeitraum 55 % des vormaligen Gehalts zu zahlen. Als A ein lukratives Jobangebot von einer Tierklinik erhält, kündigt er bei P und erklärt diesem, sich nicht an das Wettbewerbsverbot gebunden zu fühlen. Zu Recht? **(Lösung Rn. 706)**

696 **Fall 33:** Arbeitnehmer A fliegt regelmäßig auf Kosten seines Arbeitgebers dienstlich in die USA und sammelt dabei fleißig Miles-and-More-Meilen für sein privates Meilenkonto. Weniger erfreut ist er, als sein Arbeitgeber von ihm verlangt, diese Meilen nicht privat zu nutzen, sondern für den nächsten Dienstflug. Er fragt, ob der Arbeitgeber einen entsprechenden Anspruch hat. **(Lösung Rn. 721)**

A. Dogmatische Grundlage

697 Die Nebenpflichten des Arbeitnehmers führte man dogmatisch traditionell auf dessen sog. **Treuepflicht** zurück, die Ausdruck des angeblichen besonderen personenrechtlichen Gemeinschaftsverhältnisses sei und den Arbeitnehmer gewissermaßen als Korrelat für die dem Arbeitgeber auferlegte Fürsorgepflicht (dazu Rn. 662) treffe.[1] Heute erscheint es hingegen vorzugswürdig, diese Nebenpflichten – wie bei anderen Vertragsverhältnissen auch – aus **§§ 241 II, 242 BGB** und dem dort allgemein kodifizierten Grundsatz, dass Verträge auch zur Rücksichtnahme auf Rechte, Rechtsgüter und Interessen der anderen Vertragspartei verpflichten, herzuleiten. Das schließt es aber nicht aus, bei der Bestimmung der Reichweite der Nebenpflichten auf die besonderen persönlichen Beziehungen zwischen den Arbeitsvertragsparteien Rücksicht zu nehmen.[2]

B. Pflicht zur Unterlassung von Wettbewerb

698 Für die Frage, ob der Arbeitnehmer einem Wettbewerbsverbot unterliegt, ist zwischen dem laufenden und dem beendeten Arbeitsverhältnis zu differenzieren.

---

1 BAG 5.3.1968 – 1 AZR 229/67 und 17.10.1969 – 3 AZR 442/68, AP BGB § 611 Treuepflicht Nr. 6 und 7; *Hueck/Nipperdey*, Arbeitsrecht I, S. 241 ff.; *Wiedemann*, Das Arbeitsverhältnis als Austausch- und Gemeinschaftsverhältnis [1966], S. 62 f.

2 ErfK/*Preis*, § 611a BGB, Rn. 707 f.; Staudinger/*Richardi/Fischinger*, § 611a, Rn. 1196 ff.; MüKo-BGB/*Spinner*, § 611a, Rn. 993; vgl. auch BAG 7.9.1995 – 8 AZR 828/93, NZA 1996, 637, 638.

I. Laufendes Arbeitsverhältnis

Während des laufenden Arbeitsverhältnisses darf der Arbeitnehmer auch ohne gesonderte Vereinbarung dem Arbeitgeber **keine unerlaubte Konkurrenz** machen (s. zu der von der Konkurrenztätigkeit zu unterscheidenden reinen Nebentätigkeit Rn. 707 ff.). **Rechtsgrundlage** dieses Wettbewerbsverbots ist **§ 60 HGB**, der direkt nur für Handlungsgehilfen gilt, auf andere Arbeitnehmer aber **analog** angewandt wird.[3] Maßgeblich für die Dauer dieses Wettbewerbsverbots ist der **rechtliche Bestand** des Arbeitsverhältnisses. Es ist daher auch nach einer ordentlichen Kündigung bis zum Ablauf der Kündigungsfrist zu beachten,[4] und zwar selbst dann, wenn der Arbeitnehmer rein tatsächlich keine Arbeitsleistung mehr erbringt (z.B. wegen Freistellung, Urlaub); Gleiches gilt, wenn er vertragswidrig seine Arbeit nie antrat. Der Arbeitgeber kann eine Konkurrenztätigkeit genehmigen. Tut er dies nicht, ist jede Konkurrenztätigkeit – sei es als selbstständiger Konkurrenzunternehmer, sei es durch Tätigwerden für einen Konkurrenten – untersagt, die geeignet ist, den Arbeitgeber zu schädigen. **699**

Beispiel: Ein Designer ist vormittags in der Entwicklungs- und Designabteilung bei Audi tätig, nachmittags geht er – ohne dass einer der beiden Arbeitgeber davon weiß – bei BMW der gleichen Tätigkeit nach.

Gegenbeispiel: Arbeitet der Designer hingegen nachmittags in einer Tierhandlung, so liegt keine grundsätzlich verbotene Konkurrenztätigkeit, sondern eine bloße Nebentätigkeit – die aber ggf. anzeige- oder sogar genehmigungspflichtig sein kann (Rn. 707 ff.) – vor.

Vorbereitungshandlungen für eine nach Beendigung des Arbeitsverhältnisses aufzunehmende Konkurrenztätigkeit oder der Abschluss eines Arbeitsvertrages mit einem konkurrierenden Arbeitgeber verstoßen nicht gegen das Wettbewerbsverbot, solange nicht bereits unmittelbar in die Geschäftsinteressen des Arbeitgebers eingegriffen wird.

Beispiele: Zulässig ist der Abschluss eines Mietvertrags über eigene Geschäftsräume für die Zeit nach Beendigung des Arbeitsverhältnisses.[5] Unzulässig ist hingegen die Abwerbung von Kollegen oder Kunden des Arbeitgebers.[6]

Verstößt der Arbeitnehmer gegen das Wettbewerbsverbot, so hat der Arbeitgeber mehrere Ansprüche bzw. Möglichkeiten: **700**

- Er kann vom Arbeitnehmer **Unterlassung** verlangen, was er – praktisch bedeutsam – im Wege einstweiliger Verfügung durchsetzen kann.[7]
- Er hat Anspruch auf **Schadensersatz** (§§ 280 I, 241 II BGB), wenn er nachweist, dass ihm durch die Konkurrenztätigkeit ein Schaden entstanden ist (Schätzung nach § 287 ZPO möglich). Das kann v.a. der entgangene Gewinn sein, den der Arbeitgeber ohne die Konkurrenztätigkeit erzielt hätte.[8]

---

3 BAG 17.10.2012 – 10 AZR 809/11, NZA 2013, 207, 208.
4 BAG 17.10.2012 – 10 AZR 809/11, NZA 2013, 207, 208.
5 BAG 12.5.1972 – 3 AZR 401/71, AP HGB § 60 Nr. 6; MüKo-BGB/*Spinner*, § 611, Rn. 1022.
6 BAG 11.11.1980 – 6 AZR 292/78; 26.6.2008 – 2 AZR 190/07, NZA 2008, 1415, 1416.
7 LAG Mannheim 24.11.1967 – 3 AZR 385/66, BB 1968, 708; LAG Düsseldorf 1.3.1972 – 2 SA 520/71, DB 1972, 878.
8 BAG 20.9.2006 – 10 AZR 439/05, AP HGB § 60 Nr. 13; 16.1.2013 – 10 AZR 560/11, NZA 2013, 748, 749.

- Statt Schadensersatz kann er allerdings auch in die Geschäfte des Arbeitnehmers mit Dritten **eintreten**. Dadurch ändert sich zwar nichts an der Stellung des Arbeitnehmers und des Dritten als Vertragspartner, der Arbeitgeber kann aber die sich daraus ergebenden Vergütungen herausverlangen. Das folgt für Handlungsgehilfen aus § 61 I Hs. 2 HGB, bei sonstigen Arbeitnehmern kann man insoweit §§ 687 II, 681 S. 2, 667 BGB heranziehen. Das Eintrittsrecht hat für den Arbeitgeber im Vergleich zu einer Geltendmachung von Schadensersatz den Vorteil, dass er keinen entgangenen Gewinn nachweisen muss. Kein Eintrittsrecht besteht allerdings, wenn das Drittgeschäft ein Arbeitsvertrag ist, einen Anspruch auf Herausgabe des Lohns hat der Arbeitgeber also nicht.[9]
- Regelmäßig kann der Arbeitgeber den Arbeitnehmer auch **abmahnen**; bei schwerwiegenden und/oder wiederholten Verstößen kommt ggf. auch eine (außer-)ordentliche **Kündigung** in Betracht.[10]
- Dagegen berechtigt ein Verstoß gegen das Wettbewerbsverbot den Arbeitgeber **nicht** dazu, die Zahlung des Arbeitslohns ganz oder teilweise zu verweigern.[11]

II. Beendetes Arbeitsverhältnis (nachvertragliches Wettbewerbsverbot)

701 Nach der rechtlichen Beendigung des Arbeitsverhältnisses kehren sich die Vorzeichen gewissermaßen um: Dem Arbeitnehmer ist es nunmehr grundsätzlich gestattet, dem vormaligen Arbeitgeber – sei es als Arbeitnehmer eines Konkurrenten, sei es als eigener Unternehmer – Konkurrenz zu machen. Will der Arbeitgeber dies verhindern, so bedarf es einer entsprechenden **Abrede**. Eine solche ist nach **§§ 6 II, 110 GewO** zwar grundsätzlich möglich. Zum Schutz des Arbeitnehmers gelten aber die unabdingbaren (§ 75d HGB) Vorschriften der **§§ 74-75f HGB** entsprechend, die Vorgaben und Beschränkungen für nachvertragliche Wettbewerbsverbote enthalten.

702 Bei der Anwendung dieser Vorschriften ist grundlegend zwischen Verstößen, die zur **Nichtigkeit** des Wettbewerbsverbots und solchen, die lediglich zur **Unverbindlichkeit** für den Arbeitnehmer führen, zu unterscheiden (näher Rn. 705).

703 **Voraussetzungen** für ein nachvertragliches Wettbewerbsverbot sind im Einzelnen:

(1) Die Absprache darüber bedarf gemäß § 74 I HGB der **Schriftform**, anderenfalls ist sie – nicht aber der übrige Arbeitsvertrag – nichtig.[12]

(2) Dem Arbeitnehmer ist eine **Urkunde auszuhändigen**, die das Wettbewerbsverbot enthält, § 74 I HGB. Ein Verstoß hiergegen führt lediglich zur Unverbindlichkeit des Wettbewerbsverbots.[13]

---

9 Vgl. BAG 17.10.2012 – 10 AZR 808/11, NZA 2013, 207, 209; MüKo-HGB/*v. Hoyningen-Huene*, § 61, Rn. 15.

10 BAG 26.6.2008 – 2 AZR 190/07, NZA 2008, 1415, 1416; 28.1.2010 – 2 AZR 1008/08, NZA-RR 2010, 461, 462.

11 Staudinger/*Richardi/Fischinger*, § 611a, Rn. 1215.

12 BAG 26.9.1957 – 2 AZR 309/56, AP HGB § 74 Nr. 2.

13 BAG 23.11.2004 – 9 AZR 595/03, AP HGB § 74 Nr. 75.

(3) Mit **Auszubildenden** und **minderjährigen** Arbeitnehmern darf kein Wettbewerbsverbot vereinbart werden (vgl. § 12 I 1 BBiG bzw. § 74a II 1 Alt. 1 HGB), eine entsprechende Vereinbarung ist nichtig. Das gilt auch, wenn der gesetzliche Vertreter das Wettbewerbsverbot genehmigt.[14]

(4) Nichtig ist das Wettbewerbsverbot ferner, wenn es sich der Arbeitgeber auf **Ehrenwort** oder unter ähnlichen Versicherungen versprechen lässt, § 74a II 1 Alt. 2 HGB. Verhindert werden soll damit, dass die Ehre in vermögensrechtlichen Beziehungen zum „Unterpfand" wird.[15]

(5) Das Wettbewerbsverbot muss dem **Schutz eines berechtigten geschäftlichen Interesses des Arbeitgebers** dienen, § 74a I 1 HGB. Soweit dies nicht der Fall ist, ist es unverbindlich. Berechtigt ist dabei allein sein Interesse am Schutz vor einer späteren Konkurrenztätigkeit des Arbeitnehmers, die durch einen **Einbruch in den Kunden- oder Lieferantenstamm** oder die **Weitergabe geschäftlicher Geheimnisse** (Arbeitsmethoden, Betriebsgeheimnisse, Kenntnis spezieller Vertriebswege usw.) erfolgt.[16] Unzulässig ist es hingegen, wenn die Abrede nur darauf zielt, den Arbeitnehmer an den Betrieb zu binden, seine Abwerbung durch ein Konzernunternehmen zu erschweren oder allgemein die Entstehung von Konkurrenz einzuschränken, wenn nicht der Verrat von Geschäftsgeheimnissen droht.[17]

(6) Auch wenn das Wettbewerbsverbot einem berechtigten Interesse des Arbeitgebers dient, so ist es doch unverbindlich, soweit es eine **unbillige Erschwerung des Fortkommens des Arbeitnehmers** zur Folge hat, § 74a I 2 HGB. Erforderlich ist eine Interessenabwägung. Auf Seiten des Arbeitnehmers ist dabei zum einen zu berücksichtigen, dass das Verbot seine Berufsfreiheit einschränkt und sein berufliches Fortkommen – je nach Schnelllebigkeit der Branche – dauerhaft beeinträchtigen kann, zum anderen aber eben auch, dass er hierfür eine Karenzentschädigung (s. [9]) erhält, d.h. letztlich fürs Nichtstun entlohnt wird.[18] Zu berücksichtigen sind dabei alle Einzelfallumstände, wobei besonders bedeutsame Faktoren neben dem **Umfang**, der **Dauer** und dem **geographischen Raum** des Verbots die Höhe der zugesagten **Karenzentschädigung** sind.

Beispiel: Ein Verbot jeglicher Konkurrenztätigkeit für zwei Jahre im gesamten Bundesgebiet beeinträchtigt den Arbeitnehmer ungleich stärker als ein solches, das nur die Tätigkeit für Konkurrenzunternehmen (nicht aber den Aufbau eines eigenen selbstständigen Unternehmens) für sechs Monate im Großraum Mannheim verbietet und zudem gut „dotiert" ist.

(7) Ein Wettbewerbsverbot kann nur für **maximal zwei Jahre** nach Beendigung des Arbeitsverhältnisses vereinbart werden, § 74a I 3 HGB. Eine Überschreitung dieser Frist führt aber nicht zur vollständigen Unverbindlichkeit des Wettbewerbsverbots, dieses ist vielmehr nur unverbindlich, soweit die Zweijahresfrist überschritten wird.[19]

14 ErfK/*Oetker*, § 74a HGB, Rn. 7; MüKo-HGB/*v. Hoyningen-Huene*, § 74a, Rn. 27.
15 Vgl. RG 23.1.1912 – III 164/10, RGZ 78, 258, 260; MüKo-HGB/*v. Hoyningen-Huene*, § 74a, Rn. 28.
16 *Bauer/Diller*, Wettbewerbsverbote, Rn. 155 f. m.w.N.
17 BAG 24.6.1966 – 3 AZR 501/65, AP HGB § 74a Nr. 2; 1.8.1995 – 9 AZR 884/93, NZA 1996, 310.
18 MüKo-HGB/*v. Hoyningen-Huene*, § 74a, Rn. 9 ff.
19 RG 1.3.1921 – II 459/20, RGZ 101, 375, 376; BAG 2.12.1966 – 3 AZR 235/66, AP GewO § 133f Nr. 18.

§ 74a I 3 HGB regelt bewusst eine Höchstfrist, unter Anwendung von § 74a I 2 HGB kann also auch nur eine kürzere Frist zulässig sein.

(8) Nach § 74a III HGB bleibt § 138 BGB unberührt, das Wettbewerbsverbot ist also auch unwirksam, wenn es gegen die **guten Sitten** verstößt.[20] Das ist v.a. anzunehmen, wenn es zu einer beruflichen Knebelung des Arbeitnehmers führt;[21] allerdings sind die §§ 74 II, 74a I, II HGB insoweit leges speciales, ihre Wertungen und das von ihnen dem Arbeitnehmer eingeräumte Wahlrecht dürfen nicht über eine vorschnelle Bejahung von Sittenwidrigkeit ausgehebelt werden.[22]

(9) Der Arbeitgeber muss für die gesamte Dauer des Wettbewerbsverbots eine sog. **Karenzentschädigung** zusagen, die für jedes Jahr des Verbots mindestens die Hälfte der von dem Arbeitnehmer zuletzt bezogenen vertragsgemäßen Leistungen erreicht (§ 74 II HGB); dabei sind alle Vergütungsbestandteile (mit Ausnahme bloßen Auslagenersatzes) einzukalkulieren (vgl. auch §§ 74b, c HGB). Bei einem Verstoß gegen § 74 II HGB ist zu unterscheiden: Wird zwar eine Karenzentschädigung zugesagt, aber in geringerer Höhe als von § 74 II HGB vorgesehen, so ist das Wettbewerbsverbot nicht nichtig, sondern nur **unverbindlich**, ob es gilt, hängt also allein vom Willen des Arbeitnehmers ab.[23] Fehlt eine Karenzentschädigungszusage dagegen vollständig, so ist das Wettbewerbsverbot **nichtig**, so dass sich auch der Arbeitgeber darauf berufen kann.[24]

Hinweis: Ob Wettbewerbsabreden ergänzend zu den §§ 74 ff. HGB auch an den **§§ 305 ff. BGB** zu messen sind, ist bislang höchstrichterlich nicht geklärt, richtigerweise aber zu verneinen. Denn mit Anwendung der AGB-Kontrolle würde der fein austarierte, zwischen Unverbindlichkeit und Nichtigkeit differenzierende Regelungsmechanismus der §§ 74 ff. HGB gestört werden.[25]

704 **Zeitpunkt:** Die Voraussetzungen der §§ 74 ff. HGB müssen sowohl bei der **Vereinbarung des Verbots** als auch im Zeitpunkt seines **Inkrafttretens** und bei der Geltendmachung von Ansprüchen daraus erfüllt sein.[26] Ein Wettbewerbsverbot, das bei seiner Vereinbarung noch vollgültig war, kann also durch die Veränderung der Umstände bei Beendigung des Arbeitsverhältnisses unverbindlich werden.[27]

705 **Rechtsfolgen:** Wie ausgeführt, ist bei den §§ 74 ff. HGB zu unterscheiden, ob der Verstoß zur **Nichtigkeit** mit der Folge führt, dass das Wettbewerbsverbot unrettbar unwirksam ist, oder ob es nur **unverbindlich** ist, so dass der Arbeitnehmer – nicht aber der Arbeitgeber – die Wahl hat, ob er es gelten lässt. Liegt aber kein Verstoß gegen die §§ 74 ff. HGB vor, so ist der Arbeitnehmer grundsätzlich an das Wettbe-

20 Vgl. zur Sittenwidrigkeit von Wettbewerbsverboten Staudinger/*Sack/Fischinger*, § 138, Rn. 448 ff.
21 LAG München 12.2.1986 – 5 Sa 539/85, VersR 1987, 218; LAG Düsseldorf 28.8.1996 – 4 Sa 729/96, BB 1997, 319.
22 MüKo-HGB/*v. Hoyningen-Huene*, § 74a, Rn. 31; ErfK/*Oetker*, § 74a HGB, Rn. 8.
23 BAG 15.1.2014 – 10 AZR 243/13, NZA 2014, 536, 538; 22.3.2017 – 10 AZR 448/15, NJW 2017, 2363; *Boemke*, JuS 2018, 489.
24 BAG 3.5.1994 – 9 AZR 606/92, NZA 1995, 72, 73; 22.3.2017 – 10 AZR 448/15, NZA 2017, 846, 847; ErfK/*Oetker*, § 74 HGB, Rn. 18.
25 Näher und m.w.N. Staudinger/*Richardi/Fischinger*, § 611a, Rn. 1228.
26 BAG 28.1.1966 – 3 AZR 374/65, BeckRS 9998, 152668.
27 Oetker/*Kotzian-Marggraf*, HGB, § 74a, Rn. 5; MüKo-HGB/*v. Hoyningen-Huene*, § 74a, Rn. 4, 13.

werbsverbot gebunden; verletzt er es, so kann der Arbeitgeber Unterlassung und ggf. Schadensersatz verlangen (§ 280 I BGB). Der sich an das Wettbewerbsverbot haltende Arbeitnehmer kann im Gegenzug die vereinbarte Karenzentschädigung beanspruchen. Das Wettbewerbsverbot kann später **entfallen**, entweder durch einvernehmliche Aufhebung, nach §§ 75 I, II, 75a HGB oder infolge Rücktritts nach § 323 BGB (z.B. wenn der Arbeitgeber auch auf Fristsetzung des Arbeitnehmers hin die Karenzentschädigung nicht zahlt).[28]

In **Fall 32** ist A nicht an das Wettbewerbsverbot gebunden, wenn dieses entweder unwirksam oder unverbindlich ist. Unwirksam ist es nicht, da es schriftlich vereinbart wurde, A weder minderjährig noch Auszubildender ist und es nicht auf Ehrenwort versprochen wurde. Da A die Urkunde ausgehändigt wurde und P mit dem Wettbewerbsverbot im Grundsatz die Verwendung seiner geschäftlichen Geheimnisse durch die Konkurrenz verhindern möchte, ist es auch nicht gemäß §§ 74 I, 74a I 1 HGB unverbindlich. Zudem hat P dem A eine Karenzentschädigung in ausreichender Höhe (55 %) zugesagt. Allerdings: Zum einen überschreitet das Verbot die zeitliche Höchstgrenze von zwei Jahren (§ 74a I HGB), was dazu führt, dass es insoweit unverbindlich ist. Zum anderen ist fraglich, ob es nicht das berufliche Fortkommen des A zu weitgehend erschwert. Dagegen spricht zuvor, dass A eine über dem Mindestbetrag liegende Karenzentschädigung gewährt wird. Andererseits ist der Mehrbetrag nur marginal (5 %-Punkte) und das (reduzierte) Verbot schöpft den zulässigen zeitlichen Gesamtrahmen aus. Überdies bezieht es sich räumlich auf das gesamte Bundesgebiet, was für sich schon kritisch zu bewerten ist: da P selbst nur in Süddeutschland tätig wird, geht es aber in jedem Fall zu weit. Es ist daher unverbindlich, worauf sich A berufen hat. Er ist folglich nicht an das Wettbewerbsverbot gebunden. 706

C. Nebentätigkeiten

Unter einer Nebentätigkeit ist eine Verwertung der Arbeitskraft außerhalb des Haupt- 707
arbeitsverhältnisses zu verstehen, die entweder beim gleichen Arbeitgeber, bei einem Dritten oder in sonstiger Weise (insb. selbstständig) erfolgt, anders als Konkurrenztätigkeiten (Rn. 698 ff.) aber nicht geeignet ist, dem Arbeitgeber auf dessen Geschäftsfeld Konkurrenz zu machen.[29] Handelt es sich bei der Nebentätigkeit um ein Arbeitsverhältnis, so gelten für dieses die allgemeinen arbeitsrechtlichen Regelungen (z.B. KSchG, EFZG, BUrlG). Die Übernahme kommunalpolitischer Mandate oder von Ehrenämtern sind keine Nebentätigkeiten i.d.S.

Da der Arbeitnehmer dem Arbeitgeber gegenüber nur verpflichtet ist, die vertraglich 708
vereinbarte Arbeitszeit abzuleisten, ist er in der übrigen Verwendung seiner Arbeitskraft grundsätzlich frei, eine Nebentätigkeit ist also **grundsätzlich zulässig**.[30] Jedoch unterliegt das Recht, sie auszuüben, auch ohne, dass diese gesondert vereinbart werden müssten, folgenden **Grenzen**:

- Durch die Addition der Arbeitszeit in verschiedenen Arbeitsverhältnissen (vgl. § 2 I 1 Hs. 2 ArbZG) darf es nicht zu einer Überschreitung der **Höchstarbeitszeiten** nach dem **ArbZG** (insb. § 3) kommen (s. Rn. 595).

28 BAG 31.1.2018 – 10 AZR 392/17, NZA 2018, 578; *Boemke*, JuS 2018, 1237.
29 MüKo-BGB/*Spinner*, § 611a, Rn. 1014; Küttner/*Röller*, Personalbuch, „Nebentätigkeit“, Rn. 1.
30 BAG 18.1.1996 – 6 AZR 314/95, NZA 1997, 41, 42.

- Die Nebentätigkeit darf nicht dazu führen, dass der Arbeitnehmer seine **Pflichten aus dem Arbeitsverhältnis** nicht mehr (ordnungsgemäß) erfüllt.[31] Das ist v.a. anzunehmen, wenn es zu einer Zeitkollision der beiden Arbeitspflichten kommt, der Arbeitnehmer durch die Nebentätigkeit physisch oder psychisch zu sehr erschöpft wird, er Kapazitäten des Arbeitgebers für die Nebentätigkeit nutzt oder das Renommee des Arbeitgebers unter der Nebentätigkeit leidet (z.B. ein Krankenpfleger arbeitet nebenher als Leichenbestatter[32]).
- Wenn die berechtigten Interessen des Arbeitgebers durch die Nebentätigkeiten bedroht sein können, so muss der Arbeitnehmer sie **anzeigen**.
- Ein Arbeitnehmer in **Elternzeit** bedarf für eine Teilzeitarbeit bei einem anderen Arbeitgeber oder eine selbstständige Tätigkeit der Zustimmung des Arbeitgebers, § 15 IV 3 BEEG.
- Während des Urlaubs darf der Arbeitnehmer keiner dem Urlaubszweck widersprechenden Erwerbstätigkeit nachgehen, **§ 8 BUrlG** (Rn. 653).

709 Diese automatisch geltenden Schranken können ggf. **vertraglich erweitert** werden. Insoweit ist aber nach der Art der Beschränkung zu unterscheiden:

- Am weitestgehenden sind vertragliche **Nebentätigkeitsverbote**. Ein absolutes Verbot ist sowohl in AGB als auch in Individualvereinbarungen unzulässig, weil nicht mit Art. 12 GG vereinbar.[33] Zulässig ist ein Nebentätigkeitsverbot nur, wenn der Arbeitgeber daran ein **berechtigtes Interesse** hat, weil durch die Nebentätigkeit die vertraglich geschuldete Leistung beeinträchtigt würde.[34]
- Ebenfalls nicht möglich ist es, die Ausübung jeglicher Nebentätigkeit von einer ins Belieben des Arbeitgebers gestellten **vorherigen Genehmigung** abhängig zu machen. Ein entsprechend weitgehender **Genehmigungsvorbehalt** in AGB ist unrettbar unwirksam, bei einer Individualvereinbarung geht das BAG zwar von der grundsätzlichen Wirksamkeit aus – so dass der Arbeitnehmer vor Aufnahme der Nebentätigkeit um Erlaubnis nachsuchen muss –, bejaht aber einen **Anspruch auf Genehmigung**, wenn die Nebentätigkeit nicht den berechtigten Interessen des Arbeitgebers zuwiderläuft.[35]
- Unproblematisch möglich ist es hingegen, die ohnehin bestehende beschränkte **Anzeigepflicht** bei Nebentätigkeiten, die potenziell die Interessen des Arbeitgebers beeinträchtigen können, vertraglich auf sämtliche Nebentätigkeiten auszudehnen, weil dies die Interessen des Arbeitnehmers kaum beeinträchtigt.[36]

710 Bei einem **Verstoß** gegen ein wirksames Nebentätigkeitsverbot kann der Arbeitgeber den Arbeitnehmer abmahnen und ggf. verhaltensbedingt kündigen. Entsteht ihm ein Schaden, so kann er Schadensersatz verlangen, §§ 280 I, 241 II BGB.

---

31 BAG 13.5.2015 – 2 ABR 38/14, NZA 2016, 116, 118.

32 BAG 28.2.2002 – 6 AZR 357/01, DB 2002, 1560.

33 BAG 3.12.1970 – 2 AZR 110/70, AP BGB § 626 Nr. 60; 18.1.1996 – 6 AZR 314/95, NZA 1997, 41, 42.

34 BAG 24.6.1999 – 6 AZR 605/97 und 21.9.1999 – 9 AZR 759/98, AP BGB § 611 Nebentätigkeit Nr. 5 und 6.

35 BAG 26.8.1976 – 2 AZR 377/75, AP BGB § 626 Nr. 68; 28.2.2002 – 6 AZR 33/01, ZTR 2002, 429.

36 BAG 11.12.2001 – 9 AZR 464/00, NZA 2002, 965, 967; Staudinger/*Richardi/Fischinger*, § 611a, Rn. 1234; Küttner/*Röller*, Personalbuch, „Nebentätigkeit", Rn. 10; **a.A.** *Kappes/Aabadi*, DB 2003, 938.

D. Verschwiegenheitspflicht

I. Schutz nach dem GeschGehG

Das am 26.4.2019 in Kraft getretene Geschäftsgeheimnisschutzgesetz (GeschGehG) dient dazu, Geschäftsgeheimnisse vor unerlaubter Erlangung, Nutzung und Offenlegung zu schützen (§ 1 I GeschGehG). Was ein **Geschäftsgeheimnis** i.S.d. Gesetzes ist, regelt § 2 Nr. 1 GeschGehG. Die Definition deckt sich weitgehend mit dem klassischen Begriffsverständnis des Betriebs- und Geschäftsgeheimnisses (Rn. 713), weist aber eine Besonderheit auf. So sind nur solche Informationen geschützt, die Gegenstand von den Umständen nach **angemessenen Geheimhaltungsmaßnahmen** durch ihren rechtmäßigen Inhaber sind (§ 2 Nr. 1 lit. b] GeschGehG). Als solche Schutzmaßnahmen kommen Zugangsbeschränkungen (z.B. Passwörter), explizit arbeitsvertraglich vereinbarte Verschwiegenheitspflichten oder Anweisungen zur Geheimhaltung in Betracht. § 4 GeschGehG **verbietet** v.a. die unbefugte Erlangung, Nutzung oder Offenlegung solcher Geschäftsgeheimnisse. Etwas anderes gilt in den in §§ 3, 5 GeschGehG abschließend normierten Fällen. § 5 Nr. 2 GeschGehG bezieht sich auf **„whistleblower“** und verweist insoweit auf die hergebrachten Grundsätze (s. Rn. 715). Die Verbote beziehen sich v.a. auch auf die Arbeitnehmer des Inhabers des Geschäftsgeheimnisses (vgl. § 2 Nr. 3 GeschGehG). Bei einem Verstoß gegen das GeschGehG hat der Inhaber des Geschäftsgeheimnisses die in §§ 6 ff. GeschGehG normierten **Ansprüche** (insb. Beseitigung, Unterlassung, Schadensersatz), zudem kommt eine Straftat nach § 23 GeschGehG in Betracht. **711**

II. Verschwiegenheitspflicht nach tradierten Grundsätzen

Das GeschGehG regelt richtigerweise die Verschwiegenheitspflichten von Arbeitnehmern nicht abschließend, lässt es doch nach seinem § 1 III Nr. 4 „die Rechte und Pflichten aus dem Arbeitsverhältnis“ explizit unberührt.[37] Die tradierten Grundsätze zum Schutz von Betriebs- und Geschäftsgeheimnissen gelten deshalb weiterhin. Insoweit ist zu unterscheiden: **712**

1. Laufendes Arbeitsverhältnis

Während des Arbeitsverhältnisses ist der Arbeitnehmer im Grundsatz verpflichtet, Betriebs- und Geschäftsgeheimnisse zu wahren. Das folgt z.T. aus spezialgesetzlichen Vorgaben (z.B. §§ 17 I, 18, 20 UWG, 24 II ArbNErfG), im Übrigen aus **§ 241 II BGB**.[38] **713**

Als **Betriebsgeheimnisse** bezeichnet man Geheimnisse, die sich – wie z.B. Fabrikationsmethoden, technische Geräte oder Maschinen – auf die Erreichung des Betriebszwecks beziehen; mit **Geschäftsgeheimnis** ist demgegenüber der allgemeine Geschäftsverkehr gemeint (z.B. Know-how des Unternehmens, Kundenlisten, Jahresab-

37 Staudinger/*Richardi/Fischinger*, § 611a, Rn. 1240, 1245.
38 *Schaub/Linck*, ArbRHdB, § 53, Rn. 51; ErfK/*Preis*, § 611a BGB, Rn. 710.

schluss, Preisberechnungen).[39] Ein Geheimnis i.d.S. liegt nur vor, wenn die nicht offenkundige Tatsache nur einem eng begrenzten Personenkreis bekannt ist, der Arbeitgeber ein berechtigtes Interesse an der Geheimhaltung hat und diese auch wünscht.[40]

714 Die Verschwiegenheitsverpflichtung kann **vertraglich** nur in gewissen Grenzen erweitert werden, wird dadurch doch die Meinungsfreiheit des Arbeitnehmers eingeschränkt. Insb. ist stets Voraussetzung, dass der Arbeitgeber ein berechtigtes Interesse an der Geheimhaltung hat.[41] Eine „All-Klausel", die die Offenlegung sämtlicher Geschäftsvorgänge verbietet, ist dementsprechend unwirksam.[42]

715 Problematisch sind Fälle, in denen Arbeitnehmer Missstände im Unternehmen – insb. Gesetzesverstöße des Arbeitgebers – an die Öffentlichkeit bringen (**„whistleblower"**). Das ist jedenfalls dann nicht zu beanstanden, wenn der Arbeitnehmer dazu aufgrund von Rechtsvorschriften verpflichtet ist (z.B. §§ 53 ff. BImSchG) oder er in einem Gerichtsverfahren eine wahrheitsgemäße, den Arbeitgeber belastende Aussage macht.[43] Im Übrigen ist eine **Interessenabwägung** zwischen der Meinungsfreiheit des Arbeitnehmers und eventuellen öffentlichen Interessen an einer Publikmachung einerseits und dem Interesse des Arbeitgebers an einer Wahrung seines guten Rufs andererseits vorzunehmen. Aus dieser Interessenabwägung folgt v.a.:

- Der Arbeitnehmer muss im Grundsatz, bevor er sich an die Öffentlichkeit/an die Behörden wendet, zunächst auf **innerbetriebliche Abhilfe** drängen; etwas anderes gilt aber, wenn (1) er dies schon einmal erfolglos versucht hat oder (2) nicht zu erwarten ist, dass der Arbeitgeber abhelfen wird (insb. weil er den Verstoß kennt und billigt) oder (3) ein überwiegendes Interesse des Arbeitnehmers an einer sofortigen Offenlegung besteht (v.a. weil er sich anderenfalls selbst strafbar machen würde) oder schließlich (4) ein öffentliches Interesse daran besteht, wie das insb. bei schweren Straftaten (Umweltdelikte) oder Missständen (Pflegenotstand im Altenheim) der Fall ist.[44]
- Der Arbeitnehmer muss vor der Veröffentlichung der belastenden Umstände alle ihm möglichen und zumutbaren Maßnahmen ergreifen, um den **Wahrheitsgehalt** der zu publizierenden Informationen zu **prüfen**.[45] Tut er dies, so ist er selbst dann vor arbeitsrechtlichen Sanktionen geschützt, wenn sich die „Informationen" später als falsch herausstellen.[46]
- Der Arbeitnehmer darf nicht aus **verwerflichen Gründen** handeln (z.B. aus Rachsucht, bloße Schädigungsabsicht).[47]

---

39 Staudinger/*Richardi/Fischinger*, § 611a, Rn. 1247.
40 Vgl. BAG 16.3.1982 – 3 AZR 83/79 und 15.12.1987 – 3 AZR 474/86, AP BGB § 611 Betriebsgeheimnis Nr. 1 und 5.
41 LAG Hamm 5.10.1988 – 15 Sa 1403/88, DB 1989, 783, 784; ErfK/*Preis*, § 611a BGB, Rn. 714.
42 Staudinger/*Richardi/Fischinger*, § 611a, Rn. 1250.
43 BVerfG 2.7.2001 – 1 BvR 2049/00, AP BGB § 626 Nr. 170; LAG Sachsen-Anhalt 14.2.2006 – 8 Sa 385/05.
44 EGMR 21.7.2011 – 28274/08, NZA 2011, 1269, 1271.
45 EGMR 21.7.2011 – 28274/08, NZA 2011, 1269, 1271.
46 BVerfG 2.7.2001 – 1 BvR 2049/00, AP BGB § 626 Nr. 170.
47 BAG 3.7.2003 – 2 AZR 235/01, AP KSchG 1969 § 1 Nr. 45.

Im Oktober 2019 hat die EU eine RL zum Schutz von Personen, die Verstöße gegen das Unionsrecht melden, erlassen (RL 2019/1937, „WhistleblowerRL"). Sie ist bis zum 26.11.2021 umzusetzen.

Verstößt der Arbeitnehmer gegen die Verschwiegenheitsverpflichtung, kann der Arbeitgeber Unterlassung verlangen und ihn abmahnen bzw. ggf. sogar kündigen. Auch Schadensersatzansprüche aus §§ 280 I, 241 II BGB und § 824 BGB sind denkbar.[48] 716

2. Nach Beendigung des Arbeitsverhältnisses

Auch nach Beendigung des Arbeitsverhältnisses besteht die Verschwiegenheitsverpflichtung über zuvor bekannt gewordene Umstände nach dem BAG fort.[49] Jedoch gilt das nicht, wenn dadurch ein faktisches nachvertragliches Wettbewerbsverbot begründet würde – ein solches ist nämlich nur bei expliziter Vereinbarung und unter Wahrung der Voraussetzungen der §§ 74 ff. HGB zulässig (Rn. 701 ff.).[50] 717

E. Schmiergeldverbot

Der Arbeitnehmer darf im Dienst keine Schmiergelder annehmen oder aktiv andere im Geschäfts- oder Amtsverkehr bestechen. Das gilt unabhängig davon, ob der Arbeitsvertrag eine entsprechende Regelung enthält, folgt das Schmiergeldverbot doch aus § 241 II BGB, umso mehr, wenn das Verhalten einen Straftatbestand (insb. §§ 299, 331 ff. StGB) erfüllt. Ein Verstoß gegen das Schmiergeldverbot setzt auch **nicht** voraus, dass der Arbeitgeber **tatsächlich geschädigt** wird, es genügt die Annahme der Schmiergelder als solche. Denn ein solches Verhalten begründet schon für sich die dem Arbeitgeber nicht zumutbare Gefahr, dass der Arbeitnehmer nicht mehr ausschließlich im Interesse des Arbeitgebers handelt.[51] Dagegen sind bloße Trinkgelder und harmlose Geschenke (z.B. Plastikkugelschreiber, Feuerzeug) keine Schmiergelder;[52] weil die Grenzen oft schwer zu ziehen sind, erlassen viele Arbeitgeber sog. **Compliance-Regeln**, die genau festlegen, was erlaubt ist. 718

Verstößt der Arbeitnehmer gegen das Schmiergeldverbot, so kann ihn der Arbeitgeber abmahnen und – insb. bei wiederholten Verstößen oder strafbaren Handlungen – kündigen.[53] Daneben hat der Arbeitgeber einen Anspruch auf **Herausgabe der erlangten Schmiergelder** aus §§ 687 II, 681 S. 2, 667 BGB[54] und – so ihm ein Schaden entstanden ist – auf Schadensersatz, wobei als Anspruchsgrundlagen v.a. in Betracht kommen: §§ 280 I, II, 241 II BGB; §§ 823 II BGB, 266 StGB; § 826 BGB.

48 BGH 19.3.2008 – I ZR 225/06.

49 Anders BGH 3.5.2001 – I ZR 153/99, WM 2001, 1824.

50 BAG 16.3.1982 – 3 AZR 83/79; 15.12.1987 – 3 AZR 474/86, AP BGB § 611 Betriebsgeheimnis Nr. 1, 5; 16.8.1988 – 3 AZR 664/87; ErfK/*Preis*, § 611a BGB, Rn. 718.

51 BAG 21.6.2001 – 2 AZR 30/00, NJOZ 2002, 508, 513 f.

52 RAG 31.5.1930 – RAG 20/30, ARS 9, 211, 213.

53 BAG 21.6.2001 – 2 AZR 30/00, ZTR 2002, 45, 46.

54 BAG 14.7.1961 – 1 AZR 288/60, BAGE 11, 208, 211 f.; 15.4.1970 – 3 AZR 259/69, AP BGB § 687 Nr. 4.

Hinweis: Die Schmiergeldvereinbarung zwischen Arbeitnehmer und Drittem ist nach § 134 BGB i.V.m. §§ 299 ff. StGB oder hilfsweise nach § 138 BGB unwirksam. Ob und wie sich dies auf einen vom Arbeitnehmer als Stellvertreter für den Arbeitgeber mit dem Dritten geschlossenen sog. Hauptvertrag auswirkt, ist umstritten. Der BGH geht davon aus, dass auch dieser regelmäßig nichtig ist. Demgegenüber ist richtigerweise analog § 177 BGB von einer nur schwebenden Unwirksamkeit samt Genehmigungsmöglichkeit auszugehen.[55]

F. Herausgabepflichten und Recht am Arbeitserzeugnis

719 Der Arbeitnehmer hat **analog § 667 BGB** alles herauszugeben, was er zur Ausführung seiner Arbeitspflicht erhalten (z.B. Arbeitsmaterialien) oder durch sie erlangt hat (z.B. für den Arbeitgeber vereinnahmtes Geld). Zu letzterem zählen auch die von ihm in Ausübung seiner Arbeitspflicht hergestellten Arbeitserzeugnisse.

Hinweis: Stellt der Arbeitnehmer durch Verarbeitung eine neue Sache her, so erwirbt nicht er, sondern der Arbeitgeber nach **§ 950 BGB** daran das Eigentum.[56] Nicht klausurrelevante Sonderregeln bestehen bei dienstlichen Erfindungen durch den Arbeitnehmer (ArbNErfG) und bei von ihm im Rahmen des Arbeitsverhältnisses geschaffenen literarischen, künstlerischen oder wissenschaftlichen Werken (Arbeitnehmer-Urheberrecht).[57]

720 Der Herausgabeanspruch ist spätestens bei Beendigung des Arbeitsverhältnisses fällig. Geht der Gegenstand aufgrund eines vom Arbeitnehmer zu vertretenden Umstandes unter, so schuldet er Schadensersatz (§§ 280 I, III, 283 BGB; vgl. auch die Grundsätze der Mankohaftung, Rn. 821 ff.), wobei er in den Genuss der privilegierten Arbeitnehmerhaftung gelangen kann.

721 In **Fall 33** hat A die Bonusmeilen im Rahmen seiner Arbeitstätigkeit erlangt. Entsprechend kann der Arbeitgeber analog § 667 Alt. 2 BGB Herausgabe verlangen, was hier bedeutet, dass er ihre Verwendung für dienstliche Flüge vorschreiben kann.

G. Sonstige Nebenpflichten

722 Neben den oben genannten bestehen noch eine Reihe weiterer Nebenpflichten:

- Aufgrund der allgemeinen Treue- und Rücksichtnahmepflicht des § 241 II BGB muss der Arbeitnehmer alles unterlassen, was berechtigten Arbeitgeberinteressen zuwiderläuft. Er darf also insb. **nicht** selbst aktiv **Schäden verursachen** und muss versuchen, drohende Schäden durch ihm mögliche und zumutbare Maßnahmen zu verhindern.
- Bei Bestehen einer entsprechenden gesetzlichen (z.B. §§ 32 JArbSchG, 43 IfSG) oder tarifvertraglichen Pflicht hat sich der Arbeitnehmer **Gesundheitsuntersuchungen** daraufhin zu unterziehen, ob er zur Erbringung der geschuldeten Arbeitsleistungen in der Lage ist. Im Übrigen kann sich eine entsprechende Pflicht

55 S. näher zu dieser nicht arbeitsrechtlichen Problematik Staudinger/*Sack/Fischinger*, § 138, Rn. 639 ff.
56 MüKo-BGB/*Füller*, § 950, Rn. 23 m.w.N.
57 Vgl. dazu überblicksartig Staudinger/*Richardi/Fischinger*, § 611a, Rn. 1304 ff.

aus § 241 II BGB ergeben, wenn Anhaltspunkte für Leistungsdefizite bestehen und/oder mit der Arbeit die konkrete Gefahr der (erheblichen) Schädigung anderer einhergeht.[58]

- Der Arbeitnehmer muss **Arbeitsschutzkleidung** tragen und Arbeitsschutzvorschriften beachten.[59]
- Abgesehen von speziell gesetzlich geregelten (z.B. § 5 EFZG) können sich **Anzeigepflichten** aus Treu und Glauben (§ 242 BGB) ergeben. So ist z.B. eine vorzeitige Beendigung einer Schwangerschaft[60] ebenso mitzuteilen wie erhebliche Lohnüberzahlungen[61] oder (drohende) Schäden bzw. Störungen des Betriebsablaufs durch z.B. fehlerhafte Maschinen.
- Der Arbeitnehmer muss eine eventuell bestehende **Betriebsordnung** beachten, anderenfalls kann gegen ihn eine Geldbuße (sog. Betriebsbuße) verhängt werden.[62] Die Betriebsordnung ist aber nur wirksam, wenn der Betriebsrat beteiligt wurde, § 87 I Nr. 1 BetrVG.

Problematisch ist, inwieweit der Arbeitnehmer in seinem **außerdienstlichen Verhalten** auf die Interessen des Arbeitgebers Rücksicht nehmen muss.[63] Aufgrund seines grundrechtlich geschützten allgemeinen Persönlichkeitsrechts ist er in der Gestaltung seines privaten Lebenswandels grundsätzlich frei (z.B. keine Pflicht zum gesunden Lebenswandel[64], Alkoholverbot). Ausnahmen sind nur mit Zurückhaltung zu machen. Mindestvoraussetzung hierfür ist, dass das private Verhalten zu **Störungen im Betrieb** führt. Das ist vergleichsweise unproblematisch anzunehmen, wenn das außerdienstliche Verhalten direkt in den Betrieb einwirkt. **723**

Beispiele: **(1)** Der Arbeitnehmer konsumiert vor Dienstbeginn derart viel Alkohol, dass er alkoholisiert zur Arbeit erscheint und infolgedessen nur begrenzt arbeitsfähig ist. **(2)** Der Arbeitnehmer postet beleidigende Aussagen über den Arbeitgeber auf seinem privaten Facebook-Account.

Nach der neueren Rechtsprechung des BAG genügt es jedoch auch, wenn zwar eine direkte Störung i.d.S. fehlt, aber außerdienstlich eine **Straftat** begangen wird, die einen inneren Bezug zu den Arbeitsaufgaben hat.[65]

Beispiel: Ein Polizist dealt in der Freizeit mit Drogen; ein pädophiler Erzieher missbraucht außerhalb der Arbeitszeit Kinder.[66]

Arbeitsvertragsklauseln, die die private Lebensführung zu regeln streben, sind nur mit Vorsicht als zulässig anzuerkennen. Erforderlich ist stets eine Abwägung der berechtigten Interessen des Arbeitgebers mit dem Persönlichkeitsrecht des Arbeitneh-

---

58 Vgl. LAG Rheinland-Pfalz 23.3.2010 – 3 Sa 714/09; *Behrens*, NZA 2014, 401, 404.
59 MüKo-BGB/*Spinner*, § 611a, Rn. 1003.
60 BAG 18.1.2000 – 9 AZR 932/98, AP MuSchG § 5 Nr. 1.
61 BAG 1.6.1995 – 6 AZR 912/94, NZA 1996, 135, 136; 7.11.2007 – 5 AZR 910/06, NZA-RR 2008, 399, 400.
62 BAG 5.12.1975 – 1 AZR 94/74, BAGE 27, 366, 370; 30.1.1979 – 1 AZR 342/76, AP BetrVG 1972 § 87 Betriebsbuße Nr. 2.
63 Vgl. für den Profisport näher *Fischinger*/Reiter, Profisport, § 8, Rn. 153 ff.
64 LAG Düsseldorf 25.2.1997 – 8 Sa 1673/96, NZA-RR 1997, 381.
65 BAG 20.10.2016 – 6 AZR 471/15, NZA 2016, 1527, 1528.
66 Vgl. BAG 20.6.2013 – 2 AZR 583/12, NZA 2013, 1345, 1346.

mers. **Tendenzunternehmen** (v.a. Kirchen) können dabei höhere Anforderungen stellen; im Fall der Kirchen z.B. eine Beachtung der kirchlichen Glaubens- und Sittenlehre (vgl. auch § 9 II AGG).[67]

Weiterführende Literatur: *Kamann, Jannis:* Aktuelles zum nachvertraglichen Wettbewerbsverbot, ArbRAktuell, 2015, 372.

§ 11 Haftungsbesonderheiten im Arbeitsleben

724 **Fall 34:** Arbeitnehmer A hat von seinem Arbeitgeber einen Dienstwagen zur Verfügung gestellt bekommen, den er auch privat nutzen darf. Eines Tages verursacht er auf dem Weg von seinem Wohnort zur Arbeitsstelle einen Unfall, bei dem der Wagen zerstört wird. Kommt A eine Arbeitnehmerhaftungsprivilegierung zugute? **(Lösung Rn. 748)**

725 **Fall 35:** Unternehmer U hat seinem Auszubildenden A (monatliche Ausbildungsvergütung: € 550) verboten, den Gabelstapler zu verwenden. Als U den A anweist, per Hand einige Paletten abzuladen, kann A in einem unbeobachteten Moment nicht widerstehen und benutzt dafür den Gabelstapler, obwohl er noch nie Gabelstapler gefahren ist. Es kommt, wie es kommen muss: A fährt mit überhöhter Geschwindigkeit gegen das Tor der Lagerhalle, wodurch ein Sachschaden i.H.v. € 30.000 entsteht. Anspruch U gegen A? **(Lösung Rn. 750, 754, 759, 763)**

726 **Fall 36:** A ist alleinerziehender Vater einer schwerbehinderten Tochter, für die er vollständig sorgen muss. Er ist seit fünfzehn Jahren bei U für einen Bruttomonatslohn von € 2.000 als Kranführer angestellt, wobei ihm immer wieder kleine, zu geringen Schäden führende Missgeschicke unterliefen. Am 16.9.2019 begeht er einen schwerwiegenderen und weitreichenderen Fehler: Noch benebelt von einem vorabendlichen Besäufnis, bringt er ein für die sichere Bedienung des Krans wichtiges Sicherungsseil nicht ordnungsgemäß an. Deshalb fällt eine schwere Last herab, die eine Maschine des U (Schaden: € 50.000) zerstört. Kann U von A € 50.000 verlangen? **(Lösung Rn. 758, 767)**

727 **Fall 37:** Wie Fall 36, diesmal trifft die Last aber den an der Baustelle vorbeilaufenden Passanten P. P erleidet Kopfverletzungen (€ 20.000 Behandlungskosten), zudem wird seine Designeruhr im Wert von € 25.000 irreparabel zerstört. Welche Ansprüche hat P gegen A und U? Unterstellt, P kann von A Schadensersatz verlangen, kann sich A dann an U halten? **(Lösung Rn. 775, 820)**

728 **Fall 38:** Wie Fall 36, nur trifft die Last statt der Maschine einen Kollegen des A, den K, der dabei erhebliche körperliche Schäden erleidet (Behandlungskosten: € 40.000). Kann K von A Schadensersatz verlangen? **(Lösung Rn. 813)**

729 **Fall 39:** Bauunternehmer U packt oftmals selbst auf seinen Baustellen an. Eines Tages entgleitet ihm ein Vorschlaghammer und trifft den bei ihm beschäftigten Arbeitnehmer A am Kopf. A verlangt von U Schadensersatz für die ihm entstandenen Behandlungskosten (€ 10.000) sowie Schmerzensgeld. U lehnt ab und verweist ihn an „die Versicherung“. Zu Recht? **(Lösung Rn. 790, 794, 803)**

67 BVerfG 4.6.1985 – 2 BvR 1703/83, NJW 1986, 367, 369.

Fall 40: Unternehmer U und sein Angestellter A wohnen im gleichen Dorf. Morgens liefern sie sich seit jeher ein heißes Autorennen darum, wer es schneller in den Betrieb schafft. Eines Morgens geht das einigermaßen schief: U rammt in einer engen Kurve aufgrund überhöhter Geschwindigkeit aus Versehen das Auto des A, der deshalb von der Straße abkommt und schwere körperliche Verletzungen erleidet. Anspruch A gegen U auf Ersatz der Behandlungskosten? **(Lösung Rn. 797, 799, 801)** 730

Fall 41: Jurastudent C hat schon lange ein Auge auf seine Kommilitonin K geworfen. Um sie endlich für sich zu gewinnen, will er ihr während der Hausarbeitszeit einen Gefallen tun und holt ihr den relevanten Staudinger-Band aus dem Regal. In seiner üblichen Tollpatschigkeit lässt er ihn aber auf den Fuß der K fallen. Dank der „gewichtigen" Lektüre bricht sich K den Fuß. Doppeltes Pech für C: Nicht nur verschmäht K ihn in der Folge, sie verlangt auch noch Schadensersatz. Zu Recht? **(Lösung Rn. 817)** 731

Fall 42: Arbeitnehmer A ist bei U angestellt. U hat ihm das für die Belieferung der Produktionsabteilung notwendige Warenlager anvertraut und ihm die Aufgabe zugewiesen, dieses zu kontrollieren und zu verwalten. A hat als einziger Zugriff auf das Lager. Der Arbeitsvertrag enthält folgende Klausel: „A haftet für eventuelle Lagerfehlbestände, ohne dass es eines Verschuldensnachweises bedarf. Zum Ausgleich erhält er ein zusätzliches monatliches Entgelt in Höhe von € 200 brutto". In der Vergangenheit ergab sich ein monatlicher Fehlbetrag von durchschnittlich € 300. Bereits im ersten Beschäftigungsmonat des A beläuft sich das Defizit auf € 280. Kann U von A € 280 verlangen? **(Lösung Rn. 830)** 732

Fall 43: A ist zu einem Monatsbruttogehalt von € 3.000 als Architekt im Architektenbüro des U angestellt. Aufgrund akuter Unlust kommt er am 10.2.2020 nicht zur Arbeit, sondern spielt lieber „PES 19" auf seiner Playstation. Deshalb kann eine Präsentation, mit der sich U um eine lukrative Ausschreibung bewerben wollte, nicht rechtzeitig fertigstellt werden. Kann U den entgangenen Gewinn (€ 1.000.000) von A ersetzt verlangen, wenn feststeht, dass er die Ausschreibung bei rechtzeitiger Einreichung gewonnen hätte? **(Lösung Rn. 832)** 733

A. Einleitung

Wo Menschen aufeinandertreffen besteht stets das Risiko, dass es zu Schädigungen von Rechtsgütern und -interessen anderer kommt. Das ist im Arbeitsleben nicht anders, im Gegenteil: Weil sich das Arbeitsverhältnis – anders als bspw. ein Kaufvertrag – regelmäßig nicht in einem flüchtigen, einmaligen Geschäftskontakt erschöpft, sondern als Dauerschuldverhältnis oftmals lange Zeit besteht, ist rein faktisch die Gefahr umso höher, dass irgendwann einem der Beteiligten ein schadensverursachender Fehler unterläuft. 734

In solchen Fällen gelten auch im Arbeitsleben im Ausgangspunkt die **allgemeinen bürgerlich-rechtlichen Grundsätze**, die eine vertragliche oder deliktische Haftung statuieren. Aufgrund von – im Detail abweichenden – Überlegungen werden diese allgemeinen bürgerlich-rechtlichen Grundsätze im Bereich des Arbeitslebens aber zum Teil weitreichend **durchbrochen**. Im Einzelnen sind dabei die folgenden Konstellationen bzw. Fragestellungen sauber zu unterscheiden, unterliegen sie doch ganz verschiedenen Haftungsregimen: 735

(1) Ein **Arbeitnehmer** beschädigt oder zerstört eine dem **Arbeitgeber** gehörende **Sache** (Rn. 737 ff.).

(2) Ein **Arbeitnehmer** beschädigt oder zerstört eine einem **Kollegen** oder einem außenstehenden **Dritten** gehörende **Sache** (Rn. 769 ff.).

(3) Ein Arbeitnehmer (oder der Arbeitgeber) verursacht einen **Personenschaden** (Rn. 784 ff.).

(4) Ein Kassen- oder Warenbestand, der dem Arbeitnehmer anvertraut war, weist einen Fehlbestand auf (**„Mankohaftung"**, Rn. 821 ff.).

(5) Weil der Arbeitnehmer **nicht (rechtzeitig) zur Arbeit** erscheint, entsteht dem Arbeitgeber ein Schaden (Rn. 831 f.).

736 Von der materiell-rechtlichen Rechtslage zu unterscheiden ist die Problematik, wen im Prozess die Darlegungs- und **Beweislast** für die haftungsbegründenden Voraussetzungen trifft. Auch insoweit enthält das Arbeitsrecht mit **§ 619a BGB** eine vom allgemeinen Zivilrecht abweichende Regelung (dazu Rn. 833 ff.).

B. Beschränkung der Arbeitnehmerhaftung bei Sachschäden

I. Ausgangslage: Das zivilrechtliche Haftungssystem

737 Im Laufe eines (langen) Arbeitsverhältnisses kann es sehr leicht zu einer Schädigung des Arbeitgebers, von Kollegen oder außenstehenden Dritten durch einen Arbeitnehmer kommen. Geschieht das schuldhaft, gilt nach dem BGB:

(1) Schädigt der Arbeitnehmer seinen **Arbeitgeber**, so haftet er ihm aus §§ 280 I, 241 II BGB sowie ggf. § 823 I BGB (und ggf. § 823 II BGB i.V.m. § 303 StGB).

(2) „Trifft" der Arbeitnehmer einen **Kollegen**, so kann dieser von ihm Schadensersatz aus § 823 I BGB verlangen.[1] Überdies kommen Ansprüche des Geschädigten gegen den Arbeitgeber in Betracht, und zwar aus §§ 280 I, 278 BGB sowie § 831 BGB (der schädigende Arbeitnehmer ist in der Regel Erfüllungs- und Verrichtungsgehilfe des Arbeitgebers).

1 Kurz in der Klausur angesprochen werden kann die Frage, ob der schädigende Arbeitnehmer dem geschädigten Kollegen auch aus Vertrag haftet (§§ 280 I, 241 II BGB). Allerdings fehlt es am notwendigen Vertragsverhältnis: Die Arbeitsverträge zwischen Schädiger und Arbeitgeber einerseits, Geschädigtem und Arbeitgeber andererseits wirken nur relativ zwischen diesen. Eine Durchbrechung über das Rechtsinstitut des Vertrags mit Schutzwirkung zugunsten Dritter findet nicht statt. Denn es ginge zu weit, in jedem Arbeitsvertrag zugleich einen Vertrag mit Schutzwirkung zugunsten Dritter (= der Arbeitskollegen) zu sehen; selbst wenn man nämlich die erforderliche Schuldner- und Gläubigernähe noch befürworten würde, fehlte es regelmäßig an der notwendigen Schutzbedürftigkeit des geschädigten Kollegen, hat dieser doch in aller Regel gegen den Arbeitgeber – dem das Handeln des schädigenden Arbeitnehmers nach § 278 BGB zugerechnet wird – einen vertraglichen Schadensersatzanspruch (zu den Voraussetzungen des Vertrags mit Schutzwirkung zugunsten Dritter vgl. z.B. Staudinger/*Jagmann*, § 328, Rn. 109 ff.).

(3) Wird ein **betriebsfremder Dritter** geschädigt, so kann er sich an den schädigenden Arbeitnehmer halten (§ 823 I BGB). Ggf. kommt auch eine Inanspruchnahme des Arbeitgebers in Betracht: Bestanden schon vor der Schädigung Vertragsbeziehungen zwischen dem Dritten und dem Arbeitgeber, ist letzterem das Verhalten des Arbeitnehmers nach § 278 BGB zuzurechnen, so dass der Arbeitgeber aus § 280 I BGB haftet. Lagen solche Vertragsbeziehungen nicht vor, kommt nur eine deliktische Haftung des Arbeitgebers über § 831 BGB in Betracht, die allerdings ausscheidet, wenn sich der Arbeitgeber exkulpieren kann, § 831 I 2 BGB.

Soweit den Geschädigten ein konkretes Mitverschulden an dem Schadensfall trifft, **738**
gelten keine Besonderheiten, sein Anspruch wird nach **§ 254 I BGB (direkt)** gekürzt. Ist der Geschädigte der Arbeitgeber, so kann ein solches Mitverschulden auch aus einem sog. **Organisationsverschulden** resultieren, d.h. der Betrieb ist so strukturiert, dass der Eintritt von Schäden befördert wird.[2]

Beispiel: Der Arbeitgeber stellt einer Bedienung nur einen unverschlossenen Schrank zur Aufbewahrung des Dienstgeldbeutels zur Verfügung, der daraufhin prompt bei einer kurzen Abwesenheit der Bedienung von einem Gast entwendet wird.

Eines Rückgriffs auf die im Folgenden zu erläuternden, besonderen Grundsätze beschränkter Arbeitnehmerhaftung bedarf es insoweit nicht. Möglich ist aber natürlich, dass ein Schadensersatzanspruch des Arbeitgebers neben einer Kürzung über § 254 I BGB (direkt) wegen konkreten Mitverschuldens zusätzlich analog § 254 I BGB über die Grundsätze beschränkter Arbeitnehmerhaftung zu kürzen ist.

II. Entwicklung der Lehre von der beschränkten Arbeitnehmerhaftung

Die obigen Ausführungen zeigen, dass ein Arbeitnehmer, der bei Ausübung einer be- **739**
trieblichen Tätigkeit einen **Sachschaden** seines Arbeitgebers, eines Kollegen oder eines betriebsfremden Dritten verursacht, dafür nach allgemein-zivilrechtlichen Grundsätzen – vorbehaltlich § 254 I BGB – vollumfänglich einzustehen hat. Führt man sich vor Augen, dass gerade im Arbeitsleben bereits ein leichter Fehler oftmals erhebliche Schadensfolgen zeitigen kann (man denke nur an die Zerstörung einer teuren Maschine), stünde ein Arbeitnehmer stets unter dem **Damoklesschwert einer potenziell weitreichenden** oder gar **ruinösen Haftung**. Das wird allgemein als **unangemessen** betrachtet und daher die Haftung des Arbeitnehmers über die Grundsätze beschränkter Arbeitnehmerhaftung begrenzt. Sie beruhen auf richterrechtlicher Rechtsfortbildung, eine **gesetzliche Regelung** existiert **nicht**, sie wird aber immerhin in einigen Vorschriften (§ 9 II BFDG, § 13 S. 2 JFDG, § 16d VII 3 SGB II) mittelbar anerkannt.

Hinweis: Für **Personenschäden** gelten vorrangig die §§ 104 ff. SGB VII (dazu Rn. 784 ff.), nicht aber die folgenden Grundsätze über die beschränkte Arbeitnehmerhaftung.

2 Vgl. BAG 28.9.1989 – 8 AZR 73/88, NZA 1990, 847; 16.2.1995 – 8 AZR 493/93, NZA 1995, 565, 566; 15.11.2001 – 8 AZR 95/01, NZA 2002, 612, 614.

III. Dogmatische Begründung und methodische Verortung

740 Allein die Tatsache, dass eine uneingeschränkte Haftung von Arbeitnehmern als unangemessen (Rn. 739) angesehen wird, genügt (natürlich) noch nicht, um eine Haftungsprivilegierung zu begründen, umso mehr, als sie letztlich ein Handeln contra legem darstellt (widerspricht sie doch klar §§ 280 I, 241 II BGB). Eine Haftungsprivilegierung ist daher nur möglich, wenn und soweit sie auf gesicherte dogmatische Grundlagen gestellt werden kann. Die im Kern zutreffende, ganz h.M. stützt sie schlagwortartig auf den **Betriebsrisikogedanken**, mit dem ein Konglomerat unterschiedlicher Umstände erfasst wird:[3]

(1) Angesichts seiner Weisungsabhängigkeit und Einbindung in die Arbeitsorganisation des Arbeitgebers wird ein Arbeitnehmer weitgehend **fremdbestimmt** tätig. Entsprechend kann er die maßgeblichen, die Haftungsrisiken seiner Arbeitsleistung prägenden Faktoren nicht oder nur in sehr geringem Umfang steuern, wohingegen der Arbeitgeber darauf weitreichenden Einfluss nehmen kann. Entsprechend kann man davon ausgehen, dass sich in einem Schadenseintritt auch die vom Arbeitgeber vorgegebenen Arbeitsstrukturen widerspiegeln.

(2) Hinzu kommt, dass der Arbeitnehmer **fremdnützig** tätig wird, weil das Produkt seiner Arbeitsleistung unmittelbar nur dem Arbeitgeber zugutekommt. Nach dem alten Rechtsgrundsatz „cuius commodum, eius periculum" ist es angezeigt, denjenigen, der die Vorteile aus einem Betrieb zieht (= Arbeitgeber), auch mit den (potenziellen) Nachteilen zu belegen.

(3) Ergänzend kann auf den **„Faktor Mensch"** abgestellt werden: Angesichts der Unzulänglichkeit der menschlichen Natur wird auch dem Sorgfältigsten statistisch irgendwann ein Fehler unterlaufen. Weil sich jeder Arbeitgeber dessen bewusst sein muss, kauft er dieses statistische Risiko bei Eingehung des Arbeitsverhältnisses mit ein. Er ist deshalb vermindert „schutzwürdig". Überdies: Hätte er selbst die vom Arbeitnehmer übernommene Arbeit ausgeführt, wäre ihm vermutlich auch irgendwann ein Fehler unterlaufen, dessen wirtschaftliche Folge er selbstverständlich hätte tragen müssen. Schließlich spricht auch ein weiterer Vergleich dafür, dass der Arbeitgeber ggf. die Schadensfolgen zu tragen hat. Ein Arbeitnehmer, dem ein Fehler unterläuft, ist nämlich bis zu einem gewissen Grad mit einer **versagenden Maschine** vergleichbar. Die daraus resultierenden Lasten hat der Arbeitgeber ebenfalls zu tragen (es sei denn, er kann sie auf den Hersteller/Verkäufer verlagern).

Die genannten Faktoren unterscheiden Arbeitsverhältnisse von sonstigen Vertragskonstellationen und rechtfertigen es, den Arbeitgeber an den wirtschaftlichen Folgen zu beteiligen und sie nicht allein dem Arbeitnehmer aufzubürden.

Klausurhinweis: Auch wenn über die dogmatischen Grundlagen und die Legitimität der Lehre von der beschränkten Arbeitnehmerhaftung heute weitestgehend Einigkeit bestehen dürfte, ist es in einer Klausur erforderlich, zumindest kurz die aufgezeigten dogmatischen Grundlagen zu erörtern. Denn diese Lehre steht eben nicht nur nicht im Gesetz, sie widerspricht ihm sogar!

3 Ausf. und mit Einzelnachweisen *Fischinger*, Haftungsbeschränkung, S. 517 ff.; Staudinger/*Richardi/Fischinger*, § 619a, Rn. 56.

Von ebenso großer Bedeutung für die Klausur wie ihre dogmatische Begründung ist die normative Verortung der Haftungsprivilegierung im **Prüfungsaufbau**. Entgegen vereinzelt gebliebener Stimmen, die seit der Schuldrechtsmodernisierung bei § 276 I 1 BGB („mildere Haftung [...] aus dem sonstigen Inhalt des Schuldverhältnisses") anknüpfen wollen,[4] rekurriert die ganz herrschende Auffassung auf eine **analoge Anwendung von § 254 I BGB**.[5] Dem ist im Grundsatz zuzustimmen, schon weil § 276 I 1 BGB nur eine „Alles-oder-Nichts-Lösung" erlaubt (entweder der Schädiger hat das Verhalten zu vertreten und haftet vollständig oder er hat es nicht zu vertreten und haftet überhaupt nicht), während § 254 I BGB zur inhaltlichen Ausgestaltung der beschränkten Arbeitnehmerhaftung i.S.e. gleitenden Ausgleichssystems passt (näher Rn. 756 ff.). Dogmatisch begründen lässt sich dies, indem man dem Arbeitgeber angesichts seiner Herrschaftsmacht über den Betrieb einen abstrakt-typisierten Verursachungsbeitrag am eingetretenen Schaden „zurechnet".[6] 741

Klausurhinweis: Zunächst sind also ganz „normal" die Anspruchsvoraussetzungen (je nachdem §§ 280, 241 II BGB oder § 823 I BGB bzw. § 831 BGB) zu prüfen. Im Rahmen des Vertretenmüssens kann dabei ein kurzer Verweis auf die oben genannte Mindermeinung, die die Grundsätze der beschränkten Arbeitnehmerhaftung bei § 276 I 1 BGB ansiedeln will, erfolgen. Längere Ausführungen sind allerdings nicht angezeigt, stattdessen sollte darauf hingewiesen werden, dass die Problematik richtigerweise bei § 254 I BGB analog zu verorten ist und daher erst im weiteren Verlauf der Klausur erörtert wird. Zum **Prüfungsschema** s. Rn. 781.

IV. Anwendungsbereich der privilegierten Arbeitnehmerhaftung

Bevor (in einer Klausur) die Lehre von der beschränkten Arbeitnehmerhaftung inhaltlich geprüft werden kann, ist zunächst (kurz) zu untersuchen, ob ihr personeller und sachlicher Geltungsbereich eröffnet ist. 742

1. Haftungsprivilegierter

Zunächst finden die Grundsätze beschränkter Arbeitnehmerhaftung zugunsten von (Leih-)**Arbeitnehmern**[7] Anwendung. Wegen der Verweisung in § 10 II BBiG kommen auch **Auszubildende** in den Genuss der Haftungsprivilegierung.[8] Gleiches gilt kraft gesetzlicher Anordnung für Freiwillige nach dem Bundesfreiwilligengesetz (§ 9 II BFDG) und nach dem Gesetz zur Förderung von Jugendfreiwilligendiensten (§ 13 S. 2 JFDG) sowie für Ein-Euro-Jobber (§ 16d VII 3 SGB II). 743

4 *Reichold*, ZTR 2002, 202, 209; *Preis*, in: FS BAG (2004), 123, 151.
5 BAG 5.2.2004 – 8 AZR 91/03, NZA 2004, 649, 650; *Henssler*, RdA 2002, 129, 133; *Waltermann*, RdA 2005, 98, 99; *Servatius*, Jura 2005, 838, 841 f.; so auch schon vor der Schuldrechtsmodernisierung z.B. BAG 7.7.1970 – 1 AZR 505/69, AP BGB § 611 Haftung des Arbeitnehmers Nr. 58; BGH 21.12.1993 – VI ZR 103/93, NJW 1994, 852, 854; diff. Staudinger/*Richardi/Fischinger*, § 619a, Rn. 87 f.
6 Im Einzelnen *Fischinger*, Haftungsbeschränkung, S. 523 ff.
7 Zum Begriff näher Rn. 55 ff.
8 BAG 7.7.1970 – 1 AZR 507/69 und 18.4.2002 – 8 AZR 348/01, AP BGB § 611 Haftung des Arbeitnehmers Nr. 59 und Nr. 122.

744 Dass A in **Fall 35** kein Arbeitnehmer, sondern „nur“ Auszubildender ist, steht der Anwendbarkeit der Haftungsprivilegierung also nicht entgegen. (Fortsetzung **Rn. 750**)

745 V Von diesen unproblematischen Fällen abgesehen, ist die personelle Reichweite der privilegierten Arbeitnehmerhaftung teilweise umstritten:

(1) Leitende Angestellte sind nach dem BAG nur geschützt, wenn die schädigende Handlung nicht in Wahrnehmung ihrer spezifisch herausgehobenen Leitungsfunktion erfolgte.[9] Die vorzugswürdige (wohl) h.L.[10] hält dagegen eine Haftungsbeschränkung selbst im eigentlichen Leitungsbereich des leitenden Angestellten für nicht ausgeschlossen, ist er doch selbst in diesem in die Betriebsorganisation des Arbeitgebers eingebunden und letztlich weisungsgebunden; seine herausgehobene Stellung ist aber im Rahmen des flexiblen Haftungsverteilungsmaßstabs zu berücksichtigen.[11]

(2) Arbeitnehmerähnliche Personen (dazu Rn. 43 ff.) kommen nach h.M. nicht in den Genuss der Haftungsbeschränkung.[12] Dem ist zuzustimmen, sind Arbeitnehmerähnliche doch nicht persönlich abhängig, so dass es mangels Fremdbestimmung an einem maßgeblichen, die Haftungsprivilegierung tragenden Gesichtspunkt fehlt (s. Rn. 740).[13]

(3) GmbH-Geschäftsführer sind nach h.M. nicht geschützt, wenn der Schaden in Wahrnehmung ihrer spezifischen Organtätigkeit verursacht wurde; etwas anderes soll (ausnahmsweise) gelten, wenn der Geschäftsführer den Schaden durch eine atypische Tätigkeit (wie z.B. das Führen eines Dienstfahrzeugs) verursachte.[14] Die im Kern vorzugswürdige Gegenauffassung lehnt eine Haftungsbeschränkung von GmbH-Geschäftsführern angesichts der bei ihnen regelmäßig fehlenden, einer einem „normalen“ Arbeitnehmer vergleichbaren Fremdbestimmung hingegen (grundsätzlich) ab.[15]

(4) Auf **AG-Vorstände** und **Aufsichtsratsmitglieder** sind die Grundsätze beschränkter Arbeitnehmerhaftung unstrittig nicht anwendbar. Dagegen sollten sie nach einer früher zum Teil vertretenen Auffassung auf **ehrenamtlich tätige Vereinsmitglieder** Anwendung finden;[16] das kann jedenfalls heute nicht mehr gelten, weil die §§ 31a, b BGB insoweit abschließende Sonderregelungen treffen.

2. Persönlicher Anwendungsbereich auf Geschädigtenseite

746 Die Haftungsprivilegierung zu Gunsten des Arbeitnehmers wirkt nur im direkten Verhältnis zu seinem **Arbeitgeber, nicht aber gegenüber geschädigten Kollegen oder betriebsfremden Dritten**. Für Sachschäden von Kollegen und Dritten haftet der Ar-

9 BAG 11.11.1976 – 3 AZR 266/75, NJW 1977, 598; so nunmehr wohl auch BGH 25.6.2001 – II ZR 38/99, NJW 2001, 3123, 3124; gegen jede Haftungsprivilegierung *Pallasch*, RdA 2013, 338, 348; *Kaiser*, AR-Blattei SD, Nr. 70.2, Rn. 217 f.

10 *Otto/Schwarze/Krause*, Haftung, § 7, Rn. 1; *Waltermann*, RdA 2005, 98, 100; *Krause*, NZA 2003, 577, 581.

11 *Fischinger*, Haftungsbeschränkung, S. 569 ff.

12 BGH 7.10.1969 – VI ZR 223/67, NJW 1970, 34, 35; ebenso LAG Berlin 29.10.1990 – 9 Sa 67/90, LAGE BGB § 611 Arbeitnehmerhaftung Nr. 15; ErfK/*Preis*, § 619a BGB, Rn. 19; **a.A.** BSG 24.6.2003 – B 2 U 39/02 R, NJW 2004, 966, 967; LAG Hessen 17.5.2013 – 13 Sa 857/12, BeckRS 2013, 70404; *Joussen*, RdA 2006, 129, 136 f.

13 Näher Staudinger/*Richardi/Fischinger*, § 619a, Rn. 69.

14 Scholz/*Schneider*, GmbHG, § 43, Rn. 256 f.; *Lutter*, GmbHR 2000, 301, 312; *Sandmann*, Haftung, S. 333.

15 *Joussen*, RdA 2006, 129, 135; MüKo-BGB/*Henssler*, § 619a, Rn. 19; vgl. näher *Fischinger*, Haftungsbeschränkung, S. 572 ff.

16 Vgl. BGH 5.12.1983 – II ZR 252/82, NJW 1984, 789, 790.

beitnehmer ihnen also unbeschränkt nach den allgemeinen zivilrechtlichen Vorschriften; denkbar ist in solchen Fällen allein ein Regress des schädigenden Arbeitnehmers gegen seinen Arbeitgeber (s. Rn. 769 ff.). Grund für diese begrenzte personelle Reichweite der beschränkten Arbeitnehmerhaftung ist deren dogmatische Begründung: Wie ausgeführt, rechtfertigt sich die Haftungsprivilegierung v.a. dadurch, dass der Arbeitnehmer im Interesse des Arbeitgebers und nach dessen Vorgaben tätig wird (näher Rn. 740). Die daraus resultierende Fremdnützigkeit und -bestimmtheit seiner Tätigkeit besteht aber nur im Verhältnis zu seinem Arbeitgeber, nicht zu Kollegen oder sonstigen Dritten.

3. Sachlicher Anwendungsbereich: Betrieblich veranlasste Tätigkeiten

Der schädigende Arbeitnehmer kann sich schließlich nur dann auf die Grundsätze der privilegierten Arbeitnehmerhaftung berufen, wenn deren sachlicher Anwendungsbereich eröffnet ist. Lange Zeit beschränkte das BAG die Geltung dieser Grundsätze auf konkret schadens-/gefahrgeneigte Tätigkeiten.[17] Dieses Merkmal ist aber nicht hinreichend trennscharf, um verlässlich das „Reich" der Haftungsprivilegierung abzustecken. Die heute ganz h.M. rekurriert deshalb völlig zu Recht allein darauf, dass es sich um eine **betrieblich veranlasste Tätigkeit** handelt.[18] Erforderlich ist dabei ein **innerer Zusammenhang** zwischen der betrieblich veranlassten Tätigkeit und dem Schadensereignis, mit anderen Worten: Die Tätigkeit, die zum Schaden führte, muss dem Arbeitnehmer arbeitsvertraglich übertragen worden sein oder er muss sie im Interesse des Arbeitgebers für den Betrieb ausgeführt haben.[19] Hingegen genügt eine v.a. privat veranlasste Tätigkeit nicht, selbst wenn ein zeitlicher und räumlicher Zusammenhang zwischen Arbeit und Schädigung besteht; der Arbeitnehmer kann sich also auf die Haftungsprivilegierung nicht berufen, wenn er den Schaden nur „bei Gelegenheit" einer betrieblichen Tätigkeit verursachte.[20] **747**

In **Fall 34** fehlt es an einer betrieblich veranlassten Tätigkeit. Denn der Weg von und zur Arbeit ist das „Privatvergnügen" des Arbeitnehmers.[21] Daran ändert sich auch nichts dadurch, dass dieser Weg mit Wissen und Billigung des Arbeitgebers mit einem Dienstfahrzeug zurückgelegt wird. Etwas anderes würde bei Betriebswegen gelten, das heißt bei Fahrten, die der Arbeitnehmer im dienstlichen Interesse unternimmt (Beispiel: Der Arbeitnehmer fährt mit einem Dienstfahrzeug vom Betriebshof zur Baustelle). **748**

Im Übrigen scheidet der erforderliche betriebliche Bezug nicht schon deshalb aus, weil der Arbeitnehmer grob fahrlässig oder gar vorsätzlich (vertragliche) Verhaltenspflichten verletzt; etwas anderes gilt jedoch, wenn der Arbeitnehmer – z.B. aufgrund Alkoholisierung – in einem Zustand ist, der von vornherein ausschließt, dass er der geschuldeten Tätigkeit sinnvoll nachkommen kann.[22] **749**

17 ArbG Plauen 4.11.1936, ARS 29, 62; vgl. BAG 19.3.1959 – 2 AZR 402/55, BAGE 7, 290, 295; 13.3.1968 – 1 AZR 362/67 und 7.7.1970 – 1 AZR 507/69, AP BGB § 611 Haftung des Arbeitnehmers Nr. 42 und 59.

18 Grundlegend BAG (GS) 27.9.1994 – GS 1/89 (A), BAGE 78, 56, 65.

19 Vgl. schon BAG 9.8.1966 – 1 AZR 426/65, AP RVO § 637 Nr. 1.

20 BAG 18.4.2002 – 8 AZR 348/01, NZA 2003, 37, 38 m.w.N.

21 ErfK/*Preis*, § 619a BGB, Rn. 12; HWK/*Krause*, § 619a BGB, Rn. 22.

22 *Otto/Schwarze/Krause*, Haftung, § 8, Rn. 5.

750 In **Fall 35** wurde die Schädigung durch eine betrieblich veranlasste Tätigkeit verursacht. Dem steht auch nicht entgegen, dass A sich vorsätzlich über die Weisung des U, den Gabelstapler nicht zu verwenden, hinwegsetzte.[23] (Fortsetzung **Rn. 754**)

751 Ist die schadensverursachende Tätigkeit nach diesen Grundsätzen betrieblich veranlasst, greift die Lehre von der beschränkten Arbeitnehmerhaftung nicht nur bei Pflichtverletzungen, die zu **Integritätsverletzungen** des Arbeitgebers führen (z.B. Beschädigung einer Maschine), sondern auch bei sonstigen Schäden, die der Arbeitgeber infolge der **Schlechterfüllung** der Arbeitspflicht erleidet.

Beispiele für schadensverursachende Schlechterfüllung: **(1)** Bei der Abfassung eines Verkaufsangebots gibt eine Sekretärin versehentlich den verlangten Kaufpreis mit einer Null zu viel an, so dass der ansonsten kaufwillige Käufer „abspringt" und ihrem Arbeitgeber ein Gewinn in Höhe von € 100.000 entgeht. **(2)** Einer Rechtsanwaltsfachangestellten unterläuft bei einer Fristberechnung ein Fehler mit der Folge, dass eine wichtige Frist versäumt wird und der Rechtsanwalt dem Mandanten auf Schadensersatz haftet.

Hinweis: Die betrieblich veranlasste Tätigkeit als Voraussetzung der Grundsätze privilegierter Arbeitnehmerhaftung wird von der Rechtsprechung im Wesentlichen gleich bestimmt wie die „betriebliche Tätigkeit" i.S.v. § 105 SGB VII (näher Rn. 811).[24]

V. Inhalt der Haftungsprivilegierung: Rechtsfolgenmodifikation per Schadensfolgenaufteilung

1. Grundlagen

752 Ist der persönliche und sachliche Anwendungsbereich der Arbeitnehmerhaftungsprivilegierung eröffnet, so setzt die heute ganz h.M. nicht bei den Haftungsvoraussetzungen, sondern ausschließlich bei den Haftungsfolgen an.[25] Danach kann aufgrund einer **Gesamtabwägung der Umstände** des konkreten Einzelfalls die Schadensersatzverpflichtung des schädigenden Arbeitnehmers ganz oder teilweise entfallen.

753 Von großer Bedeutung ist hierbei der ihm anzulastende **Verschuldensgrad**. Hierbei ist vorab zu beachten, dass **Bezugspunkt** des Verschuldens im Kontext der beschränkten Arbeitnehmerhaftung nach (umstrittener) h.M. – anders als im allgemeinen Zivilrecht – nicht nur die **Pflichtverletzung** bzw. Rechtsgutsverletzung ist, sondern auch der konkret eingetretene **Schaden**:[26] Verstößt der Arbeitnehmer zwar vorsätzlich gegen eine Vertragspflicht, handelt aber nicht vorsätzlich hinsichtlich des da-

23 Etwas anderes würde gelten, wenn A den Gabelstapler zu einer „Spaßfahrt" auf dem Betriebsgelände genutzt hätte (vgl. BAG 18.4.2002 – 8 AZR 348/01, NZA 2003, 37, 38).

24 Näher *Brose*, RdA 2011, 205, 209 m.w.N.

25 BAG GS 27.9.1994 – GS 1/89, AP BGB § 611 Haftung des Arbeitnehmers Nr. 103.

26 BAG 18.4.2002 – 8 AZR/01, NZA 2003, 37, 40 f.; ErfK/*Preis*, § 619a BGB, Rn. 14; MüKo-BGB/*Henssler*, § 619a, Rn. 40; *Gamillscheg*, RdA 1967, 375 f.; *Waltermann*, RdA 2005, 98, 105 f. – Im allgemeinen Zivilrecht genügt es hingegen, dass sich das Verschulden auf die Pflichtverletzung/die Rechtsgutsverletzung bezieht, der Schaden muss nicht davon erfasst sein. Das zeigt bereits der Prüfungsaufbau von § 280 BGB und § 823 BGB, bei denen jeweils das Vertretenmüssen vor dem Schaden zu prüfen ist.

raus resultierenden Schadens, liegt i.S.d. Lehre von der beschränkten Arbeitnehmerhaftung kein vorsätzliches, sondern ein lediglich fahrlässiges Handeln vor.

In **Fall 35** sind daher nicht die Grundsätze über vorsätzliche Schädigungen anwendbar, handelte A doch nur hinsichtlich der Pflichtverletzung, nicht aber auch hinsichtlich des Schadens vorsätzlich. (Fortsetzung **Rn. 759**) 754

Hinweis: Die beschränkte Arbeitnehmerhaftung ist damit einer der wenigen Fälle, in denen sich das Verschulden entgegen allgemeiner Grundätze nicht nur auf die Pflichtverletzung, sondern auch den Schaden beziehen muss. Andere Beispiele sind § 826 BGB[27] sowie die §§ 104 ff. SGB VII (dazu Rn. 796).

Besteht Streit darüber, welcher Grad an Verschulden dem Arbeitnehmer vorzuwerfen ist, trifft nach **§ 619a BGB** den Arbeitgeber die **Beweislast** (Rn. 833 ff.).[28] 755

2. Haftungsstufen

a) Vorsatz

Handelte der Arbeitnehmer sowohl in Bezug auf die Pflichtverletzung/Rechtsgutsverletzung wie den Schaden vorsätzlich **(„Doppelvorsatz"), scheidet eine Haftungsprivilegierung vollständig aus.**[29] Wer wissentlich und willentlich einen anderen schädigt, verdient keinen Schutz durch die Rechtsordnung (vgl. auch §§ 202 I, 276 III BGB).[30] Das gilt – anders als bei „nur" grob fahrlässigem Handeln (Rn. 757 ff.) – unstrittig selbst dann, wenn der dadurch entstandene Schaden exorbitant hoch und damit geeignet ist, den Schädiger dauerhaft in den wirtschaftlichen Ruin zu treiben. Vorsatz in Bezug auf den Schaden i.d.S. erfordert, dass der Arbeitnehmer nicht nur die Möglichkeit des Eintritts eines Schadens erkannt hat, sondern diesen auch in seinen Willen aufnimmt und mit ihm für den Fall seines Eintritts einverstanden ist.[31] 756

b) Grobe Fahrlässigkeit

Grob fahrlässig handelt, wer die im Verkehr erforderliche Sorgfalt in einem ungewöhnlich hohen Grad verletzt und dabei dasjenige unbeachtet lässt, was im gegebenen Fall jedem hätte einleuchten müssen.[32] Der Vorwurf einer bloß objektiv besonders schwerwiegenden Pflichtverletzung genügt nicht, dem Arbeitnehmer muss auch subjektiv der Vorwurf gemacht werden können, in unentschuldbarer Art und Weise gegen die an ihn zu stellenden Anforderungen verstoßen zu haben.[33] 757

In **Fall 36** wird man A wohl noch keine grobe Fahrlässigkeit vorwerfen können. Zwar ist ein Sicherungsseil für den korrekten Betrieb essenziell, andererseits erscheint das Verhalten 758

27 MüKo-BGB/*Wagner*, § 826, Rn. 26 m.w.N.
28 BAG 13.3.1968 – 1 AZR 362/67, AP BGB § 611 Haftung des Arbeitnehmers Nr. 42.
29 BAG 18.4.2002 – 8 AZR 348/01, NZA 2003, 37, 39; HWK/*Krause*, § 619a BGB, Rn. 29.
30 *Fischinger*, Haftungsbeschränkung, S. 524 f.
31 BAG 18.4.2002 – 8 AZR 348/01, NZA 2003, 37, 39.
32 BAG 23.3.1983 – 7 AZR 391/79, AP BGB § 611 Haftung des Arbeitnehmers Nr. 82.
33 BAG 12.11.1998 – 8 AZR 221/97, NZA 1999, 263; 4.5.2006 – 8 AZR 311/05, NZA 2006, 1428.

eher schusselig denn als Verstoß gegen dasjenige, was jedem einleuchten müsste (a.A. ebenso vertretbar). (Fortsetzung **Rn. 767**)

759 Hingegen wird man in **Fall 35** ein grob fahrlässiges Verhalten des A anzunehmen haben. Nicht nur hat er sich vorsätzlich gegen die klare Weisung des U hinweggesetzt, er hatte auch keinerlei Erfahrung mit Gabelstaplern und fuhr zudem zu schnell. Damit verletzte er die gebotene Sorgfalt in ungewöhnlich hohem Grad, was ihm auch hätte einleuchten müssen.[34] (Fortsetzung **Rn. 763**)

760 Bei grober Fahrlässigkeit **scheidet** eine **Haftungsprivilegierung grundsätzlich aus.**[35] Dafür spricht ein Vergleich mit zahlreichen Vorschriften des BGB, die es – bei einer dem Grunde nach anzuerkennenden Haftungsprivilegierung – ausschließen, dass dem Schädiger eine Haftungsentlastung auch bei grob fahrlässigem Handeln zugute kommt (z.B. §§ 521, 599, 690, 708, 1364 BGB).

761 Anders als bei vorsätzlichen Handlungen scheidet nach Auffassung des BAG bei grob fahrlässigem Handeln eine Haftungsmilderung aber nicht apodiktisch aus. **Ausnahmsweise** könne der Arbeitnehmer doch in den Genuss einer **Haftungsprivilegierung** kommen. Dies sei anzunehmen, wenn entweder ein deutliches **Missverhältnis zwischen Schadensrisiko** der Tätigkeit und dem **Verdienst des Arbeitnehmers** besteht oder wenn eine vollumfängliche Schadensersatzpflicht die **wirtschaftliche Existenzgrundlage des Arbeitnehmers gefährden** würde (wobei beide Fallgruppen in der Praxis oft zusammenfallen). Auch wenn das BAG es ablehnt, eine konkrete oder abstrakte Obergrenze zu benennen, wird dem Arbeitnehmer in der Praxis in aller Regel maximal ein Jahresgehalt auferlegt.[36] Selbst wenn mehrere grob fahrlässige Handlungen zu einem Schaden führen und daher die vom BAG „erfundene" Fallgruppe **gröbster Fahrlässigkeit** vorliegt, scheidet nach neuer Rechtsprechung bei Missverhältnis/Existenzgefährdung eine Haftungsprivilegierung nicht per se aus,[37] es dürften aber immerhin strengere Maßstäbe gelten.

762 In der **Literatur** stößt diese arbeitnehmerfreundliche Rechtsprechung vereinzelt auf Widerstand.[38] Dem ist zuzustimmen, verdient doch ein grob fahrlässig Handelnder nach der Konzeption der Zivilrechtsordnung keinen Schutz. Wenn das selbst bei gesetzlich angeordneten Haftungsprivilegierungen gilt (z.B. §§ 521, 599, 690, 708, 1364 BGB), kann es bei einer contra legem entwickelten Haftungsbeschränkung erst Recht nicht anders sein.[39] Die herrschende Meinung übersieht zudem, dass der Gesetzgeber den Schutz vor solchen Gefahren nicht im materiellen Recht angesiedelt

34 Vgl. auch den Originalfall, in dem das BAG ebenfalls grobe Fahrlässigkeit annahm, BAG 18.4.2002 – 8 AZR 348/01, NZA 2003, 37, 39 f.

35 BAG 24.11.1987 – 8 AZR 524/82, AP BGB § 611 Haftung des Arbeitnehmers Nr. 93; 25.9.1997 – 8 AZR 288/96, AP BGB § 611 Haftung des Arbeitnehmers Nr. 111.

36 Vgl. z.B. BAG 23.1.1997 – 8 AZR 893/95, NZA 1998, 140, 141; 28.10.2010 – 8 AZR 418/09, NZA 2011, 345, 348.

37 Vgl. BAG 28.10.2010 – 8 AZR 418/09, NZA 2011, 345, 348; so wohl auch schon BAG 25.9.1997 – 8 AZR 288/96, NZA 1998, 310, 312.

38 *Heinze,* NZA 1986, 545, 552.

39 Näher *Fischinger*, Haftungsbeschränkung, S. 525 ff.

hat, sondern ihnen durch die §§ 811 ff., 850 ff. ZPO sowie das Rechtsinstitut der Restschuldbefreiung (§§ 286 ff. InsO) Rechnung getragen hat.[40]

In **Fall 35** scheidet eine Haftungsprivilegierung des A angesichts seines grob fahrlässigen Verhaltens grundsätzlich aus. Folgt man – entgegen der hier vertretenen Ansicht – dem BAG, wird man wegen des großen Missverhältnisses zwischen Ausbildungsvergütung und Schaden sowie der wohl dauerhaften Überforderung des A ausnahmsweise eine Haftungsbeschränkung annehmen können. Zwar ginge eine vollständige Haftungsentlastung zu weit, vertretbar erscheint aber z.B. eine Beschränkung auf ein Jahresgehalt (€ 550 x 12 =) € 6.600.[41] **763**

c) Mittlere Fahrlässigkeit

Handelte der Arbeitnehmer zwar nicht grob, aber auch nicht nur mit leichtester Fahrlässigkeit (dazu Rn. 765), ist die Fallgruppe der mittleren Fahrlässigkeit einschlägig. In diesem Fall werden die **Schadensfolgen** zwischen Arbeitgeber und Arbeitnehmer nach Maßgabe einer **Gesamtabwägung der Einzelfallumstände aufgeteilt**.[42] Berücksichtigungsfähige Kriterien sind v.a.: **764**

(1) Die **persönlichen Verhältnisse** des Arbeitnehmers, das heißt v.a. Alter, Familienstand, Unterhaltspflichten sowie Vermögensverhältnisse.[43]

(2) Die **Dauer der Betriebszugehörigkeit**, erscheint doch ein erstmaliges „Fehlgehen" eines Arbeitnehmers, der bereits länger beschäftigt ist, ohne bislang (nennenswerte) Schäden verursacht zu haben, in einem milderen Licht.[44]

(3) Die **Stellung des Arbeitnehmers** im Betrieb.[45] Je höher der Arbeitnehmer in der Betriebshierarchie „klettert", umso weniger ist er der Herrschaftsgewalt des Arbeitgebers unterworfen, so dass es gerechtfertigt erscheint, ihn weitgehender an den Schadensfolgen zu beteiligen.

(4) Die **Gefahrgeneigtheit der Tätigkeit**.[46] Zwar spielt dieser Umstand für den Anwendungsbereich der beschränkten Arbeitnehmerhaftung keine Rolle mehr (Rn. 747), als Abwägungskriterium zieht das BAG ihn aber weiter heran. Je eher die Tätigkeit das Risiko in sich birgt, Schäden zu verursachen, umso schutzwürdiger ist der Arbeitnehmer i.S.e. Entlastung von den Haftungsfolgen eines realisierten Risikos.

(5) Auch im Bereich der mittleren Fahrlässigkeit berücksichtigt das BAG ein mögliches **Missverhältnis zwischen Lohnhöhe und Schadensrisiko** sowie eine drohen-

40 S. auch *Fischinger/Hofer*, NZA 2017, 349.

41 Hier sind natürlich auch andere Werte vertretbar, z.B. ein halbes Jahresgehalt oder – aber wohl als absolute Untergrenze – drei Monatsgehälter.

42 BAG (GS) 25.9.1957 – GS 4/56, BAGE 5, 1, 7; 27.9.1994 – GS 1/89 (A), BAGE 78, 56, 67.

43 BAG 24.11.1987 – 8 AZR 66/82, NZA 1988, 584, 586; 27.9.1994 – GS 1/89 (A), NZA 1994, 1083, 1084; 18.1.2007 – 8 AZR 250/06, NZA 2007, 1230, 1233; **a.A.** *Koller*, SAE 1996, 5; *Langenbucher*, ZfA 1997, 523, 552; *Annuß*, NZA 1998, 1089, 1094; Staudinger/*Richardi/Fischinger*, § 619a, Rn. 84.

44 Vgl. z.B. BAG (GS) 27.9.1994 – GS 1/89 (A), NZA 1994, 1083, 1084.

45 BAG (GS) 27.9.1994 – GS 1/89 (A), NZA 1994, 1083, 1084; 5.2.2004 – 8 AZR 91/03, NZA 2004, 649, 650.

46 BGH (GS) 12.6.1992 – GS 1/89, AP BGB § 611 Haftung des Arbeitnehmers Nr. 102.

de **Existenzgefährdung des Arbeitnehmers.**[47] Das überzeugt auch hier richtigerweise nicht, vgl. Rn. 761 ff.

(6) Enthält der Arbeitslohn eine **Risikoprämie**, die einen wirtschaftlichen Ausgleich für das Haftungsrisiko bieten soll, ist das zu Lasten des Arbeitnehmers zu berücksichtigen, erfolgt dann doch die Beteiligung des Arbeitgebers an den Schadensfolgen gewissermaßen antizipiert.

(7) Unterlässt der **Arbeitgeber** den Abschluss einer **gebotenen Schadensversicherung** (wie z.B. einer – ggf.: Voll- – Kaskoversicherung oder einer Brandschutzversicherung), darf dies nicht zu Lasten des Arbeitnehmers gehen. In einem solchen Fall haftet er folglich nur bis zur Höhe einer hypothetischen Selbstbeteiligung.[48]

(8) Hat umgekehrt der **Arbeitnehmer** freiwillig eine Privathaftpflichtversicherung abgeschlossen, scheidet die Haftungsprivilegierung nicht aus. Ein etwaiger gesetzlicher Pflichtversicherungsschutz überlagert hingegen die Grundsätze beschränkter Arbeitnehmerhaftung.[49]

Hinweis: Es bietet sich an, gedanklich von einer Haftungsteilung von 50:50 auszugehen und dann unter Ausschöpfung des Sachverhalts im Hinblick auf die genannten Faktoren ein „sachgerechtes" Ergebnis anzustreben. Dabei sollte unbedingt eine konkrete Quote angegeben werden, wobei hier in aller Regel sehr vieles vertretbar ist. Eine in Klausuren immer wieder anzutreffende vollständige Haftungsentlastung des Arbeitnehmers (also 0:100 %) ist hingegen nur in Ausnahmefällen vertretbar, immerhin ist er der primär Verantwortliche.

d) Leichteste Fahrlässigkeit

765 Handelte der Arbeitnehmer nur mit leichtester Fahrlässigkeit (sog. culpa levissima), so haftet er **überhaupt nicht**. Bei derart geringen Nachlässigkeiten, die im Laufe eines (langjährigen) Arbeitsverhältnisses auch dem sorgfältigsten Arbeitnehmer einmal unterlaufen können, steht der schlagwortartig mit dem Begriff des Betriebsrisikos gekennzeichnete abstrakt-typisierte Verursachungsbeitrag des Arbeitgebers (Rn. 741) derart im Vordergrund, dass es ihm zumutbar ist, den Schaden alleine zu tragen.[50]

Fälle des „typischen Abirrens" der Arbeitsleistung, indem sich der Arbeitnehmer verspricht, verschreibt oder vergreift[51]; eine Angestellte erschrickt vor einer plötzlich über den Tisch krabbelnden Spinne und verschüttet Kaffee auf den Drucker.

Klausurhinweis: Bei der Frage, welcher Verschuldensgrad dem Arbeitnehmer vorzuwerfen ist, ist meist viel vertretbar. Dann gilt es, sich klausurtaktisch „geschickt" zu verhalten. Die Annahme leichtester Fahrlässigkeit ist taktisch meist wenig zielführend, weil dann keinerlei Einzelfallabwägung erfolgen kann; Gleiches gilt für den (unwahrscheinlichen) Fall einer (doppelt[52]) vorsätzlichen Handlung. Bestehen keine Anhaltspunkte für ein Missverhältnis von Scha-

47 BAG (GS) 25.9.1957 – GS 4/56, BAGE 5, 1, 7; 27.9.1994 – GS 1/89 (A), BAGE 78, 56, 67.
48 BAG 24.11.1987 – 8 AZR 66/82, AP BGB § 611 Haftung des Arbeitnehmers Nr. 92.
49 BAG 11.1.1966 – 1 AZR 361/65 und 25.9.1997 – 8 AZR 288/96, AP BGB § 611 Haftung des Arbeitnehmers Nr. 36 und 111; 28.10.2010 – 8 AZR 418/09, NZA 2011, 345, 349; MüKo-BGB/*Henssler*, § 619a, Rn 39.
50 BAG 18.4.2002 – 8 AZR 348/01, NZA 2003, 37, 39; *Fischinger*, Haftungsbeschränkung, S. 524.
51 ErfK/*Preis*, § 619a BGB, Rn. 17; MüKo-BGB/*Henssler*, § 619a, Rn. 37.
52 S. Rn. 756.

densrisiko und Lohn bzw. für eine Existenzgefährdung des Arbeitnehmers durch einen vollen Schadensersatzanspruch, liegt es nahe, sich für mittlere Fahrlässigkeit zu entscheiden, erlaubt sie doch am ehesten eine argumentative Ausschöpfung des Sachverhalts.

3. Folgen

Je nachdem, welcher Verschuldensgrad dem Arbeitnehmer vorzuwerfen ist und wie sich die übrigen Umstände des Einzelfalls darstellen, ist der Anspruch des geschädigten **Arbeitgebers** auf **Sachschadensersatz analog § 254 I BGB zu kürzen** (vgl. auch Rn. 741). Keine Rolle spielt dabei, ob es sich um **vertragliche oder deliktische Schadensersatzverpflichtungen** handelt.[53] Auch auf Ansprüche aus §§ 280 I, 241 II, 311 II BGB kann die Haftungsprivilegierung anwendbar sein, vorausgesetzt, dass der Arbeitnehmer bereits in den Betrieb eingegliedert war.[54] 766

Nimmt man in **Fall 36** „nur" mittlere Fahrlässigkeit an, ist der Schaden von € 50.000 zwischen A und U aufzuteilen. Zulasten von A spricht, dass das Verhalten nur knapp unterhalb der groben Fahrlässigkeit anzusiedeln ist (vgl. Rn. 758) und ihm bereits in der Vergangenheit immer wieder Fehler unterliefen, so dass von einer ungestörten Betriebsdauer keine Rede sein kann. Umgekehrt ist – unter Zugrundelegung der Rechtsprechung des BAG – zu seinen Gunsten anzuführen, dass (1) er alleinerziehender Vater einer schwerbehinderten Tochter ist, deren Unterhaltslasten er vollständig allein tragen muss, (2) es sich bei der Kranführertätigkeit um eine gefahrgeneigte Tätigkeit handelt, bei der schon leichte Fehler zu erheblichen Schäden führen können und (3) zwischen eingetretenem Schaden und Lohn ein erhebliches Missverhältnis besteht, müsste A doch 25 Brutto-(!)-monatslöhne aufwenden, um den Schaden vollständig zu begleichen; geht man – richtigerweise – vom Nettolohn aus und zieht die notwendigen Lebenshaltungskosten ab, wäre A auf Jahre überschuldet. Unter Abwägung aller Umstände erscheint es daher angezeigt, ihm einen geringeren Anteil an den Schadensfolgen aufzubürden als dem U. Angemessen erscheint ein Verhältnis von 30:70 zu Lasten des U. A schuldet dem U „nur" € 15.000. 767

Im Bereich von **Personenschäden des Arbeitgebers** könnte die Lehre von der beschränkten Arbeitnehmerhaftung zwar grundsätzlich ebenso herangezogen werden wie bei Sachschäden. Sie hat hier aber keinen praktischen Anwendungsbereich, weil insoweit § 105 SGB VII eine vorrangige und abschließende Regelung trifft (näher Rn. 784 ff.), so dass es keines Rückgriffs auf das richterrechtliche Instrument der beschränkten Arbeitnehmerhaftung bedarf. 768

VI. Besonderheiten bei der Schädigung von Kollegen/Dritten

1. Problemstellung

Wie ausgeführt, ist die Lehre von der beschränkten Arbeitnehmerhaftung nicht anwendbar, wenn der Arbeitnehmer nicht einen Sachschaden seines Arbeitgebers, sondern eines Kollegen oder eines betriebsfremden Dritten verursacht (näher Rn. 746). 769

53 BAG 12.5.1960 – 2 AZR 78/58, AP BGB § 611 Haftung des Arbeitnehmers Nr. 16.
54 HWK/*Krause*, § 619a BGB, Rn. 25; MüKo-BGB/*Henssler*, § 619a, Rn. 21.

Im Außenverhältnis haftet er daher dem Geschädigten vollumfänglich. Auf den ersten Blick macht es deshalb einen gewaltigen Unterschied, ob der Arbeitnehmer einen Kollegen/Dritten, oder ob er den eigenen Arbeitgeber schädigt: Im ersten Fall muss er den Schaden vollständig alleine tragen, im zweiten haftet er unter Umständen nur eingeschränkt oder sogar überhaupt nicht. Führt man sich vor Augen, dass es oft allein vom Zufall abhängt, wen der Arbeitnehmer schädigt (vgl. nur die **Fälle 36-38**), erscheint diese Konsequenz nicht sachgerecht und birgt Potenzial für grobe Unbilligkeiten. Daher legt es eine **wirtschaftliche Betrachtungsweise** nahe, Widersprüche zwischen beiden Konstellationen zu vermeiden.[55] Da dem aus diesem **Lagevergleich** resultierenden Korrekturbedarf nun aber, wie gezeigt, nicht zu Lasten des geschädigten Kollegen/Dritten dadurch Rechnung getragen werden kann, dass dessen Anspruch gegen den Arbeitnehmer über die Grundsätze der beschränkten Arbeitnehmerhaftung beschränkt wird, ist nach einem anderen „Ausgleichsmechanismus" zu suchen. Zu finden ist er im **Innenverhältnis zwischen Arbeitgeber und Arbeitnehmer (innerbetrieblicher Schadensausgleich)**: Schädigte der Arbeitnehmer den Kollegen/Dritten mit leichtester Fahrlässigkeit, hat der Arbeitgeber den Schaden im *Innen*verhältnis zum Arbeitnehmer vollständig zu tragen, bei mittlerer Fahrlässigkeit erfolgt eine Schadensteilung, bei Vorsatz haftet der Arbeitnehmer auch im Innenverhältnis stets, bei grober Fahrlässigkeit grundsätzlich alleine. Ist somit das angestrebte Ergebnis klar, so bleibt lediglich zu klären, wie dies methodisch erreicht werden kann.

2. Methodische Umsetzung

770 Wie die „richtige" Schadensaufteilung zu erreichen ist, hängt von der jeweiligen Sachverhaltskonstellation ab. Entscheidend ist dabei erstens, ob auch der Arbeitgeber dem Geschädigten haftet und zweitens, wenn dies zu bejahen ist, ob der Geschädigte den Arbeitnehmer oder den Arbeitgeber in Anspruch nahm.

a) Bestehen eines Gesamtschuldverhältnisses

771 Denkbar ist zum einen, dass auch der Arbeitgeber dem Geschädigten haftet. Bei der Schädigung eines **Arbeitskollegen** kommt insb. eine Haftung des Arbeitgebers aus §§ 280 I, 241 II BGB in Betracht, wobei der schädigende Arbeitnehmer Erfüllungsgehilfe (§ 278 BGB) des Arbeitgebers ist; parallel kann § 831 BGB (Arbeitnehmer als Verrichtungsgehilfe) verwirklicht sein, wobei hier – anders als bei § 278 BGB – eine Exkulpation des Arbeitgebers möglich ist.[56] Schädigt der Arbeitnehmer einen betriebsfremden **Dritten**, kann eine Haftung des Arbeitgebers meist nur über § 831 BGB begründet werden.[57]

55 BAG (GS) 25.9.1957 – GS 4/56, BAGE 5, 1, 8; BAG 18.1.1966 – 1 AZR 247/63, AP BGB § 611 Haftung des Arbeitnehmers Nr. 37; Staudinger/*Richardi/Fischinger*, § 619a, Rn. 94 ff.

56 Eine Haftung aus § 823 I BGB i.V.m. § 31 BGB analog scheidet hingegen regelmäßig aus. Zwar ist die Norm über ihren engen Wortlaut hinaus nicht nur im Vereinsrecht, sondern im Wege der Analogie auch auf andere Konstellationen anwendbar. Zurechenbar ist aber nur das Verhalten „verfassungsmäßig berufener Vertreter", zu denen „normale" Arbeitnehmer in aller Regel nicht zählen (vgl. MüKo-BGB/*Leuschner*, § 31, Rn. 14 f.).

57 Etwas anderes würde gelten, wenn der Arbeitgeber mit dem Dritten in Vertragsbeziehungen steht und der Arbeitnehmer den Schaden in Ausführung des Vertrags verursachte. Dann würde der Arbeitgeber dem Dritten ohne Exkulpationsmöglichkeit aus §§ 280 I, 241 II, 278 BGB haften.

Kann der Geschädigte nach diesen Grundsätzen auch vom Arbeitgeber Schadensersatz verlangen, liegt zwischen Arbeitgeber und schädigendem Arbeitnehmer ein **Gesamtschuldverhältnis** vor, § 840 I BGB. Dieser wird nach herrschender Auffassung über seinen Wortlaut hinaus auch angewandt, wenn einer der Schädiger aus Vertrag *und* Delikt und der andere nur deliktisch haftet, ja verbreitet selbst dann, wenn einer der beiden nur aus Vertrag und der andere nur aus Delikt haftet.[58] Entsprechend sind für den Binnenausgleich zwischen Arbeitgeber und Arbeitnehmer die Regeln des Gesamtschuldnerausgleichs heranzuziehen. **772**

Nach **§ 426 I 1 BGB** sind Gesamtschuldner im Grundsatz zu gleichen Anteilen verpflichtet, d.h. Arbeitgeber und schädigender Arbeitnehmer hätten jeweils 50 % des Schadens zu tragen. Haftet der Arbeitgeber nur aus § 831 BGB, würden die Gewichte gemäß **§ 840 II BGB** sogar noch weiter zu Lasten des schädigenden Arbeitnehmers verschoben, würde er danach doch sogar alleine haften. Vermieden werden kann dieses nicht sachgerechte Ergebnis über die Formulierung **„ein anderes bestimmt"** in § 426 I 1 a.E. BGB. Sie erlaubt es, die Grundsätze der beschränkten Arbeitnehmerhaftung im Rahmen des Gesamtschuldnerausgleichs zu berücksichtigen, das heißt bei leichtester Fahrlässigkeit den Schaden vollständig dem Arbeitgeber, bei Vorsatz stets bzw. bei grober Fahrlässigkeit regelmäßig allein dem Arbeitnehmer aufzubürden und ihn bei mittlerer Fahrlässigkeit zu teilen. **773**

Um zu erläutern, was daraus für Anspruchsrichtung und -inhalt folgt, ist weiter zu differenzieren. Zur besseren Verständlichkeit wird dabei im Folgenden ein Fall zugrunde gelegt, in dem dem Arbeitnehmer nur leichteste Fahrlässigkeit vorzuwerfen ist, so dass der Arbeitgeber den Schaden im Innenverhältnis alleine zu tragen hat: **774**

(1) Hatte der Geschädigte noch keinen der beiden Gesamtschuldner in Anspruch genommen, gibt § 426 **I** BGB jedem von ihnen gegen den anderen einen Anspruch auf **Freistellung**, soweit dieser den Schaden im Innenverhältnis zu tragen hat. In concreto: Der Arbeitnehmer kann vom Arbeitgeber verlangen, dass dieser den Geschädigten befriedigt, soweit der Schaden im Innenverhältnis der Schädiger vom Arbeitgeber zu tragen ist (im Beispiel: 100 %).[59]

(2) Wenn einer der Gesamtschuldner bereits an den Geschädigten geleistet hat, wandelt sich dieser Freistellungsanspruch des § 426 **I** BGB automatisch in einen **Zahlungsanspruch** in Höhe des auf den anderen Gesamtschuldner im Innenverhältnis entfallenden Anteils um. Wurde im obigen Beispiel also der Arbeitnehmer vom Geschädigten in Anspruch genommen, kann er sich über § 426 I BGB an den Arbeitgeber halten. Wurde im Außenverhältnis hingegen der Arbeitgeber in Anspruch genommen, kann dieser nicht über § 426 I BGB vom Arbeitnehmer Regress verlangen.

(3) Mit Befriedigung des Geschädigten geht zudem dessen Anspruch gegen den anderen Gesamtschuldner per cessio legis nach § 426 **II 1** BGB auf den leistenden Gesamtschuldner über, soweit dieser nach den Umständen des Innenverhältnisses vom anderen Gesamtschuldner Ausgleich verlangen kann. Befriedigt der Arbeitnehmer im

58 Näher Staudinger/*Vieweg*, § 840, Rn. 15 m.w.N.; ist man in Bezug auf Letzteres anderer Auffassung, folgt das Gesamtschuldverhältnis unschwer aus §§ 421, 426 I BGB.

59 Vgl. zum Freistellungsanspruch allgemein Staudinger/*Looschelders*, § 426, Rn. 92 m.w.N.

obigen Beispiel den Geschädigten vollständig, geht mithin dessen Anspruch gegen den Arbeitgeber zur Gänze auf den Arbeitnehmer über.

Hinweis: Trennen Sie klar zwischen § 426 I und II BGB und sprechen Sie beide Vorschriften an! Zwar führen beide in der Regel zum selben praktischen Ergebnis, aber dogmatisch handelt es sich um zwei vollkommen unterschiedliche Ausgleichsmechanismen. Überdies können sich auch praktische Unterschiede ergeben, und zwar dann, wenn – was in den hier vorliegenden Konstellationen aber so gut wie nie der Fall sein wird – Sicherheiten bestellt sind, gehen diese bei der cessio legis des § 426 II BGB doch mit über, §§ 412, 401 BGB.

775 In **Fall 37** haftet dem P für dessen Sachschaden[60] nicht nur A (aus § 823 I BGB), sondern auch U (aus § 831 BGB). Für eine im Grundsatz nach § 831 I 2 BGB mögliche Exkulpation wegen ordnungsgemäßer Auswahl und Überwachung des A hat U nichts vorgetragen, sie erscheint angesichts der Tatsache, dass dem A bereits in der Vergangenheit immer wieder (kleine) Fehler unterlaufen sind, auch eher fernliegend. Daher liegt zwischen A und U ein Gesamtschuldverhältnis vor. Verlangt P von A Schadensersatz, kann sich A nach § 426 I BGB bzw. §§ 426 II, 831 I BGB an U halten, wobei der Umfang seines Anspruchs entsprechend der Lehre von der beschränkten Arbeitnehmerhaftung zu bestimmen ist. Geht man – wie in **Fall 36** (Rn. 767) – von einer quotalen Verteilung von 30:70 zu Lasten des U aus, kann A von ihm (€ 25.000 x 0,7 =) € 17.500 verlangen. (Fortsetzung **Rn. 820)**

b) Kein Gesamtschuldverhältnis

776 Wenn – mangels vertraglicher oder deliktischer Haftung des Arbeitgebers gegenüber dem Geschädigten – zwischen Arbeitgeber und Arbeitnehmer kein Gesamtschuldverhältnis vorliegt, ist der Weg über § 426 I bzw. II BGB nicht gangbar. Die Lösung erfolgt hier über **§ 670 BGB analog**. Dass § 670 BGB im Arbeitsverhältnis analog anwendbar ist, wurde bereits an anderer Stelle ausgeführt (Rn. 675 ff.). Er greift nicht nur bei „echten" (freiwilligen) Aufwendungen, sondern auch dann, wenn sich ein Arbeitnehmer infolge einer betrieblich veranlassten Tätigkeit deliktischen Schadensersatzforderungen ausgesetzt sieht.[61] Entsprechend hat der Arbeitnehmer gegen den Arbeitgeber – vor Befriedigung des Geschädigten – einen **Freistellungsanspruch aus §§ 670 analog, 257 BGB** sowie – wenn er an den Geschädigten gezahlt hat – einen **Aufwendungsersatzanspruch**. Die Höhe dieser Ansprüche wird wiederum durch die Grundsätze der beschränkten Arbeitnehmerhaftung bestimmt und der Anspruch ggf. analog[62] § 254 I BGB gekürzt: Handelte der Arbeitnehmer nur mit leichtester Fahrlässigkeit, hat er den vollen Anspruch, bei mittlerer Fahrlässigkeit wird der Anspruch anteilig gekürzt, bei grober Fahrlässigkeit entfällt er grundsätzlich, bei Vorsatz stets.

Hinweis: Auch wenn es sich eigentlich schon aus den obigen Ausführungen ergibt: Auf § 670 BGB analog ist nur zurückzugreifen, wenn kein Gesamtschuldnerausgleich über § 426 I, II BGB möglich ist. Anderenfalls ist angesichts des speziell geregelten Ausgleichsmechanismus kein Raum für eine analoge Anwendung!

60 Zum Personenschaden des P s. Rn. 820.

61 RAG 8.7.1931 – RAG 126/31, ARS 12, 452, 453; *Stoffels*, AR-Blattei Haftung des Arbeitgebers I, Rn. 133 ff.

62 § 254 I BGB kann nur analog angewendet werden, da es sich bei § 670 BGB (analog) nicht um einen Schadensersatz-, sondern einen Aufwendungsersatzanspruch handelt, vgl. auch *Fischinger*, Jura 2014, 594, 603 mit Fn. 42.

3. Zusammenfassung; Insolvenz des Arbeitgebers

Die Lehre von der beschränkten Arbeitnehmerhaftung wird in ganz unterschiedlichen Sachverhaltskonstellationen und auf verschiedene Weise relevant. Während sie im Zweipersonenverhältnis von geschädigtem Arbeitgeber und schädigendem Arbeitnehmer als **Anspruchsbeschränkung** fungiert (Rn. 741), **modifiziert sie bei Schädigung eines Dritten die Regressansprüche** zwischen Arbeitnehmer und Arbeitgeber, je nachdem im Rahmen des Gesamtschuldnerausgleichs oder des Aufwendungsersatzanspruchs des vom Geschädigten in Anspruch genommenen Arbeitnehmers. Grundlegend ist dabei aber der Gedanke, dass die wirtschaftliche Schadensverteilung von der konkreten methodischen Ausgestaltung im Grundsatz unabhängig sein muss, mit anderen Worten: Der Arbeitnehmer muss immer gleich stehen, unabhängig davon, ob er den eigenen Arbeitgeber oder einen Kollegen/Dritten schädigt und ob der Arbeitgeber letzterenfalls im Außenverhältnis dem Geschädigten ebenfalls haftet. **777**

Dieser Versuch, einen Gleichklang im wirtschaftlichen Endergebnis zu erzielen, scheitert in der Praxis allerdings ggf. dann, wenn ein Kollege/Dritter geschädigt wird und der **Arbeitgeber insolvent** ist. In diesem Fall wird sich der Geschädigte an den Arbeitnehmer halten, der dann zwar nach wie vor einen Ausgleichs- bzw. Aufwendungsersatzanspruch gegen den Arbeitgeber hat. Da es sich hierbei aber jeweils nur um eine normale Insolvenzforderung (§ 38 InsO) handelt, ist dieser Anspruch regelmäßig praktisch wertlos und der Arbeitnehmer bleibt weitestgehend auf dem Schaden „sitzen". Dass diese Konsequenz dennoch hinzunehmen ist, weil nun einmal die Grundsätze der beschränkten Arbeitnehmerhaftung im Außenverhältnis angesichts ihrer dogmatischen Begründung nicht angewandt werden können, ist grundsätzlich auch unbestritten. **778**

Für einen (Sonder-)Fall allerdings wird bei der Insolvenz des Arbeitgebers eine Ausnahme diskutiert. Es sind dies Konstellationen, in denen der Arbeitnehmer die Sache eines betriebsfremden Dritten beschädigt, die dieser dem Arbeitgeber aufgrund vertraglicher Abrede zur betrieblichen Nutzung überlassen hat (z.B. eine vom Arbeitgeber geleaste Maschine). In der Literatur wird in diesen **Betriebsmittelgeberfällen** teilweise dafür plädiert, dem Dritten gegenüber dem Arbeitnehmer nur insoweit einen Anspruch zu geben, wie ihn der Arbeitgeber gegen den Arbeitnehmer hätte, wenn er selbst der Geschädigte wäre; in der Sache bedeutet das eine Ausstrahlung der Grundsätze der beschränkten Arbeitnehmerhaftung auf das Außenverhältnis.[63] Der BGH lehnt eine Haftungsprivilegierung im Außenverhältnis allerdings auch in solchen Fällen ab,[64] was mit Blick auf die dogmatische Begründung der beschränkten Arbeitnehmerhaftung konsequent ist. **779 V**

VII. Zwingender Charakter

Nach herrschender – wenn auch in dieser apodiktischen Weise nicht überzeugenden – Meinung sind die ausgeführten Grundsätze der beschränkten Arbeitnehmerhaftung **einseitig zwingendes Arbeitnehmerschutzrecht**.[65] Eine vertragliche Abweichung **780**

63 *Gamillscheg*, AuR 1990, 167, 168; *Otto/Schwarze/Krause*, Haftung, § 17, Rn. 2 ff.
64 BGH 19.9.1989 – VI ZR 349/88, NJW 1989, 3273, 3274.
65 So BAG 2.12.1999 – 8 AZR 386/98, NZA 2000, 715, 716; 5.2.2004 – 8 AZR 91/03, NZA 2004, 649, 650; *Krause*, RdA 2013, 129, 138; *Schwarze*, RdA 2001, 178, 179 f.; *Brose*, RdA 2011, 205, 215 ff.; **a.A.** ErfK/*Preis*, § 619a BGB, Rn. 11; ausf. *Fischinger*, Haftungsbeschränkung, S. 700 ff.

von ihnen ist somit – wenig praxisrelevant – nur zu Gunsten des Arbeitnehmers möglich, nicht aber zu dessen Lasten.

VIII. Prüfungsschemata

1. Schädigung des Arbeitgebers

781 **Anspruch aus §§ 280, 241 II BGB:**

a) **Anspruch entstanden**
- Schuldverhältnis (Arbeitsvertrag)
- Pflichtverletzung
- Vertretenmüssen (kurzer Hinweis darauf, dass die Haftungsprivilegierung hier noch nicht relevant wird [Rn. 741]; Beachtung von § 619a BGB, Rn. 833 ff.)
- Schaden (und haftungsbegründende Kausalität)

b) **Anspruch erloschen**
- Echtes Mitverschulden des Arbeitgebers (§ 254 I BGB *direkt*)
- Kürzung gemäß der Grundsätze über die beschränkte Arbeitnehmerhaftung, § 254 I BGB *analog*
  - dogmatische Begründung (Rn. 740)
  - normative Verortung (Rn. 741)
  - personeller Anwendungsbereich auf Seiten des Schädigers (Rn. 743 ff.) und des Geschädigten (Rn. 746)
  - sachlicher Anwendungsbereich (Rn. 747 ff.)
  - Inhaltliche Erörterung der Haftungsprivilegierung
    - ○ Haftungsstufen (Rn. 756 ff.)
    - ○ Bestimmung der Schadensverteilungsquote

c) **Ergebnis**

Anspruch aus § 823 I BGB:

a) **Anspruch entstanden:** normale Prüfung von § 823 I BGB (§ 619a BGB ist *nicht* anwendbar, Rn. 836)

b) **Anspruch erloschen:** Kürzung nach § 254 I BGB direkt/analog (wie oben)

2. Schädigung eines Kollegen/betriebsfremden Dritten

782 **Ansprüche Geschädigter → Arbeitnehmer:**

a) aus §§ 280, 241 II BGB (-), auch nicht über einen Vertrag mit Schutzwirkung zugunsten Dritter

b) aus § 823 I BGB
- Anspruch entstanden: normale Prüfung von § 823 I BGB
- Anspruch erloschen: Kürzung gemäß der Grundsätze über die beschränkte Arbeitnehmerhaftung nach § 254 I BGB *analog*? (-), Anwendungsbereich nicht eröffnet (Rn. 746)

Ansprüche Geschädigter → Arbeitgeber:

a) aus §§ 280 I, 241 II BGB
- (-) wenn kein Schuldverhältnis zwischen den beiden *vor* dem schädigenden Ereignis vorlag
- anderenfalls: Zurechnung des Verschuldens des Arbeitnehmers nach § 278 BGB ohne Exkulpationsmöglichkeit und dementsprechend Haftung des Arbeitgebers

b) aus § 823 BGB i.V.m. § 31 BGB analog? Bei normalen Arbeitnehmern (-), da sie nicht „verfassungsmäßig berufene Vertreter" sind

c) aus § 831 BGB
- Arbeitnehmer als Verrichtungsgehilfe
- tatbestandsmäßige, rechtswidrige[66] deliktische Handlung des Verrichtungsgehilfen
- in Ausübung der Verrichtung
- keine Exkulpation, § 831 I 2 BGB

Ansprüche schädigender Arbeitnehmer → Arbeitgeber:

a) wenn der Arbeitgeber selbst dem Geschädigten haftet: Gesamtschuldnerausgleich
- § 426 I BGB
  - Gesamtschuldverhältnis
  - eigentlich 50:50 (§ 426 I 1 BGB) bzw. sogar 100:0 zu Lasten des Arbeitnehmers (§ 840 II BGB)
  - aber: Überlagerung durch innerbetrieblichen Schadensausgleich (Rn. 771 ff.)
- § 426 II BGB i.V.m. §§ 280 I, 241 II BGB bzw. § 831 BGB (dabei ebenfalls Überlagerung durch innerbetrieblichen Schadensausgleich)

b) wenn der Arbeitgeber dem Geschädigten selbst nicht haftet: Ausgleich über § 670 BGB analog
- grundsätzliche Anwendbarkeit des § 670 BGB analog im Arbeitsverhältnis (Rn. 675)
- Schadensersatzverpflichtung als „Aufwendung"
- Schadensverursachung bei einer betrieblich veranlassten Tätigkeit
- Kürzung des Anspruchs über § 254 I BGB analog
  - Anwendbarkeit von § 254 I BGB analog, Rn. 776
  - Überlagerung durch den innerbetrieblichen Schadensausgleich (Rn. 776)

C. Haftung des Arbeitgebers bei Sachschäden

Keine Besonderheiten bestehen, wenn der Arbeitgeber die Sache eines Arbeitneh- **783**
mers beschädigt oder zerstört. Er haftet nach §§ 280 I, 241 II BGB und § 823 I BGB, ohne sich auf eine Haftungsbeschränkung berufen zu können.

66 **Achtung:** § 831 BGB statuiert keine Haftung für fremdes Verschulden, sondern für eigenes Verschulden des Geschäftsherrn. Ein Verschulden des Verrichtungsgehilfen ist nicht zu prüfen und es besteht eine Exkulpationsmöglichkeit (§ 831 I 2 BGB)!

D. Haftungsersetzung durch Versicherungsschutz bei Personenschäden, §§ 104 ff. SGB VII

I. Einführung

784 Wird im Rahmen einer betrieblichen Tätigkeit nicht eine Sache, sondern eine **Person** geschädigt, könnten zwar grundsätzlich auch die Grundsätze der beschränkten Arbeitnehmerhaftung Anwendung finden, jedoch enthalten die §§ 104 ff. SGB VII vorgehende **Sonderbestimmungen**, die in ihrem Anwendungsbereich einen Rückgriff auf die richterrechtliche Haftungsprivilegierung ausschließen.

785 Die den §§ 104 ff. SGB VII zugrundeliegende Konzeption unterscheidet sich in ihrem Anwendungsbereich und ihren Wirkungen erheblich von den richterrechtlich entwickelten Grundsätzen der beschränkten Arbeitnehmerhaftung:

(1) Der **Anwendungsbereich** ist deutlich weiter als derjenige der beschränkten Arbeitnehmerhaftung. Erfasst wird nämlich nicht nur die Schädigung des Arbeitgebers durch einen Arbeitnehmer, sondern auch der umgekehrte Fall der Verletzung eines Arbeitnehmers durch seinen Arbeitgeber sowie Situationen, in denen Arbeitnehmer durch Arbeitskollegen verletzt werden (s. den Überblick unter Rn. 786).

(2) Die Wirkungen der §§ 104 ff. SGB VII können schlagwortartig als **„Haftungsersetzung durch Versicherungsschutz"** charakterisiert werden: Unter den dort genannten Voraussetzungen entfallen die eigentlich gegebenen privatrechtlichen Ansprüche des Geschädigten gegen den Schädiger auf Ersatz von Personenschäden, im Gegenzug erhält der Geschädigte Leistungen der gesetzlichen Unfallversicherung. Es wird also das privatrechtliche Haftungssystem durch ein öffentlich-rechtliches Versicherungssystem ersetzt. Dies gilt aber grundsätzlich nur bei **Personenschäden**. Denn nur für solche, nicht aber auch für Sachschäden, sieht das SGB VII Leistungen der gesetzlichen Unfallversicherung an den Geschädigten vor; entsprechend kann sich der zivilrechtliche Haftungsausschluss der §§ 104 ff. SGB VII auf Sachschäden nicht beziehen, würden doch sonst die Rechte des Geschädigten unzumutbar verkürzt werden. Eine Ausnahme besteht bei der Beschädigung eines Hilfsmittels[67] (vgl. § 8 III SGB VII).

Rechtsdogmatisch gerechtfertigt wird die „Haftungsersetzung durch Versicherungsschutz" nach (unzutreffender)[68] h.M. mit dem sog. Friedensargument, d.h. dadurch, dass die §§ 104 ff. SGB VII im Interesse eines möglichst ungestörten Betriebsablaufs eine Belastung der Beziehungen zwischen Schädiger und Geschädigtem vermeiden sollen.[69]

67 Hilfsmittel sind ärztlich verordnete Sachen, die den Erfolg der Heilbehandlung sichern oder die Folgen von Gesundheitsschäden mildern oder ausgleichen sollen (§ 31 SGB VII).

68 Im Einzelnen *Fischinger*, Haftungsbeschränkung, S. 456 ff.

69 RG 6.6.1910 – VI 110/09, RGZ 74, 27, 29; BSG 24.1.2006 – VI ZR 290/04, NZS 2006, 539, 540; BGH 27.6.2006 – VI ZR 143/05, NJW 2006, 3563, 3563 f.; *Maschmann*, SGb 1998, 54, 54 f.; *Krasney*, NZS 2004, 7; *Waltermann*, RdA 1998, 330, 339; HWK/*Giesen*, Vor §§ 104-113 SGB VII, Rn. 3.

II. Überblick

Weil die Regelungen der §§ 104 ff. SGB VII einigermaßen unübersichtlich sind, ist ein kurzer, bewusst vergröbernder Überblick hilfreich: 786

(1) **§ 104 SGB VII** erfasst Konstellationen, in denen ein Unternehmer (Arbeitgeber) einen Personenschaden eines Versicherten seines Unternehmens (also seines Arbeitnehmers) verursacht.

(2) **§ 105 I SGB VII** wird relevant, wenn ein Arbeitnehmer einen Arbeitskollegen desselben Betriebs verletzt.

(3) **§ 105 II SGB VII** greift, wenn ein Arbeitnehmer seinen nicht versicherten Unternehmer (Arbeitgeber) verletzt.

(4) **§ 105 I bzw. II 1 SGB VII** ist analog anzuwenden, wenn ein Arbeitnehmer seinen versicherten Unternehmer (Arbeitgeber) schädigt.

(5) Durch **§ 106 SGB VII** wird der persönliche Anwendungsbereich der Haftungsersetzung durch Versicherungsschutz weitreichend erweitert. Einbezogen werden z.B. Kinder in Kindergärten, Schüler in Schulen und Studenten in Hochschulen (Abs. 1), Pflegepersonen und Pflegebedürftige (Abs. 2), Personen verschiedener Unternehmen (Abs. 3) sowie Besucher (Abs. 4).

(6) **§ 110 SGB VII** normiert eine Regressmöglichkeit des leistenden Sozialversicherungsträgers, wenn der Schädiger grob fahrlässig oder vorsätzlich handelte.

III. Tatbestandsvoraussetzungen und Rechtsfolgen am Beispiel des § 104 SGB VII

1. Voraussetzungen

a) Versicherter

Der Geschädigte muss dem versicherten Personenkreis angehören. Dieser bestimmt sich nach **§§ 2-6 SGB VII**. Von besonderer (Klausur-)Bedeutung ist **§ 2 I Nr. 1 SGB VII**, wonach **„Beschäftigte"** versichert sind. Beschäftigung ist nach **§ 7 I SGB IV** die nichtselbstständige Arbeit, insb. in einem Arbeitsverhältnis, wobei v.a. die Weisungsgebundenheit der Tätigkeit und die Eingliederung in die Arbeitsorganisation des Weisungsgebers relevant sind. 787

Im Kontext von § 104 SGB VII kann auch **§ 2 II 1 SGB VII** relevant werden. Danach sind Personen versichert, die wie nach § 2 I Nr. 1 SGB VII Versicherte tätig sind. Eine solche **Wie-Beschäftigung** liegt vor, wenn nach dem gesamten Erscheinungsbild eine Tätigkeit erbracht wird, die auch von Personen erbracht werden könnte, die in einem Beschäftigungsverhältnis zum Unternehmer stehen.[70] 788

Hinweis: Die übrigen Regelungen der §§ 2-6 SGB VII haben nur geringe Klausurbedeutung. Aber: Über § 106 SGB VII findet eine erhebliche Erweiterung des Prinzips „Haftungsersetzung

70 BeckOK-SozR/*Wietfeld*, § 2 SGB VII, Rn. 228 ff.; *Waltermann*, Sozialrecht, Rn. 294 ff.

durch Versicherungsschutz“ statt. Das zeigt **Fall 41** (dazu Rn. 817). Es ist daher durchaus ratsam, sich die Vorschriften während der Examensvorbereitung durchzulesen, um ein Gefühl für sie zu entwickeln und das Problembewusstsein zu schärfen.

b) Für Unternehmen tätig/sonstige Versicherung begründende Beziehung

789 Der Geschädigte muss für das Unternehmen des Schädigers arbeiten oder zumindest in einer sonstigen, die Versicherung begründenden Beziehung stehen. Letzteres erfasst v.a. die Wie-Beschäftigten (§ 2 II SGB VII, Rn. 788) und ist z.B. bei Leiharbeitnehmern im Entleiherbetrieb[71] oder bei Fahrern eines Fremdunternehmens, die beim Einräumen gelieferter Ware mithelfen, der Fall.[72]

790 In **Fall 39** ist der Geschädigte A bei U in einem Arbeitsverhältnis beschäftigt. Er geht daher einer nichtselbstständigen Arbeit nach und ist mithin als Beschäftigter (§ 7 I SGB IV) Versicherter in der gesetzlichen Unfallversicherung (§ 2 I Nr. 1 SGB VII) und als solcher auch für U tätig. (Fortsetzung **Rn. 794**)

c) Unternehmer als Haftungsprivilegierter

791 § 104 SGB VII privilegiert Unternehmer. Das ist nach **§ 136 III Nr. 1 SGB VII** v.a. derjenige, dem das Ergebnis des Unternehmens unmittelbar zum Vor- oder Nachteil gereicht.

d) Versicherungsfall

792 Der Personenschaden muss durch einen Versicherungsfall verursacht worden sein. Versicherungsfälle sind nach **§ 7 I SGB VII** Arbeitsunfälle und Berufskrankheiten.

793 **Arbeitsunfälle** sind Unfälle von Versicherten infolge einer den Versicherungsschutz nach §§ 2, 3 oder 6 SGB VII begründenden Tätigkeiten**, § 8 I 1 SGB VII**. Darüber hinaus erweitert **§ 8 II SGB VII** den Kreis der versicherten Tätigkeiten; besonders bedeutsam ist § 8 II **Nr. 1** SGB VII, der den Weg vom Wohnort zur Arbeit erfasst. Als Unfall definiert das Gesetz dabei ein zeitlich begrenztes, von außen auf den Körper einwirkendes Ereignis, das zu einem Gesundheitsschaden oder zum Tod führt, § 8 I 2 SGB VII. Zwischen der den Versicherungsschutz begründenden Tätigkeit – beim Beschäftigten also die betriebliche Beschäftigung – und dem Arbeitsunfall muss ein **Kausalzusammenhang** bestehen. Das bereitet keine Schwierigkeiten, wenn das schädigende Ereignis während der regulären Arbeitszeit und im Zuge von Betriebsarbeiten eintritt. Probleme können sich aber z.B. bei Verletzungen beim Betriebssport oder auf einem Betriebsausflug ergeben. Im Übrigen kann dieser Kausalzusammenhang nicht nur körperlich-gegenständlich, sondern auch geistig-seelisch vermittelt werden, so dass auch psychische Störungen relevante Unfallfolge i.d.S. sein können.[73]

Hinweis: Zur Problematik des Kausalzusammenhangs besteht eine ausufernde Rechtsprechung, deren Kenntnis von Examenskandidaten nicht erwartet werden kann. Sollte sich in die-

71 Im Verleiherbetrieb sind sie „normale“ Beschäftigte, die von § 2 I Nr. 1 SGB VII erfasst werden.
72 BeckOK-SozR/*Stelljes*, § 104 SGB VII, Rn. 13; *Junker*, Grundkurs Arbeitsrecht, Rn. 315.
73 BSG 9.5.2006 – B 2 U 1/05 R, NZS 2007, 212, 213; *Waltermann*, Sozialrecht, Rn. 307 ff.

sem Bereich ein Problem stellen, wird es darauf ankommen, einen argumentativ unterfütterten Standpunkt zu entwickeln. Dabei mag als Daumenregel herangezogen werden, dass dasjenige, was – zumindest mittelbar – dem Betrieb zu dienen bestimmt ist, tendenziell Versicherungsschutz genießt (z.B. ein Betriebsausflug, wenn dieser der Stärkung des Betriebsklimas dient).[74]

In **Fall 39** erleidet der A durch den ihn am Kopf treffenden Vorschlaghammer einen Gesundheitsschaden. Das geschieht durch ein von außen auf den Körper einwirkendes Ereignis während der Arbeit, ein Versicherungsfall in Gestalt eines Arbeitsunfalls liegt mithin vor, § 8 I SGB VII. (Fortsetzung **Rn. 803**) **794**

Im Gegensatz zu dem durch ein plötzliches Ereignis gekennzeichneten Arbeitsunfall sind **Berufskrankheiten** durch (oft: jahre-)lange Einwirkungs- und Latenzzeiten geprägt.[75] Was als dem Versicherungsschutz der Unfallversicherung unterfallende Berufskrankheit anzuerkennen ist, ist grundsätzlich **abschließend** durch Rechtsverordnung[76] geregelt, **§ 9 I SGB VII**. Ist eine Erkrankung in diesem Katalog nicht enthalten, kommt nur noch eine sog. **Wie-Erkrankung** nach **§ 9 II SGB VII** in Betracht, die jedoch nur unter engen Voraussetzungen anzuerkennen ist. **795**

e) Kein Ausschluss

Der Haftungsausschluss greift gemäß § 104 I SGB VII a.E. in zwei Fällen nicht ein: **796**

(1) Wenn der Unternehmer den Versicherungsfall **vorsätzlich** hervorgerufen hat. Wie ein Gegenschluss zu § 110 I 3 SGB VII zeigt, nach dem sich das Verschulden im Rahmen der Regressmöglichkeit für den Sozialversicherungsträger (Rn. 807 f.) nur auf das den Versicherungsfall verursachende Handeln bzw. Unterlassen beziehen muss, liegt Vorsatz i.S.v. § 104 I SGB VII a.E. nur vor, wenn er sich **sowohl auf das den Versicherungsfall verursachende Handeln/Unterlassen** wie auf die **konkrete Schadensfolge** bezieht.[77]

In **Fall 40** liegen die positiven Voraussetzungen von § 104 I 1 SGB VII (Versicherungsfall, Geschädigter, Unternehmer als Haftungsprivilegierter, Arbeitsunfall auf dem Weg zur Arbeit, § 8 II Nr. 1 SGB VII) vor. Seine Anwendung scheitert auch nicht deshalb, weil U ein vorsätzliches Handeln vorgeworfen werden könnte. Zwar verstieß er vorsätzlich gegen Vorschriften aus der StVO (v.a. § 3 I), er hatte aber keinen Vorsatz hinsichtlich des weiteren Geschehensablaufs und erst recht nicht in Bezug auf die Schädigung des A. (Fortsetzung **Rn. 799**) **797**

(2) Der Haftungsausschluss scheidet aus, wenn der Versicherungsfall auf einem **nach § 8 II Nr. 1-4 SGB VII versicherten Weg** herbeigeführt wurde. Relevant ist v.a. der von Nr. 1 erfasste (tägliche) unmittelbare Weg vom Wohnort zum Ort der Tätigkeit. **798**

---

74 Näher und m.w.N. ErfK/*Rolfs*, § 8 SGB VII, Rn. 5 ff.; Kasseler Kommentar/*Ricke*, § 8 SGB VII, Rn. 10.

75 BeckOK-SozR/*Wietfeld*, § 9 SGB VII, Rn. 2.

76 Berufskrankheiten-Verordnung samt Anlagen, abzurufen z.B. unter http://www.gesetze-im-internet.de/bkv/.

77 Ganz h.M., vgl. z.B. BGH 11.2.2003 – VI ZR 34/02, NJW 2003, 1605, 1606; Kasseler Kommentar/*Ricke*, § 104 SGB VII, Rn. 12; **a.A.** *Rolfs*, NJW 1996, 3177, 3178.

799 In **Fall 40** ist § 104 SGB VII also ausgeschlossen, weil der Versicherungsfall auf dem unmittelbaren Weg vom Wohnort des A zum Betrieb herbeigeführt wurde, § 8 II Nr. 1 SGB VII. (Fortsetzung **Rn. 801**)

800 V Greift der Haftungsausschluss wegen einer dieser Ausnahmen nicht ein, kann sich der geschädigte Arbeitnehmer nicht nur (privatrechtlich) an den Unternehmer halten, sondern hat zudem sozialversicherungsrechtliche Ansprüche gegen den Unfallversicherungsträger. Um eine ungerechtfertigte Begünstigung des Geschädigten entgegen dem schadensrechtlichen Bereicherungsverbot[78] zu vermeiden, sieht **§ 104 III SGB VII** vor, dass zeitlich und inhaltlich kongruente Leistungen des Unfallversicherungsträgers auf den privatrechtlichen Schadensersatzanspruch **angerechnet** werden.

801 In **Fall 40** kann § 104 III SGB VII relevant werden: Weil die zivilrechtliche Haftung des U bei einem Wegeunfall nicht ausgeschlossen ist, kann sich A im Grundsatz sowohl an ihn wie an den Unfallversicherungsträger wenden. Sollte dieser dem privatrechtlichen Anspruch kongruente Leistungen erbringen, wird der privatrechtliche Anspruch gegen den U entsprechend gekürzt.

2. Rechtsfolgen

a) Ausschluss von Ansprüchen auf Ersatz von Personenschäden

802 § 104 I SGB VII schließt die privatrechtliche Haftung des schädigenden Unternehmers für Personenschäden der in oder für sein Unternehmen tätig werdenden Versicherten aus. Das gilt unabhängig davon, auf welcher zivilrechtlichen Grundlage (vertraglich oder deliktisch) sie beruht.[79] Dogmatisch handelt es sich richtigerweise um eine **rechtshindernde Einwendung**.[80] Anstelle der ausgeschlossenen privatrechtlichen Ansprüche treten die – nicht zum Examensstoff zählenden – Leistungen der gesetzlichen Unfallversicherung, die in ihrem Umfang nicht genau dem Schadensersatz nach §§ 842 f. BGB entsprechen, sondern – je nach Situation – für den Geschädigten günstiger oder ungünstiger sein können.

803 Weil in **Fall 39** die Voraussetzungen des § 104 I 1 SGB VII vorliegen, sind sämtliche vertraglichen (§§ 280, 241 II BGB) wie deliktischen (§ 823 I BGB; § 823 II BGB i.V.m. § 229 StGB) Ansprüche gegen U wegen des Personenschadens ausgeschlossen.

804 In personeller Hinsicht erfasst der Ausschluss nicht nur die Ansprüche des **Versicherten selbst**, sondern auch seiner **Angehörigen** oder **Hinterbliebenen**. Über § 104 II SGB VII gilt das auch für eine durch den Versicherungsfall geschädigte **Leibesfrucht**.

78 Vgl. dazu z.B. BGH 24.3.1959 – VI ZR 90/58, NJW 1959, 1078, 1079; 28.6.2007 – VII ZR 81/06, NJW 2007, 2695, 2696; Staudinger/*Schiemann*, Vorbem. 2 zu §§ 249-254.

79 Staudinger/*Oetker*, § 618, Rn. 358; Becker/Burchardt/*Krasney*/Kruschinsky, SGB VII, § 104, Rn. 16; *Waltermann*, Sozialrecht, Rn. 344 ff.

80 Näher *Fischinger*, Haftungsbeschränkung, S. 450 f.; **a.A.** (für rechtshemmende Einwendung) Staudinger/*Oetker*, § 618, Rn. 324; *Fuchs*, Zivilrecht und Sozialrecht, S. 200 f.

Personenschäden sind alle unmittelbar oder mittelbar adäquat kausal auf der Körper- oder Gesundheitsverletzung beruhenden Schäden.[81] **Sachschäden** sind hingegen grundsätzlich nicht erfasst; eine Ausnahme gilt wegen § 8 III SGB VII nur bei der Beschädigung oder beim Verlust eines Hilfsmittels[82]. **805**

Nach h.M. zählt grundsätzlich auch das **Schmerzensgeld** zu den durch § 104 I SGB VII ausgeschlossenen Ansprüchen. Die Verfassungskonformität dessen ist umstritten, wird von der zutreffenden h.M. aber bejaht.[83] Nur in zwei Konstellationen sind Schmerzensgeldansprüche nicht ausgeschlossen: Erstens bei *Schockschäden von Angehörigen/Hinterbliebenen* (erfasst § 104 SGB VII doch nur Ansprüche wegen der Verletzung des *Versicherten*) sowie zweitens, wenn der Schmerzensgeldanspruch nicht auf der Verletzung von Körper oder Gesundheit, sondern dem *allgemeinen Persönlichkeitsrecht* des Versicherten beruht.[84] **806 V**

b) Regress des Unfallversicherungsträgers beim Schädiger

Ist ein Sozialversicherungsträger verpflichtet, auf Grund eines Schadensereignisses Sozialleistungen zu erbringen, so gehen gemäß **§ 116 I 1 SGB X** grundsätzlich eventuelle (privatrechtliche) Schadensersatzansprüche des Geschädigten gegen den Schädiger per cessio legis auf den Sozialversicherungsträger über. Dieser Regelungsmechanismus ist sachgerecht, wo bspw. ein Radfahrer einen Fußgänger anfährt und verletzt. Im vorliegenden Kontext wäre eine solche cessio legis aber kontraproduktiv, würde sie doch den schädigenden Unternehmer doppelt belasten: Zum einen finanziert er mit seinen Beiträgen die gesetzliche Unfallversicherung alleine (§ 150 I 1 SGB VII), zum anderen könnte er über § 116 I 1 SGB X i.V.m. der jeweiligen zivilrechtlichen Haftungsnorm in Anspruch genommen werden. Um zu vermeiden, dass der Unternehmer für ein und denselben Versicherungsfall zweimal leisten muss, schließt **§ 104 I 2 SGB VII** die cessio legis des § 116 SGB X aus. **807 V**

Damit sind aber nicht jegliche Regressmöglichkeiten des leistenden Unfallversicherungsträgers gegen den schädigenden Unternehmer ausgeschlossen. Die maßgebliche Vorschrift enthält **§ 110 I 1 SGB VII**. Danach haftet der vorsätzlich oder grob fahrlässig den Versicherungsfall verursachende Schädiger dem Sozialversicherungsträger für die infolge des Versicherungsfalls entstehenden Aufwendungen; das Verschulden muss sich dabei nicht auf die Schadensfolge erstrecken, es genügt, dass es sich auf das den Versicherungsfall verursachende Handeln/Unterlassen bezieht, § 110 I 3 SGB VII. **808 V**

Hinweis: Ein maßgeblicher Unterschied zwischen dem Weg über § 116 SGB X und dem Regress nach § 110 I 1 SGB VII liegt darin, dass Letzterer nur bei Vorsatz und grober Fahrlässigkeit eingreift. Mit anderen Worten findet also eine Haftungsentlastung des Schädigers von leichter Fahrlässigkeit statt.

81 Becker/Franke/Molkentin/*Grüner*, SGB VII, § 104, Rn. 24 f.

82 Hilfsmittel sind ärztlich verordnete Sachen, die den Erfolg der Heilbehandlung sichern oder die Folgen von Gesundheitsschäden mildern oder ausgleichen sollen (§ 31 SGB VII).

83 BVerfG 27.2.2009 – 1 BvR 3505/08, NZA 2009, 509, 510; BGH 4.6.2009 – III ZR 229/07, NJW 2009, 2956, 2958; aus der Literatur z.B. Kasseler Kommentar/*Ricke*, § 104 SGB VII, Rn. 2; Wannagat/*Waltermann*, Sozialgesetzbuch, § 104 SGB VII, Rn. 18; ausf. *Fischinger*, Haftungsbeschränkung, S. 500 ff.; **a.A.** *Fuhlrott*, NZS 2007, 237, 241 f.; *Richardi*, NZA 2002, 1004, 1009; *Fuchs*, Deliktsrecht, S. 296 f.

84 BGH 6.2.2007 – VI ZR 55/06, NJW-RR 2007, 1395, 1396.

IV. Prüfungsschema

809

1. Prüfung des „normalen" **anspruchsbegründenden Tatbestands** (v.a. §§ 280, 241 II BGB [§ 619a BGB!] bzw. § 823 I BGB oder § 823 II BGB i.V.m. § 229 StGB)
2. **Ausschluss des Anspruchs** nach § 104 I 1 SGB VII?
   a) **Voraussetzungen:**
      - Geschädigter = Versicherter i.S.v. §§ 2-6 SGB VII (Rn. 787)
      - Tätigkeit für Unternehmen oder sonstige die Versicherung begründende Beziehung (Rn. 789)
      - Unternehmer als Haftungsprivilegierter (Rn. 791)
      - Versicherungsfall, § 7 SGB VII
        - Arbeitsunfall, § 8 SGB VII (Rn. 793) *oder*
        - Berufskrankheit, § 9 SGB VII (Rn. 795)
      - kein Ausschluss
        - vorsätzliche Verursachung des Versicherungsfalls (Rn. 796) *oder*
        - Wegeunfall, § 8 II Nr. 1-4 SGB VII (Rn. 798)

   b) **Rechtsfolge:** Ausschluss von Ersatzansprüchen wegen Personenschäden

V. Hinweise zu den §§ 105, 106 SGB VII

810 Die Voraussetzungen und Rechtsfolgen der §§ 105, 106 SGB VII entsprechen im Wesentlichen denen von § 104 SGB VII. Insb. hinsichtlich des **Versicherungsfalls** und der **Ausschlusstatbestände** kann uneingeschränkt nach oben verwiesen werden (Rn. 792 ff. und 802 ff.). Erörterungsbedürftig sind daher nur noch die von diesen Vorschriften erfassten Szenarien in personeller Hinsicht. Im Einzelnen:

1. Geschädigter: Arbeitskollege, § 105 I SGB VII

811 § 105 I SGB VII erfasst Konstellationen, in denen eine Person einen Versicherungsfall eines **Versicherten desselben Betriebs** verursacht. Der Regelfall in Klausur und Praxis ist die Schädigung eines Arbeitnehmers durch einen Arbeitskollegen. Allerdings ist nicht erforderlich, dass der **Schädiger** selbst Versicherter ist. Auch muss er nicht Angehöriger des Unfallbetriebs sein, er kann auch bei einem anderen Arbeitgeber beschäftigt sein, solange er nur zum Zeitpunkt des Versicherungsfalls zumindest wie ein Beschäftigter (§ 2 II SGB VII) für den Unfallbetrieb tätig wurde.[85] Der **Geschädigte** muss Versicherter sein (näher Rn. 787). Der Versicherungsfall muss im Rahmen einer **betrieblichen Tätigkeit** verursacht worden sein, das heißt bei einer Tätigkeit, die dem Schädiger entweder ausdrücklich von dem Betrieb und für den Betrieb übertragen wurde oder die er im Interesse des Betriebs ausführte.[86]

812 Liegen diese Voraussetzungen vor, entfallen – vergleichbar § 104 I 1 SGB VII – zivilrechtliche Ansprüche auf Ersatz von Personenschäden, und zwar sowohl des Ge-

85 BAG 19.2.2009 – 8 AZR 188/08, NZA-RR 2010, 123; *Waltermann*, Sozialrecht, Rn. 349 ff.

86 Vgl. näher BAG 18.4.2002 – 8 AZR 348/01, NZA 2003, 37; 18.1.2007 – 8 AZR 250/06, NZA 2007, 1230.

schädigten selbst wie seiner Angehörigen und Hinterbliebenen. Anders als bei den im Bereich von Sachschäden relevanten Grundsätzen beschränkter Arbeitnehmerhaftung wirkt sich § 105 I SGB VII also unmittelbar auch auf das privatrechtliche Verhältnis unter Arbeitskollegen aus.

In **Fall 38** ist der Haftungstatbestand des § 823 I BGB erfüllt. Es handelt sich jedoch um einen im Rahmen einer betrieblichen Tätigkeit eingetretenen Arbeitsunfall unter Arbeitskollegen, der weder vorsätzlich noch auf einem nach § 8 II Nr. 1-4 SGB VII versicherten Weg verursacht wurde. Es greift daher § 105 I 1 SGB VII ein, K hat gegen A keinen Anspruch, sondern kann sich nur an den Unfallversicherungsträger halten. **813**

2. Geschädigter: Unternehmer, § 105 II SGB VII

§ 105 II 1 SGB VII greift ein, wenn ein **nicht versicherter Unternehmer** geschädigt **814** wird. Durch den Verweis auf Abs. 1 wird klargestellt, dass dies durch eine Person geschehen sein muss, die für denselben Betrieb tätig wurde, d.h. v.a. durch einen Arbeitnehmer oder einen Wie-Beschäftigten (§ 2 II SGB VII).

Keine ausdrückliche gesetzliche Regelung hat die Frage erfahren, ob auch bei der **815** Schädigung eines **versicherten Unternehmers** (vgl. § 3 I Nr. 1 SGB VII) ein Haftungsausschluss erfolgt. Das wird verbreitet im Wege eines erst-Recht-Schlusses zu § 105 II SGB VII bejaht.[87] Dem ist im Ergebnis zuzustimmen, macht es im Hinblick auf die Schutzbedürftigkeit des schädigenden Arbeitnehmers doch keinen Unterschied, ob der Unternehmer unfallversichert ist oder nicht. Dogmatisch dürfte es aber vorzugswürdig sein, nicht Abs. 2, sondern Abs. 1 heranzuziehen und den Unternehmer als „Versicherten desselben Betriebs“ einzustufen.[88]

3. Haftung anderer Personen, § 106 SGB VII

Durch § 106 SGB VII werden zahlreiche, meist nicht dem Arbeitsrecht zugehörige **816** Szenarien dem Prinzip der Haftungsersetzung durch Versicherungsschutz unterstellt. Das gilt insb. für Abs. 1 (u.a. Schüler und Studierende), Abs. 2 (Pflegepersonen untereinander sowie im Verhältnis zum Pflegebedürftigen) und Abs. 3 Alt. 1 und 2 (Zusammenarbeit bei Unglücksfällen bzw. von Zivilschutzunternehmen).

Ein Beispiel für den weiten Anwendungsbereich der §§ 104 ff. SGB VII enthält **Fall 41**. **817** Nach §§ 106 I Nr. 1, 105 I SGB VII i.V.m. § 2 I Nr. 8 lit. c) SGB VII gilt der Haftungsausschluss auch zwischen Studierenden an Hochschulen. C und S sind Studierende derselben Hochschule. Die schädigende Handlung erfolgte beim Verfassen der Hausarbeit und dabei in engem Zusammenhang mit der „betrieblichen Tätigkeit“[89]. Mangels Eingreifen der Aus-

87 OLG Karlsruhe 24.5.2002 – 10 U 253/01, VersR 2003, 506; OLG Koblenz 19.4.2004 – 12 U 544/03, r+s 2004, 345; HWK/*Giesen*, § 105 SGB VII, Rn. 9.

88 *Fischinger*, Haftungsbeschränkung, S. 431 f. m.w.N.

89 Es besteht Einigkeit, dass auch § 106 SGB VII eine betriebliche Tätigkeit voraussetzt, der Begriff aber nicht wie im klassischen Arbeitsleben verstanden werden kann, sondern den Besonderheiten des Ausbildungsbetriebs Rechnung getragen werden muss (näher Kasseler Kommentar/*Ricke*, § 106 SGB VII, Rn. 6; ErfK/*Rolfs*, § 106 SGB VII, Rn. 2).

nahmen (Vorsatz; Wegeunfall) sind die privatrechtlichen Ansprüche der K somit ausgeschlossen.

VI. Schädigung betriebsfremder Dritter

818 V Wie sich (implizit) aus den vorstehenden Ausführungen ergibt, bieten die §§ 106 ff. SGB VII **grundsätzlich keinen Schutz**, wenn ein Arbeitgeber oder Arbeitnehmer einen Personenschaden eines betriebsfremden, nicht für das Unternehmen tätigen Dritten verursacht. Das ist systemgerecht, würden doch ansonsten die Unternehmer mit ihren Beiträgen (§ 150 I SGB VII) einen Versicherungsschutz für Personen finanzieren, mit denen sie im Grundsatz nichts zu tun haben. Entsprechend haftet der schädigende Arbeitgeber/Arbeitnehmer dem betriebsfremden Dritten **im Außenverhältnis unbeschränkt**.

819 V Dieser Grundsatz wird aber in **zwei Fällen durchbrochen**:

(1) Erbringen Versicherte mehrerer Unternehmen vorübergehend betriebliche Tätigkeiten auf einer **gemeinsamen Betriebsstätte**, ist ihre Haftung untereinander nach **§ 106 III Alt. 3 SGB VII** ausgeschlossen; Gleiches gilt zugunsten bzw. zulasten der beteiligten versicherten[90] Unternehmer.

(2) Besucher, d.h. Personen, die sich mit Willen des Unternehmers[91] auf der Unternehmensstätte aufhalten, werden nach § 3 I Nr. 2 SGB VII in den Versicherungsschutz der gesetzlichen Unfallversicherung einbezogen. Erleiden sie dabei einen Personenschaden, sind ihre privatrechtlichen Ansprüche gegen den schädigenden Unternehmer bzw. Arbeitnehmer nach **§ 106 IV** i.V.m. § 104 I 1 bzw. § 105 I 1 SGB VII ausgeschlossen.

820 In **Fall 37** schädigt A einen betriebsfremden Dritten, § 105 I 1 SGB VII greift daher nicht ein. Auch § 106 III Alt. 3 und IV SGB VII sind nicht einschlägig. A haftet dem P aus § 823 I BGB auf Schadensersatz für die Behandlungskosten grundsätzlich in Höhe von € 20.000. Ist P gesetzlich krankenversichert, ist der Anspruch allerdings gemäß § 116 I 1 SGB X im Wege einer cessio legis auf die gesetzliche Krankenkasse übergegangen.[92] A hat daher an diese zu leisten. Jedoch hat A einen Regressanspruch gegen U. Weil U dem P selbst aus § 831 BGB haftet (Rn. 775), greifen insoweit § 426 I bzw. §§ 426 II, 831 I BGB. Geht man von einer quotalen Verteilung von 30:70 zu Lasten des U aus (Rn. 775), entfallen im Innenverhältnis in Bezug auf den Personenschaden auf A € 6.000, auf U € 14.000.

90 Nach h.M. hingegen nicht für nicht versicherte Unternehmer, BSG 26.6.2007 – B 2 U 17/06, SozR 4-2700, § 105 Nr. 2; HKW/*Giesen*, § 106 SGB VII, Rn. 3.

91 Zu diesem Erfordernis Becker/Franke/Molkentin/*Ziegler*, SGB VII, § 3, Rn. 14.

92 Beachten Sie: Der Anspruchsübergang hängt *nicht* davon ab, ob die Krankenkasse tatsächlich Sozialleistungen erbrachte, es genügt, dass sie hierzu verpflichtet ist „diese [...] zu erbringen“. Daher findet die cessio legis nicht erst nach Leistung der Krankenkasse statt, sondern bereits in der juristischen Sekunde der Entstehung des Anspruchs bei P (vgl. auch *Fischinger*, Jura 2014, 594, 606).

E. Mankohaftung

I. Begriff und Differenzierung

Wird einem Arbeitnehmer ein Warenlager oder Kassenbestand anvertraut, bei dem sich sodann ein **Fehlbestand** i.S.e. negativen Abweichung des Ist- vom Soll-Bestand (= Manko)[93] ergibt, stellt sich die Frage nach einer Haftung für dieses Manko. Bei der Antwort hierauf ist zwischen der **gesetzlichen** und einer möglichen **vertraglichen Mankohaftung** zu differenzieren. 821

II. Gesetzliche Mankohaftung

1. Anspruchsgrundlage

Zweifellos ist im Grundsatz eine Haftung des verantwortlichen Arbeitnehmers für ein derartiges Manko möglich. Umstritten ist jedoch, auf welche Anspruchsgrundlage der Arbeitgeber sich stützen kann: 822

Das **BAG** verfolgt im Bereich der Mankohaftung ein **zweiteiliges Haftungskonzept**. Ist der Arbeitnehmer **nur Besitzdiener** (§ 855 BGB) der ihm anvertrauten Sachen, leitet es seine grundsätzliche Haftung aus *§§ 280, 241 II BGB* her. Ist er hingegen nicht nur Besitzdiener, sondern **alleiniger unmittelbarer Besitzer** (§ 854 I BGB), konstruiert das Gericht neben dem Arbeitsverhältnis ein (konkludentes) Verwahrungs- oder Auftragsverhältnis, in dessen Rahmen dem Arbeitnehmer seine Pflicht zur Herausgabe der anvertrauten Sachen (§ 695 BGB bzw. § 667 BGB) in Bezug auf das Manko sodann unmöglich ist und er dem Arbeitgeber folglich aus *§§ 280 I, III, 283 BGB* haftet.[94] Diese Fallkonstellation ist wenig praxisrelevant, da Arbeitnehmer angesichts ihrer Weisungsgebundenheit und der Fremdnützigkeit ihrer Tätigkeit meist nur Besitzdiener sind;[95] etwas anderes kann gelten, wenn dem Arbeitnehmer die Sache nicht nur zum dienstlichen, sondern auch zum freien Gebrauch überlassen wird (v.a. privat nutzbarer Dienstwagen).[96] 823

Selbst wenn also auch unter Zugrundelegung der Auffassung des BAG regelmäßig §§ 280 I, 241 II BGB heranzuziehen ist, wird die von ihm vorgenommene Differenzierung in der Literatur zu Recht abgelehnt.[97] Der Arbeitsvertrag ist kein typengemischter Vertrag, eine Heranziehung des Verwahrungs- bzw. Auftragsrechts ist überflüssig. Die Unmöglichkeit der Herausgabe des fehlenden Bestandes kann unabhängig von der besitzrechtlichen Stellung des Arbeitnehmers als **Schlechtleistung** über **§§ 280 I, 241 II BGB** „abgewickelt“ werden. 824

93 Vgl. *Krause*, RdA 2013, 129.
94 BAG 22.5.1997 – 8 AZR 562/95 und 2.12.1999 – 8 AZR 386/98, AP BGB § 611 Mankohaftung Nr. 1 und 3.
95 Vgl. Staudinger/*Gutzeit*, § 855, Rn. 11 f.
96 LAG Düsseldorf 4.7.1975 – 11 Sa 689/75, DB 1975, 1849.
97 *Preis/Kellermann*, SAE 1998, 133, 135; *Herrmann*, in: FS Reuter (2010), 525, 538 ff.; *Krause*, RdA 2013, 129, 132 f.; Staudinger/*Richardi/Fischinger*, § 619a, Rn. 109.

2. Anspruchsinhalt und -begrenzung

825 Auf was der Anspruch gerichtet ist, hängt davon ab, auf was sich das Manko bezieht. Bei einem mangelhaften Geldbestand schuldet der Arbeitnehmer im Wege der Naturalrestitution (§ 249 I BGB) Zahlung eines entsprechenden Geldbetrags. Bezieht sich das Manko auf einen Warenbestand, hat der Arbeitnehmer den Wiederbeschaffungswert und, falls wegen des Mankos kein Verkaufserlös realisiert werden konnte, auch diesen auszugleichen (§ 252 S. 1 BGB).[98]

826 Selbstverständlich sind auch auf den Schadensersatzanspruch wegen des Mankos die **Grundsätze beschränkter Arbeitnehmerhaftung** anwendbar.[99] Das gilt auch für § 619a BGB, es sei denn, der Arbeitnehmer war ausnahmsweise Alleinbesitzer (s. Rn. 837).

III. Vertragliche Mankohaftung

1. Hintergrund

827 Unabhängig davon, ob man im Rahmen der gesetzlichen Mankohaftung dem BAG oder der hier vertretenen Auffassung folgt (Rn. 823), kommt eine Haftung stets nur bei einem **Verschulden** des Arbeitnehmers in Betracht. Die damit verbundenen Schwierigkeiten des Verschuldensnachweises werden von Arbeitgeberseite teilweise als unbefriedigend angesehen und daher nach einer Haftungserweiterung gestrebt. Entsprechend soll durch vertragliche Regelung (die sog. **Mankoabrede**) eine **Garantiehaftung** des Arbeitnehmers dergestalt statuiert werden, dass dieser auch dann für einen eventuellen Fehlbestand haftet, wenn ihn an diesem **kein Verschulden** trifft bzw. ihm ein solches nicht nachgewiesen werden kann.[100] Die damit für den Arbeitnehmer verbundenen Nachteile liegen auf der Hand: Nicht nur droht eine Umgehung der richterrechtlichen Grundsätze beschränkter Arbeitnehmerhaftung,[101] sondern dem Arbeitnehmer wird mit der Verlustgefahr auch ein Risiko aufgebürdet, das eigentlich der Arbeitgeber zu tragen hat.

2. Zulässigkeit und Grenzen

828 Trotz der beschriebenen Gefahren hält die herrschende Auffassung Mankoabreden aufgrund der Vertragsfreiheit für grundsätzlich zulässig, zieht ihnen aber zum Schutz des Arbeitnehmers Grenzen: **(1)** Voraussetzung ist zunächst, dass neben dem Arbeitnehmer **keine anderen Personen Zugriff auf den Bestand** haben können, kann doch nur auf diese Weise ein Fremdverschulden an einem eventuellen Manko ausgeschlossen werden. **(2)** Dem Arbeitnehmer muss für das mittels der Mankoabrede zusätzlich übernommene Risiko ein **angemessener wirtschaftlicher Ausgleich** gewährt werden.[102] Dies geschieht meist durch Zahlung eines zusätzlichen Entgelts, dem sog.

98 ErfK/*Preis*, § 619a BGB, Rn. 34.
99 BAG 22.5.1997 – 8 AZR 562/95, NJW 1998, 1011.
100 Küttner/*Griese*, Personalbuch, „Fehlgeldentschädigung“, Rn. 3.
101 Zutreffend Küttner/*Griese*, Personalbuch, „Fehlgeldentschädigung“, Rn. 13.
102 Vgl. z.B. BAG 22.5.1997 – 8 AZR 562/95 und 2.12.1999 – 8 AZR 386/98, AP BGB § 611 Mankohaftung Nr. 1 und 3.

Mankogeld. Dieses stellt nur dann einen angemessenen Ausgleich dar, wenn seine Höhe dem Durchschnitt der erfahrungsgemäß zu erwartenden Fehlbeträge entspricht. Wenn aber das **Mankogeld die absolute Obergrenze der Mankohaftung** darstellen muss, bedeutet das nichts anderes, als dass durch die Mankoabrede dem Arbeitnehmer allein die Chance verschafft werden kann, sich bei ordnungsgemäßer Verwaltung des Bestands eine zusätzliche Vergütung zu verdienen.[103]

Wird die Mankoabrede diesen Anforderungen nicht gerecht, so ist sie **insgesamt unwirksam**, eine geltungserhaltende Reduktion auf das gerade noch zulässige Maß findet nicht statt.[104] Unbenommen bleibt dem Arbeitgeber aber ggf. der Rückgriff auf die gesetzliche Mankohaftung, denn die Mankoabrede ist regelmäßig nicht als stillschweigender Verzicht auf diese zu interpretieren.[105] 829

Hinweis: Prima vista erscheinen Mankoabreden aus Sicht des Arbeitgebers damit sinnwidrig: Ergibt sich kein Fehlbestand, kann der Arbeitnehmer das für den Arbeitgeber kostenverursachende Mankogeld dauerhaft behalten, bei einem Manko hingegen haftet der Arbeitnehmer verschuldensunabhängig nur bis zur Höhe des Mankogelds, so dass sich für den Arbeitgeber bestenfalls ein „Nullsummenspiel" zu ergeben scheint. Die Sinnhaftigkeit von Mankoabreden auch für den Arbeitgeber erschließt sich jedoch, wenn man einen Schritt weiter denkt. Wird dem Arbeitnehmer mittels des Mankogelds ein besonderer Anreiz zur Aufmerksamkeit gegeben, besteht die Hoffnung, dass es überhaupt nicht zu Fehlbeständen kommt, also auch nicht zu Fehlbeständen, die in ihrem Wert weit über die vereinbarte Mankohaftung hinausgehen und die der Arbeitgeber daher nur über die gesetzliche Mankohaftung und somit nur bei Nachweis eines schuldhaften Verhaltens des Arbeitnehmers – der ihm in der Praxis allzu oft nicht gelingt – ersetzt verlangen könnte. Mit anderen Worten: Mit dem Mankogeld erkauft sich der Arbeitgeber die Hoffnung, weitergehende Schäden zu vermeiden.

In **Fall 42** könnte U einen vertraglichen Anspruch aus der mit A getroffenen Absprache haben. Bei der Absprache handelt es sich um eine sog. Mankoabrede, nach der A auch ohne Verschuldensnachweis haften soll, so dass *insoweit* die mangelnde Aufklärbarkeit der Ursache des Fehlbestands irrelevant wäre. Voraussetzung des Anspruchs ist aber die Wirksamkeit der Mankoabrede. Diese ist allerdings zu verneinen: Zwar hat A als einziger Zugriff auf den Warenbestand, jedoch stellt das vereinbarte Mankogeld keinen angemessenen wirtschaftlichen Ausgleich für das A auferlegte Haftungsrisiko dar, weil es die durchschnittlichen Fehlbeträge nicht erreicht. Ein vertraglicher Anspruch des U scheidet mithin aus. Auch eine gesetzliche, durch die Mankoabrede nicht verdrängte, Mankohaftung aus §§ 280 I, 241 II BGB ist im Ergebnis zu verneinen, weil es an dem von U zu beweisenden (§ 619a BGB) Verschulden gebricht. 830

F. Haftung bei Nichterfüllung der Arbeitspflicht

Eine Nichterfüllung liegt vor, wenn der Arbeitnehmer die geschuldete Arbeitsleistung nicht (zur richtigen Zeit) erbringt. Meist schuldet er die Erbringung seiner Dienstleistung zu einer bestimmten Zeit oder innerhalb einer bestimmten Zeitspanne, eine 831

103 BAG 2.12.1999 – 8 AZR 386/98, AP BGB § 611 Mankohaftung Nr. 3.
104 HWK/*Krause*, § 619a BGB, Rn. 56; ErfK/*Preis,* § 619a BGB, Rn. 37, 46.
105 Vgl. Staudinger/*Richardi/Fischinger*, § 619a, Rn. 113; HWK/*Krause*, § 619a BGB, Rn. 55.

Nachholung ist nicht möglich. Entsprechend erlischt seine Pflicht zur Erbringung der konkreten Dienstleistung mit Ablauf der für sie geltenden Zeit(-spanne) wegen **Unmöglichkeit**, § 275 I BGB (s. Rn. 581). Trifft ihn ein Verschulden an der Nichterbringung der Dienste, so kommt ein Anspruch des Arbeitgebers auf **Schadensersatz** aus **§§ 280 I, III, 283 BGB** in Betracht. Voraussetzung ist, dass durch die Nichtleistung der Arbeit ein kausaler Schaden entstanden ist. Solche können Kosten für die Beschäftigung einer Ersatzkraft, entgangener Gewinn (§ 252 BGB) sowie zurechenbare Folgekosten (wie zum Beispiel Rechtsanwaltskosten) sein.[106] Die **beschränkte Arbeitnehmerhaftung findet keine Anwendung**, fehlt es angesichts der Nichtleistung doch an einer betrieblich veranlassten Tätigkeit und passen folglich die die Haftungsprivilegierung maßgeblich tragenden Erwägungen der Fremdbestimmtheit und -nützigkeit nicht.[107] Auch § 619a BGB greift richtigerweise nicht ein (Rn. 837).

832 In **Fall 43** verletzt A seine Arbeitspflicht, indem er am 10.02.2020 nicht zur Arbeit erscheint. Dies geschah auch schuldhaft, weil A nicht aufgrund von ihm nicht zu kontrollierender äußerer Umstände nicht zur Arbeit kam, sondern aufgrund seines freien Willensentschlusses. Dadurch entstand U ein Vermögensschaden, den er von A ersetzt verlangen kann. Mangels Eingreifen der Grundsätze der beschränkten Arbeitnehmerhaftung ändert sich daran auch nichts deshalb, weil zwischen Arbeitsentgelt (€ 3.000 Bruttomonatslohn) und Schadenshöhe (€ 1.000.000) ein krasses Missverhältnis besteht. A haftet materiell-rechtlich in voller Höhe. Geschützt ist er nur über die §§ 811 ff., 850 ff. ZPO sowie ggf. die Möglichkeit einer Restschuldbefreiung, §§ 286, 301 InsO.

G. Arbeitsrechtliche Besonderheiten der Beweislastverteilung

I. Hintergrund

833 Nach allgemein zivilprozessualen Grundsätzen („Rosenberg'sche Beweislastregel“[108]) hat im Verfahren jeder diejenigen Tatsachen darzulegen und – bei rechtlich relevantem Bestreiten der Gegenpartei – zu beweisen, die für ihn günstig sind. Hinsichtlich des Verschuldens bei vertraglichen Schadensersatzansprüchen macht **§ 280 I 2 BGB** hiervon aber eine Ausnahme, wird doch angesichts der negativen Formulierung vermutet, dass eine (vom Anspruchssteller zu beweisende) Pflichtverletzung schuldhaft begangen wurde. Aufgrund dieser **Beweislastumkehr** in Bezug auf das Verschulden ist es Sache des Anspruchsgegners darzulegen und zu beweisen, dass ihn kein Verschulden trifft. Bei Pflichtverletzungen des **Arbeitnehmers** macht nun aber **§ 619a BGB** ein Rückausnahme (und kehrt damit zu den allgemeinen zivilprozessualen Grundsätzen zurück)[109]: Der Arbeitnehmer hat dem Arbeitgeber für die Verletzung einer arbeitsvertraglichen Pflicht Schadensersatz nur zu leisten, wenn er die Pflichtverletzung zu vertreten hat. Mit anderen Worten: Den Arbeitgeber trifft

106 Staudinger/*Richardi/Fischinger*, § 611, Rn. 1276 f. m.w.N.
107 HWK/*Krause*, § 619a BGB, Rn. 23.
108 *Rosenberg*, Beweislast, S. 98.
109 Näher HKW/*Krause*, § 619a BGB, Rn. 1.

nicht nur die Darlegungs- und Beweislast für die Pflichtverletzung, sondern auch für das Vertretenmüssen des Arbeitnehmers.

Abdingbarkeit: In – im Arbeitsleben angesichts der Verbrauchereigenschaft des Arbeitnehmers (Rn. 210) wegen § 310 III Nr. 1 BGB – regelmäßig vorliegenden AGB ist § 619a BGB nicht dispositiv, dem steht **§ 309 Nr. 12 BGB** entgegen; liegt ausnahmsweise eine Individualabrede vor, so ist § 619a BGB richtigerweise abdingbar.[110] 834 V

II. Anwendungsbereich

Hinsichtlich des **persönlichen** Anwendungsbereichs gilt das zu den Grundsätzen beschränkter Arbeitnehmerhaftung Gesagte entsprechend (Rn. 743 ff.). Berufen kann sich auf § 619a BGB daher, wer auch materiell-rechtlich privilegiert ist. Umgekehrt wirkt § 619a BGB nur **zulasten des Arbeitgebers, nicht auch zu seinen Gunsten**. Schädigt also der Arbeitgeber den Arbeitnehmer, so ist es seine Sache, die Verschuldensvermutung des § 280 I 2 BGB zu widerlegen. 835

Hinsichtlich der **Anspruchsgrundlage** gilt § 619a BGB nur für auf § 280 I BGB gestützte Ansprüche, nicht hingegen für eventuelle konkurrierende Deliktsansprüche (hier hätte er auch gar keinen sinnvollen Anwendungsbereich, trägt dort doch ohnehin der Geschädigte die Beweislast auch für das Verschulden). Auch auf Ansprüche mit anderem Inhalt (z.B. Unterlassungspflichten) ist er nicht anwendbar. 836

Der Kreis der erfassten **Pflichtverletzungen** ist noch nicht höchstrichterlich geklärt. § 619a BGB ist einerseits zu weit, andererseits zu eng gefasst. Letzteres ist insoweit der Fall, als mit der Formulierung „Verletzung einer Pflicht aus dem Arbeitsverhältnis" Ansprüche aus §§ 280 I, 241 II, 311 II BGB nicht einbezogen zu sein scheinen; das ist aber richtigerweise anzunehmen, soweit der Arbeitnehmer im Zeitpunkt der vorvertraglichen Pflichtverletzung bereits in den Betrieb integriert wurde.[111] Umgekehrt ist § 619a BGB trotz seines (zu) weit gefassten Wortlauts richtigerweise bei Schäden **nicht anwendbar**, die auf Pflichtverletzungen beruhen, die nicht im Zusammenhang mit der persönlich abhängigen Stellung des weisungsabhängigen, in eine fremde Betriebsorganisation eingegliederten Arbeitnehmers stehen. Entsprechend findet § 619a BGB nach zutreffender Auffassung bspw. weder bei einem Verstoß des Arbeitnehmers gegen ein wirksames Wettbewerbsverbot Anwendung, noch wenn er gar nicht oder zu spät zur Arbeit kommt und dem Arbeitgeber daraus ein Schaden erwächst.[112] Beschädigt der Arbeitnehmer eine Sache, die ihm vom Arbeitgeber überlassen wurde, so ist für die Anwendbarkeit von § 619a BGB zu unterscheiden: War der Arbeitnehmer – wie in der Regel – nur Besitzdiener der Sache (§ 855 BGB), ist § 619a BGB anwendbar; war er – höchst selten – Alleinbesitzer, greift § 619a BGB hingegen nicht ein.[113] 837 V

---

110 Näher Staudinger/*Richardi/Fischinger*, § 619a, Rn. 5 m.w.N. auch zur Gegenauffassung.

111 Erman/*Belling*, § 619a, Rn. 10; MüKo-BGB/*Henssler*, § 619a, Rn. 48.

112 HWK/*Krause*, § 619a BGB, Rn. 44; *Henssler*, RdA 2002, 129, 132; Staudinger/*Richardi/Fischinger*, § 619a, Rn. 5; **a.A.** noch Erman/*Belling*[12], § 619a, Rn. 10.

113 Im Einzelnen und m.w.N. Staudinger/*Richardi/Fischinger*, § 619a, Rn. 16 ff.

III. Rechtsfolgen

838 § 619a BGB enthält ausschließlich eine Beweislastregelung, der Vorschrift kommt kein materiell-rechtlicher Gehalt zu. Die Beweiserleichterung für den Arbeitnehmer gilt zunächst hinsichtlich der – auf der Ebene „Anspruch entstanden?“ zu klärenden – Frage, **ob** er überhaupt schuldhaft gehandelt hat. Richtigerweise ist § 619a BGB aber auch im Rahmen der Grundsätze beschränkter Arbeitnehmerhaftung heranzuziehen, d.h. dann, wenn um den dem Arbeitnehmer vorzuwerfenden **Verschuldensgrad** gestritten wird.[114] Für die Voraussetzungen des § 619a BGB trägt aber der Arbeitnehmer die Darlegungs- und Beweislast.

Weiterführende Literatur: *Boemke, Burkhard:* Original-Examensklausur: Ein Unfall mit Folgen, JA 2014, 499; *Fischels, André/Kies, Klaus:* Schwerpunktbereichsklausur – Arbeitsrecht: Analogien, JuS 2018, 155; *Fischinger, Philipp S.:* Schadensersatz und Regress der Sozialleistungsträger, Jura 2014, 595; *ders.*: Der unaufmerksame Kranführer, JA 2016, 180; *ders../ Hofer, Jonas:* Die beschränkte Arbeitnehmerhaftung im Lichte der Restschuldbefreiung, NZA 2017, 349; *Reipen, Markus:* Übungsklausur – Arbeits- und Sozialrecht: Haftungsprivileg des Arbeitgebers, JuS 2006, 527; *Rupp, Hans-Jürgen:* Haftung von Unternehmern, Unternehmensangehörigen und anderen Personen bei Arbeitsunfällen, Jura 2007, 124; *Schreiber, Klaus:* Beschränkte Arbeitnehmerhaftung, Jura 2009, 26; *Senne, Holger/Platzhoff, Elke:* Enteiserfahrzeug auf Abwegen, JA 2002, 660; *Tillmanns, Kerstin:* Klausurenkurs I, Fall 4; *Waltermann, Raimund:* Sozialrecht, § 10; *ders.*: Besonderheiten der Haftung im Arbeitsverhältnis, JuS 2009, 193; *Weyand, Joachim:* Das Malheure am Arbeitsplatz – Arbeitgeber- und Arbeitnehmerhaftung, JuS 2003, 675.

§ 12 Beendigung von Arbeitsverhältnissen

A. Grundlagen

I. Beendigungsarten

839 Die Beendigung von Arbeitsverhältnissen ist wohl das wichtigste Unterkapitel aus dem Bereich des Individualarbeitsrechts, und zwar sowohl in praktischer Hinsicht als auch mit Blick auf das Examen. Der berühmt-berüchtigte „Mut zur Lücke“ ist hier keinesfalls angezeigt. Als Beendigungsgründe kommen insb. in Betracht:

- Kündigung des Arbeitsverhältnisses (Rn. 843 ff.),
- Zeitablauf bei kalendermäßiger Befristung bzw. Zweckerreichung bei zweckbefristetem Arbeitsverhältnis (Rn. 1157 ff.),
- Eintritt einer auflösenden Bedingung (Rn. 1234 f.),
- Abschluss eines Aufhebungsvertrags (Rn. 1109 ff.),
- Anfechtung des Arbeitsverhältnisses (Rn. 174 ff.) sowie
- Tod einer Vertragspartei (Rn. 1141 ff.).

114 HWK/*Krause*, § 619a BGB, Rn. 44; vgl. auch LAG Rheinland-Pfalz 7.9.2009 – 5 Sa 269/09, juris Rn. 34.

Dagegen führt die Eröffnung des **Insolvenzverfahrens** über das Vermögen des Arbeitgebers nicht zur Beendigung des Arbeitsverhältnisses (§ 108 I 1 InsO). Überdies gilt auch in der Insolvenz grundsätzlich der besondere und allgemeine Kündigungsschutz, allerdings mit einigen – nicht pflichtfachrelevanten – Modifikationen (§§ 113, 120 ff. InsO). **840**

II. Prüfungsreihenfolge

Könnten mehrere Beendigungsgründe einschlägig sein, so ist zuerst derjenige Beendigungsgrund zu prüfen, der – seine Wirksamkeit unterstellt – das **Arbeitsverhältnis zeitlich zuerst beenden** würde. Entsprechend ist bspw. eine außerordentliche vor einer ordentlichen Kündigung zu prüfen oder eine ordentliche Kündigung mit vierwöchiger Kündigungsfrist vor einer Befristung, bei der das Arbeitsverhältnis erst in drei Monaten enden würde. Trifft eine Anfechtung auf eine außerordentliche Kündigung, so ist zunächst die Anfechtung zu prüfen. **841**

III. Erscheinungsformen von Kündigungen

Die für die Klausur wohl wichtigste Art der Beendigung von Arbeitsverhältnissen ist deren Kündigung durch den Arbeitgeber. Aufgabe des Klausurbearbeiters ist es dann typischerweise, die Wirksamkeit dieser Kündigung zu prüfen, und zwar – für zivilrechtliche Klausuren eher untypisch – oftmals im Rahmen einer Klage (näher Rn. 1343 ff.). Dabei müssen mehrere Arten von Kündigungen streng unterschieden werden, schon weil sie verschiedenen Wirksamkeitsvoraussetzungen unterliegen: **842**

- Die **ordentliche** Kündigung, die das Arbeitsverhältnis nicht sofort, sondern erst mit Ablauf der Kündigungsfrist (§ 622 BGB) beendet. Der eigentlich auch im Arbeitsrecht (vgl. § 620 II BGB) geltende Grundsatz, dass Dauerschuldverhältnisse – unter Beachtung der Kündigungsfrist – jederzeit von beiden Seiten grundlos gekündigt werden können, wird durch das KSchG weitgehend durchbrochen. Denn danach kann der Arbeitgeber unter bestimmten Voraussetzungen nur kündigen, wenn es hierfür einen betrieblichen oder einen Grund im Verhalten oder der Person des Arbeitnehmers gibt. Zur ordentlichen Kündigung s. näher Rn. 843.
- Die **außerordentliche** Kündigung beendet das Arbeitsverhältnis grundsätzlich sofort, ohne dass eine Kündigungsfrist zu beachten wäre. In Übereinstimmung mit allgemeinen Grundsätzen ist das nach § 626 BGB aber sowohl für Arbeitgeber wie Arbeitnehmer nur möglich, wenn hierfür ein wichtiger Grund besteht. S. im Einzelnen Rn. 1055.
- Die **Änderungskündigung**, mit der der Kündigende nicht auf die Beendigung des Arbeitsverhältnisses, sondern auf dessen einseitige Umgestaltung zielt. Das geschieht, indem die Kündigung mit dem Angebot, das Arbeitsverhältnis zu geänderten Bedingungen fortzuführen, kombiniert wird (vgl. § 2 KSchG). Die Änderungskündigung kann als außerordentliche oder als ordentliche ausgesprochen werden, näher Rn. 1241.
- Die **Teilkündigung**, die sich von der Änderungskündigung dadurch unterscheidet, dass nicht das ganze Arbeitsverhältnis gekündigt wird, sondern nur einzelne

Vertragsbedingungen. Sie ist unzulässig, wenn es durch sie zu einer Störung der synallagmatischen Verknüpfung der beiderseitigen Hauptleistungspflichten käme, das KSchG ist nicht anwendbar.[1] Die Teilkündigung hat praktisch keine Klausurrelevanz und bleibt deshalb im Folgenden außer Betracht.

B. Ordentliche Kündigung

843 **Fall 44:** Arbeitgeber U verschickt am Donnerstag, 9.6.2016, eine ordentliche Kündigung, die dem Arbeitnehmer A am 11.6.2016 zugeht. A erhebt dagegen am 4.7.2016 Kündigungsschutzklage. Kann sich U auf §§ 4 S. 1, 7 KSchG berufen? **(Lösung Rn. 865)**

844 **Fall 45:** Unternehmer U kündigt dem bei ihm seit drei Jahren beschäftigten Schwerbehinderten S mit bei diesem am 25.1.2016 zugegangenen Schreiben ordentlich zum 31.5.2016, ohne zuvor eine Zustimmung nach § 85 SGB IX einzuholen. Noch am 25.1.2016 beauftragt S Rechtsanwalt R damit, gegen die Kündigung vorzugehen. Aufgrund eines Versehens der bei R beschäftigten Rechtsanwaltsgehilfin H wird die von R verfasste Klageschrift zu spät versendet und geht deshalb erst am 19.2.2016 beim zuständigen Arbeitsgericht ein. Wie R wusste, war es nicht das erste Mal, dass H ein solcher Fehler unterlief, R vertraute aber darauf, dass H aus der Vergangenheit gelernt hat. U rügt, dass die Klage zu spät erhoben wurde. Kann S hiergegen am 25.2.2016 noch etwas unternehmen? **(Lösung Rn. 870)**

845 **Fall 46:** Arbeitnehmerin A stiehlt am 22.1.2016 aus der Kasse des Unternehmers U fünf Euro. Am 25.1.2016 darauf von U zur Rede gestellt, bezeichnet A ihn als „Manchesterkapitalist, der seine Leute wie Orangen auspresse". U will A wegen des Diebstahls kündigen und hört – formell ordnungsgemäß – den Betriebsrat dazu, nicht aber zu der Äußerung vom 25.1.2016 an. Am 10.2.2016 kündigt er die A ordentlich wegen des Diebstahls. A erhebt anfristgerecht Kündigungsschutzklage. Als der Richter in der mündlichen Verhandlung andeutet, dass der Diebstahl einer so kleinen Summe Geldes angesichts der Umstände die Kündigung wohl nicht rechtfertige, legt U nach und beruft sich nun auch auf die „Beleidigungen vom 25.1.2016". Ist die Betriebsratsanhörung ordnungsgemäß? Kann U sich zur Rechtfertigung der Kündigung auf die Äußerung vom 25.1.2016 stützen? **(Lösung Rn. 876)**

846 **Fall 47:** Wie **Fall 46**, U führt im Kündigungsschutzprozess aber noch an, dass er erst jetzt erfahren habe, dass A schon am 19.1.2016 aus dem Geldbeutel eines Kollegen 50 Euro gestohlen habe. Kann dieses Vorbringen im Prozess berücksichtigt werden? **(Lösung Rn. 887)**

847 **Fall 48:** Wie **Fall 46**, U beruft sich im Kündigungsschutzprozess nun zusätzlich darauf, dass A ihm am 19.2.2016 vor dem Betriebsgelände aufgelauert und mit zwei faulen Eiern beworfen habe. A räumt das zwar ein, bestreitet aber, dass dies noch im vorliegenden Verfahren relevant sei; im Übrigen sei sie seit dem 15.2.2016 schwanger. **(Lösung Rn. 888)**

1 BAG 6.11.2007 – 1 AZR 826/06, NZA 2008, 422, 423 f.; 13.3.2007 – 9 AZR 612/05, NZA 2007, 563, 565.

I. Kündigungserklärung

1. Allgemeines

848 Die Kündigung eines Arbeitsverhältnisses stellt eine einseitige Gestaltungserklärung dar, durch die das Arbeitsverhältnis sofort (außerordentliche Kündigung) bzw. nach Ablauf einer Kündigungsfrist (ordentliche Kündigung) beendet wird. Als Willenserklärung unterliegt die Kündigungserklärung den allgemeinen Regeln des BGB AT. Ihre Wirksamkeit ist nach den Umständen im Zeitpunkt ihres Zugangs zu beurteilen.[2] Als Kündigung ist sie nur zu werten, wenn sich aus ihr erkennbar der hinreichend bestimmte Wille des Erklärenden ergibt, eine Kündigung auszusprechen. Da es sich um eine Gestaltungserklärung handelt, ist die Kündigung grundsätzlich **bedingungsfeindlich**. Dem steht aber nicht entgegen, dass außerordentlich und hilfsweise – für den Fall, dass die Kündigung als außerordentliche nicht wirksam sein sollte – ordentlich gekündigt wird, denn in Bezug auf die ordentliche Kündigung liegt hier nur die zulässige Rechtsbedingung vor, dass das Arbeitsverhältnis nicht bereits aus anderem Grund wirksam beendet wurde.[3] Eine einmal ausgesprochene Kündigung kann nicht einseitig rückgängig gemacht werden, sondern nur im Einvernehmen der beteiligten Parteien über eine Fortsetzung des Arbeitsverhältnisses.[4]

2. Zugang

849 Die Kündigung wird nur und erst wirksam, wenn sie dem anderen Teil zugeht, § 130 I 1 BGB. Bei **Anwesenden** ist das in der Regel sofort der Fall, wobei wegen § 623 BGB (fern-)mündliche Erklärungen nicht genügen (s. Rn. 850). Ausreichend ist es, wenn dem anwesenden Empfänger das (auch: verschlossene) Schriftstück dergestalt ausgehändigt wird, dass er in der Lage ist, von seinem Inhalt Kenntnis zu nehmen; eine dauerhafte Verfügungsgewalt muss nicht erreicht werden.[5] Für den Zugang unter **Abwesenden** gelten grundsätzlich die allgemeinen Regeln des BGB AT.[6] Danach genügt es, dass das Kündigungsschreiben dergestalt in Empfangseinrichtungen des Adressaten (wie insb. den Briefkasten) gelangt, dass dieser nach normalen Umständen Kenntnis nehmen kann; der Zugang erfolgt zeitlich allerdings erst, wenn nach der Verkehrsanschauung mit der nächsten Entnahme zu rechnen ist.[7] Nach der Rechtsprechung des BAG gilt das auch dann, wenn das Schreiben während der – dem Arbeitgeber bekannten (!) – **urlaubsbedingten Abwesenheit** des Arbeitnehmers eingeworfen wird.[8] Das erscheint auf den ersten Blick insoweit problematisch, als mit Zugang der schriftlichen Kündigung die Klageerhebungsfrist des § 4 KSchG (dazu näher

2 BAG 27.11.2003 – 2 AZR 48/03, NZA 2004, 477, 478; 24.3.2011 – 2 AZR 790/09, NZA 2011, 1084, 1085.
3 BAG 23.5.2013 – 2 AZR 54/12, NZA 2013, 1197, 1201; 10.4.2014 – 2 AZR 647/13, NZA 2015, 162, 163.
4 BAG 21.3.2013 – 6 AZR 618/11, NZA-RR 2013, 609, 610; 17.10.2013 – 8 AZR 742/12, NZA 2014, 303, 306.
5 BAG 4.11.2004 – 2 AZR 17/04, NZA 2005, 513.
6 S. näher *Brox/Walker*, Allgemeiner Teil des BGB, § 7, Rn. 149 ff.
7 BAG 22.8.2019 – 2 AZR 111/19, NJW 2019, 1490; *Boemke*, JuS 2020, 266.
8 BAG 16.3.1988 – 7 AZR 587/87, AP BGB § 130 Nr. 16; 24.6.2004 – 2 AZR 461/03, NZA 2004, 1330, 1331; noch **a.A.** BAG 16.12.1980 – 7 AZR 1148/78, AP BGB § 130 Nr. 11.

Rn. 857) zu laufen beginnt und folglich einem – sich ggf. ja länger im Urlaub befindlichen – Arbeitnehmer die Gefahr droht, erst nach deren Ablauf von der Kündigung zu erfahren, was zur Folge hätte, dass auch eine unmittelbar darauf eingelegte Kündigungsschutzklage angesichts der Fiktion des § 7 KSchG nichts mehr helfen würde (s. Rn. 857). Vor dieser in der Tat unbilligen Konsequenz kann der Arbeitnehmer aber über § 5 KSchG geschützt werden,[9] so dass – dogmatisch überzeugender – mit dem BAG auch bei bekannter urlaubsbedingter Abwesenheit von Zugang auszugehen ist.

3. Schriftform

850 Nach dem unabdingbaren[10] § 623 BGB bedarf die Kündigung von Arbeitsverhältnissen der Schriftform. Dies dient vornehmlich der **Rechtssicherheit**, weil Streit darüber vorgebeugt wird, ob überhaupt eine Kündigung vorliegt; daneben kommt dem Schriftformerfordernis **Warnfunktion** zu.[11] Angesichts dieses Schutzzwecks ist der **Anwendungsbereich** der Vorschrift weit zu ziehen. Sie gilt für alle Arten von Kündigungen, seien es ordentliche oder außerordentliche, vom Arbeitgeber oder Arbeitnehmer ausgesprochene, Beendigungs- oder Änderungskündigungen. Über § 10 II BBiG ist § 623 BGB auch auf Berufsausbildungsverträge anwendbar.

851 In der Sache gelten für das Schriftformerfordernis im Ausgangspunkt die allgemeinen Grundsätze des BGB AT (§ 126 I BGB), die folgenden Ausführungen beschränken sich daher auf die arbeitsrechtlichen Besonderheiten. Es ist weder die elektronische Form (§§ 126 III, 126a BGB) möglich (§ 623 Hs. 2 BGB) noch erlaubt das Gesetz die Textform, § 126b BGB. Der Kündigende muss das Wort „Kündigung" nicht verwenden, es muss sich aber nach der **Andeutungstheorie**[12] der Kündigungswille ableiten lassen und die Erklärung muss hinreichend bestimmt sein. § 623 BGB verlangt nicht, dass der **Kündigungsgrund** angegeben werden muss;[13] Ausnahmen hiervon enthalten § 17 II 2 MuSchG und § 22 III BBiG.[14] Bei der ordentlichen Kündigung muss der **Kündigungstermin**, also der Zeitpunkt, zu dem das Arbeitsverhältnis mit Ablauf der Kündigungsfrist enden soll, nicht angegeben werden; wird er nicht genannt, so ist die Erklärung als Kündigung zum nächstmöglichen Zeitpunkt zu verstehen.[15] Ergibt sich aus der Kündigung nicht eindeutig, ob eine außerordentliche oder eine ordentliche gewollt ist, geht dies zu Lasten des Kündigenden, sodass eine ordentliche anzunehmen ist.[16] Auch gegenüber einem des Deutschen nicht mächtigen Arbeitnehmers kann die Kündigung nach zutreffender Auffassung formwirksam in deutscher Sprache abgefasst werden.[17] Erfolgt die Erklärung durch einen **Vertreter**, bedarf die Vollmacht nicht der Schriftform, § 167 II BGB.

9 ErfK/*Müller-Glöge*, § 620 BGB, Rn. 57.
10 *Richardi/Annuß*, NJW 2000, 1231, 1232; ErfK/*Müller-Glöge*, § 623 BGB, Rn. 10a.
11 BAG 19.1.2006 – 6 AZR 638/04, NZA 2007, 97, 99; 23.11.2006 – 6 AZR 394/06, NZA 2007, 466, 467; Staudinger/*Oetker*, § 623, Rn. 5.
12 Vgl. zu dieser *Bitter/Röder*, BGB – Allgemeiner Teil, § 7, Rn. 27; *Bork*, Allgemeiner Teil des BGB, § 14, Rn. 562.
13 LAG München 4.10.2005 – 6 Sa 97/05, juris Rn. 31.
14 Näher ErfK/*Schlachter*[16], § 9 MuSchG, Rn. 13.
15 *Richardi/Annuß*, NJW 2000, 1231, 1233.
16 BAG 11.6.1959 – 2 AZR 337/54, AP BGB § 130 Nr. 1; APS/*Greiner*, § 623 BGB, Rn. 21.
17 APS/*Greiner*, § 623 BGB, Rn. 18; **a.A.** KR/*Weigand*, §§ 21 -23 BBiG, Rn. 91.

Bei einem Verstoß gegen das Schriftformerfordernis ist die Kündigung grundsätzlich **unwirksam**, § 125 BGB.[18] Eine Heilung ist nicht möglich, es bleibt nur der Ausspruch einer neuen Kündigung. Ausnahmsweise kann die Berufung auf die Formunwirksamkeit gegen **Treu und Glauben** (§ 242 BGB) verstoßen und daher unbeachtlich sein. Das ist aber nur möglich, wenn es anderenfalls zu „schlechthin untragbaren" Ergebnissen käme oder die Berufung auf die Nichtigkeit gegen das Verbot des venire contra factum proprium verstieße;[19] letzteres bejahte das BAG bspw. in einem Fall, in dem ein Arbeitnehmer mehrmals ernsthaft mündlich die Kündigung erklärte.[20] **852**

Mängel der Schriftform einer vom Arbeitgeber erklärten Kündigung kann der Arbeitnehmer unabhängig von der **Präklusionsfrist** der §§ 4 S. 1, 7 KSchG (dazu Rn. 857) geltend machen, verlangt § 4 S. 1 KSchG doch den Zugang einer „schriftlichen Kündigung". Die Nichtigkeit nach § 125 BGB kann daher auch noch durch eine nach Ablauf der Dreiwochenfrist anhängig gemachte Klage gerügt werden.[21] Das bedeutet aber nicht, dass der Arbeitnehmer bis in alle Ewigkeit Klage erheben kann. Denn nach dem BAG kann er bei zu langem Zuwarten sein Klagerecht verwirken.[22] **853**

4. Vertretung

Die Kündigung kann durch einen Vertreter erfolgen, § 164 I BGB. Es gelten die allgemeinen Grundsätze. Da die Kündigung ein einseitiges Rechtsgeschäft ist, ist bei „Mängeln" zwischen **zwei Konstellationen** zu differenzieren: **854**

(1) Handelt der Vertreter zwar mit Vertretungsmacht, legt er aber seine echte **Vollmachtsurkunde** (eine Kopie reicht nicht)[23] nicht vor, greift § 174 BGB. Weist der Gekündigte die Kündigung aus diesem Grund unverzüglich zurück, so ist die Kündigung **unwirksam (§ 174 S. 1 BGB)**, § 177 I BGB greift nicht ein. An der Unverzüglichkeit (§ 121 I 1 BGB) fehlt es jedenfalls dann meist, wenn die Zurückweisung erst nach mehr als einer Woche erfolgt.[24] Eine besondere Form für die Zurückweisung ist nicht zu beachten. Eine Zurückweisung ist aber in mehreren Fällen ausgeschlossen: **855**

- Erstens, wenn die Vertretungsmacht nicht auf Rechtsgeschäft, sondern auf **Gesetz** (z.B. Eltern) oder **Organstellung** (GmbH-Geschäftsführern, § 35 I GmbHG; AG-Vorständen, § 78 I AktG) beruht.[25] Bei der Vertretung einer GbR durch einen Gesellschafter ist § 174 BGB aber mangels Registereintragung anwendbar.[26]

---

18 *Caspers*, RdA 2001, 28; für Nichtigkeit unmittelbar aus § 623 BGB dagegen Staudinger/*Oetker*, § 623, Rn. 98.

19 BAG 26.9.1957 – 2 AZR 309/56, AP HGB § 74 Nr. 2; 27.3.1987 – 7 AZR 527/85, AP BGB § 242 Betriebliche Übung Nr. 29.

20 BAG 4.12.1997 – 2 AZR 799/96, AP BGB § 626 Nr. 141.

21 *M. Schwab*, RdA 2013, 357, 362.

22 BAG 2.12.1999 – 8 AZR 890/98, AP BGB § 242 Prozessverwirkung Nr. 6; 5.2.2009 – 6 AZR 151/08, AP KSchG 1969 § 4 Nr. 69.

23 BGH 17.10.2000 – X ZR 97/99, NJW 2001, 289, 291; MüKo-BGB/*Schubert*, § 174, Rn. 15 m.w.N.

24 BAG 8.12.2011 – 6 AZR 354/10, NZA 2012, 495, 498.

25 Vgl. BAG 10.2.2005 – 2 AZR 584/03, AP BGB § 174 Nr. 18; 20.9.2006 – 6 AZR 82/06, NZA 2007, 377, 379.

26 BGH 9.11.2001 – LwZR 4/01, NJW 2002, 1194, 1195; LAG Hessen 23.5.2011 – 16 Sa 36/11, NZA-RR 2011, 519, 520.

- Zweitens, wenn der Vertretene den Gekündigten in anderer Weise – ausdrücklich oder konkludent – über die Bevollmächtigung informierte, **§ 174 S. 2 BGB**. Die Information muss hinreichend konkret erfolgen.[27] Für § 174 S. 2 BGB genügt es, wenn der Kündigende vom Arbeitgeber in eine Position berufen wurde, mit der typischerweise ein Kündigungsrecht einhergeht (z.B. Leiter der Personalabteilung oder Generalbevollmächtigter).[28]
- Drittens scheidet eine Zurückweisung aus, wenn die Kündigung durch einen im Handelsregister eingetragenen **Prokuristen** erfolgt, deckt seine Vertretungsmacht nach ihrem gesetzlich festgelegten Umfang doch auch Kündigungen (§ 49 I HGB) und wären Beschränkungen im Innenverhältnis Dritten gegenüber unwirksam, § 50 I HGB.[29] Wegen § 15 II HGB kann der Gekündigte deshalb die Nichtvorlage der Vollmachtsurkunde selbst dann nicht rügen, wenn der Prokurist entgegen § 51 HGB nicht mit einem die Prokura andeutenden Zusatz zeichnet.[30]

856 **(2)** Hat der Vertreter dagegen schon materiell **keine Vertretungsmacht**, greift nicht § 174 BGB, sondern **§ 180 BGB**. Die Kündigung ist grundsätzlich unheilbar nichtig, § 180 S. 1 BGB. Hat jedoch der Gekündigte die nur behauptete Vertretungsmacht nicht „bei der Vornahme" der Kündigung beanstandet, so gelten die §§ 177 ff. BGB und der Vertretene kann durch Genehmigung (§ 184 I BGB) der schwebend unwirksamen Kündigung doch noch zur Wirksamkeit verhelfen, § 180 S. 2 BGB.

Hinweis: Die Situationen bei § 174 BGB einerseits und § 180 BGB andererseits sind streng zu unterscheiden. Das gilt im Arbeitsrecht umso mehr, weil beide auch bei § 4 KSchG verschieden behandelt werden (Rn. 862).

II. Wahrung der Ausschlussfrist, §§ 4 S. 1, 7 KSchG

1. Allgemeines

857 Nach **§ 4 S. 1 KSchG** muss der Arbeitnehmer, der die Unwirksamkeit einer vom Arbeitgeber erklärten Kündigung geltend machen will, innerhalb von **drei Wochen** nach Zugang der schriftlichen Kündigung Klage zum Arbeitsgericht auf Feststellung erheben, dass die Kündigung das Arbeitsverhältnis nicht beendet hat (sog. **punktuelle Kündigungsschutzklage**[31]). Die Folgen einer Versäumnis dieser Frist regelt **§ 7 Hs. 1 KSchG**. Danach gilt die nicht rechtzeitig angegriffene Kündigung aufgrund einer **unwiderlegbaren Fiktion** als von Anfang an rechtswirksam. Wegen § 7 Hs. 1 KSchG wird bei Versäumnis der Frist die Klage als **unbegründet** (und nicht als unzulässig) abgewiesen.[32] Normzweck ist es, schnell Rechtssicherheit und -klarheit über den Bestand des Arbeitsverhältnisses herzustellen.[33]

---

27 Vgl. BAG 14.4.2011 – 6 AZR 727/09, NZA 2011, 683, 685.
28 BAG 18.5.1994 – 2 AZR 920/93, NZA 1995, 24, 26; 3.7.2003 – 2 AZR 235/02, NZA 2004, 427, 431.
29 Zur Prokura s. näher *Fischinger*, Handelsrecht, § 6, Rn. 383 ff.
30 BAG 11.7.1991 – 2 AZR 107/91, AP BGB § 174 Nr. 9.
31 Vgl. zu deren prozessualen Fragen § 16.
32 BAG 26.4.2004 – 2 AZR 461/03, NZA 2004, 1330, 1331; 19.2.2009 – 8 AZR 176/08, AP BGB § 613a Nr. 368.
33 BAG 23.2.1978 – 2 AZR 462/76, AP SchwbG § 12 Nr. 3; KR/*Friedrich/Klose*, § 4 KSchG, Rn. 11; MüKo-BGB/*Hergenröder*, § 7 KSchG, Rn. 1.

Hinweis zum Prüfungsaufbau: Die Wahrung der Ausschlussfrist ist im Rahmen der Begründetheit stets an **dieser** Stelle – zwischen Zugang einer schriftlichen Kündigungserklärung und möglichen Unwirksamkeitsgründen – zu prüfen. Ein anderer Prüfungsaufbau ist angesichts der Fiktionswirkung falsch. Denn kein arbeitsökonomisch denkender Mensch würde zuerst aufwendig z.B. § 1 II KSchG prüfen, um im Anschluss festzustellen, dass die Kündigung wegen §§ 4 S. 1, 7 Hs. 1 KSchG ohnehin als wirksam gilt.

2. Anwendungsbereich

Das „Tückische" der §§ 4-7 KSchG aus Sicht der Arbeitnehmer liegt unter anderem darin, dass deren Anwendungsbereich über denjenigen des materiellen Kündigungsschutzes (dazu Rn. 957 ff., 971 ff.) hinausgeht. **858**

Das beginnt beim **betrieblichen Anwendungsbereich**: Während der Arbeitnehmer nur dann allgemeinen Kündigungsschutz genießt, wenn in dem Betrieb mehr als fünf bzw. zehn Arbeitnehmer beschäftigt sind (§ 23 I 2, 3 KSchG), gelten die §§ 4-7 KSchG **unabhängig von der Betriebsgröße** (vgl. den Wortlaut von § 23 I 2, 3 KSchG). Auch ein in einem Kleinbetrieb beschäftigter Arbeitnehmer muss daher, will er z.B. eine Verletzung von § 5 PflegeZG geltend machen, innerhalb von drei Wochen Kündigungsschutzklage erheben. **859**

Auch in **persönlicher** Hinsicht ist der Anwendungsbereich der §§ 4-7 KSchG weiter als derjenige des materiellen Kündigungsschutzes: Während letzterer erst nach Erfüllung der sechsmonatigen Wartezeit des § 1 I KSchG (dazu Rn. 971) eingreift, gilt das Erfordernis der rechtzeitigen Erhebung einer Kündigungsschutzklage **vom ersten Tag des Arbeitsverhältnisses** an. Dies gilt auch für leitende Angestellte i.S.v. § 14 II KSchG, nicht aber für Organvertreter nach § 14 I KSchG (näher Rn. 978 f.).[34] **860**

In **sachlicher** Hinsicht gelten die §§ 4-7 KSchG nur für Kündigungen durch den **Arbeitgeber**. Kündigt der Arbeitnehmer, so ist eine Klage des Arbeitgebers hiergegen nicht fristgebunden. Erfasst sind sowohl **ordentliche** wie – über die Verweisung in § 13 I 2 KSchG – **außerordentliche** Kündigungen. Das gilt gleichermaßen für **Beendigungs-** wie **Änderungskündigungen** (§ 2 KSchG). Für andere Beendigungsgründe (wie Anfechtung, Lösung eines fehlerhaften Arbeitsverhältnisses, Aufhebungsvertrag) gelten die §§ 4-7 KSchG hingegen nicht.[35] **861**

Wichtig ist ferner, dass die Präklusionsfrist nicht nur gilt, wenn der Arbeitnehmer sich auf eine mangelnde soziale Rechtfertigung nach § 1 II KSchG berufen möchte, sondern grundsätzlich für die Geltendmachung **aller**, d.h. auch nicht im KSchG geregelter **Unwirksamkeitsgründe**. Entsprechend muss z.B. auch eine Verletzung von § 17 MuSchG, eine nicht ordnungsgemäße Betriebsratsanhörung (§ 102 BetrVG) oder ein Verstoß der Kündigung gegen §§ 138, 242 BGB innerhalb der Dreiwochenfrist gerügt werden. Von diesem Grundsatz gibt es aber mehrere – durchaus klausurrelevante – **Ausnahmen**: **862**

- Angesichts des Wortlauts, der auf den Zugang einer schriftlichen Kündigung abstellt, müssen **Mängel der Schriftform** nicht innerhalb der Dreiwochenfrist gel-

34 MüKo-BGB/*Hergenröder*, § 4 KSchG, Rn. 5.
35 APS/*Hesse*, § 4 KSchG, Rn. 16; MüKo-BGB/*Hergenröder*, § 4 KSchG, Rn. 7 jeweils m.w.N.

tend gemacht werden, es gilt nur die Grenze der Verwirkung.[36] Die Unwirksamkeit einer mündlichen, in Textform, per E-Mail usw. ausgesprochenen Kündigung (§ 623 BGB) muss auch nicht mit einer punktuellen Kündigungsschutzklage, sondern kann mit der allgemeinen Feststellungsklage (§ 256 ZPO) oder inzident im Rahmen einer Leistungsklage geltend gemacht werden.[37]

- Auch bei der Kündigung durch einen **Vertreter ohne Vertretungsmacht** (§ 180 BGB) beginnt die Frist nicht zu laufen, fehlt es hier doch an einer dem Arbeitgeber zurechenbaren Kündigung. Etwas anderes gilt nur, wenn der Arbeitgeber wirksam nach §§ 180 S. 2, 177 BGB **genehmigt**; in diesem Fall läuft die Frist des § 4 S. 1 KSchG ab Zugang der Genehmigung beim Arbeitnehmer.[38] Achtung: Wenn der Vertreter zwar mit Vertretungsmacht handelte, aber **keine Vollmachtsurkunde** vorlegte (§ 174 BGB), so ist § 4 S. 1 KSchG stets anwendbar; die Frist läuft hier ab Zugang der Kündigungserklärung.[39]
- Ob § 4 S. 1 KSchG auch für (sonstige) Mängel, die der **Kündigungserklärung selbst** anhaften (insb. §§ 104 ff. BGB und §§ 116-118 BGB), gilt, ist nach wie vor nicht geklärt.[40] Jedenfalls für die Unwirksamkeit wegen mangelnder Geschäftsfähigkeit wird man §§ 4, 7 KSchG nicht anwenden können, würde doch anderenfalls der im Zivilrecht traditionell sehr starke Minderjährigenschutz ausgehebelt.[41]
- Spricht der Arbeitgeber eine ordentliche Kündigung mit einer **zu kurzen Kündigungsfrist** aus, so muss der Arbeitnehmer die Nichtwahrung der Kündigungsfrist regelmäßig nicht innerhalb der Dreiwochenfrist angreifen, es gilt nur die Grenze der Verwirkung.[42] Die Erklärung des Arbeitgebers ist nämlich i.d.R. so auszulegen, dass er zum nächst möglichen Zeitpunkt kündigen möchte. Weil (insoweit) also gar nicht um die Rechtsunwirksamkeit der Kündigung, sondern nur über den Beendigungszeitpunkt gestritten wird, greift § 4 S. 1 KSchG nach seinem Wortlaut („rechtsunwirksam“) nicht ein.

3. Fristbeginn, -berechnung und -wahrung

863 Die Frist beginnt mit **Zugang** der schriftlichen Arbeitgeberkündigung. Wann der Zugang vorliegt, bestimmt sich nach den allgemeinen Regeln (s. Rn. 849). Nach dem eindeutigen Wortlaut beginnt die Frist nur bei Zugang einer **schriftlichen** Arbeitgeberkündigung zu laufen. Daraus folgt zunächst, dass dann, wenn der Arbeitgeber nur eine mündliche Kündigung ausspricht, die **Präklusionsfrist nicht zu laufen beginnt**. Gleiches gilt, wenn die Kündigung zwar schriftlich erfolgt, jedoch nicht die gesetzli-

---

36 BAG 9.2.2006 – 6 AZR 283/05, NZA 2006, 1207, 1209; 28.6.2007 – 6 AZR 873/06, NZA 2007, 972, 973.

37 BeckOK-ArbR/*Kerwer*, § 4 KSchG, Rn. 16; APS/*Hesse*, § 4 KSchG, Rn. 11; ErfK/*Kiel*, § 4 KSchG, Rn. 8.

38 BAG 26.3.2009 – 2 AZR 403/07, NZA 2009, 1146, 1147; ErfK/*Kiel*, § 4 KSchG, Rn. 7.

39 APS/*Hesse*, § 4 KSchG, Rn. 10c; ErfK/*Kiel*, § 4 KSchG, Rn. 7.

40 Für Anwendbarkeit von § 4 KSchG z.B. *Preis*, DB 2004, 70, 77; dagegen z.B. *Genenger*, RdA 2010, 274, 277; *Ulrici*, DB 2004, 250, 251; *Schiefer/Worzalla*, NZA 2004, 358, 362.

41 Ebenso z.B. *Fornasier/Werner*, NJW 2007, 2729, 2732.

42 BAG 15.12.2005 – 2 AZR 148/05, NZA 2006, 791, 791 f.; 9.9.2010 – 2 AZR 714/08, NZA 2011, 343, 344.

chen Formvorschriften beachtet werden, weil es – bspw. – an einer eigenhändigen Unterschrift des Ausstellers fehlt (§ 126 I Alt. 1 BGB).[43]

Die **Fristberechnung** richtet sich nach §§ 187 I, 188 II Alt. 1 BGB.[44] Daher wird der Tag des Zugangs nicht mitgezählt, die Frist endet grundsätzlich mit dem Ablauf des gleichen Wochentags der dritten darauffolgenden Woche; ggf. ist § 193 BGB anwendbar. **864**

In **Fall 44** begann die Frist am Tag nach dem Zugang, d.h. am 12.6.2016 zu laufen, § 187 I BGB; dass es sich hierbei um einen Sonntag handelt, ist irrelevant. Fristende wäre nach § 188 II Alt. 1 BGB eigentlich der Ablauf des 2.7.2016. Dieser ist allerdings ein Samstag, es gilt deshalb § 193 BGB, die Frist endet erst am nächsten Werktag (= Montag, 4.7.2016). A hat die Klageerhebungsfrist also gewahrt. **865**

Gewahrt wird die Frist des § 4 S. 1 KSchG **nur** durch die rechtzeitige Erhebung einer **punktuellen Kündigungsschutzklage**, bei der es sich um eine spezielle Feststellungsklage handelt (näher Rn. 1355). Nicht zur Fristwahrung geeignet sind hingegen allgemeine Feststellungsklagen (§ 256 ZPO) sowie Leistungsklagen auf z.B. Lohnzahlung oder Weiterbeschäftigung, und zwar selbst dann nicht, wenn sie – weil sie sich (auch) auf einen Zeitraum nach Ablauf der Kündigungsfrist beziehen – eine Inzidentprüfung der Wirksamkeit der Kündigung erfordern (allerdings ist hier ggf. § 6 KSchG anwendbar, s. Rn. 871).[45] **866**

Erhoben ist die Klage eigentlich erst dann, wenn die Klageschrift dem Arbeitgeber zugestellt wird, §§ 46 II 1 ArbGG, 495, 253 I ZPO. Allerdings genügt nach §§ 46 II 1 ArbGG, **167 ZPO** der Eingang der Klage beim Arbeitsgericht, wenn die Zustellung „demnächst" erfolgt; letzteres ist der Fall, wenn sie innerhalb einer nach den Umständen angemessenen Frist zugestellt wird und der klagende Arbeitnehmer alles ihm Mögliche und Zumutbare für eine alsbaldige Zustellung getan hat.[46] **867**

4. Schutz des Arbeitnehmers

a) § 4 S. 4 KSchG

Bedarf der Arbeitgeber für den Ausspruch der Kündigung aufgrund eines Sonderkündigungsschutztatbestands (z.B. §§ 168 ff. SGB IX, 17 MuSchG) der **Zustimmung einer Behörde**, so modifiziert § 4 S. 4 KSchG den Lauf der Klageerhebungsfrist: Diese beginnt **frühestens** in dem Zeitpunkt zu laufen, in welchem dem Arbeitnehmer die **Entscheidung der Behörde bekanntgemacht** wurde. Geschah dies nach Zugang der vom Arbeitgeber ausgesprochenen Kündigung, so läuft die Frist ab Bekanntmachung (§ 4 **S. 4** KSchG); im umgekehrten Fall ist, wie sonst auch, der Zugang der Kündigungserklärung entscheidend, § 4 **S. 1** KSchG. **868**

---

43 LAG Rheinland-Pfalz 2.3.2017 – 7 Sa 286/16, BeckRS 2017, 113286; *Bender/Schmidt*, NZA 2004, 358, 361.
44 *Hofer*, JA 2017, 853, 856.
45 BAG 26.9.2013 – 2 AZR 682/12, NZA 2014, 443, 445.
46 BGH 5.11.2014 – III ZR 559/13, NJW-RR 2015, 125, 127.

b) § 5 KSchG

869 Die Fiktion des § 7 KSchG wäre unbillig, wenn den Arbeitnehmer kein Verschulden daran trifft, dass er die Klagefrist des § 4 KSchG versäumte. Aus diesem Grund ermöglicht § 5 KSchG es, auf Antrag des Arbeitnehmers die Klage verspätet zuzulassen. Voraussetzung ist, dass dem Arbeitnehmer keinerlei Verschuldensvorwurf gemacht werden kann, wobei bereits leichte Fahrlässigkeit genügt. Es gilt ein strenger, subjektiv an der individuellen Situation und den persönlichen Fähigkeiten des konkret betroffenen Arbeitnehmers orientierter Maßstab.[47] An einem Verschulden fehlt es bspw., wenn der Arbeitnehmer die ganze Zeit im Koma lag. Wichtig ist, dass dem Arbeitnehmer nach h.M. das **Verschulden seines Prozessbevollmächtigten** (Rechtsanwalt, Gewerkschaftsvertreter)[48] gemäß §§ 46 II 1 ArbGG, 85 II ZPO zugerechnet wird; nicht zugerechnet wird hingegen das Verschulden von Dritten wie – v.a. – der Angestellten des Prozessbevollmächtigten.[49]

870 In **Fall 45** wurde die Klage in der Tat zu spät erhoben, da die Dreiwochenfrist gemäß §§ 187 I, 188 II Alt. 1 BGB am 15.1.2016 (24:00 Uhr) ablief. Fraglich ist, ob S erfolgreich einen Antrag nach § 5 KSchG stellen kann. Die zweiwöchige Antragsfrist (§ 5 III 1 KSchG) nach Wegfall des Hindernisses ist am 25.2.2016 genauso wenig abgelaufen wie die absolute Höchstfrist des § 5 III 2 KSchG. Fraglich ist aber, ob S die Frist des § 4 S. 1 KSchG „trotz Anwendung aller ihm nach Lage der Umstände zuzumutenden Sorgfalt“ versäumt hat. Ein eigenes Verschulden ist ihm nicht vorzuwerfen und das Verschulden der H ist ihm nicht, auch nicht über § 85 II ZPO, zuzurechnen. Allerdings wäre ihm ein etwaiges Verschulden seines Prozessbevollmächtigten R vorzuwerfen. Ein solches ist zu bejahen. Angesichts der in der Vergangenheit vorgekommenen Fehler der H hätte R sie so überwachen müssen, dass Derartiges nicht wieder vorkommt. Dieser Überwachungsfehler ist dem S nach § 85 II ZPO zuzurechnen, ein Antrag nach § 5 KSchG wird keinen Erfolg haben. Wegen der Fiktionswirkung des § 7 S. 1 KSchG wird S den Prozess verlieren, obwohl die Kündigung nach §§ 168 SGB IX, 134 BGB ursprünglich unwirksam war.

Hinweis: In einem solchen Fall bleibt dem Arbeitnehmer nur, einen Schadensersatzanspruch gegen den Anwalt geltend zu machen (§ 280 BGB). Erfolg hat er damit aber nur, wenn er im arbeitsgerichtlichen Verfahren – denkt man den Fehler des Anwalts weg – gewonnen hätte. Denn anderenfalls wurde die Pflichtverletzung des Anwalts nicht kausal für den Schaden. Daher sind in der Anwaltshaftungsklausur inzident die Erfolgsaussichten einer Kündigungsschutzklage zu prüfen.

Achtung: Sprechen Sie im Zusammenhang von § 5 KSchG keinesfalls von einer Wiedereinsetzung in den vorherigen Stand (§ 233 ZPO)!

c) § 6 KSchG

871 § 6 KSchG ermöglicht es einem Arbeitnehmer, der innerhalb der Dreiwochenfrist des § 4 KSchG gerichtlich die Unwirksamkeit der Kündigung geltend machte, auch nach Ablauf dieser Frist weitere (mögliche) Unwirksamkeitsgründe anzuführen. Unmittel-

47 LAG Niedersachsen 8.11.2002 – 5 Ta 257/02, NZA-RR 2003, 556; LAG Hamburg 30.6.2005 – 3 Ta 22/05, NZA-RR 2005, 633.

48 Vgl. BAG 28.5.2009 – 2 AZR 548/08, NZA 2009, 1052, 1053.

49 BAG 11.12.2008 – 2 AZR 472/08, NZA 2009, 692, 694 f.; 24.11.2011 – 2 AZR 614/10, NZA 2012, 413 m.w.N. auch zur Gegenauffassung.

bar anwendbar ist § 6 KSchG, wenn der Arbeitnehmer rechtzeitig **punktuelle Kündigungsschutzklage** erhoben hat und später weitere, nicht innerhalb der Dreiwochenfrist vorgebrachte Argumente, warum die Kündigung unwirksam sei, nachschieben möchte. Die zutreffende h.M. erweitert den Anwendungsbereich von § 6 KSchG, indem sie ihn **analog** heranzieht, wenn der Arbeitnehmer innerhalb der Dreiwochenfrist inzident gerichtlich die Unwirksamkeit der Kündigung geltend machte. Das kann insb. durch eine **Leistungsklage** geschehen, mittels derer er einen Anspruch auf Lohn oder Weiterbeschäftigung für die Zeit nach Ablauf der Kündigungsfrist geltend machen will, setzt der durch die Klage geltend gemachte Anspruch doch logisch voraus, dass der Arbeitnehmer die Unwirksamkeit der Kündigung geltend macht;[50] dagegen genügt die Geltendmachung von Lohnansprüchen vor dem Kündigungstermin oder von Abfindungsansprüchen nicht.[51] Überdies wendet die Rechtsprechung § 6 KSchG analog an, wenn der Arbeitnehmer neben einem punktuellen Kündigungsschutzantrag eine **allgemeine Feststellungsklage (§ 256 I ZPO)** erhoben hat, mit der er Feststellung der Unwirksamkeit (eventueller) anderer Beendigungsgründe begehrt; relevant wird das v.a. beim sog. Schleppnetzantrag (dazu Rn. 1358). Zu beachten ist, dass § 6 KSchG kein unbegrenztes „Nachlegen" erlaubt, sondern dies zeitlich **bis zum Schluss der mündlichen Verhandlung erster Instanz** (§§ 136 IV ZPO, 53 II ArbGG) begrenzt ist; in der Berufungsinstanz ist der Arbeitnehmer also mit weiteren Argumenten präkludiert.[52]

III. Betriebsratsanhörung, § 102 I BetrVG

1. Grundlagen

Der Betriebsrat ist vor jeder Kündigung anzuhören, § 102 I 1 BetrVG. Geschieht das nicht, ist die Kündigung **unwirksam**, § 102 I 3 BetrVG. **Zweck:** Durch das Anhörungsrecht soll dem Betriebsrat Einfluss auf die Zusammensetzung der Belegschaft gegeben werden;[53] zugleich soll der betroffene Arbeitnehmer geschützt werden, gelingt es dem Betriebsrat doch im Rahmen der Anhörung vielleicht, dem Arbeitgeber die Kündigung „auszureden". Obwohl im BetrVG – das grundsätzlich nicht zum Pflichtfachstoff zählt – geregelt, gehört das Erfordernis der Anhörung des Betriebsrats vor Ausspruch einer Kündigung zum **Pflichtwissen** jedes Examenskandidatens. 872

Prüfungshinweis: Auf § 102 BetrVG ist **nur** einzugehen, wenn im Sachverhalt ein Betriebsrat erwähnt ist! Ist das nicht der Fall, ersparen Sie sich und dem Korrektor Unterstellungen à la „Von einer ordnungsgemäßen Betriebsratsanhörung eines möglicherweise vorhandenen Betriebsrats ist auszugehen". Ein solches Vorgehen würde im Zweifel negativ bewertet werden.

50 BAG 30.11.1961 – 2 AZR 295/61, AP KSchG § 5 Nr. 3; 28.6.1973 – 2 AZR 378/72, AP KSchG 1969 § 13 Nr. 2; 15.5.2012 – 7 AZR 6/11, NZA 2012, 1148, 1150 f.; APS/*Hesse*, § 6 KSchG, Rn. 14; KR/*Klose*, § 6 KSchG, Rn. 20; *Löwisch*, BB 2004, 154, 160; **a.A.** *Bader*, NZA 2004, 65, 69.

51 KR/*Klose*, § 6 KSchG, Rn. 22.

52 BAG 8.11.2007 – 2 AZR 314/06, NZA 2008, 936, 937; 18.1.2012 – 6 AZR 407/10, NZA 2012, 817, 819; *Bader*, NZA 2004, 65, 69. – Hat das Arbeitsgericht allerdings den Hinweis nach § 6 S. 2 KSchG nicht gegeben, kann dies als Verfahrensfehler gerügt werden (ErfK/*Kiel*, § 6 KSchG, Rn. 5).

53 BAG 9.11.1977 – 5 AZR 132/76, NJW 1978, 1124, 1125.

2. Anwendungsbereich

873 In **sachlicher Hinsicht** ist § 102 BetrVG auf jede Art von Kündigung anzuwenden (ordentliche und außerordentliche Beendigungs- und Änderungskündigungen),[54] nicht aber auf andere Beendigungstatbestände (insb. Befristungen und Aufhebungsverträge).[55] Der **personelle Anwendungsbereich** erstreckt sich auf alle Arbeitnehmer, unabhängig davon, ob diese Kündigungsschutz nach dem KSchG genießen.[56] Abweichungen kennt das BetrVG allerdings in beide Richtungen: So genügt bei leitenden Angestellten eine bloße Mitteilung (**§ 105 BetrVG**), wobei die Verletzung dieser Pflicht keine rechtlichen Folgen hat;[57] umgekehrt erfordert die Kündigung von Betriebsratsmitgliedern die vorherige Zustimmung des Betriebsrats, **§ 103 BetrVG** (Rn. 942).

3. Unterrichtung

874 § 102 I 1 BetrVG verlangt, dass der Betriebsrat vor der Kündigung zu hören ist, d.h., **vor Abgabe** der Kündigungserklärung;[58] eine Anhörung zwischen Abgabe und Zugang genügt nicht.[59] Der dem Betriebsrat zu gewährende Mindestzeitraum für die Anhörung folgt aus § 102 II 1 BetrVG. Eine bestimmte **Form** für die Unterrichtung des Betriebsrats durch den Arbeitgeber ist nicht vorgeschrieben.[60] **Adressat** ist der Betriebsratsvorsitzende bzw. sein Stellvertreter (vgl. § 26 II 2 BetrVG).[61]

875 **Inhalt:** Um die Anhörung zu ermöglichen, hat der Arbeitgeber dem Betriebsrat die Gründe für die Kündigung mitzuteilen, § 102 I 2 BetrVG. Dem Betriebsrat muss es ermöglicht werden, sich über die Person des Arbeitnehmers und die Kündigungsgründe eine Vorstellung zu machen.[62] Dabei gilt der **Grundsatz der subjektiven Determinierung**, wonach der Arbeitgeber nicht alle objektiv in Betracht kommenden, kündigungsrechtlich relevanten Tatsachen anführen muss, sondern nur diejenigen, auf die er die intendierte Kündigung stützen möchte;[63] allerdings kann er die Gründe, zu denen er den Betriebsrat nicht angehört hat, nicht in einem eventuellen Kündigungsrechtsstreit geltend machen.[64]

876 In **Fall 46** hat U den Betriebsrat nur zu einem von zwei grundsätzlich denkbaren Kündigungsgründen (Diebstahl; beleidigende Äußerung) angehört. Das ist aufgrund des Grundsatzes der subjektiven Determinierung nicht zu beanstanden, die Wirksamkeit der auf den

---

54 BAG 29.3.1990 – 2 AZR 420/89, AP BetrVG 1972 § 102 Nr. 56; Richardi/*Thüsing*, BetrVG, § 102, Rn. 11.

55 BAG 28.10.1986 – 1 ABR 16/85, NZA 1987, 530, 531; ErfK/*Kania*, § 102 BetrVG, Rn. 1.

56 BAG 22.9.2005 – 2 AZR 366/04, AP BGB § 130 Nr. 24; 23.4.2009 – 6 AZR 516/08, NZA 2009, 959, 960.

57 Richardi/*Thüsing*, BetrVG, § 102, Rn. 17.

58 Vgl. näher BAG 13.11.1975 – 2 AZR 610/74, NJW 1976, 1766.

59 BAG 28.9.1978 – 2 AZR 2/77, DB 1979, 1135 f.

60 BAG 6.2.1997 – 2 AZR 265/96, NZA 1997, 656, 658.

61 Andere Mitglieder des Betriebsrats sind Erklärungsboten des Arbeitgebers, so dass bei einer Übergabe des Anhörungsschreibens an sie der Zugang erst mit Übergabe an den Vorsitzenden erfolgt (BAG 27.6.1985 – 2 AZR 412/84, NZA 1986, 426, 427).

62 Im Einzelnen ErfK/*Kiel*, § 102 BetrVG, Rn. 5 m.w.N.

63 BAG 22.9.1994 – 2 AZR 31/94, NZA 1995, 363, 364 f.

64 BAG 15.7.2004 – 2 AZR 376/03, NZA 2005, 523, 524.

Diebstahl gestützten Kündigung scheitert also nicht an § 102 I 3 BetrVG. Allerdings muss U auch die Konsequenzen seiner Entscheidung tragen. Er ist also im Kündigungsschutzprozess grundsätzlich darauf beschränkt, diejenigen Tatsachen zur Rechtfertigung seiner Kündigung vorzubringen, zu denen er vor Ausspruch der Kündigung den Betriebsrat anhörte. Entsprechend kann U hier nicht die beleidigende Äußerung vom 25.1.2016 „ins Feld führen". Wird der Arbeitsrichter den Diebstahl als nicht ausreichende Rechtfertigung für eine Kündigung ansehen, wird U daher den Prozess verlieren.

§ 102 BetrVG schließt es nicht aus, dass der Arbeitgeber primär eine außerordentliche und **hilfsweise** eine ordentliche Kündigung ausspricht. Erforderlich ist in diesem Fall allein, dass er den Betriebsrat zu beiden entsprechend anhört. 877

4. Rechte und Möglichkeiten des Betriebsrats

§ 102 BetrVG gibt dem Betriebsrat als Organ nur ein **Anhörungsrecht**. Entsprechend bedarf die Kündigung des Arbeitgebers zu ihrer Wirksamkeit **nicht** der vorherigen **Zustimmung** des Betriebsrats, der Arbeitgeber bleibt also in seiner Entscheidung rechtlich frei und kann sich über Bedenken (vgl. § 102 II 1, 3 BetrVG) und Einwände des Betriebsrats ohne Begründung hinwegsetzen. Entsprechend spielt es zunächst keine Rolle, ob der Betriebsrat der Kündigung zustimmt, die Zustimmung – bei einer ordentlichen Kündigung – fingiert wird (§ 102 II 2 BetrVG) oder ob er der Kündigung widerspricht. 878

Auch wenn ein wirksamer **Widerspruch** des Betriebsrats (§ 102 III BetrVG) also nichts an der Wirksamkeit der Kündigung ändert, kann er insoweit bedeutsam sein, als er bei ordentlichen Kündigungen dem Arbeitnehmer die Chance gibt, durch Erhebung einer Kündigungsschutzklage in den Genuss des speziellen **Weiterbeschäftigungsanspruchs des § 102 V BetrVG** zu gelangen (dazu näher Rn. 670). 879

5. Folgen der (nicht) ordnungsgemäßen Anhörung

Wurde das Anhörungsverfahren ordnungsgemäß **durchgeführt**, kann der Arbeitgeber kündigen, wenn er entweder eine abschließende Stellungnahme des Betriebsrats zur Kenntnis nahm oder – bei ordentlichen Kündigungen – die Wochenfrist des § 102 II 1, 2 BetrVG bzw. – bei außerordentlichen Kündigungen – die Dreitagesfrist des § 102 II 3 BetrVG abgelaufen ist. Kündigt der Arbeitgeber davor oder ohne die Stellungnahme zur Kenntnis zu nehmen, ist die Kündigung unwirksam, § 102 I 3 BetrVG.[65] 880

Hinweis: Das Erfordernis der Betriebsratsanhörung hemmt nicht den Lauf der Kündigungserklärungsfrist des § 626 II BGB (dazu Rn. 1059 ff.)! Eingedenk der Dreitagesfrist des § 102 II 3 BetrVG muss der Arbeitgeber also spätestens am zehnten Tag, nachdem er von dem Kündigungsgrund Kenntnis i.S.d. § 626 II BGB erlangt hat, die Betriebsratsanhörung einleiten.[66] Versäumt er diese Frist, kann der Betriebsrat durch schlichtes Nichtstun eine wirksame *außerordentliche* Kündigung verhindern: Erklärt der Arbeitgeber die Kündigung zwar noch inner-

65 Vgl. BAG 27.6.1985 – 2 AZR 412/84, NZA 1986, 426, 427.
66 ErfK/*Niemann*, § 626 BGB, Rn. 224.

halb der Frist des § 626 II BGB, aber vor Ablauf der Frist des § 102 II 3 BetrVG, scheitert die Kündigung an § 102 I 3 BetrVG; wartet der Arbeitgeber hingegen den Ablauf der Frist des § 102 II 3 BetrVG ab, scheitert die Kündigung an § 626 II BGB. In einem solchen Fall kann der Arbeitgeber daher höchstens noch ordentlich kündigen.

881 Unwirksam ist die Kündigung ferner (selbstverständlich), wenn der Kündigung gar **kein** oder jedenfalls **kein ordnungsgemäßes** Anhörungsverfahren vorausging, § 102 I 3 BetrVG. Eine rückwirkende Heilung des Fehlers ist selbst bei Zustimmung des Betriebsrats nicht möglich, die Kündigung bleibt unwirksam.[67] Für die Ordnungsgemäßheit des Verfahrens ist dabei jedoch nach **Verantwortungskreisen** zu unterscheiden: Im obigen Sinne nicht ordnungsgemäß ist das Verfahren nur, wenn der Fehler in die **Sphäre des Arbeitgebers** fällt, z.B. weil er den Betriebsrat nicht ordnungsgemäß unterrichtet oder den Ablauf der Fristen von § 102 II BetrVG nicht abgewartet hat. Stammt der Fehler hingegen aus der **Sphäre des Betriebsrats** – z.B., weil dieser bei der Beschlussfassung nicht beschlussfähig war (§ 33 II BetrVG) –, so geht das selbst dann nicht zu Lasten des Arbeitgebers, wenn dieser den Fehler kannte; die Kündigung scheitert also nicht an § 102 BetrVG.[68]

882 Die Darlegungs- und **Beweislast** dafür, dass der Betriebsrat ordnungsgemäß angehört wurde, trägt nach allgemeinen prozessualen Grundsätzen der Arbeitgeber.

6. Nachschieben von Kündigungsgründen?

883 Hat der Arbeitgeber den Betriebsrat ordnungsgemäß angehört, so bewirkt dies in gewisser Weise eine **Beschränkung** der in einem späteren Kündigungsschutzrechtsstreit berücksichtigungsfähigen **Kündigungsgründe**. Wie ausgeführt, muss der Arbeitgeber den Betriebsrat nach dem Grundsatz der subjektiven Determinierung nicht zu allen denkbaren Kündigungsgründen anhören. Beschränkt er die Anhörung auf bestimmte Tatsachen, stellt sich das klausurrelevante Problem, inwieweit der Arbeitgeber im **Kündigungsschutzprozess andere Kündigungsgründe „nachschieben"** darf. Insoweit ist danach zu differenzieren, wann die Gründe objektiv vorlagen und ob sie dem Arbeitgeber subjektiv bekannt waren:

884 **(1)** Handelt es sich um Gründe, die bei Ausspruch der Kündigung bereits bestanden und von denen der Arbeitgeber damals auch Kenntnis hatte, scheidet ein Nachschieben stets aus. Entsprechend können sie in dem vom Arbeitnehmer gegen die Kündigung angestrengten Prozess nicht berücksichtigt werden, selbst wenn sie unstreitig sind. Dem Arbeitgeber bleibt hier nur, eine zweite, auf diese nachzuschiebenden Gründe gestützte Kündigung auszusprechen (s. auch oben Fall 46).

885 **(2)** Etwas anderes gilt, wenn die Gründe zwar bereits bei Ausspruch der Kündigung bestanden, der Arbeitgeber von ihnen aber keine Kenntnis hatte. Dann darf der Arbeitgeber diese Gründe im Kündigungsschutzverfahren nachschieben. Allerdings muss er **analog § 102 BetrVG zuvor** den Betriebsrat zu diesen Gründen anhören.

67 BAG 28.2.1974 – 2 AZR 455/73, AP BetrVG 1972 § 102 Nr. 2; 18.9.1975 – 2 AZR 594/74, AP BetrVG 1972 § 102 Nr. 6.

68 BAG 24.6.2004 – 2 AZR 461/03, NZA 2004, 1330, 1333; 6.10.2005 – 2 AZR 316/04, NZA 2006, 990, 991 f.

(3) Bestanden die Gründe nicht bereits bei Ausspruch der Kündigung, sondern traten sie erst später ein, ist ein Nachschieben stets ausgeschlossen. Auch insoweit bleibt nur der Ausspruch einer zweiten, auf diese neuen Gründe gestützten Kündigung. Das ist in jedem Fall deshalb misslich, weil für diese neue Kündigung die Kündigungsfrist natürlich erst ab ihrem Zugang zu laufen beginnt; und wenn der Arbeitgeber richtig „Pech" hat, greift nunmehr vielleicht sogar ein besonderer Kündigungsschutz ein. **886**

In **Fall 47** liegt die zweite der obigen Fallgruppen (2) vor: Der Diebstahl der 50 Euro erfolgte noch vor Ausspruch der Kündigung, war U zu dem Zeitpunkt aber nicht bekannt. Entsprechend kann U dies nach einer Anhörung des Betriebsrats analog § 102 BetrVG hierzu in das Verfahren einbringen, des Ausspruchs einer zweiten Kündigung bedarf es nicht. **887**

In **Fall 48** hingegen fand der Eierwurf erst nach Ausspruch der Kündigung statt und kann deshalb keinesfalls mehr im laufenden Verfahren berücksichtigt werden. U kann erwägen, eine auf den Eierwurf gestützte neue Kündigung auszusprechen. Das wird aber insoweit nicht einfach, als angesichts der Schwangerschaft der A nunmehr § 17 I MuSchG eingreift, eine Kündigung also jedenfalls erst nach einer Zustimmung der für den Arbeitsschutz zuständigen obersten Landesbehörde in Betracht käme (näher Rn. 904). **888**

Weiterführende Literatur zur Betriebsratsanhörung: *Jacobs, Matthias/Krois, Christopher:* Klausurenkurs II, Fälle 1, 7; *Jordans, Roman:* Übungsklausur: Der verschlafende Kraftfahrer, JA 2005, 632; *Schulze, Marc-Oliver/Schreck, Corinna:* Mitbestimmung des Betriebsrats bei Kündigungen und deren individualrechtliche Auswirkungen, ArbRAktuell 2013, 198; *Tillmanns, Kerstin:* Klausurenkurs I, Fall 8; *Zumkeller, Alexander:* Die Vorbereitung von Kündigungen, NZA Beilage 2015, 97; *Lingemann, Stefan/Steinhauser, Rut:* Fallen beim Ausspruch von Kündigungen – Betriebsratsanhörung, NJW 2017, 937; *Meyer, Friedrich-W.:* Der praktische Fall: Arbeitsrecht – Ist knapp daneben auch daneben?, JuS 2000, 1085.

IV. Besonderer Kündigungsschutz

Fall 49: Die bei Unternehmer U seit Mitte 2015 angestellte A ist seit Anfang 2016 schwanger, was U auch bekannt ist. Die Schwangerschaft hat ihre ohnehin schon bestehende Tendenz zu irrational-aggressivem Verhalten noch gesteigert. Auf eine völlig legale und legitime Anweisung des U hin rastet sie am 15.2.2016 völlig aus, beschimpft ihn als „Dreckschwein", wirft einen kleinen Tacker nach ihm und tritt vor Wut gegen ihren Schreibtisch, der dabei eingedellt wird. Obwohl sie dafür abgemahnt wird, ereignet sich Ähnliches am 18.2.2016 erneut, wobei U sogar eine Platzwunde am Kopf erleidet. U reicht es nun und er kündigt A sofort außerordentlich. Wirksamkeit der Kündigung? **(Lösung Rn. 902)** **889**

Fall 50: Wie **Fall 49**, doch anstatt sofort zu kündigen stellt U am 19.2.2016 einen Antrag nach § 17 II MuSchG. Zur Überraschung der A erteilt die oberste Landesbehörde am 3.3.2016 die Erlaubnis zur Kündigung, die U prompt am 6.3.2016 ausspricht. A fragt, wie sie nun vorgehen soll. **(Lösung Rn. 907** und **913)** **890**

Fall 51: Die X ist für Unternehmer U als Programmiererin tätig, wobei sie nicht Arbeitnehmerin, sondern arbeitnehmerähnliche Person ist. Insgesamt beschäftigt U noch 24 weitere vergleichbare Kräfte. Als die Schwester S des Ehemanns der X aufgrund eines Schlaganfalls pflegebedürftig (§§ 14, 15 SGB XI) wird, schreibt die X dem U am 10.1.2016, dass sie **891**

ab dem 1.2.2016 bis zum 30.6.2016 vollständig (ohne Bezahlung) freigestellt werden wolle, um die S zu pflegen. U ist außer sich, er sei nicht die „Sozialanstalt Deutschlands", am Ende kämen die anderen Programmiererinnen auch noch auf solche Ideen. Daher kündigt er das Vertragsverhältnis. Wirksamkeit der Kündigung? **(Lösung Rn. 919)**

892 **Fall 52:** Der bei U seit Jahren beschäftigte S ist als Schwerbehinderter anerkannt. Aufgrund einer Innenrevision wird am 17.5.2016 festgestellt, dass er im Laufe der letzten Monate Einnahmen des U in Höhe von insgesamt € 15.000 unterschlagen hat. U will ihn deshalb außerordentlich kündigen und beantragt dazu am 19.5.2016 die Zustimmung des Integrationsamts, die ihm auch am 1.6.2016 um 17:00 erteilt wird. Daraufhin spricht U am 2.6.2016 die Kündigung aus, die S am 3.6.2016 zugeht. S beruft sich darauf, dass die Kündigung schon wegen § 626 II BGB unwirksam ist. Zu Recht? **(Lösung Rn. 931 und 933)**

893 **Fall 53:** Arbeitnehmer A hatte seinen Arbeitgeber U, der drei Arbeitnehmer beschäftigt, erfolgreich auf Überstundenzahlung verklagt. Nachdem U immer noch nicht freiwillig zahlt, lässt A ordnungsgemäß gegen U vollstrecken. U ist über dieses „impertinente Gehabe" dermaßen empört, dass er den A umgehend kündigt. **(Lösung Rn. 948)**

1. Grundsätze

894 Neben dem später zu besprechenden allgemeinen Kündigungsschutz kennt das deutsche Recht auch den besonderen Kündigungsschutz, der Arbeitnehmer in speziellen Situationen (z.B. Schwangere, Datenschutzbeauftragte) oder mit besonderen Eigenschaften (z.B. Schwerbehinderte) erfasst. Der besondere Kündigungsschutz geht über den allgemeinen insoweit erheblich hinaus, als Kündigungen dadurch oft grundsätzlich vollständig ausgeschlossen werden und, wenn überhaupt, nur ausnahmsweise und nach Zustimmung einer öffentlich-rechtlichen Stelle zulässig sind.

2. Das Kündigungsverbot des § 17 MuSchG

895 Ein Musterbeispiel für die konzeptionelle Ausgestaltung des besonderen Kündigungsschutzes ist § 17 MuSchG, der im Grundsatz die Kündigung von Frauen während der Schwangerschaft und bis zum Ablauf von vier Monaten nach einer Fehlgeburt oder der Entbindung verbietet. § 17 MuSchG ist Ausfluss von Art. 6 IV GG, **bezweckt** die Förderung der Vereinbarkeit von Beruf und Familie, beugt Gesundheitsgefahren durch arbeitsbedingte körperliche Überlastungen der Schwangeren vor und soll ihr die Sorge um den Erhalt des Arbeitsplatzes und vor einer arbeitgeberseitigen Kündigung nehmen.[69]

a) Voraussetzungen

896 **aa) Geschützter Personenkreis.** Geschützt sind nicht nur Arbeitnehmerinnen, sondern in unionsrechtskonformer Auslegung auch Geschäftsführerinnen[70] sowie z.B. auch arbeitnehmerähnliche Personen und Praktikantinnen, § 1 II MuSchG.

69 Näher und m.w.N. APS/*Rolfs*, § 9 MuSchG, Rn. 1.
70 Vgl. EuGH 11.11.2010 – C-232/09, NZA 2011, 143, 146.

bb) Schwangerschaft oder bis zu vier Monate nach Fehlgeburt oder Entbindung. Die Arbeitnehmerin muss entweder schwanger sein oder bei Zugang der Kündigung darf eine Fehlgeburt bzw. die Entbindung nicht länger als vier Monate zurückliegen. Nach der **Entbindung** ist die Frau noch für einen Zeitraum von vier Monaten geschützt (§ 17 I 1 Nr. 3 MuSchG). Entbindung ist dabei sowohl die Lebend- als auch die Totgeburt.[71] Ein **Schwangerschaftsabbruch** stellt unabhängig von seiner rechtlichen Zulässigkeit keine Entbindung dar, entsprechend ist nach seiner Durchführung § 17 MuSchG nicht mehr anwendbar.[72] Bei einer **Fehlgeburt** greift § 17 MuSchG nur, wenn diese nach der zwölften Schwangerschaftswoche eintritt (§ 17 I 1 Nr. 2 MuSchG). Die Abgrenzung zwischen Fehl- und Totgeburt richtet sich nach dem Gewicht der Leibesfrucht, vgl. § 31 II, III PStV. **897**

cc) Kenntnis des Arbeitgebers/Mitteilung. Der Arbeitgeber muss entweder positive Kenntnis von der Schwangerschaft haben oder ihm muss diese innerhalb von zwei Wochen nach Zugang der Erklärung mitgeteilt werden (näher § 17 I 1, 2 MuSchG). „Arbeitgeber" ist dabei nicht nur der Vertragspartner, sondern jeder Kündigungsberechtigte. Maßgebender Zeitpunkt ist derjenige der Abgabe der Kündigungserklärung.[73] **898**

dd) Keine Voraussetzungen. Anders als z.B. für den besonderen Kündigungsschutz des § 5 PflegeZG (Rn. 918) ist für § 17 MuSchG keine Voraussetzung, dass der Arbeitgeber eine bestimmte **Mindestzahl von Arbeitnehmern** beschäftigt. Auch eine **Wartefrist** bis zum Eingreifen des Kündigungsschutzes (vergleichbar § 1 I KSchG) muss nicht erfüllt sein. **899**

b) Rechtsfolgen

aa) Ausschluss arbeitgeberseitiger Kündigungen. Nach § 17 MuSchG ist die Kündigung – vorbehaltlich einer vorherigen Erlaubnis nach § 17 II MuSchG (Rn. 904) – unzulässig und damit **unwirksam** (§ 134 BGB), ohne dass es einer materiell-rechtlichen Prüfung anhand von § 1 KSchG oder § 626 BGB bedürfte. § 17 MuSchG gilt nach seinem Wortlaut nur für **arbeitgeberseitige Beendigungs- oder Änderungskündigungen**, auf andere Beendigungsgründe (Anfechtung, Auslauf einer vereinbarten wirksamen Befristung usw.) ist er ebenso wenig anwendbar wie auf eine Eigenkündigung der Schwangeren. **900**

Das **Kündigungsverbot beginnt** mit dem Beginn der Schwangerschaft, den das BAG dadurch bestimmt, dass es vom voraussichtlichen Tag der Niederkunft 280 Tage zurückrechnet.[74] Wann es **endet**, hängt davon ab, auf welche Weise die Schwangerschaft beendet wurde: Bei einem Schwangerschaftsabbruch entfällt § 17 MuSchG **901**

---

71 Vgl. BR-Drucks. 230/16, S. 99; zur Rechtslage unter § 9 MuSchG vgl. BAG 16.2.1973 – 2 AZR 138/72, NJW 1973, 1431; 15.12.2006 – 2 AZR 462/04, NZA 2006, 994, 995; ErfK/*Schlachter*, § 17 MuSchG, Rn. 4.

72 HWK/*Hergenröder*, § 17 MuSchG, Rn. 5; APS/*Rolfs*, § 9 MuSchG, Rn. 26.

73 LAG Düsseldorf 11.5.1979 – 9 Sa 484/79, EzA MuSchG § 9 n.F. Nr. 19; *Meisel/Sowka*, § 9 MuSchG, Rn. 82; **a.A.** APS/*Rolfs*, § 9 MuSchG, Rn. 30.

74 BAG 12.12.1985 – 2 AZR 82/85, NZA 1986, 613, 614; kritisch APS/*Rolfs*, § 9 MuSchG, Rn. 40 f. m.w.N.

ab diesem Zeitpunkt sofort; eine zuvor ohne Zustimmung nach § 17 II MuSchG ausgesprochene Kündigung bleibt aber unwirksam. Bei einer Entbindung besteht der Kündigungsschutz hingegen weitere vier Monate nach der Niederkunft fort.[75] Gleiches gilt bei einer Fehlgeburt nach der zwölften Schwangerschaftswoche.

902 In **Fall 49** ist die Kündigung wegen Verstoßes gegen § 17 I MuSchG unwirksam, § 134 BGB. Die Voraussetzungen (wirksamer Arbeitsvertrag, Schwangerschaft, Kenntnis des U) liegen vor. Ob U mit einem Antrag nach § 17 II MuSchG Erfolg gehabt hätte, spielt keine Rolle.

903 § 17 **I 3** MuSchG erklärt zudem während der o.g. Schutzfristen auch **Vorbereitungsmaßnahmen** des Arbeitgebers im Hinblick auf die Kündigung für unzulässig. Zu diesen Vorbereitungsmaßnahmen zählen z.B. die Betriebsratsanhörung (§ 102 BetrVG) oder die Stellung eines Antrags auf Zustimmung des Integrationsamts (§ 170 SGB IX), selbstverständlich aber nicht ein Antrag nach § 17 II MuSchG. Aber auch sonstige Maßnahmen zur Vorbereitung der Kündigung, wie z.B. die Suche und Planung eines endgültigen Ersatzes für die Schwangere, sind erfasst.[76] Trifft der Arbeitgeber solche Vorbereitungsmaßnahmen innerhalb der Schutzfristen, so ist die Kündigung **unwirksam**.[77]

bb) Ausnahmsweise Zulässigerklärung, § 17 II MuSchG.

904 **(1) Voraussetzungen.** Eine – ordentliche oder außerordentliche – Kündigung durch den Arbeitgeber ist nur möglich, wenn gemäß § 17 II MuSchG die für Arbeitsschutz zuständige Landesbehörde sie für zulässig erklärt hat. § 17 MuSchG statuiert also ein **Verbot mit Erlaubnisvorbehalt**.

905 Das Verfahren setzt einen **Antrag** des Arbeitgebers zur zuständigen Behörde (vgl. § 29 MuSchG) voraus. Eine Frist, innerhalb derer der Arbeitgeber diesen Antrag stellen muss, besteht grundsätzlich nicht. Allerdings ist es bei außerordentlichen Kündigungen wegen § 626 II BGB erforderlich, dass er innerhalb von zwei Wochen nach Kenntnis vom Kündigungsgrund den Antrag stellt und – im Falle der Erteilung der behördlichen Erlaubnis – unverzüglich nach Erlaubniserteilung die Kündigung erklärt (vgl. den Rechtsgedanken des § 174 V SGB IX, Rn. 930).[78]

906 In materieller Hinsicht ist Voraussetzung für die Zulässigerklärung, dass es sich um einen **besonderen Fall** handelt, wobei dieses Tatbestandsmerkmal nicht mit dem wichtigen Grund i.S.v. § 626 BGB identisch ist.[79] Bedeutung hat das insb. im Bereich betriebsbedingter Gründe: Während diese regelmäßig keine außerordentliche Kündigung nach § 626 BGB zu rechtfertigen vermögen (Rn. 1072), können sie durchaus einen besonderen Fall gemäß § 17 II MuSchG begründen; Voraussetzung ist aber, dass unter Ausschöpfung des ultima-ratio-Grundsatzes keinerlei Möglichkeit mehr

75 ErfK/*Schlachter*[16], § 9 MuSchG, Rn. 3.
76 Vgl. BR-Drucks. 230/16, S. 99; vgl. näher *Bayreuther*, NZA 2017, 1145, 1145 f.
77 BR-Drucks. 230/16, S. 99.
78 ErfK/*Schlachter*[16], § 9 MuSchG, Rn. 14.
79 Vgl. BVerwG 29.10.1958 – BVerwG V C 88/56, NJW 1959, 690, 691; OVG Lüneburg 5.12.1990 – 14 L 12/90, AP § 9 MuSchG 1968 Nr. 18.

besteht, die Arbeitnehmerin weiterzubeschäftigen (z.B. weil der letzte Betrieb des Arbeitgebers geschlossen wird) oder wenn eine Existenzgefährdung des Arbeitgebers droht.[80] Auch im Übrigen sind die **Anforderungen** an die Bejahung des besonderen Falls **hoch**. Das gilt namentlich für verhaltensbedingte Gründe, die hier so schwer wiegen müssen, dass die Aufrechterhaltung des Arbeitsverhältnisses für den Arbeitgeber schlicht unerträglich sein muss, weil ein wiederholter und/oder schwerer Verstoß gegen zentrale arbeitsvertragliche Pflichten vorliegt.[81] Auch wenn die Behörde einen besonderen Fall bejaht, hat sie noch ein **Ermessen**, ob sie die Kündigung für zulässig erklärt. Wie das „ausnahmsweise" zeigt, darf die Behörde nur dann die Kündigung zulassen, wenn das Interesse des Arbeitgebers an der Beendigung des Arbeitsverhältnisses die berechtigen Arbeitnehmerinneninteressen deutlich überwiegt.[82]

In **Fall 50** spricht viel dafür, dass ein solcher besonderer Fall vorliegt. A scheint generell zu irrational-aggressivem Verhalten zu neigen, sie hat innerhalb weniger Tage zwei schwere „Aussetzer" gehabt, bei denen sie jeweils grundlos Sachbeschädigungen begangen und U beleidigt hat. Beim zweiten Vorfall hat sie ihn überdies körperlich verletzt. Das Interesse des U, sie aus dem Betrieb zu entfernen, hat daher Vorrang vor den Interessen der A. Die Behörde sollte die Kündigung für zulässig erklären (Fortsetzung **Rn. 913**). 907

(2) Rechtsfolgen. Die Entscheidung der Behörde ist ein **rechtsgestaltender Verwaltungsakt**. Versagt sie die Erlaubnis, scheitert eine Kündigung an §§ 17 I MuSchG, 134 BGB. Erteilt sie sie hingegen, entfällt die Kündigungssperre des § 17 MuSchG, so dass der Arbeitgeber insoweit nicht mehr an einer Kündigung gehindert ist. Weitergehende Auswirkungen auf den Kündigungsschutz hat die Erlaubnis allerdings nicht. Die Kündigung ist also vom Arbeitsgericht uneingeschränkt am allgemeinen und sonstigen besonderen Kündigungsschutz zu messen. Dabei ist zu beachten, dass die Kündigung immer erst ausgesprochen werden darf, **nachdem** die Behörde die Erlaubnis erteilt hat. Eine zuvor ausgesprochene Kündigung ist unwirksam und bleibt dies auch, wenn die Erlaubnis später erteilt wird;[83] der Arbeitgeber hat dann nur die Möglichkeit, eine erneute Kündigung auszusprechen. Die Bestandskraft der behördlichen Entscheidung muss der Arbeitgeber aber nicht abwarten.[84] 908

Eine bestimmte Frist, innerhalb derer der Arbeitgeber nach Erlaubniserteilung die Kündigung erklären muss, besteht – anders als bei § 171 III SGB IX – nicht;[85] dennoch muss ein hinreichend sachlicher und zeitlicher Zusammenhang gewahrt werden, weil sonst der Sinn des Zulässigerklärungsverfahrens konterkariert würde.[86] Die Kündigung bedarf der **Angabe des Kündigungsgrundes**, § 17 II 2 MuSchG; andere als 909

---

80 BAG 20.1.2005 – 2 AZR 500/03, NZA 2005, 687, 688; BVerwG 18.8.1977 – V C 8.77, BVerwGE 54, 276, 283; VGH Mannheim 20.2.2007 – 4 S 2436/05, NZA-RR 2007, 290, 291.
81 BAG 8.12.1955 – 2 AZR 13/54, AP MuSchG § 9 Nr. 4.
82 BVerwG 29.10.1958 – BVerwG V C 88/56 NJW 1959, 690, 691.
83 BAG 31.3.1993 – 2 AZR 595/92, NZA 1993, 646, 650; LAG Köln 12.3.2012 – 2 Sa 999/11, juris Rn. 14.
84 BAG 17.6.2003 – 2 AZR 245/02, NZA 2003, 1329, 1330; 24.11.2011 – 2 AZR 429/10, NZA 2012, 610, 612.
85 Vgl. auch BAG 22.6.2011 – 8 AZR 107/10, NZA-RR 2012, 119, 121.
86 ErfK/*Schlachter*[16], § 9 MuSchG, Rn. 13.

in dem Schreiben genannte Kündigungsgründe kann der Arbeitgeber in einem eventuellen Kündigungsschutzprozess **nicht nachschieben**.[87]

(3) Rechtsschutz.

910 V Wie dargelegt, entscheidet die Behörde per Verwaltungsakt. Entsprechend stehen dem Arbeitgeber oder Arbeitnehmer der **Verwaltungsrechtsweg** offen, so dass es zu einer Rechtswegspaltung kommt:

911 V Bei Versagung der Erlaubnis kann bzw. – wenn er kündigen möchte – muss der Arbeitgeber **Verpflichtungswiderspruch** einlegen und ggf. danach **-klage** (§ 42 I Alt. 2 VwGO) erheben. Unterliegt er mit dieser, scheidet eine Kündigung aus. Obsiegt er, so kann er nunmehr kündigen.

912 V Wird die Erlaubnis hingegen erteilt und kündigt der Arbeitgeber, ist die Rechtslage komplizierter. Gegen die Kündigung kann – bzw. muss die Arbeitnehmerin zur Vermeidung einer Präklusion nach §§ 4, 7 S. 1 KSchG – innerhalb von drei Wochen **Kündigungsschutzklage** erheben; für die Frist ist dabei § 4 S. 4 KSchG zu beachten (Rn. 857). In deren Rahmen dürfen die Arbeitsgerichte die Kündigung allerdings nur am „übrigen" Kündigungsschutz prüfen, die Unrechtmäßigkeit der Erlaubniserteilung nach § 17 II MuSchG kann vor ihnen hingegen nicht geltend gemacht werden.[88] Will die Arbeitnehmerin auch die Rechtmäßigkeit der Erteilung der Erlaubnis angreifen, so muss sie zusätzlich **Anfechtungswiderspruch** einlegen und anschließend ggf. **-klage** beim Verwaltungsgericht (§ 42 I Alt. 1 VwGO) erheben.[89] Widerspruch und Klage haben, soweit keine sofortige Vollziehung angeordnet wurde (§ 80 II 1 Nr. 4 VwGO), aufschiebende Wirkung, § 80 I VwGO. Nach der herrschenden, vom BAG geteilten Vollziehbarkeitstheorie ändert die aufschiebende Wirkung aber nichts an der Wirksamkeit des Verwaltungsakts; der Arbeitgeber ist daher durch den/die Anfechtungswiderspruch/-klage des Arbeitnehmers nicht gehindert, die Kündigung auszusprechen.[90] Das per Kündigungsschutzklage angerufene Arbeitsgericht wird das Verfahren bis zur rechtskräftigen Entscheidung des Verwaltungsgerichts aussetzen.

913 In **Fall 50** kann A Anfechtungswiderspruch einlegen und, sollte dieser erfolglos sein, Anfechtungsklage erheben. Hat sie damit rechtskräftig Erfolg, ist die Kündigung wegen § 17 I KSchG unwirksam. Anderenfalls hängt ihre Wirksamkeit von einer Prüfung anhand von § 626 BGB ab. Die Frist des § 626 II BGB hat U gewahrt, ein wichtiger Grund an sich liegt angesichts der Sachbeschädigungen, der Beleidigungen und der Körperverletzung vor. A wurde erfolglos wegen eines ähnlichen Vorfalls abgemahnt, der ultima-ratio-Grundsatz ist mithin gewahrt. Auch die Interessenabwägung spricht für U, ist die A doch erst recht kurz im Betrieb, hat sie wiederholt erhebliche (strafbare) Pflichtverletzungen begangen und scheint auch keine Einsicht zu zeigen („zur Überraschung"). Die Kündigung ist wirksam.

87 APS/*Rolfs*, § 9 MuSchG, Rn. 94 m.w.N.

88 BAG 17.6.2003 – 2 AZR 245/02, NZA 2003, 1329, 1331. – Auch vor dem Arbeitsgericht ist es aber möglich, die Nichtigkeit der Erlaubniserteilung (vgl. § 44 VwVfG) geltend zu machen.

89 Auch wenn die Arbeitnehmerin nicht Adressatin des Verwaltungsakts ist, ist die notwendige Klagebefugnis (§ 42 II VwGO) zu bejahen, weil sie verwaltungsrechtlich unmittelbar drittbetroffen ist (vgl. auch BAG 31.3.1993 – 2 AZR 595/92, NZA 1993, 646, 648).

90 BAG 17.6.2003 – 2 AZR 245/02, NZA 2003, 1329, 1330 f.; 25.3.2004 – 2 AZR 295/03, NZA 2004, 1064; **a.A.** APS/*Rolfs*, § 9 MuSchG, Rn. 115.

c) Darlegungs- und Beweislast

Die Darlegungs- und Beweislast für sämtliche Voraussetzungen – selbst für die positive Kenntnis des Arbeitgebers von der Schwangerschaft – trägt die Arbeitnehmerin. Nur für eine eventuelle Zulässigerklärung nach § 17 II MuSchG ist der Arbeitgeber darlegungs- und beweisbelastet. **914**

3. Kündigungsschutz während Elternzeit, § 18 BEEG

Einen weiteren Fall besonderen Kündigungsschutzes normiert § 18 BEEG. Er untersagt es dem Arbeitgeber grundsätzlich, das Arbeitsverhältnis während der Elternzeit und einer bestimmten Zeit davor zu kündigen; eine dennoch erfolgte Kündigung ist **unwirksam** (§ 134 BGB).[91] Zur Förderung der Vereinbarkeit von Beruf und Familie soll es das BEEG ermöglichen, Kinder in ihrer ersten Lebensphase zu betreuen, ohne dass dies unter dem Damoklesschwert einer Kündigung durch den Arbeitgeber steht. Weil – wie bei § 17 II MuSchG – auch insoweit die Möglichkeit einer ausnahmsweisen Zulässigerklärung besteht (§ 18 I 4 BEEG), handelt es sich ebenfalls um ein Verbot mit Erlaubnisvorbehalt. Ohnehin ist die Vorschrift konzeptionell stark an § 17 MuSchG angelehnt, so dass grundsätzlich auf die obigen Ausführungen verwiesen werden kann und lediglich die Unterschiede hervorzuheben sind. **915**

Elternzeit beanspruchen können nicht nur die Eltern selbst, sondern auch Großeltern (§ 15 I, Ia BEEG). Anders als § 17 MuSchG ist § 18 BEEG natürlich nicht auf (Groß-)Mütter beschränkt, sondern gilt auch für (Groß-)Väter. Der Kündigungsschutz nach § 18 BEEG **beginnt** grundsätzlich ab dem Verlangen nach Elternzeit; um zu verhindern, dass durch ein frühzeitiges Verlangen lange vor dem Beginn der Elternzeit der besondere Kündigungsschutz „erschlichen" wird, begrenzt § 18 I 2 BEEG aber dessen Vorwirkung auf acht bzw. 14 Wochen.[92] Der Kündigungsschutz **endet** mit der Beendigung der Elternzeit. § 18 BEEG ist auch dann anwendbar, wenn während der Elternzeit in zulässigem Umfang bei demselben Arbeitgeber **Teilzeitarbeit** geleistet wird (näher: § 18 II BEEG). Anders als bei § 17 I 3 MuSchG sind im Bereich des § 18 BEEG **Vorbereitungsmaßnahmen** des Arbeitgebers hinsichtlich der Kündigung nicht untersagt. Für die ausnahmsweise **Zulässigerklärung der Kündigung** nach § 18 I 4-6 BEEG gilt sowohl im Hinblick auf die formellen sowie materiellen Voraussetzungen als auch den Rechtsschutz bei Versagung bzw. Erteilung der Erlaubnis im Wesentlichen dasselbe wie bei § 17 II MuSchG. **916**

4. Kündigungsschutz während Pflegezeit, § 5 PflegeZG

Ein – ebenfalls rechtstechnisch § 17 MuSchG nachempfundenes – besonderes Kündigungsverbot enthält § 5 PflegeZG. Auch insoweit kann daher wiederum weitgehend auf die Ausführungen zu § 17 MuSchG verwiesen werden. Hervorzuheben sind allerdings die folgenden Besonderheiten: **917**

91 BAG 17.2.1994 – 2 AZR 616/93, NZA 1994, 656, 657.
92 Vgl. BAG 12.5.2011 – 2 AZR 384/10, NZA 2012, 208, 209; ErfK/*Gallner*, § 18 BEEG, Rn. 10.

918 Der persönliche Anwendungsbereich umfasst nicht nur (weibliche und männliche) Arbeitnehmer, sondern die in § 7 PflegeZG näher gekennzeichneten **Beschäftigten**.[93] Der besondere Kündigungsschutz gilt bei kurzzeitiger Arbeitsverhinderung (§ 2 PflegeZG) ebenso wie bei Inanspruchnahme von Pflegezeit (§ 3 PflegeZG) und Familienpflegezeit (§ 2 III FPfZG); die Voraussetzungen dieser Vorschriften müssen inzident geprüft werden (s. auch Rn. 622). Während hinsichtlich § 2 PflegeZG eine bestimmte **Mindestarbeitnehmerzahl** nicht erforderlich ist, greift § 5 PflegeZG in Bezug auf § 3 PflegeZG nur ein, wenn der Arbeitgeber mehr als 15 Arbeitnehmer beschäftigt; bei § 2 FPfZG sind sogar mehr als 25 Arbeitnehmer erforderlich, § 2 I 4 FPfZG.[94] Zeitlich beginnt der Kündigungsschutz mit der Anzeige der kurzzeitigen Arbeitsverhinderung (§ 2 II 1 PflegeZG) bzw. der schriftlichen Ankündigung (§ 3 III PflegeZG), jedoch maximal zwölf Wochen vor dem angekündigten Beginn; er endet jeweils mit Ende der Arbeitsverhinderung oder Freistellung. Eine Wartefrist für den besonderen Kündigungsschutz besteht nicht, er greift daher ggf. schon weit vor Anwendung des allgemeinen Kündigungsschutzes. Die zuständige oberste Landesbehörde kann auf Antrag des Arbeitgebers eine Kündigung ausnahmsweise für **zulässig erklären**. Auch insoweit kann auf die Ausführungen zu § 17 II MuSchG verwiesen werden (Rn. 904 ff.).

919 In **Fall 51** scheitert die Wirksamkeit der Kündigung nicht an den „normalen“ kündigungsschutzrechtlichen Vorschriften, sind diese doch auf arbeitnehmerähnliche Personen nicht anwendbar. Die Kündigung könnte aber gegen § 5 I PflegeZG verstoßen. Dieser stellt insoweit eine Besonderheit dar, als nach § 3 PflegeZG nicht nur Arbeitnehmer pflegezeitberechtigt (und deshalb gemäß § 5 PflegeZG vor Kündigungen geschützt) sind, sondern „Beschäftigte“ i.S.v. § 7 I PflegeZG, zu denen nach Nr. 3 auch arbeitnehmerähnliche Personen zählen. Das Kündigungsverbot greift aber nur, wenn X auch im Übrigen wirksam Freistellung nach § 3 PflegeZG verlangt hat. Das ist hier der Fall: Die S ist pflegebedürftig (vgl. § 7 IV 1 PflegeZG) und sie ist auch Angehörige der X (§ 7 III Nr. 2 Var. 6 PflegeZG). Darüber hinaus beschäftigt U in der Regel nicht weniger als 16 Beschäftigte, § 3 I 2 PflegeZG. Schließlich hat die X die Inanspruchnahme der Pflegezeit auch frist- und formgerecht angekündigt, § 3 III 1 PflegeZG. Die Kündigung ist demzufolge unwirksam.

5. Kündigungsschutz für Schwerbehinderte

a) Systematik und Anwendungsbereich

920 Das SGB IX statuiert an zwei Stellen einen besonderen Kündigungsschutz für schwerbehinderte Menschen: Die **§§ 168 ff. SGB IX** (ex: §§ 85 ff. SGB IX)[95] lassen die ordentliche und außerordentliche (§ 174 SGB IX) Kündigung von Schwerbehinderten durch den Arbeitgeber nur zu, wenn eine öffentlich-rechtliche Behörde, das

---

93 Rechtspolitisch ist der Sonderkündigungsschutz für arbeitnehmerähnliche Personen, Heimarbeiter und diesen Gleichgestellten zweifelhaft (näher *Preis/Nehring*, NZA 2008, 729, 736; *Preis/Weber*, NZA 2008, 82, 83).

94 ErfK/*Gallner*, § 5 PflegeZG, Rn. 1.

95 Achtung: Das SGB IX wurde zum 1.1.2018 neu nummeriert, ohne dass damit im Bereich der §§ 85 ff. SGB IX a.F. (jetzt: §§ 168 ff.) oder des § 95 II 1, 3 SGB IX (jetzt eben § 178 II 1, 3 SGB IX) eine inhaltliche Änderung verbunden wäre; die alte Rechtsprechung und Literatur kann daher uneingeschränkt herangezogen werden.

sog. **Integrationsamt, zuvor seine Zustimmung erteilt** hat. Unabhängig davon verlangt **§ 178 II 1, 3 SGB IX**, dass der Arbeitgeber die **Schwerbehindertenvertretung** vor dem Ausspruch einer Kündigung **unterrichtet** und **anhört**. Die beiden Schutzmechanismen bestehen parallel, die „bloße" Erteilung der Zustimmung durch das Integrationsamt „heilt" also nicht eine Nichtanhörung der Schwerbehindertenvertretung.

b) Zustimmung des Integrationsamts, §§ 168 ff. SGB IX

aa) Grundlagen und Anwendungsbereich. Nach § 168 SGB IX bedarf die Kündigung eines schwerbehinderten Menschen der vorherigen wirksamen Zustimmung des Integrationsamts. Fehlt diese, so ist die Kündigung **nach § 134 BGB unwirksam**.[96] Mit diesem präventiven Kündigungsschutz soll dem besonderen Schutzbedürfnis schwerbehinderter Menschen Rechnung getragen werden.[97] Es handelt sich um ein **Kündigungsverbot mit Erlaubnisvorbehalt**.[98] 921

Die §§ 168 ff. SGB IX gelten nicht nur für **Schwerbehinderte** (§ 2 II SGB IX), sondern auch für diesen **gleichgestellte Behinderte** (§ 151 II, III SGB IX). Neben schwerbehinderten Arbeitnehmern sind auch Auszubildende geschützt, nicht aber arbeitnehmerähnliche Personen.[99] 922

Ausnahmen vom Anwendungsbereich normiert **§ 173 SGB IX**. Praxis- wie klausurrelevant ist insofern v.a. Abs. 1 Nr. 1, wonach der besondere Schutz erst eingreift, wenn das Arbeitsverhältnis bei Zugang der Kündigungserklärung mindestens **sechs Monate** rechtlich ununterbrochen bestanden hat. Zu beachten ist ferner Abs. 3, wonach die §§ 168 ff. SGB IX u.a. nicht anwendbar sind, wenn die Eigenschaft als Schwerbehinderter bei Zugang der Kündigung nicht nachgewiesen ist. Anders als das KSchG sieht § 173 SGB IX hingegen keine Ausnahme für Kleinbetriebe vor.[100] 923

bb) Ordentliche Kündigung. Voraussetzungen für das Eingreifen von § 168 SGB IX sind, dass keine Ausnahme nach **§ 173 SGB IX** vorliegt (Rn. 923) und dass der gekündigte Arbeitnehmer bei Zugang der Kündigungserklärung anerkannter **Schwerbehinderter** oder diesem **Gleichgestellter** ist, worüber nach § 173 III Alt. 1 SGB IX Nachweis zu führen ist. Allerdings soll es auch genügen, wenn er bei Zugang der Kündigungserklärung einen **Antrag auf Anerkennung** (§ 152 I 1 SGB IX) gestellt hatte, dem später **rückwirkend** für die Zeit vor Zugang der Kündigungserklärung stattgegeben wurde (Ausnahme: § 173 III Alt. 2 SGB IX).[101] 924

Anders als bei § 17 MuSchG ist grundsätzlich **keine Voraussetzung**, dass der **Arbeitgeber Kenntnis** von der Schwerbehinderung, ihrer Anerkennung oder der Gleichstellung hat.[102] 925 V

---

96 BAG 16.3.1994 – 8 AZR 688/92, NZA 1994, 879, 880; BVerwG 19.10.1995 – 5 C 24/93, NZA-RR 1996, 288, 289 f.

97 Vgl. BVerwG 2.7.1992 – 5 C 31/91, AP SchwbG 1986 § 21 Nr. 1; VGH Mannheim 24.11.2005 – 9 S 2178/05, NZA-RR 2006, 183.

98 BVerwG 10.9.1992 – 5 C 39/88, NZA 1993, 76, 77; VGH Mannheim 24.11.2005 – 9 S 2178/05, NZA-RR 2006, 183.

99 BAG 10.12.1987 – 2 AZR 385/87, NZA 1988, 428.

100 Vgl. VGH Mannheim 4.3.2002 – 7 S 1651/01, NZA-RR 2002, 417, 421.

101 BAG 20.1.2005 – 2 AZR 675/03, NZA 2005, 689, 690; APS/*Vossen*, § 85 SGB IX, Rn. 8.

102 BAG 12.1.2006 – 2 AZR 539/05, NZA 2006, 1035, 1036; 9.6.2011 – 2 AZR 703/09, NZA-RR 2011, 516, 517.

Das ist jedoch insoweit problematisch, als sich daraus kaum erträgliche Härten für den Arbeitgeber ergeben können: Bspw. möge der Schwerbehinderte erst im Rahmen des von ihm angestrengten Kündigungsschutzverfahrens die Schwerbehinderung aufdecken, so dass das Arbeitsgericht die vom Arbeitgeber erklärte Kündigung nach (§ 174) §§ 168 SGB IX, 134 BGB „kassieren" wird. Dem Arbeitgeber bliebe sodann nur, nach Einholung der Zustimmung des Integrationsamts eine zweite Kündigung auszusprechen. Damit beginnt nicht nur eine neue Kündigungsfrist zu laufen, der Arbeitgeber schuldet vielmehr auch Annahmeverzugslohn (§§ 611a, 615, 293 ff. BGB) für die Zwischenzeit. Um ihn zu schützen, bestehen aber die folgenden Einschränkungen:

- Ist die Schwerbehinderteneigenschaft nicht offenkundig, bedarf es schon gar keiner Zustimmung des Integrationsamts, wenn der Arbeitnehmer bei Zugang der Kündigung weder einen Bescheid über seine Schwerbehinderteneigenschaft erhalten noch einen Antrag auf Anerkennung gestellt hat.[103]
- Greift diese Ausnahme nicht und bedarf es daher der Zustimmung des Integrationsamts, hatte der Arbeitgeber aber keine Kenntnis von der Anerkennung des Arbeitnehmers als Schwerbehinderter/Gleichgestellter bzw. von dessen Antragsstellung, so muss der gekündigte Arbeitnehmer nach dem Rechtsgedanken des § 4 S. 1 KSchG dem Arbeitgeber innerhalb von drei Wochen nach Zugang der Kündigungserklärung Mitteilung über die Anerkennung respektive die Antragsstellung machen. Unterlässt er dies, so verwirkt er gemäß § 242 BGB das Recht, sich auf die Unwirksamkeit der Kündigung zu berufen.[104] Teilt er es dem Arbeitgeber hingegen mit, bleibt es bei der Unwirksamkeit nach §§ 168 SGB IX, 134 BGB; der Arbeitgeber kann dann nur – nach Einholung der Zustimmung des Integrationsamts – eine neue Kündigung aussprechen.

926 **Verfahren:** Die §§ 170-172 SGB IX regeln das Zustimmungserteilungsverfahren. Dieses ist weitgehend nicht prüfungsrelevant, hingewiesen sei nur auf Folgendes: Erteilt das Integrationsamt die Zustimmung, so muss der Arbeitgeber die Kündigung innerhalb von einem Monat nach der Zustellung an ihn (§ 171 II 1 SGB IX) erklären, d.h. ihren Zugang bewirken,[105] § 171 III SGB IX; versäumt der Arbeitgeber – verschuldet oder unverschuldet – diese **Kündigungserklärungsfrist**, lebt die Kündigungssperre des § 168 SGB IX wieder auf. Eine danach zugehende Kündigung wäre daher unwirksam, es bleibt nur, eine erneute Zustimmung des Integrationsamts zu erwirken.[106] Die Entscheidung über Versagung oder Erteilung der Zustimmung ist ein drittbelastender bzw. -begünstigender **Verwaltungsakt** (§ 31 SGB X), gegen den deshalb – je nach Entscheidung – vom Arbeitgeber mit Verpflichtungswiderspruch und -klage respektive vom Arbeitnehmer mit Anfechtungswiderspruch und -klage vorgegangen werden kann.[107] Es gilt insoweit im Wesentlichen das zu § 17 II MuSchG Gesagte (Rn. 904 ff.).

927 **Kündigungsfrist:** Erteilt das Integrationsamt seine Zustimmung, so statuiert § 169 SGB IX eine Mindestkündigungsfrist; längere gesetzliche, tarifliche oder vertragliche Kündigungsfristen bleiben unberührt.

103 BAG 20.1.2005 – 2 AZR 675/03, NZA 2005, 689, 690; VGH Mannheim 12.12.2005 – 9 S 1580/05, NZA-RR 2006, 356, 357.

104 BAG 13.2.2008 – 2 AZR 864/06, NZA 2008, 1055, 1056; 9.6.2011 – 2 AZR 703/09, NZA-RR 2011, 516, 517.

105 LAG Köln 27.2.1997 – 5 Sa 1377/96, NZA-RR 1997, 337, 338.

106 BeckOK-SozR/*Gutzeit*[47], § 88 SGB IX, Rn. 13.

107 Vgl. LAG Baden-Württemberg 22.9.2006 – 18 Sa 28/06, DÖV 2007, 96, 97.

cc) Außerordentliche Kündigung. Da außerordentliche Kündigungen für den Arbeitnehmer viel belastender sind als ordentliche, gelten die Vorschriften der §§ 168 ff. SGB IX und damit das Erfordernis vorheriger Zustimmung grundsätzlich auch für sie, § 174 I SGB IX. Wichtige Besonderheiten gelten allerdings mit Blick auf die Frist des § 626 II BGB: **928**

Der Arbeitgeber muss die Zustimmung des Integrationsamts innerhalb von zwei Wochen, nachdem er vom Kündigungsgrund Kenntnis erlangt hat, beantragen, **§ 174 II SGB IX**. Für die Fristberechnung gilt das Gleiche wie bei § 626 II BGB. Es handelt sich um eine Ausschlussfrist, bei deren Versäumnis das Integrationsamt seine Zustimmung zu verweigern hat,[108] eine außerordentliche Kündigung kann entsprechend nicht mehr wirksam erklärt werden. Wird der Antrag ordnungsgemäß gestellt, hat das Integrationsamt innerhalb von zwei Wochen über ihn zu entscheiden, **§ 174 III 1 SGB IX**; versäumt das Amt diese Frist, so wird die **Zustimmung fingiert, § 174 III 2 SGB IX**. **929**

Durch das Verfahren vor dem Integrationsamt bleibt die Frist des **§ 626 II BGB** im Grundsatz unberührt, sie wird also weder durch den Antrag des Arbeitgebers noch die Entscheidung des Amts gehemmt. Angesichts der dem Integrationsamt eingeräumten Entscheidungsfrist von zwei Wochen (§ 174 III 1 SGB IX) ist bei Bekanntgabe einer eventuellen Zustimmung die Frist des § 626 II BGB allerdings oftmals bereits abgelaufen. Zum Schutz des Arbeitgebers erklärt **§ 174 V SGB IX** die Fristversäumnis für irrelevant, solange er nur unverzüglich (§ 121 I 1 BGB) nach Erteilung der Zustimmung die Kündigung erklärt. § 174 V SGB IX ist aber nicht anwendbar, wenn die Zustimmung noch innerhalb der Zweiwochenfrist des § 626 II BGB (näher Rn. 1059 ff.) erteilt wird; in diesem Fall muss der Arbeitgeber noch innerhalb dieser Frist den Zugang der Kündigung beim Arbeitnehmer bewirken.[109] **930**

In **Fall 52** ist die Zweiwochenfrist des § 626 II BGB am 3.6. tatsächlich bereits abgelaufen: Angesichts der Kenntniserlangung des U am 17.5. begann sie nach § 187 I BGB am 18.5. (0:00 Uhr) zu laufen und endete gemäß § 188 II 1 Hs. 1 BGB mit Ablauf des 31.5. (24:00 Uhr). Die Kündigung scheint also unwirksam zu sein (vgl. Rn. 1064). Zur Hilfe könnte U aber § 174 V SGB IX kommen. Voraussetzungen hierfür sind, dass die §§ 168 ff. SGB IX anwendbar sind, U rechtzeitig den Antrag auf Zustimmung gestellt hat und unverzüglich nach deren Erteilung den Zugang der Kündigung bei S bewirkt hat. Die Voraussetzungen des besonderen Kündigungsschutzes (§§ 174 I, 168 SGB IX) liegen vor: S ist als Schwerbehinderter anerkannt, eine Ausnahme nach § 173 SGB IX greift nicht ein. Die Antragsstellung des U erfolgte unproblematisch innerhalb der Zweiwochenfrist des § 174 II SGB IX. Fraglich ist somit allein, ob U unverzüglich den Zugang der Kündigung bei S bewirkte. Unverzüglich meint nach der Legaldefinition des § 121 I 1 BGB „ohne schuldhaftes Zögern". Bei § 174 V SGB IX ist dem Arbeitgeber deshalb nur eine geringe Überlegungsfrist einzuräumen, weil er sich bereits vor Antragsstellung zur Kündigung entschlossen hatte und ergänzende Überlegungen somit kaum erforderlich sind. Dennoch wird man hier von einem unverzüglichen Zugang ausgehen können, erfolgte dieser doch innerhalb von 48 Stunden nach Erteilung der Zustimmung. Nach § 174 V SGB IX scheitert die Wirksamkeit **931**

108 BAG 17.2.1977 – 2 AZR 687/75, NJW 1977, 1701.
109 BAG 15.11.2001 – 2 AZR 380/00, NZA 2002, 970, 972 f.; HWK/*Thies*, § 91 SGB IX, Rn. 9; APS/*Vossen*, § 91 SGB IX, Rn. 21c.

der Kündigung somit nicht an der Versäumnis der Frist des § 626 II BGB. (Fortsetzung **Rn. 933**)

c) Anhörung der Schwerbehindertenvertretung, § 178 II 1, 3 SGB IX

932 Nach § 178 II 1 SGB IX muss der Arbeitgeber in allen Angelegenheiten, die einen schwerbehinderten Menschen berühren, unverzüglich und umfassend die Schwerbehindertenvertretung unterrichten und sie vor einer Entscheidung anhören sowie ihr die getroffene Entscheidung sodann unverzüglich mitteilen. Kündigt er ohne diese Beteiligung der Schwerbehindertenvertretung, so ist die **Kündigung unwirksam**, §§ 178 II 3 SGB IX, 134 BGB.[110] Die Vorschrift wirft eine Fülle an Auslegungsproblemen auf, die hier nur rudimentär angesprochen werden sollen.[111]

933 In **Fall 52** wurde die Kündigung am 2.6.2016 ausgesprochen. § 178 II 1, 3 SGB IX (bzw. § 95 II 1, 3 SGB IX a.F.) gilt aber nur für nach dem 30.12.2016 ausgesprochene Kündigungen, die Kündigung scheitert daher vorliegend nicht an dieser Vorschrift.

934 Da § 178 SGB IX in einem anderen Kapitel des SGB IX steht als die §§ 168 ff. SGB IX, greifen die in § 173 SGB IX geregelten Ausnahmen vom Anwendungsbereich (Rn. 923) nicht ein, anders als die §§ 168 ff. SGB IX ist § 178 SGB IX somit insb. **schon in den ersten sechs Monaten des Arbeitsverhältnisses** zu beachten.

935 § 178 II 1, 3 SGB IX ist **dreistufig angelegt** (Unterrichtung – Anhörung – Mitteilung). Wird die Schwerbehindertenvertretung nicht ordnungsgemäß unterrichtet und angehört, so ist die Kündigung **unwirksam**. Die bloße Verletzung der Mitteilungspflicht begründet hingegen nach der zutreffenden Auffassung des BAG nicht die Unwirksamkeit der Kündigung.[112]

6. Verstoß gegen das AGG

936 Eine gegen das Benachteiligungsverbot des § 7 I AGG verstoßende Kündigung ist unwirksam (näher Rn. 290).

7. Schutz Auszubildender, § 22 BBiG

937 Der Kündigungsschutz von Auszubildenden ist speziell geregelt: **Während der Probezeit** (§ 20 BBiG) ist eine (ordentliche)[113] Kündigung jederzeit ohne Einhaltung einer Kündigungsfrist möglich, § 22 **I** BBiG. Erforderlich ist, dass die Kündigung noch während der Probezeit zugeht, bei minderjährigen Auszubildenden deren vertretungsberechtigten Eltern, § 131 II 1 BGB.[114]

110 Zudem begründet dies regelmäßig eine Ordnungswidrigkeit, vgl. § 238 I Nr. 8 SGB IX.
111 Näher z.B. *Bayreuther*, NZA 2017, 87; *Schnelle*, NZA 2017, 880.
112 BAG 13.12.2018 – 2 AZR 378/18, NZA 2019, 305, 306; a.A. *Mühlmann*, NZA 2017, 884, 887.
113 Zur überzeugenden dogmatischen Qualifikation als ordentliche Kündigung vgl. BAG 10.11.1988 – 2 AZR 26/88, NZA 1989, 268, 269; ErfK/*Schlachter*, § 22 BBiG, Rn. 2.
114 BAG 8.12.2011 – 6 AZR 354/10, NZA 2012, 495, 496.

Ist die Probezeit überstanden, so kann der **Ausbilder**[115] zum Schutz des Auszubildenden **nicht** mehr **ordentlich kündigen**, sondern nur noch außerordentlich wegen eines wichtigen Grundes, § 22 **II Nr. 1** BBiG. Die übrigen Vorschriften des besonderen Kündigungsschutzes sind auch auf den Auszubildenden anwendbar (z.B. §§ 17 MuSchG, 102 BetrVG). 938

8. Weitere Vorschriften

In einer Reihe von Spezialvorschriften finden sich weitere Kündigungsbeschränkungen. Auch wenn deren Klausur-/Examensrelevanz typischerweise nicht allzu hoch ist, sollten sie zumindest in ihren Grundzügen bekannt sein. 939

a) Schutz von Arbeitnehmervertretern, § 15 KSchG, § 103 BetrVG

Für die dort genannten Mitglieder von Arbeitnehmervertretungen (u.a. Betriebsrat, Jugend- und Auszubildendenvertretung) sehen § 15 KSchG und § 103 BetrVG einen besonderen materiellen wie formellen Kündigungsschutz vor, der der Funktionsfähigkeit der Betriebsverfassungsorgane dient.[116] 940

So **schließt § 15 I 1 KSchG** die **ordentliche Kündigung** dieser Personen **aus**, ihnen kann daher nur bei Vorliegen eines wichtigen Grundes gemäß § 626 BGB außerordentlich gekündigt werden. Unerheblich ist, ob der Betrieb die Mindestbeschäftigtenzahl des § 23 I 2, 3 KSchG erreicht, denn dieser gilt ausweislich seines Wortlauts nur für die „Vorschriften des Ersten Abschnitts“, § 15 KSchG steht aber im Zweiten Abschnitt.[117] In zeitlicher Hinsicht dehnt § 15 I 2 KSchG den Schutz auf bis zu einem Jahr nach Beendigung der Amtszeit aus. **§ 15 III, IIIa KSchG** normiert einen vergleichbaren Schutz für Wahlbewerber, Mitglieder des Wahlvorstands sowie für Arbeitnehmer, die zu einer Betriebsversammlung einladen oder die Bestellung eines Wahlvorstandes beantragen. **Eingeschränkt** wird dieser besondere Kündigungsschutz durch **§ 15 IV, V KSchG**, wonach unter den dortigen Voraussetzungen eine ordentliche Kündigung möglich ist. Diese Ausnahmen sind zum Schutz der – auch grundrechtlich (Art. 12, 14, 2 I GG) abgesicherten – Unternehmerfreiheit notwendig, besteht doch kein legitimes Interesse der Mitglieder der Arbeitnehmervertretungen an einem besonderen Kündigungsschutz, wenn der Betrieb, für dessen Belegschaft sie zuständig sind, vollständig wegfällt (Abs. 4) bzw. – im Fall einer von Abs. 5 erfassten Betriebsteilstilllegung – eine Übernahme in eine andere Abteilung aus betrieblichen Gründen nicht möglich ist. 941

In formeller Hinsicht wird § 15 I-III[118] KSchG durch **§ 103 BetrVG** flankiert, nach dem eine außerordentliche Kündigung eines Arbeitnehmervertreters nur nach **vorheriger Zustimmung des Betriebsrats** zulässig ist, § 103 **I** BetrVG. Der Schutz geht bei Arbeitnehmervertretern also über das bloße Anhörungsrecht des § 102 BetrVG 942

---

115 Der Auszubildende hingegen kann mit einer Frist von vier Wochen kündigen, **§ 22 II Nr. 2 BBiG**.
116 BAG 17.9.1981 – 2 AZR 402/79, AP BetrVG 1972 § 103 Nr. 14; ErfK/*Kania*, § 103 BetrVG, Rn. 1.
117 Ganz h.M., vgl. z.B. APS/*Linck*, § 15 KSchG, Rn. 9.
118 Auf die durch § 15 IIIa KSchG geschützten Initiatoren findet § 103 BetrVG keine Anwendung (WPK/*Preis*, § 103 BetrVG, Rn. 6).

(dazu Rn. 872) hinaus.[119] Das betroffene Betriebsratsmitglied ist wegen Befangenheit von Beratung und Beschlussfassung ausgeschlossen.[120] Verweigert der Betriebsrat seine Zustimmung, kann der Arbeitgeber nur kündigen, wenn er mit seinem Antrag beim Arbeitsgericht auf **Zustimmungsersetzung** (§ 103 **II** BetrVG) erfolgreich war und die Entscheidung rechtskräftig wurde.[121] Betriebsrat und Arbeitsgericht haben bei ihrer Entscheidung kein Ermessen, sondern können die Zustimmung(-sersetzung) nur verweigern, wenn entweder kein wichtiger Grund vorliegt oder die Kündigung aus anderen Gründen (z.B. Ablauf der Frist des § 626 II BGB) unwirksam wäre.

b) Schutz bei Massenentlassungen, §§ 17, 18 KSchG

943 Werden innerhalb eines vergleichsweise kurzen Zeitraums zahlreiche Arbeitnehmer entlassen, bedeutet das nicht nur für jeden einzelnen von ihnen Härten, sondern belastet auch den Arbeitsmarkt ggf. erheblich. Daher sollen die §§ 17 ff. KSchG der Agentur für Arbeit die Möglichkeit geben, solche Massenentlassungen (z.B. durch die Beschaffung von Krediten) zu verhindern oder zumindest frühzeitig Maßnahmen zu ergreifen, um die Belastungen für den Arbeitsmarkt so weit wie möglich abzumildern oder zu verzögern.[122] Trotz dieser primär allgemeinwohlbezogenen Zielsetzung schützen die §§ 17 ff. KSchG auch die betroffenen Arbeitnehmer, so dass bei Nichterfüllung der Vorgaben von § 17 KSchG die **Kündigungen unwirksam** sind, § 134 BGB.[123]

c) Schutz von Datenschutzbeauftragten, §§ 6 IV 2, 38 II BDSG

944 V Um die Unabhängigkeit des Datenschutzbeauftragten sicherzustellen, normiert § 6 IV 2 BDSG für öffentliche Stellen sowie über § 38 II BDSG[124] für nichtöffentliche Stellen einen besonderen Kündigungsschutz. Dieser beginnt mit der Bestellung zum Datenschutzbeauftragten und endet ein Jahr nach der Abberufung (S. 3). Während dieser Zeit ist eine **ordentliche Kündigung ausgeschlossen**. Einseitig beenden kann der Arbeitgeber das Arbeitsverhältnis also nur, wenn er außerordentlich kündigen (§ 626 BGB) kann.

d) Schutz bei Betriebsübergängen, § 613a IV BGB

945 V Ein spezielles Verbot der arbeitgeberseitigen Kündigung wegen des Betriebsübergangs normiert § 613a IV BGB (dazu näher Rn. 1314).

e) Schutz der Koalitionsfreiheit, Art. 9 III GG

946 V Art. 9 III GG schützt das Recht, Koalitionen zu gründen, ihnen beizutreten und für sie aktiv zu werden (positive Koalitionsfreiheit) sowie umgekehrt, ihnen nicht beizutreten bzw. wie-

---

119 Vgl. BAG 24.10.1996 – 2 AZR 3/96, NZA 1997, 371, 372.
120 An seine Stelle tritt ein Ersatzmitglied, § 25 I 2 BetrVG.
121 BAG 11.11.1976 – 2 AZR 457/75, AP BetrVG 1972 § 103 Nr. 8; 9.8.1998 – 2 AZR 142/98, AP BetrVG 1972 § 103 Nr. 36.
122 BAG 24.2.2005 – 2 AZR 207/04, NZA 2005, 766, 767; 7.7.2011 – 6 AZR 248/10, NZA 2011, 1108, 1111; 21.3.2012 – 6 AZR 596/10, NZA 2012, 1058, 1059.
123 BAG 22.11.2012 – 2 AZR 371/11, NZA 2013, 845, 848; 21.3.2013 – 2 AZR 60/12, NZA 2013, 966, 967.
124 Ob dieser mit der Datenschutzgrundverordnung vereinbar ist, ist umstritten, vgl. BeckOK-DatenschutzR/*Moos*, § 38 BDSG 2018, Rn. 17 f.

der auszutreten (negative Koalitionsfreiheit).[125] Als einziges unmittelbare Drittwirkung entfaltendes Grundrecht erklärt es Abreden und Maßnahmen, die dieses Recht einschränken, für nichtig bzw. rechtswidrig, Art. 9 III 2 GG. Entsprechend wäre z.B. die Kündigung eines Arbeitnehmers, weil er einer Gewerkschaft beigetreten ist, nach Art. 9 III 2 GG nichtig; eines Rückgriffs auf § 134 BGB bedarf es nicht.

f) Verstoß gegen Maßregelungsverbote

Wie bereits ausgeführt (Rn. 693), darf der Arbeitgeber den Arbeitnehmer nicht benachteiligen, weil dieser in zulässiger Weise ein Recht ausübt. Das folgt – allgemein – aus § 612a BGB respektive aus speziellen Maßregelungsverboten (z.B. §§ 5, 11 TzBfG, § 16 AGG, § 21 GenDG). Benachteiligende Maßnahme i.d.S. ist auch der Ausspruch einer Kündigung.[126] Praktisch relevant wird § 612a BGB in diesem Kontext regelmäßig aber nur, wenn der allgemeine Kündigungsschutz nach dem KSchG nicht eingreift, weil die Kündigung sonst meist bereits an § 1 II KSchG scheitert. 947 V

In **Fall 53** ist die Kündigung nach § 612a BGB unwirksam. Ein Arbeitnehmer, der ordnungsgemäß aus einem gegen seinen Arbeitgeber erstrittenen Urteil vollstrecken lässt, macht in zulässiger Weise ein Recht geltend. Die deshalb ausgesprochene Kündigung ist eine unzulässige Maßregelung.[127] 948

g) Abgeordnete

Einen besonderen Kündigungsschutz normieren **Art. 48 II 2 GG** und dessen einfachgesetzliche Umsetzung in **§ 2 III AbgG** für **Abgeordnete des Deutschen Bundestags**; Mitglieder der **Landesparlamente** und **kommunale Abgeordnete** sind vergleichbar über die Landesverfassungen oder -gesetze geschützt (z.B. Art. 2 III BayAbgG, § 2 III AbgG Ba-Wü, § 32 II 2 GemO Ba-Wü); fehlen solche Regelungen, gelten die Vorschriften für den Bundestag bzw. die Landtage entsprechend.[128] Für **Europaabgeordnete** gilt der § 2 III AbgG entsprechende § 3 III EuAbgG. 949 V

9. Tabellarische Übersicht besonderer Kündigungsschutz

950

Vorschrift(en)	Anwendungsbereich	Ordentliche Kündigung	Außerordentliche Kündigung
§ 17 MuSchG (Rn. 895)	Schwangere; Wöchnerinnen	grundsätzliches Kündigungsverbot Ausnahme: behördliche Erlaubnis	
§ 18 BEEG (Rn. 915)	Elternzeit		
§ 5 PflegeZG (Rn. 917)	Pflegezeit		

125 BVerfG 30.11.1965 – 2 BvR 54/62, BVerfGE 19, 303, 312; 1.3.1979 – 1 BvR 532/77, BVerfGE 50, 290, 367.
126 Vgl. BAG 12.5.2011 – 2 AZR 384/10, NZA 2012, 208, 210 f.; 20.12.2012 – 2 AZR 867/11, NZA 2013, 1003, 1007.
127 Vgl. LAG Düsseldorf 13.12.1988 – 8 Sa 663/88, BeckRS 1980, 45177.
128 ArbG Berlin 15.10.1991 – 96 Ca 7959/91, NZA 1992, 843, 844; KR/*Weigand*, ParlKSch, Rn. 58.

Vorschrift(en)	Anwendungsbereich	Ordentliche Kündigung	Außerordentliche Kündigung
§§ 168 ff. SGB IX (Rn. 921)	Schwerbehinderte und Gleichgestellte	vorherige Zustimmung des Integrationsamts erforderlich	
§ 178 II 1, 3 SGB IX (Rn. 932)	Schwerbehinderte und Gleichgestellte	vorherige Anhörung der Schwerbehindertenvertretung erforderlich	
§ 22 BBiG (Rn. 937)	Auszubildende	nach Probezeit: ausgeschlossen	zulässig
§ 15 KSchG, § 103 BetrVG (Rn. 940)	Arbeitnehmervertreter	grds. ausgeschlossen, Ausnahmen: § 15 IV, V KSchG	bedarf vorheriger Zustimmung des Betriebsrats bzw. Zustimmungserset-zung
§§ 17 f. KSchG (Rn. 943)	Massenentlassung	zulässig nach vorheriger Information von Betriebsrat und Anzeige bei Agentur für Arbeit	
§§ 6 IV 2, 38 II BDSG (Rn. 944)	Datenschutzbeauftragter	ausgeschlossen	zulässig
§ 613a IV BGB (Rn. 1314)	Kündigung wegen Betriebsübergang	unzulässig	
Art. 9 III GG (Rn. 946)	Kündigung verstößt gegen Koalitionsfreiheit		
§ 612a BGB (Rn. 947)	Kündigung verstößt gegen Maßregelungsverbot		
Art. 48 II GG, § 2 III AbgG (Rn. 949)	Kündigung wegen Übernahme/Ausübung Bundestagsmandat		

Weiterführende Literatur zum besonderen Kündigungsschutz: *Jacobs, Matthias/Krois, Christoph:* Schwerpunktbereichsklausur – Arbeitsrecht: Kündigungsschutz und europäisches Arbeitsrecht – flexibler Personaleinsatz?, JuS 2016, 150; *dies.:* Schwerpunktbereichsklausur – Arbeitsrecht: Diskriminierende Kündigung und Videoüberwachung, JuS 2010, 228; *Klein, Thomas:* Der Kündigungsschutz schwerbehinderter Arbeitnehmer nach dem Bundesteilhabegesetz, NJW 2017, 852.

V. Allgemeiner Kündigungsschutz nach dem KSchG

951 **Fall 54:** Unternehmer U beschäftigt in seinem 2011 gegründeten Betrieb sechs Vollzeitkräfte sowie fünf Teilzeitarbeitnehmer mit einer regelmäßigen Wochenarbeitszeit von 15 Stunden und zwei Teilzeitkräfte, die regelmäßig 22 Stunden pro Woche arbeiten. Genießen die Arbeitnehmer Kündigungsschutz? **(Lösung Rn. 967)**

Fall 55: Unternehmer U gründete 2008 eine Softwarefirma. Die Geschäfte laufen hervorragend, die jährlichen Gewinne bewegen sich in Millionenhöhe. Insgesamt gehören ihm in Deutschland zwölf Betriebe, in denen jeweils acht Arbeitnehmer tätig sind. Als er den im Mannheimer Betrieb seit zwei Jahren beschäftigten A kündigen will, beruft sich dieser darauf, die Kündigung bedürfe einer sozialen Rechtfertigung nach § 1 II KSchG. Zu Recht? **(Lösung Rn. 970)** **952**

Fall 56: A war bei U vom 1.2.2015 bis 30.6.2015 auf Basis eines wirksam befristeten Arbeitsvertrags beschäftigt. U ist mit A sehr zufrieden und will ihn daher unbefristet auf demselben Arbeitsplatz anstellen. Da U aber als USA-Fan Anfang Juli immer zum „Independence Day" (4.7.) nach Philadelphia fliegt und entsprechend eine Woche Betriebsferien anordnet, beginnt der neue Arbeitsvertrag erst am 6.7.2016. Schon in der letzten Augustwoche 2016 gibt es Streit zwischen A und U, der daher A am 1.9.2016 ordentlich kündigt. Bedarf die Kündigung einer sozialen Rechtfertigung nach § 1 II KSchG? **(Lösung Rn. 974)** **953**

Fall 57: A ist seit dem 1.9.2015 bei U beschäftigt. Da U mit ihr nicht zufrieden ist, erklärt er ihr am 28.1.2016 eine der A am 29.1.2016 zugehende Kündigung zum 29.2.2016. A ist der Auffassung, dass die Kündigung nur wirksam ist, wenn sie sozial gerechtfertigt ist. Zu Recht? **(Lösung Rn. 977)** **954**

Fall 58: Unternehmer U beschäftigt sechs Arbeitnehmer. Da es dem Betrieb wirtschaftlich nicht gut geht, entscheidet er sich schweren Herzens einen Arbeitnehmer zu kündigen. Er wählt den L, der seit 20 Jahren im Betrieb und alleinerziehender Vater ist. L ist erzürnt und meint, aufgrund einer Sozialauswahl hätte nicht er, sondern K, der – obwohl 10 Jahre älter als L – erst seit 19 Jahren im Betrieb ist und keine Kinder hat, gekündigt werden müssen. Ist die Kündigung wirksam? **(Lösung Rn. 1035)** **955**

1. Grundlagen

Das „Herzstück" des deutschen Kündigungsschutzrechts enthält § 1 KSchG, der – anders als die Bestimmungen des besonderen Kündigungsschutzes – grundsätzlich nicht nur spezifische Arbeitnehmer bzw. solche in besonderen Situationen schützt, sondern alle. Er durchbricht den zivilrechtlichen Grundsatz, nach dem bei Dauerschuldverhältnissen eine ordentliche Kündigung jederzeit grundlos möglich ist, indem er eine vom **Arbeitgeber** ausgesprochene ordentliche Kündigung nur dann für zulässig erklärt, wenn diese **sozial gerechtfertigt** ist. Diese soziale Rechtfertigung ist nur gegeben, wenn für die Kündigung **personen-**, **verhaltens-** oder **betriebsbedingte Gründe** bestehen, § 1 II 1 KSchG. Vom Arbeitnehmer ausgesprochene ordentliche Kündigungen bedürfen hingegen keiner Rechtfertigung. Er kann sich somit jederzeit – wenn auch unter Beachtung der Kündigungsfrist (dazu Rn. 1036 ff.) – vom Arbeitsverhältnis lösen. Zum Schutz seiner (negativen) Berufswahlfreiheit sowie seines allgemeinen Persönlichkeitsrechts kann – sieht man von der in Grenzen möglichen Verlängerung der Kündigungsfristen ab – auch nichts anderes vereinbart werden. **956**

2. Anwendbarkeit des KSchG

Der sozialen Rechtfertigung bedarf eine ordentliche Kündigung allerdings nur, wenn § 1 KSchG überhaupt anwendbar ist. Dabei ist zu unterscheiden: **957**

a) Räumlicher Anwendungsbereich

958 Das KSchG gilt nur für in **Deutschland gelegene Betriebe**.[129] Nicht entscheidend ist dagegen der Sitz des Unternehmens. Unterhält also z.B. ein Unternehmen mit Sitz in Italien eine Niederlassung in Deutschland, so ist das KSchG anwendbar, wenn *in diesem Betrieb* die geforderte Mindestarbeitnehmerzahl erreicht wird.[130]

b) Betrieblicher Anwendungsbereich, § 23 I KSchG

959 **(1)** Das KSchG findet sowohl auf Betriebe als auch Verwaltungen des **privaten** und des **öffentlichen Rechts** Anwendung, § 23 I 1 KSchG. Auch der öffentliche Arbeitgeber ist also an die Vorgaben des KSchG gebunden.

960 **(2)** Voraussetzung ist aber, dass in dem Betrieb[131] eine bestimmte **Mindestzahl an Arbeitnehmern** (fünf bzw. zehn, dazu Rn. 963) beschäftigt sind, § 23 I 2, 3 KSchG. Arbeitnehmer in sog. **Kleinbetrieben** genießen somit erheblich weniger Schutz gegen ordentliche Kündigungen als solche in großen Betrieben. Dieses verminderte Schutzniveau ist durch mehrere Überlegungen motiviert: Erstens findet in kleinen Betrieben oft noch eine direkte persönliche Zusammenarbeit zwischen Arbeitgeber und Arbeitnehmer statt, so dass es erforderlich sein kann, dass der Arbeitgeber die Möglichkeit hat, sich unschwer von einem Arbeitnehmer zu trennen, mit dem er nicht „kann". Zweitens verfügen Inhaber kleiner Betriebe typischerweise über weniger Finanzreserven als große Unternehmen, so dass sie (drittens) der mit Kündigungsschutzprozessen einhergehende Verwaltungsaufwand und die daraus erwachsenden Kosten (Anwälte, Abfindungen) überproportional belasten würden.[132] Auch wenn die Herausnahme von Kleinbetrieben in die Grundrechte der betroffenen Arbeitnehmer eingreift (Art. 3 I, 12 I GG), ist sie angesichts dieser legitimen Arbeitgeberinteressen weder verfassungs- noch unionsrechtswidrig.[133]

961 Unbedingt zu beachten ist, dass § 23 I 2, 3 KSchG Kleinbetriebe nur im Hinblick auf den „materiellen Kündigungsschutz" vom Anwendungsbereich der Vorschriften des KSchG ausnimmt. Explizit unberührt bleiben hingegen die **§§ 4-7, 13 I 1, 2 KSchG**, die somit **auch in Kleinbetrieben anwendbar** sind. Es sind dies die die Arbeitnehmer belastenden Präklusionsvorschriften (dazu Rn. 857). Arbeitnehmer in Kleinbetrieben sind somit doppelt „gestraft": Obwohl sie nicht durch den allgemeinen Kündigungsschutz geschützt sind, müssen sie doch innerhalb von drei Wochen Kündigungsschutzklage erheben, wenn sie die Rechtsunwirksamkeit der Kündigung geltend machen wollen.

962 Bei der Bestimmung der Schwellenwerte des § 23 I 2, 3 KSchG sind die Arbeitnehmer **„mitzuzählen"**, die in der Regel in dem Betrieb beschäftigt, d.h. dort eingegliedert sind;[134] dabei spielt keine Rolle, ob sie in dem Betrieb selbst tätig sind, oder ob

129 Zur Verfassungskonformität BVerfG 12.3.2009 – 1 BvR 1250/08, juris Rn. 2.
130 ErfK/*Kiel*, § 23 KSchG, Rn. 6; vgl. BAG 17.1.2008 – 2 AZR 902/06, NZA 2008, 872, 873; 7.7.2011 – 2 AZR 12/10, NZA 2012, 148, 150.
131 Verwaltungen bleiben im Folgenden mangels Klausurrelevanz außer Betracht.
132 Vgl. BT-Drucks. 13/4612, S. 9.
133 BVerfG 27.1.1998 – 1 BvL 15/87, NZA 1998, 470, 471; EuGH 30.11.1993 – C-189/91, DB 1994, 50.
134 *Gimmy/Hügel*, NZA 2013, 764, 767.

sie für ihn im Außendienst oder von zu Hause aus („home-office") wirken.[135] **Leiharbeitnehmer** zählen in jedem Fall im Verleiherbetrieb hinzu. Im Hinblick auf den Entleiherbetrieb differenziert die zutreffende neuere Rechtsprechung des BAG: Wird der Leiharbeitnehmer eingesetzt, um einen in der Regel bestehenden Personalbedarf zu decken, zählt er auch im Entleiherbetrieb; anders dagegen, wenn er nur zur Abdeckung einer „Auftragsspitze" oder zur Vertretung eines Stammarbeiters eingesetzt wird.[136] Nie zählen mit: zur Berufsbildung Beschäftigte (§ 1 I BBiG), Heimarbeiter sowie Arbeitnehmerähnliche.[137]

Die Frage, **wie hoch** der **Schwellenwert** ist, hängt stark davon ab, **wann** das **Arbeitsverhältnis begründet** wurde. Nach § 23 I **2** KSchG genügt es grundsätzlich, dass in dem Betrieb **mehr als fünf** Arbeitnehmer beschäftigt werden. Dies gilt aber nur für sog. **Alt-Arbeitnehmer**. Für **Neu-Arbeitnehmer**, deren Arbeitsverhältnis nach dem **31.12.2003** begründet wurde, gilt das KSchG hingegen nur, wenn in dem Betrieb **mehr als zehn** Arbeitnehmer beschäftigt sind, § 23 I **3 Hs. 1** KSchG; diese Neu-Arbeitnehmer zählen überdies im Rahmen von S. 2 nur mit, wenn in dem Betrieb insgesamt mehr als zehn Arbeitnehmer beschäftigt sind, § 23 I **3 Hs. 2** KSchG. Die Unterscheidung zwischen Alt- und Neu-Arbeitnehmer ist rechtspolitisch motiviert. Durch die Erhöhung des Schwellenwerts zum 1.1.2004 auf mehr als zehn Arbeitnehmer (S. 3) sollten Einstellungshindernisse beseitigt werden,[138] gleichzeitig sollten die Alt-Arbeitnehmer ihren zuvor erworbenen Kündigungsschutz (S. 2) solange nicht verlieren, wie ihre Anzahl nicht auf fünf oder weniger absinkt.[139] **963**

Auf den ersten Blick mögen die Regelungen in § 23 I 2, 3 KSchG kompliziert erscheinen. Wie die folgenden **Beispiele** illustrieren, lassen sie sich aber durch saubere Gesetzeslektüre und Subsumtion leicht in den Griff bekommen: **964**

- *Im Betrieb sind seit dem 1.1.2001 dauerhaft sechs Arbeitnehmer beschäftigt.*
  Da die Schwelle des § 23 I 2 KSchG überschritten ist, ist das KSchG anwendbar. Dem steht § 23 I 3 KSchG nicht entgegen, weil die Arbeitsverhältnisse sämtlicher Beschäftigter vor dem 1.1.2004 begannen. Alle Arbeitnehmer genießen allgemeinen Kündigungsschutz.
- *Im Betrieb sind seit dem 1.1.2010 dauerhaft sechs Arbeitnehmer beschäftigt.*
  Zwar ist die Schwelle des § 23 I 2 KSchG überschritten, jedoch wurden die Arbeitsverhältnisse nach dem 31.12.2003 begründet. Es greift daher § 23 I 3 Hs. 1 KSchG ein, wonach das KSchG nur bei der Beschäftigung von mehr als 10 Arbeitnehmern anwendbar wäre. Da diese Zahl nicht erreicht ist, ist kein Arbeitnehmer durch das KSchG geschützt.
- *Im Betrieb waren seit dem 1.1.2001 dauerhaft sechs Arbeitnehmer beschäftigt, 2010 scheiden zwei von ihnen aus.*
  Schon nach § 23 I 2 KSchG genießen die vier verbleibenden Arbeitnehmer keinen Kündigungsschutz, auf S. 3 kommt es nicht an.
- *Im Betrieb waren seit dem 1.1.2001 stets sechs Arbeitnehmer tätig, 2010 scheiden zwei von ihnen aus, dafür werden sieben dauerhaft neu eingestellt.*
  Der Schwellenwert von § 23 I 2 KSchG ist mühelos überschritten. Auch § 23 I 3 Hs. 1 KSchG steht der Anwendbarkeit des KSchG nicht entgegen, da in der Addition mehr als zehn Arbeitnehmer dauerhaft beschäftigt sind. Aus § 23 I 3 Hs. 2 KSchG folgt nichts ande-

135 ErfK/*Kiel*, § 23 KSchG, Rn. 10.
136 BAG 24.1.2013 – 2 AZR 140/12, NZA 2013, 726, 728 f.
137 KDZ/*Deinert*, § 23 KSchG, Rn. 31.
138 Vgl. BT-Drucks. 15/1204, S. 1 f., 13.
139 BAG 23.5.2013 – 2 AZR 54/12, NZA 2013, 1197, 1199.

res, weil dieser eine Berücksichtigung der nach dem 31.12.2003 eingestellten Arbeitnehmer nur ausschließt, solange nicht insgesamt zehn Arbeitnehmer beschäftigt sind. Deshalb genießen vorliegend sämtliche Arbeitnehmer allgemeinen Kündigungsschutz.

- *Im Betrieb waren seit dem 1.1.2001 stets sechs Arbeitnehmer tätig, 2010 scheiden zwei von ihnen aus, die aber umgehend durch zwei neue Arbeitnehmer ersetzt werden, die dauerhaft eingestellt werden.*
  Nach dem „Personalwechsel“ greift der allgemeine Kündigungsschutz für keinen der Arbeitnehmer (mehr) ein. Da insgesamt weniger als zehn Arbeitnehmer beschäftigt werden, zählen nämlich die beiden 2010 eingestellten Arbeitnehmer gemäß § 23 I 3 Hs. 2 KSchG nicht mit. Entsprechend ist von nur vier Beschäftigten auszugehen, so dass die Grenze des § 23 I 2 KSchG nicht erreicht ist. Folglich genießt keiner der Arbeitnehmer Kündigungsschutz nach dem KSchG.
- *Im Betrieb waren seit dem 1.1.2001 stets sechs Arbeitnehmer tätig, 2010 werden zusätzlich zwei neue Arbeitnehmer eingestellt.*
  Für die Anwendbarkeit des KSchG ist zu differenzieren: (1) Für die seit 2001 beschäftigten (Alt-)Arbeitnehmer ist das KSchG anwendbar, denn der Schwellenwert des § 23 I 2 KSchG ist überschritten, S. 3 spielt insoweit keine Rolle. (2) Für die 2010 neu eingestellten Arbeitnehmer ist dagegen S. 3 zu beachten. Selbst wenn sie – was S. 3 Hs. 2 verhindert – mitzählen würden, ist der für sie maßgebliche Schwellenwert des § 23 I 3 Hs. 1 KSchG von zehn Arbeitnehmern nicht erreicht. Sie genießen daher keinen allgemeinen Kündigungsschutz.

Hinweis: Machen Sie sich nochmals klar, dass mit „Anwendbarkeit des KSchG“ nur die Frage gemeint ist, ob die Arbeitnehmer in den Genuss des allgemeinen Kündigungsschutzes gelangen. Keine Rolle spielt § 23 I 2, 3 KSchG hingegen für die Anwendbarkeit der §§ 4-7, 13 I 1, 2 KSchG, diese gelten auch im Kleinbetrieb!

965 Bei der Bestimmung des Schwellenwerts kommt es darauf an, wie viele Arbeitnehmer **in der Regel bei Zugang der Kündigung** – nicht bei Beendigung des Arbeitsverhältnisses infolge des Ablaufs der Kündigungsfrist – in dem Betrieb beschäftigt sind. Durch das Abstellen auf die regelmäßige Beschäftigungszahl werden Zufallsergebnisse vermieden. Bestimmt wird die Zahl der regelmäßig Beschäftigten bipolar durch einen Rückblick auf die bisherige personelle Situation und einen Ausblick auf die zu erwartende künftige Entwicklung.[140]

966 **(3)** Zu beachten ist, dass das Gesetz bei der Bestimmung der Schwellenwerte nicht nach dem Kopfprinzip vorgeht, indem alle Arbeitnehmer unabhängig von ihrer Arbeitsverpflichtung einfach mit dem Faktor 1 bewertet werden, sondern **§ 23 I 4 KSchG** vielmehr nach der **regelmäßigen Wochenarbeitszeit** unterscheidet: Nur Vollzeitbeschäftigte, unter denen im Gegenschluss zu § 23 I 4 KSchG Personen zu verstehen sind, deren regelmäßige Wochenarbeitszeit mehr als 30 Stunden beträgt, zählen voll, d.h. als jeweils ein Arbeitnehmer. **Teilzeitbeschäftigte** zählen – je nach Wochenarbeitszeit – hingegen nur mit einem Faktor von 0,5 bzw. 0,75.

967 In **Fall 54** genießen die Arbeitnehmer Kündigungsschutz, wenn der betriebliche Geltungsbereich eröffnet ist. Einschlägig ist vorliegend § 23 I 3 KSchG, da die Arbeitsverhältnisse erst nach dem 31.12.2003 begründet wurden. Entsprechend müsste U regelmäßig mehr als zehn Arbeitnehmer beschäftigen. Das ist vorliegend aber nicht der Fall: Zu den sechs voll

140 Näher BAG 22.1.2004 – 2 AZR 237/03, NZA 2004, 479, 480; 24.1.2013 – 2 AZR 140/12, NZA 2013, 726, 729.

zählenden Vollzeitbeschäftigten sind fünf Teilzeitkräfte mit dem Faktor 0,5 sowie zwei mit dem Faktor 0,75 zu rechnen. Insgesamt ergibt dies (6 + 5 x 0,5 + 2 x 0,75 =) 10 Arbeitnehmer, § 23 I 3 Hs. 1 KSchG verlangt aber mehr als zehn, d.h. mindestens 10,25 Arbeitnehmer (also z.B. neun Vollzeitkräfte plus einen Arbeitnehmer mit Faktor 0,5 und einen mit 0,75).

(4) Das Gesetz rekurriert für die Mindestanzahl beschäftigter Arbeitnehmer auf den **Betrieb, nicht das Unternehmen.**[141] Hat ein Unternehmen also z.B. seit 2012 zwei Betriebe, in denen jeweils sechs Arbeitnehmer beschäftigt sind, genießt keiner von diesen Kündigungsschutz (§ 23 I 3 Hs. 1 KSchG). Das ist, wie ausgeführt (Rn. 960), grundsätzlich mit dem Grundgesetz vereinbar. Allerdings verlangt das BVerfG zum Schutz der Arbeitnehmerinteressen, dass der Betriebsbegriff des § 23 I 2, 3 KSchG per **verfassungskonformer Auslegung** auf solche Einheiten beschränkt wird, zu deren Schutz die Kleinbetriebsausnahme konzipiert wurde und auf die die sie tragenden Überlegungen (Rn. 960) passen. Entsprechend können Kleinbetriebe größerer Unternehmen per verfassungskonformer Auslegung doch dem sachlichen Anwendungsbereich des KSchG unterfallen.[142] 968

Eine solche Auslegung ist aber nicht schon dann geboten, wenn ein Unternehmen, das insgesamt mehr als fünf/zehn Arbeitnehmer beschäftigt, in mehrere Kleinbetriebe aufgespalten ist; denn ein derartiges Vorgehen würde nicht nur eine mit der Systematik des KSchG nicht zu vereinbarende Gleichsetzung von Betrieb und Unternehmen bedeuten, sondern auch die unternehmerische Freiheit, darüber zu entscheiden, wie das Unternehmen organisiert wird, ignorieren.[143] Entscheidend ist vielmehr eine **umfassende Gesamtwürdigung** aller Einzelfallumstände darauf hin, ob die Herausnahme des konkreten Kleinbetriebs nach Maßgabe des allgemeinen Betriebsbegriffs unter Berücksichtigung der tatsächlichen Verhältnisse dem mit der Kleinbetriebsklausel verfolgten Zweck (persönliche Zusammenarbeit, geringere Finanzkraft usw.) gerecht wird.[144] Eine Zusammenrechnung der Betriebe verschiedener Unternehmen eines **Konzerns** findet hingegen nie statt.[145] 969 V

In **Fall 55** bedarf die Kündigung auf den ersten Blick keiner sozialen Rechtfertigung, da im Mannheimer Betrieb weniger als 10,25 Arbeitnehmer beschäftigt sind, § 23 I 3[146] Hs. 1 KSchG. Fraglich ist aber, ob hier nicht mit Blick auf die Grundrechte der betroffenen Arbeitnehmer per verfassungskonformer Auslegung auf das Unternehmen abzustellen ist, in dem insgesamt (12 x 8 =) 96 Arbeitnehmer beschäftigt sind. Die bloße Tatsache, dass das Unternehmen in mehrere, isoliert nicht dem KSchG unterfallende Kleinbetriebe aufgespaltet ist, genügt hierfür noch nicht. Jedoch spricht eine Gesamtwürdigung des Sachverhalts stark für eine derartige verfassungskonforme Auslegung von § 23 I 3 Hs. 1 KSchG, passen doch die Gründe, die den Gesetzgeber zur Herausnahme von Kleinbetrieben aus dem Anwendungsbereich des KSchG bewegt haben, vorliegend nicht: Angesichts der jährlichen 970

141 BAG 17.1.2008 – 2 AZR 902/06, NZA 2008, 872, 873; rechtspolitisch kritisch *Richardi*, DB 2004, 486.

142 BVerfG 27.1.1998 – 1 BvL 15/87, NZA 1998, 470, 474; BAG 21.9.2006 – 2 AZR 840/05, NZA 2007, 438, 442; 24.1.2013 – 2 AZR 140/12, NZA 2013, 726, 729.

143 BAG 28.10.2010 – 2 AZR 392/08, AP KSchG 1969 § 23 Nr. 48.

144 BAG 28.10.2010 – 2 AZR 392/08, AP KSchG 1969 § 23 Nr. 48; ErfK/*Kiel*, § 23 KSchG, Rn. 4; APS/*Moll*, § 23 KSchG, Rn. 41 m.w.N.

145 ErfK/*Kiel*, § 23 KSchG, Rn. 5.

146 S. 3 geht insoweit S. 2 vor, als alle Arbeitnehmer erst nach dem 31.12.2003 eingestellt wurden.

Gewinne des Unternehmens in Millionenhöhe verfügt dieses über ausreichend Finanzreserven, um den mit dem allgemeinen Kündigungsschutz und Kündigungsschutzprozessen verbundenen Personal-, Verwaltungs- und sonstigen Kosten gewachsen zu sein. Auch dürfte bei einer Beschäftigung von deutschlandweit fast 100 Arbeitnehmern zwischen U und jedem einzelnen von ihnen keine derart unmittelbare, enge persönliche Zusammenarbeit stattfinden, wie das für „echte" Kleinbetriebe charakteristisch ist. Folgt man dem, so ist das KSchG anwendbar und die Kündigung nur wirksam, wenn sie sozial gerechtfertigt ist.

c) Persönlicher Anwendungsbereich

971 **aa) Erfüllung der Wartezeit, § 1 I KSchG.** Zweite Voraussetzung ist nach § 1 I KSchG, dass das Arbeitsverhältnis des Gekündigten mindestens sechs Monate ununterbrochen bestanden hat. Diese sog. **Wartezeit** soll dem Arbeitgeber die Chance geben, den neuen Arbeitnehmer kennenzulernen und zu „testen", ohne befürchten zu müssen, sich von ihm im Falle des „Nichtgefallens" nicht oder nur schwer trennen zu können.[147] Auf diese Weise soll im Sinne der Arbeitsmarktförderung zugleich verhindert werden, dass der allgemeine Kündigungsschutz Arbeitgeber von Neueinstellungen abhält. Schließlich dient die Wartezeit auch dem Schutz des – auch grundrechtlich geschützten (Art. 12 I, 2 I GG) – unternehmerischen Interesses daran, nur solche Arbeitnehmer zu beschäftigen, die den Vorstellungen des Arbeitgebers entsprechen.[148] Die Wartezeit kann von den Parteien einvernehmlich verkürzt oder ganz abbedungen, nicht aber verlängert werden.[149]

972 Die **Wartezeit beginnt** nicht mit Abschluss des Arbeitsvertrages, sondern nach § 187 II BGB mit dem rechtlichen Beginn des Arbeitsverhältnisses, also dem Tag des Vertragsbeginns.[150] Nach der Rechtsprechung des BAG spielt keine Rolle, ob der Arbeitnehmer die Arbeit an diesem Tag auch tatsächlich aufgenommen hat, oder ob die Arbeitsleistung wegen eines Sonn- oder Feiertags nicht zu erbringen war; beginnt das Arbeitsverhältnis also z.B. am 1.5. (Tag der Arbeit) und nimmt der Arbeitnehmer seine Arbeit erstmals am 2.5. auf, so läuft die Frist schon ab dem 1.5.[151]

973 § 1 I KSchG setzt voraus, dass das Arbeitsverhältnis für mindestens sechs Monate **ununterbrochen** bestand. Dabei sind tatsächliche Unterbrechungen durch z.B. Urlaub oder Krankheit irrelevant.[152] Eine rechtliche Unterbrechung durch Beendigung des alten und Begründung eines neuen Arbeitsverhältnisses führt hingegen grundsätzlich zum Neubeginn der Wartezeit.[153] Etwas anderes gilt, wenn das neue unmittelbar zeitlich an das alte Arbeitsverhältnis anschließt oder zwischen den beiden ein enger sachlicher Zusammenhang besteht.[154] Das bestimmt sich v.a. nach Anlass und Dauer

---

147 BAG 15.3.1978 – 5 AZR 831/76, AP BGB § 620 Befristeter Arbeitsvertrag Nr. 45.
148 BVerfG 27.1.1998 – 1 BvL 15/87, NZA 1998, 470, 471; BAG 12.9.2013 – 6 AZR 121/12, NZA 2013, 1412, 1414.
149 ErfK/*Oetker*, § 1 KSchG, Rn. 33 f.
150 BAG 27.6.2002 – 2 AZR 382/01, AP BGB § 620 Probearbeitsverhältnis Nr. 22.
151 BAG 24.10.2013 – 2 AZR 1057/12, AP KSchG 1969 § 1 Wartezeit Nr. 27.
152 BAG 6.12.1976 – 2 AZR 470/75, AP KSchG 1969 § 1 Wartezeit Nr. 2.
153 BAG 6.11.2003 – 2 AZR 690/02, AP TzBfG § 14 Nr. 7.
154 BAG 7.7.2011 – 2 AZR 12/10, NZA 2012, 148, 150; 20.2.2014 – 2 AZR 859/11, NZA 2014, 1083, 1085.

der Unterbrechung sowie der Art der Weiterbeschäftigung.[155] Anzunehmen kann ein Zusammenhang z.B. sein, wenn die zwei Arbeitsverhältnisse eines Lehrers nur durch die Schulferien unterbrochen werden. Liegt ein solcher Zusammenhang vor, werden im Rahmen des neuen Arbeitsverhältnisses die Zeiten des früheren **angerechnet**, die Unterbrechungszeit selbst wird aber nie berücksichtigt.[156] Das gilt aber selbstverständlich nur, wenn die Vorbeschäftigung auf Basis eines Arbeits- oder Ausbildungsverhältnisses erfolgte, eine vorherige Tätigkeit als freier Mitarbeiter ist nicht zu berücksichtigen.[157]

In **Fall 56** ist fraglich, ob bei Zugang der Kündigung (1.9.) die Wartezeit erfüllt ist. Isoliert betrachtet ist das in dem neuen, ab 11.7. bestehenden Arbeitsverhältnis zu verneinen. Anders wäre es, wenn die fünfmonatige Beschäftigungsdauer während des vorherigen befristeten Arbeitsverhältnisses (1.2. bis 30.6.) hinzuzurechnen wäre. Vorliegend handelt es sich nicht um eine – stets irrelevante – tatsächliche, sondern um eine an sich eine Zusammenrechnung hindernde rechtliche Unterbrechung. Auch fehlt angesichts der sechstägigen Unterbrechung ein unmittelbarer zeitlicher Anschluss des neuen Arbeitsverhältnisses. Jedoch ist ein sachlicher Zusammenhang zwischen den beiden Arbeitsverhältnissen anzunehmen, der eine Addition rechtfertigt. Denn die Unterbrechung war mit gerade einmal sechs Tagen vergleichsweise kurz, der zweite Arbeitsvertrag wurde schon vor ihr vereinbart und A war stets auf demselben Arbeitsplatz tätig. Weil somit die Wartezeit erfüllt ist, ist die Kündigung nur zulässig, wenn sie sozial gerechtfertigt ist. 974

Das Arbeitsverhältnis muss in **demselben Betrieb oder Unternehmen** bestanden haben. Entsprechend werden die Beschäftigungszeiten in verschiedenen Betrieben eines Unternehmens addiert; anders verhält es sich hingegen für die Beschäftigungszeiten in verschiedenen Unternehmen eines Konzerns, bleiben die einzelnen Unternehmen doch rechtlich selbstständig und verschiedene Arbeitgeber (vgl. § 18 I AktG, vgl. Rn. 73).[158] Im Falle eines Betriebsübergangs beginnt angesichts der Wahrung der Identität des Betriebs die Wartezeit beim Erwerber nicht neu zu laufen, vielmehr ist die beim Veräußerer erbrachte Wartezeit anzurechnen.[159] Eine Vorbeschäftigung als Leiharbeitnehmer genügt nach der zweifelhaften Rechtsprechung des BAG nicht; wird also ein Leiharbeitnehmer vom Entleiher fest „übernommen“, so beginnt die Wartezeit mit dem rechtlichen Beginn dieses Arbeitsverhältnisses zu laufen.[160] 975

Das **Ende** der Wartezeit berechnet sich nach §§ 187 II, 188 II BGB. **§ 193 BGB** findet **keine Anwendung**, da es nicht um eine Frist zur Abgabe einer Willenserklärung oder Bewirkung einer Leistung geht.[161] Ob der Arbeitnehmer durch § 1 KSchG ge- 976

155 BAG 27.6.2002 – 2 AZR 270/01, AP KSchG 1969 § 1 Wartezeit Nr. 15; 28.8.2008 – 2 AZR 101/07, AP KSchG 1969 § 1 Nr. 88.
156 BAG 17.6.2003 – 2 AZR 330/02, AP BGB § 622 Nr. 62; BeckOK-ArbR/*Rolfs*, § 1 KSchG, Rn. 47.
157 BAG 20.2.2014 – 2 AZR 859/11, NZA 2014, 1083, 1086; LAG Niedersachsen 5.4.2013 – 12 Sa 50/13, NZA-RR 2013, 465, 466.
158 Vgl. BAG 20.2.2014 – 2 AZR 859/11, NZA 2014, 1083, 1088.
159 BAG 23.5.2013 – 2 AZR 54/12, NZA 2013, 1197, 1199 f.; 24.10.2013 – 2 AZR 1057/12, NZA 2014, 725, 729.
160 BAG 20.2.2014 – 2 AZR 859/11, NZA 2014, 1083.
161 BAG 24.10.2013 – 2 AZR 1057/12, NZA 2014, 725, 729; ErfK/*Oetker*, § 1 KSchG, Rn. 49.

schützt ist, hängt allein vom **Zugang der Kündigungserklärung**, nicht aber vom Ablauf der Kündigungsfrist ab.[162]

977 In **Fall 57** bedürfte die Kündigung nur dann einer sozialen Rechtfertigung, wenn die Wartezeit erfüllt wäre. Das ist nicht der Fall, weil die Kündigung A bereits am 29.1.2016 – und damit vor Ablauf der Wartezeit am 31.1.2016 (24:00 Uhr), §§ 187 II, 188 II BGB – zuging. Dass das Arbeitsverhältnis wegen § 622 I Alt. 2 BGB erst am 29.2.2016 (24:00 Uhr) und somit nach Ablauf der Wartezeit endet, spielt keine Rolle.

978 **bb) Angestellte in leitender Stellung, § 14 KSchG.** § 14 **I** KSchG nimmt gesetzliche **Vertreter juristischer Personen** wie GmbH-Geschäftsführer oder AG-Vorstände (Nr. 1) sowie Vertreter von Personengesamtheiten wie die vertretungsberechtigten Gesellschafter einer oHG oder einer GbR (Nr. 2) vollständig vom Anwendungsbereich des KSchG aus. Das gilt selbst dann, wenn der Bestellung schuldrechtlich (ausnahmsweise) ein Arbeitsvertrag zugrunde liegt.[163]

979 Auf **leitende Angestellte** ist das KSchG hingegen grundsätzlich anwendbar. Für den Teil von ihnen, der zur selbstständigen Einstellung oder Entlassung anderer Arbeitnehmer berechtigt ist, modifiziert der – kaum klausurrelevante – § 14 **II** KSchG aber den Anwendungsbereich. Da § 14 II 2 KSchG vom Erfordernis einer Begründung für die Auflösung des Arbeitsverhältnisses nach § 9 I 2 KSchG dispensiert (dazu Rn. 1032), genießen diese leitenden Angestellten letztlich keinen Bestands-, sondern nur einen Abfindungsschutz (§§ 9 I 2, 1, 10 KSchG).[164]

d) Sachlicher Anwendungsbereich

980
V § 1 KSchG ist auf **ordentliche Arbeitgeberkündigungen** anwendbar, und zwar sowohl auf **Beendigungs**- als auch **Änderungskündigungen** (vgl. auch § 2 KSchG, dazu Rn. 1241). **Nicht anwendbar** ist er hingegen:

- auf **Eigenkündigungen** durch den Arbeitnehmer;
- auf **außerordentliche Kündigungen** von Arbeitnehmer *und* Arbeitgeber, vgl. § 13 I 1 KSchG; hier bewendet es bei § 626 BGB (s. Rn. 1057);
- auf die **Lösung** eines **fehlerhaften Arbeitsverhältnisses** (näher Rn. 191).[165]

Hinweis: Der sachliche Anwendungsbereich muss in Klausuren regelmäßig nicht angesprochen werden, die obigen Ausführungen dienen allein der Erläuterung.

3. Systematik und Prinzipien

981 Der Arbeitgeber kann ordentlich nur kündigen, wenn mindestens einer der in § 1 II **1** KSchG genannten Kündigungsgründe – personen-, verhaltens- oder betriebsbedingt – vorliegt. Die ersten beiden Umstände stammen aus der Sphäre des Arbeitnehmers und sind danach abzugrenzen, ob ein steuerbares und damit vorwerfbares Verhalten vor-

162 Allgemeine Meinung, vgl. nur KR/*Rachor*, § 1 KSchG, Rn. 109; MüKo-BGB/*Hergenröder*, § 1 KSchG, Rn. 29.
163 BAG 25.10.2007 – 6 AZR 1045/06, NZA 2008, 168, 169; *Bauer/Arnold*, DB 2008, 350, 351 f.
164 *Junker*, Grundkurs Arbeitsrecht, Rn. 359.
165 BAG 15.11.1957 – 1 AZR 189/57, AP BGB § 125 Nr. 2.

liegt (dann: verhaltensbedingt) oder nicht (dann: personenbedingt). Die betriebsbedingte Kündigung entstammt hingegen der Sphäre des Arbeitgebers. Der – wenig klausurrelevante – § 1 II **2** KSchG normiert Fälle, in denen trotz des Vorliegens von Kündigungsgründen i.S.v. Satz 1 eine Kündigung unzulässig ist.

Verwirklicht wird der Kündigungsschutz durch nachgelagerte **gerichtliche Kontrolle**. Will der Arbeitnehmer seine Rechte aus dem KSchG geltend machen, so muss er (rechtzeitig) Kündigungsschutzklage (Rn. 1355) erheben. Obsiegt er, so steht fest, dass das Arbeitsverhältnis nicht durch die Kündigung beendet wurde und folglich fortbesteht. Dem Gesetz liegt also eine **Bestandsschutzkonzeption** zugrunde, nicht aber – wie verbreitet irrtümlich gemeint wird – eine Abfindungskonzeption. Richtig ist zwar, dass sehr viele Kündigungsschutzklagen mit einem Vergleich enden, indem der Arbeitnehmer unter Rücknahme der Kündigungsschutzklage sein Bestandsschutzinteresse aufgibt und der Arbeitgeber ihm im Gegenzug eine **Abfindung** zahlt. Das KSchG verbietet solche Absprachen zwar nicht, seiner gesetzlichen Konzeption entspricht ein derartiges „dulde und liquidiere“ aber nicht. Der Wechsel von Bestandsschutz- und Abfindungslösung erfordert überdies das Einverständnis beider Parteien: Weder kann der Arbeitnehmer durch einseitigen Akt unter Verzicht auf den Kündigungsschutz einen Abfindungsanspruch begründen, noch kann der Arbeitgeber ihm den Kündigungsschutz einseitig durch Zahlung einer Abfindung rauben. Daran ändert auch § 1a KSchG, von dem in der Praxis ohnehin kaum Gebrauch gemacht wird, nichts, erfordert doch auch er ein entsprechendes Verhalten von Arbeitgeber und Arbeitnehmer (näher Rn. 1028). **982**

Das KSchG ist (selbstverständlich) **einseitig zwingend**, eine Abänderung ist also nur zugunsten, nicht aber zulasten des Arbeitnehmers möglich. Möglich ist es aber, dass der Arbeitnehmer – i.d.R. gegen eine Abfindungsleistung – nach Ausspruch einer Kündigung auf den Kündigungsschutz verzichtet; ein formularmäßiger Verzicht ohne Abfindung ist jedoch gemäß § 307 I 1 BGB unwirksam.[166] **983**

Das Kündigungsrecht des KSchG beruht auf den drei folgenden **Prinzipien**: **984**

- **Prognoseprinzip**: Auch wenn es der Betroffene oftmals anders empfindet, so ist die Kündigung – selbst die verhaltensbedingte – konzeptionell **keine Strafe** für vergangene Umstände. Weil das Arbeitsverhältnis nach dem Willen des Arbeitgebers künftig nicht mehr bestehen soll, liegt ihr vielmehr eine **zukunftsbezogene Perspektive** zugrunde. Entsprechend ist eine Kündigung nur wirksam, wenn aufgrund einer **Prognose im Zeitpunkt des Zugangs der Kündigungserklärung** davon auszugehen ist, dass die Störung des Arbeitsverhältnisses (personen- bzw. verhaltensbedingt) bzw. der Wegfall des Arbeitskräftebedarfs (auch) künftig gegeben sein wird und daher dem Arbeitgeber die Fortsetzung des Arbeitsverhältnisses nicht zumutbar ist.

  Hinweis: Erweist sich diese Prognose später als falsch (z.B. der dauerkranke Arbeitnehmer gesundet überraschend), so bleibt die Kündigung dennoch wirksam, es kommt aber ggf. ein Wiedereinstellungsanspruch in Betracht (s. Rn. 1103).

166 BAG 6.9.2007 – 2 AZR 722/06, NZA 2008, 219, 222.

- **Ultima-ratio-Grundsatz:** Das Kündigungsrecht unterliegt einer strengen **Verhältnismäßigkeitsprüfung**. Die Kündigung muss daher zunächst ultima ratio sein, d.h. der Arbeitgeber kann nur kündigen, wenn kein anderes, gleich geeignetes (!) Mittel existiert, das auf eine den Arbeitnehmer schonendere Weise das (prognostische) Problem aus der Welt schafft. Mildere Mittel i.d.S. können v.a. sein: Versetzung auf einen anderen Arbeitsplatz, bei dem sich das Problem nicht mehr stellen wird; Abmahnung; Änderungskündigung.
- **Interessenabwägung:** Ausfluss des Verhältnismäßigkeitsgrundsatzes ist des Weiteren, dass die Kündigung auch ein angemessenes Mittel zum Umgang mit dem (prognostischen) Problem sein muss. Das erfordert – bei verhaltens- und personenbedingter Kündigung – eine Interessenabwägung zwischen Beendigungs- und Bestandsschutzinteresse bzw. – bei der betriebsbedingten Kündigung – eine Sozialauswahl.

985 Der mit dem KSchG verbundene Eingriff in die Unternehmerfreiheit ist **verfassungsrechtlich** zum Schutz der Berufsfreiheit des Arbeitnehmers gerechtfertigt. Wie das BVerfG herausgearbeitet hat, ist der Staat aufgrund seiner **Schutzpflicht** überdies sogar verpflichtet, einen bestimmten **Mindestkündigungsschutz** zu gewährleisten.[167] Soweit das nicht durch das KSchG geschieht, erfolgt es über §§ 242, 138 BGB (s. Rn. 1033).

4. Personenbedingte Kündigung, § 1 II 1 Alt. 1 KSchG

a) Grundlagen

986 § 1 II 1 KSchG nennt zunächst „in der Person [...] des Arbeitnehmers" liegende Gründe. In Abgrenzung zur verhaltensbedingten Kündigung sind damit **nicht steuerbare** persönliche Fähigkeiten, Eigenschaften oder nicht vorwerfbare Einstellungen des Arbeitnehmers gemeint, die die weitere störungsfreie Durchführung des Arbeitsverhältnisses unmöglich machen oder diese zumindest (erheblich) beeinträchtigen.[168]

b) Prüfungsaufbau

987 Der genaue Aufbau einer personenbedingten Kündigung ist umstritten, teils wird drei-, teils vierstufig geprüft, wobei die Stufen z.T. auch noch unterschiedlich gehandhabt werden.[169] Im Folgenden wird ein **vierstufiger** Aufbau vorgeschlagen:

988 **aa) 1. Stufe: Personenbedingter Grund „an sich".** Erforderlich ist ein in der Person des Arbeitnehmers liegender Grund, der die weitere störungsfreie Durchführung des Arbeitsverhältnisses **unmöglich macht** oder diese (erheblich) **beeinträchtigt**. Weil es um vom Willen des Arbeitnehmers unabhängige Umstände geht, kann und

---

167 APS/*Preis*, 1. Teil, Kapitel A, Rn. 26.

168 Vgl. BAG 18.1.2007 – 2 AZR 731/05, NZA 2007, 680, 681; 8.9.2011 – 2 AZR 543/10, NZA 2012, 444, 445; 10.4.2014 – 2 AZR 812/12, NZA 2014, 653, 655; ErfK/*Oetker*, § 1 KSchG, Rn. 99.

169 Vgl. die ganz unterschiedlichen Prüfungsschemata bei BAG 13.5.2015 – 2 AZR 565/14, NZA 2015, 1249, 1250; *Junker*, Grundkurs Arbeitsrecht, § 6, Rn. 365; *Krause*, Arbeitsrecht, § 18, Rn. 35; *Reichold*, Arbeitsrecht, § 10, Rn. 47; APS/*Vossen*, § 1 KSchG, Rn. 138.

muss ihm ein **Verschuldensvorwurf** (jedenfalls in aller Regel) **nicht** gemacht werden.[170]

Beispiele: Abwesenheit wegen Verbüßung einer Freiheitsstrafe; Krankheitsbedingte Abwesenheit oder Minderung der Arbeitsfähigkeit; Fehlen einer zur Arbeitserbringung erforderlichen Erlaubnis (z.B. Rechtsanwaltszulassung); Nichterbringbarkeit der Arbeitsleistung wegen Gewissenskonflikt (z.B. Kriegswaffenherstellung).

Angesichts der Zukunftsorientierung der Kündigung ist eine **Negativprognose** erforderlich, m.a.W., es muss bei Zugang der Kündigung aller Voraussicht nach zu erwarten sein, dass die Störung von nicht unerheblicher Dauer ist und daher auch künftig der Arbeitnehmer nicht in der Lage sein wird, seine vertraglich geschuldete Leistung ohne erhebliche Beeinträchtigungen zu erbringen. Auch wenn es sich um eine Zukunftsprognose handelt, so beruht diese doch regelmäßig auf **Erfahrungen in der Vergangenheit**. Ist ein Arbeitnehmer über Jahre hinweg wiederholt und gravierend für längere Zeiten krank gewesen, so legt das den Schluss nahe, dass sich dies künftig nicht ändert – es sei denn, es bestehen konkrete Anhaltspunkte dafür, dass mit einer Heilung zu rechnen ist. Zwingend vorausgesetzt sind derartige Erfahrungswerte in der Vergangenheit aber nicht. Wird bspw. der bislang unbescholtene Arbeitnehmer erstmalig zu einer langjährigen Haftstrafe verurteilt, so begründet das selbstverständlich eine Negativprognose (s. auch Rn. 1098). 989

bb) 2. Stufe: Nicht unerhebliche Beeinträchtigung betrieblicher Interessen. Der personenbedingte Umstand muss (prognostisch) zu einer (weiteren) nicht unerheblichen **Beeinträchtigung der betrieblichen und/oder wirtschaftlichen Interessen** des Arbeitgebers führen.[171] Das ist v.a. bei Betriebsablaufstörungen, Kosten für die Verhinderung eines Produktionsausfalls und wiederholten, nicht unerheblichen Entgeltfortzahlungskosten im Krankheitsfall (s. näher Rn. 994) anzunehmen. 990

cc) 3. Stufe: Ultima-ratio-Grundsatz. Eine personenbedingte Kündigung ist nur möglich, wenn kein anderes, gleich geeignetes (!) Mittel existiert, um die (prognostische) Störung abzuwenden. Als solches scheidet eine **Abmahnung** hier regelmäßig[172] aus, handelt es sich doch um Umstände, die der Arbeitnehmer nicht – jedenfalls jetzt nicht mehr – steuern kann. Milderes Mittel kann aber – ggf. nach einer zumutbaren Umschulung/Fortbildung, vgl. § 1 II 2, 3 KSchG – die **Versetzung** auf einen freien gleichwertigen oder geringwertigeren Arbeitsplatz sein; eine Versetzung auf einen höherwertigen Arbeitsplatz ist hingegen kein der Kündigung vorzuziehendes Mittel, zielt das KSchG doch nicht darauf ab, dem Arbeitnehmer einen Anspruch auf Beförderung zu verschaffen.[173] Sollte eine Versetzung wegen einer entsprechenden Beschränkung des Weisungsrechts (dazu Rn. 583) nicht möglich sein, so hat eine **Ände-** 991

170 Vgl. BAG 18.1.2007 – 2 AZR 731/05, NZA 2007, 680, 681; 8.9.2011 – 2 AZR 543/10, NZA 2012, 444, 445; BAG 10.4.2014 – 2 AZR 812/12, NZA 2014, 653, 655; ErfK/*Oetker*, § 1 KSchG, Rn. 102.

171 BAG 26.9.1991 – 2 AZR 132/91, NZA 1992, 1073, 1076; ErfK/*Oetker*, § 1 KSchG, Rn. 104.

172 Vgl. zu dem – wohl wenig examensrelevanten – Streit um die Frage, ob (ausnahmsweise) auch bei der personenbedingten Kündigung eine Abmahnung erforderlich sein kann APS/*Vossen*, § 1 KSchG, Rn. 127 ff.

173 BAG 19.4.2007 – 2 AZR 239/06, NZA 2007, 1041, 1043.

rungskündigung (dazu Rn. 1241 ff.) Vorrang, mittels derer dem Arbeitnehmer die Beschäftigung auf dem freien Arbeitsplatz angeboten wird.

Beispiel: Auf seinem Arbeitsplatz ist A erheblicher Sonneneinstrahlung ausgesetzt, die er genetisch bedingt nicht verträgt; statt ihn personenbedingt zu kündigen, ist er – so möglich – auf einen „indoor"-Arbeitsplatz zu versetzen.

992 V Bei **schwerbehinderten** Menschen und ihnen Gleichgestellten ist **§ 167 I SGB IX** zu beachten. Verletzt er die dort genannte Pflicht, so führt das zwar **nicht automatisch zur Unwirksamkeit der Kündigung**, jedoch können die in § 167 I SGB IX angesprochenen Mittel ein milderes Mittel darstellen, so dass ein Verstoß gegen den ultima-ratio-Grundsatz vorliegt. Ein praktisches Problem ist das allerdings kaum, denn wenn – was bei Schwerbehinderten für eine Kündigung ohnehin Wirksamkeitsvoraussetzung ist (Rn. 921 ff.) – das Integrationsamt der Kündigung zustimmte, werden nur in absoluten Ausnahmefällen präventive Maßnahmen die Kündigung verhindert haben können.[174] Zu § 167 II SGB IX s. Rn. 996.

993 **dd) 4. Stufe: Interessenabwägung.** Auf letzter Stufe sind umfassend die Interessen der Beteiligten anhand aller Einzelfallumstände abzuwägen. Maßgebliche Kriterien sind hierbei unstreitig die (störungsfreie) Dauer des Arbeitsverhältnisses (je länger es bestand, umso mehr sind dem Arbeitgeber Beeinträchtigungen zumutbar), die Art und Schwere der Betriebsablaufstörung, eine (eventuelle) betriebliche Ursache für die nunmehr fehlende Eignung des Arbeitnehmers sowie Häufigkeit und Dauer der Fehlzeiten oder Beeinträchtigungen. Nach der umstrittenen Rechtsprechung des BAG sind neben diesen, einen unmittelbaren Bezug zum Arbeitsverhältnis aufweisenden Kriterien die privaten Verhältnisse des Arbeitnehmers (Unterhaltspflichten, Lebensalter, Arbeitsmarktchancen, [Schwer-] Behinderung) zu berücksichtigen.[175]

c) Die wichtigsten Fallgruppen

994 **aa) Krankheitsbedingte Arbeitsunfähigkeit.** Der (praktisch) wichtigste Fall einer personenbedingten Kündigung ist derjenige wegen krankheitsbedingter Arbeitsunfähigkeit. Sie kommt nach der Rechtsprechung in einer der folgenden vier Fallgruppen in Betracht:

- Krankheitsbedingt ist dem Arbeitnehmer die **Arbeitsleistung dauerhaft gar nicht (mehr) möglich**. Hier ist eine Kündigung praktisch immer möglich, überwiegt doch das Interesse des Arbeitgebers an der Beendigung des für ihn sinnlosen Arbeitsverhältnisses.[176]
- Der Arbeitnehmer ist **langzeiterkrankt**. Eine Kündigung kommt hier in Betracht, wenn mit dem Ausfall des Arbeitnehmers erhebliche Betriebsablaufstörungen einhergehen; demgegenüber spielen wirtschaftliche Belastungen des Arbeitgebers durch Entgeltfortzahlung insoweit keine Rolle, endet die Verpflichtung hierzu doch nach sechs Wochen (§ 3 EFZG). Wann genau der Arbeitnehmer „lange genug" krank ist, um eine Kündigung wegen Langzeiterkrankung zu rechtfertigen, lässt sich nicht schematisch sagen, sondern hängt von den Umständen des Einzel-

174 ErfK/*Oetker*, § 167 SGB IX, Rn. 3.
175 BAG 5.7.1990 – 2 AZR 154/90, NZA 1991, 185, 187; **a.A.** *Hromadka*, ZfA 2002, 383, 393; *Krause*, Arbeitsrecht, § 18, Rn. 35.
176 Vgl. BAG 10.6.2010 – 2 AZR 1020/08, NZA 2010, 1234.

falles ab. Das BAG hat eine Kündigung z.B. bejaht bei einem Arbeitnehmer, der 1 ½ Jahre arbeitsunfähig war und bei dem ein Ende der Erkrankung nicht abzusehen war;[177] gebilligt wurde ferner eine Kündigung, wenn prognostisch für die nächsten 24 Monate nicht mit einer Wiederherstellung der Arbeitsfähigkeit zu rechnen ist.[178]

- Der Arbeitnehmer ist **häufig wiederholt kurzfristig erkrankt**. Dies rechtfertigt eine Kündigung, wenn es zu erheblichen betrieblichen und wirtschaftlichen Beeinträchtigungen führt. Ersteres ist z.B. bei durch die Abwesenheit des Arbeitnehmers verursachten Betriebsablaufstörungen/Produktionsausfällen anzunehmen.[179] Wirtschaftliche Beeinträchtigungen sind zum einen die durch die Betriebsablaufstörung entstehenden Kosten, zum anderen die aus der Entgeltfortzahlungspflicht nach dem EFZG resultierenden Belastungen.[180] Für die Gesundheitsprognose ist ein Referenzzeitraum von drei Jahren vor Zugang der Kündigung maßgeblich.[181]
- Schließlich ist eine krankheitsbedingte Kündigung bei **erheblichen krankheitsbedingten Minderleistungen** denkbar. Entscheidend sind die Art und der Umfang der Minderleistung und die daraus resultierenden Störungen des Betriebsablaufs sowie eventuell daraus folgende wirtschaftliche Einbußen des Arbeitgebers.

Problematisch erweist sich in der Praxis oftmals der **Nachweis** für eine entsprechende dauerhafte krankheitsbedingte Belastung des Arbeitsverhältnisses. Hier bleibt – neben Indizien, die durch einen Blick in die (jüngere) Vergangenheit gewonnen werden – oft nur ein ärztliches Gutachten. Kommt dieses zu einer Negativprognose, kündigt der Arbeitgeber daraufhin wirksam das Arbeitsverhältnis und stellt sich die Prognose später aber als falsch heraus, so kommt ggf. ein **Wiedereinstellungsanspruch** in Betracht (s. Rn. 1103). **995**

Bei einer krankheitsbedingten Kündigung ist ferner zu berücksichtigen, ob der Arbeitgeber ein **„Betriebliches Eingliederungsmanagement"** (kurz: „BEM") nach **§ 167 II SGB IX** durchgeführt hat. Dieses ist vorgeschrieben, wenn ein Arbeitnehmer innerhalb eines Jahres länger als sechs Wochen ununterbrochen oder wiederholt arbeitsunfähig ist. Anders als seine systematische Stellung im SGB IX vermuten lässt, findet § 167 II SGB IX (anders als § 167 I SGB IX, Rn. 992) bei **allen Arbeitnehmern** Anwendung, nicht nur bei Schwerbehinderten![182] Verletzt der Arbeitgeber die Pflicht zur Durchführung des BEM, so ist die Kündigung zwar nicht automatisch unwirksam, es verschärfen sich aber die Anforderung an seine Darlegungs- und Beweislast: So muss er in einem Kündigungsschutzverfahren konkret vortragen, dass (1) der Arbeitnehmer auf dem konkreten Arbeitsplatz nicht mehr eingesetzt werden kann, (2) auch leidensgerechte Anpassungen und Veränderungen ausgeschlossen sind sowie **996**

177 BAG 21.5.1992 – 2 AZR 399/91, NZA 1993, 497, 498; 13.5.2015 – 2 AZR 565/14, NZA 2015, 1249, 1251.

178 BAG 19.4.2007 – 2 AZR 239/06, NZA 2007, 1041, 1042; 13.5.2015 – 2 AZR 565/14, NZA 2015, 1249, 1250.

179 BAG 16.2.1989 – 2 AZR 299/88, NZA 1989, 923; ErfK/*Oetker*, § 1 KSchG, Rn. 140.

180 BAG 10.11.2005 – 2 AZR 44/05, NZA 2006, 655, 656; 8.11.2007 – 2 AZR 292/06, NZA 2008, 593.

181 BAG 29.4.2018 – 2 AZR 6/18, NZA 2018, 1056.

182 BAG 24.3.2011 – 2 AZR 170/10, NZA 2011, 992, 994; 20.11.2014 – 2 AZR 755/13, NZA 2015, 612, 614.

dass (3) der Arbeitnehmer auch auf anderen Arbeitsplätzen bei Änderung der Tätigkeit nicht eingesetzt werden kann.[183]

997 Einen Sonderfall stellt eine **AIDS-Erkrankung** dar. Sie rechtfertigt als solche noch keine personenbedingte Kündigung, vielmehr gelten im Grundsatz die gleichen Anforderungen wie bei „normalen" Erkrankungen. Besteht aber aufgrund der Art des Arbeitsplatzes bzw. der zu erbringenden Arbeitsleistung (z.B. Krankenschwester) eine gesteigerte Infektionsgefahr für den Arbeitgeber, Kollegen oder Dritte, so ist eine Kündigung in der Regel möglich.

998 **bb) Rechtliches Hindernis.** Ist die Erbringung der Arbeitsleistung juristisch unzulässig (z.B. einem Arzt fehlt die Approbation), besteht ein Beschäftigungsverbot (vgl. dazu Rn. 203). Dies rechtfertigt jedenfalls dann eine personenbedingte Kündigung, wenn in absehbarer Zeit nicht mit der Beseitigung des Hindernisses zu rechnen ist und dadurch der Betriebsablauf gestört wird.[184]

999 **cc) Gewissenskonflikt.** Sieht sich der Arbeitnehmer aufgrund eines Gewissenkonflikts nicht (mehr) in der Lage, die geschuldete Arbeitsleistung zu erbringen, so kann dies eine personenbedingte Kündigung rechtfertigen.[185] Nach dem ultima-ratio-Grundsatz ist insb. hier aber zu prüfen, ob der Arbeitnehmer nicht auf einem Arbeitsplatz beschäftigt werden kann, auf dem der Gewissenskonflikt nicht besteht. [186] Auch das glaubensbedingte Tragen eines Kopftuches kann – wenn auch nur unter strengen Voraussetzungen – eine Kündigung rechtfertigen.[187]

1000 **dd) Straf- oder Untersuchungshaft.** Befindet sich der Arbeitnehmer in Untersuchungs- oder sogar Strafhaft, so kann seine abwesenheitsbedingte Unfähigkeit zur Erfüllung der Arbeitspflichten einen personenbedingten Kündigungsgrund begründen. Tieferliegender Grund für die Kündigungsmöglichkeit ist hier allerdings nicht eine finanzielle Belastung des Arbeitgebers mit Lohnkosten für den betroffenen Arbeitnehmer – scheidet wegen § 297 BGB doch ein Annahmeverzug aus –, sondern die mit der Abwesenheit verbundenen Betriebsablaufstörungen bzw. die Unzumutbarkeit, diese per Überbrückungsmaßnahmen zu vermeiden. Je länger der Arbeitnehmer abwesend sein wird, umso weniger sind dem Arbeitgeber Überbrückungsmaßnahmen (z.B. befristete Einstellung eines Ersatzmannes) zumutbar; insb. ab zwei Jahren wird i.d.R. eine Kündigung gerechtfertigt sein.[188]

d) Abgrenzung zur verhaltensbedingten Kündigung

1001 Auch wenn die Abgrenzung zwischen personen- und verhaltensbedingter Kündigung über das Kriterium des steuerbaren Verhaltens (Rn. 986 und 1003) im Prinzip eindeu-

---

183 ErfK/*Oetker*, § 1 KSchG, Rn. 151a m.w.N.

184 BAG 16.12.1976 – 3 AZR 716/75, NJW 1977, 1608; 7.2.1990 – 2 AZR 359/89, NZA 1991, 341, 342; 31.1.1996 – 2 AZR 68/95, NZA 1996, 819, 820 f.

185 BAG 24.5.1989 – 2 AZR 285/88, NZA 1990, 144, 146; ErfK/*Oetker*, § 1 KSchG, Rn. 165.

186 BAG 24.2.2011 – 2 AZR 636/09, NZA 2011, 1087, 1091.

187 Näher BAG 10.10.2002 – 2 AZR 472/01, NZA 2003, 483, 485.

188 BAG 23.5.2013 – 2 AZR 120/12, NZA 2013, 1211, 1212; 22.10.2015 – 2 AZR 381/14, NZA 2016, 482, 483.

tig ist, so ist in einigen Fällen doch besonders genau darauf zu achten, worauf die Kündigung gestützt wird:

- Ist der Arbeitnehmer wegen **Alkohol-/Drogenabhängigkeit** nicht mehr in der Lage, sein Verhalten zu steuern, und kommt deshalb zu spät zur Arbeit oder ist krankheitsbedingt arbeitsunfähig, so kommt ggf. eine personenbedingte (krankheitsbedingte) Kündigung unter den obigen Voraussetzungen in Betracht.[189] Kann er dagegen sein Verhalten noch steuern und kommt z.B. alkoholisiert zur Arbeit oder konsumiert er im Dienst Alkohol, so ist eine verhaltensbedingte Kündigung denkbar.[190]
- Sitzt der Arbeitnehmer in **Straf- oder Untersuchungshaft**, so ist wegen der dadurch bedingten Abwesenheit ggf. eine personenbedingte Kündigung möglich (Rn. 1000). Beruht die Haft auf einer Straftat mit Bezug zum Arbeitsverhältnis (z.B. Mordversuch am Arbeitgeber), so kommt daneben eine verhaltensbedingte Kündigung wegen der Tat als solcher in Betracht.
- Weist der Arbeitnehmer (erhebliche) **Leistungsdefizite** auf („low performer") und beruhen diese darauf, dass er seine Leistungsfähigkeit nicht voll ausschöpft (vgl. Rn. 592, 613), so handelt es sich um ein steuerbares Verhalten, es kommt also ggf. eine verhaltensbedingte Kündigung in Betracht.[191] Schöpft der Arbeitnehmer hingegen seine subjektive Leistungsfähigkeit voll aus, bleibt aber dennoch längere Zeit in erheblicher Weise hinter der (berechtigen) Leistungserwartung des Arbeitgebers zurück, so kommt „nur" eine personenbedingte Kündigung in Betracht.[192]

5. Verhaltensbedingte Kündigung, § 1 II 1 Alt. 2 KSchG

a) Grundlagen

Eine verhaltensbedingte Kündigung kommt bei einem vertragswidrigen Verhalten des Arbeitnehmers in Betracht, durch das er entweder seine vertraglichen Haupt- (z.B. unberechtigte Arbeitsverweigerung) oder Nebenpflichten (z.B. Verstoß gegen Wettbewerbsverbot) verletzt.[193] Im Unterschied zur personenbedingten Kündigung knüpft die verhaltensbedingte nicht an eine Eigenschaft, sondern ein steuerbares Verhalten des Arbeitnehmers an.[194] Auch hier bietet sich eine **vierstufige** Prüfung an: **1002**

b) 1. Stufe: Verhaltensbedingter Grund „an sich"

Zunächst muss ein verhaltensbedingter Grund „an sich" vorliegen, der im Grundsatz geeignet ist, eine Kündigung zu rechtfertigen. Voraussetzung ist ein **steuerbares**, d.h. vom Willen des Arbeitnehmers zu beeinflussendes Verhalten, durch das dieser seine vertraglichen Haupt- oder Nebenpflichten verletzt. Steuerbarkeit erfordert Schuldfä- **1003**

189 Vgl. BAG 9.4.1987 – 2 AZR 210/86, NZA 1987, 811, 812.
190 Vgl. Soergel/*Fischinger/Hofer*, § 626, Rn. 65, 120 m.w.N.
191 Näher BAG 17.1.2008 – 2 AZR 536/06, NZA 2008, 693, 694.
192 BAG 11.12.2003 – 2 AZR 667/02, NZA 2004, 784, 788.
193 BAG 9.6.2011 – 2 AZR 284/10, NZA-RR 2012, 12, 13; 3.11.2011 – 2 AZR 748/10, NZA 2012, 607, 608.
194 Vgl. BAG 3.11.2011 – 2 AZR 748/10, NZA 2012, 607, 608; MüKo-BGB/*Hergenröder*, § 1 KSchG, Rn. 147.

higkeit und ein **schuldhaftes** Verhalten i.S.v. § 276 BGB. Die Rechtsprechung verzichtet zwar in Ausnahmefällen auf das Verschuldenserfordernis, wenn mit wiederholten Pflichtverletzungen zu rechnen ist, die dem Arbeitgeber nicht zumutbar seien.[195] Das überzeugt jedoch nicht, werden dadurch doch die Grenzen zur personenbedingten Kündigung vermischt; in solchen Fällen (z.B. wiederholte Diebstähle im Betrieb wegen feststehender Erkrankung an Kleptomanie) ist also die personenbedingte Kündigung die richtige Wahl.[196]

1004 Da grundsätzlich jedes vertragswidrige Verhalten einen verhaltensbedingten Kündigungsgrund an sich zu begründen vermag, würde es zu weit führen, alle denkbaren Umstände aufzuführen. Beispielhaft seien genannt:[197] **„Krankfeiern"**, d.h. Nichterscheinen zur Arbeit unter der fälschlichen Vorgabe, arbeitsunfähig erkrankt zu sein. **Arbeitszeitbetrug**[198] oder **Selbstbeurlaubung**. Die Begehung von **Straftaten** gegenüber dem Arbeitgeber oder Kollegen (z.B. Beleidigungen, Diebstähle, [sexuelle] Belästigungen, Tätlichkeiten). Wiederholte, nicht unerhebliche **Unpünktlichkeit**. Nebenpflichtverletzungen wie z.B. Verstoß gegen die Verschwiegenheitspflicht oder das Wettbewerbsverbot.

1005 Problematisch sind Fälle, bei denen es um das **außerdienstliche Verhalten** des Arbeitnehmers geht. Auch außerhalb seiner Dienstzeiten und der Betriebsstätte trifft ihn die Pflicht, es zu unterlassen, den Arbeitgeber zu schädigen.[199] Andererseits ist nicht zu übersehen, dass gerade im außerdienstlichen Bereich die Freiheitssphäre des Arbeitnehmers beginnt, so dass nicht jedes Fehlverhalten als kündigungsrelevant betrachtet werden kann. Maßgebend sind die Umstände des Einzelfalls, wobei auch die Position des Arbeitnehmers im Betrieb relevant sein kann.

Beispiele: (1) Äußert sich eine Führungskraft in einem unbeschränkt für die Öffentlichkeit einsehbaren „Blog" negativ über unhaltbare Zustände im Betrieb, so vermag das leichter eine Kündigung zu rechtfertigen, als wenn ein Hilfsarbeiter in vertrauter Runde am sonntäglichen schwäbischen Stammtisch Kritik am Unternehmen übt. **(2)** Betätigt sich ein Polizist als Gelegenheitsdealer, so vermag er sich nicht durch Verweis darauf zu entlasten, dies sei in seiner Freizeit erfolgt. **(3)** Einem Profisportler kann während der laufenden Saison (religiös motiviertes) Fasten untersagt werden, wenn sich dieses nachweislich negativ auf seine Leistungsfähigkeit in Training und/oder Wettkampf auswirken würde.[200]

c) 2. Stufe: Negativprognose

1006 Weil die Kündigung kein vergangenes Verhalten bestrafen, sondern künftige Vertragsstörungen vermeiden soll (Rn. 984), ist auch bei der verhaltensbedingten Kündigung eine Negativprognose erforderlich. Eine solche ist gegeben, wenn entweder eine konkrete **Wiederholungsgefahr** besteht oder aber die bisherigen **Vertragsverletzun-**

195 BAG 21.1.1999 – 2 AZR 665/98, NZA 1999, 863, 865; 3.11.2011 – 2 AZR 748/10, NZA 2012, 607, 608; LAG Schleswig-Holstein 9.6.2011 – 5 Sa 509/10, NZA-RR 2011, 572, 574; BeckOK-ArbR/*Stoffels*, § 626 BGB, Rn. 85; *Linck/Krause/Bayreuther*, KSchG, § 1, Rn. 462.

196 APS/*Vossen*, § 626 BGB, Rn. 75; ErfK/*Oetker*, § 1 KSchG, Rn. 191; KR/*Rachor*, § 1 KSchG, Rn. 431; Soergel/*Fischinger/Hofer*, § 626, Rn. 61.

197 Nachweis unter dem jeweiligen Stichwort bei Soergel/*Fischinger/Hofer*, § 626, Rn. 63 ff.

198 Vgl. BAG 13.12.2018 – 2 AZR 370/18, NZA 2019, 445, 447.

199 Staudinger/*Richardi/Fischinger*, § 611a, Rn. 1190 ff., 1196, 1201.

200 Vgl. näher *Fischinger*/Reiter, Profisport, § 8, Rn. 171 ff.

gen so schwerwiegend waren, dass die für die Fortsetzung des Arbeitsverhältnisses notwendige Vertrauensbasis zerstört ist.[201]

d) 3. Stufe: Ultima-ratio-Grundsatz

aa) Abmahnung. Als Ausfluss des ultima-ratio-Grundsatzes muss einer verhaltensbedingten Kündigung meist eine **erfolglose Abmahnung** wegen eines vergleichbaren Pflichtverstoßes vorangehen (vgl. auch § 314 II BGB). Eine Abmahnung liegt nur vor, wenn sie der **Rüge**- und **Warnfunktion** gerecht wird: Es muss nicht nur das vom Arbeitgeber beanstandete Verhalten hinreichend klar benannt und darauf hingewiesen werden, dass dieses nicht toleriert wird (Rüge), sondern es muss auch klargestellt werden, dass bei einer Wiederholung eine Kündigung droht (Warnung). Damit ist dem Arbeitnehmer in der Regel eine zweite Chance zu geben, um sein Verhalten zu ändern und zu vertragsgerechtem Verhalten zurückzukehren. Mit der Abmahnung ist der gerügte Vorgang kündigungsrechtlich „verbraucht", eine Kündigung kann also nur auf ein späteres Verhalten gestützt werden. Dieses muss zwar nicht identisch sein, aber die gleiche Zielrichtung und ungefähr das gleiche Gewicht haben wie der gerügte Vorgang (Gleichartigkeit der Pflichtverletzung).[202] **1007**

Beispiel: Wurde der Arbeitnehmer wegen Zuspätkommens abgemahnt und kommt er in der Folge erneut zu spät, so scheitert die auf das spätere Zuspätkommen gestützte Kündigung nicht am Abmahnungserfordernis.

Gegenbeispiel: Eine Abmahnung wegen Zuspätkommens „hilft" dem Arbeitgeber im Hinblick auf den ultima-ratio-Grundsatz nicht, wenn der Arbeitnehmer eine Woche später zehn Euro aus der Kasse stiehlt.

Auch wenn eine erfolglose Abmahnung regelmäßig Voraussetzung für eine verhaltensbedingte Kündigung ist, so ist sie doch **kein zwingendes Erfordernis**. Vom Abmahnungserfordernis existieren eine Reihe von **Ausnahmen**: **1008**

- Nicht erforderlich ist eine Abmahnung bei einem derart **gravierenden Verstoß**, dass der Arbeitnehmer schlicht nicht damit rechnen durfte, nur die „gelbe Karte" gezeigt zu bekommen (z.B. Spesenbetrug, [Ankündigung von] „Blaumachen").
- Eine Abmahnung ist ferner nicht erforderlich, wenn sie nicht **erfolgsversprechend** ist. Weiß der Arbeitnehmer um sein vertragswidriges Verhalten und setzt es dennoch hartnäckig und uneinsichtig fort, wäre ein Abmahnungserfordernis reine „Förmelei", wäre doch selbst bei einer Abmahnung mit der Fortsetzung des Verhaltens zu rechnen.[203]
- Einer Abmahnung bedarf es darüber hinaus nicht, wenn der Arbeitnehmer bereits **auf andere Weise hinreichend gewarnt** wurde, z.B. durch eine frühere unwirksame Kündigung.[204]

  Beispiel: Weil der Arbeitnehmer mehrmals zu spät zur Arbeit kam, kündigt ihn der Arbeitgeber ohne vorherige Abmahnung. Deswegen wird die Kündigung vom Arbeitsgericht

---

201 ErfK/*Oetker*, § 1 KSchG, Rn. 197 f.
202 BAG 13.12.2007 – 2 AZR 818/06, NZA 2008, 589, 592.
203 BAG 18.5.1994 – 2 AZR 626/93, NZA 1995, 65; 23.6.2009 – 2 AZR 103/08, NZA 2009, 1198, 1202.
204 BAG 31.8.1989 – 2 AZR 13/89, NZA 1990, 433, 434.

für unwirksam erklärt. Setzt der Arbeitnehmer das Verhalten dennoch fort, so kann der Arbeitgeber erneut kündigen, ohne eine Abmahnung aussprechen zu müssen.

1009 Mahnt der Arbeitgeber mehrmals wegen gleichartiger Pflichtverletzungen ab, ohne die angedrohte Kündigung auszusprechen, kann der Warneffekt entfallen mit der Folge, dass der Arbeitgeber erst nach Ausspruch einer besonders scharf formulierten Abmahnung kündigen kann.[205] Diese **„Abnutzung"** der Abmahnungen darf aber nicht vorschnell angenommen werden, würde anderenfalls doch der „gutmütige" Arbeitgeber, der dem Arbeitnehmer mehrere Chancen gibt, bestraft.[206]

1010 **bb) Weiterbeschäftigung auf anderem Arbeitsplatz.** Auch bei der verhaltensbedingten Kündigung kann die Weiterbeschäftigung auf einem anderen gleich- oder niederrangigen (Rn. 991) Arbeitsplatz ein milderes Mittel sein. Neben den sonstigen Voraussetzungen (frei; gleich-/niederrangig; Versetzungsmöglichkeit per Weisungsrecht oder Änderungskündigung) ist hierbei aber zu verlangen, dass zu erwarten ist, dass damit das Problem aus der Welt geschafft werden kann und sich der Arbeitnehmer künftig vertragstreu verhält.

Beispiel: Resultieren die Störungen daraus, dass sich zwei in einem Büro untergebrachte Kollegen „spinnefeind" sind, so können die Probleme statt durch eine Kündigung u.U. auch dadurch abgestellt werden, dass einer von beiden in ein anderes Gebäude versetzt wird.

Gegenbeispiel: Bestiehlt der Arbeitnehmer (wiederholt) Kollegen und Arbeitgeber, wird eine Beschäftigung auf einem anderen Arbeitsplatz i.d.R. keine Abhilfe bringen.

cc) Präventionsverfahren.

1011 V Bei Schwerbehinderten und ihnen Gleichgestellten muss das Präventionsverfahren (§ 167 I SGB IX) erfolgen (vgl. näher Rn. 992). Ein BEM nach § 167 II SGB IX (Rn. 996) ist hingegen nicht durchzuführen.

e) 4. Stufe: Interessenabwägung

1012 Auf letzter Stufe sind die Interessen von Arbeitgeber und -nehmer umfassend gegeneinander abzuwägen. Da – anders als bei der personenbedingten Kündigung – die Kündigung auf einem steuerbaren Verhalten des Arbeitnehmers beruht, sind die Anforderungen hier weniger streng als bei der personenbedingten Kündigung. Maßgebende Kriterien sind – ohne Anspruch auf Vollständigkeit – insoweit:

- Ein eventuelles Verschulden des Kündigungsempfängers an den den verhaltensbedingten Grund begründenden Umständen sowie der **Verschuldensgrad**.[207] Ein eventueller unverschuldeter Rechtsirrtum muss zugunsten des Arbeitnehmers berücksichtigt werden;[208] bspw. berechtigt eine Arbeitsverweigerung nicht zur Kündigung, wenn der Arbeitnehmer nach sorgfältiger Prüfung irrig davon überzeugt war, die Arbeitsleistung verweigern zu dürfen.[209]

---

205 BAG 15.11.2001 – 2 AZR 609/00, NZA 2002, 968, 969.

206 Vgl. BAG 16.9.2004 – 2 AZR 406/03, NZA 2005, 459, 461.

207 BAG 28.1.2010 – 2 AZR 1008/08, NZA-RR 2010, 461, 463; 10.6.2010 – 2 AZR 541/09, NZA 2010, 1227, 1231.

208 BAG 14.2.1978 – 1 AZR 76/76, AP GG Art. 9 Arbeitskampf Nr. 58; 14.2.1996 – 2 AZR 274/95, AP BGB § 626 Verdacht strafbarer Handlung Nr. 26.

209 ErfK/*Niemann*, § 626 BGB, Rn. 40a.

- Hat der Arbeitnehmer eine Position inne, die **besondere Verantwortung** mit sich bringt, so dass Vertragsverletzungen zu großen Gefahren führen können (z.B. Gefahrguttransporte, Bergbau), so können schon einmalige, nur leicht fahrlässig begangene Pflichtverletzungen eine Kündigung rechtfertigen.[210] Umgekehrt kann eine untergeordnete Stellung des Arbeitnehmers zu seinen Gunsten zu berücksichtigen sein.[211]
- Die **Zahl**, **Art** und **Schwere** der Pflichtverletzung(en).[212] Bspw. wiegt eine (körperliche) Auseinandersetzung mit Gesundheits- oder Persönlichkeitsrechtsverletzungen in der Regel schwerer als eine „bloße" Sachbeschädigung oder sonstige Vermögensschäden.
- Die **(materiellen) Folgen** der Pflichtverletzung, sprich der entstandene Schaden oder andere (wirtschaftliche) Folgen.[213] Eine **Bagatellgrenze** besteht nicht, im Grundsatz ist deshalb eine Kündigung also z.B. selbst wegen des Diebstahls von Cent-Beträgen möglich; allerdings wird hier oft die Interessenabwägung unter Heranziehung der anderen Kriterien zu dem Ergebnis führen, dass eine Kündigung nicht zulässig ist.[214]
- Eine mögliche **Wiederholungsgefahr**.[215]
- Wurde der Arbeitnehmer in der Vergangenheit bereits wegen einer gleichartigen Pflichtverletzung **abgemahnt**?[216]
- Die **Dauer der Betriebszugehörigkeit** des Arbeitnehmers besitzt besonderes Gewicht.[217] Man kann hier von einem sog. erdienten Vertrauen des Arbeitnehmers sprechen: Eine langjährige, vertragstreue (!) Mitarbeit zum Wohle des Unternehmens soll geeignet sein, einmalige Verfehlungen als verzeihbar erscheinen zu lassen.[218]
- Wie ist der Arbeitgeber mit **gleichartigen oder ähnlichen Verstößen** anderer Arbeitnehmer in der Vergangenheit **umgegangen**? Hat er sie geduldet, ohne Sanktionen zu ergreifen, so spricht das – auch unter Gleichbehandlungsaspekten – dafür, dass eine Kündigung unzulässig ist.
- Nach der Rechtsprechung sind überdies die **Folgen der Kündigung für den Arbeitnehmer** zu berücksichtigen, insb. seine Arbeitsmarktchancen[219] und seine Unterhaltspflichten[220].

210 LAG Köln 8.11.2010 – 2 Sa 612/10, AuA 2011, 304; ErfK/*Niemann*, § 626 BGB, Rn. 40a.
211 BAG 26.3.2009 – 2 AZR 953/07, AP BGB § 626 Nr. 220.
212 BAG 10.6.2010 – 2 AZR 541/09, NZA 2010, 1227, 1231.
213 BAG 27.4.2006 – 2 AZR 415/05, NZA 2006, 1033, 1034; 27.1.2011 – 2 AZR 825/09, NZA 2011, 798, 802.
214 Vgl. insb. den „Emmely-Fall" des BAG 10.6.2010 – 2 AZR 541/09, NZA 2010, 1227, 1231.
215 BAG 28.1.2010 – 2 AZR 1008/08, NZA-RR 2010, 461, 463; 27.9.2012 – 2 AZR 955/11, NZA 2013, 425, 428.
216 ErfK/*Niemann*, § 626 BGB, Rn. 29; zum Erfordernis einer **gleichartigen** Pflichtverletzung vgl. BAG 13.12.2007 – 2 AZR 818/06, NZA 2008, 589, 592; 9.6.2011 – 2 AZR 323/10, NZA 2011, 1342, 1345.
217 BAG 10.6.2010 – 2 AZR 541/09, NZA 2010, 1227, 1232; 9.6.2011 – 2 AZR 381/10, NZA 2011, 1027, 1029.
218 BAG 12.3.2009 – 2 AZR 251/07, NZA 2009, 779, 781; 10.6.2010 – 2 AZR 541/09, NZA 2010, 1227, 1232; *Preis*, DB 1990, 685, 688 f.
219 BAG 29.1.1997 – 2 AZR 292/96, AP BGB § 626 Nr. 131.
220 BAG 9.6.2011 – 2 AZR 381/10, NZA 2011, 1027, 1029; 27.9.2011 – 2 AZR 955/11, NZA 2013, 425, 428.

- Zu berücksichtigen sind schließlich **verfassungsrechtliche** Wertungen (z.B. Glaubens- oder Meinungsfreiheit) sowie diejenigen des **AGG**; eine wegen eines Merkmals des § 1 AGG erfolgende Kündigung ist in aller Regel schon nach § 1 KSchG unzulässig (näher zu den weiteren Folgen einer diskriminierenden Kündigung Rn. 290).

6. Betriebsbedingte Kündigung, § 1 II 1 Alt. 3 KSchG

a) Grundlagen

1013 Anders als bei der personen- und verhaltensbedingten Kündigung stammt die Ursache für die Kündigung bei der betriebsbedingten Kündigung nicht aus der Sphäre des Arbeitnehmers, sondern des Arbeitgebers. Möglich ist sie, wenn „dringende betriebliche Erfordernisse [...] einer Weiterbeschäftigung des Arbeitnehmers in diesem Betrieb entgegenstehen", d.h. wenn der (künftige) Arbeitskräftebedarf des Arbeitgebers den gegenwärtigen Personalbestand unterschreitet. Aufgrund des sich daraus ergebenden **Wegfalls der Beschäftigungsmöglichkeit** für einen oder mehrere Arbeitnehmer ist der Arbeitgeber grundsätzlich zur betriebsbedingten Kündigung berechtigt (**„Ob"** der Kündigung) – auch das KSchG zwingt also nicht zur (dauerhaften) Aufrechterhaltung betriebswirtschaftlich sinnloser oder unrentabler Arbeitsverhältnisse. Nicht frei ist der Arbeitgeber hingegen in der Auswahl des/der zu kündigenden Arbeitnehmer(s), dies bestimmt sich vielmehr aufgrund einer **Sozialauswahl**, § 1 III KSchG. Die betriebsbedingte Kündigung ist **dreistufig** zu prüfen.[221]

b) 1. Stufe: Betriebliches Erfordernis

1014 Der Wegfall des Arbeitskräftebedarfs als das maßgebliche, eine Kündigung rechtfertigende „betriebliche Erfordernis" kann auf **innerbetrieblichen** (z.B. Rationalisierungsentscheidung zur Gewinnsteigerung,[222] Betriebsstilllegung, Outsourcing) oder **außerbetrieblichen** (z.B. Rohstoff- oder Absatzmangel, Unrentabilität) Umständen beruhen.[223] In beiden Fällen ist Anlass für die Kündigung die **freie unternehmerische Entscheidung**, Arbeitsplätze abzubauen. Zum Schutz der grundrechtlich abgesicherten Unternehmerfreiheit (Art. 12, 14, 2 I GG) ist diese Entscheidung grundsätzlich **keiner Kontrolle** durch die Arbeitsgerichte unterworfen. Ein Arbeitsgericht darf dem Unternehmer nicht die Unternehmenspolitik vorschreiben und keine Vorgaben z.B. hinsichtlich seiner Investitions- und Produktionsstrategie machen.[224] Das betriebliche Erfordernis kann daher im Grundsatz nicht mit dem Argument verneint werden, eine Rationalisierungsentscheidung sei unzutreffend, unnötig oder unzweck-

---

221 Andere plädieren dagegen nominell für eine zweistufige Prüfung, schichten dann aber innerhalb der ersten Stufe ab (z.B. *Krause*, Arbeitsrecht, § 18, Rn. 40 ff.). Im Ergebnis macht das keinen Unterschied. Für die Klausur empfiehlt sich, auf diese Frage nicht abstrakt einzugehen, sondern schlicht die folgenden Voraussetzungen der Reihe nach zu prüfen.

222 Vgl. BAG 20.6.2013 – 2 AZR 379/12, NZA 2014, 139, 140.

223 BAG 17.6.1999 – 2 AZR 141/99, NZA 1999, 1098, 1099; 12.4.2002 – 2 AZR 256/01, NZA 2002, 1205, 1206.

224 Vgl. BAG 17.6.1999 – 2 AZR 522/98, NJW 2000, 378, 379.

mäßig. Jedoch nehmen die Gerichte eine **Missbrauchskontrolle** daraufhin vor, ob die Entscheidung „**offenbar** unsachlich, unvernünftig oder willkürlich“[225] ist.

Voll gerichtlich kontrollierbar ist hingegen, ob der inner- oder außerbetriebliche Umstand und die Umsetzung der Unternehmerentscheidung wirklich zu einem **Wegfall von Arbeitsplätzen** führt. Der Unternehmer muss also darlegen und ggf. beweisen, welche unternehmerische Maßnahme den Wegfall von Arbeitsplätzen zur Folge hat. Dabei muss er aber nicht nachweisen, dass gerade ein ganz konkreter Arbeitsplatz (z.B. derjenige der dritten – und nicht der zweiten – Vorstandssekretärin) wegfällt, sondern allein, dass ein **rechnerischer Arbeitskräfteüberhang** für bestimmte Tätigkeiten (z.B. eine Vorstandssekretärin, einen Elektriker) besteht – welchem von mehreren dieser Tätigkeit nachgehenden Arbeitnehmer dann gekündigt werden kann, hängt von der Sozialauswahl ab (Rn. 1020). Ein Wegfall von Arbeitsplätzen ist zu verneinen, wenn der Arbeitgeber „nur“ die bisherigen „teuren“ Arbeitnehmer durch „billige“ neue austauschen möchte (sog. **Austauschkündigung**).[226] Anders verhält es sich, wenn er bisher von Arbeitnehmern erbrachte Tätigkeiten künftig durch freie Mitarbeiter erledigen lassen möchte, fallen hier doch tatsächlich Arbeitsplätze i.S.d. KSchG weg;[227] Gleiches gilt, wenn er bisher innerbetrieblich erbrachte Dienste auf ein externes Unternehmen „outsourct“, das diese mit eigenen Arbeitskräften durchführt (z.B. Serverwartung; Putzdienst). 1015

Maßgeblicher Zeitpunkt für die Prüfung des Arbeitsplatzwegfalls ist der **Zugang der Kündigungserklärung**. In diesem Zeitpunkt muss prognostisch zu erwarten sein, dass (spätestens) mit Ablauf der Kündigungsfrist der Arbeitskräftebedarf entsprechend reduziert sein wird.[228] Das schließt namentlich sog. **Vorratskündigungen** aus, die vorsorglich ausgesprochen werden, weil befürchtet wird, dass durch eine künftige Entwicklung ein Arbeitskräfteüberschuss entstehen wird (z.B. Sorge vor einem Auftragsmangel, weil sich im Nachbarort im nächsten Monat ein starkes Konkurrenzunternehmen niederlassen wird). Wird wirksam gekündigt und stellt sich die Prognose später als falsch heraus, so kommt ggf. ein **Wiedereinstellungsanspruch** in Betracht (Rn. 1103). 1016

c) 2. Stufe: Ultima-ratio-Grundsatz („dringende“)

Wie bei den anderen Kündigungsgründen auch, so kommt eine betriebsbedingte Kündigung nur als ultima ratio in Betracht. Kann der Wegfall der Beschäftigungsmöglichkeit durch gleich geeignete, die Arbeitnehmer weniger belastende Maßnahmen ausgeglichen werden, so sind diese zu ergreifen. Dazu zählen der Abbau von **Überstunden** oder **Leiharbeitnehmern**,[229] richtigerweise aber nicht die Einführung von Kurzarbeit, ist diese doch nur für Fälle einer kurzfristigen Absenkung des Arbeitskräftebedarfs konzipiert und kann der Arbeitgeber sie individualarbeitsrechtlich auch meist gar nicht einseitig anordnen (s. Rn. 600).[230] 1017

225 BAG 30.4.1987 – 2 AZR 184/86, NJW 1987, 3216; 10.7.2008 – 2 AZR 1111/06, NZA 2009, 312, 314.
226 BAG 26.9.2002 – 2 AZR 636/01, NZA 2003, 549, 551.
227 BAG 13.3.2008 – 2 AZR 1037/06, NZA 2008, 878, 880.
228 BAG 31.7.2014 – 2 AZR 422/13, NZA 2015, 101, 103.
229 BAG 23.2.2012 – 2 AZR 548/10, NZA 2012, 852, 855.
230 BAG 4.3.1986 – 1 ABR 15/84, AP BetrVG 1972 § 87 Kurzarbeit Nr. 3; BeckOK-ArbR/*Rolfs*, § 1 KSchG, Rn. 379.

1018 V.a. aber steht die Möglichkeit einer **Weiterbeschäftigung** auf einem anderen Arbeitsplatz einer betriebsbedingten Kündigung entgegen. Das hat der Gesetzgeber für einen Spezialfall in **§ 1 II 2 Nr. 1 lit b) KSchG** geregelt, dies gilt aber unabhängig von diesem – und damit insb. unabhängig davon, ob ein Betriebsrat besteht und/oder dieser der Kündigung widerspricht. **Voraussetzungen**:

- Es muss ein Arbeitsplatz **im Betrieb** oder einem anderen Betrieb desselben **Unternehmens** tatsächlich **frei sein**. Der Arbeitgeber muss also keinen neuen Arbeitsplatz schaffen, um die Weiterbeschäftigung zu ermöglichen.[231] Hat er den Arbeitsplatz aber treuwidrig vorgezogen neubesetzt, um dem Arbeitnehmer die Berufung auf den ultima-ratio-Grundsatz zu verwehren, kann er sich nach § 162 BGB nicht darauf berufen, dass er nicht mehr frei sei.[232] Maßgebender Zeitpunkt ist der des Zugangs der Kündigungserklärung.[233]
- Der eigentlich zu kündigende Arbeitnehmer erfüllt das **Anforderungsprofil** des freien Arbeitsplatzes (beachte § 1 II 3 KSchG, der insoweit zumutbare Weiterbildungsmaßnahmen zur Obliegenheit für den Arbeitgeber macht).
- Schließlich muss der freie Arbeitsplatz im Vergleich zum bisherigen **gleich- oder geringwertiger** sein, d.h. gleiche oder schlechtere Arbeitsbedingungen bieten. Dagegen folgt aus dem ultima-ratio-Grundsatz nicht mittelbar ein Anspruch auf „Beförderung" auf einen höherwertigeren Arbeitsplatz.

1019 Liegen diese Voraussetzungen vor, so kann der Arbeitgeber keine betriebsbedingte Beendigungskündigung aussprechen, sondern muss den Arbeitnehmer, dessen Arbeitsplatz entfällt, auf den freien Arbeitsplatz per Weisungsrecht **versetzen** oder, falls dies nicht vom Weisungsrecht gedeckt ist, eine **Änderungskündigung** erklären.[234] Etwas anderes gilt allerdings, wenn der Arbeitnehmer die Änderung schon vorbehaltlos und endgültig abgelehnt hat, sowie in Extremfällen (einem Abteilungsleiter muss nicht die Position als Putzmann angeboten werden).[235]

d) 3. Stufe: Sozialauswahl, § 1 III KSchG

1020 Liegen die ersten beiden Voraussetzungen vor, so kann der Arbeitgeber zwar **einem** – bzw., wenn mehrere Arbeitsplätze wegfallen, mehreren – Arbeitnehmern kündigen. Er ist aber hinsichtlich der Frage, **welchem** Arbeitnehmer er kündigt, nicht frei, sondern muss eine Sozialauswahl durchführen, § 1 III KSchG. Damit soll sichergestellt werden, dass derjenige Arbeitnehmer gekündigt wird, der sozial am wenigsten schutzwürdig ist. Bevor diese eigentliche Sozialauswahl durchzuführen ist, muss aber zunächst der **Kreis der einzubeziehenden Arbeitnehmer** bestimmt werden.

1021 **aa) Einzubeziehende Arbeitnehmer.** In die Sozialauswahl können nur Arbeitnehmer einbezogen werden, die in **demselben Betrieb** beschäftigt sind – eine unterneh-

231 BAG 29.3.1990 – 2 AZR 369/89, NZA 1991, 181, 182; 7.2.1991 – 2 AZR 205/90, NZA 1991, 806, 807.
232 BAG 24.11.2005 – 2 AZR 514/04, NZA 2006, 665, 667; 5.6.2008 – 2 AZR 107/07, NZA 2008, 1180, 1181.
233 MüKo-BGB/*Hergenröder*, § 1 KSchG, Rn. 365.
234 BAG 27.9.1984 – 2 AZR 62/83, NZA 1985, 455, 456.
235 MüKo-BGB/*Hergenröder*, § 2 KSchG, Rn. 16.

mensweite Sozialauswahl über die Betriebsgrenze hinaus erfolgt also nicht – und **miteinander vergleichbar** sind. Diese Vergleichbarkeit setzt dreierlei voraus:

(1) Die Arbeitnehmer müssen tatsächlich vergleichbar und mithin **austauschbar (horizontale Vergleichbarkeit)** sein. Das richtet sich nach arbeitsplatzbezogenen Merkmalen, d.h. der ausgeübten Tätigkeit. Eine Austauschbarkeit liegt vor, wenn **1022**

- der gekündigte Arbeitnehmer nach seinen Fähigkeiten und Kenntnissen auch auf einem **anderen Arbeitsplatz** eine identische oder zwar eine andersartige, aber gleichwertige Tätigkeit ausüben kann (die Notwendigkeit einer kurzen Einarbeitungszeit steht dem nicht entgegen)[236] **und**
- der Arbeitgeber ihn per Weisungsrecht auf diesen Arbeitsplatz **versetzen könnte**.[237] Der Umfang des Weisungsrechts – der wiederum maßgeblich von dem Detailgrad der arbeitsvertraglichen Vereinbarungen abhängt (s. Rn. 583) – ist für die Sozialauswahl also von erheblicher Bedeutung: Je weiter das Weisungsrecht reicht, desto größer ist der Kreis der in die Sozialauswahl einzubeziehenden Arbeitnehmer. Es zeigt sich also: Die Reichweite des Weisungsrechts ist für den Arbeitnehmer ein zweischneidiges Schwert. Je weiter es reicht, umso schlechter ist das während des laufenden Arbeitsverhältnisses (kann der Arbeitnehmer doch leichter und in größerem Umfang versetzt werden); im „Endspiel" um den Arbeitsplatz ist ein weitreichendes Weisungsrecht aber wiederum von Vorteil, weil durch den größeren Kreis der Sozialauswahl eher die Chance besteht, dass einer der zu vergleichenden Kollegen sozial weniger schutzwürdig ist. Entsprechend umgekehrt sind die „Vorzeichen" bei einem eingeschränkten Weisungsrecht.

(2) Die in die Sozialauswahl einzubeziehenden Arbeitnehmer müssen auf der gleichen betrieblichen Hierarchieebene stehen **(vertikale Vergleichbarkeit)**. Ein Arbeitnehmer kann also nicht darauf verweisen, dass ein Vorgesetzter oder Untergebener sozial weniger schutzwürdig ist (und er letzterenfalls bereit wäre, bei Vermeidung der Kündigung dessen schlechtere Arbeitsbedingungen zu akzeptieren). Ein Verdrängungswettbewerb erfolgt weder nach unten noch nach oben.[238] **1023**

(3) Schließlich muss zwischen diesen Arbeitnehmern eine **kündigungsrechtliche Vergleichbarkeit** bestehen. Das ist der Fall, wenn sie nur dem allgemeinen Kündigungsschutz nach dem KSchG unterliegen. Daraus folgt: **1024**

- Grundsätzlich nicht vergleichbar sind unbefristete mit wirksam **befristeten Arbeitnehmern**, sind letztere doch gar nicht ordentlich kündbar, § 15 III TzBfG. Etwas anderes gilt nur, wenn im befristeten Arbeitsvertrag die Möglichkeit einer vorzeitigen ordentlichen Kündigung vereinbart wurde (näher Rn. 1221).
- Ebenfalls nicht vergleichbar ist ein Arbeitnehmer, der Kündigungsschutz nach dem KSchG genießt, mit einem solchen, der wegen Nichterfüllung der Wartezeit des § 1 I KSchG dies noch nicht tut. In diesem Fall hat der Arbeitgeber immer zuerst den letzteren zu kündigen.[239]

---

236 BAG 2.6.2005 – 2 AZR 480/04, NZA 2006, 207, 209.

237 BAG 2.6.2005 – 2 AZR 480/04, NZA 2006, 207, 209; 19.7.2012 – 2 AZR 386/11, NZA 2013, 333, 337.

238 BAG 29.3.1990 – 2 AZR 369/89, NZA 1991, 181, 183.

239 BAG 25.4.1985 – 2 AZR 140/84, NZA 1986, 64, 65.

- Nicht in die Sozialauswahl einzubeziehen sind schließlich Arbeitnehmer, die aufgrund **besonderen Kündigungsschutzes** gar nicht ordentlich gekündigt werden können (z.B. Betriebsratsmitglieder, s. Rn. 940).[240] Etwas anderes gilt, wenn sie ausnahmsweise nach behördlicher Zustimmung gekündigt werden können und diese erteilt wurde (z.B. § 17 MuSchG, s. Rn. 904 ff.).[241]

1025 **bb) Die eigentliche Sozialauswahl.** Ist der Kreis der in die Sozialauswahl einzubeziehenden Arbeitnehmer bestimmt, ist diese anhand der vier im Gesetz genannten Kriterien (Lebensalter, Betriebszugehörigkeitsdauer, Unterhaltspflichten, Schwerbehinderung) durchzuführen; der Kreis der Kriterien ist **abschließend**, andere Umstände sind nicht heranzuziehen (z.B. Vermögensverhältnisse; besondere Verdienste für das Unternehmen; Leistungsfähigkeit, s. aber Rn. 592, 613).[242] Darüber, wie diese Kriterien konkret **abzuwägen** sind, schweigt das Gesetz. Daher ist z.B. fraglich, wie ein höheres Lebensalter im Vergleich zu einer Unterhaltspflicht gegenüber zwei Jugendlichen zu werten ist. Angesichts des Wortlauts („nicht oder nicht ausreichend berücksichtigt") hat der Arbeitgeber einen gewissen, gerichtlich nicht voll überprüfbaren **Beurteilungsspielraum**, innerhalb dessen er festlegen kann, wie er die Kriterien zueinander gewichtet. Faktisch bedeutet das in der Regel, dass nur solche gekündigten Arbeitnehmer, die gegenüber den nicht gekündigten Kollegen deutlich schutzwürdiger sind, eine Chance haben, eine mangelhafte Sozialauswahl zu rügen.

1026 In der Praxis erfolgt die Sozialauswahl oft über sog. **Punkteschemata**, bei denen innerhalb jeden Kriteriums bestimmte Punkte vergeben werden und sodann durch reine Addition ein „objektiviertes" Ergebnis in Form einer Tabelle ermittelt wird, mittels dessen sich die sozial schutzwürdigsten Arbeitnehmer identifizieren lassen.

Beispiel: Nach dem Punkteschema wird pro Jahr der Betriebszugehörigkeit zwei Punkte, für jedes Jahr Lebensalter ein Punkt, für einen unterhaltspflichtigen Ehegatten oder ein unterhaltspflichtiges Kind fünf Punkte sowie für eine Schwerbehinderung je 10 % Erwerbsminderung ein Punkt vergeben. Ein 40-jähriger Familienvater mit unterhaltspflichtiger Frau und kleinem Kind, der seit zehn Jahren im Betrieb ist, kommt dann auf (40 + 5 + 5 + 20 =) 70 Punkte und ist deshalb schutzwürdiger als ein 51-jähriger lediger Schwerstbehinderter mit 60 % Erwerbsminderung, der seit fünf Jahren beschäftigt ist (51 + 6 + 10 = 67 Punkte). Der Arbeitgeber kann, muss aber nicht, eine individuelle Abschlussprüfung hinter diese mathematische Berechnung schalten.[243]

1027 **cc) „Korrektur" über § 1 III 2 KSchG.** In zwei Fällen können nach § 1 III 2 KSchG Arbeitnehmer aus der Sozialauswahl ausgenommen werden: Zum einen **„high-performer"** (oder „key employees"), also Arbeitnehmer, deren Weiterbeschäftigung wegen ihrer Kenntnisse, Fähigkeiten und Leistungen im berechtigten betrieblichen Interesse liegt, zum anderen Arbeitnehmer, wenn dies zur **Sicherung** einer bereits existierenden **ausgewogenen Personalstruktur** (v.a. Altersstruktur) erforderlich ist. Letzteres ermöglicht es, die Sozialauswahl nach Altersgruppen vorzunehmen; damit wird

240 BAG 17.11.2005 – 6 AZR 118/05, NZA 2006, 370, 371.
241 ErfK/*Oetker*, § 1 KSchG, Rn. 310 m.w.N.
242 BAG 31.5.2007 – 2 AZR 276/06, NZA 2008, 33, 38; 29.1.2015 – 2 AZR 164/14, NZA 2015, 426, 427; **a.A.** z.T. die Literatur, z.B. ErfK/*Oetker*, § 1 KSchG, Rn. 335 m.w.N.
243 Vgl. BAG 9.11.2006 – 2 AZR 812/05, NZA 2007, 549.

verhindert, dass der Arbeitgeber nur junge Arbeitnehmer kündigen muss und am Ende mit einer überalterten Belegschaft dasteht. Das BAG relativiert die Bedeutung von § 1 III 2 KSchG aber insofern, als es eine Herausnahme aus der Sozialauswahl nur zulässt, wenn nach einer Einzelfallabwägung die betrieblichen Interessen gegenüber den Interessen der sozial schwächeren Arbeitnehmer vorrangig sind.[244]

e) Exkurs: Abfindungsanspruch nach § 1a KSchG

In Durchbrechung der Bestandsschutzkonzeption des KSchG sieht § 1a KSchG die Möglichkeit eines „Abkaufs" des Kündigungsschutzes vor. Voraussetzungen sind: **(1)** Vorliegen einer betriebsbedingten Kündigung; **(2)** Hinweis des Arbeitgebers, dass die Kündigung auf dringende betriebliche Erfordernisse gestützt ist *und* dass bei Verstreichenlassen der Frist des § 4 KSchG eine Abfindung beansprucht werden kann; **(3)** Nichterhebung einer Kündigungsschutzklage innerhalb der Frist des § 4 KSchG.[245] Liegen diese Voraussetzungen vor, kann der Arbeitnehmer eine Abfindung in der in § 1a II KSchG vorgesehenen Höhe von 0,5 Monatsverdiensten pro bestehendem Jahr des Arbeitsverhältnisses verlangen. Weil letztlich ein freiwilliges Verhalten beider Parteien erforderlich ist, kann weder der Arbeitgeber noch der Arbeitnehmer einseitig einen Wechsel von Bestands- zu Abfindungsschutz erzwingen. **1028 V**

7. Prozessuale Hinweise

a) Darlegungs- und Beweislast

Nach **§ 1 II 4 KSchG** hat grundsätzlich der **Arbeitgeber** die Tatsachen darzulegen und ggf. zu beweisen, die die Kündigung bedingen.[246] Bei der betriebsbedingten Kündigung ist aber zu beachten, dass der **Arbeitnehmer** gemäß **§ 1 III 3 KSchG** darlegungs- und beweisbelastet dafür ist, dass der Arbeitgeber keine oder eine mit § 1 III KSchG nicht zu vereinbarende Sozialauswahl durchführte. Um ihm einen entsprechenden Sachvortrag zu ermöglichen, räumt ihm § 1 III 1 Hs. 2 KSchG einen **Auskunftsanspruch** ein.[247] **1029**

b) Entscheidungsmöglichkeiten des Gerichts

Wie ausgeführt, muss der Arbeitnehmer, wenn er die Unwirksamkeit einer Kündigung geltend machen möchte, rechtzeitig punktuelle Kündigungsschutzklage erheben (Rn. 857 sowie Rn. 1355). Ist die Klage **unzulässig**, so ist sie durch Prozessurteil abzuweisen. Ist sie **unbegründet**, so hat ein abweisendes Sachurteil zu ergehen; ist dieses in Rechtskraft erwachsen, kann der Arbeitnehmer später nicht einen bislang vergessenen Unwirksamkeitsgrund vortragen. **1030**

Ist die Klage hingegen zulässig und – wegen Unwirksamkeit der Kündigung – begründet, so ergeht ein **Feststellungsurteil**. Das Gericht stellt im Tenor[248] fest, dass **1031**

244 BAG 22.3.2012 – 2 AZR 167/11, NZA 2012, 1040, 1042.

245 Erhebt der Arbeitnehmer innerhalb der Frist Klage, so scheidet § 1a KSchG selbst dann aus, wenn er sie später wieder zurücknimmt, vgl. BAG 13.12.2007 – 2 AZR 971/06, FA 2008, 64; *Fischinger*, FA 2008, 260.

246 Vgl. jeweils näher und mit – wohl kaum klausurrelevanten – Details ErfK/*Oetker*, § 1 KSchG, Rn. 179 ff., 206 ff., 259 ff.

247 Vgl. ErfK/*Oetker*, § 1 KSchG, Rn. 369 ff. m.w.N.

248 Zu für das Assessorexamen relevanten Tenorierungen bei der Kündigungsschutzklage, vgl. *Hofer*, JA 2017, 853, 857.

die angegriffene Kündigung das **Arbeitsverhältnis nicht beendet** hat; der Arbeitgeber ist dann gehindert, eine neue Kündigung auf die dieser Kündigung zugrundeliegenden Gründe zu stützen.

c) Auflösungsantrag, §§ 9, 10 KSchG

1032 Eine besondere Entscheidung ermöglicht § 9 KSchG, der nur eingreift, wenn die Kündigung – zumindest: auch – wegen Sozialwidrigkeit (§ 1 I, II KSchG) unwirksam ist.[249] Er stellt – wie § 1a KSchG (Rn. 1028) – eine Durchbrechung der Bestandsschutzkonzeption des Gesetzes (Rn. 984) dar: Auf Antrag hat das Gericht das **Arbeitsverhältnis aufzulösen** und den Arbeitgeber zu einer **Abfindungszahlung** zu verurteilen (Höhe: § 10 KSchG). In Betracht kommt das in zwei Konstellationen:

- Auf **Antrag des Arbeitnehmers**, wenn ihm die weitere Fortsetzung des Arbeitsverhältnisses unzumutbar ist, § 9 **I 1** KSchG. Dafür genügt die bloße Sozialwidrigkeit der Kündigung nicht, sondern es bedarf zusätzlicher Umstände, die im Zusammenhang mit der Kündigung oder dem Kündigungsschutzprozess stehen[250] (z.B. der Arbeitgeber beleidigt den Arbeitnehmer aufs Schwerste bei Übergabe des Kündigungsschreibens vor versammelter Belegschaft oder während der mündlichen Verhandlung vor dem Arbeitsgericht).
- Auf **Antrag des Arbeitgebers**, wenn Gründe vorliegen, die eine den Betriebszwecken dienliche weitere Zusammenarbeit nicht erwarten lassen, § 9 **I 2** KSchG. Zum Schutz des Arbeitnehmers und der Sicherung der grundsätzlichen Bestandsschutzkonzeption des KSchG sind insoweit strenge Anforderungen anzulegen.[251]

VI. Kündigungsschutz über §§ 138, 242 BGB

1033 Eine Kündigung kann ferner nach § 138 BGB und/oder § 242 BGB unwirksam sein. **Sittenwidrig** ist sie insb. dann, wenn der Arbeitgeber aus verwerflichen Gründen kündigt (z.B. weil die Arbeitnehmerin seine sexuellen Annäherungsversuche zurückwies) oder weil der Arbeitnehmer von seinen Grundrechten (z.B. Eintritt in die CDU) Gebrauch machte.[252] Gegen **§ 242 BGB** verstößt die Kündigung zum einen, wenn sich der Kündigende widersprüchlich verhält (z.B. er duldete jahrelang, dass seine Untergebenen Amtsträger „schmieren" und kündigt dann später deshalb plötzlich)[253], zum anderen, wenn die **Kündigung zur Unzeit** erfolgt. Das ist aber nur in Ausnahmefällen anzunehmen.

Beispiel: Überreichung der Kündigungserklärung im Krankenhaus fünf Minuten vor einer lebensgefährlichen Operation;[254] Gegenbeispiele: Kein Verstoß gegen § 242 BGB bei Kündigung am Weihnachtsmorgen, nach einer Fehlgeburt oder dem Tod eines Angehörigen.[255]

---

249 BAG 28.8.2008 – 2 AZR 63/07, NZA 2009, 275, 278 f.; ErfK/*Kiel*, § 9 KSchG, Rn. 2.
250 BAG 11.7.2013 – 2 AZR 241/12, NZA 2013, 1259, 1262.
251 BAG 11.7.2013 – 2 AZR 994/12, NZA 2014, 250, 254; 29.8.2013 – 2 AZR 419/12, NZA 2014, 660, 663.
252 *Krause*, Arbeitsrecht, § 18, Rn. 6.
253 Vgl. ArbG München 2.10.2008 – 13 Ca 17197/07, NZA-RR 2009, 134, 136.
254 LAG Bremen 29.10.1985 – 4 Sa 151/85, LAGE § 242 BGB Nr. 1.
255 BAG 14.11.1984 – 7 AZR 174/83, NZA 1986, 97, 98; 12.7.1990 – 2 AZR 39/90, NZA 1991, 63, 65 f.; 5.4.2001 – 2 AZR 185/00, NZA 2001, 890, 891.

Soweit in solchen Konstellationen spezielle Vorschriften eingreifen (z.B. AGG, KSchG oder Art. 9 III 2 GG bei Kündigung wegen Gewerkschaftszugehörigkeit), ist der Rückgriff auf § 138 BGB und § 242 BGB aber gesperrt.

Über die zuvor genannten, gewissermaßen „krassen" Fälle hinaus stellt sich die Frage, ob über §§ 138, 242 BGB ein allgemeiner Schutz gegen Kündigungen des Arbeitgebers besteht oder ob Arbeitnehmer im **Kleinbetrieb** (§ 23 I 2, 3 KSchG) bzw. **vor erfüllter Wartezeit** (§ 1 I KSchG) schutzlos sind. Die Wahrheit liegt in der Mitte. Zum einen verlangt die Berufsfreiheit des Arbeitnehmers (Art. 12 GG) i.V.m. dem Sozialstaatsprinzip (Art. 20 I GG), dass der Arbeitgeber ein **Mindestmaß an sozialer Rücksichtnahme** walten lässt.[256] Andererseits darf es sich dabei aber eben nur um ein Mindestmaß handeln, das – zum Schutz der Unternehmerfreiheit des Arbeitgebers – **klar unter dem Schutzniveau des KSchG** bleiben muss. Im Einzelnen: 1034

- Dafür, dass der Arbeitgeber überhaupt eine Kündigung ausspricht (**„Ob"** der Kündigung), bedarf er nur eines **irgendwie einleuchtenden Grundes** (Willkürkontrolle).[257] Als solcher genügen z.B. wirtschaftliche Gründe, als mangelhaft angesehene Leistungsfähigkeit des Arbeitnehmers oder persönliche Differenzen mit dem Arbeitnehmer. Dagegen wäre eine Kündigung selbst außerhalb des Anwendungsbereichs des KSchG unwirksam, wenn sie ausgesprochen wurde, weil der Arbeitgeber nach dem Abstieg seines Lieblingsfußballvereins schlechter Laune war.
- Betrifft der irgendwie einleuchtende Grund mehrere vergleichbare Arbeitnehmer (z.B. wirtschaftliche Lage des Unternehmens), ist die Auswahl, welchen dieser Arbeitnehmer er kündigt, auf **evidente Auswahlfehler** zu kontrollieren, wobei aber ein wesentlich geringerer Kontrollmaßstab als bei § 1 III KSchG gilt.

Das zeigt **Fall 58**: Während man bei Anwendung des KSchG darüber diskutieren könnte, ob die Auswahl § 1 III KSchG gerecht wird, ist ein evidenter Auswahlfehler nicht zu erkennen. Denn auch wenn L länger als K im Betrieb beschäftigt ist und anders als dieser Unterhaltspflichten hat, ist nicht zu übersehen, dass die Betriebszugehörigkeitsdauer nur geringfügig länger ist und K zudem älter ist. Die Kündigung ist somit wirksam. 1035

VII. Kündigungsfristen

Fall 59: Arbeitnehmer A ist seit dem 1.4.2016 bei Unternehmer U angestellt. Da U mit dessen Leistung nicht zufrieden ist, schickt er A am 31.7.2016 ein Schreiben, das A am 2.8.2016 zugeht. In diesem kündigt er das Arbeitsverhältnis zum 31.8.2016. A bestreitet zwar nicht die Wirksamkeit der Kündigung, seiner Auffassung nach hätte U aber frühestens zum 15.9.2016 kündigen können. Zu Recht? **(Lösung Rn. 1041** und **1045)** 1036

Fall 60: Arbeitnehmer A ist seit dem 1.5.2015 bei Unternehmer U beschäftigt. Am 30.4.2020 geht A eine ordentliche Kündigung zum 31.5.2020 zu. A hält diese für unwirksam, da U die Kündigungsfrist falsch berechnet habe. Hat A Recht? **(Lösung Rn. 1043)** 1037

256 BVerfG 27.1.1998 – 1 BvL 15/87, NZA 1998, 470, 472; 6.2.2003 – 2 AZR 672/01, NZA 2003, 717, 718.
257 Vgl. BAG 5.12.2019 – 2 AZR 107/19, NJW 2020, 634; dazu *Boemke*, JuS 2020, 565.

1. Grundlagen

1038 Es ist Wesen ordentlicher Kündigungen, dass sie das gekündigte Rechtsverhältnis nicht sofort, sondern erst nach Ablauf einer – mehr oder weniger langen – Frist nach Zugang der Kündigung beenden. Diese sog. Kündigungsfristen schützen den Kündigungsgegner, dem Zeit gegeben werden soll, Dispositionen für die Zeit nach Beendigung des Arbeitsverhältnisses (= Suche nach einem neuen Arbeitsplatz bzw. nach einem neuen Arbeitnehmer) zu treffen. Das geschieht durch die Kombination zweier Instrumente: Zum einen durch die Schaffung von **Kündigungsfristen**, mit denen der Zeitraum bezeichnet wird, der (mindestens) zwischen dem Zugang der Kündigungserklärung und der angestrebten rechtlichen Beendigung des Arbeitsverhältnisses liegen muss (z.B. zwei Monate, § 622 II Nr. 2 BGB). Zum anderen lässt das Gesetz Kündigungen nur zu bestimmten **Kündigungsterminen** zu, d.h. selbst bei Beachtung der Kündigungsfrist kann das Arbeitsverhältnis nicht zu jedem x-beliebigen Tag, sondern nur zu einem bestimmten Zeitpunkt gekündigt werden (z.B. zum Fünfzehnten oder zum Ende eines Monats bei § 622 I BGB); durch vertragliche Regelung werden die zulässigen Kündigungstermine oft sogar noch eingeschränkt, z.B. in der Form, dass nur zum Quartals- oder Jahresende gekündigt werden kann.

Hinweis: Auf eine einfache Formel gebracht: Kündigungsfristen bezeichnen Zeiträume, Kündigungstermine Zeitpunkte.

1039 Unabhängig davon, ob es sich um eine gesetzliche oder eine (tarif-)vertragliche Kündigungsfrist handelt, enthält diese stets nur eine **Mindestkündigungsfrist**. Der Kündigende ist deshalb nicht gehindert, freiwillig mit einer **längeren Frist** zu kündigen. Auch wenn er dies tut, muss er aber die gesetzlich vorgeschriebenen **Kündigungstermine** wahren.[258]

2. Gesetzliche Kündigungsfristen

a) Grundsatz: Vier Wochen, § 622 I BGB

1040 Grundsätzlich kann das Arbeitsverhältnis durch den Arbeitgeber und den Arbeitnehmer mit einer Frist von vier Wochen entweder zum **Fünfzehnten** oder zum **Ende** eines Kalendermonats gekündigt werden. Für den Fristbeginn ist der **Zugang der Kündigung** beim Kündigungsgegner entscheidend. Für die Fristberechnung gelten §§ 187 I, 188 II Alt. 1 BGB; § 193 BGB ist hingegen nicht anwendbar, es ist daher sowohl unerheblich, ob der letzte Tag, an dem noch fristwahrend zu einem bestimmten Kündigungstermin gekündigt werden kann, auf einen Samstag, Sonn- oder Feiertag fällt, als auch, ob der letzte Tag des Arbeitsverhältnisses ein solcher Tag ist.[259] Zu beachten ist, dass § 622 I BGB nicht auf einen Monat, sondern auf **vier Wochen** abstellt, d.h. auf **28 Kalendertage**.[260]

1041 In **Fall 59** richtet sich die Kündigungsfrist mangels mindestens zweijährigen Bestands des Arbeitsverhältnisses bei Zugang der Kündigung nicht nach § 622 II BGB, sondern nach

258 BAG 12.7.2007 – 2 AZR 492/05, NZA 2008, 476, 478.
259 BAG 17.2.2005 – III ZR 172/04, NJW 2005, 1354, 1355; APS/*Linck*, § 622 BGB, Rn. 28.
260 APS/*Linck*, § 622 BGB, Rn. 48.

§ 622 I BGB. Dieser normiert eine Vierwochenfrist zum Fünfzehnten oder zum Ende eines Monats. Vier Wochen sind 28 Kalendertage. Vorliegend ging die Kündigung dem A am 2.8. zu, zu laufen beginnt sie folglich gemäß § 187 I BGB am 3.8. (0.00 Uhr) und sie endet gemäß § 188 II Alt. 1 BGB mit Ablauf des 30.8. (24:00 Uhr). Folglich beendet die am 2.8. zugehende Kündigung das Arbeitsverhältnis bereits zum 31.8. und nicht, wie A meint, erst zum 15.9.2016 (Fortsetzung **Rn. 1045**).

b) Verlängerung der Kündigungsfristen für den Arbeitgeber, § 622 II BGB

Nur für durch den Arbeitgeber ausgesprochene Kündigungen modifiziert § 622 II BGB Kündigungsfrist und Kündigungstermin. Die Länge der Kündigungsfrist wird dabei in sieben Stufen von der **Dauer des Arbeitsverhältnisses** abhängig gemacht.[261] Welche Stufe „einschlägig" ist, bestimmt sich nach dem Zeitpunkt des Zugangs der Kündigungserklärung.[262] **1042**

Ob in **Fall 60** U mit der richtigen Kündigungsfrist gekündigt hat, hängt davon ab, ob nach § 622 II Nr. 1 BGB eine einmonatige oder nach Nr. 2 BGB eine zweimonatige Frist gilt. Das wiederum bestimmt sich danach, ob das Arbeitsverhältnis bei Zugang der Kündigungserklärung (und nicht dem Ablauf der Kündigungsfrist!) mehr als zwei oder mehr als fünf Jahre bestanden hat. Weil A am 30.4.2020 noch nicht fünf Jahre beschäftigt war, gilt § 622 II Nr. 1 BGB. Die Kündigung zum 31.5.2020 erfolgte fristgerecht. **1043**

Zu beachten ist, dass die Kündigungsfristen des § 622 II BGB – anders als Abs. 1 – nicht auf Wochen, sondern auf **Monate** abstellen. **1044**

Hätte in **Fall 59** das Arbeitsverhältnis bei Zugang der Kündigung also z.B. drei Jahre bestanden, könnte durch eine am 2.8. zugehende Kündigung das Arbeitsverhältnis nicht zum 31.8., sondern erst zum 30.9. beendet werden. **1045**

Der früher geltende § 622 II **2** BGB, nach dem Beschäftigungszeiten vor Vollendung des 25. Lebensjahrs des Arbeitnehmers bei der Berechnung der Beschäftigungsdauer nicht zu berücksichtigen waren, wurde zwischenzeitlich gestrichen, da er gegen das unionsrechtliche Altersdiskriminierungsverbot verstieß und damit unanwendbar war.[263] **1046 V**

c) Verkürzung bei vereinbarter Probezeit, § 622 III BGB

Wird zu Beginn des Arbeitsverhältnisses eine Probezeit vereinbart, so beträgt die Kündigungsfrist nach § 622 III BGB während der Probezeit **zwei Wochen**. Überdies ist **kein Kündigungstermin** zu beachten, so dass nicht nur zum Fünfzehnten oder zum Ende eines Monats gekündigt werden kann, sondern z.B. auch zum 22. des Monats.[264] **1047**

261 Zur Vereinbarkeit mit dem Verbot der Altersdiskriminierung (Art. 21 EGRC) vgl. BAG 18.9.2014 – 6 AZR 636/13, NZA 2014, 1400, 1403 f.

262 APS/*Linck*, § 622 BGB, Rn. 54; MüKo-BGB/*Hesse*, § 622, Rn. 27.

263 BAG 9.9.2010 – 2 AZR 714/08, NZA 2011, 343, 344; 29.9.2011 – 2 AZR 177/10, NZA 2012, 754; vgl. auch *Fischinger*, ZEuP 2011, 201.

264 BeckOK-ArbR/*Gotthardt*, § 622 BGB, Rn. 34.

Hinweis: Unterscheiden Sie vom unbefristeten Arbeitsverhältnis mit vereinbarter Probezeit das befristete Arbeitsverhältnis zur Erprobung (näher Rn. 1215)! Auch bei Letzterem kann § 622 III BGB eingreifen. Da nach § 15 III TzBfG befristete Arbeitsverhältnisse aber grundsätzlich nicht ordentlich kündbar sind, gilt das nur, wenn die ordentliche Kündbarkeit des befristeten Arbeitsverhältnisses vereinbart wurde (vgl. dazu Rn. 1221).[265] Ebenfalls strikt zu unterscheiden sind die Begriffe Probezeit (§ 622 III BGB) und Wartezeit (§ 1 KSchG)!

3. Vertragliche Änderungen

a) Durch Tarifvertrag, § 622 IV BGB

1048 Durch Tarifvertrag können die gesetzlichen Kündigungsfristen **verlängert** oder **verkürzt** werden. Das Gesetz lässt den Tarifvertragsparteien einen sehr weiten Regelungsspielraum, insb. besteht **keine tariffeste Mindestkündigungsfrist**. Eine Grenze zieht aber das **Benachteiligungsverbot** des § 622 **VI** BGB, wonach bei Kündigungen durch den Arbeitnehmer keine längeren Kündigungsfristen vorgesehen werden dürfen als bei arbeitgeberseitigen Kündigungen.

b) Im Arbeitsvertrag, § 622 V BGB

1049 Anders als in einem Tarifvertrag können die gesetzlichen Kündigungsfristen einzelvertraglich grundsätzlich **nicht verkürzt** werden.[266] Das zeigt der Gegenschluss zu § 622 V 1 BGB, der abschließend die hiervon möglichen Ausnahmen normiert. Eine **Verlängerung** der gesetzlichen Kündigungsfristen ist hingegen grundsätzlich möglich. Jedoch sind auch Verlängerungen **nicht grenzenlos** möglich:

- Nach **§ 622 VI BGB** darf keine längere Frist für die Kündigung durch den Arbeitnehmer vorgesehen werden als für den Arbeitgeber; bei einem Verstoß gegen § 622 VI BGB gilt analog § 89 II 2 HGB auch für den Arbeitgeber die längere Frist.[267] Von § 622 VI BGB unberührt bleibt es hingegen, eine längere Frist für den Arbeitgeber vorzusehen.
- Zu beachten ist ferner **§ 15 IV TzBfG**[268], nach dem ein auf die Lebenszeit einer Person oder für länger als fünf Jahre eingegangenes Arbeitsverhältnis vom Arbeitnehmer in jedem Fall nach Ablauf von fünf Jahren mit einer Kündigungsfrist von sechs Monaten gekündigt werden kann. Daraus folgt, dass ein Arbeitnehmer im Interesse seiner Berufsfreiheit (Art. 12 GG) und seines allgemeinen Persönlichkeitsrechts (Art. 2 I, 1 I GG) nicht länger als 5 ½ Jahre gegen seinen Willen gebunden werden kann.
- Die Verlängerung der Kündigungsfrist kann im Einzelfall auch dann die **Berufsfreiheit** des Arbeitnehmers beeinträchtigen (und deshalb eine unangemessene Benachteiligung darstellen oder sittenwidrig sein), wenn sie sich zwar unterhalb der Fünfjahresgrenze des § 15 IV TzBfG bewegt, aber deutlich länger als die gesetzliche Kündigungsfrist ist.[269]

---

265 Vgl. BAG 13.12.2007 – 6 AZR 145/07, NZA 2008, 403, 405; 24.1.2008 – 6 AZR 519/07, NZA 2008, 521, 522.

266 BT-Drucks. 12/4902, S. 9.

267 BAG 2.6.2005 – 2 AZR 296/04, NZA 2005, 1176, 1177.

268 Die entsprechende Regelung für Dienstverträge findet sich in **§ 624 BGB**.

269 Vgl. BAG 17.10.1969 – 3 AZR 442/68, AP BGB § 611 Treuepflicht Nr. 7; 26.10.2017 – 6 AZR 158/16, NZA 2018, 297, 300; *Boemke*, JuS 2018, 811.

4. Sonderkündigungsfristen

1050 (Wenig klausurrelevante) gesetzliche Sonderregelungen über die Länge der Kündigungsfrist enthalten §§ 22 BBiG, 169 SGB IX, 19 BEEG sowie § 113 InsO.

5. Rechtsfolgen bei Missachtung der Kündigungsfrist

1051 Wird mit einer zu kurzen Kündigungsfrist gekündigt, so ist die Kündigung deshalb regelmäßig **nicht endgültig unwirksam**. Oftmals wird man die Kündigung zum verfrühten Zeitpunkt nämlich als solche zum nächst zulässigen Zeitpunkt **auslegen** können (§§ 133, 157 BGB).[270] Ist das einmal nicht möglich, so kann man sie in aller Regel nach § 140 BGB in eine Kündigung zum nächstmöglichen Zeitpunkt **umdeuten**;[271] etwas anderes gilt ausnahmsweise, wenn der Kündigende ausschließlich zu dem von ihm gewählten Termin kündigen wollte.[272]

1052 Will der Arbeitnehmer nicht die Unwirksamkeit der Kündigung, sondern nur die Falschberechnung der Kündigungsfrist rügen, so findet die **Präklusionsfrist des § 4 S. 1 KSchG** in der Regel **keine Anwendung** (näher Rn. 862).

VIII. Vereinbarter Kündigungsschutz

1053 Während der gesetzliche Kündigungsschutz nicht vertraglich abdingbar oder einschränkbar ist, kann das Recht zur ordentlichen Kündigung grundsätzlich ausgeschlossen oder beschränkt werden. So kann z.B. die Wartezeit des § 1 I KSchG bis zum Eingreifen des allgemeinen Kündigungsschutzes einvernehmlich verkürzt werden. Ein vollständiger Kündigungsausschluss zugunsten des Arbeitnehmers erfolgt oftmals in Tarif- oder Arbeitsverträgen dergestalt, dass er dann nicht mehr ordentlich gekündigt werden kann, wenn er kumulativ ein bestimmtes Lebensalter erreicht und über eine bestimmte Mindestbetriebszugehörigkeitsdauer verfügt. Bei solch ordentlich unkündbaren Arbeitnehmern bleibt nur die Möglichkeit einer außerordentlichen Kündigung nach § 626 BGB. Probleme ergeben sich hier, wenn sie dauerhaft arbeitsunfähig werden oder ihr Arbeitsplatz ersatzlos wegfällt. Weil dem Arbeitgeber nicht die dauerhafte Aufrechterhaltung eines sinnlosen Arbeitsverhältnisses zumutbar ist, kommt in einem solchen Fall eine sog. **„Orlando-Kündigung“**[273] in Betracht, d.h. eine außerordentliche Kündigung mit sozialer Auslauffrist (Rn. 1070). Auch das Recht des Arbeitnehmers zur ordentlichen Eigenkündigung kann ausgeschlossen werden, zu beachten sind hier aber Schranken zum Schutz seiner Berufsfreiheit bzw. seines allgemeinen Persönlichkeitsrechts (näher Rn. 1049).

270 BAG 18.4.1985 – 2 AZR 197/84, AP BGB § 622 Nr. 20.
271 BAG 1.9.2010 – 5 AZR 700/09, NZA 2010, 1409, 1411; *Hromadka*, BB 1993, 2372, 2373.
272 BAG 6.7.2006 – 2 AZR 215/05, NZA 2006, 1405, 1406.
273 Benannt nach der Romanfigur Orlando aus dem gleichnamigen Roman von Virginia Woolf, die zwischen den Sphären Mann und Frau schwebt.

IX. Prüfungsschema (am Beispiel einer ordentlichen verhaltensbedingten Kündigung)

1054

1. **Zugang** einer schriftlichen (!) Kündigung, § 623 BGB (Rn. 848)
2. **Keine Präklusion** nach §§ 4 S. 1, 7 KSchG (Rn. 857)
3. (ggf.) **Ordnungsgemäße Betriebsratsanhörung**, § 102 BetrVG (Rn. 872)
4. (ggf.) **Besonderer Kündigungsschutz** (Mutterschutz, § 17 MuSchG [Rn. 895]; Elternzeit, § 18 BEEG [Rn. 915]; Pflegezeit, § 5 PflegeZG [Rn. 917]; Schwerbehinderte, §§ 168 ff. SGB IX [Rn. 921] und § 178 II 1, 3 SGB IX [Rn. 932]; Auszubildende, § 22 BBiG [Rn. 937]; Arbeitnehmervertreter, § 15 KSchG, § 103 BetrVG [Rn. 940]; Massenentlassung, §§ 17 f. KSchG [Rn. 943]; Datenschutzbeauftragter, §§ 6 IV 2, 38 II BDSG [Rn. 944]; Betriebsübergang, § 613a IV BGB [Rn. 1314]; Koalitionsfreiheit, Art. 9 III 2 GG [Rn. 946]; Maßregelungsverbote, insb. § 612a BGB [Rn. 947]; Abgeordnete, Art. 48 II 2 GG, § 2 III AbgG [Rn. 949])
5. **Allgemeiner Kündigungsschutz**
   a) Anwendbarkeit
      - (räumlicher Anwendungsbereich, Rn. 958)
      - betrieblicher Anwendungsbereich, § 23 I KSchG (Rn. 959)
      - persönlicher Anwendungsbereich, §§ 1 I, 14 KSchG (Rn. 971)

   b) Verhaltensbedingter Grund an sich (Rn. 1003)
   c) Negativprognose (Rn. 1006)
   d) ultima-ratio-Prinzip (Rn. 1007)
   e) Interessenabwägung (Rn. 1012)
6. (ggf.) **Kündigungsschutz** nach §§ 138, 242 BGB (Rn. 1033)
7. **Wahrung der Kündigungsfrist** (Rn. 1036)

C. Außerordentliche Kündigung

1055 **Fall 61:** Der 50-jährige A ist seit 30 Jahren bei Unternehmer U tätig und deshalb aufgrund einer anwendbaren tariflichen Regelung ordentlich nicht mehr kündbar. In den letzten Jahren leidet A immer wieder an zahlreichen verschiedenen Krankheiten, die permanent zu mehrwöchigen Arbeitsausfallzeiten führen. Das belastet U wirtschaftlich sehr schwer, nicht nur weil er stets Entgeltfortzahlung (§ 3 EFZG) schuldet, sondern weil die meist sehr kurzfristigen Ausfälle immer wieder seine Betriebsabläufe erheblich durcheinanderbringen und A auch nach jeder Rückkehr sich oftmals über Tage erst wieder in den aktuellen Stand einarbeiten muss. Eine Besserung der Situation ist nicht zu erwarten, im Gegenteil, mehrere Ärzte gehen davon aus, dass sich dies in den folgenden Jahren noch weiter verschlimmern wird. Kann U außerordentlich kündigen? **(Lösung Rn. 1071, 1075** und **1077)**

1056 **Fall 62:** Die 26-jährige Arbeitnehmerin A wird von ihrem Arbeitgeber U am Arbeitsplatz zweimal stark sexuell belästigt. Sie kündigt deshalb das Arbeitsverhältnis wirksam außerordentlich. Da sie in der Folge keinen adäquaten Arbeitsplatz findet, verlangt sie von U den Lohn, den U ihr bei Fortbestand des Arbeitsverhältnisses geschuldet hätte (abzüglich von A bezogener Sozialleistungen). Zu Recht? **(Lösung Rn. 1083)**

I. Grundlagen

Anders als die ordentliche beendet eine außerordentliche Kündigung das Arbeitsverhältnis nicht mit einer – mehr oder weniger langen – Kündigungsfrist, sondern unmittelbar. Daraus resultiert ein **höheres Schutzbedürfnis** des Erklärungsempfängers, der sich von einem Tag auf den anderen seines Arbeitsplatzes bzw. – wenn ausnahmsweise der Arbeitnehmer außerordentlich kündigt – einer möglicherweise für den Betrieb wichtigen Arbeitskraft beraubt sieht. Deshalb erlaubt **§ 626 BGB** eine außerordentliche Kündigung nur unter im Vergleich zu einer ordentlichen Kündigung **strengeren Voraussetzungen**: Es muss ein **wichtiger Grund** dergestalt vorliegen, dass dem Kündigenden unter Berücksichtigung der Einzelfallumstände und unter **Abwägung der Interessen** beider Vertragspartner der Fortbestand des Arbeitsverhältnisses nicht einmal mehr **bis zum Ablauf der Kündigungsfrist (oder einem vereinbarten Ende) zumutbar ist.** Davon abgesehen gelten aber für die außerordentliche Kündigung, soweit im Folgenden nicht anders ausgeführt wird, grundsätzlich die Aussagen für ordentliche Kündigungen gleichermaßen. 1057

II. Kündigungserklärung, § 623 BGB

Das gilt namentlich für die Kündigungserklärung. Hinzuweisen ist allein auf **§ 626 II 3 BGB**, wonach dem Kündigungsempfänger auf sein Verlangen hin die Gründe für die Kündigung unverzüglich mitzuteilen sind. Die Mitteilung ist **keine Wirksamkeitsvoraussetzung** für die außerordentliche Kündigung, diese bleibt wirksam, auch wenn die Mitteilung nicht, zu spät oder inkorrekt erfolgt; denkbar sind dann lediglich Schadensersatzansprüche nach § 280 I BGB (v.a. wegen Prozesskosten).[274] Eine Ausnahme gilt aber für die außerordentliche Kündigung von Berufsausbildungsverhältnissen nach Ablauf der Probezeit. Hier verlangt **§ 22 III BBiG** die Angabe der Kündigungsgründe; bei einem Verstoß ist die Kündigung nach § 125 BGB unwirksam.[275] 1058

III. Kündigungserklärungsfrist, § 626 II BGB

1. Allgemeines

Eine außerordentliche Kündigung kann nach dem unabdingbaren[276] § 626 II BGB wirksam nur innerhalb von **zwei Wochen** erfolgen, nachdem der Kündigungsberechtigte von den für die Kündigung maßgebenden Umständen erfuhr. **Zwecke:** Für den potenziellen Kündigungsempfänger soll schnell Gewissheit geschaffen werden, ob außerordentlich gekündigt wird.[277] Zugleich soll verhindert werden, dass der Kündigungsberechtigte die Kündigung „aufspart“, um den anderen Vertragsteil später unter 1059

274 Soergel/*Fischinger/Hofer*, § 626, Rn. 194 m.w.N.
275 BAG 25.8.1977 – 3 AZR 705/75, DB 1978, 258; ErfK/*Schlachter*, § 22 BBiG, Rn. 7.
276 BAG 12.2.1973 – 2 AZR 116/72, DB 1973, 1258, 1259.
277 BAG 25.11.2010 – 2 AZR 171/09, NZA-RR 2011, 177; BeckOK-ArbR/*Stoffels*, § 626, Rn. 173; Soergel/*Fischinger/Hofer*, § 626, Rn. 208.

Druck setzen zu können.[278] **Anwendungsbereich:** § 626 II BGB gilt sowohl für außerordentliche Beendigungs- oder Änderungskündigungen des Arbeitgebers als auch des Arbeitnehmers.[279] Auf andere Beendigungsarten ist er hingegen nicht anwendbar.

2. Fristbeginn und -lauf

1060 Die Frist beginnt in dem Augenblick zu laufen, in dem der Kündigungsberechtigte von den maßgebenden Tatsachen Kenntnis erlangt. **Kündigungsberechtigter** ist diejenige natürliche Person, der das Recht zur außerordentlichen Kündigung zusteht.[280] Das ist – je nach Rechtsform des Arbeitgebers – dieser selbst, sein gesetzlicher oder rechtsgeschäftlicher Vertreter (§ 166 I BGB) sowie Personen, die eine ähnlich selbstständige Stellung wie ein gesetzlicher Vertreter haben.[281] Die Kenntnis eines Vorgesetzten des Arbeitnehmers muss sich der Arbeitgeber nur zurechnen lassen, wenn der Vorgesetzte eine herausgehobene Position im Betrieb innehat, tatsächlich und rechtlich in der Lage ist, den Sachverhalt aufzuklären und mit einer Weitergabe der notwendigen Informationen an den Kündigungsberechtigten zu rechnen ist.[282] Bei **Personenhandelsgesellschaften** ist jeder Gesellschafter kündigungsberechtigt, die Frist beginnt daher bereits mit Kenntniserlangung durch einen von ihnen zu laufen.[283] Bei **juristischen Personen** hängt es davon ab, wer nach der Satzung kündigungsberechtigt ist.[284]

1061 Die Frist beginnt, sobald der Kündigungsberechtigte zuverlässige und möglichst vollständige Kenntnis aller einschlägigen **Tatsachen** hat, die ihm die Entscheidung darüber ermöglichen, ob er das Arbeitsverhältnis fortsetzen soll oder nicht.[285] Dazu zählen sowohl belastende als auch entlastende Umstände. Erforderlich ist **positive Kenntnis**, bloße (grobe) Fahrlässigkeit löst den Fristlauf nicht aus.[286] Bestehen zwar Anhaltspunkte dafür, dass eine Kündigung in Betracht kommt, fehlen aber noch weitere Erkenntnisse, so kann der Kündigungsberechtigte die möglichen und notwendigen **Aufklärungsmaßnahmen** (z.B. Beschaffung von Beweismitteln, Anhörung des Betroffenen) einleiten, ohne dass die Frist zu laufen beginnt. Das gilt aber nur, wenn die Ermittlungen mit der gebotenen Eile eingeleitet und durchgeführt werden.[287] Erforderlich sind Aufklärungsmaßnahmen insb. bei Verdachtskündigungen (näher Rn. 1096).

1062 Bei **Dauertatbeständen**, bei denen fortlaufend neue, für die Kündigung relevante Tatsachen eintreten, beginnt die Zweiwochenfrist erst mit deren Beendigung;[288] Beispiele für derartige Dauertatbestände sind das unentschuldigte Fernbleiben von der

278 BAG 25.2.1983 – 2 AZR 298/81, AP BGB § 626 Ausschlussfrist Nr. 14.
279 ErfK/*Niemann*, § 626, Rn. 202.
280 BAG 6.7.1972 – 2 AZR 386/71, AP BGB § 626 Ausschlussfrist Nr. 3.
281 BAG 28.10.1971 – 2 AZR 32/71, AP BGB § 626 Ausschlussfrist Nr. 1.
282 ErfK/*Niemann*, § 626, Rn. 206.
283 Vgl. BAG 28.11.2007 – 6 AZR 1108/06, NZA 2008, 348; APS/*Vossen*, § 626 BGB, Rn. 131.
284 Soergel/*Fischinger/Hofer*, § 626, Rn. 214 m.w.N.
285 BAG 20.3.2014 – 2 AZR 1037/12, NZA 2014, 1015, 1016 m.w.N.
286 BAG 26.6.2008 – 2 AZR 190/07, NZA 2008, 1415, 1417.
287 BAG 31.3.1993 – 2 AZR 492/92, NZA 1994, 409, 411; 25.11.2010 – 2 AZR 171/09, NZA-RR 2011, 177, 178; BAG 21.2.2013 – 2 AZR 433/12, NZA-RR 2013, 515, 517.
288 BGH 20.6.2005 – II ZR 18/03, NZA 2005, 1415, 1416.

Arbeit oder – umgekehrt – der Zahlungsverzug des Arbeitgebers.[289] Bei Vorfällen, die erst in ihrer **Gesamtschau** kündigungsrelevante Pflichtverletzungen darstellen, ist die Frist gewahrt, wenn dem Kündigungsberechtigten in den letzten zwei Wochen vor der Kündigung ein weiteres Glied in der Ereigniskette bekannt wurde.[290] Relevant wird das z.B. bei der Kündigung eines Mobbers, rechtfertigt hier doch in aller Regel erst eine Gesamtbetrachtung der – für sich betrachtet – relativ harmlosen Vorkommnisse eine Kündigung (Rn. 689).

Die Fristberechnung richtet sich nach **§§ 187 I, 188 II 1 Hs. 1 BGB**, ggf. ist **§ 193 BGB anwendbar**.[291] Gewahrt wird die Frist des § 626 II BGB, wenn innerhalb der zwei Wochen die Kündigung dem Arbeitnehmer **zugeht**, die bloße Abgabe genügt nicht.[292] Durch eine erforderliche **Betriebsratsanhörung** wird der Fristlauf nicht gehemmt (näher Rn. 880). Zu § 626 II BGB und besonderen Kündigungsgenehmigungserfordernissen vgl. oben Rn. 905 und 930. **1063**

3. Rechtsfolgen

Bewirkt der Kündigungsberechtigte innerhalb der Zweiwochenfrist nicht den Zugang der Kündigung, so **verwirkt** er sein Recht zur außerordentlichen Kündigung mit der Folge, dass diese **unwiderleglich als unwirksam** gilt – einer (gerichtlichen) Prüfung von § 626 I BGB bedarf es also nicht.[293] § 626 II BGB enthält demnach eine **materiell-rechtliche Ausschlussfrist**, hinsichtlich derer eine Wiedereinsetzung in den vorherigen Stand nicht möglich ist.[294] Von § 626 II BGB unberührt bleibt ein mögliches Recht auf eine ordentliche Kündigung aus demselben Grund.[295] **1064**

Klausurhinweis: Wegen dieser Präklusionswirkung sollte § 626 II BGB vor § 626 I BGB geprüft werden, denn anderenfalls läuft man Gefahr, dass v.a. ein Praktiker die Prüfungsreihenfolge als arbeitsunökonomisch bewertet. Etwas anderes gilt nur, wenn schon die Frage danach, was überhaupt die der inhaltlichen Prüfung des § 626 I BGB zugrunde zulegende Tatsache ist, nicht eindeutig zu beantworten ist; dann sollte zunächst Abs. 1 und erst anschließend Abs. 2 geprüft werden.

IV. Wichtiger Grund, § 626 I BGB

1. Allgemeines

§ 626 BGB enthält keine absoluten Kündigungsgründe, bei deren Vorliegen eine außerordentliche Kündigung stets zulässig ist.[296] Vielmehr ist sie nur möglich, wenn ein **wichtiger Grund** vorliegt, der unter **Berücksichtigung aller Einzelfallumstände** **1065**

289 BAG 26.7.2007 – 8 AZR 796/06, NZA 2007, 1419, 1421.
290 BAG 17.8.1972 – 2 AZR 359/71, AP BGB § 626 Ausschlussfrist Nr. 4.
291 BAG 24.10.2013 – 2 AZR 1057/12, NZA 2014, 725, 728 f.
292 BAG 9.3.1978 – 2 AZR 529/76, AP BGB § 626 Ausschlussfrist Nr. 12; Soergel/*Fischinger/Hofer*, § 626, Rn. 233.
293 BAG 8.6.1972 – 2 AZR 336/71, AP KSchG 1969 § 13 Nr. 1.
294 ErfK/*Niemann*, § 626, Rn. 221.
295 BAG 4.3.1980 – 1 AZR 1151/78, AP GG Art. 140 Nr. 4; 15.8.2002 – 2 AZR 514/01, NZA 2003, 795, 796.
296 BAG 10.6.2010 – 2 AZR 541/09, NZA 2010, 1227, 1229.

und einer umfassenden Abwägung der **Interessen der Vertragspartner** es dem Kündigenden unzumutbar macht, das Arbeitsverhältnis bis zum Ablauf der Kündigungsfrist bzw. bis zu einem vereinbarten Ende fortzusetzen, § 626 I BGB.[297]

1066 Entscheidend ist dabei allein eine Bewertung anhand der **objektiven** Tatsachen, auf die subjektiven Kenntnisse des Kündigenden und/oder seine Motive kommt es nicht an.[298] Maßgeblicher **Zeitpunkt**, an dem die Voraussetzungen zu bewerten sind, ist derjenige des Zugangs der Kündigungserklärung. Daraus folgt: Fällt ein die Kündigung tragender Umstand (kurze Zeit) später weg, so wirkt sich das **nicht** auf die Wirksamkeit der Kündigung aus; in Betracht kommt höchstens ein Anspruch auf Wiedereinstellung (dazu Rn. 1103).[299]

1067 Ein **Verschulden** des Gekündigten ist **keine** zwingende Voraussetzung für eine außerordentliche Kündigung;[300] insb. bei – ausnahmsweise zulässigen – außerordentlichen Kündigungen aus personen- oder betriebsbedingten Gründen fehlt, anders als bei der verhaltensbedingten Kündigung, ein Verschulden in aller Regel. Liegt aber ein Verschulden vor, so ist dies bei der Interessenabwägung (2. Stufe) meist von erheblichem Gewicht (Rn. 1076). Die Voraussetzungen von § 626 I BGB werden typischerweise **zweistufig** geprüft.[301]

2. 1. Stufe: Wichtiger Grund an sich

1068 Zunächst ist zu prüfen, ob ein wichtiger Grund „an sich" dafür vorliegt, das Arbeitsverhältnis vorzeitig zu beenden. Das ist zu bejahen, wenn aufgrund des Sachverhalts eine **konkrete Beeinträchtigung** des Arbeitsverhältnisses vorliegt, die sich nachteilig „im Leistungsbereich, im Bereich der betrieblichen Verbundenheit, im Vertrauensbereich der Vertragsparteien oder im Unternehmensbereich" auswirkt.[302] Dabei ist auf der 1. Prüfungsstufe das Vorliegen des wichtigen Grundes an sich noch **rein abstrakt**, also losgelöst von den Umständen des konkreten Einzelfalles, zu prüfen. Der Kreis dessen, was einen solch wichtigen Grund an sich bilden kann, lässt sich angesichts der Vielgestaltigkeit des (Arbeits-)Lebens nicht abschließend aufzählen. Auch wenn sich dies nicht aus seinem Wortlaut ergibt, so liegt es doch auch bei § 626 BGB nahe, sich an den **Kategorien des § 1 KSchG** zu orientieren und folglich zwischen **verhaltens**-, **personen**- und **betriebsbedingten** Gründen zu unterscheiden.[303]

1069 Außerordentliche Kündigungen werden meist auf vertragswidrige **verhaltensbedingte Umstände** des Arbeitnehmers gestützt, d.h. auf ein Verhalten, mittels dessen er seine vertraglichen **Haupt-** (z.B. unberechtigte Arbeitsverweigerung) oder **Nebenleistungspflichten** (z.B. Geheimnisverrat) verletzt. Dieses muss auch **schuldhaft**

297 BAG 10.6.2010 – 2 AZR 541/09, NZA 2010, 1227, 1229; ErfK/*Niemann*, § 626 BGB, Rn. 24.

298 BAG 2.6.1960 – 2 AZR 91/58, AP BGB § 626 Nr. 42; KR/*Fischermeier*, § 626 BGB, Rn. 109; Staudinger/*Preis*, § 626, Rn. 57.

299 Soergel/*Fischinger/Hofer*, § 626, Rn. 42; vgl. BGH 13.7.1956 – VI ZR 88/52, AP BGB § 611 Fürsorgepflicht Nr. 2.

300 BAG 3.11.1955 – 2 AZR 39/54, AP BGB § 626 Nr. 4; Erman/*Belling/Riesenhuber*, § 626, Rn. 38; Staudinger/*Preis*, § 626, Rn. 64.

301 Z.B. Staudinger/*Preis*, § 626, Rn. 51; MüKo-BGB/*Henssler*, § 626, Rn. 83.

302 BAG 20.9.1984 – 2 AZR 633/82, NZA 1985, 286 f.; vgl. auch MünchArbR/*Rachor*, § 124, Rn. 3 ff.

303 Vgl. Soergel/*Fischinger/Hofer*, § 626, Rn. 46 f. m.w.N. zu anderen Vorgehensweisen.

sein, was ein steuerbares Verhalten und mindestens leichte/leichteste Fahrlässigkeit verlangt (der Verschuldensgrad wird erst bei der Interessenabwägung relevant, Rn. 1076). Im Übrigen gilt das zur verhaltensbedingten ordentlichen Kündigung Gesagte entsprechend (s. Rn. 1003 ff.).

Personenbedingt sind die Umstände, die auf den **nicht steuerbaren** persönlichen Fähigkeiten, Eigenschaften oder nicht vorwerfbaren Einstellungen des Arbeitnehmers beruhen (zur Abgrenzung zur verhaltensbedingten Kündigung näher Rn. 1001).[304] **1070**

Beispiel: Erkrankung, Verbüßung einer Freiheitsstrafe, Verdacht einer schweren Pflichtverletzung (näher Rn. 1087 ff.).

Eine außerordentliche Kündigung ihretwegen kommt von vornherein nur in Betracht, wenn der zu Kündigende die Fähigkeit oder Eignung zur Erbringung seiner vertraglich geschuldeten Arbeitsleistung ganz oder zumindest in erheblichem Umfang verloren hat. Selbst wenn dies zu bejahen ist, ist aber deswegen **in aller Regel nur eine ordentliche Kündigung** möglich, ist doch dem Arbeitgeber meist zumutbar, den Ablauf der Kündigungsfrist abzuwarten. Eine Ausnahme ist regelmäßig nur bei Arbeitnehmern zu machen, die kraft tarif- oder arbeitsvertraglicher Vereinbarung **ordentlich unkündbar** sind (Rn. 1053). Weil dem Arbeitgeber nicht zumutbar ist, diese ggf. über Jahre hinweg bezahlen zu müssen, ohne dass sie zu einer (verwertbaren) Arbeitsleistung in der Lage wären, kommt hier eine **außerordentliche Kündigung mit sozialer Auslauffrist** (sog. „Orlando-Kündigung“) in Betracht, die mindestens so lang sein muss wie die Kündigungsfrist einer hypothetischen ordentlichen Kündigung.[305]

In **Fall 61** ist A aufgrund Tarifvertrags ordentlich unkündbar, zugleich belasten seine krankheitsbedingten Abwesenheitszeiten U in mehrfacher Hinsicht wirtschaftlich stark. Ein wichtiger Grund für eine außerordentliche personenbedingte Kündigung mit sozialer Auslauffrist liegt daher vor. (Fortsetzung **Rn. 1075**) **1071**

Betriebliche Gründe rechtfertigen nur in extremen Ausnahmefällen eine außerordentliche Kündigung, in aller Regel ist der Arbeitgeber auf eine ordentliche beschränkt. Kann oder will der Arbeitgeber aus wirtschaftlichen Gründen den Betrieb nicht im bisherigen Umfang aufrechterhalten, so kann er zwar in einer marktwirtschaftlichen Ordnung hierzu nicht (dauerhaft) verpflichtet werden, im Interesse der Arbeitnehmer kann er die bestehenden Arbeitsverhältnisse aber nicht von einem Tag auf den anderen beenden, sondern nur unter Beachtung der Kündigungsfristen. Etwas anderes gilt wiederum bei Arbeitnehmern, die **ordentlich unkündbar** sind. Wie § 15 IV KSchG für z.B. Betriebsratsmitglieder (§ 15 I KSchG) zeigt, muss es dem Arbeitgeber bei Wegfall des Arbeitskräftebedürfnisses möglich sein, jedenfalls mittelfristig das für ihn wirtschaftlich sinnlose und rein belastende Arbeitsverhältnis zu beenden. Bei Betriebsratsmitgliedern geschieht das durch ausnahmsweise zulässige ordentliche **1072**

304 Vgl. BAG 18.1.2007 – 2 AZR 371/05, NZA 2007, 680; 8.9.2011 – 2 AZR 543/10, NZA 2012, 444; 10.4.2014 – 2 AZR 812/12, NZA 2014, 653; ErfK/*Oetker*, § 1 KSchG, Rn. 99.

305 BAG 27.11.2003 – 2 AZR 601/02, BeckRS 2004, 40927; 23.1.2014 – 2 AZR 582/13, NZA 2014, 962; LAG Schleswig-Holstein 22.7.2014 – 1 Sa 49/14, NZA-RR 2015, 16; Soergel/*Fischinger/Hofer*, § 626, Rn. 116 ff.

Kündigung (§ 15 IV KSchG), im Übrigen – d.h. v.a. bei Arbeitnehmern, bei denen die ordentliche Kündigung durch Tarif- oder Arbeitsvertrag ausgeschlossen ist – durch **außerordentliche Kündigung mit sozialer Auslauffrist** („Orlando-Kündigung“, Rn. 1053, 1070).[306]

3. 2. Stufe: Umfassende Interessenabwägung

a) Grundlagen

1073 Auf der zweiten Stufe sind die Interessen der beiden Vertragspartner unter Berücksichtigung aller **Umstände des konkreten Einzelfalls** gegeneinander abzuwägen. Weil auch die außerordentliche Kündigung **keine Sanktion** für vergangenes Verhalten ist, sondern zukunftsorientiert den Eintritt künftiger Störungen verhindern soll, ist nach dem **Prognoseprinzip** entscheidend, ob zu erwarten ist, dass die Basis für das Arbeitsverhältnis so gestört sein wird, dass dem Kündigenden eine Fortsetzung des Arbeitsverhältnisses nicht einmal mehr bis zum Ablauf der Kündigungsfrist zumutbar ist; anderenfalls kommt höchstens eine ordentliche Kündigung unter Wahrung der Kündigungsfrist in Betracht. Allerdings bedeutet dies nicht, dass eine außerordentliche Kündigung nur bei Wiederholungsgefahr gerechtfertigt sein kann. Auch ein einmaliger, abgeschlossener Vorfall kann derartig schwerwiegend sein, dass die für die Fortsetzung des Arbeitsverhältnisses notwendige Vertrauensgrundlage dauerhaft und irreparabel zerstört ist.[307]

b) Ultima-ratio-Grundsatz

1074 Auch wenn ein wichtiger Grund an sich vorliegt, ist eine außerordentliche Kündigung nur möglich, wenn diese sich als das **relativ mildeste Mittel** erweist. Nach dem ultima-ratio-Grundsatz muss zum Schutz des anderen Vertragspartners unter **gleich geeigneten** dasjenige Mittel gewählt werden, das diesen am wenigsten belastet.[308] Bei steuerbarem Verhalten (verhaltensbedingte Gründe) kommt als milderes Mittel – wie bei der ordentlichen Kündigung – insb. eine **Abmahnung** des Arbeitnehmers (vgl. auch § 314 II BGB) in Betracht; bei personenbedingten Umständen ist eine vorherige Abmahnung aber ebenso wenig Voraussetzung wie bei einer betriebsbedingten, beruhen beide doch auf Umständen, die der Arbeitnehmer nicht steuern kann, so dass insb. die Rügefunktion einer Abmahnung ins Leere ginge. Bei allen Kündigungsgründen kann weiteres milderes Mittel die **Weiterbeschäftigung** des Arbeitnehmers auf einem **anderen freien gleich- oder geringwertigeren Arbeitsplatz** – sei es nach Ausübung des Weisungsrechts oder Ausspruch einer Änderungskündigung – sein (Rn. 991); das ist aber nur der Fall, wenn prognostisch zu erwarten ist, dass die Störung durch die Beschäftigung auf dem anderen Arbeitsplatz künftig behoben wird.

1075 In **Fall 61** sind keine milderen Mittel ersichtlich, eine Kündigung scheitert daher nicht am ultima-ratio-Grundsatz. (Fortsetzung **Rn. 1077**)

306 Vgl. BAG 28.3.1985 – 2 AZR 113/84, NZA 1985, 559 f.; Soergel/*Fischinger/Hofer*, § 626, Rn. 137.
307 Soergel/*Fischinger/Hofer*, § 626, Rn. 52.
308 BAG 12.7.2007 – 2 AZR 716/06, NZA 2008, 173, 176; ErfK/*Niemann*, § 626 BGB, Rn. 95.

c) Interessenabwägung i.e.S. bzw. Sozialauswahl

Schließlich hat – bei personen- und verhaltensbedingten Kündigungen – eine umfassende Interessenabwägung zu erfolgen. Die **zu berücksichtigenden Umstände** entsprechen weitestgehend denen bei der korrespondierenden ordentlichen Kündigung (s. ausf. Rn. 993 und 1012). Bei der betriebsbedingten außerordentlichen Kündigung eines ordentlich unkündbaren Arbeitnehmers (Rn. 1053) ist zu unterscheiden: Konkurrieren mehrere vergleichbare ordentlich Unkündbare, so findet zwischen ihnen eine „normale" Sozialauswahl analog § 1 III KSchG statt. Im Konkurrenzverhältnis zu ordentlich Kündbaren fallen die Unkündbaren zwar nicht vollständig aus der Sozialauswahl heraus, ihnen kommt aber ein verstärkter Schutz zu.[309] **1076**

In **Fall 61** hängt die Frage der außerordentlichen Kündbarkeit mit sozialer Auslauffrist somit von einer Interessenabwägung ab. Für A spricht neben seiner langen Betriebszugehörigkeit und seinem „vorgerückten" Alter ganz allgemein, dass außerordentliche personenbedingte Kündigungen selbst dann nur zurückhaltend anzuerkennen sind, wenn sie unter Gewährung einer sozialen Auslauffrist ausgesprochen werden. Auf der anderen Seite ist nicht zu übersehen, dass die krankheitsbedingten Ausfälle in mehrfacher Hinsicht starke (wirtschaftliche) Probleme bei U verursachen, was sich prognostisch auch nicht ändern wird. Es spricht daher mehr dafür, dass U die Fortsetzung des Arbeitsverhältnisses nicht mehr zumutbar ist (a.A. vertretbar). Kündigen kann er aber nur unter Wahrung einer sozialen Auslauffrist, die mindestens so lange ist wie diejenige, die bei einer ordentlichen Kündigung zu beachten wäre (nach § 622 II Nr. 7 BGB wäre das eine siebenmonatige Frist). **1077**

V. Außerordentliche Kündigung durch den Arbeitnehmer

Für die außerordentliche Kündigung durch den Arbeitnehmer – deren Praxisrelevanz naturgemäß deutlich geringer ist – gelten nach zutreffender h.M. im Ausgangspunkt die gleichen Grundsätze wie für diejenige durch den Arbeitgeber.[310] Als wichtiger Grund an sich kommen z.B. in Betracht: **1078**

(1) Lohnrückstände, wobei diese meist nur zur außerordentlichen Kündigung berechtigen, wenn sie sich auf einen erheblichen Zeitraum beziehen, es sich um einen erheblichen Betrag handelt und der Arbeitgeber erfolglos abgemahnt wurde.[311]

(2) Mobbing durch den Arbeitgeber oder ein von ihm geduldetes Mobbing durch Vorgesetzte oder Kollegen. Auch hier ist eine gewisse Schwere des Fehlverhaltens und regelmäßig eine vorherige fruchtlose Abmahnung Voraussetzung.[312]

(3) Grobe Verletzung wichtiger **Arbeitsschutz- und Datenschutzvorschriften** oder (wiederholte) Anordnung von Überstunden unter Verstoß gegen das ArbZG.[313]

Keinen wichtigen Grund stellt es nach ganz h.M. dagegen dar, dass der Arbeitnehmer von einem anderen Arbeitgeber einen **anderen Job** zu besseren Konditionen angebo- **1079**

309 BAG 20.6.2013 – 2 AZR 295/12, NZA 2014, 208, 212.
310 Soergel/*Fischinger/Hofer*, § 626, Rn. 148.
311 BAG 26.7.2001 – 8 AZR 739/00, NZA 2002, 325; 7.1.2002 – 2 AZR 494/00, NJOZ 2003, 1760.
312 Näher Soergel/*Fischinger/Hofer*, § 626, Rn. 154 ff.
313 BAG 28.10.1971 – 2 AZR 15/71, AP BGB § 626 Nr. 62.

ten bekommt.[314] Dies gilt umso mehr bei einer privat motivierten Aufgabe der Berufs, z.B. weil der Arbeitnehmer eine Weltreise machen möchte.[315]

VI. Die speziellen Rechtsfolgen des § 628 BGB

1080 Wird ein Arbeitsverhältnis außerordentlich gekündigt, so normiert § 628 BGB zwei Rechtsfolgen: **Abs. 1** regelt das Schicksal der **Vergütungsansprüche**. S. 1 räumt dem Arbeitnehmer grundsätzlich einen Anspruch auf eine Teilvergütung für die vor der Kündigung erbrachten und noch nicht bezahlten Arbeitsleistungen ein. Der Anspruch ist aber teilweise zu **kürzen**, wenn entweder der Arbeitnehmer eine außerordentliche, nicht vom Arbeitgeber schuldhaft veranlasste Kündigung aussprach (S. 2 Alt. 1) oder aber der Arbeitgeber den Arbeitnehmer außerordentlich wegen schuldhaften vertragswidrigen Verhaltens außerordentlich kündigte (S. 2 Alt. 2) *und* die bisherigen Leistungen für den Arbeitgeber deshalb keinen Wert mehr haben.

Beispiel: Nachdem wochenlang ein neues Theaterstück geprobt worden ist, wird ein Schauspieler wegen Diebstahls außerordentlich gekündigt. Die Proben sind für den Arbeitgeber wirtschaftlich wertlos, da sie nicht in Auftritten vor zahlendem Publikum mündeten.

War umgekehrt der Arbeitgeber in Vorleistung getreten und hatte die Vergütung für Zeitabschnitte erbracht, für die wegen der späteren außerordentlichen Kündigung keine Arbeitsleistung mehr erfolgt, so kann er nach **Abs. 1 S. 3** die zu viel gezahlte **Vergütung zurückfordern** (entweder über § 346 BGB oder Bereicherungsrecht).

1081 § 628 **Abs. 2** BGB normiert demgegenüber einen **Schadensersatzanspruch**. Er setzt ein schuldhaftes vertragswidriges Verhalten einer Vertragspartei voraus, das das Gewicht eines wichtigen Grundes i.S.v. § 626 BGB haben muss.[316] Ist diese Voraussetzung erfüllt, ist Abs. 2 über seinen Wortlaut und systematischen Kontext hinaus nicht nur auf außerordentliche Kündigungen, sondern immer dann anwendbar, wenn die **Beendigung auf dem schuldhaften Verhalten beruht**.[317]

Beispiel: Der Arbeitnehmer setzt einen wichtigen Grund i.S.v. § 626 BGB voraus. § 628 II BGB ist dann auch anwendbar, wenn der Arbeitgeber nur eine ordentliche Kündigung ausspricht, um dem Arbeitnehmer die Härten einer außerordentlichen Kündigung zu ersparen.

1082 Zu ersetzen ist der Schaden, der durch die vorzeitige Beendigung des Arbeitsverhältnisses entstand. Auf Arbeitgeberseite können das z.B. personelle Mehrkosten sein, weil bspw. der Wegfall der Arbeitskraft des Gekündigten durch zuschlagspflichtige Überstunden anderer Arbeitnehmer kompensiert werden muss. Umgekehrt kann der Arbeitnehmer den ihm entgehenden Lohn ersetzt verlangen. Allerdings ist stets nur der sog. **Verfrühungsschaden** zu ersetzen, d.h. derjenige, der gerade aus der vorzei-

314 BAG 17.10.1969 – 3 AZR 442/68, AP BGB § 611 Treuepflicht Nr. 7; 1.10.1970 – 2 AZR 542/69, AP BGB § 626 Nr. 59; LAG Schleswig-Holstein 30.1.1991 – 3 Sa 430/90, LAGE BGB § 626 Nr. 55; KR/*Fischermeier*, § 626, Rn. 159; anders ganz ausnahmsweise für „Traum-Jobs" Soergel/*Fischinger/Hofer*, § 626, Rn. 163.

315 MüKo-BGB/*Henssler*, § 626, Rn. 298; Soergel/*Fischinger/Hofer*, § 626, Rn. 165.

316 Vgl. Soergel/*Fischinger/Hofer*, § 628, Rn. 39 f.

317 BGH 29.11.1965 – VII ZR 202/63, BGHZ 44, 271, 274; BAG 10.5.1971 – 3 AZR 126/70, NJW 1971, 2092; 22.1.2009 – 8 AZR 808/07, NZA 2009, 547, 550.

tigen Beendigung resultiert. Entsprechend sind bspw. die dem Arbeitgeber entstehenden Kosten für die Suche nach einer Ersatzkraft nur dann über § 628 II BGB ersatzfähig, wenn diese gerade wegen der Kündigung wegen vertragswidrigen Verhaltens anfielen; wären sie auch bei einem anderen Kündigungsgrund in gleicher Höhe entstanden, fehlt es an der für § 628 II BGB erforderlichen Kausalität zwischen der Beendigung und dem Schaden.

Diese zeitliche Begrenzung wird auch in **Fall 62** relevant. Zwar steht A dem Grunde nach ein Anspruch aus § 628 II BGB zu, wurde ihre Kündigung doch durch ein schuldhaftes vertragswidriges Verhalten, das einen wichtigen Grund i.S.v. § 626 BGB darstellt, veranlasst. Auch bei Arbeitnehmern, die Kündigungsschutz genießen, ist der Anspruch aber grundsätzlich auf den Verfrühungsschaden begrenzt, d.h. auf den entgangenen Lohn bis zum Ablauf der Kündigungsfrist einer hypothetischen Kündigung durch den Arbeitgeber.[318] **1083**

VII. Prozessuale Hinweise

Will sich der Arbeitnehmer gegen eine außerordentliche Kündigung wehren, so muss er gemäß **§ 13 I 2 KSchG** auch hier innerhalb von drei Wochen eine punktuelle Kündigungsschutzklage erheben (§§ 4 S. 1, 7 KSchG). Im umgekehrten Fall einer außerordentlichen Kündigung durch den Arbeitnehmer gilt das nicht, der Arbeitgeber kann also, ohne an die Dreiwochenfrist gebunden zu sein, eine allgemeine Feststellungsklage (§ 256 ZPO) erheben. **1084**

Die **Darlegungs- und Beweislast** für die die außerordentliche Kündigung tragenden Umstände – einschließlich der Wahrung der Frist von § 626 II BGB – trifft den Kündigenden. Trägt der Gekündigte substantiiert Entlastungs- oder Rechtfertigungsumstände vor, so muss der Kündigende diese widerlegen und ggf. Beweis führen, dass sie nicht vorliegen.[319] **1085**

VIII. Prüfungsschema: Außerordentliche Kündigung

1086

1. **Zugang einer schriftlichen (!) Kündigung**, § 623 BGB (Rn. 848)
2. **Keine Präklusion nach** §§ **13 I 2**, 4 S. 1,7 KSchG (Rn. 857)
3. (ggf.) **Ordnungsgemäße Betriebsratsanhörung**, § 102 BetrVG (Rn. 872)
4. (ggf.) **Besonderer Kündigungsschutz**
5. § 626 BGB:
   a) Wahrung der Kündigungserklärungsfrist, § 626 II BGB:
   - Fristbeginn: Kenntnis des Kündigungsberechtigten (Rn. 1060)
   - Fristablauf/-wahrung (Rn. 1064)

318 Näher BAG 22.1.2009 – 8 AZR 808/07, NZA 2009, 547, 330; APS/*Rolfs*, § 628 BGB, Rn. 61; ErfK/*Müller-Glöge*, § 628, Rn. 23; Soergel/*Fischinger/Hofer*, § 628, Rn. 54.

319 Vgl. BAG 6.8.1987 – 2 AZR 226/87, NJW 1988, 438; 12.5.2010 – 2 AZR 587/08, NZA-RR 2011, 15; ErfK/*Niemann*, § 626 BGB, Rn. 235.

b) Wichtiger Grund, § 626 I BGB:
- wichtiger Grund an sich (Rn. 1068)
- Interessenabwägung
  - ultima-ratio-Grundsatz (Rn. 1074)
  - Interessenabwägung i.e.S. bzw. Sozialauswahl (Rn. 1076)

D. Sonderfall 1: Verdachtskündigung

I. Charakteristika

1087 Oftmals wird der Arbeitgeber kündigen, weil er sicher vom Vorliegen eines bestimmten Sachverhalts ausgeht, von dem er meint, er berechtige ihn zur außerordentlichen Kündigung. Bei einer solchen sog. **Tatkündigung** gewinnt er einen (möglichen) Kündigungsschutzrechtsstreit nur, wenn (1) die der Kündigung zugrunde gelegten Tatsachen unstrittig sind bzw. von ihm bewiesen werden und (2) diese nach Ansicht des Gerichts die außerordentliche Kündigung nach § 626 BGB rechtfertigen.

1088 Von der Tatkündigung ist die **Verdachtskündigung** zu unterscheiden. Anknüpfungspunkt für sie ist kein (aus Sicht des Arbeitgebers) *feststehendes* schwerwiegendes Fehlverhalten des Arbeitnehmers, sondern der *Verdacht* eines solchen, der das für die Fortsetzung des Arbeitsverhältnisses notwendige Vertrauensverhältnis zerstört.[320] Systematisch handelt es sich deshalb nicht um eine verhaltens-, sondern eine **personenbedingte** Kündigung.[321] Weil tragendes Motiv für die Kündigung der bloße Verdacht ist, kommt es für die Wirksamkeit der Kündigung – anders als bei der Tatkündigung – auch nicht darauf an, ob sich der Verdacht später als zutreffend erweist; stattdessen sind die Voraussetzungen für Verdachtskündigungen (Rn. 1091 ff.) zu prüfen.

1089 Eine Verdachtskündigung kann sowohl als **außerordentliche** als auch als **ordentliche** Kündigung erfolgen;[322] in Klausur und Praxis überwiegt wohl die außerordentliche Verdachtskündigung. Auch ist es möglich, eine Verdachtskündigung wegen einund desselben Sachverhalts **kumulativ** zu einer Tatkündigung auszusprechen.[323] Damit kann der Arbeitgeber der Gefahr vorbeugen, dass seine Tatkündigung daran scheitert, dass er die die Kündigung tragenden Umstände nicht beweisen kann.

1090 In der Literatur wird vereinzelt die Zulässigkeit von Verdachtskündigungen generell bezweifelt. Verwiesen wird auf die in Art. 6 II EMRK normierte **Unschuldsvermutung**.[324] Dieser Einwand überzeugt schon deshalb nicht, weil die Vorschrift allein für Straftaten gilt.[325] Weil es eine zivilrechtliche Unschuldsvermutung nicht gibt, ist mit

320 BAG 27.11.2008 – 2 AZR 98/07, NZA 2009, 604, 605.

321 Soergel/*Fischinger/Hofer*, § 626, Rn. 124; MüKo-BGB/*Henssler*, § 626, Rn. 269; BeckOK-ArbR/*Stoffels*, § 626, Rn. 151.

322 Vgl. BAG 21.6.2012 – 2 AZR 694/11, NZA 2013, 199, 201; näher APS/*Dörner/Vossen*, § 626 BGB, Rn. 368 f. m.w.N.

323 BAG 23.6.2009 – 2 AZR 474/07, NZA 2009, 1136, 1138.

324 *Deinert*, AuR 2005, 285, 292.

325 BAG 14.9.1994 – 2 AZR 164/94, AP BGB § 626 Verdacht strafbarer Handlung Nr. 24; *Belling*, FS Kissel, 11, 25 m.w.N.

der ganz herrschenden Meinung eine Verdachtskündigung – unter den im Folgenden aufzuzeigenden Voraussetzungen – als zulässig zu erachten.

II. Voraussetzungen

Zum Schutz des Arbeitnehmers ist eine Verdachtskündigung nur unter mehreren Voraussetzungen zulässig: 1091

(1) Der Verdacht muss auf **objektiv begründeten, konkreten Tatsachen** gründen.[326] Bloße vage Spekulationen genügen nicht. 1092

(2) Es muss sich um einen **dringenden** Verdacht handeln, d.h. eine **überwiegende Wahrscheinlichkeit** dafür bestehen, dass der Verdacht zutreffend ist.[327] Das BAG rekurriert dabei nicht auf einen bestimmten Wahrscheinlichkeitsgrad, sondern auf eine wertende Betrachtung unter Einbeziehung aller Umstände.[328] 1093

(3) Die Umstände, derer der Arbeitnehmer verdächtigt wird, müssten – ihre Wahrheit unterstellt – nach Auffassung des BAG eine sofortige (!) **Tatkündigung rechtfertigen**. Der Arbeitgeber kann also selbst eine „bloße" ordentliche (!) Verdachtskündigung nur aussprechen, wenn hypothetisch eine außerordentliche Tatkündigung möglich wäre.[329] Entsprechend sind hier die Voraussetzungen einer hypothetischen außerordentlichen Tatkündigung **inzident** zu prüfen. 1094

Hinweis: Wegen dieser dritten Voraussetzung bietet die Konstellation der Verdachtskündigung Klausurerstellern eine schöne Möglichkeit, die Klausur um ein Problem zu „strecken".

(4) Der Verdacht muss so schwerwiegend sein, dass dem Arbeitgeber die Fortsetzung des Arbeitsverhältnisses unzumutbar ist, weil das für eine Arbeitsbeziehung notwendige **Vertrauen zerstört** wurde.[330] 1095

(5) Der Arbeitgeber hat **vor** der Kündigung alle ihm **möglichen und zumutbaren Aufklärungsmaßnahmen** ergriffen. Dazu gehört insb., den Arbeitnehmer **anzuhören**, d.h. ihn mit den Vorwürfen zu konfrontieren und ihm Gelegenheit zur Stellungnahme zu geben.[331] Bei unterlassener Anhörung ist die Kündigung nur dann nicht unwirksam, wenn die Anhörung aus vom Arbeitgeber nicht zu vertretenden Umständen nicht erfolgte.[332] 1096

Für die Wirksamkeit der Verdachtskündigung kommt es allein darauf an, ob diese Voraussetzungen – insb. der dringende Verdacht – zum **Zeitpunkt des Zugangs der** 1097

326 BAG 6.9.2007 – 2 AZR 264/06, NZA 2008, 636, 639; 25.10.2012 – 2 AZR 700/11, NZA 2013, 371, 372.

327 BAG 12.5.2010 – 2 AZR 587/08, NZA-RR 2011, 15, 18; 25.11.2010 – 2 AZR 801/09, NZA-RR 2012, 222.

328 BAG 4.11.1957 – 2 AZR 57/56, BB 1958, 83.

329 BAG 21.11.2013 – 2 AZR 797/11, NZA 2014, 243, 246; 31.1.2019 – 2 AZR 426/18, NZA 2019, 893, 896.

330 BAG 4.6.1964 – 2 AZR 310/63, AP BGB § 626 Verdacht strafbarer Handlungen Nr. 13.

331 BAG 28.11.2007 – 5 AZR 952/06, NZA-RR 2008, 344, 346; 25.4.2018 – 2 AZR 611/17, NZA 2018, 1405, 1407 f.

332 BAG 13.3.2008 – 2 AZR 961/06, NZA 2008, 809, 810.

Kündigungserklärung gegeben waren.[333] Stellt sich später heraus, dass der Verdacht falsch war, ändert dies an der Wirksamkeit der Kündigung **nichts**. In einem solchen Fall kommt jedoch unter Umständen ein Anspruch auf **Wiedereinstellung** des Arbeitnehmers in Betracht (dazu näher Rn. 1103). Voraussetzung ist aber, dass sich der Verdacht als falsch erweist; dafür genügt die Einstellung eines gegen den Arbeitnehmer eingeleiteten Ermittlungsverfahrens gemäß § 170 II StPO noch nicht.[334]

III. Besonderheiten bei der Kündigungserklärungsfrist (§ 626 II BGB)

1098 Die Kündigungserklärungsfrist des § 626 II BGB beginnt (erst) zu laufen, wenn der Arbeitgeber positive Kenntnis von den der Kündigung zugrundeliegenden Tatsachen hat (Rn. 1061). Im Kontext der Verdachtskündigung ist dabei zu berücksichtigen, dass regelmäßig erst der Sachverhalt – soweit möglich und zumutbar – aufgeklärt werden muss. Solange dies der Fall ist, ist der Fristlauf **gehemmt**. Das gilt v.a., bis der Arbeitnehmer zu den Vorwürfen angehört wurde;[335] dabei hat die Anhörung – außer bei Vorliegen besonderer Umstände – spätestens innerhalb einer Woche nach Abschluss der übrigen Ermittlungen zu erfolgen.[336] Wird wegen des Vorfalls, der Anlass für eine Verdachtskündigung ist, ein **Strafverfahren** eingeleitet, so kann der Arbeitgeber das Ergebnis des staatsanwaltschaftlichen Ermittlungsverfahrens oder die Rechtskraft der gerichtlichen Entscheidung abwarten und erst dann kündigen, ohne dass § 626 II BGB entgegenstünde.[337] Dabei binden die im Strafverfahren erreichten Ergebnisse die Arbeitsgerichte bei der juristischen Bewertung nicht, faktisch werden sie aber natürlich eine gewisse Ausstrahlungswirkung entfalten.[338]

E. Sonderfall 2: Druckkündigung

1099 Unter einer Druckkündigung versteht man die Kündigung eines Arbeitnehmers, die dadurch veranlasst ist, dass nicht am Arbeitsverhältnis beteiligte Dritte (z.B. Kollegen, Kunden, Betriebsrat, Gewerkschaft, eine Aufsichtsbehörde) diese vom Arbeitgeber unter Androhung von anderenfalls eintretenden Nachteilen (z.B. Abbruch der Geschäftsbeziehungen; Weigerung, weiter für den Arbeitgeber tätig zu sein) verlangen.[339] Bei der Druckkündigung sind zwei Arten zu unterscheiden:

1100 **(1)** Bestünde ohnehin ein personen- oder verhaltensbedingter Grund, um den betroffenen Arbeitnehmer zu kündigen, handelt es sich um eine personen- oder verhal-

333 BAG 24.3.2011 – 2 AZR 790/09, NZA 2011, 1084, 1085.
334 BAG 20.8.1997 – 2 AZR 620/96, AP BGB § 626 Verdacht strafbarer Handlungen Nr. 27.
335 BAG 17.3.2005 – 2 AZR 245/04, NZA 2006, 101, 104.
336 BAG 20.3.2014 – 2 AZR 1037/12, NZA 2014, 1015, 1016.
337 BAG 5.6.2008 – 2 AZR 234/07, NZA-RR 2008, 630, 631; 27.1.2011 – 2 AZR 825/09, NZA 2011, 798, 799.
338 Vgl. BAG 20.8.1997 – 2 AZR 620/96, AP BGB § 626 Verdacht strafbarer Handlungen Nr. 27; 27.1.2011 – 2 AZR 825/09, NZA 2011, 798, 799 f.; 25.10.2012 – 2 AZR 700/11, NZA 2013, 371, 372.
339 APS/*Dörner/Vossen*, § 626 BGB, Rn. 337.

tensbedingte **unechte Druckkündigung**. Sie ist vergleichsweise unspektakulär und „normal" zu prüfen, ist der Druck doch nur äußerer Anlass, nicht aber tieferer Grund für die Kündigung. Allein im Rahmen der Interessenabwägung ist die Drucksituation zu Gunsten des Arbeitgebers zu berücksichtigen.[340] Einen Sonderfall einer unechten Druckkündigung normiert **§ 104 BetrVG**.[341]

(2) Spannender sind Konstellationen, in denen kein personen- oder verhaltensbe- **1101**
dingter Grund für eine Kündigung besteht, der Arbeitgeber also nur aufgrund des auf ihn ausgeübten Drucks kündigt **(echte Druckkündigung)**. Nach der h.M. kann die Drucksituation als solche durchaus geeignet sein, eine **betriebsbedingte** ordentliche – und höchst ausnahmsweise sogar eine betriebsbedingte außerordentliche – Kündigung zu rechtfertigen.[342] Einschränkend wird jedoch verlangt, dass der Arbeitgeber nicht einfach dem Druck nachgibt, sondern sich als Ausfluss seiner Fürsorgepflicht – entsprechend dem **ultima-ratio-Prinzip** – zunächst schützend vor den Arbeitnehmer stellt, den Dritten von seinem Verlangen abzubringen versucht und nach anderen, milderen Mitteln (z.B. Versetzung) zur Konfliktlösung sucht.[343] Nur wenn dies keine Abhilfe bringt und im Falle der Verwirklichung der Drohung des/der Dritten dem Arbeitgeber eine **Vernichtung seiner Existenz** oder wenigstens **erhebliche wirtschaftliche Schäden** drohen, komme eine echte Druckkündigung in Betracht.[344] Der betroffene Arbeitnehmer soll im Gegenzug Ansprüche gegen die Druckausübenden (§ 826 BGB)[345] und gegen den Arbeitgeber (analog §§ 9, 10 KSchG[346] oder Aufopferungsanspruch analog § 904 BGB[347]) haben.

Kritik: Die Auffassung der h.M. ist nicht überzeugend. Eine echte Druckkündigung **1102**
ist mangels Vorliegens eines Kündigungsgrundes stets **unzulässig**. Insb. scheidet der Weg über eine betriebsbedingte Kündigung aus, weil diese nur in Betracht kommt, wenn eine unternehmerische Entscheidung zum Wegfall des Beschäftigungsbedarfes führt, was hier gerade nicht der Fall ist.[348] Damit ist nicht gesagt, dass der Arbeitgeber im Ergebnis nicht doch eine Beendigung des Arbeitsverhältnisses erreichen kann, der Weg dorthin ist nur „verschlungener": Gegen die echte Druckkündigung muss der Arbeitnehmer Kündigungsschutzklage erheben, mit der er – nach hier vertretener Ansicht – stets obsiegen wird; im Gegenzug kann der Arbeitgeber aber einen **Auflösungsantrag nach § 9 I 2, 1, § 10 KSchG** stellen. Dieser ist erfolgreich, wenn die oben geschilderten, von der h.M. zutreffend herausgearbeiteten Voraussetzungen vorliegen. Rechtsfolge ist die Auflösung des Arbeitsverhältnisses (vgl. § 9 II KSchG,

---

340 ErfK/*Niemann*, § 626 BGB, Rn. 185; vgl. auch BAG 19.6.1986 – 2 AZR 563/85, NZA 1987, 21, 22.

341 Dazu, dass § 104 BetrVG keinen eigenständigen Kündigungsgrund schafft und deshalb nur zu einer unechten, nicht aber einer echten Druckkündigung führt, vgl. Richardi/*Thüsing*, BetrVG, § 104, Rn. 16 m.w.N.

342 BAG 19.6.1986 – 2 AZR 563/85, NZA 1987, 21; LAG Hessen 8.9.2010 – 3 Sa 2008/09, juris Rn. 71; KR/*Fischermeier*, § 626 BGB, Rn. 219 ff.; MüKo-BGB/*Henssler*, § 626, Rn. 283 ff.

343 BAG 31.1.1996 – 2 AZR 158/95, AP BGB § 626 Druckkündigung Nr. 13; 19.6.1986 – 2 AZR 563/85, NZA 1987, 21, 22; 18.7.2013 – 6 AZR 420/12, NZA 2014, 109, 112; Erman/*Belling*, § 626, Rn. 122.

344 BAG 18.7.2013 – 6 AZR 420/12, NZA 2014, 109, 112; APS/*Dörner/Vossen*, § 626 BGB, Rn. 339.

345 *Hromadka/Maschmann*, Arbeitrecht I, § 10, Rn. 123a; APS/*Dörner/Vossen*, § 626 BGB, Rn. 344.

346 Dafür z.B. MüKo-BGB/*Henssler*, § 626 BGB, Rn. 287.

347 KR/*Fischermeier*, § 626 BGB, Rn. 224; APS/*Dörner/Vossen*, § 626, Rn. 344.

348 Überzeugend z.B. *Hamacher*, NZA 2014, 134, 134 f.; KDZ/*Deinert*, § 1 KSchG, Rn. 469.

Rn. 1032) gegen Zahlung einer **angemessenen Abfindung**. Die hier postulierte Lösung ist gesetzesnäher als die zum Teil mit fragwürdigen Analogien operierende herrschende Auffassung.

F. Einschub: Wiedereinstellungsanspruch

1103 Wie ausgeführt, liegt einer Kündigung die **Prognose** über die spätere Entwicklung zugrunde und ihre Wirksamkeit bestimmt sich allein nach den Umständen im Zeitpunkt des **Zugangs der Kündigungserklärung** (s. Rn. 984). Danach eintretende Veränderungen können weder zugunsten noch zulasten des Arbeitnehmers berücksichtigt werden.[349] Daher bleibt z.B. eine personenbedingte Kündigung auch wirksam, wenn der dauererkrankte Arbeitnehmer später überraschend gesundet, eine betriebsbedingte, wenn sich unvorhergesehen doch noch eine Weiterbeschäftigungsmöglichkeit findet und eine Verdachtskündigung, wenn sich der Verdacht später nicht erhärtet – sprich sich die **Prognose später als falsch erweist**. Es liegt auf der Hand, dass diese dogmatisch gebotene Handhabung für den Arbeitnehmer erhebliche Härten bedeutet. Um diese abzumildern, kann ihm unter bestimmten Voraussetzungen ein **Anspruch auf Wiedereinstellung** zustehen, dessen dogmatische Begründung umstritten ist (das BAG stützt ihn auf § 242 BGB, Art. 12 GG und eine vertragliche Nebenpflicht)[350].

1104 Praktisch relevant ist der Wiedereinstellungsanspruch v.a. bei **betriebsbedingten Kündigungen**. Er wird anerkannt, wenn sich zwischen dem Zugang der Kündigungserklärung und dem **Ablauf der Kündigungsfrist** unvorhergesehen doch noch eine Weiterbeschäftigungsmöglichkeit ergibt, z.B. weil sich der Arbeitgeber doch noch zur Betriebsfortsetzung entschließt oder sich überraschend ein Betriebserwerber findet. Entließ der Arbeitgeber mehrere Arbeitnehmer und findet sich nur für einen Teil von ihnen eine Weiterbeschäftigungsmöglichkeit, so hat der Arbeitgeber bei der Auswahl der wiedereinzustellenden Arbeitnehmer soziale Gesichtspunkte zu beachten.[351] Ergibt sich eine Weiterbeschäftigungsmöglichkeit hingegen erst nach Ablauf der Kündigungsfrist, so besteht in aller Regel kein Wiedereinstellungsanspruch.[352]

1105 Umstritten ist, ob ein Wiedereinstellungsanspruch auch bei **personenbedingten Kündigungen** möglich ist.[353] Das ist richtigerweise zu bejahen,[354] allerdings stellt das BAG strenge Anforderungen. So genügt es nicht, dass die der Kündigung zugrundeliegende Gesundheitsprognose nur negativ erschüttert wird, sie muss vielmehr durch eine neue **positive** Prognose ersetzt werden.[355]

---

349 BAG 29.4.1999 – 2 AZR 431/98, NZA 1999, 978, 980; 7.11.2002 – 2 AZR 599/01, AP KSchG 1969 § 1 Krankheit Nr. 40; 15.12.2011 – 2 AZR 42/10, NZA 2012, 1044, 1046.

350 BAG 28.7.2000 – 7 AZR 904/98, NZA 2000, 1097, 1100; 15.12.2011 – 8 AZR 197/11, NZA-RR 2013, 179, 181.

351 BAG 28.7.2000 – 7 AZR 904/98, NZA 2000, 1097, 1101 f.

352 BAG 28.7.2000 – 7 AZR 904/98, NZA 2000, 1097, 1101 f.; MüKo-BGB/*Hergenröder*, § 1 KSchG, Rn. 86.

353 Ablehnend z.B. ErfK/*Preis*, § 611a BGB, Rn. 325.

354 Staudinger/*Richardi/Fischinger*, § 611a, Rn. 526; MüKo-BGB/*Hergenröder*, § 1 KSchG, Rn. 91.

355 BAG 17.6.1999 – 2 AZR 639/98, NZA 1999, 1328, 1331; 7.11.2002 – 2 AZR 599/01, AP KSchG 1969 § 1 Krankheit Nr. 40.

Anerkannt ist ein Wiedereinstellungsanspruch bei **Verdachtskündigungen**, wenn sich später die Unschuld des Arbeitnehmers herausstellt; die bloße Einstellung eines staatsanwaltlichen Ermittlungsverfahrens gemäß § 170 II StPO genügt hierfür aber nicht.[356] Auch hier markiert der Ablauf der Kündigungsfrist die maßgebliche zeitliche „Wegscheide“. **1106**

Auch wenn die skizzierten Voraussetzungen vorliegen, scheidet ein Wiedereinstellungsanspruch aus, wenn der Wiedereinstellung vorrangige **berechtigte Interessen des Arbeitgebers** entgegenstehen. Das ist v.a. dann anzunehmen, wenn er zwischenzeitlich einen anderen Arbeitnehmer eingestellt hat, der auf demselben Arbeitsplatz tätig sein soll; allerdings kann sich der Arbeitgeber darauf nach dem Rechtsgedanken des § 162 BGB nicht berufen, wenn er den Arbeitsplatz in Kenntnis des Wiedereinstellungsanspruchs treuwidrig besetzt hat.[357] **1107**

Besteht ein Anspruch auf Wiedereinstellung, so kann der Arbeitnehmer die Neubegründung des Arbeitsverhältnisses **zu den alten Konditionen** verlangen. Er trägt allerdings die Darlegungs- und Beweislast für das Vorliegen der genannten Voraussetzungen.[358] **1108**

G. Aufhebungsvertrag

Fall 63: Arbeitnehmer A hat sich im Betrieb schon länger unmöglich verhalten, unter anderem durch Beleidigung von Vorgesetzten und Kollegen, wofür A auch schon abgemahnt wurde. Am 15.8.2020 eskaliert die Situation endgültig, als sich A nach der Niederlage seines geliebten FC Barcelona gegen den FC Bayern München im Viertelfinale der Champions League (2:8) ohne vorherige Provokation auf seinen Kollegen F – seines Zeichens Bayernfan – stürzt, ihm mehrere Faustschläge ins Gesicht versetzt und dabei wie ein Berserker „Tod den Bayernschweinen“ skandiert. Personalleiter P teilt A daraufhin in seinem Büro mit, dass das Arbeitsverhältnis nicht fortgeführt werden könne. Weil P gütig ist und den A trotz allem mag, bietet er ihm aber einen vergleichsweise „freundlichen“ Ausweg: Statt einer Kündigung sei er bereit, einen Aufhebungsvertrag zu schließen, in dem überdies als Grund für die Aufhebung nicht der wahre Sachverhalt angegeben werde, sondern betriebsbedingte Gründe vorgeschoben werden. Weil A über einen Funken Restverstand verfügt, unterschreibt er. Wirksamkeit des Aufhebungsvertrags? (**Lösung Rn. 1119, 1123** und **1128**) **1109**

Fall 64: Am 24.9.2015 erwischt Arbeitgeber U den bei ihm seit zwei Jahren als Finanzverwalter beschäftigten A, als dieser gerade € 25 aus der Kasse entwendet. Der völlig erboste U zitiert A in sein Büro und schreit ihn an, derartige „Sauereien“ dulde er in seinem Betrieb nicht, wie er – A – genau wisse, nachdem U vor einem Jahr erst einen anderen Mitarbeiter (M) wegen eines ähnlichen Vorfalls vor die Tür gesetzt habe. Entweder unterschreibe A jetzt sofort einen Aufhebungsvertrag, oder er erhalte umgehend eine außerordentliche Kündigung. Der völlig fertige A unterschreibt daher. Zwei Tage später bereut er sein Handeln **1110**

356 BAG 20.8.1997 – 2 AZR 620/96, NZA 1997, 1340, 1343.

357 BAG 4.5.2006 – 8 AZR 299/05, NZA 2006, 1096, 1101; 16.2.2012 – 8 AZR 693/10, NZA-RR 2102, 465, 471.

358 Staudinger/*Richardi/Fischinger*, § 611a, Rn. 530.

als voreilig und erklärt U in einem Telefonat, der Vertrag sei für ihn null und nichtig, er wolle weiterbeschäftigt werden. Wirksamkeit des Aufhebungsvertrags? **(Lösung Rn. 1127)**

1111 **Fall 65:** Arbeitnehmerin P ist seit längerem bei Unternehmer U als Reinigungskraft tätig, der mit ihrer Leistung aber nicht zufrieden ist. Als P dann auch noch erkrankt, ist die Geduld des U am Ende. Ohne Vorankündigung sucht er die P in ihrer Wohnung auf. Die Tür öffnet deren kleiner Sohn, weil P im Bett liegt und nicht aufstehen kann. U weckt die P auf und sagt ihr, er werde Faulheit nicht unterstützen. Sie solle daher den Aufhebungsvertrag unterschreiben, den er ihr unter die Nase hält. P, die nach der Einnahme von Schmerzmittel noch erkennbar leicht benommen ist, unterschreibt nach kurzem Zögern, obwohl U in keinster Weise andeutet, dass er anderenfalls eine Kündigung aussprechen werde. Im Aufhebungsvertrag ist neben der sofortigen Beendigung des Arbeitsverhältnisses geregelt, dass die P ein wohlwollendes qualifiziertes Zeugnis erhalten wird, im Übrigen den Parteien aber mit Ausnahme von eventuell dem U zustehenden Rückforderungsansprüchen wegen zu viel bezahlter Arbeitsstunden keine Ansprüche gegeneinander zustehen. Wenige Tage später reut P der Vertragsschluss und sie fragt, ob der Aufhebungsvertrag wirksam ist bzw. ob sie gegen ihn vorgehen kann? **(Lösung Rn. 1121, 1123, 1129 und 1137)**

I. Begriff und Abgrenzungen

1112 Durch einen **Aufhebungsvertrag** vereinbaren die Parteien, dass das zwischen ihnen bestehende Arbeitsverhältnis sofort oder zu einem späteren Zeitpunkt beendet werden soll.[359] Oftmals werden, als Nebenabreden, noch weitere Punkte geregelt, z.B. Zeugnis, Rückgabe der vom Arbeitgeber dem Arbeitnehmer überlassenen Sachen und die Zahlung einer Abfindung für die Zustimmung des Arbeitnehmers zur Beendigung des Arbeitsverhältnisses. Von dem die Beendigung regelnden Aufhebungsvertrag ist der sog. **Abwicklungsvertrag** zu unterscheiden. Durch diesen wird das Arbeitsverhältnis nicht selbst beendet, er setzt vielmehr dessen (künftige) Beendigung auf andere Weise – typischerweise durch eine Kündigung – voraus und dient der Einigung über die Abwicklung und die dabei bestehenden Pflichten der Vertragspartner.

Hinweis: Klausurrelevant ist v.a. der Aufhebungsvertrag. Der Abwicklungsvertrag bleibt daher im Folgenden außer Betracht, und zwar auch, weil seine praktische Relevanz stark zurückgegangen ist, nachdem das BSG ihn im Hinblick auf eine mögliche Sperrzeit (Rn. 1115) dem Aufhebungsvertrag gleichstellt.[360] In der typischen Klausursituation wird ein Aufhebungsvertrag geschlossen, von dem der Arbeitnehmer später wieder „wegkommen“ möchte.

II. Vor- und Nachteile von Aufhebungsverträgen

1113 V Der Aufhebungsvertrag erfreut sich in der Praxis erheblicher Beliebtheit. Da der Weg über ihn – verglichen mit der einseitigen Beendigung des Arbeitsverhältnisses durch Kündigung des Arbeitgebers – beiden Beteiligten Vor-, aber durchaus auch Nachteile bietet, muss genau überlegt werden, ob auf dieses Instrument zurückgegriffen wird.

359 ErfK/*Müller-Glöge*, § 623 BGB, Rn. 4.

360 BSG 18.12.2003 – B 11 AL 35/03 R, NZA 2004, 661, 663; BAG 12.7.2006 – B 11a AL 47/05 R, NZA 2006, 1359.

Für den Arbeitnehmer ist ein Aufhebungsvertrag v.a. dann von Vorteil, wenn er damit den **„Makel"** einer vorwerfbaren Kündigung (bspw. wegen Diebstahls oder wegen Schlechtleistung) vermeidet. Im Hinblick auf Bewerbungen bei anderen Arbeitgebern ist es meist günstiger, per Aufhebungsvertrag ausgeschieden, anstatt gekündigt worden zu sein. Für den Arbeitgeber hat ein Aufhebungsvertrag regelmäßig den Vorzug, nicht an Kündigungsfristen gebunden zu sein und weder den besonderen noch den allgemeinen Kündigungsschutz beachten zu müssen. Entsprechend erspart er sich die mit Kündigungen oftmals verbundenen **Rechtsunsicherheiten** über deren Wirksamkeit ebenso wie einen möglichen, zeitraubenden und kostenintensiven Kündigungsschutzprozess. Im Gegenzug wird es dem Arbeitnehmer oftmals gelingen, für den durch Abschluss des Aufhebungsvertrags bewirkten faktischen Verzicht auf den Kündigungsschutz eine **Abfindungszahlung** auszuhandeln, so dass er mit einem „goldenen Handschlag" verabschiedet wird. **1114 V**

Der Aufhebungsvertrag birgt aber auch Nachteile. So besteht die Gefahr, dass sich der Arbeitnehmer vorschnell und unter dem Eindruck einer auf den ersten Blick großzügigen Abfindungssumme – die in der Regel einkommensteuerpflichtig ist (§§ 2 I Nr. 4, 24 Nr. 1a, 34 I, II Nr. 2 EStG)[361] – den Kündigungsschutz abkaufen lässt, ohne die langfristig negativen Folgen dieser Entscheidung hinreichend zu bedenken. Es droht also die **Aushöhlung** des Kündigungsschutzes und damit des zentralen **Schutzinstruments des deutschen Individualarbeitsrechts**, gerade wenn – wie oft – der Arbeitgeber den Arbeitnehmer zeitlich unter Druck setzt und das Angebot (Aufhebungsvertrag statt Kündigung) nur für wenige Stunden oder sogar nur sofort gilt. Überdies kann ein Aufhebungsvertrag sozialrechtliche Nachteile haben, stellt dessen Abschluss doch in der Regel eine Lösung des Beschäftigungsverhältnisses und damit ein sozialversicherungswidriges Verhalten dar, das zu einem **Ruhen des Arbeitslosengeldanspruchs** wegen Sperrzeit führt, § 159 I 1, 2 Nr. 1 SGB III. **1115 V**

III. Grundsätzliche Zulässigkeit und Zustandekommen

Aufhebungsverträge sind aufgrund der – verfassungsrechtlich über Art. 12 I, 2 I GG abgesicherten – Vertragsfreiheit (§ 311 I BGB) **grundsätzlich zulässig**. Einer besonderen gerichtlichen Kontrolle bedarf er im Grundsatz nicht, weil ein Arbeitnehmer, der bereits in einem laufenden Arbeitsverhältnis steht, nicht in der gleichen Drucksituation ist wie ein Bewerber.[362] Auch stellt der Aufhebungsvertrag im Grundsatz keine Umgehung des KSchG dar, wäre der Arbeitnehmer doch auch bei einer arbeitgeberseitigen Kündigung frei in der Entscheidung darüber, ob er innerhalb der Dreiwochenfrist der §§ 4 S. 1, 7 KSchG punktuelle Kündigungsschutzklage erheben möchte oder nicht. **1116**

Für den Vertragsschluss gelten die allgemeinen Regelungen des BGB AT. Eine Besonderheit besteht insoweit, als der Aufhebungsvertrag nach **§ 623 BGB** zu seiner Wirksamkeit der **Schriftform** bedarf, eine Abbedingung durch Tarifvertrag, Betriebsvereinbarung oder Arbeitsvertrag ist nicht möglich.[363] Einschlägig ist § 126 II BGB, so dass eine einheitliche Urkunde erforderlich ist und ein Austausch verschiedener Schriftstücke nicht genügt.[364] Das Schriftformerfordernis gilt nicht nur für den **1117**

361 Näher Küttner/*Seidel*, Personalbuch, „Abfindung", Rn. 41.
362 BAG 28.11.2007 – 6 AZR 1108/06, NZA 2008, 348, 354 f.
363 ErfK/*Müller-Glöge*, § 623 BGB, Rn. 10a.
364 ErfK/*Müller-Glöge*, § 623 BGB, Rn. 19.

Hauptgegenstand des Vertrages (= die Beendigung des Arbeitsverhältnisses), sondern auch für Nebenabreden, aus denen sich nach dem Willen der Parteien der Vertrag zusammensetzen soll (bspw. Wettbewerbsverbote, Schlüsselrückgabe, Urlaub[-sabgeltung]).[365] Wird dem Schriftformerfordernis nicht genügt, ist der Aufhebungsvertrag **unwirksam** (§ 125 S. 1 BGB), eine Heilung ist nicht möglich.[366] Die Berufung auf die Formunwirksamkeit kann treuwidrig und damit nach § 242 BGB unbeachtlich sein. Das ist z.B. anzunehmen, wenn der Arbeitgeber den Arbeitnehmer unter Ausnutzung seiner überlegenen Machtposition zum formlosen Abschluss trieb – es kann sich dann zwar der Arbeitnehmer, nach Treu und Glauben aber nicht der Arbeitgeber auf den Formmangel berufen.[367] Wurde ein **Minderjähriger** von seinem gesetzlichen Vertreter ermächtigt, ein Arbeitsverhältnis einzugehen, so kann er nach § 113 BGB dieses durch Aufhebungsvertrag wieder auflösen.

IV. Wirksamkeit und Lösungsmöglichkeiten des Arbeitnehmers

1. Sittenwidrigkeit, § 138 I BGB

1118 Ein Aufhebungsvertrag kann wegen Sittenwidrigkeit (§ 138 I BGB) unwirksam sein. Die h.M. ist mit der Annahme einer Sittenwidrigkeit allerdings **sehr zurückhaltend**; stattdessen arbeitet das BAG inzwischen über das wenig überzeugende Instrument des „Gebots fairen Verhandelns“ (näher Rn. 1132). So ist Sittenwidrigkeit insb. nicht deshalb anzunehmen, weil der Arbeitnehmer vom Arbeitgeber überrumpelt wurde, ihm also weder Bedenkzeit noch ein Widerrufsrecht eingeräumt wurde und zudem der Vertragsinhalt einseitig zu Lasten des Arbeitnehmers geht, insb. im Gegenzug zur einvernehmlichen Beendigung des Arbeitsverhältnisses keine Abfindung zugesagt wurde.[368] Etwas anderes ist bei einem krassen Kräfteungleichgewicht, einem ganz einseitigen Vertragsinhalt zulasten des Arbeitnehmers und sonstigen, anstößigen Umständen anzunehmen.[369] Von Sittenwidrigkeit ist überdies auszugehen, wenn durch den Aufhebungsvertrag die **Allgemeinheit geschädigt** wird, weil er so ausgestaltet wird, dass der Arbeitnehmer in der Folge Sozialleistungen erhalten wird, obwohl ihm diese nach dem wahren Sachverhalt nicht zugestanden hätten; relevant ist das v.a. im Hinblick auf mögliche Arbeitslosengeldansprüche.[370] Ist der Aufhebungsvertrag (wegen Sittenwidrigkeit) nichtig, so ist das Arbeitsverhältnis nicht beendet worden, eventuell aufgrund des Vertrags erbrachte Leistungen sind nach **§ 812 I Alt. 1 BGB** rückabzuwickeln.[371]

---

365 Küttner/*Schmidt*, Personalbuch, „Aufhebungsvertrag“, Rn. 5; ErfK/*Müller-Glöge*, § 623 BGB, Rn. 13.

366 Staudinger/*Oetker*, § 623, Rn. 124.

367 Staudinger/*Oetker*, § 623, Rn. 130.

368 BAG 30.9.1993 – 2 AZR 268/93, DB 1994, 279; 14.2.1996 – 2 AZR 234/95, NZA 1996, 811, 812; *Bauer/Diller*, DB 1995, 1810 ff.; ErfK/*Müller-Glöge*, § 620 BGB, Rn. 13; *Weber/Ehrich*, NZA 1997, 414, 419; kritisch hingegen *Dieterich*, DB 1995, 1813; *Zwanziger*, DB 1994, 982, 983.

369 Staudinger/*Sack/Fischinger*, § 138, Rn. 539.

370 Vgl. LAG Hamm 27.11.1997 – 8 Sa 1263/97, BB 1998, 541; ArbG Wetzlar 24.8.1993 – 1 Ca 209/93; Staudinger/*Sack/Fischinger*, § 138, Rn. 540; **a.A.** *Bauer*, Arbeitsrechtliche Aufhebungsverträge, Rn. 211, 211a.

371 Staudinger/*Oetker*, § 623, Rn. 125 m.w.N.

In **Fall 63** ist zwar keine Sittenwidrigkeit wegen unzulässiger Übervorteilung des Vertragspartners A anzunehmen, der Vertrag ist jedoch wegen Schädigung der Allgemeinheit nichtig: Auf Basis des wahren Sachverhalts würde der Anspruch des A auf Arbeitslosengeld nach § 159 I 1, 2 Nr. 1 SGB III ruhen, da er durch sein arbeitsvertragswidriges Verhalten Anlass für die Lösung des Beschäftigungsverhältnisses gab. Das sollte durch die „Manipulation" im Aufhebungsvertrag verhindert werden, indem betriebliche, keine Sperrzeit auslösende Gründe vorgeschoben wurden. Zwar stellt der Abschluss eines Aufhebungsvertrags stets eine Lösung des Beschäftigungsverhältnisses dar, dient er aber dazu, eine betriebsbedingte Kündigung zu vermeiden, hat der Arbeitnehmer einen wichtigen Grund im Sinne von § 159 I 1 SGB III, so dass keine Sperrzeit verhängt wird.[372] Damit dient die von P und A gewählte Konstruktion dazu, zu Lasten der Versicherungsgemeinschaft dem A einen Anspruch zu verschaffen, der diesem nicht zusteht. Die Abrede ist sittenwidrig. (Fortsetzung **Rn. 1123**) **1119**

In **Fall 64** hingegen scheidet eine Sittenwidrigkeit aus. Ein „konspiratives" Handeln zu Lasten der Allgemeinheit liegt nicht vor. Und auch eine Sittenwidrigkeit zu Lasten des A wird man ablehnen können. Zwar wurde A keine Abfindung zugesagt, so dass der Vertrag allein zu seinen Lasten ging. Anhaltspunkte für ein krasses Kräfteungleichgewicht zu seinen Lasten und für sonstige, anstößige, den Vertragsschluss begründende Umstände wird man nicht annehmen können, insb. genügt das bloße Anschreien durch den U dafür nicht (a.A. wohl noch vertretbar). (Fortsetzung **Rn. 1123**) **1120**

In **Fall 65** spricht viel dafür, dass der Aufhebungsvertrag sittenwidrig ist, § 138 I BGB.[373] Das folgt – unter Zugrundelegung der Rechtsprechung des BAG – zwar noch nicht aus dem Inhalt des Vertrages selbst, auch wenn dieser sehr einseitig zugunsten des U ausfiel (die sofortige Beendigung entspricht allein seinen Interessen; alle Ansprüche der P sind ausgeschlossen mit Ausnahme des ihr ohnehin schon kraft Gesetzes zustehenden Anspruchs auf ein wohlwollendes qualifiziertes Zeugnis [§§ 630 S. 1, 2 BGB, 109 S. 3 GewO, s. **Rn. 1149**]; umgekehrt behält sich U Rückforderungsansprüche vor). Jedoch: Auch wenn § 138 I BGB in erster Linie der Kontrolle des Vertrags*inhalts* dient, sind nach ganz h.M. auch die Umstände vor/bei Vertragsschluss bei der Gesamtwürdigung zu berücksichtigen.[374] In dieser Gesamtschau spricht nun aber – gerade auch im Vergleich zur Rechtsprechung der Kontrolle von Angehörigenbürgschaften und Scheidungsfolgenvereinbarungen[375] – alles dafür, den Aufhebungsvertrag angesichts seines sehr einseitigen Inhalts und den Umständen seines Zustandekommens als nicht mit dem „Anstandsgefühl aller billig und gerecht Denkenden" anzusehen und somit als sittenwidrig einzustufen: U überrumpelte die P, indem er sie unangekündigt (!) in ihrer Privatwohnung (!) aufsuchte, d.h. einem Bereich, in dem der Arbeitgeber typischerweise nichts zu suchen hat. Darüber hinaus war die P auch noch erkennbar unter dem Einfluss von Schmerzmitteln leicht benommen, so dass ihr Urteilsvermögen gemindert war. Aufgrund dieser Ausnutzung des Überrumplungs- und Schwächemoments im Verein mit der inhaltlich einseitigen Ausgestaltung des Vertrags zulasten der P ist der Aufhebungsvertrag sittenwidrig und damit unwirksam. Folglich ist das Arbeitsverhältnis nicht beendet. (Fortsetzung **Rn. 1123**) **1121**

372 BSG 12.7.2006 – B 11a AL 47/05 R, BSGE 97, 1, 3.

373 Ebenso *Bauer/Romero*, ZfA 2019, 608, 614.

374 BGH 2.2.2012 – III ZR 60/11, NJOZ 2013, 260; Staudinger/*Sack/Fischinger*, § 138, Rn. 11; MüKo-BGB/*Armbrüster*, § 138, Rn. 9; BeckOGK-BGB/*Jakl*, § 138, Rn. 111.

375 Vgl. zu den dabei zu berücksichtigenden Faktoren m.w.N. Staudinger/*Sack/Fischinger*, § 138, Rn. 400 ff. und 665 ff.

2. Inhaltskontrolle anhand der §§ 307 ff. BGB

1122 Da man den Arbeitnehmer als Verbraucher anzusehen hat (Rn. 40), greift § 310 III Nr. 2 BGB ein, so dass die §§ 307 ff. BGB auf den Aufhebungsvertrag selbst dann zur Anwendung kommen, wenn der Arbeitgeber die vorformulierten Bedingungen nicht für eine Vielzahl von Aufhebungsverträgen, sondern nur zur einmaligen Verwendung entworfen hat. Gerade im Kontext von Aufhebungsverträgen ist bei der AGB-Kontrolle aber unbedingt **§ 307 III BGB** zu beachten. Danach dürfen nur Abreden kontrolliert werden, die von Rechtsvorschriften abweichende oder sie ergänzende Regelungen vorsehen. Das schließt v.a. eine Prüfung der Vertragshauptleistungen auf ihre Angemessenheit hin aus. Insb. sind also die **Aufhebung des Vertrags** sowie die **Höhe einer eventuellen Abfindung nicht kontrollfähig**;[376] auch Hauptabreden sind aber auf ihre Transparenz (§ 307 I 2 BGB) hin zu prüfen, § 307 III 2 BGB. Voll anhand der §§ 307 ff. BGB geprüft werden können **Nebenabreden** wie z.B. eine Ausgleichsklausel (dazu Rn. 218)[377] oder ein Verzicht auf das Recht zur Erhebung einer Kündigungsschutzklage, handelt es sich dabei richtigerweise doch nicht um die Hauptleistung des Aufhebungsvertrags, sondern allein um eine Nebenabrede;[378] das BAG sieht dabei einen formularmäßigen Verzicht hierauf ohne kompensatorische Gegenleistung des Arbeitgebers als unangemessene Benachteiligung des Arbeitnehmers an.[379] Die aus einem Verstoß gegen die §§ 307 ff. BGB folgende Unwirksamkeit einer Nebenabrede wirkt sich gemäß § 306 I, II BGB auf die Wirksamkeit des Aufhebungsvertrags – und damit insb. auf die Abrede über die Beendigung des Arbeitsverhältnisses – grundsätzlich[380] nicht aus.

1123 In den **Fällen 63-65** kann A jeweils nicht über § 307 I BGB eine Lösung vom Aufhebungsvertrag (in Form der Unwirksamkeit der Aufhebungsabrede) erreichen, ist doch die Vertragsaufhebung als Hauptabrede inhaltlich nicht kontrollfähig, § 307 III 1 BGB. (Fortsetzung **Rn. 1127**)

3. Anfechtbarkeit des Aufhebungsvertrags

1124 Eine Anfechtung ist nach allgemeinen Regeln möglich, wenn ein Anfechtungsgrund nach §§ 119 I, II, 120 BGB gegeben ist. Praxis- und klausurrelevant sind diese Fälle kaum, insb. berechtigt ein eventueller Irrtum des Arbeitnehmers über die mittelbaren Rechtsfolgen des Aufhebungsvertrags als unbeachtlicher Rechtsfolgenirrtum nicht zur Anfechtung.

376 BAG 27.11.2003 – 2 AZR 135/03, NZA 2004, 598, 603 f.; 25.4.2013 – 8 AZR 453/12, NZA 2013, 1206, 1207; *Stoffels*, ZfA 2009, 861, 868. – Vgl. auch Art. 4 II RL 93/13/EWG: „Die Beurteilung der Missbräuchlichkeit der Klauseln betrifft weder den Hauptgegenstand des Vertrages noch die Angemessenheit zwischen dem Preis bzw. dem Entgelt für die Dienstleistungen bzw. den Gütern, die die Gegenleistung darstellen, sofern diese Klauseln klar und verständlich abgefasst sind.“.

377 BAG 21.6.2011 – 9 AZR 203/10, NZA 2011, 1338, 1341; ErfK/*Preis*, § 310 BGB, Rn. 40.

378 Zutreffend BAG 12.3.2015 – 6 AZR 82/14, NZA 2015, 676, 678 f.; **a.A.** LAG Hamm 9.10.2003 – 11 Sa 515/03, NZA-RR 2004, 242, 244; *Hromadka/Maschmann*, Arbeitsrecht I, § 10, Rn. 14; NK-ArbR/*Boemke/Ulrici*, § 307 BGB, Rn. 40b.

379 BAG 6.9.2007 – 2 AZR 722/06, NZA 2008, 219, 221.

380 Eine Ausnahme gilt nur unter den Voraussetzungen von § 306 III BGB.

Beispiele: **(1)** Der Arbeitnehmer geht fälschlicherweise davon aus, nach Ende des Arbeitsverhältnisses Anspruch auf Arbeitslosengeld zu haben. **(2)** Eine schwangere Arbeitnehmerin verkennt, dass sie in Gefolge des Aufhebungsvertrags Ansprüche aus dem MuSchG verliert[381].[382]

Eine Anfechtung wegen **arglistiger Täuschung** (§ 123 I Alt. 1 BGB) hingegen ist **1125** durchaus vorstellbar, z.B., wenn der Arbeitgeber dem Arbeitnehmer vorspiegelt, dieser genieße ohnehin keinen Kündigungsschutz.[383]

Ganz anders verhält es sich hinsichtlich einer möglichen Anfechtung wegen **wider- 1126** **rechtlicher Drohung**, § 123 I Alt. 2 BGB. Stellt der Arbeitgeber den Arbeitnehmer vor die Alternative, entweder den angebotenen Aufhebungsvertrag zu unterzeichnen, oder (außer-)ordentlich gekündigt zu werden, stellt dies eine Drohung dar, weil der Arbeitgeber damit ein Übel in Aussicht stellt, auf das er Einfluss zu haben vorgibt.[384] Unterschreibt der Arbeitnehmer nur wegen der Drohung, liegt die notwendige Kausalität vor.[385] Damit kapriziert sich alles auf die Frage, ob die Drohung auch **widerrechtlich** ist. Das ist zu bejahen, wenn ein **verständiger Arbeitgeber eine Kündigung nicht ernsthaft in Erwägung** ziehen durfte.[386] Daraus folgt ein **reduzierter Prüfungsmaßstab**: Es ist **nicht erforderlich**, dass sich die hypothetische Kündigung in einem Kündigungsschutzprozess als **wirksam erwiesen hätte**, eine widerrechtliche Drohung liegt nur vor, wenn sie mit **hoher Wahrscheinlichkeit** vor einem Arbeitsgericht **keinen Bestand** gehabt hätte.[387]

In **Fall 64** ist der Aufhebungsvertrag zunächst wirksam zustande gekommen (Rn. 1120, **1127** 1123), fraglich ist aber, ob A ihn anfechten und ihn damit ex tunc zu Fall bringen kann, § 142 I BGB. Die notwendige Anfechtungserklärung (§ 143 I, II BGB) ist im Telefonanruf, in dem A den Vertrag für „null und nichtig" erklärte, zu sehen. Zu prüfen ist, ob ein Anfechtungsgrund bestand. In Betracht kommt allein eine Anfechtung nach § 123 I Alt. 2 BGB: Die Drohung des U war kausal für die Zustimmung des A zum Abschluss des Aufhebungsvertrags. Widerrechtlich wäre die Drohung aber nur, wenn in einer solchen Situation ein verständiger Arbeitgeber eine Kündigung nicht ernsthaft in Erwägung ziehen durfte, d.h. sie mit hoher Wahrscheinlichkeit einer arbeitsgerichtlichen Prüfung nicht standgehalten hätte. Davon wird man hier nicht ausgehen können. Zwar ist der Diebstahl von € 25 kein Kapitalverbrechen, es handelt sich aber auch nicht um „Peanuts". Hinzu kommt, dass sich A angesichts seiner gerade einmal zweijährigen Beschäftigungsdauer noch kein „erdientes Vertrauen" (vgl. Rn. 1012) verdient hat. Bedenken könnte man allenfalls insoweit hegen, als U den A nicht abgemahnt hat. Jedoch erscheint eine Abmahnung angesichts des erheblichen Vertrauensbruchs, den ein Gelddiebstahl durch einen Finanzverwalter (!) begründet, entbehrlich, umso mehr, als A durch den Rauswurf des M ein Jahr zuvor wegen eines ähnlichen

381 BAG 16.2.1983 – 7 AZR 134/81, NJW 1983, 2958.

382 *Hromadka/Maschmann*, Arbeitsrecht I, § 10, Rn. 17. – Allgemein zur Unbeachtlichkeit von *mittelbaren* Rechtsfolgenirrtümern BGH 5.6.2008 – V ZB 150/07, NJW 2008, 2442, 2443; BeckOK-BGB/*Wendtland*, § 119, Rn. 32; MüKo-BGB/*Armbrüster*, § 119, Rn. 82.

383 *Junker*, Grundkurs Arbeitsrecht, Rn. 429.

384 Staudinger/*Singer/v. Finckenstein*, § 123, Rn. 78; zum Begriff der Drohung vgl. BGH 7.6.1988 – IX ZR 245/86, NJW 1988, 2599, 2600 f.; 22.11.1995 – XII ZR 227/94, NJW-RR 1996, 1281, 1282.

385 Vgl. BGH 14.6.1951 – IV ZR 42/50, BGHZ 2, 287, 299.

386 BAG 27.11.2003 – 2 AZR 135/03, NJW 2004, 2401, 2402; 28.11.2007 – 6 AZR 1108/06, NZA 2008, 348, 353; Staudinger/*Sack/Fischinger*, § 138, Rn. 537.

387 BAG 15.12.2005 – 6 AZR 197/05, NZA 2006, 841, 843 f.; 28.11.2007 – 6 AZR 1108/06, NZA 2008, 348, 353; Staudinger/*Singer/v. Finckenstein*, § 123, Rn. 79.

Vorfalls hinreichend gewarnt sein musste. In jedem Fall wird man nicht davon ausgehen können, dass die hypothetische Kündigung mit hoher Wahrscheinlichkeit vor dem Arbeitsgericht gescheitert wäre. Die Drohung mit ihr war deshalb nicht widerrechtlich, eine Anfechtung scheidet aus. Der Aufhebungsvertrag ist wirksam.

1128 In **Fall 63** ist der Aufhebungsvertrag ohnehin schon wegen Sittenwidrigkeit unwirksam (Rn. 1119), so dass sich die Frage nach seiner Anfechtbarkeit letztlich gar nicht stellt. Überdies scheidet hier eine Anfechtung nach § 123 I Alt. 2 BGB aus, hätte angesichts der Schwere der Pflichtverletzungen des A eine Kündigung doch eindeutig nicht mit hoher Wahrscheinlichkeit vor dem Arbeitsgericht nicht „gehalten“.

1129 In **Fall 65** scheidet eine Anfechtung aus, insb. greift § 123 BGB mangels Drohung nicht ein. (Fortsetzung **Rn. 1137**)

Klausurhinweis: Beachten Sie unbedingt den **reduzierten Prüfungsmaßstab**! Eine „mustergültige“ Prüfung der hypothetischen Kündigung wäre schlicht verfehlt, denn sie negierte, dass das Schutzbedürfnis eines Arbeitnehmers, der einem Aufhebungsvertrag zugestimmt hat, geringer ist als desjenigen, der vom Arbeitgeber gekündigt wurde.

1130 Wird ein Aufhebungsvertrag wirksam angefochten, fällt seine arbeitsvertragsbeendigende Wirkung weg und eventuelle auf seiner Basis erbrachte Leistungen sind nach § 812 I 1 Alt. 1 BGB bzw. § 812 I 2 Alt. 1 BGB rückabzuwickeln.

4. Keine Widerrufbarkeit nach §§ 312b I 1 Nr. 1, 312g I BGB

1131 Nach der – nicht unumstrittenen – Auffassung des **BAG** hat ein Arbeitnehmer, der einem arbeitsrechtlichen Aufhebungsvertrag zugestimmt hat, **kein Widerrufsrecht** nach §§ 312b I 1 Nr. 1, 312g I BGB, und zwar unabhängig davon, ob der Vertrag inner- oder außerhalb der Geschäftsräume des Arbeitgebers geschlossen wurde.[388]

5. Verletzung des „Gebot fairen Verhandelns“

1132 Nach Auffassung des BAG trifft beide Arbeitsvertragspartner, praktisch v.a. aber den Arbeitgeber, die Pflicht zum fairen Verhandeln.[389] Das gilt insb. im Kontext von Aufhebungsverträgen. Das BAG stützt dieses Gebot auf die aus §§ 311 II, 241 II BGB abzuleitende Pflicht zur Rücksichtnahme auf die Rechte, Rechtsgüter und Interessen des Vertragspartners. Das Gebot schütze die Entscheidungsfreiheit bei Vertragsverhandlungen vor einer unzulässigen Fremdbestimmung unterhalb der von §§ 105 ff., 119 ff., 134, 138 BGB errichteten Schwellen. Auf den Inhalt des geschlossenen Vertrages komme es dabei nicht an, zu bewerten sei allein der „Weg zum Vertragsschluss“. Das Gebot fairen Verhandelns sei verletzt, wenn die **Entscheidungsfreiheit des Vertragspartners in zu missbilligender Weise beeinflusst** werde. Allerdings

388 BAG 7.2.2019 – 6 AZR 75/18, NZA 2019, 688, 689 ff. ebenso *Bauer/Arnold/Zeh*, NZA 2016, 449; *Lembke*, BB 2016, 3125, 3128; ErfK/*Müller-Glöge*, § 620, Rn. 14; für ein Widerrufsrecht hingegen Palandt/*Grüneberg*, § 312, Rn. 2; Erman/*Koch*, § 312, Rn. 22; differenzierend *Fischinger/Werthmüller*, NZA 2016, 193.

389 BAG 7.2.2019 – 6 AZR 75/18, NZA 2019, 688, 691 ff.; dem folgend BeckOK-ArbR/*Hesse*, § 620, Rn. 85a; *Plum*, MDR 2020, 69, 70.

folge aus dem Gebot fairen Verhandelns nicht die Pflicht, eine besonders angenehme Verhandlungssituation zu schaffen, sondern es gehe um ein **Mindestmaß an Fairness** im Vorfeld des Vertragsschlusses.

Eine **Verletzung** des so verstandenen Gebots fairen Verhandelns kommt nach dem BAG in Betracht, wenn eine oder mehrere der folgenden Fallkonstellationen vorliegen: **1133**

- Schaffung oder Ausnutzung einer **psychischen Drucksituation** von einigem Gewicht, die eine freie und überlegte Entscheidung des Vertragspartners erheblich erschwert oder sogar unmöglich macht. Dies kann durch die Schaffung besonders unangenehmer Rahmenbedingungen geschehen, die erheblich ablenken und/oder den Fluchtinstinkt wecken.
- Ausnutzung einer erkennbaren **körperlichen** oder **physischen Schwäche**.
- Ausnutzung **unzureichender Sprachkenntnisse**.
- Ausnutzung eines **Überraschungsmoments**, z.B. durch Verhandlungen an einem ungewöhnlichen Ort und/oder einer ungewöhnlichen Zeit.

Dabei hat das BAG betont, dass die Nichtgewährung einer Bedenkzeit/Widerrufsfrist als solche ebenso wenig genüge wie die Nichtankündigung des Gesprächsinhalts oder einer personellen Überlegenheit auf Arbeitgeberseite.

Wird das Gebot fairen Verhandelns bei Abschluss eines Aufhebungsvertrags verletzt, so ist der **Aufhebungsvertrag** nach dem BAG i.d.R. über Schadensersatzgrundsätze automatisch **unwirksam**, so dass es unmittelbar zu einer Fortsetzung des Arbeitsverhältnisses zu unveränderten Bedingungen komme. **1134**

Auch wenn die **Auffassung des BAG** nicht unvertretbar ist, so **überzeugt** sie doch **nicht**.[390] Dogmatisch vorzugswürdig wäre es, solche Konstellationen an § 138 I BGB zu messen, der zwar primär der Kontrolle des Vertragsinhalts dient, in dessen Rahmen aber auch das Verhalten der Parteien vor/bei Vertragsschluss berücksichtigt werden kann.[391] So könnten die vom BAG angeführten Umstände unproblematisch im Rahmen von § 138 I BGB gewürdigt werden, wie das auch in anderen Rechtsbereichen – v.a. bei der Sittenwidrigkeitskontrolle von Angehörigenbürgschaften und Scheidungsfolgenvereinbarungen[392] – gängige Gerichtspraxis des BGH ist. Schon deshalb ist es nicht konsistent, auf den etablierten Kontrollmechanismus des § 138 I BGB zugunsten eines unerprobten Instruments zu verzichten. Dass es sich hierbei nicht nur um eine „akademische“ Frage handelt, zeigt schon die Überlegung, dass der Vorwurf unfairen Verhaltens viel leichter von der Hand geht als derjenige der Sittenwidrigkeit. Hinzu kommt, dass das BAG über das Gebot fairen Verhandelns das vom Gesetzgeber des BGB angestrebte, wohl austarierte Gleichgewicht zwischen der Vertragsabschlussfreiheit einerseits, dem Schutz der Willensbildungsfreiheit andererseits **1135**

390 Näher *Fischinger*, NZA 2019, 729, 730 ff.; so auch *Bauer/Romero*, ZfA 2019, 608, 614, 618; MüKo-BGB/*Müller-Glöge*, § 620, Rn. 15; *Holler*, NJW 2019, 2006; BeckOK-BGB/*Sutschet*, § 311 BGB, Rn. 59b f.; *Boemke*, JuS 2019, 1204, 1205 f.; kritisch auch *Hördt/Schulte Riesenkampff*, ArbRAktuell 2019, 289, 290.

391 BGH 2.2.2012 – III ZR 60/11, NJOZ 2013, 260; Staudinger/*Sack/Fischinger*, § 138, Rn. 11; MüKo-BGB/*Armbrüster*, § 138, Rn. 9; BeckOGK-BGB/*Jakl*, § 138, Rn. 111.

392 Siehe im Einzelnen und jeweils m.w.N. Staudinger/*Sack/Fischinger*, § 138, Rn. 405 ff., 671.

stört. Denn die Gefahr, dass das Gebot fairen Verhandelns immer dann herangezogen wird, wenn die hohen Hürden der §§ 104 ff., 119 ff., 138 BGB nicht erreicht sind, liegt auf der Hand. Mit anderen Worten: Das Gebot fairen Verhandelns kann dazu instrumentalisiert werden, eine Art „Sittenwidrigkeit-light-Kontrolle" bzw. „widerrechtliche-Drohung-light-Kontrolle" zu etablieren. Dass es sich hierbei keineswegs um eine fernliegende Befürchtung handelt, zeigen instanzgerichtliche Judikate, die – z.T. ohne genaue Prüfung – vorschnell einen Verstoß gegen das Gebot fairen Verhandelns annehmen und sich damit der Mühe entheben, eine widerrechtliche Drohung oder einen Sittenverstoß zu prüfen.[393]

Selbst wenn man die hier vertretene Auffassung nicht teilte, so ist zumindest die Ansicht des BAG, ein Verstoß gegen das Gebot fairen Verhandelns führe zur Unwirksamkeit des Aufhebungsvertrags, vollkommen unvertretbar. Denn Rechtsfolge eines Schadensersatzanspruchs (§§ 280 I, 241 II, 311 II BGB) ist nach § 249 I BGB, dass der zum Schadensersatz Verpflichtete den „Zustand herzustellen [hat], der bestehen würde, wenn der zum Ersatz verpflichtende Umstand nicht eingetreten wäre". Damit postuliert § 249 I BGB gerade *nicht*, dass infolge der Entstehung eines Schadensersatzanspruchs automatisch der ohne das Schadensereignis existierende Zustand besteht, sondern „nur", dass der Schuldner verpflichtet ist, diesen herbeizuführen.[394]

1136 In jedem Fall ist das Gebot fairen Verhandelns auf **Extremfälle** zu beschränken, in denen die Willensbildungsfreiheit des Vertragspartners (typischerweise des Arbeitnehmers) in erheblicher Weise beeinträchtigt wird. So genügt z.B. ein leichter Schnupfen ebenso wenig wie ein Beinbruch, um eine i.S.d. Gebots fairen Verhandelns relevante körperliche/physische Schwäche zu verursachen, wirken sich beide doch nicht auf die Willensbildungs- und Entscheidungsfreiheit aus.

1137 In **Fall 65** verstößt der Aufhebungsvertrag – legt man die Auffassung des BAG zugrunde – gegen das Gebot fairen Verhandelns und ist deshalb unwirksam. Denn U hat sowohl ein Überraschungsmoment als auch eine erkennbare physische Schwäche, die sich auf die Entscheidungsfähigkeit und -freiheit der P auswirkten, ausgenutzt. Nach hier vertretener Ansicht kommt man *in diesem Fall* über § 138 I BGB, den das BAG – methodisch höchst unsauber – mit keiner Silbe erwähnte, letztlich zum gleichen Ergebnis **(Rn. 1123)**. In anderen Fällen dürfte die Ansicht des BAG von Gerichten dazu instrumentalisiert werden, unliebsame Aufhebungsverträge zu „kassieren", obwohl die vom BGB – v.a. durch §§ 123 I Alt. 2, 105, 138 I BGB – gestellten Anforderungen hierfür nicht erfüllt sind.

6. Rücktritt vom Aufhebungsvertrag und Störung der Geschäftsgrundlage

1138 Ggf. ist ein Rücktritt des Arbeitnehmers möglich. Als Rücktrittsgrund kommt zum einen ein vereinbartes (vertragliches) Rücktrittsrecht (vgl. § 346 I Alt. 1 BGB) in Betracht, zum anderen ein gesetzliches Rücktrittsrecht nach § 323 BGB. Letzteres kann

393 Vgl. LAG Mecklenburg-Vorpommern 19.5.2020 – 5 Sa 173/19, BeckRS 2020, 1227 (dazu kritisch *Fischinger*, NZA-RR 2020, 516) oder das in Bezug auf das Gebot fairen Verhandelns nachgerade abwegige Urteil des ArbG Berlin 30.1.2015 – 28 Ca 12971/14, BeckRS 2015, 66780.

394 Näher *Fischinger*, NZA 2019, 729, 733.

v.a. relevant werden, wenn der Arbeitgeber eine im Aufhebungsvertrag als Ausgleich für die Vertragsauflösung zugesagte Abfindung nicht erbringt; ggf. muss der Arbeitnehmer hier aber zuerst noch erfolglos eine Frist gesetzt haben.[395] Fraglich ist, ob der Rücktritt vom Aufhebungsvertrag dazu führt, dass dieser rückwirkend wegfällt oder ob ein bei Ausübung des Rücktrittsrechts beendetes Arbeitsverhältnis per Rückabwicklung des Aufhebungsvertrags neu begründet werden muss;[396] zutreffend ist nach allgemeiner zivilrechtlicher Dogmatik letzteres, beseitigt ein Rücktritt die Vertragswirkungen doch nicht ex tunc.[397]

Auch über die Grundsätze der **Störung der Geschäftsgrundlage (§ 313 BGB)** kann **1139**
sich (ausnahmsweise) eine Lösungsmöglichkeit vom Aufhebungsvertrag ergeben. Sie liegt vor, wenn die Parteien bei Abschluss eines zur Vermeidung einer betriebsbedingten Kündigung vereinbarten Aufhebungsvertrags davon ausgingen, dass keine Weiterbeschäftigungsmöglichkeit mehr bestehen wird, sich eine solche aber überraschend nach dem Vertragsschluss und dem vereinbarten Vertragsende ergibt.[398] Liegen diese Voraussetzungen vor, so besteht zunächst nur Anspruch auf Vertragsanpassung, § 313 I BGB. Ist eine solche aber nicht möglich, besteht ein Recht zum Rücktritt vom Vertrag (§ 313 III 1 BGB), eventuell auf seiner Grundlage ausgetauschte Leistungen sind über §§ 346 ff. BGB rückabzuwickeln.[399]

Weiterführende Literatur: *Boemke, Burkhard:* Widerruf eines Aufhebungsvertrags, JuS 2019, 1204; *Fischinger, Philipp S.:* Fortgeschrittenenklausur – Zivilrecht: Immer Ärger mit dem Arbeitsrecht!, JuS 2012, 531; *ders.*, Lösungsmöglichkeiten von arbeitsrechtlichen (Aufhebungs-)Verträgen: Widerrufsrecht und „Gebot fairen Verhandelns“, NZA 2019, 729; *ders./Werthmüller, Christian:* Der Aufhebungsvertrag im Irish Pub, NZA 2016, 193; *Lingemann, Stefan/Groneberg, Rut:* Der Aufhebungsvertrag, NJW 2010, 3496; *Polzer, Nikolaus/Fuhrmann, Stefan:* Einmal Kanzlei und zurück?, Jura 2012, 570; *Tillmanns, Kerstin:* Klausurenkurs I, Fälle 5, 8; *Ulrici, Bernhard/Schwenk, Annika:* Die rückwirkende Aufhebung des Arbeitsverhältnisses, Jura 2011, 210.

V. Informationspflichten des Arbeitgebers

Aufhebungsverträge können oft (gravierende) Konsequenzen im z.B. Steuerrecht **1140**
(Steuerpflichtigkeit von Abfindungen), im Sozialversicherungsrecht (Pflicht zur Arbeitslosmeldung, Gefahr des Ruhens von Arbeitslosengeldansprüchen wegen Sperrzeit, vgl. Rn. 1115) oder für die betriebliche und gesetzliche Altersversorgung haben. Angesichts dessen stellt sich die Frage, inwieweit der Arbeitgeber verpflichtet ist, den Arbeitnehmer auf für diesen wichtige Umstände hinzuweisen und darüber zu informieren. Nach allgemeinen bürgerlich-rechtlichen Grundsätzen ist es grundsätzlich Sache jeder Vertragspartei, sich selbst die notwendigen, aus ihrer Sicht wichtigen In-

395 BAG 10.11.2011 – 6 AZR 357/10, NZA 2012, 205, 207; *Besgen/Velten*, NZA-RR 2010, 561, 562.
396 Offen gelassen von BAG 10.11.2011 – 6 AZR 357/10, NZA 2012, 205, 207.
397 ArbG Siegburg 9.2.2010 – 5 Ca 2017/09, NZA-RR 2010, 345 f.; *Besgen/Velten*, NZA-RR 2010, 561, 562 f.
398 BAG 8.5.2008 – 6 AZR 517/07, NZA 2008, 1148, 1150 m.w.N.
399 MüKo-BGB/*Finkenauer*, § 313, Rn. 110; HK-BGB/*Schulze*, § 313, Rn. 20.

formationen zu beschaffen.[400] Den Arbeitgeber treffen deshalb grundsätzlich **keine Informationspflichten**. Etwas anderes kann sich aus § 242 BGB oder § 241 II BGB aufgrund einer **Abwägung im Einzelfall** ergeben. Voraussetzung hierfür ist, dass der Arbeitnehmer – für den Arbeitgeber erkennbar – weitere Informationen benötigt, um eine informierte Entscheidung zu treffen, der Arbeitnehmer diese sich aber nicht oder nur unter erheblichem Aufwand beschaffen kann, wohingegen der Arbeitgeber sie mit verhältnismäßig geringem Aufwand zur Verfügung stellen kann.[401] Denkbar ist das z.B. hinsichtlich potenzieller Ansprüche aus betrieblicher Altersversorgung.[402] Verletzt der Arbeitgeber eine Aufklärungspflicht, haftet er gemäß §§ 280, 311 II, 241 II BGB auf Ersatz des daraus resultierenden Schadens.[403] Die Wirksamkeit des Aufhebungsvertrags wird dadurch aber nicht berührt,[404] auch kann nicht über Naturalrestitution die Wiederherstellung des Arbeitsverhältnisses verlangt werden.[405]

H. Tod einer Vertragspartei

I. Tod des Arbeitnehmers

1141 Der Arbeitnehmer hat die arbeitsvertraglich geschuldeten Dienste im Zweifel in Person zu erbringen, § 613 S. 1 BGB. Entsprechend geht die Dienstleistungspflicht bei **Tod des Arbeitnehmers** nicht auf seine Erben über und das Arbeitsverhältnis erlischt automatisch, ohne dass es einer Aufhebung oder Kündigung bedürfte. Die noch nicht erfüllten Ansprüche und Verpflichtungen aus dem Arbeitsverhältnis gehen auf die Erben über, ein nicht (vollständig) erfüllter Urlaubsanspruch wandelt sich nach h.M. in einen Urlaubsabgeltungsanspruch um (dazu näher Rn. 660).

II. Tod des Arbeitgebers

1142 Welche Auswirkungen der Tod des Arbeitgebers auf das Arbeitsverhältnis hat, hängt vom Inhalt des Leistungsversprechens ab:

- Wird der Arbeitnehmer, wie in aller Regel, **für einen Betrieb** eingestellt, endet das Arbeitsverhältnis nicht, sondern wird mit dem Erben bzw. den Erben in Erbengemeinschaft fortgeführt. § 613 S. 2 BGB steht dem nicht entgegen, weil die Vorschrift nicht für die Vererblichkeit, sondern nur für rechtsgeschäftliche Übertragbarkeit gilt.[406]

---

400 BGH 13.7.1988 – VIII ZR 224/87, NJW 1989, 763, 764 m.w.N.; 11.8.2010 – XII ZR 192/08, NJW 2010, 3362; im Kontext von Aufhebungsverträgen BAG 3.7.1990 – 3 AZR 382/89, NZA 1990, 971, 972; 17.10.2000 – 3 AZR 605/99, NZA 2001, 206, 207; 16.11.2005 – 7 AZR 86/05, NZA 2006, 535, 538.

401 BAG 13.11.1996 – 10 AZR 340/96, NZA 1997, 390, 392.

402 BAG 17.10.2000 – 3 AZR 605/99, NZA 2001, 206, 208.

403 BAG 3.7.1990 – 3 AZR 382/89, NZA 1990, 971, 972; 17.1.2000 – 3 AZR 605/99, NZA 2001, 206, 207.

404 BAG 17.10.2000 – 3 AZR 605/99, NZA 2001, 206, 207.

405 BAG 24.2.2011 – 6 AZR 626/09, NZA-RR 2012, 148, 153 m.w.N.

406 MüKo-BGB/*Müller-Glöge*, § 613, Rn. 22; HWK/*Thüsing*, § 613 BGB, Rn. 13.

- Etwas anderes kann gelten, wenn die **Arbeitsleistung** ganz (oder jedenfalls weit überwiegend) **an die Person des Arbeitgebers gekoppelt** ist, wie das z.B. bei privaten Kranken- und Altenpflegern oder auch Privatsekretären der Fall sein kann. Da in solchen Konstellationen das Arbeitsverhältnis mangels Erbringbarkeit der Arbeitsleistung nicht mehr sinnvoll fortgesetzt werden kann, endet es regelmäßig im Kontext des Versterbens des Arbeitgebers. Rechtstechnisch kann das auf verschiedene Weise erreicht werden: So kann der Tod als auflösende Bedingung vereinbart werden, was aber gemäß §§ 21, 14 IV TzBfG der Schriftform bedarf; dann endet das Arbeitsverhältnis entsprechend §§ 21, 15 II TzBfG zwei Wochen nach schriftlicher Unterrichtung des Arbeitnehmers über den Bedingungseintritt.[407] Fehlt es an einer wirksamen Bedingung, können die Erben das Arbeitsverhältnis zumindest ordentlich kündigen.[408]

I. Rechtsfragen bei/nach Beendigung des Arbeitsverhältnisses

Fall 66: A war bei U zehn Jahre lang als Kassierer tätig, bis er auf eigenen Wunsch ausschied. Als U das von A verlangte qualifizierte Zeugnis erstellt, übersieht er leicht fahrlässig, dass bei einem Diebstahl von wertvollem Betriebseigentum vor Jahren nicht A, sondern dessen Kollege K der Täter war. Daher notiert er im Zeugnis, dass A bei einer Gelegenheit gestohlen habe. A, der sich auf U verlassen und daher das Zeugnis nicht genau gelesen hatte, legt dieses seinen Bewerbungsunterlagen bei Arbeitgeber D bei. D sortiert A angesichts des vermeintlichen Diebstahls aus. Welche Ansprüche hat A gegen U wegen des fehlerhaften Zeugnisses, unterstellt, A wäre ohne die Falschangabe von D eingestellt worden? **(Lösung Rn. 1153)** 1143

Fall 67: Zunächst wie **Fall 66**, allerdings hatte in Wahrheit A den Diebstahl begangen. U übersieht das leicht fahrlässig bei der Zeugniserstellung und erwähnt den Vorfall nicht. Weil das Zeugnis für A deshalb sehr gut ist, stellt D ihn ein. Als A später bei D erhebliche Mengen Bargeld entwendet und sich auf Nimmerwiedersehen nach Südamerika absetzt, verlangt D von U Schadensersatz. Zu Recht? **(Lösung Rn. 1154)** 1144

Auch nach bzw. bei rechtlicher Beendigung des Arbeitsverhältnisses können zwischen den (ehemaligen) Vertragsparteien Ansprüche bestehen. 1145

I. Freizeit zur Stellensuche, § 629 BGB

Nach § 629 BGB hat der Arbeitgeber dem Arbeitnehmer auf dessen Verlangen hin nach der Kündigung angemessene Freizeit zur Stellensuche zu gewähren. Keine Rolle spielt, wer gekündigt hat; über ihren Wortlaut hinaus ist die Vorschrift ferner bei 1146

407 Vgl. LAG Hamburg 17.6.1952 – 20 Sa 217/52; APS/*Backhaus*, § 15 TzBfG, Rn. 3.

408 Vgl. BAG 2.5.1958 – 2 AZR 607/57, AP BGB § 626 Nr. 20; näher Staudinger/*Richardi/Fischinger*, § 613, Rn. 33.

befristeten Arbeitsverhältnissen sowie bei der Beendigung durch Aufhebungsvertrag mit Auslauffrist anzuwenden.[409]

1147 Ein Vergütungsanspruch folgt aus § 629 BGB nicht. Allerdings ist **§ 616 BGB** (dazu näher Rn. 561 ff.) anwendbar mit der Folge, dass ein Vergütungsanspruch besteht, wenn die Stellensuche nur eine verhältnismäßig nicht erhebliche Zeit dauert; das kann, muss sich aber nicht mit der „angemessenen Zeit" des § 629 BGB decken.[410] Verweigert der Arbeitgeber dem Arbeitnehmer die diesem zustehende Freistellung, so kann der Arbeitnehmer nach § 626 BGB außerordentlich kündigen und Schadensersatz gemäß § 628 II BGB verlangen.[411]

II. Hinweispflicht, § 2 II Nr. 3 SGB III

1148 V Gemäß § 2 II Nr. 3 SGB III soll der Arbeitgeber den Arbeitnehmer vor der Beendigung des Arbeitsverhältnisses frühzeitig:

- über die Notwendigkeit eigener Aktivitäten bei der Suche nach einer anderen Beschäftigung sowie über die Verpflichtung zur Meldung nach § 38 I SGB III bei der Agentur für Arbeit **informieren**. Es handelt sich dabei aber lediglich um eine öffentlich-rechtliche Pflicht im Interesse des Arbeitsförderungsrechts, ihre Verletzung begründet keine Schadensersatzansprüche eines Arbeitnehmers, der wegen Versäumung seiner Meldepflicht eine Sperrfrist für den Bezug von Arbeitslosengeld erhält;[412]
- für diese Aktivitäten **freistellen**. Das korrespondiert mit dem zivilrechtlichen Freistellungsanspruch des § 629 BGB (Rn. 1146);
- die Teilnahme an erforderlichen Maßnahmen der **beruflichen Weiterbildung ermöglichen**.

III. Zeugnisanspruch, §§ 630 S. 4 BGB, 109 GewO

1149 Nach §§ 630 S. 4 BGB, 6 II, 109 GewO hat der Arbeitnehmer bei Beendigung des Arbeitsverhältnisses Anspruch auf ein schriftliches Zeugnis. Das Zeugnis soll ihm eine „Visitenkarte" für zukünftige Bewerbungen ausstellen.[413] **Entstehungszeitpunkt**: Angesichts dieses Zwecks und des systematischen Kontexts mit § 629 BGB ist mit „Beendigung" nicht das rechtliche Ende des Arbeitsverhältnisses (z.B. Ablauf der Kündigungsfrist) gemeint, sondern der Anspruch entsteht bereits mit Zugang der Kündigungserklärung bzw. Abschluss des Aufhebungsvertrags.[414]

1150 Nach dem Wortlaut von § 109 GewO sind inhaltlich zwei **Arten** von Arbeitszeugnissen zu unterscheiden: Während im **einfachen** Zeugnis (§ 109 I 2 GewO) nur Art (z.B. „als Hausmeister") und Dauer der Tätigkeit sowie die Personaldaten des Arbeitneh-

409 ErfK/*Müller-Glöge*, § 629 BGB, Rn. 3; Staudinger/*Preis*, § 629, Rn. 12; Schaub/*Linck*, ArbRHdb, § 25, Rn. 9; Soergel/*Hofer*, § 629, Rn. 9.
410 ErfK/*Müller-Glöge*, § 629 BGB, Rn. 11; MüKo-BGB/*Henssler*, § 629, Rn. 24.
411 MüKo-BGB/*Henssler*, § 629, Rn. 23 m.w.N.
412 BAG 12.12.2002 – 8 AZR 497/01, AP BGB § 611 Haftung des Arbeitgebers Nr. 25; 29.9.2005 – 8 AZR 571/04, NZA 2005, 1406, 1407.
413 Soergel/*Hofer*, § 630, Rn. 2.
414 *Junker*, Grundkurs Arbeitsrecht, Rn. 443; Soergel/*Hofer*, § 630, Rn. 14 ff. m.w.N.

mers anzugeben sind,[415] sind im **qualifizierten** Zeugnis (§ 109 I 3 GewO) darüber hinaus Angaben zur Leistung und zum Verhalten des Arbeitnehmers zu machen. **„Verhalten"** meint das gesamte für das Arbeitsverhältnis relevante Sozialverhalten (z.B. Führungsstil, Kooperations-, Kompromiss- und Unterordnungsbereitschaft) gegenüber Vorgesetzten, Kollegen, Kunden und Lieferanten; außerdienstliches Verhalten ist ebenso wie Straftaten nur aufzunehmen, wenn ein Bezug zum Arbeitsverhältnis besteht.[416] Bei der **„Leistung"** ist zu bewerten, wie der Arbeitnehmer seine Dienstpflichten erfüllt hat (z.B. Qualität, Arbeitstempo, Arbeitsbereitschaft, Belastbarkeit, Eigeninitiative, Urteilsvermögen).[417] Meist wird zudem ein Gesamturteil abgegeben, das einer in Worten ausgedrückten Notenskala von 1 bis 6 entspricht. Bspw. wird eine sehr gute Leistung in der Regel durch die Formulierung „stets zur vollsten Zufriedenheit" ausgedrückt, eine befriedigende dagegen mit „zur vollen Zufriedenheit", eine ungenügende mit „hat sich bemüht".[418]

Für beide Arten von Zeugnissen sind eine Reihe sog. **Zeugnisgrundsätze** zu beachten. **1151**
Oberster Grundsatz ist dabei derjenige der **Zeugniswahrheit**, wonach alle Angaben im Zeugnis der Wahrheit entsprechen müssen und der Arbeitgeber alle für die Beurteilung des Arbeitnehmers erforderlichen Angaben – seien sie für ihn positiv oder negativ – machen muss **(Vollständigkeitsgrundsatz)**. Aufgrund seiner Fürsorgepflicht hat der Arbeitgeber das Zeugnis – allerdings in den durch die Zeugniswahrheitspflicht gezogenen Grenzen (!)[419] – möglichst wohlwollend zu formulieren, um das berufliche Fortkommen des Arbeitnehmers nicht zu erschweren **(Wohlwollensgrundsatz)**. Das Zeugnis muss in klarer und verständlicher Form abgefasst werden, § 109 II 1 GewO **(Zeugnisklarheit)**. Verboten ist es, ihm durch „geschickte" Formulierungen oder Merkmale einen anderen Inhalt als denjenigen zu geben, der sich aus der äußeren Form oder aus dem Wortlaut ergibt, § 109 II 2 GewO. Gegen dieses Verbot wird in der Praxis oft verstoßen, haben sich doch im Laufe der Zeit bestimmte Formulierungen eingebürgert, die scheinbar neutral oder sogar positiv formuliert sind, tatsächlich aber negative Aussagen über den Arbeitnehmer zum Ausdruck bringen sollen.

Beispiele: (1) Die Wendung „Sein Verhältnis zu Kollegen und Vorgesetzten war stets einwandfrei" soll – da zuerst die Kollegen und erst dann die Vorgesetzten erwähnt werden – demonstrieren, dass der Umgang mit Vorgesetzten schwierig war.

(2) „Herr X war sehr gesellig und trug so zur Steigerung des Betriebsklimas bei" meint, dass der Arbeitnehmer im Dienst Alkohol konsumiert hat.

(3) „Wir wünschen ihm für den weiteren Karriereweg alles Gute und Gesundheit" bedeutet, dass der Arbeitnehmer öfter krank war.

(4) „Herr X verfügt über ein gesundes Selbstbewusstsein" meint, dass der Arbeitnehmer arrogant ist.

Erteilt der Arbeitgeber ein **fehlerhaftes Zeugnis**, so kann er es **widerrufen** und vom **1152**
Arbeitnehmer verlangen, dass dieser ihm es Zug um Zug gegen Erteilung eines feh-

415 Im Einzelnen s. Soergel/*Hofer*, § 630, Rn. 42 ff.
416 Soergel/*Hofer*, § 630, Rn. 47.
417 ErfK/*Müller-Glöge*, § 109 GewO, Rn. 40; Staudinger/*Preis*, § 630, Rn. 46.
418 Vgl. Soergel/*Hofer*, § 630, Rn. 52 ff. m.w.N.
419 Vgl. BAG 8.2.1972 – 1 AZR 189/71, NJW 1972, 1214, 1215; 18.11.2014 – 9 AZR 584/13, NZA 2015, 435, 437.

lerfreien Zeugnisses herausgibt.[420] Berichtigt der Arbeitgeber nicht von sich aus, so kann der Arbeitnehmer **Berichtigung** verlangen. Praktisch relevant wird das insb., wenn der Arbeitnehmer die Bewertung im Zeugnis für zu schlecht hält. Für die Darlegungs- und Beweislast gilt in diesem Fall: Will der Arbeitnehmer eine bessere Bewertung als eine „3", so ist er insoweit darlegungs- und beweisbelastet; umgekehrt muss der Arbeitgeber die Tatsachen darlegen und ggf. beweisen, die eine schlechtere Bewertung als eine „3" rechtfertigen sollen.[421] Erteilt der Arbeitgeber das Zeugnis nicht, zu spät oder ist es **fehlerhaft zu schlecht**, so kann dies **Schadensersatzansprüche des Arbeitnehmers** aus § 280 I BGB zur Folge haben. Voraussetzung ist allerdings, dass ihm dadurch ein kausaler Schaden entstand. Ein solcher kann insb. darin liegen, dass ein anderer Arbeitgeber wegen des fehlenden/zu schlechten Zeugnisses von der Einstellung des Arbeitnehmers absieht; das hat der Arbeitnehmer darzulegen und ggf. zu beweisen.[422] Bei einer Verletzung seines allgemeinen Persönlichkeitsrechts kommt des Weiteren ein Anspruch auf Entschädigung in Betracht, § 823 I BGB.

1153 In **Fall 66** kann A zunächst Berichtigung des Zeugnisses verlangen. Überdies hat er gegen U einen Schadensersatzanspruch aus § 280 I BGB, erlitt er doch infolge des fehlerhaft zu schlechten Zeugnisses einen Schaden, weil er ohne die dortige Fehlangabe von D eingestellt worden wäre. Der Anspruch ist auf Naturalrestitution gerichtet, A kann also von U den ihm bei D entgehenden Lohn verlangen, § 249 I BGB. Der Anspruch ist – im Wege der Vorteilsausgleichung – allerdings um dem A eventuell zustehende Sozialleistungen zu kürzen. Vertretbar ist überdies, ihn nach § 254 I BGB wegen Mitverschuldens des A, der das Zeugnis nicht auf seine Wahrheit kontrollierte, zu kürzen. Ferner kommt ggf. eine Kürzung nach § 254 II 2 BGB in Betracht, sollte der A seine Schadensminderungsobliegenheit verletzen, d.h. insb. nicht versuchen, eine andere Arbeitsstelle zu finden.

Stellt der Arbeitgeber umgekehrt **fehlerhaft ein zu gutes Zeugnis** aus, so kann dies **Schadensersatzansprüche anderer Arbeitgeber**, die den Arbeitnehmer wegen des Zeugnisses einstellten, begründen.

1154 Dieses Problem stellt sich in **Fall 67**. Bejaht wird ein Anspruch aus **§ 826 BGB**, wenn der zeugniserstellende Arbeitgeber die Unrichtigkeit kannte und die Schädigung eines späteren Arbeitgebers mindestens bedingt vorsätzlich billigte.[423] Diese Voraussetzungen liegen hier nicht vor, handelte A doch nur leicht fahrlässig. Der BGH hat in einer vereinzelten Entscheidung allerdings auch eine Haftung des zeugniserstellenden Arbeitgebers auf **vertraglicher (bzw. vertragsähnlicher) Basis** angenommen, und zwar dann, wenn der Aussteller nachträglich die Unrichtigkeit erkannte und einen Dritten, von dem er wusste, dass dieser auf das Zeugnis vertrauen werde, nicht warnte.[424] Auch diese Voraussetzungen liegen hier aber nicht vor. Ob über diesen Sonderfall hinaus eine **allgemeine vertragsähnliche Haf-**

---

420 Soergel/*Hofer*, § 630, Rn. 80.

421 BAG 14.10.2003 – 9 AZR 12/03, NZA 2004, 842, 844 f.; 18.11.2014 – 9 AZR 584/13, NZA 2015, 435 f.

422 BAG 25.10.1967 – 3 AZR 456/66, AP HGB § 73 Nr. 6; vgl. aber auch BAG 26.2.1976 – 3 AZR 215/75, AP BGB § 252 Nr. 3; 24.3.1977 – 3 AZR 232/76, AP BGB § 630 Nr. 12.

423 RAG 16.9.1937 – VI 23/37, JW 1937, 3105, 3106; BGH 26.11.1963 – VI ZR 221/62, VersR 1964, 314, 316; 22.9.1970 – VI ZR 193/69, AP BGB § 826 Nr.16; OLG Hamburg 14.12.1954 – 1 U 212/54, NJW 1956, 348, 350.

424 BGH 15.5.1979 – VI ZR 230/76, NJW 1979, 1882; ablehnend *Hofer/Hengstberger*, NZA-RR 2020, 118, 119 ff.

tung gegenüber späteren Arbeitgebern möglich ist, ist noch nicht geklärt. Denkbar wäre es, eine solche auf §§ 280 I, 241 II, 311 **III** BGB mit dem Argument zu stützen, der Zeugnisersteller nehme wie ein Gutachter besonderes Vertrauen für sich in Anspruch. Die daraus resultierende Folge, dass der Zeugnisersteller für jede Fahrlässigkeit haften würde, erscheint aber als zu weitgehend, schon weil er bei der Zeugniserstellung stets Gefahr läuft, leicht fahrlässig entweder ein zu gutes oder ein zu schlechtes Zeugnis auszustellen (jeweils mit der Folge von Schadensersatzpflichten). Um das zu vermeiden und überdies der Tatsache Rechnung zu tragen, dass er mit der Zeugniserstellung dem späteren Arbeitgeber gegenüber eine Art unentgeltliche Leistung erbringt, liegt es nahe, analog §§ 521, 599, 680 BGB eine Haftungsprivilegierung auf grobe Fahrlässigkeit und Vorsatz vorzunehmen.[425] Folgt man dem, scheidet eine Haftung des nur leicht fahrlässig handelnden U gegenüber D aus.

Hinweis: Vom obigen Endzeugnis ist ein sog. **Zwischenzeugnis** zu unterscheiden, das während des laufenden Arbeitsverhältnisses ausgestellt wird. Ein Anspruch auf ein solches folgt nicht aus § 109 GewO. Anspruchsgrundlage ist vielmehr die Fürsorgepflicht des Arbeitgebers, der Arbeitnehmer kann ein Zwischenzeugnis aber nur verlangen, wenn er daran ein **berechtigtes Interesse** hat. Das ist z.B. anzunehmen bei einem Wechsel der innerbetrieblichen Stelle, einem Vorgesetztenwechsel oder bei einem Betriebsübergang.[426]

Weiterführende Literatur zum Zeugnisrecht: *Hofer, Jonas/Hengstberger, Silas:* Vertragliche Haftung für fehlerhafte Arbeitszeugnisse zwischen Arbeitgebern (?), NZA-RR 2020, 118; *Seel, Henning-Alexander:* Beendigung von Arbeitsverhältnissen, JA 2006, 366.

IV. Nachvertragliches Wettbewerbsverbot

Nach Beendigung des Arbeitsverhältnisses ist der Arbeitnehmer grundsätzlich frei, seine Arbeitskraft nach seinem Gutdünken einzusetzen. Das schließt das Recht ein, in abhängige Arbeit für einen Konkurrenten des ehemaligen Arbeitgebers zu treten (oder diesem selbst als Unternehmer Konkurrenz zu machen). Etwas anderes gilt, soweit ein wirksames und verbindliches nachvertragliches Wettbewerbsverbot besteht (dazu näher Rn. 701 ff.). 1155

V. Sonstige nachvertragliche Pflichten

- (Spätestens) bei der Beendigung des Arbeitsverhältnisses hat der Arbeitnehmer analog § 667 BGB dasjenige **herauszugeben**, was er zur Erfüllung seiner Arbeitspflicht erhielt (z.B. Büroschlüssel, Dienstwagen) bzw. durch diese erlangte (z.B. Geschäftsunterlagen); zur Herausgabepflicht s. auch Rn. 719.[427] Ist der Arbeitgeber Eigentümer, folgt regelmäßig auch aus § 985 BGB ein Anspruch. 1156
- Der Arbeitnehmer kann ferner auch nach Beendigung des Arbeitsverhältnisses zur **Verschwiegenheit** über bestimmte Umstände verpflichtet sein (s. Rn. 717).

425 So nun auch *Hofer/Hengstberger*, NZA-RR 2020, 118, 123.
426 MünchArbR/*Francke*, § 138, Rn. 8; Staudinger/*Preis*, § 630, Rn. 19; Soergel/*Hofer*, § 630, Rn. 21 ff. m.w.N.
427 BAG 14.12.2011 – 10 AZR 283/10, NZA 2012, 501, 502.

- Die Beendigung des Arbeitsverhältnisses kann ferner dazu führen, dass der Arbeitnehmer **Rückzahlung** von Fortbildungskosten oder Gratifikationen schuldet (s. dazu Rn. 450 f., 456).
- In vielen (größeren) Unternehmen existiert eine sog. **betriebliche Altersversorgung**, die Arbeitnehmern, die bestimmte Voraussetzungen erfüllen, einen Anspruch auf eine neben die gesetzliche Rente tretende zusätzliche Altersrente geben.
- Auf Verlangen des Arbeitnehmers hat der Arbeitgeber Dritten gegenüber **Auskünfte** über den Arbeitnehmer zu erteilen.[428]
- Der Arbeitgeber hat dem Arbeitnehmer **Arbeitspapiere** herauszugeben und die vorgeschriebenen Bescheinigungen (z.B. § 6 II BUrlG) zu erteilen.[429]
- Treffen die Parteien anlässlich der Beendigung des Arbeitsverhältnisses eine Vereinbarung, so enthält diese oftmals eine **Ausgleichsquittung**, in der sie sich gegenseitig „bestätigen", dass außer den in der Vereinbarung geregelten keine Ansprüche mehr gegeneinander bestehen (s. näher Rn. 427).

§ 13 Befristung von Arbeitsverhältnissen

1157 **Fall 68:** Unternehmer U braucht schnell einen neuen Arbeitnehmer. Von einem Headhunter wird ihm A vermittelt. In einem Telefonat besprechen A und U die maßgeblichen Vertragsparameter, unter anderem, dass A für zwei Jahre befristet beschäftigt werden soll. A soll bereits am nächsten Tag anfangen, U erklärt aber, dass vor Vertragsschluss erst noch der „ganze Papierkram" geklärt werden müsse, was gerade wegen Erkrankung der Sekretärin nicht möglich sei. Eine Woche nach Arbeitsaufnahme werden die Abreden schließlich schriftlich fixiert. Wirksamkeit der Befristung? **(Lösung Rn. 1178)**

1158 **Fall 69:** Unternehmer U will dringend den A als neuen Arbeitnehmer einstellen. Während des Bewerbungsgesprächs schließt er mit ihm mündlich einen auf ein Jahr befristeten Arbeitsvertrag. Am nächsten Tag nimmt A die Arbeit auf. Als in der Folgewoche die Sekretärin aus dem Urlaub zurückkehrt, wird der Vertrag entsprechend der mündlichen Verabredungen schriftlich fixiert. Wirksamkeit der Befristung, wenn kein Sachgrund besteht? **(Lösung Rn. 1181)**

1159 **Fall 70:** Wie **Fall 69** allerdings mit dem Unterschied, dass die schriftliche Fixierung noch vor Arbeitsaufnahme durch A erfolgt und als Befristungsdauer nunmehr 1 ½ Jahren vereinbart werden. Wirksamkeit der Befristung, wenn kein Sachgrund besteht? **(Lösung Rn. 1183)**

1160 **Fall 71:** Arbeitgeber U hat mit Arbeitnehmer A am 1.4.2015 einen auf sechs Monate befristeten Arbeitsvertrag geschlossen, ohne hierfür einen Sachgrund anführen zu können. Als sich A am Abend des 30.9.2015 von U verabschiedet, bittet dieser ihn, am 1.10.2015 nochmals vorbeizuschauen. Als A der Bitte am 1.10. nachkommt, bietet ihm der U überraschend

428 BAG 14.9.1994 – 5 AZR 632/93, NZA 1995, 220, 222; kritisch gegen eine Rechtspflicht MüKo-BGB/*Spinner*, § 611a, Rn. 1134.

429 ErfK/*Preis*, § 611a BGB, Rn. 752.

an, das Arbeitsverhältnis „wie gehabt" um drei Monate zu verlängern. A nimmt an, eine entsprechende schriftliche Vereinbarung wird geschlossen. Wirksamkeit der Befristung zum 31.12.2015? **(Lösung Rn. 1192** und **1204)**

Fall 72: Wie **Fall 71**, diesmal bietet U dem A aber noch am 30.9.2015 an, das Arbeitsverhältnis bis zum 31.12.2015 zu verlängern. Da er mit der Arbeit des A zufrieden ist, bietet er ihm zugleich eine Erhöhung des Stundenlohns von € 11 auf € 11,50 an. A nimmt erfreut und formgerecht an. Wirksamkeit der Befristung zum 31.12.2015? **(Lösung Rn. 1194)** 1161

Fall 73: Wie **Fall 71**, diesmal vereinbart aber U mit A am 28.9.2015 die Verlängerung bis zum 31.12.2015. Am 30.9.2015 einigen sie sich ferner darauf, den Stundenlohn von € 11 auf € 11,50 zu erhöhen. Wirksamkeit der Befristung zum 31.12.2015? **(Lösung Rn. 1195)** 1162

Fall 74: A ist bereits seit einigen Jahren bei dem Zeitarbeitsunternehmen V-GmbH angestellt, das die notwendige Erlaubnis zur Arbeitnehmerüberlassung besitzt. In den letzten zwei Jahren war er dabei dauerhaft an das Unternehmen E-AG „ausgeliehen". E ist mit der Leistung des A so zufrieden, dass es ihm einen auf zwei Jahre befristeten Arbeitsvertrag anbietet. Ein Sachgrund für die Befristung existiert nicht. Wirksamkeit der Befristung? **(Lösung Rn. 1198)** 1163

A. Grundlagen

Nach der gesetzlichen Grundkonzeption ist das Arbeitsverhältnis als Dauerschuldverhältnis auf unbestimmte Zeit angelegt und endet daher erst, wenn einer der im vorigen Kapitel genannten Umstände eintritt. Das Gesetz verbietet es den (prospektiven) Vertragsparteien aber grundsätzlich nicht, einen nur befristeten Arbeitsvertrag zu vereinbaren. Meist dient die Befristung vorrangig dem Flexibilisierungsinteresse des Arbeitgebers, der auf diese Weise vermeiden will, einer nur im Wege der – praktisch oft schwierigen – Kündigung zu entkommenden Endlosbindung an ein Arbeitsverhältnis zu unterliegen. Dennoch wäre es in der rechtspolitischen Bewertung falsch, in der Möglichkeit zur Befristung von Arbeitsverträgen ausschließlich ein arbeitnehmerbelastendes Instrument zu erblicken: Erstens gibt es durchaus Fälle, in denen die Befristung – zumindest: auch – dem Interesse des Arbeitnehmers entspricht. Zweitens kann die Befristung für den Arbeitnehmer insoweit von Vorteil sein, als dann, wenn nicht ein anderes vereinbart ist, die ordentliche Kündigung eines befristeten Arbeitsverhältnisses während dessen Laufzeit ausgeschlossen ist, der Arbeitnehmer hier also stärker geschützt sein kann als in einem unbefristeten Arbeitsverhältnis (§ 15 III TzBfG, s. Rn. 1221). 1164

Auch wenn die Befristung von Arbeitsverträgen daher nicht per se verboten ist, hat der Gesetzgeber ihre Zulässigkeit an strenge Voraussetzungen geknüpft. § 620 III BGB verweist auf das TzBfG. Ursprünglich war – v.a. mit dem Sachgrunderfordernis des § 14 I TzBfG – insb. beabsichtigt, eine **Aushebelung des Kündigungsschutzrechts** durch den Abschluss wiederholter, kurzzeitig befristeter Arbeitsverhältnisse zu vermeiden. Allerdings hat sich der Gesetzgeber von dieser Zielsetzung insoweit ein Stück weit gelöst, als das TzBfG auch gilt, wenn der allgemeine Kündigungsschutz mangels Betriebsgröße (§ 23 I 2, 3 KSchG, Rn. 959 ff.) – oder weil der Arbeit- 1165 nehmer noch nicht sechs Monate im Betrieb beschäftigt war (§ 1 I KSchG, Rn. 971 ff.) – nicht eingreift.[1]

Hinweis: Unterscheiden Sie klar zwischen einer möglichen Unwirksamkeit der Befristung und des Arbeitsvertrags! Das TzBfG beschäftigt sich allein mit der Befristung, deren eventuelle Unwirksamkeit wirkt sich auf die Wirksamkeit des Arbeitsvertrags im Übrigen nicht aus. § 16 TzBfG (näher Rn. 1225) verdrängt somit als Sonderregelung § 139 BGB, nach dem die Unwirksamkeit eines Vertragsteils eigentlich zur Unwirksamkeit des gesamten Vertrags führt.

B. Begriff der Befristung und vorrangige Spezialregelungen

1166 Neben der Teilzeitarbeit (s. Rn. 602 ff.) enthält das TzBfG Regelungen zu befristeten Verträgen. Befristet beschäftigt ist ein Arbeitnehmer mit einem auf bestimmte Zeit geschlossenen Arbeitsvertrag, **§ 3 I 1 TzBfG**. Das Gesetz unterscheidet insoweit zwei Arten, wobei die Differenzierung v.a. im Hinblick auf den Zeitpunkt der Beendigung relevant ist (§ 15 I, II TzBfG, s. Rn. 1222):

- Ist die Dauer des angestrebten Arbeitsverhältnisses kalendermäßig bestimmt, handelt es sich um einen **kalendermäßig befristeten** Arbeitsvertrag, § 3 I 2 Alt. 1 TzBfG. Hierfür muss entweder der Endtermin („bis 31.12."), die Laufzeit („zwei Jahre ab 1.1.2015") oder wenigstens ein Bezugspunkt genannt werden, der nach objektiven Kriterien mittelbar eine Bestimmung des Befristungszeitraums ermöglicht („bis zum Ende der Semesterferien").[2]
- Ein Arbeitsvertrag kann aber auch dadurch auf bestimmte Zeit abgeschlossen werden, dass sich seine Dauer aus Art, Zweck oder Beschaffenheit der Arbeitsleistung ergibt (**zweckbefristeter** Arbeitsvertrag, § 3 I 2 Alt. 2 TzBfG). Erforderlich ist auch hier, dass die Parteien das Ereignis, durch welches der Arbeitsvertrag beendet werden soll, so benennen, dass dieses objektiv zweifelsfrei feststellbar ist (Beispiele: „bis zur Rückkehr des vertretenen erkrankten Arbeitnehmers X an seinen Arbeitsplatz"; „bis zum Abschluss des Forschungsprojekts xy").

Hinweis: Die folgenden Ausführungen beziehen sich – soweit nicht anders angegeben – stets auf beide Arten befristeter Arbeitsverträge.

1167 V In einer Reihe von Sondergesetzen finden sich **Spezialregelungen**, die Befristungen unter den dort genannten Voraussetzungen zulassen. Zu nennen sind v.a.:

- Gemäß **§ 21 I, III BEEG** besteht ein Sachgrund für die befristete Einstellung bei Vertretung eines Arbeitnehmers, der für die Dauer eines Beschäftigungsverbots nach dem MuSchG, eine Elternzeit oder – auf Basis einer kollektiv- oder einzelvertraglichen Absprache – zur Kinderbetreuung freigestellt wurde.
- **§ 6 I 1 PflegeZG** ist weitgehend § 21 BEEG nachempfunden und erlaubt die Befristung zur Vertretung eines Beschäftigten, der nach §§ 2, 3 PflegeZG zeitweise von der Arbeit freigestellt wurde. Er geht über § 14 I 2 Nr. 3 TzBfG insoweit hinaus, als er Befristungen nicht nur zur Vertretung von Arbeitnehmern, sondern Beschäftigten – und damit zum Beispiel auch arbeitnehmerähnlichen Personen (§ 7 I Nr. 3 PflegeZG) – erlaubt. Ob

1 So auch Küttner/*Kania*, Personalbuch, „Befristetes Arbeitsverhältnis", Rn. 22.
2 Annuß/Thüsing/*Maschmann*, TzBfG, § 3, Rn. 3.

§ 14 I 2 Nr. 3 TzBfG von § 6 PflegeZG verdrängt wird oder neben diesem anwendbar ist, ist umstritten.[3]

- Nach **§ 21 I BBiG** endet ein Berufsausbildungsverhältnis – ohne dass es einer Kündigung oder Mitteilung bedarf – automatisch mit Zeitablauf, wenn die Ausbildungszeit abgelaufen ist. Einer besonderen Vereinbarung hierüber bedarf es nicht, diese Rechtsfolge tritt vielmehr kraft Gesetzes ein.
- **§§ 2, 3 WissZeitVG** erlaubt in weitgehender Weise den Abschluss von befristeten Arbeitsverträgen mit wissenschaftlichem und künstlerischem Personal an staatlichen Hochschulen.

Von der Befristung des Arbeitsvertrags insgesamt ist die **Befristung einzelner Vertragsbedingungen** zu unterscheiden, also z.B. die Vereinbarung, die Arbeitszeit zur Erledigung eines dringenden Auftrags für drei Monate aufzustocken. Die Wirksamkeit solcher Abreden ist **nicht direkt am TzBfG** zu messen, sondern anhand einer allgemeinen Vertragskontrolle (v.a. den §§ 307 ff. BGB), wobei aber die Wertungen des TzBfG zu berücksichtigen sind. Wäre also eine Befristung des gesamten Arbeitsvertrages zulässig, so bedeutet das zwar noch nicht apodiktisch, dass auch die Befristung einzelner Vertragsbedingungen zulässig ist, es ist aber ein sehr starkes Argument hierfür (und umgekehrt).[4] 1168

Von befristeten sind schließlich **auflösend bedingte Arbeitsverträge** zu unterscheiden, über § 21 TzBfG finden auf sie aber weitgehend die gleichen Regelungen Anwendung (Rn. 1235). 1169

C. Anforderungen an wirksame Befristungen

Neben einer **Einigung** der Parteien über die Befristung des Arbeitsvertrags, die sich nach den allgemeinen Vorschriften der §§ 145 ff. BGB richtet, bedarf die Befristung zu ihrer Wirksamkeit der Beachtung der vom TzBfG aufgestellten **formellen** und **materiellen** Anforderungen. Deren Unterscheidung ist mit Blick auf die im Detail nicht ganz identischen Rechtsfolgen (§ 16 S. 1 bzw. S. 2 TzBfG, Rn. 1225, 1227) relevant. 1170

Achtung: Schließen dieselben Arbeitsvertragsparteien **mehrere befristete Arbeitsverträge hintereinander**, so ist bei einer Klage des Arbeitnehmers **nur die letzte Befristung auf ihre Wirksamkeit hin zu überprüfen**; die eventuelle Unwirksamkeit einer vorherigen Befristung ist bedeutungslos. Die Rechtsprechung begründet das traditionell damit, dass die Vertragsparteien, die im Anschluss an einen befristeten Arbeitsvertrag einen neuerlichen befristeten Arbeitsvertrag vereinbaren, zum Ausdruck brächten, nur dieser neue Vertrag solle die maßgebende Basis des Arbeitsverhältnisses sein.[5] Dieser Begründung bedarf es in aller Regel gar nicht, da die vorherigen Befristungen meist nicht innerhalb der Dreiwochenfrist des § 17 TzBfG mit 1171

3 Für Verdrängung *Müller*, BB 2008, 1058, 1064; für Nebeneinander BAG 17.11.2010 – 7 AZR 443/09, NZA 2011, 34 ff. (jeweils zum Parallelproblem bei § 21 BEEG); ErfK/*Gallner*, § 6 PflegeZG, Rn. 1.

4 Vgl. näher APS/*Greiner*, Einführung vor § 14 TzBfG, Rn. 53 f. m.w.N.

5 BAG 22.4.1998 – 5 AZR 92/97, AP BGB § 611 Rundfunk Nr. 25; 27.2.2005 – 7 AZR 486/04, NZA 2006, 40, 42; kritisch *Colneric*, AuR 1985, 319; *Mayer-Maly*, ZfA 1990, 203, 208.

der Entfristungsklage angegriffen wurden und daher ohnehin als wirksam gelten (näher Rn. 1229).[6]

I. Formelle Voraussetzung: Schriftform, § 14 IV TzBfG

1. Grundsätze

1172 § 14 IV TzBfG normiert eine Ausnahme vom allgemeinen Grundsatz der Formfreiheit. Danach bedarf die Befristungsabrede der Schriftform (§ 126 BGB). Das Schriftformerfordernis hat zum einen **Beweisfunktion**, zum anderen **Warnfunktion**, soll dem Arbeitnehmer doch deutlich vor Augen geführt werden, dass er nur einen befristeten Arbeitsvertrag eingeht und er dadurch die mit unbefristeten Arbeitsverträgen verbundenen Vorteile verliert.[7]

1173 Das Schriftformerfordernis gilt isoliert **nur für die Befristungsabrede** selbst, der übrige Arbeitsvertrag kann mündlich/konkludent geschlossen werden (auch wenn das kaum praxisrelevant ist).[8] Zur Befristungsabrede i.d.S. gehört neben der Angabe, dass der Arbeitsvertrag nur befristet gelten soll, die Nennung von Enddatum oder Laufzeit (bei der kalendermäßigen Befristung) bzw. – bei der Zweckbefristung – des Zwecks.[9] Fehlt es an einer präzisen Angabe („etwa ein Jahr"), ist § 14 IV TzBfG verletzt und die Befristung unwirksam (Rn. 1227).[10] Sieht man von der notwendigen Zweckangabe bei der Zweckbefristung ab, muss hingegen der **Befristungsgrund grundsätzlich nicht schriftlich** festgehalten werden;[11] etwas anderes gilt nur bei gesetzlicher Anordnung (zum Beispiel § 2 IV WissZeitVG).

1174 **Anwendungsbereich**: § 14 IV TzBfG gilt nicht nur für auf § 14 TzBfG gestützte Befristungen und deren Verlängerung[12] oder Verkürzung, sondern auch für solche, die auf Basis einer Spezialvorschrift wie z.B. § 6 PflegeZG vereinbart[13] werden. Hingegen ist er nicht anwendbar, wenn nicht der Arbeitsvertrag insgesamt, sondern nur einzelne Arbeitsbedingungen befristet werden sollen.[14]

1175 Wird die Schriftform nicht gewahrt, so ist die **Befristung unwirksam** (§ 125 S. 1 BGB). Nach § 16 S. 1 TzBfG gilt dann ein Arbeitsvertrag als auf unbestimmte Zeit geschlossen (näher Rn. 1225, 1227).

6 *Sievers*, TzBfG, § 17, Rn. 13 f.; Laux/*Schlachter*, TzBfG, § 14, Rn. 16.

7 BAG 3.9.2003 – 7 AZR 106/03, NZA 2004, 255, 256; 23.6.2004 – 7 AZR 636/03, NZA 2004, 1333, 1334; Annuß/Thüsing/*Maschmann*, TzBfG, § 14, Rn. 85.

8 BAG 23.6.2004 – 7 AZR 636/03, NZA 2004, 1333; 26.7.2006 – 7 AZR 515/05, NZA 2007, 34, 35; Laux/*Schlachter*, TzBfG, § 14, Rn. 162.

9 BAG 21.12.2005 – 7 AZR 541/04, NZA 2006, 321; *Richardi/Annuß*, NJW 2000, 1231, 1234.

10 Küttner/*Kania*, Personalbuch, „Befristetes Arbeitsverhältnis", Rn. 3.

11 BAG 23.6.2004 – 7 AZR 636/03, NZA 2004, 1333, 1334; Laux/*Schlachter*, TzBfG, § 14, Rn. 170.

12 BAG 13.5.2005 – 7 AZR 289/04, NZA 2005, 923, 924.

13 Weil § 21 I BBiG eine gesetzliche Befristung enthält, ist § 14 IV TzBfG nicht anwendbar (*Richardi*, NZA 2001, 57, 61).

14 Annuß/Thüsing/*Maschmann*, TzBfG, § 14, Rn. 87c.

2. Heilung?

Lernhinweis: Die folgenden Ausführungen setzen Kenntnisse des materiellen Befristungsrechts voraus (Rn. 1184 ff.). Es ist daher anzuraten, sie zunächst zu überspringen und erst dann, wenn die § 14 I, II TzBfG verstanden wurden, durchzuarbeiten.

Schwierige Fragen können sich ergeben, wenn die Parteien zunächst nur **mündliche Absprachen** trafen und diese erst **später** – sei es vor oder nach der Arbeitsaufnahme – **schriftlich niederlegten**. Insoweit ist nach der durchaus kritikwürdigen[15] Rechtsprechung des BAG wie folgt zu differenzieren: 1176

a) Denkbar ist zunächst, dass die mündlichen Abreden noch zu gar **keinem Vertragsschluss** führten. Das ist anzunehmen, wenn der Arbeitgeber in den Verhandlungen den Vertragsschluss ausdrücklich unter den Vorbehalt einer schriftlichen Fixierung stellt oder diese ankündigt; das BAG hat es auch genügen lassen, dass der Arbeitgeber – ohne vorherige entsprechende Absprache – ein von ihm unterzeichnetes Vertragsformular an den Arbeitnehmer mit der Bitte um Unterzeichnung übersendet.[16] In einem solchen Fall liegt (logischerweise) kein Verstoß gegen § 14 IV TzBfG vor. Auch eine eventuelle Arbeitsaufnahme durch den Arbeitnehmer begründet kein – nicht § 14 IV TzBfG genügendes – Arbeitsverhältnis, sondern nur ein **fehlerhaftes Arbeitsverhältnis.**[17] Dieses hindert die Parteien nicht, später formgerecht ein befristetes Arbeitsverhältnis abzuschließen. Das frühere fehlerhafte Arbeitsverhältnis wird dabei nicht als Arbeitsverhältnis i.S.v. § 14 II 2 TzBfG gewertet; entsprechend ist das formgerechte Arbeitsverhältnis als erstes Arbeitsverhältnis anzusehen, das deshalb nach § 14 II 1 TzBfG **sachgrundlos befristet** werden kann.[18] 1177 V

In **Fall 68** ist die Erklärung des U, es müsse vor Vertragsschluss erst noch der „ganze Papierkram" geklärt werden, als entsprechender Vorbehalt zu interpretieren, so dass während des Telefonats noch kein Vertrag zustande kam. A wurde also zunächst auf Basis eines fehlerhaften Arbeitsverhältnisses tätig. Der Arbeitsvertrag wurde erst in der folgenden Woche geschlossen, wobei das Schriftformerfordernis gewahrt wurde. Auch war – mangels Eingreifens des Anschlussverbots des § 14 II 2 TzBfG – eine sachgrundlose Befristung nach § 14 II 1 TzBfG möglich. Die Befristung ist wirksam. 1178

b) Haben die Parteien hingegen **mündlich einen befristeten Vertrag** vereinbart, so ist die Befristung nach §§ 14 IV TzBfG, 125 S. 1 BGB unwirksam und das Arbeitsverhältnis ist zunächst als unbefristetes entstanden (§ 16 TzBfG). Für die Frage, wie es sich auswirkt, wenn die Parteien **später die Schriftform nachholen**, ist weiter zu unterscheiden: 1179 V

- Erfolgt die Nachholung erst **nach tatsächlicher Arbeitsaufnahme**, so wird dadurch die unwirksame **erste Befristung** nach Auffassung des BAG nicht wirksam. Etwas anderes folge insb. nicht aus § 141 BGB: Der Bestätigung nach § 141 I BGB kommt als solcher keine Rückwirkung auf den Zeitpunkt der Vornahme des Rechtsgeschäfts zu, und auch § 141 II BGB hilft nicht weiter, weil der Arbeitsvertrag ja – mit Ausnahme der Befristung – von Anfang an wirksam war und ohnehin schon die Rechte und Pflichten der Vertragsparteien normierte.[19] Möglich ist es allerdings, in der schriftlichen Fixierung 1180 V

15 Vgl. z.B. APS/*Greiner*, § 14 TzBfG, Rn. 477c-e; *ders.*, RdA 2009, 82.
16 BAG 16.4.2008 – 7 AZR 1048/06, NZA 2008, 1184, 1186.
17 Annuß/Thüsing/*Maschmann*, TzBfG, § 14, Rn. 89; ErfK/*Müller-Glöge*, § 14 TzBfG, Rn. 124.
18 *Sievers*, TzBfG, § 14, Rn. 494 ff.; Laux/*Schlachter*, TzBfG, § 14, Rn. 164.
19 BAG 16.3.2005 – 7 AZR 289/04, NZA 2005, 923, 924 f.; Boecken/*Boecken*, TzBfG, § 14, Rn. 197; APS/*Greiner*, § 14 TzBfG, Rn. 477; kritisch *Nadler/v. Medem*, NZA 2005, 1214, 1218; **a.A.** *Straub*, NZA 2001, 919, 927; *Bauer*, BB 2001, 2526, 2528.

den Abschluss eines **zweiten befristeten Arbeitsverhältnisses** (samt konkludenter Aufhebung des ersten Arbeitsverhältnisses) zu sehen. Das stößt allerdings auf zwei Schwierigkeiten: (1) Zunächst setzt es voraus, dass bei der schriftlichen Fixierung überhaupt entsprechende Willenserklärungen vorliegen, woran er regelmäßig fehlt, wenn nur das zuvor mündlich Vereinbarte schriftlich festgehalten werden soll. Ein zweiter Vertragsschluss kommt daher meist überhaupt nur in Betracht, wenn die spätere Befristungsabrede inhaltlich von der früheren abweicht.[20] (2) Auch wenn – ausnahmsweise – ein zweiter Vertragsschluss gewollt war, kommt nunmehr eine sachgrundlose Befristung nach § 14 II 1 TzBfG nicht mehr in Betracht, greift doch angesichts des ersten, mündlich vereinbarten Arbeitsvertrags das Anschlussverbot des § 14 II 2 TzBfG (Rn. 1196) ein.[21] Es bedarf also eines Sachgrunds.

1181 In **Fall 69** steht A demnach in einem unbefristeten Arbeitsverhältnis: Die mündliche Befristungsabrede ist unwirksam (§§ 14 TzBfG, 125 S. 1 BGB), woran auch die spätere schriftliche Fixierung nichts zu ändern vermag. In Letzterer ist insb. auch kein erneuter, auf Begründung eines zweiten befristeten Arbeitsverhältnisses gerichteter Vertragsschluss zu sehen, fehlt es doch schon an darauf gerichteten Willenserklärungen.

1182 V

- Erfolgt die schriftliche Fixierung hingegen **vor der tatsächlichen Arbeitsaufnahme**, so ändert sich zwar auch insoweit nichts an der Unwirksamkeit der ersten Befristung, und auch hier kann der Abschluss eines zweiten befristeten Arbeitsvertrags nur bei Vorliegen entsprechender Willenserklärungen angenommen werden. Ist dieses Hindernis aber überwunden, so will die h.M. – im Unterschied zu obiger Konstellation – auf diesen zweiten Arbeitsvertrag das **Anschlussverbot** des § 14 II 2 TzBfG **nicht** anwenden, so dass ggf. eine sachgrundlose Befristung nach § 14 II 1 TzBfG möglich ist. Argument ist, dass mangels bereits erfolgter tatsächlicher Arbeitsaufnahme zwar ein erster Arbeits*vertrag*, nicht aber ein – von § 14 II 2 TzBfG verlangtes – Arbeits*verhältnis* begründet wurde.[22]

1183 In **Fall 70** ändert die schriftliche Niederlegung zwar an der Unwirksamkeit der ersten Befristung nichts. Allerdings liegen hier angesichts der abweichenden Befristungsdauer Willenserklärungen vor, die auf den Abschluss eines zweiten Arbeitsverhältnisses (bei konkludenter Aufhebung des ersten) gerichtet sind. Diese zweite Befristung ist unter Zugrundelegung der oben genannten Auffassung nach § 14 II 1 TzBfG auch sachgrundlos möglich, weil mangels vorheriger Arbeitsaufnahme noch kein Arbeitsverhältnis vorlag und somit § 14 II 2 TzBfG nicht eingreift. Sie ist daher wirksam.

II. Materielle Voraussetzungen

1. Grundsatz: Sachgrunderfordernis

1184 (Materielles) Herzstück und zentrale Norm des Befristungsrechts ist **§ 14 I 1 TzBfG**. Danach ist die Befristung eines Arbeitsverhältnisses grundsätzlich nur zulässig, wenn sie durch einen sachlichen Grund gerechtfertigt ist. Bevor geprüft wird, ob ein Sach-

20 BAG 16.4.2008 – 7 AZR 1048/06, NZA 2008, 1184, 1185.

21 Boecken/*Boecken*, TzBfG, § 14, Rn. 198; ErfK/*Müller-Glöge*, § 14 TzBfG, Rn. 127; **a.A.** *Nadler/v. Medem*, NZA 2005, 1214, 1217 f.

22 *Riesenhuber*, NJW 2005, 2268, 2269; ErfK/*Müller-Glöge*, § 14 TzBfG, Rn. 124; Laux/*Schlachter*, TzBfG, § 14, Rn. 165.

grund vorliegt, ist allerdings zunächst zu untersuchen, ob nicht eine der drei, im Folgenden zu erläuternden, Ausnahmen vom Sachgrunderfordernis eingreift.

Für die Frage, ob die Befristung materiell wirksam ist, ist dabei allein die **objektive** **1185**
Rechtslage maßgebend. Deshalb müssen die Parteien nicht angeben, auf welchen Sachgrund (bzw. welche Ausnahme vom Sachgrunderfordernis) sie die Befristung stützen;[23] benennen sie im Arbeitsvertrag dennoch einen bestimmten Sachgrund respektive eine bestimmte Ausnahmevorschrift und stellt sich später heraus, dass dieser Sachgrund/diese Ausnahme nicht einschlägig war, kann sich der Arbeitgeber auf einen anderen Sachgrund/eine andere Ausnahme berufen.[24] Etwas anderes gilt nur, wenn die Nennung eines bestimmten Sachgrunds als Verzicht des Arbeitgebers auf die Möglichkeit, die Befristung auf einen anderen Sachgrund oder eine andere Ausnahme vom Sachgrunderfordernis zu stützen, einzustufen ist.[25]

2. Ausnahme 1: Befristung bis zur Gesamtdauer von zwei Jahren

a) Grundsatz, § 14 II 1 Hs. 1 TzBfG

Die wichtigste Ausnahme vom Sachgrunderfordernis des § 14 I TzBfG enthält § 14 II **1186**
TzBfG. Nach dessen S. 1 Hs. 1 bedarf die Befristung keines sachlichen Grundes, wenn die Gesamtdauer des Arbeitsverhältnisses **zwei Jahre** nicht übersteigt. In letzter Konsequenz bedeutet das, dass einem Arbeitnehmer das Eingreifen des gesetzlichen Kündigungsschutzes innerhalb der ersten zwei Jahre des Arbeitsverhältnisses vorenthalten werden kann. **Zweck** des § 14 II TzBfG ist es, den Unternehmen zu ermöglichen, durch befristete erstmalige Einstellungen von Arbeitnehmern flexibel auf unsichere Auftragslagen und schwankende Marktbedingungen zu reagieren; zugleich soll damit den Unternehmen eine beschäftigungspolitische Alternative zur Überstundenarbeit und zum Outsourcing sowie den Arbeitnehmern die Chance gegeben werden, sich über die „Beschäftigungsbrücke" eines befristeten für ein unbefristetes Arbeitsverhältnisses zu „qualifizieren".[26] § 14 II TzBfG wirft eine Reihe äußerst praxis- und klausurrelevanter Probleme auf.

§ 14 II TzBfG gilt nur für den **kalendermäßig** befristeten, nicht hingegen für den **1187**
zweckbefristeten Arbeitsvertrag. Die Zweijahresfrist berechnet sich nicht ab Abschluss des Arbeitsvertrags, sondern dem vereinbarten Beginn des Arbeitsverhältnisses. Die Frist ist nach §§ 187 II, 188 II, III BGB zu berechnen.[27]

b) Verlängerungsmöglichkeiten, § 14 II 1 Hs. 2 TzBfG

Schon der Wortlaut („Gesamtdauer") von S. 1 Hs. 1 legt nahe, dass dieser nicht nur **1188**
dann eingreift, wenn das Arbeitsverhältnis ursprünglich auf zwei Jahre abgeschlossen wurde, sondern auch dann, wenn die ursprüngliche Befristungsdauer kürzer war, der Vertrag aber später verlängert wurde. Daran knüpft S. 1 Hs. 2 an, wonach innerhalb

23 BAG 15.8.2001 – 7 AZR 263/00, NZA 2002, 85.
24 BAG 12.8.2009 – 7 AZR 270/08, BeckRS 2009, 74191, Rn. 24.
25 BAG 5.6.2002 – 7 AZR 241/01, NZA 2003, 150, 152 (zu § 1 I BeschFG 1996).
26 BT-Drucks. 14/4374, S. 14.
27 APS/*Backhaus*, § 14 TzBfG, Rn. 370.

der zweijährigen Gesamtdauer maximal **drei Verlängerungen** zulässig sind. Entsprechend kann also bspw. ein ursprünglich auf ein halbes Jahr geschlossener Arbeitsvertrag drei Mal um jeweils sechs Monate verlängert werden; eine vierte Verlängerung wäre hingegen von § 14 II TzBfG nicht mehr gedeckt und daher nur zulässig, wenn ein Sachgrund vorliegt oder Abs. 2a oder 3 eingreift. Die Verlängerung muss schriftlich erfolgen, § 14 IV TzBfG.

1189 S. 1 Hs. 2 erfasst nur die Verlängerung des bereits bestehenden Arbeitsverhältnisses, nicht hingegen den Abschluss eines neuen Arbeitsverhältnisses, das befristungsrechtlich nur mit Sachgrund möglich ist, weil für dieses neue Arbeitsverhältnis das Vorbeschäftigungsverbot des § 14 II 2 TzBfG eingreift, das § 14 II 1 TzBfG ausschließt (dazu Rn. 1196). Das wirft die Frage auf, wie beide Konstellationen voneinander abzugrenzen sind, mit anderen Worten, was unter „Verlängerung" zu verstehen ist. Das BAG orientiert sich hier streng am Wortlaut und nimmt eine Verlängerung nur unter **drei Voraussetzungen** an:

1190 **(1)** Die Verlängerung muss sich **unmittelbar** an die ursprüngliche Vertragslaufzeit **anschließen.**[28] Eine Unterbrechung von auch nur einem (arbeitsfreien) Tag ist also schon „schädlich".

Beispiel: Der ursprüngliche Arbeitsvertrag wurde vom 1.3.2015 bis 31.7.2015 (Freitag) geschlossen. Am 30.7.2015 vereinbaren die Parteien, das Arbeitsverhältnis ab Montag, den 3.8.2015, fortzusetzen. Angesichts der rechtlichen Unterbrechung für zwei Tage (1. und 2.8.2015) greift S. 1 Hs. 2 nicht ein.

1191 **(2)** Die Verlängerung muss **vor Ablauf der ursprünglichen Vertragslaufzeit** vereinbart werden.[29]

1192 In **Fall 71** liegt schon deshalb keine Verlängerung i.S.v. § 14 I 1 Hs. 2 TzBfG vor, weil A und U sich erst nach dem rechtlichen Ende des ursprünglichen Arbeitsvertrages (30.9.2015) auf die Fortsetzung verständigt haben. Das *erste Arbeitsverhältnis* wurde somit nicht bis zum 31.12.2015 verlängert. Aus dem Blickwinkel des Befristungsrechts haben A und U vielmehr am 1.10.2015 ein *neues befristetes Arbeitsverhältnis* abgeschlossen, wobei sich die Wirksamkeit seiner Befristung nach allgemeinen Regeln bemisst. (Fortsetzung **Rn. 1204**).

1193 **(3)** Des Weiteren ist S. 1 Hs. 2 nach Auffassung des BAG nur anwendbar, wenn die Parteien **ausschließlich die Vertragslaufzeit verlängern**, den **Vertragsinhalt im Übrigen aber unangetastet** lassen.[30] Befristungsrechtlich „schädlich" ist es somit nach Auffassung des BAG, wenn die Parteien **uno actu** die Verlängerung und zusätzlich eine andere Veränderung der Vertragsbedingungen vereinbaren.[31] Das soll selbst

28 BAG 26.7.2000 – 7 AZR 51/99, NJW 2001, 532, 533; *Richardi/Annuß*, BB 2000, 2201, 2204; *Däubler*, ZIP 2001, 217, 223.

29 BAG 26.7.2000 – 7 AZR 51/99, NJW 2001, 532, 533; 25.10.2000 – 7 AZR 483/99, NZA 2001, 659, 660; 19.10.2005 – 7 AZR 31/05, NZA 2006, 154, 155; 23.8.2006 – 7 AZR 12/06, NZA 2007, 204, 205; **a.A.** *Sowka*, DB 1997, 678; *Wohlleben*, RdA 1998, 279 f.

30 BAG 26.7.2000 – 7 AZR 51/99, NJW 2001, 532, 533; 19.10.2005 – 7 AZR 31/05, NZA 2006, 154, 155.

31 Eine Ausnahme erkennt das BAG nur für den Fall an, dass der Arbeitnehmer einen Anspruch auf die Änderung der Arbeitsbedingungen (z.B. aus § 9 TzBfG) hat (BAG 16.1.2008 – 7 AZR 603/06, NZA 2008, 701, 702).

dann gelten, wenn die Veränderung zugunsten des Arbeitnehmers geht, bspw. also in der Vereinbarung die Vertragslaufzeit verlängert und der Stundenlohn erhöht wird.

Diese Rechtsprechung hat in **Fall 72** zur Folge, dass – wie in **Fall 71** – die vereinbarte Befristung zum 31.12.2015 nicht als Verlängerung i.S.v. S. 1 Hs. 2 eingestuft werden kann, sondern – befristungsrechtlich – vielmehr ein neues, befristetes Arbeitsverhältnis vorliegt. **1194**

Zur Begründung stützt sich das BAG zum einen auf den Wortlaut, liege bei der Änderung sonstiger Vertragsbedingungen doch keine bloße „Verlängerung" mehr vor, zum anderen auf den Zweck von § 14 II 1 TzBfG. Zwar erlaube dieser – als Zugeständnis an das Flexibilisierungsbedürfnis des Arbeitgebers – mehrfache Verlängerungen desselben Arbeitsverhältnisses innerhalb des Zweijahreszeitraums, nicht aber den Abschluss von vier Verträgen mit jeweils selbstständigen Inhalten.[32]

In dieser Rigorosität **überzeugt diese Rechtsprechung nicht**. Zwar kann sich das BAG auf den Wortlaut von S. 1 Hs. 2 stützen, vom Sinn und Zweck wird man aber eine **Vertragsänderung zugunsten des Arbeitnehmers** als **Vertragsverlängerung** einstufen müssen. Denn mit der Konzeption des TzBfG als Arbeitnehmerschutzrecht wäre es nicht zu vereinbaren, es den Vertragsparteien zu verwehren, uno actu die Befristungsdauer zu verlängern und zugleich bspw. den Lohn zu erhöhen.[33] Letztlich hält auch das BAG seinen Ansatz insoweit nicht durch, als es **Inhaltsänderungen unter Beibehaltung der Vertragslaufzeit** für zulässig hält, die vor oder nach der Verlängerung erfolgten.[34]

In **Fall 73** steht es daher der Wirksamkeit der Befristung zum 31.12.2015 durch Verlängerungsvereinbarung vom 28.9.2015 über § 14 II 1 TzBfG nicht entgegen, dass am 30.9.2015 eine Lohnerhöhung vereinbart wurde. **1195**

c) Rückausnahme: Anschlussverbot, § 14 II 2 TzBfG

Die Ausnahme des § 14 II 1 TzBfG wird durch § 14 II 2 TzBfG durchbrochen (und damit das Sachgrunderfordernis des § 14 I TzBfG wiederhergestellt). Danach scheidet eine auf Abs. 2 S. 1 gestützte sachgrundlose Befristung aus, wenn mit demselben Arbeitgeber bereits zuvor ein befristetes oder unbefristetes Arbeitsverhältnis bestand. Dieses **Anschlussverbot** soll Umgehungen von § 14 I TzBfG, insb. durch sog. Befristungsketten, verhindern. Die Vorschrift wirft eine Reihe von zum Teil schwierigen Rechtsfragen auf: **1196**

aa) Derselbe Arbeitgeber. § 14 II 2 TzBfG rekurriert auf denselben Arbeitgeber. Arbeitgeber i.d.S. ist der *Vertragsarbeitgeber*, das Anschlussverbot greift mithin nur ein, wenn das neue und das alte Arbeitsverhältnis jeweils mit derselben natürlichen oder juristischen Person abgeschlossen wird.[35] Solange es sich nur rechtlich um zwei **1197**

32 Laux/*Schlachter*, TzBfG, § 14, Rn. 107 m.w.N.

33 Z.B. Annuß/Thüsing/*Maschmann*, TzBfG, § 14, Rn. 65; *Bauer*, BB 2001, 2473, 2475; APS/*Backhaus*, § 14 TzBfG, Rn. 372 ff.

34 BAG 19.10.2005 – 7 AZR 31/05, NZA 2006, 154, 155.

35 ErfK/*Müller-Glöge*, § 14 TzBfG, Rn. 93; *Bauer/Fischinger*, DB 2007, 1410 m.w.N.

unterschiedliche Arbeitgeber handelt, ist es hingegen befristungsrechtlich grundsätzlich „unschädlich“, dass der Arbeitnehmer auch auf Basis des neuen Arbeitsvertrags im gleichen Betrieb oder gar auf dem gleichen Arbeitsplatz wie früher tätig wird.[36]

1198 In **Fall 74** ist eine sachgrundlose Befristung bei E nach § 14 II 1 TzBfG möglich, § 14 II 2 TzBfG steht nicht entgegen. Für das Anschlussverbot kommt es allein darauf an, dass E und V rechtlich verschiedene juristische Personen sind; dass A permanent auf dem gleichen Arbeitsplatz tätig wird, ist demgegenüber irrelevant.

1199 Das Ergebnis von Fall 74 gälte grundsätzlich auch in dem umgekehrten Fall, dass ein Arbeitnehmer zunächst (befristet) bei einem Arbeitgeber beschäftigt wird, dann mit einem Arbeitnehmerüberlassungsunternehmen einen auf zwei Jahre befristeten Vertrag schließt und von diesem direkt wieder an den vormaligen Arbeitgeber „ausgeliehen“ wird. Besonderheiten können insoweit allerdings in **Konzernstrukturen** gelten. Das illustriert folgendes

Beispiel: Arbeitnehmer A ist zunächst für zwei Jahre befristet bei Konzernunternehmen K_1 angestellt. Unmittelbar im Anschluss daran wird er von Konzernunternehmen K_2 für zwei Jahre befristet eingestellt und sofort wieder an K_1 verliehen. Nach Ablauf der zwei Jahre wird ein – wiederum auf zwei Jahre befristeter – Arbeitsvertrag mit Konzernunternehmen K_3 geschlossen, das ihn wiederum direkt an K_1 verleiht etc. A ist dabei die ganze Zeit auf demselben Arbeitsplatz tätig.

1200 Grundsätzlich verhindert § 14 II 2 TzBfG eine befristete Anstellung bei einem anderen Konzernunternehmen auch bei sofortiger „Rückleihe“ nicht, verlieren doch die Unternehmen durch den Zusammenschluss zu einem Konzern ihre rechtliche Verschiedenheit nicht (vgl. § 18 AktG), so dass es sich um verschiedene Vertragsarbeitgeber handelt.[37] Es ist aber nicht zu übersehen, dass durch die Aneinanderreihung derartiger Vertragsgestaltungen ein „Personalkarussell“ geschaffen werden könnte, das es ermöglichen würde, den Arbeitnehmer ggf. über Jahrzehnte immer wieder neu sachgrundlos befristet anzustellen.[38] Solche **„Konzernwechselspielchen“** sind mit dem Zweck des TzBfG nicht zu vereinbaren, entsprechend hat das BAG sie als rechtsmissbräuchliche Umgehung des TzBfG wider **Treu und Glauben (§ 242 BGB)** eingestuft und versagt dem Arbeitgeber, sich auf die Befristung zu berufen.[39] Während das BAG aber in einer früheren Entscheidung wenigstens einen einmaligen „Wechsel“ (durch Abschluss eines zweiten befristeten Arbeitsvertrags bei einem Konzernunternehmen bei sofortiger Überlassung an das erste Konzernunternehmen) billigte,[40] hat es jüngst bereits die zweite Befristung als mit Treu und Glauben nicht vereinbar eingestuft, wenn zwei rechtlich und tatsächlich verbundene Arbeitgeber in bewusstem und gewolltem Zusammenwirken mit dem Arbeitnehmer aufeinanderfol-

36 BAG 9.3.2011 – 7 AZR 657/09, NZA 2011, 1147, 1149; 4.12.2013 – 7 AZR 290/12, NZA 2014, 426, 428. – Umgekehrt kann das Anschlussverbot nicht dadurch vermieden werden, dass – bei identischem Vertragsarbeitgeber – der Arbeitnehmer auf verschiedenen Arbeitsplätzen beschäftigt wird.

37 BAG 18.10.2006 – 7 AZR 145/06, NZA 2007, 443, 444; 9.2.2011 – 7 AZR 32/10, NZA 2011, 791, 792 f.

38 *Bauer/Fischinger*, DB 2007, 1410, 1412.

39 BAG 18.10.2006 – 7 AZR 145/06, NZA 2007, 443, 444; 9.2.2011 – 7 AZR 32/10, NZA 2011, 791, 794.

40 BAG 18.10.2006 – 7 AZR 145/06, NZA 2007, 443, 444 f.

gende befristete Arbeitsverträge schließen, um auf diese Weise über die nach § 14 II 1 TzBfG vorgesehenen Befristungsmöglichkeiten hinaus sachgrundlose Befristungen aneinanderreihen zu können.[41]

Geht ein Betrieb per **Betriebsübergang** auf einen Erwerber über und bestand das Arbeitsverhältnis noch zum Zeitpunkt des Übergangs, so tritt der Erwerber in das Arbeitsverhältnis ein, § 613a I 1 BGB. Entsprechend gilt im Verhältnis von Veräußerer *und* Erwerber zu den übergegangenen Arbeitnehmern das Anschlussverbot.[42] Wurde das Arbeitsverhältnis hingegen – wenn auch vielleicht nur eine juristische Sekunde – vor dem Betriebsübergang beendet, greift § 14 II 2 TzBfG nach zutreffender Auffassung nur für den Veräußerer, nicht aber für den Erwerber.[43] **1201**

bb) Vorhergehendes Arbeitsverhältnis. Auch wenn nach § 10 II BBiG auf Berufsausbildungsverhältnisse die Regelungen für Arbeitsverhältnisse grundsätzlich entsprechend anwendbar sind, löst nach zutreffender Meinung ein früheres Ausbildungsverhältnis kein Anschlussverbot aus. Dafür spricht nicht nur die Entwurfsbegründung[44], sondern insb., dass der Zweck des Anschlussverbots – die Verhinderung von dem Schutzzweck des TzBfG zuwiderlaufenden Befristungsketten – hier nicht passt.[45] Erst recht greift § 14 II 2 TzBfG nicht, wenn der jetzige Arbeitnehmer für den Arbeitgeber nur als Selbstständiger auf Basis von Dienst- oder Werkverträgen tätig war;[46] Gleiches gilt, wenn er als Praktikant oder Werkstudent oder auch als Leiharbeitnehmer eingesetzt war. **1202**

cc) „Bereits zuvor". Nach seinem Wortlaut greift das Anschlussverbot immer ein, wenn irgendwann in der Vergangenheit einmal ein – und sei es ein noch so kurzes – Arbeitsverhältnis mit demselben Arbeitgeber bestanden hat. Das BAG hat die Vorschrift früher genau so verstanden,[47] so dass faktisch ein „lebenslänglich[es]"[48] Anschlussverbot bestand. Davon war das BAG zwischenzeitlich abgerückt und wendete das Anschlussverbot nicht an, wenn zwischen dem früheren und dem jetzigen Arbeitsverhältnis ein Zeitraum von mehr als drei Jahren lag.[49] Diese Rechtsprechung hat das BVerfG allerdings in einer aktuellen Entscheidung als mit dem Rechtsstaatsprinzip (Art. 20 III GG) nicht zu vereinbarende richterliche Rechtsfortbildung eingestuft.[50] Eine klare Dreijahresgrenze existiert daher nicht mehr. Dennoch statuiert § 14 **1203**

41 BAG 4.12.2013 – 7 AZR 290/12, NZA 2014, 426, 429; APS/*Backhaus*, § 14 TzBfG, Rn. 400a.

42 ErfK/*Müller-Glöge*, § 14 TzBfG, Rn. 93a.

43 BAG 18.8.2005 – 8 AZR 523/04, NZA 2006, 145; APS/*Backhaus*, § 14 TzBfG, Rn. 398; *Bauer/Fischinger*, DB 2010, 1410, 1411 m.w.N. auch zur Gegenauffassung.

44 BT-Drucks. 14/4374, S. 19: „Wie bisher ist es zulässig, einen befristeten Arbeitsvertrag ohne sachlichen Grund mit einem Arbeitnehmer im Anschluss an die Berufsausbildung abzuschließen.".

45 BAG 21.9.2011 – 7 AZR 375/10, NZA 2012, 255, 259; Küttner/*Kania*, Personalbuch, „Befristetes Arbeitsverhältnis", Rn. 20; Staudinger/*Preis*, § 620, Rn. 186; **a.A.** *Schlachter*, NZA 2003, 1180, 1182.

46 APS/*Backhaus*, § 14 TzBfG, Rn. 393.

47 BAG 29.7.2009 – 7 AZN 368/09, ZTR 2009, 544.

48 *Schiefer*, DB 2000, 2118, 2122.

49 BAG 6.4.2011 – 7 AZR 716/09, NZA 2011, 905, 906; 21.9.2011 – 7 AZR 375/10, NZA 2012, 255; zustimmend *Wank*, RdA 2012, 361; kritisch *Höpfner*, NZA 2011, 893; ablehnend LAG Baden-Württemberg 26.9.2013 – 6 Sa 28/13, AuR 2013, 463; 21.2.2014 – 7 Sa 64/13, juris, Rn. 23 ff.; Staudinger/*Preis*, § 620, Rn. 184.

50 BVerfG 6.6.2018 – 1 BvL 7/14, NZA 2018, 774.

II 2 TzBfG auch nach Auffassung des BVerfG **kein lebenslängliches Anschlussverbot**. Es ist vielmehr dort nicht anwendbar, wo es nach den Umständen des Einzelfalls zur Verhinderung von Befristungsketten nicht erforderlich ist. Das kann der Fall sein, wenn die Vorbeschäftigung sehr lange zurückliegt, ganz anders geartet war oder von sehr kurzer Dauer war. Ein Beispiel hierfür sind geringfügige Nebenbeschäftigungen während der Schul- oder Studienzeit. Was das „sehr lange zurückliegend" anbelangt, verfolgt das BAG mittlerweile eine sehr strenge Linie. So sollen weder acht noch neun und nicht einmal 15 (!) Jahre genügen.[51] Akzeptiert hat das Gericht bislang nur eine 22 Jahre zurückliegende Vorbeschäftigung.[52] Ob das BAG mit dieser Handhabung nicht übers Ziel hinausschießt und die Vorgaben des BVerfG zu restriktiv umsetzt, ist zweifelhaft.

1204 In **Fall 71** wurde, wie dargelegt (Rn. 1192), ein neues Arbeitsverhältnis vereinbart. Weil zwischen A und U bereits vor Abschluss dieses neuen Arbeitsverhältnisses ein anderes Arbeitsverhältnis bestand (eben das zum 30.9.2015 beendete), greift das Anschlussverbot des § 14 II 2 TzBfG ein – Raum für eine einengende Auslegung der Vorschrift im Sinne der Rechtsprechung des BVerfG besteht nicht, da das neue Arbeitsverhältnis unmittelbar an das alte anschließt. Eine sachgrundlose Befristung ist demnach nicht möglich. Mangels Sachgrunds ist die Befristung zum 31.12.2015 unwirksam.

1205 **dd) Fragerecht.** Will ein Arbeitgeber einen Bewerber gestützt auf § 14 II 1 TzBfG sachgrundlos einstellen, so hat er wegen des Anschlussverbots das Recht, ihn im Bewerbungsgespräch nach einer eventuellen Vorbeschäftigung zu fragen. Verneint der Bewerber eine solche wahrheitswidrig und arglistig, kann der Arbeitgeber den Arbeitsvertrag nach § 123 I Alt. 1 BGB anfechten[53] – wenn er, was ihm aber u.U. schwerfällt, die erforderliche Arglist des Bewerbers beweisen kann.[54]

3. Ausnahme 2: Gründerprivileg, § 14 IIa TzBfG

1206 Eine weitere Ausnahme vom Sachgrunderfordernis des § 14 I TzBfG enthält der nur begrenzt klausurrelevante § 14 IIa TzBfG. Er erlaubt eine **bis zu vierjährige Befristung** (samt mehrfacherer Verlängerung in diesem Zeitrahmen) **innerhalb der ersten vier Jahre nach Unternehmensgründung (Vier-plus-Vier-Lösung[55])**. Durch die Regelung sollen Unternehmen gefördert werden, die sich in der oft schwierigen, durch erhebliche wirtschaftliche Unsicherheiten geprägten Aufbauphase, in der der künftige Personalbedarf oftmals kaum sicher abschätzbar ist, befinden.[56]

Beispiel: Ein Unternehmen wird am 3.1.2015 gegründet. Über § 14 IIa TzBfG ist es daher möglich, dass am 31.12.2018 ein Arbeitsverhältnis (bei vereinbartem Arbeitsbeginn am 2.1.2019) ohne Sachgrund befristet bis zum 2.1.2023 geschlossen wird.

---

51 BAG 23.1.2019 – 7 AZR 733/16, NZA 2019, 700; 17.4.2019 – 7 AZR 323/17, NZA 2019, 1271; 12.6.2019 – 7 AZR 429/17, NZA 2019, 1563.

52 BAG 21.8.2019 – 7 AZR 452/17, NZA 2020, 40, 42; s. *Schwarze*, JA 2020, 309.

53 ErfK/*Müller-Glöge*, § 14 TzBfG, Rn. 100; kritisch *Dörner*, Befristeter Arbeitsvertrag, Rn. 454.

54 *Bauer/Fischinger*, DB 2007, 1410, 1411.

55 MünchArbR/*Wank*, § 103, Rn. 136; *Meinel*/Heyn/Herms, TzBfG, § 14, Rn. 300.

56 BT-Drucks. 421/03, 12.

4. Ausnahme 3: Befristung älterer Arbeitnehmer, § 14 III TzBfG

Eine letzte Ausnahme vom Sachgrunderfordernis des § 14 I TzBfG normiert der – ebenfalls kaum klausurrelevante – § 14 III TzBfG. Danach kann ein Arbeitsvertrag unter bestimmten Voraussetzungen **bis zu fünf Jahre** befristet werden, wenn der Arbeitnehmer bei Beginn des befristeten Arbeitsverhältnisses das 52. Lebensjahr vollendet hat. Ob die Vorschrift **unionsrechtskonform** ist oder ob sie – wie ihre Vorgängervorschrift der berühmten *Mangold*-Entscheidung des EuGH[57] – dem unionsrechtlichen Verbot der Altersdiskriminierung zum Opfer fallen wird, bleibt abzuwarten.[58] **1207**

5. Befristung mit Sachgrund, § 14 I TzBfG

Ist nach dem oben Gesagten eine sachgrundlose Befristung nicht möglich, ist zu untersuchen, ob ein Sachgrund für die Befristung besteht. Zu unterscheiden sind die in § 14 I 2 TzBfG **benannten** und die aufgrund dessen offener („insbesondere") Formulierung möglichen sog. **unbenannten** Sachgründe. **1208**

a) Allgemeines

Nach allgemeinen Grundsätzen bestimmt sich die Wirksamkeit eines Rechtsgeschäfts nach den Umständen im Zeitpunkt seines Zustandekommens.[59] Entsprechend ist **maßgeblicher Zeitpunkt** für die Prüfung der Zulässigkeit der Befristung – also die Frage, ob ein Sachgrund vorlag – der Moment des **Vertragsschlusses.**[60] **1209**

Der Sachgrund wird dabei i.d.R. auf eine **Prognose** gestützt. Weil es für die Wirksamkeit der Befristung nur auf die Umstände bei Vertragsschluss ankommt, **ändert sich an der Wirksamkeit der Befristung nichts**, wenn sich die ihr zugrundeliegende **Prognose** später **als falsch herausstellt.**[61] Das zeigt folgendes **1210**

Beispiel: Als Unternehmer U einen großen, zeitlich aber auf drei Jahre begrenzten Auftrag erhält, stellt er zur Bewältigung des Mehraufwands den A für drei Jahre befristet ein. Dabei geht er berechtigterweise davon aus, dass er keine entsprechenden Folgeaufträge erhalten wird. Noch vor vollständiger Erledigung des alten Auftrags wird er aber mit einem ähnlichen Folgeauftrag betraut, so dass er für die Arbeitskraft des A auch über die drei Jahre hinaus Bedarf hat. Dennoch ist die Befristung nach § 14 I 2 Nr. 1 TzBfG wirksam. Denn im entscheidenden Zeitpunkt des Vertragsschlusses konnte U aufgrund greifbarer Tatsachen davon ausgehen, dass mit hinreichender Sicherheit nach Ablauf der drei Jahre sein Arbeitskräftebedarf sinken würde. Dass sich diese Prognose später als falsch herausstellt, ändert an der Wirksamkeit der Befristung nichts. In solchen Konstellationen besteht auch **kein Wiedereinstellungsanspruch** vergleichbar der Situation bei Kündigungen, deren Prognose sich später als falsch erweist (näher Rn. 1103).[62]

---

57 EuGH 22.11.2005 – C-144/04, NZA 2005, 1345.

58 Für Vereinbarkeit mit Unionsrecht z.B. APS/*Backhaus*, § 14 TzBfG, Rn. 422 ff.; *Meinel*/Heyn/Herms, TzBfG, § 14, Rn. 305; *Bauer*, NZA 2007, 544, 545; *Bader*, NZA 2007, 713; KR/*Lipke*, § 14 TzBfG, Rn. 660 ff.; **a.A.** *Kast/Herrmann*, DB 2007, 1841, 1842; allgemein: *Bayreuther*, BB 2007, 1113.

59 Vgl. z.B. BGH 21.1.2010 – Xa ZR 175/07, NZG 2010, 310, 312; Staudinger/*Sack/Fischinger*, § 138, Rn. 94 ff.; Staudinger/*Sack/Seibl*, § 134, Rn. 54 f. m.w.N.

60 BAG 8.9.1983 – 2 AZR 438/82, DB 1984, 621, 622.

61 BAG 16.11.2005 – 7 AZR 81/05, NZA 2006, 784, 789.

62 BAG 20.2.2002 – 7 AZR 600/00, NZA 2002, 896, 899; Annuß/Thüsing/*Maschmann*, TzBfG, § 14, Rn. 8; ErfK/*Müller-Glöge*, § 14 TzBfG, Rn. 18a.

b) Benannte Sachgründe, § 14 I 2 TzBfG

Hinweis: Detailkenntnisse zu den einzelnen Sachgründen können kaum verlangt werden. Die folgenden Ausführungen sind daher nicht als im Detail zu beherrschender Examensstoff zu verstehen, sondern sollen vielmehr durch einmalige Lektüre einen illustrativen Überblick gewähren, um ein Fingerspitzengefühl für die erfassten Fallgruppen zu schaffen. In der Klausur wird es regelmäßig genügen, die – möglicherweise – einschlägige Nummer zu finden und sauber anzuwenden. Zentral ist es dabei, nicht nur unter die Buchstaben des Gesetzes zu subsumieren, sondern stets auch die mit dem TzBfG verfolgten Zwecke im Blick zu behalten. So mag dem Wortlaut nach eine Befristung zur Erprobung (Nr. 5) auf drei Jahre gedeckt sein, mit dem Sinn und Zweck des TzBfG ist das aber nicht zu vereinbaren (näher Rn. 1215).

1211 V Nach § 14 I 2 **Nr. 1** TzBfG rechtfertigt die Tatsache, dass der **betriebliche Bedarf** an der Arbeitsleistung prognostisch (Rn. 1210) **nur vorübergehend** bestehen wird, eine befristete Einstellung. Erforderlich ist dabei, dass aufgrund greifbarer Tatsachen *mit hinreichender Sicherheit* vorhergesagt werden kann, dass über das vereinbarte Vertragsende hinaus kein Bedarf mehr für die Arbeitskraft des Arbeitnehmers bestehen wird, bloße Unsicherheiten genügen nicht, weil diese zum vom Unternehmer zu tragenden Risiko zählen.[63] Nr. 1 wird v.a. bei der Bewältigung von Auftragsspitzen, bei zeitlich begrenzten Projekten oder bei periodisch wiederkehrendem Arbeitsanfall (wie Sommerschlussverkauf, Erntehelfer oder Eisverkäufer im Freibad), bei dem bis zum erneuten Arbeitsanfall wenigstens einige Wochen vergehen werden,[64] relevant.

1212 V § 14 I 2 **Nr. 2** TzBfG wird v.a. zum einen bei Hochschulabsolventen relevant, die während des Studiums für das Unternehmen tätig waren, sodass eine sachgrundlose Befristung nach § 14 II 1 TzBfG wegen des Anschlussverbots ausscheidet, sowie zum anderen bei Auszubildenden, die nach der Ausbildung länger als zwei Jahre befristet beschäftigt werden sollen. Die über Nr. 2 zu rechtfertigende Befristungsdauer ergibt sich aus der im konkreten Einzelfall zu treffenden Prognose darüber, ob dadurch eine Anschlussbeschäftigung erleichtert wird.[65] Nr. 2 ist nur beim allerersten Arbeitsvertrag anwendbar.

1213 V Zur **Vertretung** eines vorübergehend an der Arbeitsleistung verhinderten Arbeitnehmers (z.B. wegen Krankheit, Elternzeit oder Urlaub) ermöglicht § 14 I 2 **Nr. 3** TzBfG eine Befristung. Im Unterschied zu Nr. 1, der nur eingreift, wenn der Bedarf an der Arbeitsleistung zeitlich beschränkt ist, besteht er bei Nr. 3 unbeschränkt, es bestehen aber temporär schließungsbedürftige Lücken im Personalbestand. Die der Befristung zugrunde liegende Prognose besteht darin, dass mit der Rückkehr des ausgefallenen Arbeitnehmers der Vertretungsbedarf wegfällt.[66] Daraus folgt, dass Nr. 3 nicht eingreift, wenn feststeht, dass der verhinderte Arbeitnehmer nicht wieder zurückkehren wird.[67] Einen wiederholt auftretenden Vertretungsbedarf vorausgesetzt, können auf Nr. 3 im Prinzip eine unbegrenzte Zahl von wiederholten Befristungen gestützt werden **(Kettenbefristungen)**; allerdings kann eine rechtsmissbräuchliche Gestaltung in Betracht kommen, wenn diese zu einer sehr langen Gesamtdauer bei einer ungewöhnlich hohen Anzahl aufeinander folgender Befristungen mit ein und demselben Arbeitnehmer geführt haben.[68] Nicht erforderlich ist, dass der befristet

---

63 BAG 25.8.2004 – 7 AZR 7/04, NZA 2005, 357; 17.3.2010 – 7 AZR 640/08, NZA 2010, 633, 634; ErfK/*Müller-Glöge*, § 14 TzBfG, Rn. 23, 23a.

64 BAG 11.2.2004 – 7 AZR 362/03, NZA 2004, 978, 980.

65 ErfK/*Müller-Glöge*, § 14 TzBfG, Rn. 33.

66 BAG 21.2.2001 – 7 AZR 200/00, NZA 2001, 1382; 2.7.2003 – 7 AZR 529/02, NZA 2004, 1055, 1056.

67 Vgl. BAG 13.6.2007 – 7 AZR 747/05, juris Rn. 14.

68 BAG 18.7.2012 – 7 AZR 443/09, NZA 2012, 1351, 1353; 13.2.2013 – 7 AZR 225/11, NZA 2013, 777, 780; BAG 10.7.2013 – 7 AZR 761/11, NZA 2014, 26, 29.

angestellte Arbeitnehmer gerade die Aufgaben des ausgefallenen Arbeitnehmers übernimmt; es genügt ein kausaler Zusammenhang zwischen Ausfall und befristeter Einstellung als Vertreter, möglich sind daher auch sog. **Vertretungsketten**.[69]

Beispiel: Arbeitnehmer A geht in Elternzeit, Kollege K übernimmt seine Aufgaben, C wird befristet eingestellt, um K zu „ersetzen".

Gemäß § 14 I 2 **Nr. 4** TzBfG kann die Befristung aufgrund der **Eigenart der Arbeitsleistung** gerechtfertigt sein. Da aber nahezu jeder Beruf spezifische Eigenheiten aufweist, darf die Vorschrift nur restriktiv angewendet werden. In Betracht kommen v.a. die folgenden Fälle: **(1)** Programmgestaltende Mitarbeiter in *Rundfunk* und *Fernsehen*, weil mit Blick auf die Meinungs- und Rundfunkfreiheit des Arbeitgebers (Art. 5 I GG) diesem ermöglicht werden soll, diese Arbeitnehmer regelmäßig auszutauschen. **(2)** Bei Theater- und Film*schauspielern* rechtfertigt das Abwechslungsbedürfnis und die Kunstfreiheit des Arbeitgebers (Art. 5 III 1 GG) Befristungen.[70] **(3)** Im (Profi-)*Sport* wird Nr. 4 traditionell herangezogen, um die Befristung von Trainern[71] und Spielern[72] zu rechtfertigen.[73] **1214 V**

Eine Befristung **zur Erprobung** erlaubt § 14 I 2 Nr. **5** TzBfG und ermöglicht es damit dem Arbeitgeber, die Eignung und Fähigkeiten des Arbeitnehmers ebenso zu „testen" wie, ob dieser „ins Team" passt.[74] Das Arbeitsverhältnis zur Erprobung ist dabei vom *Probearbeitsverhältnis* zu unterscheiden. Letzteres ist ein *un*befristetes Arbeitsverhältnis, bei dem eine Probezeit vereinbart wird; entsprechend endet dieses nur, wenn es gekündigt wird, wobei während der – maximal sechsmonatigen – Probezeit die Kündigungsfrist auf zwei Wochen verkürzt ist, § 622 III BGB (Rn. 1047). Im Gegensatz dazu endet das zur Erprobung befristete Arbeitsverhältnis automatisch aufgrund der Befristung, selbst wenn sich der Arbeitnehmer eigentlich bewährt hat.[75] Ob eine Befristung zur Erprobung oder ein Probearbeitsverhältnis gewollt ist, ist per Vertragsauslegung zu ermitteln.[76] **1215 V**

Die **Dauer** der zulässigen Erprobungsbefristung ist gesetzlich nicht geregelt, prima vista scheinen somit auch längerfristige Erprobungsbefristungen zulässig zu sein. Aber **Achtung**: Es wäre mit dem Schutzzweck des TzBfG nicht zu vereinbaren, einen Arbeitsvertrag auf Jahre hinaus mit dem Argument zu befristen, der Arbeitnehmer müsse erprobt werden. Als erster Anhaltspunkt bieten sich – in Anlehnung an § 622 III BGB und § 1 I KSchG – sechs Monate an.[77] Letztlich hat sich die zulässige Dauer aber an den Anforderungen der jeweiligen Tätigkeit zu orientieren, so dass bei einfachen Arbeiten weniger, bei schwierigen Tätigkeiten oder befristungsrelevanten Umständen in der Person des Arbeitnehmers (Beispiel: er war lange Zeit nicht mehr in dem Beruf tätig) aber auch mehr als sechs Monate zulässig sein können.[78]

69 BAG 21.2.2001 – 7 AZR 107/00, NZA 2001, 1069; 25.8.2004 – 7 AZR 32/04, NZA 2005, 472; 4.5.2011 – 7 AZR 252/10, NZA 2011, 1178.

70 BAG 2.7.2003 – 7 AZR 612/02, NZA 2004, 311, 313; *Genenger*, NJW 2009, 714, 717 f. m.w.N.

71 BAG 19.6.1986 – 2 AZR 570/85, juris Rn. 15; 29.10.1998 – 7 AZR 436/97, NZA 1999, 646, 647; 15.4.1999 – 7 AZR 437/97, NZA 2000, 102, 103.

72 Vgl. BAG 16.1.2018 – 7 AZR 312/16, NZA 2018, 703; LAG Nürnberg 28.3.2006 – 7 Sa 405/05, juris Rn. 57; *Dörner*, Der befristete Arbeitsvertrag, Rn. 391; *Katzer/Frodl*, NZA 2015, 657, 660; *Jungheim*, RdA 2008, 222, 223; *Wüterich/Breucker*, in: Sportrecht in der Praxis, Rn. 629; *Fröhlich/Fröhlich*, CaS 2015, 145, 147 f.; *Hausch*, SpuRt 2003, 103, 104.

73 Vgl. dazu *Fischinger*/Reiter, Profisport, § 10, Rn. 8 ff.; *Fischinger/Reiter*, NZA 2016, 661 ff.

74 BAG 15.3.1978 – 5 AZR 831/76, DB 1978, 1744.

75 Laux/*Schlachter*, TzBfG, § 14, Rn. 63.

76 Laux/*Schlachter*, TzBfG, § 14, Rn. 64.

77 BAG 2.6.2010 – 7 AZR 85/09, NZA 2010, 1293, 1294.

78 BAG 13.12.1962 – 2 AZR 38/62, BB 1963, 310; 12.9.1996 – 7 AZR 31/96, AP BGB § 611 Musiker Nr. 27; BAG 2.6.2010 – 7 AZR 85/09, NZA 2010, 1293, 1295.

1216 V Nach § 14 I 2 **Nr. 6** TzBfG können **in der Person des Arbeitnehmers liegende Gründe** eine Befristung rechtfertigen. Es handelt sich dabei um einen unbestimmten, zahlreiche Fallkonstellationen umfassenden Tatbestand. Er greift unter anderem in den folgenden Situationen ein: **(1)** Die Befristung des Arbeitsvertrags beruht auf dem **Wunsch** des Arbeitnehmers. Um missbräuchlichen Umgehungen des TzBfG vorzubeugen, kann das aber nur angenommen werden, wenn aufgrund objektiver Umstände feststeht, dass er – unbeeinflusst vom Arbeitgeber – selbst dann einen nur befristeten Arbeitsvertrag gewollt hätte, wenn ihm auch ein unbefristeter angeboten worden wäre.[79] **(2)** Dem ausländischen Arbeitnehmer wurde nur eine **befristete Aufenthaltserlaubnis** erteilt und es ist bei Vertragsschluss davon auszugehen, dass diese nicht verlängert werden wird.[80] **(3)** Dem Arbeitnehmer wird es aufgrund seiner **Lebensplanung** nicht möglich sein, dauerhaft bei diesem Arbeitgeber beschäftigt zu sein, z.B. weil er in absehbarer Zukunft umziehen oder ein Studium aufnehmen wird.[81] **(4) Altersgrenzen** können unter Nr. 6 fallen (näher Rn. 1236). **(5)** Der Arbeitgeber engagiert den Arbeitnehmer aus (ganz überwiegend) **sozialen Motiven**, bspw. um seine weiteren Chancen auf dem Arbeitsmarkt zu fördern. **Nicht geeignet**, über Nr. 6 eine Befristung zu rechtfertigen, sind dagegen v.a. die Gefahr, dass die Leistungsfähigkeit des Arbeitnehmers im Laufe der Zeit nachlassen wird, sowie der Umstand, dass es sich nur um eine Nebenbeschäftigung handelt.[82]

1217 V § 14 I 2 **Nr. 8** TzBfG rechtfertigt Befristungen, die im Wege gegenseitigen Nachgebens (= Vergleich) unter Beteiligung eines Gerichts geschlossen wurden. Nach umstrittener Auffassung des BAG greift Nr. 8 – entgegen seinem Wortlaut – aber nur ein, wenn der Vergleich im Rahmen einer gerichtlichen *Bestands*streitigkeit geschlossen wurde, also z.B. im Zuge einer Entfristungs- oder einer Kündigungsschutzklage, nicht aber im Rahmen einer Lohnstreitigkeit; damit sollen missbräuchliche Ausnutzungen von Nr. 8 verhindert werden.[83]

c) Unbenannte (sonstige) Sachgründe

1218 § 14 I 2 TzBfG enthält keine abschließende Aufzählung der möglichen Sachgründe („insbesondere").[84] Eine Befristung ist somit auch aufgrund sonstiger Sachgründe möglich, allerdings setzt dies voraus, dass diese den Wertungsmaßstäben des § 14 I 1 TzBfG entsprechen und den in S. 2 genannten Sachgründen von ihrem Gewicht her gleichwertig sind.[85] In der Klausur sollte mit der „Erfindung" weiterer Sachgründe zurückhaltend vorgegangen werden.

1219 Als solche Sachgründe sind v.a. anerkannt:

- Um die **Kontinuität** der **Betriebsratstätigkeit** zu gewährleisten, schließt der Arbeitgeber mit einem Mitglied des Betriebsrats einen neuen, befristeten Arbeitsvertrag bis zum Ablauf seiner Amtszeit.[86]

---

79 BAG 19.1.2005 – 7 AZR 115/04, NZA 2005, 896.
80 BAG 12.1.2000 – 7 AZR 863/98, NZA 2000, 722 f.
81 *Hromadka/Maschmann*, Arbeitsrecht I, § 4, Rn. 10.
82 BAG 14.1.1982 – 2 AZR 254/81, NJW 1982, 1478, 1479; 10.8.1994 – 7 AZR 695/93, NZA 1995, 30, 31.
83 BAG 13.6.2007 – 7 AZR 287/06, AP TzBfG § 17 Nr. 7; vgl. schon BAG 14.1.1996 – 7 AZR 496/95, NJW 1996, 3226; **a.A.** z.B. Laux/*Schlachter*, TzBfG, § 14, Rn. 90 m.w.N.
84 Vgl. BT-Drucks. 14/4374, S. 18.
85 BAG 9.12.2009 – 7 AZR 399/08, NZA 2010, 495, 496; 2.6.2010 – 7 AZR 136/09, NZA 2010, 1172, 1174.
86 BAG 23.1.2002 – 7 AZR 611/00, NZA 2002, 986, 987 f.

- Der befristet Beschäftigte wird auf einem Arbeitsplatz eingesetzt, den der Arbeitgeber **für einen anderen Arbeitnehmer freihalten** will, der zum Zeitpunkt des befristeten Vertragsschlusses – aus welchen Gründen auch immer – noch nicht „verfügbar" ist. Voraussetzung ist hier allerdings, dass der Arbeitgeber bei Abschluss des befristeten Vertrags gegenüber dem anderen Arbeitnehmer bereits arbeitsvertraglich fest gebunden ist und ihn daher zu dem vereinbarten Vertragsbeginn auch tatsächlich wird beschäftigen müssen.[87]

D. Rechtsfolgen einer wirksamen Befristung

I. Schutz des befristet Beschäftigten

Nach **§ 4 II TzBfG** dürfen befristete Arbeitnehmer gegenüber Unbefristeten nicht (unmittelbar oder mittelbar) **diskriminiert** werden, das heißt, nicht ohne, dass es dafür einen sachlichen Grund gibt, schlechter behandelt werden. Die Norm gilt unabhängig davon, ob die Befristung auf das TzBfG oder auf ein anderes Gesetz (zum Beispiel § 2 WissZeitVG) gestützt wird.[88] Voraussetzungen: **(1)** Vergleichbarkeit von befristetem und unbefristetem Arbeitnehmer, vgl. § 3 II TzBfG. **(2)** Schlechterbehandlung des befristeten Arbeitnehmers, wobei § 4 II 2 TzBfG eine Konkretisierung des allgemeinen Diskriminierungsverbots des S. 1 enthält.[89] **(3)** Die Ungleichbehandlung darf nicht durch einen sachlichen Grund gerechtfertigt sein. Aus § 4 II TzBfG folgt daher, dass befristet Beschäftigte grundsätzlich – pro rata temporis – die gleichen Leistungen erhalten müssen wie unbefristete Kollegen. Weitere Schutzrechte normieren v.a. die wenig klausurrelevanten **§§ 18, 19 TzBfG**. 1220

II. Kündbarkeit, § 15 III TzBfG

Nach einem allgemeinen zivilrechtlichen Grundsatz sind befristete Dauerschuldverhältnisse zwar außerordentlich kündbar, eine ordentliche Kündigung ist aber grundsätzlich ausgeschlossen. Die Vereinbarung einer Befristung begründet damit grundsätzlich die Festlegung einer **Höchst- *und* einer Mindestdauer**. Das bestätigt für den befristeten Arbeitsvertrag **§ 15 III TzBfG**, nach dem eine ordentliche[90] Kündigung nur möglich ist, wenn diese Kündbarkeit einzelvertraglich oder in einem auf das Arbeitsverhältnis anwendbaren Tarifvertrag vereinbart wurde. Die Vereinbarung bedarf keiner Form.[91] Zur Frage, wie sich die Vereinbarung einer **Altersgrenze** auf die Kündbarkeit des Vertrags auswirkt, vgl. Rn. 1237. Eine weitere, allerdings nicht prü- 1221

87 BAG 13.10.2004 – 7 AZR 218/04, NZA 2005, 401, 404; 17.1.2007 – 7 AZR 20/06, AP TzBfG § 14 Nr. 30; 9.12.2009 – 7 AZR 399/08, AP TzBfG § 14 Nr. 67; 2.6.2010 – 7 AZR 136/09, NZA 2010, 1172, 1174; APS/*Backhaus*, § 14 TzBfG, Rn. 329; BeckOK-ArbR/*Bayreuther*, § 14 TzBfG, Rn. 82.

88 *Sievers*, TzBfG, § 4, Rn. 50.

89 BAG 11.12.2003 – 6 AZR 64/03, AP TzBfG § 4 Nr. 7.

90 Bei Vorliegen der entsprechenden Voraussetzungen ist dagegen eine außerordentliche Kündigung nach § 626 BGB auch ohne eine Vereinbarung möglich.

91 Laux/*Schlachter*, TzBfG, § 15, Rn. 17; Boecken/*Joussen*, TzBfG, § 15, Rn. 56 f.

fungsrelevante Ausnahme vom grundsätzlichen Ausschluss der ordentlichen Kündbarkeit gilt nach **§ 113 InsO** in der Insolvenz.

Hinweis: § 15 III TzBfG ist natürlich nur anwendbar, wenn die Befristung wirksam ist. Das wird in einer **beliebten Klausurkonstellation** relevant: Die Parteien vereinbarten ein befristetes Arbeitsverhältnis, das noch während seiner Laufzeit vom Arbeitgeber ordentlich gekündigt wird, obwohl im Arbeitsvertrag keine ordentliche Kündbarkeit vorgesehen wurde. Dann ist **im Rahmen der Prüfung der Wirksamkeit der Kündigung** die **Wirksamkeit der Befristung als Vorfrage inzident** zu prüfen. Erst wenn festgestellt wird, dass die Befristung unwirksam ist, sind die weiteren Voraussetzungen einer ordentlichen Kündigung zu prüfen. Beachten Sie hier insb. auch § 16 TzBfG (Rn. 1225).

III. Beendigung, § 15 I, II TzBfG

1222 Wird das befristete Arbeitsverhältnis nicht zuvor wirksam (außer-)ordentlich gekündigt, so gilt:

- Ein **kalendermäßig** befristetes Arbeitsverhältnis (§ 3 I TzBfG) endet mit Ablauf der vereinbarten Zeit automatisch, ohne dass es einer Kündigung oder eines Hinweises des Arbeitgebers auf den Fristablauf bedarf (§ 15 I TzBfG).
- Ein **zweckbefristeter** Arbeitsvertrag endet eigentlich mit Zweckerreichung, allerdings ist dieser Umstand für den Arbeitnehmer oftmals nicht mit hinreichender Sicherheit erkennbar. Daher bestimmt § 15 II TzBfG, dass das Arbeitsverhältnis frühestens zwei Wochen nach Zugang einer schriftlichen Unterrichtung des Arbeitnehmers über die Zweckerreichung durch den Arbeitgeber endet. Will der Arbeitgeber also sichergehen, dass das Arbeitsverhältnis mit Zweckerreichung endet, muss er den Arbeitnehmer spätestens zwei Wochen vorher schriftlich darüber unterrichten.[92] Für **auflösend bedingte** Arbeitsverträge gilt § 15 II TzBfG entsprechend, § 21 TzBfG.

IV. Verlängerung, § 15 V TzBfG

1223 Wird das Arbeitsverhältnis über das vereinbarte Ende hinaus fortgesetzt, **fingiert** der unabdingbare[93] § 15 V TzBfG den unbefristeten, inhaltsgleichen Fortbestand des Arbeitsverhältnisses.[94] Einen darauf gerichteten Vertragswillen der Beteiligten verlangt er nicht, im Gegenteil, wollen die Parteien das Arbeitsverhältnis fortsetzen, kommt ein konkludenter Vertragsschluss in Betracht, eines Rückgriffs auf § 15 V TzBfG bedarf es dann nicht.

92 *Hromadka/Maschmann*, Arbeitsrecht I, § 4, Rn. 19.
93 BAG 11.7.2007 – 7 AZR 197/06, juris Rn. 25; *Nehls*, DB 2001, 2718, 2720.
94 Laux/*Schlachter*, TzBfG, § 15, Rn. 25; ErfK/*Müller-Glöge*, § 15 TzBfG, Rn. 35.

E. Rechtsfolgen einer unwirksamen Befristung

Die Befristung eines Arbeitsverhältnisses kann aufgrund formeller und/oder materieller Fehler rechtsunwirksam sein. Die Unterscheidung zwischen den beiden Fehlerarten ist für die Rechtsfolge relevant. 1224

I. Materieller Fehler

Ein materieller Fehler liegt vor, wenn es an einem (notwendigen) Sachgrund fehlt, also weder ein anerkennenswerter Sachgrund vorliegt noch ein solcher nach § 14 II, IIa oder III TzBfG oder einem Sondergesetz (z.B. § 2 I WissZeitVG) entbehrlich ist. In diesem Fall **fingiert § 16 S. 1 Hs. 1 TzBfG** das Vorliegen eines **unbefristeten Arbeitsverhältnisses**. Die Unwirksamkeit der Befristungsabrede führt entgegen § 139 BGB also nicht zur Unwirksamkeit des gesamten Arbeitsvertrages, dieser gilt vielmehr als auf unbestimmte Zeit abgeschlossen. Alles andere würde ja auch zu dem unsachgemäßen Ergebnis führen, dass die Unwirksamkeit der Befristung den Arbeitnehmer schlechterstellen würde, weil er in gar keinem (wirksamen) Arbeitsverhältnis mehr stünde.[95] 1225

Der als unbefristet geltende Arbeitsvertrag unterliegt grundsätzlich den allgemeinen Regeln für unbefristete Arbeitsverträge, insb. für deren Beendigung. Will der Arbeitgeber also das als unbefristet geltende Arbeitsverhältnis einseitig beenden, so bleibt ihm nur der Ausspruch einer (außer-)ordentlichen **Kündigung**, die den Anforderungen des besonderen und allgemeinen Kündigungsschutzes entsprechen muss. Das ist für den Arbeitnehmer natürlich grundsätzlich günstiger als wenn das Arbeitsverhältnis automatisch aufgrund der Befristung endet. Allerdings: Da angesichts der Unwirksamkeit der Befristung die Kündigungssperre des § 15 III TzBfG nicht eingreift (s. Rn. 1221), könnte der Arbeitgeber das Arbeitsverhältnis bei Vorliegen der Kündigungsvoraussetzungen nunmehr eigentlich jederzeit ordentlich kündigen. Damit bestünde auf den ersten Blick die Gefahr, dass sich die Unwirksamkeit der Befristung insoweit negativ für den Arbeitnehmer auswirkt. Das zeigt folgendes 1226

Beispiel: Arbeitnehmer A war bei Unternehmer U befristet vom 1.1.2013 bis zum 31.12.2015 eingestellt. Schon nach vier Monaten ist U mit der Leistung des A unzufrieden. Als ihm ein befreundeter Rechtsanwalt am 5.6.2013 auch noch sagt, dass die Befristung materiell unwirksam ist, erklärt U sofort die ordentliche Kündigung zum 15.7.2013.

Da im Beispiel mangels sechsmonatiger Betriebszugehörigkeit des A ein Kündigungsschutz nach dem KSchG nicht eingreift (§ 1 I KSchG) und infolge der Unwirksamkeit der Befristung § 15 III TzBfG nicht gilt, scheint A schlechter zu stehen, als wenn die Befristung wirksam gewesen wäre, würde sein Arbeitsverhältnis doch nunmehr nicht erst am 31.12.2015, sondern bereits fristgerecht (§ 622 I Alt. 1 BGB) zum 15.7.2013 enden. Dem beugt **§ 16 S. 1 Hs. 2 TzBfG** vor, der zum Schutz des Arbeitnehmers eine grundsätzliche **Mindestdauer** normiert: Danach kann der Arbeitgeber das Arbeitsverhältnis frühestens zum vereinbarten Ende ordentlich kündigen, im Bei-

95 Annuß/Thüsing/*Maschmann*, TzBfG, § 16, Rn. 1; Boecken/*Joussen*, TzBfG, § 16, Rn. 1.

spielsfall also frühestens zum 31.12.2015. Damit wird verhindert, dass die Unwirksamkeit der Befristung und die daran anknüpfende Fiktion eines unbefristeten Arbeitsverhältnisses für den Arbeitnehmer zum „Bumerang" werden.

Eine Ausnahme besteht allerdings, wenn die Parteien nach **§ 15 III TzBfG** vereinbart hatten, dass trotz der – tatsächlich unwirksamen – Befristung eine ordentliche Kündigung möglich sein sollte. In einem solchen Fall besteht nach § 16 S. 1 Hs. 2 TzBfG a.E. keine Mindestdauer, sondern der Arbeitgeber kann unter Beachtung *allein* der normalen Kündigungsfristen kündigen. Das ist sachgerecht, weil in einem solchen Fall der Arbeitnehmer nicht vergleichbar schutzwürdig ist, hätte er sich doch selbst bei Wirksamkeit der Befristung nicht darauf verlassen können, dass ihm nicht schon zu einem früheren Termin gekündigt wird.

Hinweis: § 16 S. 1 Hs. 2 TzBfG stellt systematisch kein besonderes Kündigungsrecht für den Arbeitgeber dar, die Kündigung muss vielmehr nach allgemeinen Maßstäben wirksam sein. Stattdessen normiert er allein einen besonderen **Kündigungstermin**, der parallel neben die sonstigen Kündigungsfristen tritt und damit das Kündigungsrecht des Arbeitgebers beschränkt. Im Übrigen ist zu beachten, dass die Beschränkung des § 16 S. 1 Hs. 2 TzBfG nur für Kündigungen durch den Arbeitgeber gilt. Der **Arbeitnehmer** kann ein unwirksam befristetes Arbeitsverhältnis jederzeit zu einem Zeitpunkt auch schon vor dem eigentlich vereinbarten Ende kündigen.[96] Von § 16 S. 1 Hs. 2 TzBfG bleibt im Übrigen das Recht zur **außerordentlichen Kündigung** unberührt, eine solche kann also auch ein Arbeitgeber bei Vorliegen der Voraussetzungen des § 626 BGB jederzeit aussprechen.

II. Mangel der Schriftform

1227 Ist die Befristung **nur** wegen mangelnder Schriftform (§ 14 IV TzBfG) unwirksam, so gilt zwar § 16 S. 1 Hs. 1 TzBfG ebenfalls, so dass auch in diesem Fall ein unbefristetes Arbeitsverhältnis fingiert wird. Es wird aber die Kündigungsbeschränkung des Arbeitgebers in S. 1 Hs. 2 durch **S. 2** verdrängt. Entsprechend kann nicht nur der Arbeitnehmer, sondern auch der Arbeitgeber das als unbefristet geltende Arbeitsverhältnis jederzeit unter Beachtung der für es maßgeblichen Kündigungsfrist und damit bereits **vor dem vereinbarten Ende** kündigen, und zwar selbst dann, wenn keine Vereinbarung nach § 15 III TzBfG getroffen wurde.

Wandelte man das **Beispiel in Rn. 1226** also dahingehend ab, dass die Befristung nur wegen Verstoßes gegen § 14 IV TzBfG unwirksam ist, könnte U dem A wirksam zum 15.7.2013 kündigen (§ 622 I Alt. 1 BGB).

1228 Leidet die Befristung sowohl an materiellen wie formellen Mängeln, ist § 16 S. 2 TzBfG nicht anwendbar und es bewendet bei S. 1. Die rechtspolitische Überzeugungskraft von S. 2 ist zweifelhaft, weil sich ein überzeugender Grund für die Differenzierung zwischen materiellem und formellem Fehler schwerlich finden lässt.[97]

96 BAG 23.4.2009 – 6 AZR 533/08, NZA 2009, 1260, 1261 f.; *Preis/Gotthardt*, DB 2001, 145, 151; Laux/*Schlachter*, TzBfG, § 16, Rn. 11.

97 KDZ/*Däubler*, § 16 TzBfG, Rn. 4; Laux/*Schlachter*, TzBfG, § 16, Rn. 13.

III. Gerichtliche Geltendmachung, § 17 TzBfG

Die – formelle oder materielle – Unwirksamkeit der Befristung muss der Arbeitnehmer gemäß **§ 17 S. 1 TzBfG** spätestens[98] innerhalb von drei Wochen nach dem vereinbarten Ende des befristeten Arbeitsvertrages durch Erhebung einer sog. **Entfristungsklage** geltend machen.[99] Durch den Verweis in § 17 S. 2 TzBfG auf die §§ 5-7 KSchG wird ein weitgehender Gleichlauf zur Kündigungsschutzklage hergestellt: Entsprechend genügt hier wie dort keine allgemeine Feststellungsklage nach § 256 ZPO, erforderlich ist vielmehr eine Klage, die sich **punktuell** gegen die Beendigung des Arbeitsverhältnisses durch eine ganz bestimmte Befristung richtet. 1229

Wie bei den §§ 4, 7 KSchG handelt es sich auch insoweit um eine **materiell-rechtliche Präklusionsfrist**, bei deren erfolglosem Verstreichenlassen nach §§ 17 S. 2 TzBfG, 7 Hs. 1 KSchG die **Befristung** als **wirksam fingiert** wird.[100] Entsprechend ist § 17 TzBfG nicht in der Zulässigkeit, sondern der **Begründetheit der Klage** zu prüfen. Um den Eintritt der Fiktion zu verhindern, muss der Arbeitnehmer rechtzeitig Entfristungsklage erheben, was nach §§ 46 II ArbGG, 495, 253 I ZPO eigentlich die Zustellung der Klageschrift (Rechtshängigkeit) innerhalb der Dreiwochenfrist erfordern würde; nach §§ 46 II ArbGG, 167 ZPO genügt es allerdings, wenn die Klage rechtzeitig anhängig gemacht wird, solange nur die Zustellung demnächst erfolgt. 1230

§ 17 S. 2 TzBfG verweist nicht nur auf § 7 KSchG, sondern auch auf dessen §§ 5, 6. Zum Schutz des Arbeitnehmers ermöglicht dies zum einen die **Zulassung** einer eigentlich **verspäteten Entfristungsklage**, wenn er trotz Anwendung der ihm nach Lage der Umstände zuzumutenden Sorgfalt verhindert war, rechtzeitig Klage zu erheben (§ 5 KSchG); dabei ist ihm ein eventuelles Verschulden seines Rechtsanwalts nach §§ 46 II ArbGG, 85 II ZPO zuzurechnen.[101] Zum anderen gilt eine **verlängerte Anrufungsfrist** gemäß § 6 KSchG, wenn der Arbeitnehmer innerhalb des Dreiwochenzeitraums zwar keine Entfristungsklage im obigen Sinne erhoben hat, aber in sonstiger Weise vor Gericht (implizit) die Unwirksamkeit der Befristung geltend machte, z.B. durch Erhebung einer Leistungsklage betreffend den Zeitraum nach dem (vermeintlichen) Ende des Arbeitsverhältnisses;[102] in diesem Fall kann er bis zum Schluss der mündlichen Verhandlung in erster Instanz noch die Unwirksamkeit der Befristung geltend machen. 1231

Lernhinweis: Nachdem Sie nun über das notwendige Wissen um die materiellen Wirksamkeitsanforderungen an Befristungsabreden verfügen, sollten Sie die Problematik der Hei-

---

98 Die Klage kann also auch schon vor Fristablauf und damit auch schon erhoben werden, wenn der Befristungszeitraum noch gar nicht abgelaufen ist (BAG 1.12.2004 – 7 AZR 135/04, NZA 2006, 211, 212; *Sievers*, TzBfG, § 17, Rn. 55).

99 § 17 TzBfG ist bei auflösenden Bedingungen und Zweckbefristungen auch auf die Frage anwendbar, ob die Bedingung eingetreten bzw. der Zweck erreicht wurde (vgl. BAG 6.4.2011 – 7 AZR 704/09, DB 2011, 1756). – Nicht anwendbar ist § 17 TzBfG hingegen, wenn der Arbeitnehmer geltend macht, es sei gar keine Befristung vereinbart. In diesem Fall ist eine allgemeine Feststellungsklage (§ 256 I ZPO) zu erheben (*Sievers*, TzBfG, § 17, Rn. 4, 7); dasselbe gilt für Fälle des § 15 V TzBfG (*Hofer*, JA 2018, 853, 858).

100 Laux/*Schlachter*, TzBfG, § 17, Rn. 1; ErfK/*Müller-Glöge*, § 17 TzBfG, Rn. 11 f.; MüKo-BGB/*Hesse*, § 17 TzBfG, Rn. 22.

101 BAG 11.12.2008 – 2 AZR 472/08, NZA 2009, 692; *Schrader*, BB 2010, 1155, 1156.

102 Boecken/*Joussen*, TzBfG, § 17, Rn. 45.

lung unwirksamer, mündlich geschlossener Befristungsvereinbarungen durcharbeiten (Rn. 1176 ff.).

F. Darlegungs- und Beweislast

1232 Dafür, dass überhaupt eine Befristungsvereinbarung getroffen wurde, trägt derjenige die Darlegungs- und Beweislast, der sich darauf beruft, dass das Arbeitsverhältnis mit Fristablauf beendet wurde; das muss nicht, wird aber in der Regel der Arbeitgeber sein.[103] Gleiches gilt für die Wahrung der Schriftform ebenso wie für das – ggf. notwendige – Vorliegen eines sachlichen Grundes oder der Voraussetzungen von § 14 II 1 TzBfG. Dagegen trifft die Darlegungs- und Beweislast für die Voraussetzungen des Anschlussverbots des § 14 II 2 TzBfG diejenige Partei, die die Wirksamkeit der Befristung bestreitet (i.d.R. der Arbeitnehmer).[104] Für die rechtzeitige gerichtliche Geltendmachung (§ 17 TzBfG) ist stets der Arbeitnehmer darlegungs- und beweisbelastet.[105]

G. Prüfungsschema: Wirksamkeit einer Befristungsabrede

1233

1. **Keine Präklusion, §§ 17 TzBfG, 7 KSchG (Rn. 1229)**
2. **Formell:** Wahrung des Schriftformerfordernisses, § 14 IV TzBfG? (Rn. 1172)
3. **Materiell:**
   a) Grundsatz: Sachgrunderfordernis, § 14 I 1 TzBfG (kurzer Hinweis)
   b) Eingreifen einer Ausnahme?
      - § 14 II TzBfG (Rn. 1186)
      - § 14 IIa TzBfG (Rn. 1206)
      - § 14 III TzBfG (Rn. 1207)
   c) Eingreifen eines Sonderbefristungstatbestands? (Rn. 1167)
   d) Sachgrunderfordernis:
      - Eingreifen eines Katalogtatbestands nach § 14 I 2 TzBfG? (Rn. 1211)
      - Eingreifen eines unbenannten, sonstigen Sachgrunds? (Rn. 1218)
4. **Mögliche Folgen:**
   a) Befristung ist wirksam/gilt wegen Präklusion als wirksam:
      - Arbeitsverhältnis endet grundsätzlich zu dem durch § 15 I, II TzBfG bestimmten Zeitpunkt (Rn. 1222)
      - vorherige ordentliche Kündigung grundsätzlich ausgeschlossen, § 15 III TzBfG (Rn. 1221)
   b) Befristung ist unwirksam:
      - Fiktion eines unbefristeten Arbeitsverhältnisses, § 16 S. 1 TzBfG (Rn. 1225)

---

103 BAG 20.8.2014 – 7 AZR 924/12, NZA-RR 2015, 9, 12; APS/*Backhaus*, § 3 TzBfG, Rn. 38; ErfK/*Müller-Glöge*, § 17 TzBfG, Rn. 13.

104 BAG 19.10.2005 – 7 AZR 31/05, NZA 2006, 154, 155; LAG Niedersachsen 26.7.2004 – 5 Sa 234/04, NZA-RR 2005, 410.

105 ErfK/*Müller-Glöge*, § 17 TzBfG, Rn. 13.

- vorherige ordentliche Kündbarkeit?
  - bei bloßem Formfehler (+), § 16 S. 2 TzBfG (Rn. 1227)
  - bei materiellem Fehler grds. (-), § 16 S. 1 TzBfG (Rn. 1226)

H. Auflösende Bedingung

Statt einer Befristung können die Parteien auch eine auflösende Bedingung vereinbaren. Die Abgrenzung zwischen (Zweck-)Befristung und auflösender Bedingung erfolgt danach, ob die Parteien den Eintritt des das Arbeitsverhältnis beendenden Umstandes als sicher (dann: Befristung) oder unsicher (dann: auflösende Bedingung) ansehen.[106] Für den Arbeitnehmer kann eine auflösende Bedingung belastender sein als eine Befristung, kann er bei letzterer – vorbehaltlich der Vereinbarung einer Kündigungsmöglichkeit, § 15 III TzBfG (Rn. 1221) – doch regelmäßig mit einer bestimmten Dauer des Arbeitsverhältnisses kalkulieren, wohingegen bei Eintritt der auflösenden Bedingung das Arbeitsverhältnis kurzfristig beendet sein kann. 1234

Aus diesem Grund erklärt **§ 21 TzBfG** zahlreiche Vorschriften des Befristungsrechts für entsprechend anwendbar. Insb. ist eine auflösende Bedingung des Arbeitsverhältnisses ebenfalls nur schriftlich möglich und nur zulässig, wenn ein Sachgrund dafür besteht (§ 14 IV, I TzBfG). Schriftlich fixiert werden muss dabei insb. auch der Umstand, der zur auflösenden Bedingung gemacht wird.[107] Als Sachgrund kommen v.a. Gründe in der Person des Arbeitnehmers (§ 14 I 2 Nr. 6 TzBfG) in Betracht, bspw. der Entzug einer für die Berufsausübung erforderlichen öffentlich-rechtlichen Erlaubnis.[108] Das auflösend bedingte Arbeitsverhältnis endet nach §§ 21, 15 II TzBfG mit Eintritt der Bedingung, frühestens aber zwei Wochen, nachdem der Arbeitgeber dem Arbeitnehmer den Eintritt schriftlich mitgeteilt hat. 1235

I. Sonderfall: Altersgrenzen

Für die meisten Arbeitsverhältnisse in Deutschland gilt – aufgrund von Tarifvertrag, (freiwilliger) Betriebsvereinbarung oder Arbeitsvertrag – eine Altersgrenze, nach der das Arbeitsverhältnis automatisch zu einem bestimmten Zeitpunkt enden soll. Altersgrenzen werfen befristungs-, antidiskriminierungsrechtliche und verfassungsrechtliche Fragen auf, denn wenn für die Beendigung des Arbeitsverhältnisses an das Erreichen eines bestimmten Alters angeknüpft wird, stellt das nicht nur eine (Höchst-)Befristung dar,[109] sondern zugleich eine Ungleichbehandlung wegen des Alters (§§ 7 I, 1 AGG) und eine Beschränkung der Berufsfreiheit des Arbeitnehmers (Art. 12 I GG). In Bezug auf die Zulässigkeit von Altersgrenzen ist zu differenzieren: 1236 V

- **Allgemeine Altersgrenzen** sehen ein Ende des Arbeitsverhältnisses zu dem Zeitpunkt vor, in dem der Arbeitnehmer die **Regelaltersgrenze** der gesetzlichen Rentenversiche-

106 ErfK/*Müller-Glöge*, § 21 TzBfG, Rn. 2; APS/*Backhaus*, § 3 TzBfG, Rn. 14 m.w.N.
107 Boecken/*Joussen*, TzBfG, § 21, Rn. 28.
108 BAG 11.10.1995 – 7 AZR 119/95, AP BGB § 620 Bedingung Nr. 20; 25.8.1999 – 7 AZR 75/98, AP BGB § 620 Bedingung Nr. 24.
109 BAG 19.11.2003 – 7 AZR 296/03, NZA 2004, 1336 f.; 18.6.2008 – 7 AZR 116/07, NZA 2008, 1302, 1303; APS/*Backhaus*, § 3 TzBfG, Rn. 26 m.w.N. auch zur früher h.M.

rung erreicht. Nach § 41 S. 1 SGB VI rechtfertigt das Erreichen der Regelaltersgrenze als solches keine Kündigung des Arbeitsverhältnisses. Ein Ausscheiden mit Erreichen der Regelaltersgrenze entspricht aber regelmäßig den Wünschen und Interessen beider Vertragsparteien. Allgemeine Altersgrenzen werden generell als **zulässig** angesehen, und zwar selbst dann, wenn die Rente, die der Arbeitnehmer in diesem Zeitpunkt tatsächlich beanspruchen kann, zu niedrig ist, um damit den weiteren Lebensunterhalt zu bestreiten.[110] Mit anderen Worten: I.S.d. Befristungsrechts liegt ein sachlicher Grund nach § 14 I 2 Nr. 6 TzBfG vor,[111] die Ungleichbehandlung wegen des Alters ist nach § 10 S. 3 Nr. 5 AGG gerechtfertigt[112] und es liegt auch kein unverhältnismäßiger Eingriff in die Berufsfreiheit vor.[113]

- **Spezielle Altersgrenzen** sehen ein Ausscheiden oft schon weit vor dem Erreichen der Regelaltersgrenzen vor. Üblich waren sie bislang v.a. bei besonders schwierigen und verantwortungsvollen Tätigkeiten, bei denen ein Fehler unmittelbare Auswirkungen auf Leben und Gesundheit Dritter haben kann. Insb. für Cockpit-Personal hat das BAG solche Altersgrenzen in der Vergangenheit weitgehend gebilligt.[114] Der EuGH hat die Anforderungen nunmehr aber deutlich verschärft und bspw. eine generelle Altersgrenze von 60 Jahren bei Piloten als unzulässige Altersdiskriminierung eingestuft.[115] Schon zuvor hatte das BAG Altersgrenzen von 60 Jahren respektive sogar 55 Jahren für das Kabinenpersonal „kassiert",[116] und auch bei Fluglotsen wird eine Altersgrenze von 55 Jahren nicht anerkannt.[117]

1237 **V** Eine wirksame allgemeine Altersgrenze kann im Hinblick auf die **ordentliche Kündbarkeit** des Arbeitsverhältnisses Probleme aufwerfen, unterliegen befristete Arbeitsverhältnisse nach § 15 III TzBfG doch nur dann der ordentlichen Kündigung, wenn dies gesondert vereinbart wurde (näher Rn. 1221). Manchmal wird ein Arbeitsvertrag mit einer allgemeinen Altersgrenze zwar selbst eine Kündigungsmöglichkeit vorsehen oder zumindest auf einen Tarifvertrag mit entsprechender Regelung verweisen. Wo dies nicht der Fall ist, stellt sich aber die Frage nach der ordentlichen Kündbarkeit. Eine Auffassung verfährt hier streng und verlangt eine positive Vereinbarung;[118] ohne eine solche ist eine ordentliche Kündigung durch den Arbeitnehmer nur nach § 15 IV TzBfG möglich, eine solche des Arbeitgebers scheidet vollständig aus. Das überzeugt nicht, man wird § 15 III TzBfG vielmehr aufgrund einer **teleologischen Reduktion** unangewendet lassen oder alternativ eine entsprechende Parteiabsprache als stillschweigend vereinbart unterstellen können. Ein anderes Ergebnis entspricht weder dem Parteiwillen noch ist der Schutzzweck des § 15 III TzBfG einschlägig. Denn dieser bietet nur einen gewissen Ausgleich für den mit der Befristung von Ar-

---

110 EuGH 12.10.2010 – C-45/09, NZA 2010, 1167, 1169 f.; BAG 8.12.2010 – 7 AZR 438/09, NZA 2011, 586, 592.

111 BAG 20.11.1987 – 2 AZR 284/86, NZA 1988, 617, 618; 18.6.2008 – 7 AZR 116/07, NZA 2008, 1302, 1308; *Preis/Gotthardt*, DB 2000, 2065, 2071; APS/*Backhaus*, § 14 TzBfG, Rn. 113; kritisch z.B. Laux/*Schlachter*, TzBfG, § 14, Rn. 75.

112 Vgl. auch EuGH 16.10.2007 – C-411/05, AP Richtlinie 2000/78/EG Nr. 8; 12.10.2010 – C-45/09, AP Richtlinie 2000/78/EG Nr. 18; BAG 18.6.2008 – 7 AZR 116/07, AP TzBfG § 14 Nr. 48 (für tarifliche Regelung); 12.6.2013 – 7 AZR 917/11, NZA 2013, 1428 (für kirchliche Arbeitsrechtsregelung).

113 Näher APS/*Backhaus*, § 14 TzBfG, Rn. 114 m.w.N.

114 Vgl. z.B. BAG 20.12.1984 – 2 AZR 3/84, NZA 1986, 325, 327.

115 EuGH 13.9.2011 – C-447/09, NZA 2011, 1039; so nun auch BAG 18.1.2012 – 7 AZR 112/08, NZA 2012, 575.

116 BAG 16.1.2008 – 7 AZR 253/07 (A), NZA 2009, 378, 379 f.

117 LAG Düsseldorf 9.3.2011 – 12 TaBV 81/10, NZA-RR 2011, 474, 475 f.

118 *Sievers*, TzBfG, § 15, Rn. 33; KR/*Lipke*, § 15 TzBfG, Rn. 35; MüKo-BGB/*Hesse*, § 15 TzBfG, Rn. 30.

beitsverhältnissen einhergehenden verminderten Bestandsschutz. Bei auf die „Berufslebenszeit“ des Arbeitnehmers abgeschlossenen Verträgen passt diese Überlegung aber nicht.[119]

Weiterführende Literatur: *Fischinger, Philipp S.:* Fortgeschrittenenklausur – Zivilrecht: Immer Ärger mit dem Arbeitsrecht!, JuS 2012, 531; *Jacobs, Matthias/Krois, Christopher:* Schwerpunktbereichsklausur – Arbeitsrecht: Rechtsfortbildung im Arbeitsrecht, JuS 2013, 817; *Helml, Ewald:* (Original-)Assessorexamensklausur – Zivilrecht: Arbeitsrecht, JuS 2010, 1095; *Tillmanns, Kerstin:* Klausurenkurs I, Fall 7.

§ 14 Änderung von Arbeitsbedingungen (Änderungskündigung)

Fall 75: Unternehmer U geht es wirtschaftlich schlecht. Um die anderenfalls drohende Stilllegung des Betriebs zu vermeiden, greift er nolens volens zum letzten Strohhalm: Er schickt seinen Arbeitnehmern ein Schreiben, in dem er ihnen kündigt, ihnen zugleich aber anbietet, sie zu verminderten Bezügen (20 % Entgeltkürzung) weiterhin zu beschäftigen. Arbeitnehmer A lehnt empört ab und erhebt fristgemäß Kündigungsschutzklage. Als er mit dieser unterliegt, erklärt er, das Angebot nun doch annehmen zu wollen. Besteht zwischen A und U ein Arbeitsverhältnis? (**Lösung Rn. 1252**, **1254** und **1264**) 1238

A. Grundlagen

Im Laufe der Zeit ändern sich oftmals Umstände, die für die Durchführung des Arbeitsverhältnisses relevant sind. Wie bei jedem Dauerschuldverhältnis stellt sich dann die Frage, ob und wenn ja, wie darauf reagiert werden soll und ob und ggf. wie das rechtstechnisch möglich ist. Als Instrumente zur Änderung der Arbeitsbedingungen kommen insoweit in Betracht: 1239

- Ausübung des **Weisungsrechts** durch den Arbeitgeber. Das ist zwar grundsätzlich ein unkomplizierter Weg zur Anpassung an die neuen Gegebenheiten, allerdings besteht das Weisungsrecht nur in den Grenzen übergeordneter Rechtsquellen, insb. des Arbeitsvertrags (Rn. 583). Den durch den Arbeitsvertrag gesteckten Rahmen kann der Arbeitgeber mithin nicht überschreiten.
- Bei Abschluss eines **Änderungsvertrags** besteht zwar keine Bindung an die Grenzen des ursprünglichen Arbeitsvertrags, allerdings erfordert dies den Konsens des Arbeitnehmers, der – jedenfalls bei Änderungen zu seinen Lasten – oftmals nicht zu erhalten sein wird.
- Denkbar ist es, bestimmte **Arbeitsbedingungen befristet** zu vereinbaren. Nach Ablauf der Befristung kann sodann überprüft werden, ob eine Änderung notwendig ist. Allerdings ist ein solches Vorgehen mittelbar – über § 307 BGB – am TzBfG zu messen (Rn. 1168) und wird deshalb in vielen Fällen nicht funktionieren.

119 Laux/*Schlachter*, TzBfG, § 15, Rn. 15; *Bauer*, NZA 2011, 241, 248; vgl. auch *Persch*, NZA 2010, 77, 79 f.; ErfK/*Müller-Glöge*, § 15 TzBfG, Rn. 11.

- Eine **Teilkündigung** einzelner Arbeitsbedingungen ist unzulässig, soweit dadurch das synallagmatische Verhältnis von Leistung und Gegenleistung gestört wird (Rn. 842).
- **Freiwilligkeits-** oder **Widerrufsvorbehalte** ermöglichen es demgegenüber im Grundsatz, auf (unvorhergesehene) spätere Änderungen zu reagieren. Allerdings sind sie nur in sehr engen Grenzen zulässig (Rn. 315 und 325 ff.) und als „flächendeckendes" Instrument ungeeignet.

1240 Nüchtern betrachtet sind die Möglichkeiten des Arbeitgebers, die Arbeitsbedingungen **einseitig** zu ändern, also eher überschaubar. Das ist zivilrechtsdogmatisch angesichts des Grundsatzes „pacta sunt servanda" auch zutreffend. Dennoch ist nicht zu übersehen, dass die Unabänderbarkeit der Arbeitsbedingungen bei veränderten Umständen für den Arbeitgeber unzumutbar sein und langfristig ggf. sogar den Bestand des Arbeitsverhältnisses gefährden kann. Um das zu vermeiden, hat der Gesetzgeber das Instrument der **Änderungskündigung** geschaffen, das in § 2 KSchG eine rudimentäre Regelung erfahren hat.

B. Die Änderungskündigung

I. Charakteristika

1241 Kennzeichen einer Änderungskündigung ist, dass das Arbeitsverhältnis gekündigt wird, dem Kündigungsempfänger aber die Fortsetzung des Arbeitsverhältnisses zu anderen Konditionen angeboten wird (vgl. **§ 2 KSchG**). Primärziel des Kündigenden ist also nicht die Beendigung des Arbeitsverhältnisses, sondern dessen Inhaltsänderung. Akzeptiert der Kündigungsempfänger die geänderten Arbeitsbedingungen jedoch nicht, endet das Arbeitsverhältnis mit Ablauf der Kündigungsfrist bzw. – bei einer ebenfalls möglichen außerordentlichen Änderungskündigung[1] – sofort. Die Änderungskündigung kann vom Arbeitgeber oder Arbeitnehmer ausgesprochen werden.[2] Die folgenden Ausführungen beschränken sich aber auf die praxis- wie klausurrelevantere Änderungskündigung durch den Arbeitgeber.

II. Erklärung der Änderungskündigung

1242 Die Änderungskündigung kann auf **zwei Arten** erfolgen: Zum einen kann der Arbeitgeber unbedingt kündigen und in diesem Zusammenhang dem Arbeitnehmer die Fortsetzung zu geänderten Arbeitsbedingungen anbieten, oder aber er kann aufschiebend bedingt für den Fall kündigen, dass der Arbeitnehmer das Änderungsangebot nicht annimmt.[3] Für die rechtliche Behandlung ist diese dogmatische Unterscheidung im Weiteren aber bedeutungslos,[4] besteht die Änderungskündigung doch in beiden Fäl-

1 BAG 26.3.2009 – 2 AZR 879/07, NZA 2009, 679; 28.5.2009 – 2 AZR 844/07, NZA 2009, 954.
2 *Löwisch*, NZA 1988, 633, 634.
3 *Berkowsky*, NZA-RR 2003, 449.
4 APS/*Künzl*, § 2 KSchG, Rn. 11.

len aus zwei Elementen: (1) „Echte" Kündigung des Arbeitsverhältnisses und (2) Angebot zur Fortsetzung zu geänderten Bedingungen.[5]

Das erste dieser Elemente wirft im Hinblick auf die Erklärung der Änderungskündigung keine weiteren Spezialfragen auf. Enthält eine Änderungskündigung auch eine (bedingte) Beendigungskündigung, bedarf auch sie der **Schriftform** des **§ 623 BGB**.[6] Aber auch das **Angebot** (§ 145 BGB) auf Fortsetzung des Arbeitsverhältnisses zu geänderten Bedingungen muss nach h.M. **schriftlich** erfolgen, anderenfalls ist es unwirksam.[7] Es muss zudem – entsprechend allgemeiner zivilrechtlicher Grundsätze – hinreichend **bestimmt** sein.[8] **1243**

Kündigung und Angebot können **gleichzeitig** erklärt bzw. unterbreitet werden. Möglich ist aber auch, dass der Arbeitgeber **zunächst** das **Änderungsangebot** unterbreitet und später kündigt; eine Änderungskündigung (und keine Beendigungskündigung) liegt dann aber nur vor, wenn er in der Kündigung hinreichend klarstellt, dass das Änderungsangebot nach wie vor Bestand hat.[9] Im umgekehrten Fall, in dem der Arbeitgeber **zuerst** das **Arbeitsverhältnis kündigt** und dann ein Änderungsangebot unterbreitet, liegt nach h.M. zunächst **keine Änderungskündigung i.S.v. § 2 KSchG** vor,[10] für die Wirksamkeit der zuerst ausgesprochenen Kündigung gelten die Maßstäbe für Beendigungskündigungen.[11] Jedoch kann in dem späteren Änderungsangebot eine erstmalige Änderungskündigung bei gleichzeitiger Rücknahme der Beendigungskündigung enthalten sein, was im Wege der Auslegung zu ermitteln ist.[12] **1244 V**

III. Wirksamkeitsvoraussetzungen

1. Ordentliche Änderungskündigung

a) Grundlagen

Im Ausgangspunkt gelten für die Wirksamkeit der ordentlichen Änderungskündigung die gleichen Grundsätze wie für die Beendigungskündigung. Zu beachten sind somit auch hier (ggf.) die Vorschriften des **besonderen Kündigungsschutzes**, der Betriebsrat ist nach **§ 102 BetrVG** vor Ausspruch der Kündigung anzuhören und die **Kündigungsfristen** sind zu beachten. **1245**

b) Soziale Rechtfertigung

Besonderheiten bestehen allerdings mit Blick auf die **soziale Rechtfertigung (§ 1 II KSchG)** der Kündigung. Auch insoweit gilt, dass – wenn der sachliche und persönli- **1246**

---

5 BAG 10.9.2009 – 2 AZR 822/07, NZA 2010, 333.
6 BAG 16.9.2004 – 2 AZR 628/03, NZA 2005, 635.
7 BAG 10.9.2009 – 2 AZR 822/07, NZA 2010, 333, 335; 28.10.2010 – 2 AZR 688/09, NZA-RR 2011, 167, 168; *Bauer/Winzer*, BB 2006, 266, 268; *Richardi/Annuß*, NJW 2000, 1231, 1233.
8 BAG 15.1.2009 – 2 AZR 641/07, NZA 2009, 957, 958; 10.9.2009 – 2 AZR 822/07, NZA 2010, 333, 335.
9 BAG 27.9.1984 – 2 AZR 62/83, NZA 1985, 455, 458; 21.4.2005 – 2 AZR 244/04, NZA 2005, 1294, 1296; *Krois*, ZfA 2009, 575, 590.
10 BAG 10.12.1975 – 4 AZR 41/75, AP BAT §§ 22, 23 Nr. 90; KR/*Kreft*, § 2 KSchG, Rn. 30 ff.; APS/*Künzl*, § 2 KSchG, Rn. 27 f.; **a.A.** *Löwisch*, NZA 1988, 633, 634.
11 ErfK/*Oetker*, § 2 KSchG, Rn. 12.
12 Näher APS/*Künzl*, § 2 KSchG, Rn. 29 m.w.N.

che Anwendungsbereich des § 1 KSchG eröffnet ist – die Änderungs*kündigung* nur dann zulässig ist, wenn für sie ein **personen-**, **verhaltens-** oder **betriebsbedingter** Grund besteht. Jedoch gilt ein **anderer Prüfungsmaßstab** als bei der Beendigungskündigung. Während bei Letzterer zu prüfen ist, ob die *Beendigung* des Arbeitsverhältnisses sozial gerechtfertigt ist, ist hier zu prüfen, ob die **Änderung der Arbeitsbedingungen sozial gerechtfertigt** ist, also mit anderen Worten, ob der geltend gemachte Kündigungsgrund geeignet ist, die angestrebte Vertragsänderung zu rechtfertigen.[13] Weil somit „nur" die Vertragsänderung und nicht die Vertragsbeendigung gerechtfertigt sein muss, sind die **Anforderungen** an die Rechtfertigung **geringer**.[14] Das gilt unabhängig davon, ob der Arbeitnehmer das Angebot annimmt oder nicht (und damit das Arbeitsverhältnis beendet wird).

1247 Soll der Arbeitsvertrag in **mehreren Punkten** geändert werden und erklärt der Arbeitgeber diesbezüglich eine einzige Änderungskündigung, so muss jede einzelne Änderung wirksam sein. Ist es eine Änderung nicht, so ist die Änderungskündigung insgesamt unwirksam, eine Teilunwirksamkeit scheidet also grundsätzlich aus.[15]

1248 Sozial gerechtfertigt ist die Änderungskündigung, wenn die Fortsetzung des Arbeitsverhältnisses in seiner bisherigen Ausgestaltung über die Kündigungsfrist hinaus aufgrund eines personen-, verhaltens- oder betriebsbedingten Grundes nicht mehr möglich ist und der Arbeitgeber dem Arbeitnehmer die diesen am wenigsten beeinträchtigende Änderung anbot, die dieser billigerweise hinzunehmen hat.[16] Entsprechend ist die soziale Rechtfertigung **zweistufig** zu prüfen:[17]

1249 **aa) Grund an sich.** Voraussetzung ist zunächst, dass ein personen-, verhaltens- oder betriebsbedingter Grund an sich vorliegt, der einer Fortsetzung des Arbeitsverhältnisses zu den bestehenden Arbeitsbedingungen über den Ablauf der Kündigungsfrist hinaus entgegensteht. Der geltend gemachte Kündigungsgrund muss geeignet sein, um die angestrebte Vertragsänderung zu rechtfertigen.[18]

1250 Eine **personenbedingte** Änderungskündigung kommt z.B. in Betracht, wenn die Leistungsfähigkeit des Arbeitnehmers (altersbedingt) abnimmt oder er aufgrund von Gewissenskonflikten (z.B. Alkoholverkauf) oder krankheitsbedingt eine bestimmte Tätigkeit nun nicht mehr ausführen kann, jedoch ein freier Arbeitsplatz verfügbar ist, auf dem der Arbeitnehmer angemessen beschäftigt werden kann.[19] **Verhaltensbedingt** ist eine Änderungskündigung z.B. denkbar, um durch die Veränderung des Ar-

---

13 BAG 3.11.1977 – 2 AZR 277/76, AP BPersVG § 75 Nr. 1; 23.6.2005 – 2 AZR 642/04, NZA 2006, 92, 94; LAG Rheinland-Pfalz 23.9.2010 – 11 Sa 213/10, BeckRS 2010, 75077.

14 BAG 7.6.1973 – 2 AZR 450/72, NJW 1973, 1819, 1821; ErfK/*Oetker*, § 2 KSchG, Rn. 39 f.

15 BAG 21.9.2006 – 2 AZR 120/06, NZA 2007, 435, 437; 10.9.2009 – 2 AZR 822/07, NZA 2010, 333, 335 f.

16 Vgl. z.B. BAG 1.7.1999 – 2 AZR 826/98, NZA 1999, 1336, 1337; 26.3.2009 – 2 AZR 879/07, AP KSchG 1969 § 9 Nr. 57; *Hromadka*, NZA 1996, 1, 7.

17 BAG 23.6.2005 – 2 AZR 642/04, NZA 2006, 92, 94; 12.8.2010 – 2 AZR 945/08, NZA 2011, 460, 463.

18 BAG 23.6.2005 – 2 AZR 642/04, NZA 2006, 92, 94; 20.6.2013 – 2 AZR 396/12, NZA 2013, 1409, 1410; 5.6.2014 – 2 AZR 615/13, NZA 2015, 40, 42.

19 Vgl. BAG 20.7.1989 – 2 AZR 114/87, NJW 1990, 597, 598.

beitsumfelds, in dem der Arbeitnehmer tätig ist, andauernde Streitigkeiten zwischen bislang unmittelbar zusammenarbeitenden Kollegen zu beenden.[20]

Wichtigster Anwendungsfall von § 2 KSchG ist in der Praxis aber die **betriebsbedingte** Änderungskündigung. In Betracht kommt das zum einen, wenn eine **Änderung des Tätigkeitsbereichs** notwendig ist, der Arbeitnehmer also z.B. nicht mehr im aktuellen, dafür aber in einem anderen Betrieb beschäftigt werden kann. Zum anderen ist bei Fortbestand des Arbeitsplatzes und des Arbeitsverhältnisses im Übrigen eine betriebsbedingte Änderungskündigung zur **Entgeltsenkung** denkbar. Das BAG stellt insoweit aber wegen des damit verbundenen eklatanten Eingriffs in das vertragliche Synallagma und des vom Arbeitgeber zu tragenden Wirtschaftsrisikos strenge Anforderungen. In Betracht kommt sie nur, wenn sie notwendig ist, um eine Stilllegung des Betriebs oder eine deutliche Reduzierung der Belegschaft zu verhindern, alle anderen Ressourcen zur Kosteneinsparung ausgeschöpft sind und die Kosten nicht durch andere Einnahmen oder Maßnahmen gedeckt werden können.[21] **1251**

In **Fall 75** sprach U eine betriebsbedingte Änderungskündigung zur Entgeltsenkung aus. Die von der Rechtsprechung daran gestellten hohen Anforderungen dürften erfüllt sein, ist die Entgeltsenkung doch nach dem Sachverhalt das einzige Mittel, um die ansonsten drohende Schließung des Betriebs zu verhindern (Fortsetzung **Rn. 1254**). **1252**

bb) Verhältnismäßigkeitskontrolle. Auf zweiter Stufe ist eine Verhältnismäßigkeitskontrolle vorzunehmen. Sie umfasst im Wesentlichen drei Elemente: **1253**

- Der Arbeitgeber muss sich darauf beschränkt haben, **nur solche Änderungen vorzuschlagen**, die der **Arbeitnehmer billigerweise hinnehmen** muss. Die geänderten Arbeitsbedingungen müssen also im Hinblick auf den Kündigungsgrund geeignet und erforderlich sein und dürfen nicht weiter vom bisherigen Inhalt des Arbeitsverhältnisses abweichen, als dies zur Erreichung des mit der Änderungskündigung angestrebten Ziels erforderlich ist.[22]

  Beispiel: Genügt es zur Konfliktvermeidung zwischen zwei Kollegen, einen von beiden statt in der Filiale „Mannheim Süd" in der Filiale „Mannheim Ost" zu beschäftigen, scheidet eine Änderungskündigung aus, die auf einen Einsatz in Hamm gerichtet ist.

- Nach dem **ultima-ratio-Grundsatz** dürfen dem Arbeitgeber keine milderen Mittel zur Verfügung gestanden haben, um das angestrebte Ziel zu erreichen. Zu nennen ist namentlich das Weisungsrecht.[23] Bei einer verhaltensbedingten Änderungskündigung hat überdies i.d.R. eine vorherige Abmahnung (s. Rn. 1007) zu erfolgen.[24]
- Bei personen- und verhaltensbedingter Änderungskündigung ist eine **Interessenabwägung** zwischen den Interessen des Arbeitnehmers und Arbeitgebers vorzu-

20 BAG 22.7.1982 – 2 AZR 30/81, NJW 1983, 700.
21 BAG 20.3.1986 – 2 AZR 294/85, NZA 1986, 824; 10.9.2009 – 2 AZR 822/07, NZA 2010, 333, 336; 20.6.2013 – 2 AZR 396/12, NZA 2013, 1409, 1411; ErfK/*Oetker*, § 2 KSchG, Rn. 60.
22 BAG 12.8.2010 – 2 AZR 945/08, NZA 2011, 460, 463; 10.4.2014 – 2 AZR 812/12, NZA 2014, 653, 655; 2.3.2017 – 2 AZR 546/16, NZA 2017, 905, 907.
23 BAG 26.8.2008 – 1 AZR 353/07, NZA-RR 2009, 300.
24 LAG Nürnberg 6.8.2012 – 2 Sa 643/11, NZA-RR 2012, 631, 633; ErfK/*Oetker*, § 2 KSchG, Rn. 46.

nehmen. Weil Ziel des Arbeitgebers nur eine Änderung, nicht aber die Beendigung des Arbeitsverhältnisses ist, sind dabei allerdings weniger strenge Anforderungen zu stellen als bei einer Beendigungskündigung. Bei einer betriebsbedingten Änderungskündigung hingegen hat ggf. eine **Sozialauswahl** nach § 1 III KSchG zu erfolgen, mittels derer zu ermitteln ist, welchem der vergleichbaren Arbeitnehmer die Änderung am ehesten zumutbar ist.[25]

1254 Weil in **Fall 75** alle Arbeitnehmer von der Entgeltsenkung betroffen waren, hat keine Sozialauswahl zu erfolgen. Wäre das anders gewesen, wären bei einer solchen v.a. die Unterhaltspflichten der Arbeitnehmer von großer Bedeutung gewesen. (Fortsetzung **Rn. 1264**)

2. Außerordentliche Änderungskündigung

1255 Eine Änderungskündigung ist grundsätzlich nicht nur als ordentliche, sondern auch als außerordentliche denkbar. Grundlegende Voraussetzungen hierfür sind aber, dass **(1)** dem Kündigenden die Fortsetzung des Arbeitsverhältnisses unzumutbar ist, **(2)** die Änderung alsbald – d.h. vor Ablauf der Kündigungsfristen – und unabweisbar notwendig ist sowie **(3)** die Änderung für den Gekündigten zumutbar ist und der Billigkeit entspricht.[26] Wie bei der ordentlichen Änderungskündigung, so ist auch hier nur die **Änderung** der Arbeitsbedingungen an § 626 BGB zu messen. Allerdings wird gerade die Voraussetzung, dass die Änderung vor Ablauf der Kündigungsfrist erforderlich ist, i.d.R. nicht gegeben sein. Die außerordentliche Änderungskündigung spielt deshalb v.a. bei **ordentlich unkündbaren Arbeitnehmern** eine Rolle.[27]

IV. Die Reaktionsmöglichkeiten des Arbeitnehmers

1256 Spricht der Arbeitgeber eine Änderungskündigung aus, so kann der Arbeitnehmer darauf auf vierfache Weise reagieren:

1. Bloße Ablehnung des Angebots

1257 Lehnt der Arbeitnehmer das Änderungsangebot ab und erhebt keine Kündigungsschutzklage, endet das Arbeitsverhältnis mit Ablauf der Kündigungsfrist. Das gilt selbst dann, wenn die Änderungskündigung ursprünglich nicht wirksam war, denn dann gilt sie mit Verstreichenlassen der Dreiwochenfrist des § 4 S. 2, 1 KSchG aufgrund der Fiktion des § 7 Hs. 1 KSchG als wirksam.

2. Vorbehaltlose Annahme

1258 Der Arbeitnehmer kann das in der Änderungskündigung enthaltene Angebot der Fortsetzung des Arbeitsverhältnisses zu geänderten Bedingungen vorbehaltlos annehmen.

25 BAG 12.8.2010 – 2 AZR 945/08, NZA 2011, 460, 463; 29.1.2015 – 2 AZR 164/14, NZA 2015, 426, 427.
26 BAG 17.3.2005 – 2 ABR 2/04, NZA 2005, 949; 28.10.2010 – 2 AZR 688/09, NZA-RR 2011, 167.
27 Soergel/*Fischinger/Hofer*, § 626, Rn. 166.

Die Annahme als empfangsbedürftige Willenserklärung bedarf **keiner Form** und ist daher zwar im Grundsatz auch konkludent durch Weiterarbeit zu geänderten Bedingungen möglich, die h.M. stellt aber zu Recht strenge Anforderungen an eine konkludente Annahme.[28] Für die vorbehaltlose Annahme gilt nicht die **Frist** des § 2 S. 2 KSchG, sondern es gelten die allgemeinen Regeln der §§ 145 ff. BGB.[29] **Rechtsfolgen** der vorbehaltlosen Annahme sind, dass (1) die Änderung des Arbeitsverhältnisses zu dem Zeitpunkt wirksam wird, zu dem sie nach dem Änderungsangebot in Kraft treten soll, sowie (2), dass die Kündigungskomponente der Änderungskündigung gegenstandslos wird.[30]

3. Annahme unter Vorbehalt (§ 2 KSchG)

Nach allgemeinen zivilrechtlichen Grundsätzen (vgl. § 150 II BGB) könnte der Arbeitnehmer das in der Änderungskündigung enthaltene Änderungsangebot des Arbeitgebers nur entweder vollständig akzeptieren oder ablehnen.[31] § 2 S. 1 KSchG macht davon im Interesse des Arbeitnehmers insoweit eine Ausnahme, als er ihm die Möglichkeit gibt, das Änderungsangebot des Arbeitgebers zwar anzunehmen, allerdings unter dem Vorbehalt, dass die **Änderung der Arbeitsbedingungen sozial gerechtfertigt** ist. Das gilt sowohl bei einer ordentlichen wie analog § 2 KSchG bei einer außerordentlichen Änderungskündigung.[32] Der Vorbehalt kann nur innerhalb der **Frist** des § 2 S. 2 KSchG bzw. – bei einer außerordentlichen Änderungskündigung – unverzüglich erklärt werden.[33] Eine bestimmte **Form** ist nicht zu wahren. 1259

Als Rechtsfolge der Annahme unter Vorbehalt ist sichergestellt, dass es **nicht** zu einer **Beendigung** des Arbeitsverhältnisses kommen wird, sondern nur noch dessen Inhalt fraglich ist. Zunächst gelten ab Ablauf der Kündigungsfrist die im Änderungsangebot angebotenen **neuen Arbeitsbedingungen**.[34] Ob das dauerhaft so bleibt, hängt vom weiteren Verlauf der Dinge ab: 1260

Nach § 4 **S. 2**, 1 KSchG[35] kann der Arbeitnehmer innerhalb von drei Wochen **Änderungsschutzklage** erheben, mit der er – letztlich in Verwirklichung des zuvor erklärten Vorbehalts – rügt, dass die Änderung der Arbeitsbedingungen nach § 1 II KSchG sozial ungerechtfertigt oder aus anderen Gründen unwirksam ist. Streitgegenstand ist also nicht die Wirksamkeit der Kündigung, sondern der Inhalt des Arbeitsverhältnisses.[36] **Obsiegt** der Arbeitnehmer mit der Änderungsschutzklage, so war die Änderung 1261

---

28 Näher und m.w.N. ErfK/*Oetker*, § 2 KSchG, Rn. 29.

29 BAG 6.2.2003 – 2 AZR 674/01, NZA 2003, 659, 661; KR/*Kreft*, § 2 KSchG, Rn. 135.

30 *Junker*, Grundkurs Arbeitsrecht, Rn. 419.

31 Vgl. auch KDZ/*Zwanziger*, § 2 KSchG, Rn. 131.

32 BAG 28.10.2010 – 2 AZR 688/09, NZA-RR 2011, 167, 168; ErfK/*Niemann*, § 626 BGB, Rn. 192; KR/*Kreft*, § 2 KSchG, Rn. 32; ErfK/*Oetker*, § 2 KSchG, Rn. 8.

33 BAG 19.6.1986 – AZR 565/85, NZA 1987, 94, 95; 27.3.1987 – 7 AZR 790/85, NZA 1988, 737, 738.

34 BAG 28.3.1985 – 2 AZR 548/83, NZA 1985, 709, 711; 27.3.1987 – 7 AZR 790/85, NZA 1988, 737, 738.

35 Auch wenn in § 13 I 2 KSchG nicht auf § 4 S. 2 KSchG verwiesen wird, gilt nach h.M. bei **außerordentlichen Änderungskündigungen** nichts anderes, weil die Nichtnennung in § 13 I 2 KSchG als Redaktionsversehen eingestuft wird (BAG 19.7.2012 – 2 AZR 25/11, NZA 2012, 1038, 1039 m.w.N.).

36 BAG 26.1.2012 – 2 AZR 102/11, NZA 2012, 856, 857; 19.7.2012 – 2 AZR 25/11, NZA 2012, 1038, 1039.

der Arbeitsbedingungen durch die Änderungskündigung unwirksam, es gelten (rückwirkend) die ursprünglichen Bedingungen, zu denen das Arbeitsverhältnis auch künftig fortgesetzt wird (§ 8 KSchG). **Unterliegt** der Arbeitnehmer hingegen, so besteht das Arbeitsverhältnis zwar fort, allerdings zu den geänderten Konditionen.

1262 Erhebt der Arbeitnehmer nicht (rechtzeitig) Änderungsschutzklage, erlischt der zuvor erklärte Vorbehalt (§ 7 Hs. 2 KSchG) und das Arbeitsverhältnis wird zu den neuen Konditionen fortgesetzt.

4. Ablehnung des Angebots und Erhebung einer Kündigungsschutzklage

1263 Mit einer Ablehnung des Angebots begibt sich der Arbeitnehmer der Chance, das Änderungsangebot gerichtlich per Änderungsschutzklage nach § 4 S. 2 KSchG überprüfen zu lassen. Unberührt bleibt aber die Möglichkeit, eine (Beendigungs-)Kündigungsschutzklage nach § 4 **S. 1** KSchG zu erheben, in deren Rahmen allein um die **Beendigung** des Arbeitsverhältnisses gestritten wird.[37] Es handelt sich im Grundsatz also um einen „normalen" Kündigungsschutzprozess, allerdings mit der wichtigen Besonderheit, dass es für die Wirksamkeit der beendigend wirkenden Kündigung nur auf eine Rechtfertigung **als Änderungskündigung** ankommt; entscheidend ist also nicht, ob eine Beendigungskündigung nach § 1 II KSchG sozial gerechtfertigt wäre, sondern ob das **Änderungsangebot sozialwidrig** war.[38] Entsprechend sind zwei verschiedene Ergebnisse des Kündigungsschutzverfahrens denkbar:

(1) War das Änderungsangebot **sozialwidrig**, so obsiegt der Arbeitnehmer, das Arbeitsverhältnis wurde nie geändert, sondern bestand stets zu den ursprünglichen Konditionen.

(2) War das Änderungsangebot hingegen **sozial gerechtfertigt**, so verliert der Arbeitnehmer, das Arbeitsverhältnis ist mit Ablauf der Kündigungsfrist beendet worden. Dem kann der Arbeitnehmer auch nicht dadurch zu entfliehen versuchen, dass er nunmehr das Änderungsangebot annimmt, denn dieses ist nach § 146 BGB angesichts der vorherigen Ablehnung bereits erloschen.

1264 So verhält es sich in **Fall 75**: Indem A das Angebot ablehnte, erlosch es nach § 146 BGB. Weil die Kündigung wirksam war, endete das Arbeitsverhältnis mit Ablauf der Kündigungsfrist, ohne dass A daran nun noch etwas ändern könnte. Zwischen A und U besteht kein Arbeitsverhältnis mehr.

Hinweis: Es zeigt sich also, dass Reaktionsmöglichkeit Nr. 4 für den Arbeitnehmer im Vergleich zu Nr. 3 mit erheblich größeren Risiken verbunden ist. Während im Falle seines Unterliegens bei Nr. 4 das Arbeitsverhältnis beendet ist, besteht es bei Nr. 3 immerhin noch fort, wenn auch zu geänderten Bedingungen.

Weiterführende Literatur: *Stoffels, Markus:* Die Abänderung mehrerer Arbeitsbedingungen durch Änderungskündigung, NZA 2016, 581; *Wallner, Franz:* Die „vorsorgliche" Änderungskündigung – keinesfalls überflüssig!, NZA 2017, 1562.

37 BAG 10.4.2014 – 2 AZR 812/12, NZA 2014, 653, 654 m.w.N.
38 BAG 12.8.2010 – 2 AZR 945/08, NZA 2011, 460, 463; 20.1.2015 – 9 AZR 860/13, NZA 2015, 805, 807; ErfK/*Oetker*, § 2 KSchG, Rn. 32.

§ 15 Wechsel des Betriebsinhabers

Fall 76: V betreibt ein Auktionshaus in Regensburg. Aus gesundheitlichen Gründen muss er dieses aber an den E „abgeben". Er verkauft ihm sämtliche materiellen Betriebsmittel – darunter das Grundstück, auf dem sich der Verkaufsraum befindet, sowie die während der Auktionen benötigten 200 Stühle – und übergibt ihm seine Kundenkartei. Die langjährigen und sehr erfahrenen Arbeitnehmer des V, die genau wissen, wie man die Stammkunden zur Ersteigerung von Sachen bewegt, die diese nicht brauchen, übernimmt der E – der im Leben grundsätzlich alles besser weiß und kann – dagegen nicht. Nach der Übernahme schließt E das Geschäft einschließlich des Besichtigungsladenlokals zunächst einmal für einen Monat für Renovierungsarbeiten. Anders als der auf die Versteigerung alter Gemälde spezialisierte V will sich E ganz auf Vasen konzentrieren. A, die bei V als Arbeitnehmerin tätig war, verlangt von E „Weiterbeschäftigung". Zu Recht? **(Lösung Rn. 1289)** 1265

Fall 77: U betreibt in Aalen ein Modegeschäft. Da sie auch „endlich einmal leben möchte", beschließt sie, ein privates, zweijähriges „Sabbatical" zu machen. Um danach nicht wieder von vorne anfangen zu müssen, vermietet sie das Geschäft an den M ab Januar 2014 bis Ende 2015. Dieser führt das Geschäft im eigenen Namen während der Vertragslaufzeit, ab Januar 2016 übernimmt wieder U. Schon seit Jahren gibt es Streit zwischen den Arbeitnehmern und U bzw. M über das Weihnachtsgeld, das weder 2013, noch 2014 und 2015 vollständig ausgezahlt wurde. Von wem können die Arbeitnehmer die ihnen materiell-rechtlich zustehenden Ansprüche auf die bislang nicht geleisteten Restbeträge für 2013-2015 verlangen, wenn der Mietvertrag unwirksam ist? **(Lösung Rn. 1291, 1300** und **1313)** 1266

Fall 78: U ist Alleingesellschafter sowohl der X-GmbH wie der Y-GmbH. Eines Tages nimmt er eine Umstrukturierung vor und überträgt einen bislang der X-GmbH gehörenden Betriebsteil an die Y-GmbH. Liegt ein Betriebsübergang vor? **(Lösung Rn. 1293)** 1267

Fall 79: Gesellschafter der Z-OHG, die in Ladenburg einen Eisenwarenhandel betreibt, sind U und V. Da beide in die Jahre kommen und keine Lust mehr haben, verkaufen und übertragen sie ihre Gesellschaftsanteile auf den Jungunternehmer J. A, der Arbeitnehmer der Z-OHG ist, widerspricht dem Übergang seines Arbeitsverhältnisses. Zu Recht? **(Lösung Rn. 1293)** 1268

Fall 80: E ist Eigentümer eines Grundstücks, auf dem sich eine Gaststätte befindet, die er früher selbst betrieben hat. Nach einem Lottogewinn macht er auf Privatier und hat daher Grundstück und Gaststätte schon vor Jahren an den P_1 verpachtet. Zwei Monate vor Ablauf des Pachtvertrags teilt P_1 dem E mit, dass er auf das „Thekengeschäft" keine Lust mehr habe und daher keinen neuen Pachtvertrag unterzeichne. E findet aber schnell einen Nachfolger in Gestalt des P_2, der die Gaststätte unmittelbar nach Ablauf des alten Pachtvertrags und zweitägigem Generalputz unverändert fortführt. Einen Streitpunkt allerdings gibt es: B war bei P_1 als Bedienung tätig, P_2 findet sie aber zu alt und erklärt ihr daher, sie nicht zu übernehmen. B verlangt Beschäftigung von P_2, zu Recht? **(Lösung Rn. 1297)** 1269

Fall 81: Wie Fall 80, allerdings tut sich E mit der Suche nach einem Nachfolger zunächst schwer und betreibt die Gaststätte daher zunächst für zwei Monate selbst. Anschließend verpachtet er sie an den P_2, der sie wie gehabt fortführt. Anspruch B gegen P_2 auf Beschäftigung? **(Lösung Rn. 1298)** 1270

1271 **Fall 82:** V ist Inhaber eines Betriebs im schwäbischen Ellwangen, der neben einem Produktionsbereich aus einer kleinen Personalverwaltung besteht. Altersmüde verkauft und überträgt er den Betrieb an den geschäftstüchtigen E, der unmittelbar darauf den Arbeitnehmern der Personalabteilung kündigt, weil die von diesen bislang wahrgenommenen Aufgaben von seinen eigenen „Personalern" am Standort Stuttgart übernommen werden können. Verstößt die Kündigung gegen § 613a IV BGB? **(Lösung Rn. 1317)**

1272 **Fall 83:** V hat seinen Betrieb an den E übertragen. In dem von V erstellten Unterrichtungsschreiben nach § 613a V BGB heißt es unter anderem: „Sie können dem Übergang Ihres Arbeitsverhältnisses innerhalb von vier Wochen nach dem Betriebsübergang gegenüber V widersprechen". A, dessen Arbeitsverhältnis auf E übergegangen ist, widerspricht zunächst nicht, sondern arbeitet kommentarlos bei E. Als aber E sieben Monate nach dem Übergang insolvent ist, widerspricht A und verlangt von V, beschäftigt zu werden. Das weist dieser empört zurück, A käme „viel zu spät!". Wer hat Recht? (**Lösung Rn. 1326** und **1332**)

A. Grundlagen

I. Abgrenzung

1273 Ein Unternehmen beziehungsweise ein Betrieb kann auf verschiedene Arten den Inhaber wechseln, wobei jeder Übergang speziellen rechtlichen Regelungen unterfällt. Grundlegend ist dabei zwischen Einzel- und Gesamtrechtsnachfolge zu unterscheiden: Während bei der Gesamtrechtsnachfolge der Rechtsnachfolger in sämtliche Rechtspositionen des Vorgängers eintritt, geht bei der Einzelrechtsnachfolge nur die Herrschaft an bestimmten einzelnen Positionen über.

1274 Fälle der **Gesamtrechtsnachfolge** sind:

- **Übergang im Wege des Erbgangs**: Stirbt der bisherige (natürliche) Betriebsinhaber, so richten sich die Rechtsfolgen v.a. nach dem Erbrecht. Gemäß §§ 1922, 1967 BGB tritt sein Erbe – beziehungsweise bei mehreren Erben diese in Erbengemeinschaft – in die Rechte und Pflichten aus schwebenden Vertragsverhältnissen ein (s. auch Rn. 1142).
- Auch bei den im UmwG geregelten Fällen der **Unternehmensumwandlung** handelt es sich um Gesamtrechtsnachfolgen, bei denen allerdings § 613a BGB gemäß **§ 324 UmwG** teilweise anwendbar ist. Da diese Materie nicht zum Pflichtfachstoff gehört, bleibt sie im Folgenden außer Betracht.

1275 Die Übertragung eines Betriebs per **Einzelrechtsnachfolge** kann auf zwei verschiedene Arten geschehen, wobei die schuldrechtliche Verpflichtungs- von ihrer dinglichen Umsetzung auf Verfügungsebene auseinander zu halten ist:

- Erstens im Wege des **„share deals"**. Schuldrechtlich liegt dem regelmäßig ein Rechtskauf zugrunde (§ 453 I **Alt. 1** BGB), durch den sich der Veräußerer verpflichtet, die Anteile am Unternehmensträger (Aktien, GmbH-Anteile) an den Erwerber zu übertragen. Beim „share deal" wechselt nicht der Rechtsträger, sondern nur die Position desjenigen, dem der Rechtsträger gehört. Entsprechend wechselt auch nicht die Person des Arbeitgebers, inne hat sie vielmehr vor wie nach der Veräußerung die AG oder GmbH. Der „share deal" wirft kaum arbeitsrechtliche

Fragen auf, v.a. liegt **kein Betriebsübergang** vor. Er bleibt daher im Folgenden außer Betracht.

- Beim **„asset deal"** verpflichtet sich der Veräußerer zur Übertragung eines Betriebs dergestalt, dass er alle zum Betrieb gehörenden Vermögensgegenstände („assets") überträgt. Eine derartige Verpflichtung zur Übertragung einer Sach- und Rechtsgesamtheit stellt einen Rechtskauf nach § 453 I **Alt. 2** BGB dar. Anders als beim „share deal" wechselt damit der Rechtsträger des Betriebs. Arbeitsrechtlich relevant ist das insb. deshalb, weil der „asset deal" einen **Betriebsübergang** i.S.v. § 613a BGB begründen kann, der im Folgenden im Mittelpunkt stehen soll.

Einen Sonderfall stellen Betriebsübergänge **kraft Gesetzes** oder **kraft Hoheitsakt** dar. **1276**
§ 613a BGB ist hier nicht anwendbar; anders verhält es sich, wenn die Übernahme auf einer **V**
einseitigen Entscheidung einer staatlichen Stelle beruht.[1]

II. Normzweck

§ 613a BGB war – wie das „a" zeigt – ursprünglich im BGB nicht enthalten, sondern **1277**
wurde erst 1972 eingefügt. Das Verständnis der Vorschrift erschließt sich, wenn man die Rechtslage davor betrachtet: Verkaufte und übertrug der Inhaber eines Betriebs diesen, so gingen zwar „physisch" die Arbeits*plätze* der im Betrieb beschäftigten Arbeitnehmer über, ihre Arbeits*verhältnisse* aber rechtlich nicht, diese bestanden vielmehr weiterhin mit dem Veräußerer. Auf den Erwerber gingen sie – im Wege einer Vertragsübernahme – nur über, wenn dem alle Beteiligten (Veräußerer, Arbeitnehmer und v.a. der Erwerber) zustimmten (vgl. auch § 613 S. 2 BGB). Für diejenigen Arbeitnehmer, die der Erwerber nicht freiwillig übernahm, bedeutete dies regelmäßig, dass der Veräußerer, der angesichts des Übergangs der Arbeitsplätze keinen Beschäftigungsbedarf mehr hatte, ihnen betriebsbedingt kündigen konnte.

Damit bestand eine erhebliche **Schutzlücke**, mittels derer v.a. der durch das KSchG **1278**
gewährte Kündigungsschutz faktisch ausgehebelt werden konnte. Indem § 613a BGB bei Betriebsübergängen einen **gesetzlichen Übergang der Arbeitsverhältnisse** vom Veräußerer auf den Erwerber anordnet, soll diese **Lücke im System des Kündigungsschutzes** geschlossen werden.

Hinweis zur Terminologie: Im Folgenden werden ausschließlich die Begriffe **Veräußerer** und **Erwerber** verwendet. Letzterer wird von § 613a BGB abwechselnd als „neuer Inhaber" oder „andere[r] Inhaber", ersterer als „bisheriger Arbeitgeber" bezeichnet.

1 EuGH 6.9.2011 – C-108/10, NZA 2011, 1077.

B. Voraussetzungen

I. Übergang eines Betriebs oder Betriebsteils

1279 Erste Voraussetzung ist der Übergang eines **Betriebs** oder Betriebsteils. EuGH und BAG stellen in teleologischer Betrachtung maßgeblich darauf ab, ob eine **wirtschaftliche Einheit identitätswahrend** übergeht.[2] Dabei wird das Vorliegen einer wirtschaftlichen Einheit nicht isoliert geprüft, sondern stets im Zusammenhang mit ihrem Übergang.[3] Die Rechtsprechung zieht hierbei einen **7-Punkte-Katalog** heran. Dieser ist aber **nicht abschließend**. Überdies müssen nach der isolierten Untersuchung der einzelnen Punkte diese nochmals im Rahmen einer umfassenden **Gesamtabwägung** gewürdigt werden, sprechen doch meist einige Aspekte für und andere gegen das Vorliegen eines Betriebsübergangs. Diese Kriterien sind im Einzelnen:

1280 V (1) Die **Art des betreffenden Betriebs** als solches ist kein eigenständiges Kriterium, können doch Betriebe jeglicher Art übertragen werden. Es handelt sich vielmehr um eine Art **„Meta"-Kriterium, weil von der Art des betreffenden Betriebs stark abhängt, welches Gewicht den anderen, im Folgenden auszuführenden Kriterien jeweils zukommt.**[4] Im Prinzip lassen sich drei Arten von Betrieben unterscheiden: **(a) Betriebsmittelgeprägte** Betriebe sind solche, bei denen für den Wertschöpfungsprozess und die Identität des Betriebs v.a. teure Maschinen und Technik und weniger personelle Mittel entscheidend sind. Dazu zählen zum Beispiel Universitätsmensen, Produktionsfabriken oder Druckereien. **(b) Personalgeprägte** Betriebe hängen demgegenüber stärker von der menschlichen Arbeitskraft, dem Know-how der Arbeitnehmer ab, als von den – oftmals vergleichsweise billigen – sachlichen Betriebsmitteln. Beispiele hierfür sind Reinigungsunternehmen oder Callcenter. **(c)** Bei **Handelsbetrieben** wie zum Beispiel Supermärkten sind schließlich meistens weder die Arbeitskräfte noch die Betriebsmittel – die oft ohnehin nur zum sofortigen Weiterverkauf bestimmt sind – zentral. Prägend sind hier vielmehr der Kundenstamm, das Warensortiment, die Qualitätsstufe (z.B. Markenware oder 1-Euro-Geschäft), Betriebsform und -konzept (z.B. urig-schwäbische Gastwirtschaft oder Dönerbude) sowie immaterielle Betriebsmittel wie Know-how und der „gute Leumund" am Markt.

Hinweis: So klar diese Unterscheidung auf den ersten Blick erscheinen mag, lassen sich diese drei Fallkonstellationen in der Praxis nicht immer eindeutig voneinander unterscheiden. Hinzu kommt, dass bspw. auch bei betriebsmittelgeprägten Unternehmen immaterielle Betriebsmittel oder sonstige Faktoren identitäts(mit)prägend sein können. Die Unterscheidung nach der Art des Betriebs ist deshalb zwar ein wichtiger Anhaltspunkt, sie macht es aber nicht entbehrlich, v.a. anhand der folgenden Kriterien alle Umstände des Einzelfalls zu betrachten.

1281 V (2) Die **Übernahme materieller Betriebsmittel** wie z.B. Maschinen, Gebäude oder Fahrzeuge ist zwar nicht zwingende Voraussetzung für einen Betriebsübergang, spricht aber für diesen insb. dann, wenn sie im Wesentlichen alle übernommen werden. Das gilt natürlich v.a. für betriebsmittelgeprägte Betriebe, bei denen ein Betriebsübergang ohne die Übernahme materieller Betriebsmittel kaum denkbar erscheint. Umgekehrt kommt diesem Kriterium bei personalintensiven Betrieben und Handelsbetrieben oftmals nur eine untergeordnete

2 EuGH 18.3.1986 – 24/85, Slg 1986, 1119, 1128; 7.3.1996 – C-171/94, C-172/94, AP EWG-Richtlinie Nr. 77/187 Nr. 9; BAG 22.5.1997 – 8 AZR 101/96, AP BGB § 613a Nr. 154.

3 Staudinger/*Annuß*, § 613a, Rn. 40.

4 ErfK/*Preis*, § 613a BGB, Rn. 12; HWK/*Willemsen*, § 613a BGB, Rn. 92.

Rolle zu.[5] Eine Übertragung i.d.S. setzt nicht voraus, dass der Erwerber Eigentum an ihnen erlangt, es genügt vielmehr auch eine Nutzungsvereinbarung jeglicher Art (wie Miete, Pacht, Nießbrauch).[6]

(3) Von Bedeutung ist ferner, ob eventuelle **immaterielle Betriebsmittel** von einigem 1282
Wert **übernommen** werden. Gemeint sind bspw. Patent- und Geschmacksmusterrechte, Li- V
zenzen, die Firma oder auch öffentlich-rechtliche Genehmigungen.[7]

(4) Auch die freiwillige **Übernahme der Hauptbelegschaft** durch den Erwerber spricht 1283
für das Vorliegen eines Betriebsübergangs. Auf den ersten Blick erscheint das merkwürdig, V
ist der Übergang der Arbeitsverhältnisse doch gerade wichtigste Rechtsfolge des § 613a BGB und dürfte daher nicht gleichzeitig bei dessen Voraussetzungen zu prüfen sein.[8] Es ist aber nicht zu übersehen, dass es bei vielen Betrieben – v.a. den personalgeprägten – für den Unternehmenserfolg auf die menschliche Arbeitskraft und das in der Belegschaft vorhandene Know-how ankommt. Entsprechend kann die Identität des Betriebs maßgeblich durch die Arbeitnehmer geprägt sein. In diesen Fällen kann von einem identitätswahrenden Übergang nur gesprochen werden, wenn die Hauptbelegschaft – verstanden als die **nach Zahl und Sachkunde wesentlichen Teile des Personals** – übernommen wird, indem der Erwerber mit ihnen ausdrücklich oder konkludent Arbeitsverträge schließt. Dabei hängt von der Struktur des Betriebs ab, welche nach Zahl und Sachkunde zu bestimmenden Belegschaftsteile übernommen werden müssen, um einen Betriebsübergang herbeizuführen. Bei Arbeitnehmern mit *geringem Qualifikationsgrad* muss eine vergleichsweise größere Zahl übernommen werden als bei *hochqualifizierten Spezialisten*, bei denen bereits die Übernahme einiger weniger genügen kann.[9]

(5) Die **Übernahme der Kundschaft** spricht für einen Betriebsübergang. Gemeint ist, 1284
dass der Veräußerer dem Erwerber die notwendigen Informationen zur Verfügung stellt, so V
dass dieser den bisherigen Kundenstamm ansprechen kann (z.B. Übergabe der Kundenkartei).[10] Die Bedeutung des Kriteriums für die Feststellung eines Betriebsübergangs hängt dabei stark von der Art des Unternehmens und der Marktsituation ab: Bei einem Unternehmen, das für ein breites, anonymes Kundenspektrum produziert, ist es typischerweise weniger von Bedeutung, ganz anders verhält es sich bei einem Ladengeschäft mit festem Kundenstamm (z.B. Auktionshaus).

(6) Die **Ähnlichkeit der vor/nach dem Übergang ausgeübten Tätigkeit** ist v.a. ein ne- 1285
gatives Ausschlusskriterium. Denn von einem identitätswahrenden Übergang einer wirt- V
schaftlichen Einheit kann eben schwerlich die Rede sein, wenn nach dem Übergang das Geschäftskonzept ein ganz anderes ist.[11] Bspw. liegt ein Betriebsübergang eher fern, wenn der Erwerber ein urbayerisches Wirtshaus in ein Striptease-Lokal unmittelbar nach der Über-

---

5 EuGH 11.3.1997 – C-13/95, NZA 1997, 433, 434; 10.12.1998 – C-173/96, C-247/96, NZA 1999, 189, 190.

6 EuGH 15.2.2005 – C-232/04, C-233/04, NZA 2006, 29, 30; BAG 13.6.2006 – 8 AZR 271/05, NZA 2006, 1101, 1105; *Willemsen*, NJW 2007, 2065 f.; ErfK/*Preis*, § 613a BGB, Rn. 20.

7 Vgl. BAG 25.6.1985 – 3 AZR 254/83, NZA 1986, 93; 16.2.1993 – 3 AZR 347/92, NZA 1993, 643, 645; *Wiebauer*, NZA 2010, 733, 734.

8 So früher in der Tat das BAG 22.5.1985 – 5 AZR 30/84, NZA 1985, 775, 777.

9 BAG 11.12.1997 – 8 AZR 729/96, NZA 1998, 534, 535; 19.3.1998 – 8 AZR 737/96, BeckRS 1998, 30369227; 10.12.1998 – 8 AZR 676/97, NZA 1999, 420, 421; 24.5.2005 – 8 AZR 333/04, NZA 2006, 31, 33; 21.6.2012 – 8 AZR 181/11, NZA-RR 2013, 6, 9.

10 EuGH 7.3.1996 – C-171/94, C-172/94, NZA 1996, 413; 20.11.2003 – C-340/01, NZA 2003, 1385, 1386.

11 Vgl. z.B. BAG 4.5.2006 – 8 AZR 299/05, NZA 2006, 1096, 1099; 13.7.2006 – 8 AZR 311/05, NZA 2006, 1357, 1358; 17.12.2009 – 8 AZR 1019/08, NZA 2010, 499, 501.

nahme umwandelt;[12] Gleiches gilt, wenn bei einer Möbelfabrikation von der bisherigen industriellen Massenproduktion auf klassische handwerkliche Schreinerkunst umgestellt wird.[13] Die bloße *räumliche Verlegung* eines Betriebs schließt das Vorliegen eines Betriebsübergangs noch nicht apodiktisch aus, allerdings ist zu prüfen, ob dadurch nicht die notwendige Identitätswahrung beeinträchtigt wurde. Letzteres hängt oftmals von der Art des Betriebs ab: Während bei einem Ladenlokal durch den „Umzug" der bisherige, für das Funktionieren der Wirtschaftseinheit zentrale Kundenstamm verloren gehen kann, wird sich das bei einem Produktionsbetrieb, der seine Waren ohnehin ausliefert, ganz anders darstellen.[14]

1286 V (7) Zu berücksichtigen ist ferner die **Dauer einer eventuellen Unterbrechung der Geschäftstätigkeit**. Während eine kurzfristige Unterbrechung unschädlich ist, ist eine längere Unterbrechung unter Umständen geeignet, die Identität der wirtschaftlichen Einheit aufzuheben.[15] Neben dem Zeitfaktor als solchem spielt aber auch insoweit oftmals die Art des Betriebs eine wichtige Rolle.[16] So kann bei einem Produktionsbetrieb eine längere Unterbrechung weniger „betriebsübergangsschädlich" sein als bei einem Ladengeschäft, das auf eine enge Kundenbindung angewiesen ist.

1287 Auch in Bezug auf **Betriebsteile** kommt es für das Eingreifen von § 613a BGB auf ihren identitätswahrenden Übergang auf den Erwerber an. Betriebsteile sind Teileinheiten/-organisationen, d.h. selbstständige, abgrenzbare organisatorische Einheiten, die innerhalb des betrieblichen Gesamtzwecks einen eigenständigen Teilzweck erfüllen.[17] Betriebsteil kann bspw. die Betriebskantine oder die Personalabteilung sein, nicht hingegen einzelne Wirtschaftsgüter wie z.B. ein Lkw.

1288 Ein Betriebsübergang scheidet mangels übergangsfähiger wirtschaftlicher Einheit aus, wenn der Betrieb(-steil) vor dem Erwerb **stillgelegt** wird.[18] Wird er zunächst stillgelegt und werden erst anschließend die Betriebsmittel veräußert, greift § 613a BGB deshalb selbst dann nicht ein, wenn sie als Sachgesamtheit auf einen einzigen Erwerber übertragen werden.[19] Eine Betriebsstilllegung setzt aber voraus, dass sich der Inhaber *subjektiv ernsthaft* und *endgültig* zur Stilllegung entschlossen hat und die dem Betriebszweck dienende Organisation *endgültig* – und nicht nur vorübergehend – *aufgelöst* wurde.[20]

1289 In **Fall 76** kann A von E Beschäftigung auf Grundlage des allgemeinen arbeitsrechtlichen Beschäftigungsanspruchs nur verlangen, wenn zwischen V und E ein Betriebsübergang stattgefunden hat. In Bezug auf die Art des Betriebs handelt es sich bei einem Auktionshaus

12 Vgl. BAG 11.9.1997 – 8 AZR 555/95, NZA 1998, 31; 16.7.1998 – 8 AZR 91/97, NZA 1998, 1233; LAG Berlin 4.3.1998 – 13 Sa 159/97, AuR 1999, 279.

13 BAG 16.5.2002 – 8 AZR 319/01, NZA 2003, 93.

14 Vgl. BAG 2.12.1999 – 8 AZR 796/98, NZA 2000, 369, 370 f.; 26.5.2011 – 8 AZR 37/10, NZA 2011, 1143, 1146; LAG Hessen 27.2.2003 – 11 Sa 799/02, BeckRS 2003, 31154528.

15 EuGH 15.6.1988 – 101/87, BeckRS 2004, 70625; BAG 22.5.1997 – 8 AZR 101/96, NZA 1997, 1050, 1052.

16 APS/*Steffan*, § 613a BGB, Rn. 43.

17 BAG 16.5.2002 – 8 AZR 319/01, NZA 2003, 93, 98; 25.9.2003 – 8 AZR 446/02, AP BGB § 613a Nr. 256; 13.10.2011 – 8 AZR 455/10, NZA 2012, 504, 506.

18 BAG 27.2.1987– 7 AZR 652/85, NZA 1987, 700, 702; 16.5.2002 – 8 AZR 319/01, NZA 2003, 93, 96; 16.2.2012 – 8 AZR 693/10, NZA-RR 2012, 465, 468.

19 BAG 16.2.2012 – 8 AZR 693/10, NZA-RR 2012, 465.

20 BAG 28.4.1988 – 2 AZR 623/87, NZA 1989, 265, 267; 10.10.1996 – 2 AZR 477/95, NZA 1997, 251, 252.

am ehesten um einen Handelsbetrieb, so dass es für die Frage eines identitätswahrenden Betriebsübergangs typischerweise v.a. auf die Bewahrung des Kundenstamms, des „Waren"-sortiments sowie immaterieller Betriebsmittel wie Know-how und den guten Ruf ankommt. Für einen Betriebsübergang spricht vorliegend die Übertragung der Kundenkartei sowie die Veräußerung der materiellen Betriebsmittel, können doch ohne einen entsprechend ausgestatteten Verkaufsraum und interessierte Kunden nicht (erfolgreich) Auktionen durchgeführt werden. Das Kriterium der Übernahme immaterieller Betriebsmittel fällt mangels Vorhandenseins solcher weg. Die einmonatige Betriebsunterbrechung erscheint angesichts ihrer vergleichsweisen Kürze nicht geeignet, einen Betriebsübergang zu verhindern. Gegen das Eingreifen von § 613a BGB spricht jedoch erstens, dass E die Arbeitnehmer des V nicht freiwillig übernommen hat, was angesichts deren Bedeutung für den Verkaufserfolg umso schwerer wiegt. Hinzu kommt zweitens, dass er das Betriebskonzept insoweit ändert, als er schwerpunktmäßig nicht mehr Gemälde, sondern Vasen versteigern will. Es dürfte daher überzeugender sein, einen Betriebsübergang abzulehnen (a.A. vertretbar).

II. Wechsel des Betriebsinhabers

Weitere Voraussetzung ist, dass der Betriebsinhaber wechselt. **Betriebsinhaber** ist, wer den Betrieb im **eigenen Namen** führt, nach außen als Inhaber auftritt und über die **arbeitsrechtliche Organisations- und Leitungsmacht** verfügt.[21] Die Betriebsinhaberschaft setzt dabei nicht Eigentum an den Betriebsmitteln (Grundstücken, Gebäuden, Maschinen et cetera) voraus, es genügt, dass eine tatsächliche Verfügungsmacht verschafft wird, zum Beispiel durch Einräumung eines Nießbrauchrechts oder auf Basis eines Miet- oder Pachtvertrags. **1290**

In **Fall 77** liegen letztlich **zwei** Betriebsübergänge vor: Erstens ein Betriebsübergang von U auf M, denn infolge der Vermietung wechselte die arbeitsrechtliche Organisations- und Leitungsmacht und M führte zeitweise das Geschäft im eigenen Namen.[22] Dem steht nicht entgegen, dass M nicht Eigentum an den Betriebsmitteln erlangte, sondern über sie nur aufgrund des Mietvertrags verfügen durfte. Mit dem Ende des Mietverhältnisses fand aber ein zweiter Betriebsübergang statt, und zwar von M auf U, die nunmehr wieder den Betrieb im eigenen Namen führt. (Fortsetzung **Rn. 1300**) **1291**

Betriebsinhaber kann eine natürliche Person, eine Personengesellschaft oder eine juristische Person des privaten oder öffentlichen Rechts sein. Ein Betriebsinhaberwechsel setzt einen Wechsel der **Rechtspersönlichkeit des Betriebsinhabers** voraus,[23] so dass § 613a BGB auch Anwendung findet, wenn der Übergang zwischen der juristischen Person und ihrem (einzigen) Gesellschafter oder zwischen zwei Gesellschaften erfolgt, die beide dem gleichen Rechtssubjekt gehören. Umgekehrt stellt ein bloßer Wechsel im Gesellschafterbestand („share deal", s. Rn. 1275) weder bei juristischen Personen noch bei Personenhandelsgesellschaften einen Betriebsübergang dar;[24] Gleiches gilt für einen bloßen Wechsel der Rechtsform (z.B. von GmbH auf AktG).[25] **1292 V**

21 BAG 6.2.1985 – 5 AZR 411/83, NZA 1985, 735, 736.
22 Vgl. zum Betriebsübergang bei der Verpachtung näher ErfK/*Preis*, § 613a BGB, Rn. 46, 54 m.w.N.
23 BAG 14.8.2007 – 8 AZR 803/06, NZA 2007, 1428, 1430.
24 BAG 14.8.2007 – 8 AZR 803/06, NZA 2007, 1428.
25 MüKo-BGB/*Müller-Glöge*, § 613a, Rn. 55.

1293 In **Fall 78** liegt ein Betriebsübergang vor. Dass sowohl die X-GmbH wie die Y-GmbH materiell betrachtet dem U gehören, spielt keine Rolle, entscheidend ist allein, dass es sich formell betrachtet um zwei unterschiedliche Rechtsträger handelt. Dagegen liegt in **Fall 79** kein Betriebsübergang vor, so dass der Widerspruch des A ins Leere geht. Denn auch wenn die hinter der Z-OHG stehenden Gesellschafter wechseln, ändert sich nichts daran, dass die Z-OHG als rechtsfähige Personengesellschaft (§ 124 HGB) vorher wie nachher Betriebsinhaberin war und folglich kein Inhaberwechsel erfolgte.

1294 Ein **Wechsel** setzt voraus, dass der bisherige Inhaber seine wirtschaftliche Betätigung zugunsten des Erwerbers einstellt und der Erwerber den Betrieb im eigenen Namen **tatsächlich fortführt**, indem er die Organisations- und Leitungsmacht übernimmt. Für den **Zeitpunkt** des Betriebsübergangs sind nicht eventuelle Absprachen zwischen Veräußerer und Erwerber maßgebend, sondern allein die Übernahme der tatsächlichen Weiterführung.[26]

III. Rechtsgeschäft

1295 Das Tatbestandsmerkmal „durch Rechtsgeschäft" dient der Abgrenzung der von § 613a BGB erfassten Einzelrechtsnachfolge zu Fällen einer Gesamtrechtsnachfolge sowie der Betriebsübertragung kraft Gesetzes oder Hoheitsakts (Rn. 1276).[27] Für das Verständnis des Tatbestandsmerkmals im Übrigen ist entscheidend, dass es – abgesehen von der Ausgrenzung dieser Konstellationen – den Anwendungsbereich von § 613a BGB **nicht beschränken** soll. Entsprechend wird der Begriff des Rechtsgeschäfts weit ausgelegt und als Beschreibung des **„derivativen Erwerbs"** der Betriebsinhaberstellung verstanden.[28] Daher genügt es, dass das Rechtsgeschäft darauf gerichtet ist, dem Erwerber die tatsächliche Fortführungsmöglichkeit zu eröffnen, ohne dass diese selbst (gesondert) übertragen werden müsste.[29] Irrelevant ist, ob es sich um einen Kauf-, Schenkungs-, Miet- oder Pachtvertrag oder ein Vermächtnis oder einen Nießbrauch handelt.[30] Grundlage eines Betriebsübergangs können sowohl privat-rechtliche Rechtsgeschäfte wie solche öffentlich-rechtlichen Charakters wie z.B. ein öffentlich-rechtlicher Vertrag (§§ 54 ff. VwVfG) sein.

1296 **Unmittelbare Vertragsbeziehungen** zwischen dem bisherigen und dem neuen Inhaber sind **nicht erforderlich**.

1297 Das wird insb. in **Fall 80** relevant. Die übrigen Voraussetzungen eines Betriebsübergangs liegen angesichts der Übernahme der wirtschaftlichen Einheit unschwer vor, woran auch die sehr kurzzeitige Unterbrechung von zwei Tagen nichts ändert. Auch das Merkmal „durch Rechtsgeschäft" ist erfüllt. Zwar bestehen zwischen P_1 und P_2 keine Vertragsbeziehungen, es genügt aber, dass P_2 seine Betriebsinhaberschaft durch Rechtsgeschäft mit einem Dritten

26 EuGH 26.5.2005 – C-478/03, NZA 2005, 681, 682; 15.12.2005 – 8 AZR 202/05, NZA 2006, 597, 602.
27 BAG 18.8.2011 – 8 AZR 230/10, NZA 2012, 267, 269.
28 BAG 18.8.2011 – 8 AZR 230/10, NZA 2012, 267, 269; ErfK/*Preis*, § 613a BGB, Rn. 59.
29 APS/*Steffan*, § 613a BGB, Rn. 69.
30 BAG 20.6.2002 – 8 AZR 459/01, NZA 2003, 318, 321.

(E) herleiten kann und somit ein derivativer Erwerb vorliegt.[31] Daher liegt unmittelbar ein Betriebsübergang *zwischen* P_1 *und* P_2 vor. S kann von P_2 Beschäftigung verlangen.

In **Fall 81** liegen zwei (!) Betriebsübergänge vor: Erstens von P_1 auf E. Zwar fehlt es beim „Rückfall" an den Verpächter an einem erneuten eigenständigen Rechtsgeschäft, aber auch dieser Rückfall beruht letztlich auf einem Rechtsgeschäft, so dass insoweit § 613a BGB eingreift, wenn der Verpächter – wie hier der V – die Betriebstätigkeit im Wesentlichen identisch fortführt.[32] Zweitens lag ein Betriebsübergang von E auf P_2 vor. Daher hat B auch in Fall 81 einen Anspruch auf Beschäftigung gegen P_2. **1298**

Keine Rolle für die Anwendbarkeit von § 613a BGB spielt schließlich grundsätzlich, ob das Rechtsgeschäft **wirksam** ist. Maßgeblich ist allein die willentliche tatsächliche Übernahme der Organisations- und Leitungsmacht per derivativem Erwerb. Das nimmt das BAG selbst dann an, wenn der Erwerber geschäftsunfähig oder beschränkt geschäftsfähig ist und ohne Einwilligung des gesetzlichen Vertreters handelte.[33] Die vorzugswürdige Auffassung in der Literatur räumt dem Schutz Geschäftsunfähiger/ beschränkt Geschäftsfähiger dagegen den Vorrang ein und lässt § 613a BGB daher zu deren Lasten nicht eingreifen.[34] **1299**

In **Fall 77** steht die Tatsache, dass der Mietvertrag unwirksam ist, dem ersten Betriebsübergang (dem von U auf M) nicht entgegen. (Fortsetzung **Rn. 1313**) **1300**

C. Rechtsfolgen

I. Eintritt in Rechte und Pflichten, § 613a I 1 BGB

1. Vertragsübergang

Zentrale Rechtsfolge des Betriebsübergangs ist der in § 613a I 1 BGB angeordnete Eintritt des Erwerbers in die Rechte und Pflichten aus den im Zeitpunkt des Übergangs bestehenden Arbeitsverhältnissen. Es kommt zu einem **Vertragsübergang kraft Gesetzes**, der Erwerber übernimmt als Arbeitgeber, das Arbeitsverhältnis zum Veräußerer endet (aber: Abs. 2, dazu Rn. 1309). Diese Rechtsfolge ist vom Willen der Beteiligten unabhängig, entsprechend bedarf es auch keiner Zustimmung des Arbeitnehmers,[35] ihm wird vielmehr ohne seinen Willen ein neuer Arbeitgeber oktroyiert; der notwendige Schutz des Arbeitnehmers findet über das Widerspruchsrecht des Abs. 6 statt (näher Rn. 1328). Im Hinblick auf Wortlaut und Zweck (Rn. 1277 f.) bleibt das Arbeitsverhältnis durch den Übergang **inhaltlich unberührt**. **1301**

31 Vgl. BAG 29.9.1988 – 2 AZR 107/88, NZA 1989, 799, 800.
32 EuGH 5.5.1988 – Rs 144, 145/87, NZA 1990, 885, 886; BAG 18.3.1999 – 8 AZR 159/98, NZA 1999, 704, 705 f.
33 BAG 6.2.1985 – 5 AZR 411/83, NZA 1985, 735, 735 f.
34 *Schröder*, NZA 1986, 286; KR/*Treber*, § 613a BGB, Rn. 45; APS/*Steffan*, § 613a BGB, Rn. 75; ErfK/ *Preis*, § 613a BGB, Rn. 61; Staudinger/*Annuß*, § 613a, Rn. 119.
35 BAG 30.10.1986 – 2 AZR 101/85, NZA 1987, 524, 525.

1302 In **zeitlicher** Hinsicht erfolgt der Übergang nicht mit Abschluss des dem Betriebsübergang zugrundeliegenden Rechtsgeschäfts zwischen Erwerber und Veräußerer, sondern erst in dem Augenblick, in dem der Erwerber tatsächlich die Organisations- und Leitungsmacht übernimmt.[36]

1303 Der Eintritt in die **Rechte** bedeutet aus Sicht des Erwerbers v.a., dass ab dem Betriebsübergang der Arbeitnehmer ihm die Arbeitsleistung schuldet und seinen Weisungen unterliegt. Auch sonstige Ansprüche (wie z.B. solche aus Wettbewerbsverboten[37] oder auf Schadensersatz wegen Vertragsverletzungen) und (Gestaltungs-)Rechte – wie bspw. zur Anfechtung oder Kündigung des Arbeitsvertrags – gehen auf den Erwerber über, der sich allerdings eventuelle, im Hinblick auf diese Rechte relevante Kenntnisse des Veräußerers zurechnen lassen muss (bspw. im Hinblick auf § 626 II BGB oder § 17 MuSchG).[38]

1304 Umgekehrt tritt der Erwerber in die aus dem Arbeitsverhältnis resultierenden **Pflichten** ein. Dazu zählen neben der Hauptpflicht zur Lohnzahlung auch sämtliche arbeitsvertragliche Nebenpflichten sowie auf betrieblicher Übung oder dem Gleichbehandlungsgrundsatz beruhende Ansprüche.[39] Für das Verständnis von § 613a I 1, II BGB wichtig ist dabei, dass der Erwerber nicht nur für die nach dem Betriebsübergang entstehenden Ansprüche der Arbeitnehmer haftet, sondern auch für **ältere**, bereits **vor dem Betriebsübergang entstandene Ansprüche**, die vom Veräußerer noch nicht erfüllt wurden.[40] Auch sonstige, für das Arbeitsverhältnis relevante Umstände wirken zugunsten des Arbeitnehmers fort. Dazu zählt bspw. die Dauer der Betriebszugehörigkeit (für z.B. § 622 BGB oder § 1 I KSchG)[41] oder ein vom Arbeitnehmer gegenüber dem Veräußerer erklärtes Angebot zur Arbeitsleistung i.S.v. §§ 294, 295 BGB. Auch tritt der Erwerber in bereits laufende Ausschluss- und Verjährungsfristen ein.[42]

1305 V Von § 613a I 1 BGB **unberührt** bleiben hingegen sonstige, zwischen Arbeitgeber und Arbeitnehmer unabhängig von dem Arbeitsverhältnis bestehende Rechtsverhältnisse (z.B. ein separater Darlehensvertrag).[43] Auch **handelsrechtliche Vollmachten** wie insb. eine erteilte Prokura gehen nicht mit über, vielmehr erlöschen sie, da das ihnen zugrundeliegende Rechtsverhältnis (= Arbeitsverhältnis zum Veräußerer) erlischt, § 168 S. 1 BGB.[44]

2. Erfasste Vertragsverhältnisse

1306 § 613a I 1 BGB spricht von „Arbeitsverhältnissen" und erfasst in **persönlicher Hinsicht** damit Arbeitnehmer (einschließlich der leitenden Angestellten), wegen § 10 II BBiG aber auch Auszubildende; der Arbeitnehmerbegriff richtet sich dabei nach nati-

36 BAG 6.2.1985 – 5 AZR 411/83, NZA 1985, 735 f.
37 Vgl. BAG 27.11.1991 – 4 AZR 211/91, NZA 1992, 800, 803.
38 ErfK/*Preis*, § 613a BGB, Rn. 79.
39 BAG 3.11.2004 – 5 AZR 73/04, BeckRS 2004, 30345778.
40 *Willemsen*/Hohenstatt/Schnitker/Schweibert/Seibt, Umstrukturierung, G, Rn. 188 ff.
41 BAG 18.9.2003 – 2 AZR 330/02, NZA 2004, 319, 320; LAG Düsseldorf 9.11.2000 – 13 Sa 1272/00, LAGE BGB § 613a Nr. 80a; Staudinger/*Annuß*, § 613a, Rn. 153.
42 BAG 13.2.2003 – 8 AZR 236/02, AP BGB § 613a Nr. 244.
43 BAG 21.1.1999 – 8 AZR 373/97, BeckRS 1999, 30368263; Staudinger/*Annuß*, § 613a, Rn. 168.
44 Vgl. auch *Fischinger*, Handelsrecht, § 6, Rn. 429.

onalem Recht.[45] Nicht erfasst werden hingegen im (Entleiher-)Betrieb tätige Leiharbeitnehmer[46], Heimarbeiter, freie Mitarbeiter, arbeitnehmerähnliche Personen, Organmitglieder[47] sowie Beamte.[48] Maßgeblich ist allein der **rechtliche Bestand** des Arbeitsverhältnisses, ob der Arbeitnehmer im Zeitpunkt des Betriebsübergangs tatsächlich arbeitet, ist irrelevant. Entsprechend gehen auch bereits gekündigte, aber noch nicht beendete Arbeitsverhältnisse sowie solche von Arbeitnehmern über, die z.B. gerade in Elternzeit sind;[49] auch ein fehlerhaftes Arbeitsverhältnis unterfällt § 613a I 1 BGB.

3. Abänderbarkeit der Arbeitsbedingungen

Anders als für die vor dem Übergang durch Tarifvertrag oder Betriebsvereinbarung geregelten Rechte und Pflichten, besteht für die von S. 1 erfassten Rechte und Pflichten **keine Veränderungssperre** vergleichbar § 613a I 2 BGB (s. Rn. 1308). Deshalb können sie jederzeit mit den „normalen" arbeitsrechtlichen Instrumentarien (Änderungsvertrag, Änderungskündigung, Ausübung eines Widerrufsvorbehalts) geändert werden, so deren Voraussetzungen vorliegen. **1307**

II. Auswirkungen auf in Tarifverträgen und Betriebsvereinbarungen geregelte Rechte und Pflichten, § 613a I 2-4 BGB

Die Auswirkungen eines Betriebsübergangs auf Tarifverträge (und Betriebsvereinbarungen) gehören zu den kompliziertesten Materien des Arbeitsrechts. Mehr als die sorgfältige Lektüre und Anwendung von § 613a I 2-4 BGB kann von Examenskandidaten nicht erwartet werden.[50] **1308** **V**

III. Haftungsfragen, § 613a II BGB

Wie ausgeführt, haftet der **Erwerber** über § 613a **I 1** BGB nicht nur für die nach dem Betriebsübergang entstehenden, sondern auch für die bereits zuvor bestehenden, vom Veräußerer nicht erfüllten Verbindlichkeiten. Das gilt aber selbstverständlich nur für Verpflichtungen aus solchen Arbeitsverhältnissen, die nicht schon vor dem Betriebsübergang beendet wurden (insoweit haftet allein der Veräußerer und § 613a II BGB greift nicht ein), sondern auf den Erwerber übergingen. **1309**

Nach § 613a **II** BGB haftet der **Veräußerer** neben dem Erwerber als **Gesamtschuldner** für vor dem Betriebsübergang entstandene Verbindlichkeiten, wenn diese vor **1310**

45 BAG 16.5.2012 – 5 AZR 268/11, NZA 2012, 974.
46 Es sei denn, es wird nach §§ 9 I Nr. 1, 10 I AÜG ein Arbeitsverhältnis zum Entleiher fingiert (näher Rn. 58).
47 Besteht neben dem Organverhältnis aber ein Arbeitsverhältnis, so geht dieses über (BAG 13.2.2003 – 8 AZR 654/01, NZA 2003, 552, 553).
48 ErfK/*Preis*, § 613a BGB, Rn. 67 m.w.N.
49 BAG 31.1.2008 – 8 AZR 24/07, NZA 2008, 705, 706.
50 Näher *Fischinger*, Arbeitsrecht, 1. Aufl. 2018, Rn. 1308.

Ablauf von einem Jahr nach dem Übergang fällig werden. Der durch Abs. 2 angeordneten einjährigen Haftungsbegrenzung liegt ein vom Gesetzgeber vorgenommener Interessenausgleich zugrunde: Zum einen das Interesse des Arbeitnehmers, nicht den Veräußerer als den von ihm ausgewählten Schuldner zu verlieren (insb. wenn der Veräußerer wirtschaftlich potenter ist als der Erwerber oder letzterer gar insolvent ist), zum anderen das Interesse des Veräußerers, mit dem Betriebsübergang einen „Schlussstrich" ziehen zu können und nicht in alle Ewigkeit weiter zu haften. Auch wenn Abs. 2 nur einen Teil der denkbaren Konstellationen direkt erfasst, lassen sie sich mit seiner Hilfe alle lösen. Im Einzelnen:

- Ist die Verbindlichkeit *vor* dem Betriebsübergang *entstanden* und *fällig* geworden, so greift zwar § 613a II BGB seinem Wortlaut nach nicht ein, der Veräußerer haftet aber im Wege eines erst-recht-Schlusses zu Abs. 2 neben dem Erwerber als Gesamtschuldner.
- *Entstand* die Verbindlichkeit *vor* dem Betriebsübergang und wurde sie *innerhalb eines Jahres* nach ihm fällig, ordnet § 613a II BGB die Gesamtschuldnerschaft von Veräußerer und Erwerber an.
- *Entstand* die Verbindlichkeit zwar *vor* dem Betriebsübergang, wurde sie aber erst *später als ein Jahr* nach ihm fällig, haftet im Gegenschluss zu § 613a II BGB nur der Erwerber.
- Gleiches gilt (erst recht) für Verbindlichkeiten, die überhaupt erst *nach* dem Betriebsübergang *entstanden* sind.

1311 V Das **Verhältnis** von § 613a BGB **zu § 25 HGB** ist umstritten. Teilweise wird § 613a BGB als Spezialvorschrift eingestuft, die § 25 HGB verdränge.[51] Das überzeugt aber schon deshalb nicht, weil § 25 HGB auch Verbindlichkeiten aus Ruhestandsverhältnissen erfasst, die nicht unter § 613a BGB fallen. Richtigerweise sind daher **§ 613a BGB** und **§ 25 HGB nebeneinander anwendbar**.

1312 § 613a II BGB regelt nur das **Außenverhältnis** gegenüber den Arbeitnehmern und ist insoweit **zwingend**. Im **Innenverhältnis** zwischen Erwerber und Veräußerer findet nach der gesetzlichen Grundkonzeption des § 426 I 1 BGB eigentlich eine hälftige Lastentragung statt. In der Praxis wird aber in aller Regel in dem dem Betriebsübergang zugrundeliegenden Vertrag geregelt, wer die Lasten zu tragen hat.

1313 In **Fall 77** liegen nach dem oben Gesagten zwei Betriebsübergänge vor (U auf M und später M auf U). Für die Haftung hinsichtlich der nicht vollständig erfüllten Weihnachtsgelder ist daher zu unterscheiden: Für die Restbeträge für die Jahre *2014 und 2015* haftet M als damaliger Betriebsinhaber „originär" (§§ 611, 611a BGB in Verbindung mit dem Arbeitsvertrag), U hingegen gemäß § 613a I 1 BGB. Für diejenigen von *2013* haftet M über § 613a I 1 BGB, U hingegen auf zweifacher dogmatischer Grundlage: Zum einen – als damalige Betriebsinhaberin – „originär" sowie zum anderen gemäß § 613a I 1 BGB, weil die Restforderungen nach wie vor bestehende Verbindlichkeiten aus den auf sie übergehenden Arbeitsverhältnissen sind.

51 Staub/*Burgard*, HGB, § 25, Rn. 86; MüKo-HGB/*Thiessen*, § 25, Rn. 111.

IV. Kündigungsschutz, § 613a IV BGB

Nach § 613a IV BGB ist eine Kündigung **wegen** des Betriebsübergangs unzulässig (S. 1), eine Kündigung aus **anderen Gründen** bleibt aber zulässig (S. 2). Abs. 4 ist damit Ausfluss der Idee, dass das Arbeitsverhältnis durch den Betriebsübergang so weit als möglich unberührt bleiben soll. Damit wäre es unvereinbar, wenn es zwar übergeht, aber wegen des Übergangs gekündigt werden könnte.[52] **1314**

§ 613a IV 1 BGB enthält einen besonderen Unwirksamkeitsgrund (§ 134 BGB), der unabhängig vom sonstigen allgemeinen oder besonderen Kündigungsschutz eingreift (vgl. § 13 III KSchG); geschützt sind also insb. auch Arbeitnehmer, auf die das KSchG keine Anwendung findet. Es gilt für außerordentliche wie ordentliche Beendigungskündigungen ebenso wie für Änderungskündigungen. **1315**

Eine verbotene Kündigung *wegen* des Betriebsübergangs liegt nur vor, wenn die Kündigung **wesentlich** durch den Betriebsübergang motiviert ist. Kein Kündigungsverbot besteht hingegen, wenn der Betriebsübergang nur äußerer Anlass und nicht tragender Grund für die Kündigung ist, weil für diese ein anderer, sachlicher Grund existiert.[53] Entsprechend bleiben verhaltens- und personenbedingte Kündigungen ebenso möglich wie bspw. betriebsbedingte Kündigungen, wenn Arbeitsplätze wegen Rationalisierungsmaßnahmen oder Synergieeffekten beim Erwerber wegfallen. Allein der Wunsch des Erwerbers, dass zu teure Arbeitnehmer vor dem Übergang gekündigt werden, rechtfertigt aber auch dann keine Kündigung, wenn der Erwerber den Betriebsübergang davon abhängig macht; die Kündigung ist nach § 613a IV 1 BGB unwirksam.[54] **1316**

In **Fall 82** erfolgen die Kündigungen der Mitarbeiter der Personalabteilung zwar anlässlich und letztlich als Folge des Betriebsübergangs, jedoch nicht i.S.v. § 613a IV 1 BGB wegen des Betriebsübergangs. Vielmehr hat E mit der Nutzung von Synergieeffekten einen validen anderen Grund (§ 613a IV 2 BGB). Ein Verstoß gegen § 613a IV 1 BGB scheidet deshalb aus. **1317**

Im Vorfeld von Betriebsübergängen geschieht es nicht selten, dass der (spätere) Veräußerer zunächst keinen Erwerber findet und daher notgedrungen eine **Betriebsstilllegung** ins Auge fasst. In einer solchen Situation sind betriebsbedingte Kündigungen durch den Veräußerer zulässig, wenn er sich *subjektiv ernsthaft* zur Stilllegung entschlossen hat und diese *objektiv greifbare Formen* angenommen hat; letzteres ist bspw. bei der vollständigen Einstellung der Betriebstätigkeit, der Kündigung aller Arbeitsverhältnisse oder der Veräußerung der Betriebsmittel anzunehmen, die bloße Gewerbeabmeldung genügt aber genauso wenig wie die Eröffnung eines Insolvenzverfahrens.[55] Interessante Rechtsfragen stellen sich, wenn sich nach Zugang der Kündigungen unerwartet doch noch ein Erwerber findet. Weil sich die Wirksamkeit von Kündigungen allein nach den Umständen im Zeitpunkt des Zugangs der Kündigung richtet (Rn. 984), bleiben die Kündigungen wirksam; daran ändert auch § 613a **1318 V**

52 ErfK/*Preis*, § 613a BGB, Rn. 153.
53 BAG 26.5.1983 – 2 AZR 477/81, DB 1983, 2690, 2693; 27.10.2005 – 8 AZR 568/04, NZA 2006, 668, 672.
54 BAG 20.3.2003 – 8 AZR 97/02, NZA 2003, 1027, 1028 f.
55 BAG 27.4.1995 – 8 AZR 197/94, AP BGB § 613a Nr. 128.

IV BGB nichts.[56] Allerdings kommt unter Umständen ein **Wiedereinstellungs**- respektive **Fortsetzungsanspruch** in Betracht (näher Rn. 1103).[57]

1319 V Die **Darlegungs- und Beweislast** für einen Verstoß gegen § 613a IV 1 BGB trägt zwar der **Arbeitnehmer**. Er muss also insb. beweisen, dass die Kündigung *wegen* des Betriebsübergangs erfolgte. Gelingt es ihm aber, Tatsachen darzulegen und zu beweisen, die nahelegen, dass der Betriebsübergang der maßgebliche Grund für die Kündigung war, hat der sachnähere Arbeitgeber diese Annahme zu entkräften.[58]

1320 V Wird der Arbeitnehmer im Zusammenhang mit einem Betriebsübergang gekündigt, fragt sich, wer **richtiger Beklagter** im **Kündigungsschutzprozess** ist. Insoweit ist zu differenzieren: Erfolgt die Kündigung durch den Erwerber oder zwar durch den Veräußerer, geht sie aber erst nach dem Betriebsübergang zu, ist richtiger Beklagter der *Erwerber*. Spricht sie hingegen der Veräußerer aus und geht sie noch vor dem Betriebsübergang zu, ist der *Veräußerer* zu verklagen; der Betriebsübergang ändert daran nichts, das Urteil wirkt nach § 325 ZPO auch für/wider den Erwerber.[59]

V. Unterrichtungspflicht, § 613a V BGB

1321 Nach § 613a V BGB hat der Veräußerer oder der Erwerber die vom Betriebsübergang betroffenen Arbeitnehmer über verschiedene Umstände zu unterrichten. **Zweck** ist es, den Arbeitnehmern die notwendigen Kenntnisse an die Hand zu geben, damit sie eine wohlinformierte Entscheidung darüber treffen können, ob sie das Widerspruchsrecht des § 613a VI BGB ausüben oder nicht.[60] Diese Zwecksetzung erklärt, warum Abs. 5 und 6 dergestalt miteinander verknüpft sind, dass die Widerspruchsfrist erst mit ordnungsgemäßer Unterrichtung zu laufen beginnt (s. Rn. 1331). Auch wenn angesichts dessen eine Einstufung von Abs. 5 als Obliegenheit des Arbeitgebers naheliegt, entnimmt die herrschende Meinung ihm eine (einklagbare) **Rechtspflicht**.[61] Dogmatisch handelt es sich bei der Unterrichtung nicht um eine Willenserklärung, sondern eine **Wissensmitteilung**, eine Anfechtung nach §§ 119 ff. BGB scheidet mithin aus.[62]

1322 **Verpflichtete** der Unterrichtungspflicht sind der Erwerber und der Veräußerer als Gesamtschuldner, wobei sie – auch ohne explizite Absprache – wechselseitig verpflichtet sind, dem jeweils anderen die notwendigen Informationen zukommen zu lassen.[63] Unterrichtet einer der beiden die Arbeitnehmer ordnungsgemäß, wirkt das auch zugunsten des anderen. Unterrichten beide die Arbeitnehmer jeweils nur teilweise, kann durch die Addition beider Unterrichtungen eine insgesamt ordnungsgemäße Un-

---

56 BAG 19.6.1991 – 2 AZR 127/91, DB 1991, 2442, 2444.

57 BAG 27.2.1997 – 2 AZR 160/96, NZA 1997, 757; 15.12.11 – 8 AZR 197/11, BeckRS 2012, 67383.

58 MüKo-BGB/*Müller-Glöge*, § 613a, Rn. 212.

59 Näher und m.w.N. Küttner/*Kreitner*, Personalbuch, „Betriebsübergang", Rn. 96 ff.

60 BT-Drucks. 14/7760, S. 19; BAG 13.7.2006 – 8 AZR 305/05, NZA 2006, 1268, 1271 f.; 23.7.2009 – 8 AZR 538/08, NZA 2010, 89, 91.

61 BAG 13.7.2006 – 8 AZR 382/05, NZA 2006, 1406, 1411; 20.3.2008 – 8 AZR 1022/06, NZA 2008, 1297, 1301; *Willemsen/Lembke*, NJW 2002, 1159, 1161; *Gaul/Otto*, DB 2002, 634, 639 ff.; **a.A.** *Bauer/v. Steinau-Steinrück*, ZIP 2002, 457, 463.

62 *Sieg/Maschmann*, Unternehmensumstrukturierung, Rn. 144.

63 *Willemsen/Lembke*, NJW 2002, 1159, 1162.

terrichtung vorliegen;[64] widersprechen sich die beiden Unterrichtungen, fehlt es an einer ordnungsgemäßen Unterrichtung.[65] Maßgeblich ist der Kenntnisstand im Zeitpunkt der Unterrichtung.[66]

Anspruchsberechtigte sind allein diejenigen Arbeitnehmer, deren Arbeitsverhältnis übergeht; andere Arbeitnehmer sind angesichts der Zwecksetzung von Abs. 5 auch dann nicht zu unterrichten, wenn sie mittelbar (negativ) von dem Betriebs(teil-)übergang betroffen sind (etwa, weil der verbliebene Restbetrieb als Kleinbetrieb nicht mehr dem KSchG unterfällt).[67] **1323**

Der **Inhalt** der Unterrichtungspflicht ergibt sich weitgehend aus der Aufzählung in Abs. 5. Über den Wortlaut hinaus ist über den Gegenstand des Betriebsübergangs (welcher Betrieb[-steil]) sowie darüber zu unterrichten, wer Erwerber ist.[68] Die Unterrichtung hat in **Textform** (§ 126b BGB) zu erfolgen. Daher genügt bspw. eine E-Mail. § 613a V BGB verpflichtet zur Unterrichtung **vor** dem Betriebsübergang. Das ist aber nicht so zu verstehen, dass die vor dem Betriebsübergang nicht erfüllte Pflicht mit dem Betriebsübergang erlöschen würde, vielmehr ist dann nachträglich zu informieren und entsprechend beginnt die Widerspruchsfrist erst ab dann zu laufen.[69] Im Hinblick auf die Monatsfrist des Abs. 6 bietet es sich in der Praxis an, spätestens einen Monat vor dem geplanten Betriebsübergang zu informieren, um dann bei diesem zu wissen, wie viele und welche Arbeitnehmer widersprochen haben.[70] **1324**

Die korrekte Abfassung von Unterrichtungsschreiben stellt Veräußerer bzw. Erwerber angesichts der rigiden Rechtsprechung des BAG oftmals vor erhebliche praktische Schwierigkeiten („Quadratur des Kreises"), genügt doch die bloße Wiedergabe des Gesetzes nicht, sondern ist eine konkret auf die Situation im übergehenden Betrieb zugeschnittene Darstellung nötig, die gleichermaßen verständlich sein muss – was v.a. bei Anwendbarkeit von Tarifverträgen eine gewisse Ausführlichkeit bedingt –, andererseits aber knapp und laienverständlich genug gehalten sein muss, dass ein objektiver, durchschnittlicher Arbeitnehmer sie begreifen kann. Alle mitgeteilten Informationen müssen richtig, vollständig und präzise sein.[71] Ein Standardschreiben ist zwar zulässig, es müssen aber die Besonderheiten einzelner Arbeitsverhältnisse erfasst werden;[72] ggf. bieten sich daher für verschiedene Arbeitnehmergruppen unterschiedliche Schreiben an.[73] Die Unterrichtungspflicht geht aber nicht soweit, dass der Arbeitgeber eine umfassende Rechtsberatung im Einzelfall schuldete; vielmehr ist es Sache des Arbeitnehmers, sich nach der Unterrichtung eingehender beraten zu lassen.[74] **1325 V**

64 *Bauer/v. Steinau-Steinrück*, ZIP 2002, 457, 463.
65 Näher *Rupp*, NZA 2007, 301.
66 BAG 13.7.2006 – 8 AZR 303/05, NZA 2006, 1273, 1276.
67 *Sieg/Maschmann*, Unternehmensumstrukturierung, Rn. 152; *Schiefer/Worzalla*, NJW 2009, 558, 560.
68 BAG 23.7.2009 – 8 AZR 538/08, NZA 2010, 89, 91.
69 BT-Drucks. 14/7760, S. 20; *Willemsen/Lembke*, NJW 2002, 1159, 1163 f.; ErfK/*Preis*, § 613a BGB, Rn. 92.
70 Küttner/*Kreitner*, Personalbuch, „Betriebsübergang", Rn. 40.
71 Vgl. z.B. BAG 13.7.2006 – 8 AZR 305/05, NZA 2006, 1268, 1272.
72 BAG 13.7.2006 – 8 AZR 305/05, NZA 2006, 1268, 1271.
73 ErfK/*Preis*, § 613a BGB, Rn. 86 m.w.N.
74 Vgl. BT-Drucks. 14/7760, S. 19.

1326 In **Fall 83** ist das Unterrichtungsschreiben gleich in mehrfacher Hinsicht falsch: Erstens, soweit von „vier Wochen" statt von einem Monat die Rede ist, beides ist weder tatsächlich noch juristisch deckungsgleich. Zweitens wird als maßgeblich für den Fristbeginn fälschlicherweise auf den Betriebsübergang statt auf den Zugang des Unterrichtungsschreibens abgestellt und drittens als möglicher Widerspruchsadressat nur der V genannt, was § 613a VI 2 BGB widerspricht. (Fortsetzung **Rn. 1332**)

1327 V Primäre **Rechtsfolge einer nicht (ordnungsgemäßen) Unterrichtung** ist, dass die einmonatige **Widerspruchsfrist nicht zu laufen** beginnt (näher Rn. 1331).[75] Da § 613a V BGB aber nicht nur eine Obliegenheit, sondern eine echte Rechtspflicht von Erwerber und Veräußerer begründet (Rn. 1321), kommen in einem solchen Fall ferner **Schadensersatzansprüche** in Betracht. Anspruchsgrundlage gegen den Veräußerer ist dabei §§ 280 I, 241 II BGB, gegen den Erwerber §§ 280 I, 311 II, 241 II BGB. Der Anspruch setzt voraus, dass dem Arbeitnehmer aufgrund der fehlenden oder fehlerhaften Unterrichtung ein Schaden entstand und sich der Arbeitnehmer bei korrekter Information anders verhalten hätte, so dass der Schaden nicht entstanden wäre. Regelmäßig keine Rolle spielt der Schadensersatzanspruch deshalb, wenn der Arbeitnehmer infolge der unterbliebenen/fehlerhaften Unterrichtung **keinen Widerspruch erklärte**, kann er diesen doch mangels Beginns des Fristlaufs immer noch erklären.[76] Relevant wird die Möglichkeit zum Schadensersatz daher v.a., wenn der Arbeitnehmer wegen einer fehlerhaften Unterrichtung einen **Widerspruch erklärte**. In diesem Fall ist er nach § 249 I BGB finanziell so zu stellen, wie wenn er den Widerspruch nicht erklärt hätte.[77] Auch wenn es eigentlich dem Grundsatz der Naturalrestitution entspräche, ihm einen Anspruch gegen den Erwerber auf Einstellung einzuräumen, wird das als zu weitreichender Eingriff in die Vertragsfreiheit des Erwerbers und unter Verweis auf § 15 VI AGG abgelehnt.[78]

VI. Widerspruchsrecht, § 613a VI BGB

1. Zweck

1328 Wie oben ausgeführt, begründet § 613a I 1 BGB einen gesetzlich angeordneten Vertragsübergang, der weder vom Wissen noch von der Zustimmung des Arbeitnehmers abhängt (Rn. 1301). Das geschieht zwar zu seinem Schutz, es ist aber nicht zu übersehen, dass mit diesem Oktroy eines neuen, von ihm nicht ausgesuchten Arbeitgebers und dem gleichzeitigen „Entzug" seines gewählten Arbeitgebers in die grundrechtlich geschützte Berufsfreiheit (Art. 12 I GG), Vertragsfreiheit (Art. 2 I GG) und das allgemeine Persönlichkeitsrecht (Art. 2 I, 1 I GG) des Arbeitnehmers eingegriffen wird.[79] Um eine Unvereinbarkeit mit dem Grundgesetz zu vermeiden, wird dem betroffenen Arbeitnehmer in Abs. 6 das Recht eingeräumt, dem Übergang seines Arbeitsverhältnisses zu widersprechen.[80]

75 BAG 13.7.2006 – 8 AZR 305/05, NZA 2006, 1268, 1270.
76 Vgl. BAG 20.3.2008 – 8 AZR 1022/06, NZA 2008, 1297, 1301; 11.11.2010 – 8 AZR 1011/08, AP BGB § 613a Widerspruch Nr. 22.
77 *Franzen*, RdA 2002, 258, 267.
78 *Gaul/Otto*, DB 2002, 634, 639; *Sieg/Maschmann*, Unternehmensumstrukturierung, Rn. 173.
79 Vgl. BAG 21.5.1992 – 2 AZR 449/91, NJW 1993, 3156; 22.4.1993 – 2 AZR 50/92, AP BGB § 613a Nr. 96, 103.
80 BT-Drucks. 14/7760, S. 20.

2. Ausübung

Bei dem Widerspruchsrecht handelt es sich um ein **Gestaltungsrecht**, das durch einseitige, empfangsbedürftige Willenserklärung auszuüben ist.[81] Dementsprechend ist dieses nicht nur bedingungsfeindlich[82], sondern kann – einmal ausgeübt – vom Arbeitnehmer auch nicht mehr einseitig „zurückgenommen" werden (s. auch Rn. 1337). Der Widerspruch kann persönlich oder durch einen Vertreter (§ 164 BGB) erklärt werden; **Adressaten** können nach § 613a VI 2 BGB sowohl der Veräußerer wie der Erwerber sein, wobei keine Rolle spielt, wer nach § 613a V BGB unterrichtet hat und ob der Widerspruch vor oder nach dem Betriebsübergang erklärt wird;[83] im Innenverhältnis von Veräußerer und Erwerber bestehen – als Nebenpflichten – wechselseitige Auskunftsansprüche darüber, welche Arbeitnehmer widersprochen haben. 1329

Der Widerspruch hat **schriftlich** zu erfolgen (§ 126 BGB). Weil er nicht durch einen sachlichen Grund motiviert sein muss, muss der Arbeitnehmer im Widerspruchsschreiben keinen Grund nennen.[84] Nach der Andeutungstheorie muss der Arbeitnehmer auch nicht explizit das Wort Widerspruch verwenden, es genügt vielmehr, dass sich der Wille zum Widerspruch andeutungsweise aus dem Schreiben entnehmen lässt.[85] 1330

Der Widerspruch muss innerhalb **eines Monats** nach Zugang der Unterrichtung i.S.v. § 130 I 1 BGB zugehen, der Zeitpunkt des Betriebsübergangs ist dabei irrelevant; durch entsprechend frühe respektive späte Unterrichtung kann die Frist daher schon (weit) vor oder eben nach dem eigentlichen Betriebsübergang zu laufen beginnen. Die Frist beginnt nur bei einer ordnungsgemäßen, d.h. vollständigen und inhaltlich korrekten Unterrichtung, zu laufen. Fehlt es daran, besteht für die Ausübung des Widerspruchsrechts grundsätzlich keine Höchstfrist.[86] Das Recht zum Widerspruch kann dann nur aufgrund von **Verwirkung** ausgeschlossen sein.[87] 1331

In **Fall 83** begann die Widerspruchsfrist mangels korrekter Unterrichtung (Rn. 1326) nicht zu laufen, V kann sich mithin nicht auf die Monatsfrist berufen. In Betracht kommt höchstens eine Verwirkung des Widerspruchsrechts mit der Folge, dass dieses nach § 242 BGB nicht mehr wirksam ausgeübt werden kann. Fraglich ist, ob das erforderliche Zeitmoment erfüllt ist. Das wird man in Anlehnung an eine Entscheidung des BAG, das einmal sechs Monate für ausreichend erklärt hat,[88] zwar wohl annehmen können, um ein besonders starkes Zeitmoment handelt es sich aber nicht. Jedenfalls fehlt es am notwendigen Umstandsmoment, die bloße siebenmonatige Weiterarbeit bei E ist allein als Erfüllung der Vertragspflicht zu interpretieren und beinhaltet noch nicht die Aussage, auf das Widerspruchsrecht 1332

---

81 BAG 13.7.2006 – 8 AZR 382/05, NZA 2006, 1406, 1407.

82 Eine Ausnahme gilt für Rechtsbedingungen à la „für den Fall, dass ein Betriebsübergang im Sinne von § 613a BGB vorliegt" (BAG 13.7.2006 – 8 AZR 382/05, NZA 2006, 1406, 1408).

83 Küttner/*Kreitner*, Personalbuch, „Betriebsübergang", Rn. 44.

84 BAG 19.2.2009 – 8 AZR 176/08, NZA 2009, 1095, 1097.

85 BAG 13.7.2006 – 8 AZR 382/05, NZA 2006, 1406, 1408.

86 BAG 2.4.2009 – 8 AZR 178/07 und 22.4.2010 – 8 AZR 805/07, AP BGB § 613a Widerspruch Nr. 9 und 14; Küttner/*Kreitner*, Personalbuch, „Betriebsübergang", Rn. 47; **a.A.** *Worzalla*, NZA 2002, 353, 357 (für Anlehnung an § 5 III 2 KSchG).

87 *Willemsen/Lembke*, NJW 2002, 1159, 1160; *Kittner*, NJW 2012, 1180, 1181 ff.; ErfK/*Preis*, § 613a BGB, Rn. 101.

88 BAG 17.10.2013 – 8 AZR 974/12, NZA 2014, 774, 777.

verzichten zu wollen. A konnte daher noch wirksam widersprechen und kann von V Beschäftigung verlangen.

1333 V Der Arbeitnehmer kann auf das Widerspruchsrecht **verzichten**. Zulässig ist das aber nur in Bezug auf einen konkret bevorstehenden/stattgefundenen Betriebsübergang, ein genereller Verzicht (z.B. im Arbeitsvertrag) ist hingegen unwirksam.[89]

3. Rechtsfolgen

a) Kein Übergang des Arbeitsverhältnisses

1334 Auch wenn sich dies nicht explizit aus § 613a VI BGB ergibt, so ist wichtigste Rechtsfolge des Widerspruchs, dass der Übergang des Arbeitsverhältnisses verhindert wird. Erfolgt der Widerspruch vor dem Betriebsübergang, so tritt dieser – bezogen auf das jeweilige Arbeitsverhältnis – von vornherein nicht ein. Bei einem zeitlich erst nach dem Betriebsübergang erfolgten Widerspruch wird der Übergang – bezogen auf das Arbeitsverhältnis des Widersprechenden – mit Wirkung **ex tunc** rückabgewickelt.[90] Mit anderen Worten: Das Arbeitsverhältnis zum Veräußerer gilt als nicht erloschen, ein solches zum Erwerber als nie begründet.

b) Lohnansprüche

1335 Hat der Arbeitnehmer zwischen dem Betriebsübergang und dem Widerspruch tatsächlich beim Erwerber gearbeitet, stellt sich die Frage, gegen wen er einen Lohnanspruch für die erbrachten Arbeitsleistungen hat. Ansprüche aus einem „normalen" Arbeitsverhältnis gegen den **Erwerber** scheiden aus, entfällt ein solches doch ex tunc. Die Instanzrechtsprechung will hier zum Teil einen Anspruch aus § 611a II BGB auf Basis eines fehlerhaften Arbeitsverhältnisses bejahen.[91] Das überzeugt nicht, weil ein solches nur angenommen werden kann, wenn zwei – wenn auch nicht wirksame – Willenserklärungen vorliegen, die auf die Begründung eines Arbeitsverhältnisses gerichtet sind (näher Rn. 188). Gegen den Erwerber bestehen daher richtigerweise nur Ansprüche aus § 812 I 1 Alt. 1 BGB auf Wertersatz, § 818 II BGB. Gegen den **Veräußerer** kommen – mangels tatsächlicher Arbeit für ihn – nur Ansprüche aus §§ 611a, 615 S. 1 BGB in Betracht. Zwar fehlt es in aller Regel an einem verzugsbegründenden tatsächlichen oder wörtlichen Angebot (§§ 294, 295 BGB) gegenüber ihm, ein solches ist aber in zwei Konstellationen entbehrlich: Erstens nach § 296 BGB, wenn der Veräußerer dem Arbeitnehmer vor dem Betriebsübergang erklärt, es bestünde keine Weiterbeschäftigungsmöglichkeit mehr,[92] sowie zweitens nach § 162 BGB, wenn eine nicht ordnungsgemäße Unterrichtung gemäß § 613a V BGB zu einem verspäteten Widerspruch und einem entsprechend späten Angebot nach

89 BAG 19.3.1998 – 8 AZR 139/97, NZA 1998, 750, 752; 30.10.2003 – 8 AZR 491/02, NZA 2004, 481, 483; *Gaul/Otto*, DB 2002, 634, 638; *Olbertz/Ungnad*, BB 2004, 213, 217 f.

90 BAG 11.12.2014 – 8 AZR 943/13, NZA 2015, 481, 483 m.w.N.; gegen Rückwirkung *Rieble*, NZA 2004, 1, 2 f.; diff. *Willemsen*, NJW 2007, 2065, 2072 f.

91 LAG Köln 11.6.2004 – 12 Sa 374/04, BeckRS 2004, 30462902; LAG Berlin-Brandenburg 20.11.2013 – 21 Sa 866/13, GWR 2014, 247; Küttner/*Kreitner*, Personalbuch, „Betriebsübergang", Rn. 44.

92 BAG 20.5.2010 – 8 AZR 734/08, NZA 2010, 1295, 1298.

§§ 294, 295 BGB führt.[93] Eine Doppelbegünstigung des Arbeitnehmers wird dadurch vermieden, dass über § 615 S. 2 BGB das beim Erwerber erzielte Entgelt auf den Anspruch gegen den Veräußerer angerechnet wird.

c) Kündigung durch den Veräußerer

Oftmals – v.a. wenn der Veräußerer seinen einzigen Betrieb vollständig an den Erwerber übertragen hat – kann der Veräußerer mit der Arbeitskraft der widersprechenden Arbeitnehmer nach dem Betriebsübergang nichts mehr anfangen. Denn zwar ist das Arbeits*verhältnis* des Widersprechenden nicht übergegangen, sein Arbeits*platz* aber sehr wohl. Dem Arbeitnehmer droht dann eine **betriebsbedingte Kündigung** durch den Veräußerer. Dieser steht § 613a IV BGB *nicht* entgegen, erfolgt die Kündigung doch nicht wegen des Betriebsübergangs, sondern ist wesentliche Ursache der Wegfall der Beschäftigungsmöglichkeit.[94] **1336**

4. Beseitigung des Widerspruchs

Ein einmal erklärter Widerspruch kann vom Arbeitnehmer **nicht einseitig widerrufen** oder zurückgenommen werden; erforderlich ist vielmehr ein dreiseitiger schriftlicher (§ 623 BGB) Vertrag der Beteiligten, durch den das Arbeitsverhältnis mit dem Veräußerer aufgehoben und ein Arbeitsverhältnis zum Erwerber begründet wird.[95] Hingegen ist die (einseitige) **Anfechtung** eines ausgeübten Widerspruchs grundsätzlich denkbar, solange nur die Voraussetzungen der §§ 119 ff. BGB vorliegen.[96] Kein Anfechtungsgrund, sondern einen bloßen Motivirrtum stellen dabei Fehlannahmen über die wirtschaftlichen Entwicklungen bei Veräußerer oder Erwerber dar. Folge der Anfechtung ist der ex-tunc-Wegfall (§ 142 I BGB) der Wirkungen des Widerspruchs. **1337**

VII. Abdingbarkeit

Angesichts des Normzwecks können **Erwerber und Veräußerer** nicht wirksam zulasten der betroffenen Arbeitnehmer von § 613a BGB abweichen.[97] Auch zwischen **Arbeitnehmer und Veräußerer** können die Wirkungen von § 613a BGB nicht im Voraus und ohne Bezug zu einem konkreten Betriebsübergang (also z.B. bereits im Arbeitsvertrag) ausgeschlossen werden.[98] Entsprechende Vereinbarungen sind nach § 134 BGB unwirksam. **1338 V**

Weiterführende Literatur: *Klumpp, Steffen/Jochums, Dominik:* Die Rechtsfolgen des Widerspruchsrechts bei Betriebsübergang, JuS 2006, 687; *Mückel, Patrick:* Rechtsfolgen einer fehlerhaften Unterrichtung des Arbeitnehmers bei Betriebsübergang, JuS 2006, 395; *Schmidt, Damian/Wittig, Henning:* Der Betriebsübergang gem. § 613a I 1 BGB, Jura 2007, 568; *Seel, Hen-*

93 BAG 13.7.2006 – 8 AZR 382/05, NZA 2006, 1406, 1411.
94 Vgl. BAG 12.8.1999 – 2 AZR 748/98, NZA 1999, 1267, 1269; 24.2.2000 – 8 AZR 167/99, NZA 2000, 764, 765 f.
95 Vgl. BAG 30.10.2003 – 8 AZR 491/02, NZA 2004, 481, 483; LAG Hamm 15.1.2004 – 16 Sa 391/03, BeckRS 2004, 30460049.
96 Näher *Salamon/Hoppe*, NZA 2011, 128.
97 BAG 29.10.1975 – 5 AZR 444/74, AP BGB § 613a Nr. 2; 20.3.2014 – 8 AZR 1/13, NZA 2014, 1095, 1097.
98 BAG 29.10.1975 – 5 AZR 444/74, AP BGB § 613a Nr. 2; *Meyer*, NZA 2002, 246.

ning-Alexander: Wie funktioniert § 613a BGB? – Betriebsübergang und seine Rechtsfolgen, JA 2008, 874; *Tillmanns, Kerstin:* Klausurenkurs I, Fall 10.

§ 16 Die arbeitsrechtliche Klausur

1339 Arbeitsrechtliche Klausuren weisen zwar nicht stets, aber deutlich öfter als allgemeine zivilrechtliche eine prozessuale Einkleidung dergestalt auf, dass nach den **Erfolgsaussichten einer Klage** (meist des Arbeitnehmers) gefragt ist. Entsprechend sind – schon im Ersten Juristischen Staatsexamen – zumindest Grundlagenkenntnisse des arbeitsgerichtlichen Verfahrens und des Klageaufbaus erforderlich. Diese werden im vorliegenden Kapitel in der Reihenfolge erläutert, wie sie in einer Klausur auftreten können. Der Schwerpunkt wird dabei dezidiert auf die für die Klausur relevanten Aspekte gelegt, allein „allgemeinbildende" Gesichtspunkte werden – um den Umfang nicht zu sprengen – im Vergleich zu anderen Lehrbüchern[1] bewusst kurzgehalten. (Solide) zivilprozessuale Kenntnisse werden vorausgesetzt, die folgenden Ausführungen können und sollen kein Lehrbuch zur ZPO ersetzen.

Klausurhinweis: Der Schwerpunkt der Arbeitsrechtsklausur liegt trotz der prozessualen Einkleidung so gut wie immer klar im materiellen Recht. In aller Regel sollten Sie daher mindestens 85-90% der Zeit für die Begründetheit aufwenden!

A. Grundlagen des arbeitsgerichtlichen Verfahrens

1340 Die in Art. 95 GG verfassungsrechtlich vorgegebene **Arbeitsgerichtsbarkeit** ist dreistufig aufgebaut (vgl. § 1 ArbGG): Auf unterster Stufe stehen die **Arbeitsgerichte** als Eingangs-, darüber die **Landesarbeitsgerichte** als Berufungs- und an der Spitze schließlich das **Bundesarbeitsgericht** als Revisionsinstanz, wo keine Tatsachen-, sondern nur noch eine Rechtskontrolle erfolgt. Anders als die allgemeinen Zivilgerichte sind die Arbeitsgerichte auf jeder Ebene mit **ehrenamtlichen Richtern** von Arbeitnehmer- und Arbeitgeberseite mit gleichem Stimmrecht besetzt, §§ 16 II, 35 II, 41 II ArbGG.

1341 Das arbeitsgerichtliche Verfahren ist speziell im **ArbGG** geregelt, wobei grundlegend zwischen **zwei Verfahrensarten** zu unterscheiden ist: Erstens das für den Pflichtfachbereich relevante **Urteilsverfahren** (§§ 2 V, 46 ff. ArbGG), für das zunächst grundlegend auf das Verfahren vor den Amtsgerichten der ZPO verwiesen wird (§ 46 II ArbGG), deren Regelungen dann aber teilweise modifiziert werden. Zweitens das **Beschlussverfahren** (§§ 2a II, 80 ff. ArbGG), das v.a. bei Streitigkeiten aus dem Kollektiven Arbeitsrecht und Nebengesetzen eingreift und mangels Pflichtfachrelevanz im Weiteren außer Betracht bleibt. Allgemeine Vorschriften für beide Verfahrensarten enthalten die §§ 1-45 ArbGG.

1 Vgl. z.B. *Junker*, Grundkurs Arbeitsrecht, Rn. 835 ff.; *Reichold*, Arbeitsrecht, § 5; *Tillmanns*, Klausurenkurs I, 1. Teil, Rn. 4.

Hinweis zur Verweisung in § 46 II 1 ArbGG: Verwiesen wird **nicht** auf die ZPO allgemein, sondern auf das Verfahren vor den Amtsgerichten. Das wirkt sich auf die richtige Zitierweise aus: Wird auf eine Norm aus den allgemeinen Vorschriften der ZPO (§§ 1-252) verwiesen, so ist nur § 46 II 1 ArbGG und diese Norm zu zitieren (z.B. §§ 46 II 1 ArbGG, 12, 13 ZPO); eine Norm aus den Vorschriften über das landgerichtliche Verfahren (§§ 253-494a ZPO) hingegen kann nur über die Brücke des **§ 495 ZPO** herangezogen werden (z.B. §§ 46 II 1 ArbGG, 495, 253 ZPO).

Für das hier interessierende Urteilsverfahren gelten also im Grundsatz die Vorschriften der ZPO und deren Verfahrensgrundsätze (z.B. Beibringungsgrundsatz, Dispositionsmaxime). In einigen Aspekten gelten aber Besonderheiten. So beginnt die Hauptverhandlung mit einer Güteverhandlung (§ 54 ArbGG), es gelten verkürzte Fristen (z.B. § 59 S. 1 ArbGG), ein schriftliches Verfahren ist ausgeschlossen (§ 46 II 2 ArbGG), die Präklusionsvorschrift des § 296 I ZPO wird durch §§ 56 II, 61a V ArbGG verdrängt und es besteht in erster Instanz kein Anspruch der obsiegenden Partei auf Erstattung der Anwaltskosten, § 12a I 1 Alt. 2 ArbGG. **1342 V**

B. Prüfungsaufbau bei arbeitsgerichtlichen Klagen

Vorab Hinweise auf zwei Besonderheiten: **1343**

- Gemäß **§ 48 I ArbGG** gelten die §§ 17-17b GVG nicht nur für die Rechtswegeröffnung, sondern auch für die örtliche und sachliche Zuständigkeit. Bedeutsam ist das v.a. wegen **§ 17a II 1 GVG**, der in seinem originären Anwendungsbereich bestimmt, dass bei einer Beschreitung des falschen Rechtswegs keine Klageabweisung, sondern eine Verweisung an das zuständige Gericht des zulässigen Rechtswegs erfolgt. Das gilt im Arbeitsrecht wegen § 48 I ArbGG auch für die **örtliche/ sachliche Zuständigkeit**. Wurde also vor dem örtlich unzuständigen Arbeitsgericht geklagt, so findet **keine Abweisung** statt, vielmehr ist von Amts wegen an das zuständige Gericht **zu verweisen**, der Beschluss ist unanfechtbar (§ 48 I Nr. 1 ArbGG).
- Während bei zivilprozessualen Klagen wegen der grundsätzlichen Allzuständigkeit der Zivilgerichte (§ 13 GVG) eine Prüfung der **Rechtswegeröffnung** in der Klausur in aller Regel nicht erforderlich ist, ist das bei arbeitsrechtlichen Klausuren angesichts der nur eingeschränkten Rechtswegzuständigkeit der Arbeitsgerichte (§§ 2, 2a ArbGG) anders. Auch insoweit ist – ohne dass es der Verweisung in § 48 I ArbGG bedürfte – **§ 17a II 1 GVG** mit der oben genannten Folge anwendbar.

Weil also die Anrufung eines Gerichts des falschen Rechtswegs ebenso wie eines unzuständigen Gerichts **nicht zur Klageabweisung wegen Unzulässigkeit** führt, ist in der arbeitsgerichtlichen Klausur ein **drei- bzw. vierstufiger Prüfungsaufbau** zu wählen: Auf erster Stufe ist die Rechtswegeröffnung sowie sachliche und örtliche Zuständigkeit zu prüfen, sodann – wie gewohnt – Zulässigkeit und Begründetheit der Klage. **1344**

I. Rechtswegeröffnung und Zuständigkeit

1. Rechtswegeröffnung, § 2 ArbGG

1345 In aller Regel folgt die Rechtswegeröffnung in der arbeitsrechtlichen Pflichtfachklausur aus **§ 2 I Nr. 3 ArbGG**, der die meisten der „typischen" arbeitsrechtlichen Streitigkeiten erfasst: Unter lit. a) fallen z.B. Lohn- und Urlaubsansprüche, unter lit. b) alle Streitigkeiten über die Wirksamkeit von Kündigungen oder Befristungen, unter lit. c) z.B. Streitigkeiten wegen diskriminierender Nichteinstellung (§ 15 AGG) sowie Klagen auf Zeugniserteilung oder Karenzentschädigungen bei nachvertraglichen Wettbewerbsverboten.

1346 Nun setzt § 2 I Nr. 3 ArbGG voraus, dass sich Arbeitgeber und **Arbeitnehmer** gegenüberstehen. **§ 5 ArbGG** bestimmt, wer alles im Sinne dieses Gesetzes als Arbeitnehmer anzusehen ist: Nicht nur der klassische Arbeitnehmer (§ 5 I 1 ArbGG, vgl. Rn. 20 ff.), sondern auch **Heimarbeiter** und **arbeitnehmerähnliche Personen** (§ 5 I 2 ArbGG). Wie tiefgehend in einer **Klausur** im Rahmen der Rechtswegeröffnung auf die Arbeitnehmereigenschaft i.S.v. § 5 ArbGG einzugehen ist, hängt davon ab, auf welcher der folgenden drei „Stufen" mit aufsteigender Prüfungsintensität die Klausur angesiedelt ist:

1347 **1. Stufe:** Ist die Arbeitnehmereigenschaft unproblematisch, so ist darauf in der Klausur nicht näher einzugehen, sondern einfach darauf zu verweisen, dass der Kläger laut Sachverhalt Arbeitnehmer ist. Definitionen von bzw. Subsumtionen unter Voraussetzungen für die Arbeitnehmereigenschaft (dazu Rn. 20 ff.) verbieten sich hier (das gilt auch später in der Begründetheit).

1348 **2. Stufe:** Ist juristisch fraglich, ob der Kläger auf Basis des feststehenden, zwischen den Parteien **unbestrittenen Sachverhalts** Arbeitnehmer ist, so muss auf Basis dieses Sachverhalts eine **rechtliche Würdigung** mit Definitionen und Subsumtionen vorgenommen werden.

1349 V **3. Stufe:** Sind hingegen zwischen den Parteien die für die Arbeitnehmereigenschaft relevanten **Tatsachen umstritten**, so stellt sich die Frage, ob in Bezug auf sie **bereits bei der Prüfung der Rechtswegeröffnung Beweis** zu erheben ist. Insoweit ist wiederum zwischen drei Konstellationen zu unterscheiden:

- Ein sog. **„sic-non"-Fall** liegt vor, wenn das klägerische Begehren **ausschließlich** auf eine **arbeitsrechtliche Vorschrift** gestützt werden kann (z.B.: der Kläger macht einen Verstoß gegen KSchG oder TzBfG geltend). In diesem Fall ist seine **Arbeitnehmereigenschaft** eine sog. **doppelrelevante Tatsache**, denn sie ist nicht nur für die Eröffnung des Rechtswegs zu den Arbeitsgerichten, sondern auch für den Erfolg des Klägers in der Sache (Verstoß gegen § 1 KSchG bzw. § 14 TzBfG) und für die Begründetheit entscheidend. Würde bereits im Rahmen der Rechtswegeröffnung Beweis über die für die Arbeitnehmereigenschaft maßgeblichen Tatsachen erhoben werden, so drohte jedenfalls dann, wenn das erkennende Arbeitsgericht die Arbeitnehmereigenschaft verneint und deshalb den Rechtsstreit an die ordentliche Gerichtsbarkeit verweist (§ 17a II 1 GVG), der Rechtsstreit bereits auf dieser „Ebene" **faktisch** (vor-)entschieden zu werden. Denn das Zivilgericht würde – auch wenn es juristisch nur hinsichtlich des Rechtswegs gebunden ist (§ 17a II 3 GVG) – im Rahmen der Begründetheit mit großer Wahrscheinlichkeit nicht nochmals Beweis über die für die Arbeitnehmereigenschaft maßgeblichen Tatsachen erheben, sondern die Klage schlicht als unbegründet abweisen. Um das zu vermeiden, **unterbleibt bei „sic-non"-Fällen bei der Prüfung der Rechtswegeröffnung eine Beweiserhebung** über diese Tatsachen, diese erfolgt erst in der Begründetheit. Für die Rechtswegeröffnung ausreichend, aber immerhin auch erforderlich ist, dass der Kläger nach seinem **schlüssigen Vortrag** Arbeitnehmer ist.[2] Es wird also auf dieser Stufe die Arbeitnehmereigenschaft i.S.d. § 5 ArbGG nur auf Basis der von ihm vorgetragenen Tatsachen geprüft.

- Anders verhält es sich bei **„et-et"-Fällen**. Bei diesen kann das klägerische Begehren sowohl auf eine arbeitsrechtliche wie eine nicht-arbeitsrechtliche Grundlage, die also keine Arbeitnehmereigenschaft erfordert, gestützt werden. Klassischer Fall ist die Geltendmachung der Unwirksamkeit einer außerordentlichen Kündigung nach § 626 BGB, gilt diese Vorschrift doch gleichermaßen für Arbeitnehmer wie freie Dienstnehmer.[3] Vom „et-et"-Fall ist der **„aut-aut"-Fall** zu unterscheiden, bei dem das klägerische Begehren entweder auf eine arbeitsrechtliche oder eine bürgerrechtliche Grundlage gestützt werden kann, die sich gegenseitig ausschließen. Das ist bei einer Lohnklage der Fall, kann doch nur entweder ein Anspruch aus freiem Dienstvertrag oder Arbeitsvertrag bestehen.[4] In beiden Fällen ist die **Arbeitnehmereigenschaft nicht doppelrelevant**, denn sie ist zwar für die Eröffnung des Rechtswegs zu den Arbeitsgerichten erforderlich, in der Sache (Begründetheit) hängt der Erfolg aber nicht von der Arbeitnehmereigenschaft ab. Entsprechend droht keine faktische (Vor-)Entscheidung des Rechtsstreits im Rahmen der Rechtswegprüfung, denn selbst wenn das Arbeitsgericht die Arbeitnehmereigenschaft verneint und nach § 17a II 1 GVG verweist, kann das Zivilgericht auf Basis der nicht-arbeitsrechtlichen Vorschrift der Klage stattgeben. Einer Privilegierung des Klägers wie bei den „sic-non"-Fällen bedarf es deshalb nicht, entsprechend ist bereits **bei der Prüfung der Rechtswegeröffnung eine vollständige Beweiserhebung** über die für die Arbeitnehmereigenschaft maßgeblichen Tatsachen durchzuführen.[5]

Hinweis: Machen Sie sich klar, dass sich die Problematik von „sic-non" usw. nur stellt, wenn die **Tatsachen umstritten** sind, die dafür maßgeblich sind, ob der Kläger Arbeitnehmer ist! Nur dann ist auf diese Fallgruppen einzugehen, denn nur dann stellt sich die Frage, ob im Rahmen der Rechtswegeröffnung darüber Beweis zu erheben ist oder nicht. Sind dagegen die Tatsachen unbestritten und wird nur über deren **rechtliche Relevanz gestritten** – mit anderen Worten also, ob auf Basis des unbestrittenen Sachverhalts der Kläger Arbeitnehmer i.S.v. § 5 ArbGG ist –, so ist ein Eingehen auf diese Fallgruppen verfehlt. Gefordert ist allein eine Subsumtion des feststehenden Sachverhalts unter § 5 ArbGG. Daraus folgt zugleich: „Sic-non" oder „et-et" bzw. „aut-aut" spielen in Klausuren eine deutlich geringere Rolle, als das auf den ersten Blick vielleicht den Anschein hat. Insb. im Ersten Juristischen Examen, in dem der Sachverhalt in der Regel feststeht, sind sie kaum anzutreffen.

2. Sachliche Zuständigkeit, § 8 I ArbGG

Im ersten Rechtszug sind grundsätzlich die **Arbeitsgerichte** sachlich zuständig, § 8 I ArbGG.[6] Die wenigen Ausnahmen (z.B. §§ 97, 98 ArbGG) sind, jedenfalls im Ersten Juristischen Examen, nicht relevant. Gleiches gilt für die Prüfung von Berufungen zu den Landesarbeitsgerichten bzw. einer Revision zum Bundesarbeitsgericht. 1350

2 LAG Berlin-Brandenburg 27.12.2012 – 10 Ta 1906/12, ZIP 2013, 695; näher dazu *Tillmanns*, Klausurenkurs I, Fall 1.

3 Soergel/*Fischinger/Hofer*, § 626, Rn. 15 m.w.N.

4 *Hofer*, JA 2017, 853, 854.

5 *Junker*, Grundkurs Arbeitsrecht, Rn. 854.

6 Achtung: Ziehen Sie insoweit nicht § 2 ArbGG heran, dieser regelt die Rechtswegeröffnung!

3. Örtliche Zuständigkeit

1351 Für die örtliche Zuständigkeit gelten wegen **§ 46 II 1 ArbGG** zunächst die Vorschriften der **ZPO**, so dass grundlegend §§ 12, 13 bzw. 17 ZPO in Betracht kommen. Daneben ist **§ 29 ZPO** bedeutsam, wobei das BAG in der Regel von einem **einheitlichen Erfüllungsort** an dem Beschäftigungsort des Arbeitnehmers ausgeht, d.h. dort, wo dieser schwerpunktmäßig seine Arbeitsleistung zu erbringen hat.[7] An diesem kann also nicht nur der Arbeitnehmer den Arbeitgeber, sondern umgekehrt auch der Arbeitgeber ihn wegen sämtlicher aus dem Arbeitsverhältnis resultierender Ansprüche verklagen. Zum gleichen Ergebnis kommt man in der Regel über **§ 48 Ia ArbGG**, der ebenfalls das Arbeitsgericht für zuständig erklärt, in dessen Bezirk der Arbeitnehmer für gewöhnlich seine Arbeit verrichtet. Es handelt sich sämtlich um nicht-ausschließliche Gerichtsstände, so dass der Kläger ggf. ein **Wahlrecht** hat (§§ 46 II 1 ArbGG, 35 ZPO).

1352 Eine **Prorogation** ist zwischen den Arbeitsvertragsparteien[8] nur unter den Voraussetzungen von §§ 46 II 1 ArbGG, 38 II, III ZPO möglich. Ein **rügeloses Einlassen** ist nach §§ 46 II 1 ArbGG, 504, 39 ZPO möglich, mangels Verhandlung zur Hauptsache aber nicht in der Güteverhandlung (§ 54 II 3 ArbGG).

Hinweise: (1) Beachten Sie (nochmals): Im Falle der Anrufung eines örtlich unzuständigen Arbeitsgerichts, wird die Klage nicht – wie im normalen Zivilprozess – als unzulässig abgewiesen, sondern es ist wegen §§ 48 I ArbGG, 17a II GVG von Amts wegen an das zuständige Arbeitsgericht zu verweisen! Für **Referendare**: Die Kostenfolge ergibt sich dann nicht aus § 281 III ZPO, sondern aus § 17b II GVG.[9] **(2)** Ein hier aus Platzgründen nicht zu vertiefendes Sonderproblem ist die Frage, ob vor Arbeitsgerichten mit rechtswegfremden Forderungen (z.B. aus Kaufvertrag) aufgerechnet werden kann.[10]

II. Zulässigkeit der Klage

1353 Die Zulässigkeit der Klage ist grundsätzlich „normal" zu prüfen, d.h. so wie aus dem allgemeinen Zivilprozessrecht bekannt (z.B. Klageerhebung, Partei- und Prozessfähigkeit – Achtung: Erweiterung durch § 10 ArbGG). Weil die Details von Klageart und -begehren abhängen, wird im Folgenden nach den in arbeitsrechtlichen Klausuren typischen klägerischen Begehren differenziert.[11]

1. Leistungsklage

1354 Begehrt der Kläger eine Leistung, so ist richtige Klageart eine Leistungsklage. Diese erfordert nach §§ 46 II 1 ArbGG, 495, 253 II Nr. 2 ZPO einen bestimmten Klageantrag. **Lohnklagen** des Arbeitnehmers sind grundsätzlich auf den **Bruttolohn** zu rich-

7 BAG 9.10.2002 – 5 AZR 307/01, NZA 2003, 339, 340.
8 Tarifvertragspartner haben eine Prorogationsmöglichkeit nach § 48 II ArbGG.
9 *Hofer*, JA 2017, 853, 855.
10 S. dazu instruktiv *Hofer*, JA 2017, 853, 855 m.w.N.
11 Zu weiteren Klagesituationen im Arbeitsrecht näher *Hofer*, JA 2017, 853, 856 ff.

ten;[12] auch der **Zinsanspruch** aus Verzugs- bzw. Prozesszinsen ist auf den Bruttolohn bezogen, was für den Arbeitnehmer von Vorteil ist.[13]

2. Kündigungsschutzklage

a) Klageart, Klageantrag und Feststellungsinteresse

Möchte der Arbeitnehmer gegen eine vom Arbeitgeber ausgesprochene außerordent- **1355**
liche oder ordentliche Kündigung vorgehen, so muss er innerhalb von drei Wochen nach deren schriftlichen Zugang eine sog. **punktuelle Kündigungsschutzklage** erheben, § 4 S. 1 KSchG.

Zu **beantragen** bzw. zu tenorieren ist daher wie folgt:

„Es wird beantragt festzustellen, dass das zwischen den Parteien bestehende Arbeitsverhältnis nicht durch die Kündigung der Beklagten vom [Datum] aufgelöst wurde."[14] **V**

Da es sich bei der punktuellen Kündigungsschutzklage in der Sache um eine spezielle Form **1357**
der Feststellungsklage handelt, ist nach §§ 46 II 1 ArbGG, 495, 256 I ZPO ein **Feststellungsinteresse** erforderlich; dieses folgt aber unschwer aus der Präklusionsgefahr, gilt doch bei Fristversäumnis die Kündigung als wirksam, §§ 4 S. 1, 7 KSchG (näher dazu Rn. 857). Eine allgemeine Feststellungsklage genügt demgegenüber nicht zur Fristwahrung. **V**

Klausurhinweis: Im Rahmen der Zulässigkeit darf die Wahrung der Frist von § 4 S. 1 KSchG noch **nicht** geprüft werden (das folgt in der Begründetheit, vgl. Rn. 1364); vielmehr ist auf sie bei der Prüfung des Feststellungsinteresses hinzuweisen.

b) Streitgegenstand; Schleppnetzantrag

Streitgegenstand einer punktuellen Kündigungsschutzklage dürfte logischerweise eigentlich **1358**
nur die Frage sein, ob das Arbeitsverhältnis durch die konkret angegriffene Kündigung beendet wurde, andere Beendigungsgründe müssten außen vor bleiben. Dem zuwider geht das BAG allerdings grundsätzlich von einem **erweiterten punktuellen Streitgegenstand** aus. Danach begehre der Kündigungsschutzantrag – und entsprechend ein ihm stattgebendes Urteil – die Feststellung, dass das Arbeitsverhältnis **bis zu dem** durch die konkret angegriffene Kündigung maßgeblichen **Beendigungszeitpunkt** auch nicht durch andere Kündigungen, die bis dahin zugehen und ihre Wirkung entfalten sollen, beendet wurde.[15] **V**

Beispiel: Der Kläger wendet sich gegen eine ordentliche Kündigung mit Kündigungsfrist bis zum 30.6.2018. Der Streitgegenstand umfasst mithin alle (außer-) ordentlichen Kündigungen, die – ihre Wirksamkeit unterstellt – das Arbeitsverhältnis vor oder spätestens am 30.6.2018 beenden würden. Nicht erfasst werden hingegen z.B. eine am 1.7.2018 ausgesprochene außerordentliche Kündigung oder eine am 28.6.2018 zugehende ordentliche Kündigung mit einer Kündigungsfrist von zwei Monaten.

Auch dieser erweiterte punktuelle Streitgegenstandsbegriff hilft aber nicht gegenüber Kün- **1359**
digungen, die während des Kündigungsschutzverfahrens – z.B. perfide in einem Schriftsatz des Arbeitgebervertreters versteckt – ausgesprochen werden und auf eine Beendigung des Arbeitsverhältnisses **nach dem Zeitpunkt** zielen, zu dem die durch die Klage angegriffene **V**

12 BAG 7.3.2001 – GS 1/00, NZA 2001, 1195, 1198; näher *Hofer*, JA 2017, 853, 858.
13 BAG 7.3.2001 – GS 1/00, NZA 2001, 1195, 1198.
14 *Hofer*, JA 2017, 853, 856.
15 BAG 18.12.2014 – 2 AZR 163/14, NZA 2015, 635, 637.

Kündigung dieses beenden soll. Einen gewissen Schutz vermag hier aber u.U. ein sog. **Schleppnetzantrag** zu bieten, der aus einer Kombination von punktueller Kündigungsschutzklage und allgemeiner Feststellungsklage besteht (Klagehäufung, §§ 46 II 1 ArbGG, 495, 260 ZPO).

Antrag: *„Es wird beantragt festzustellen, dass das zwischen den Parteien bestehende Arbeitsverhältnis nicht durch die Kündigung der Beklagten vom [Datum] aufgelöst wurde und auch nicht durch andere Beendigungstatbestände aufgelöst wurde, sondern fortbesteht."*[16]

Liegt ein derartiger Schleppnetzantrag vor – was zunächst im Wege der Auslegung zu bestimmen ist[17] –, so ist er als allgemeiner Feststellungsantrag nur zulässig, wenn ein entsprechendes Feststellungsinteresse besteht (§§ 46 II 1 ArbGG, 495, 256 I ZPO). Das ist anzunehmen, wenn mit weiteren (Schriftsatz-)Kündigungen zu rechnen ist, was entsprechend vorzutragen ist.[18] **Wirkung**: Kommt es tatsächlich zu den befürchteten weiteren Kündigungen, so wird mit dem Schleppnetzantrag zwar nicht § 4 S. 1 KSchG gewahrt (es fehlt ja insoweit der notwendige punktuelle Kündigungsschutzantrag), allerdings wendet das BAG **§ 6 KSchG analog** mit der Folge an, dass der entsprechende punktuelle Kündigungsschutzantrag noch bis zum Schluss der mündlichen Verhandlung erster Instanz gestellt werden kann und dennoch fristwahrend wirkt.[19]

c) Sonderfall: Genügen einer allgemeinen Feststellungsklage

1360 V Ausnahmsweise bedarf es keiner punktuellen Kündigungsschutzklage, sondern es genügt eine allgemeine Feststellungsklage, wenn **ausschließlich** einer der wenigen Unwirksamkeitsgründe geltend gemacht werden soll, für die § 4 KSchG keine Anwendung findet (z.B. mangelnde Schriftform, Nichtwahrung der Kündigungsfrist, s. näher Rn. 862). Das notwendige Feststellungsinteresse kann hier nicht mit der drohenden Präklusion, sondern muss anders begründet werden. In der Regel ist dieses zu bejahen, da die Alternative zur Feststellungklage monatliche Leistungsklagen auf Lohnzahlung wären, was der Prozessökonomie widerspricht.

Hinweis: Die allgemeine Feststellungsklage ist auch die richtige Klageart, wenn der Arbeitnehmer geltend macht, dass das Arbeitsverhältnis nicht durch einen **Aufhebungsvertrag** beendet wurde.

3. Entfristungsklage

1361 Will ein Arbeitnehmer geltend machen, dass eine Befristung unwirksam ist, so muss er spätestens drei Wochen nach dem vereinbarten Ende eine sog. **punktuelle Entfristungsklage** erheben, § 17 S. 1 TzBfG. Bei Fristversäumnis gilt die Befristung unheilbar als wirksam, §§ 17 S. 2 TzBfG, 7 KSchG. Auch insoweit handelt es sich um eine spezielle Feststellungsklage, deren Feststellungsinteresse aus der drohenden Präklusion folgt.

1362 V Zu **beantragen/tenorieren** ist: *„Es wird festgestellt, dass das zwischen den Parteien bestehende Arbeitsverhältnis zwischen den Parteien nicht durch die Befristung vom [Datum] zum [Datum] beendet wurde."*

16 *Hofer*, JA 2017, 853, 856.
17 Vgl. BAG 18.12.2014 – 2 AZR 163/14, NZA 2015, 635.
18 BAG 13.3.1997 – 2 AZR 512/96, NZA 1997, 844, 846.
19 BAG 26.9.2013 – 2 AZR 685/12, NZA 2014, 443, 446.

III. Klagehäufung

Keine besonderen arbeitsrechtlichen Probleme stellen sich bei objektiven oder – selten – subjektiven Klagehäufungen. Erstere sind z.B. denkbar, wenn eine Kündigungsschutzklage (Hauptantrag) mit einer Leistungsklage auf Lohnzahlung nach Ablauf der Kündigungsfrist (i.d.R. als unechter Hilfsantrag) kombiniert wird. **1363**

IV. Begründetheit der Klage

Die Begründetheit der Klage ist entsprechend dem klägerischen Begehr materiellrechtlich zu prüfen. Bei Leistungsklagen ist in der Regel nach Ansprüchen aufzubauen, bei Kündigungsschutzklagen die Wirksamkeit der Kündigung (Prüfungsschemata s. Rn. 1054 und Rn. 1086) und bei Entfristungsklagen die Wirksamkeit der Befristung (Prüfungsschema Rn. 1233) zu erörtern. Beachten Sie nochmals, dass erst hier – und nicht bereits in der Zulässigkeit – auf eine mögliche Präklusion nach §§ (13 I 2), 4, 7 KSchG bzw. §§ 17 TzBfG, 7 KSchG einzugehen ist. **1364**

V. Hinweise zur arbeitsgerichtlichen Entscheidung

Im **Tenor** ist nach der Hauptsachetenorierung (s. oben sowie *Hofer*, JA 2017, 853, 856 ff.) zunächst über die **Kosten** zu entscheiden. Sie richten sich nach §§ 46 II 1 ArbGG, 91 ff. ZPO. Da es sich nur um eine Kostengrundentscheidung handelt, ist kein Hinweis auf § 12a I 1 ArbGG (dazu Rn. 1366) aufzunehmen. Eine Entscheidung über die **vorläufige Vollstreckbarkeit unterbleibt** außer bei einem erfolgreichen Vollstreckungsschutzantrag, da arbeitsgerichtliche Urteile gemäß § 62 I 1 ArbGG kraft Gesetzes vorläufig vollstreckbar sind. Dafür ist allerdings der **Streitwert** festzusetzen, § 61 I ArbGG (vgl. § 42 GKG). Schließlich ist in den Fällen des § 64 II lit. a) ArbGG in den Tenor aufzunehmen, ob die **Berufung** zugelassen wird, § 64 III 1 ArbGG. **1365 V**

C. Hinweise zu arbeitsrechtlichen Anwaltsklausuren

Gerade im Arbeitsrecht erfreuen sich Klausuren aus Anwaltsperspektive nicht unerheblicher Beliebtheit. Sie verlangen vom Bearbeiter oftmals, über die Lösung der reinen Rechtsfragen hinaus auch „taktische" Überlegungen bzw. ein Weiterdenken „um die Ecke". Ist bspw. der Gegner des Mandanten hoffnungslos überschuldet, so ist von einer Leistungsklage oftmals selbst dann abzuraten, wenn diese juristisch erfolgsversprechend erscheint, ist doch beim Gegner ohnehin nichts mehr zu „holen", so dass der Mandant im schlimmsten Fall auf den gerichtlichen und außergerichtlichen Kosten „sitzenbleibt". Im Arbeitsrecht ist überdies zu beachten: **1366 V**

- Der Rechtsanwalt hat den Mandanten vor Übernahme des Mandats darauf hinzuweisen, dass er selbst bei Obsiegen die in erster Instanz entstehenden Rechtsanwaltskosten selbst tragen muss (vgl. **§ 12a I 1, 2 ArbGG**).
- Besonderer Wert ist auf die korrekte **Fristberechnung** zu legen, v.a. bei §§ 4, 7 KSchG, sind die Folgen einer Fristversäumnis doch dramatisch (Rn. 857). Auch wenn die Dreiwochenfrist nach dem Sachverhalt noch (lange) nicht abgelaufen ist, sollte sie korrekt berechnet und notiert werden.

- Bei Leistungsklagen muss stets an mögliche **Zinsansprüche** gedacht werden. Zumindest Prozesszinsen sind regelmäßig zu beantragen. Ggf. können darüber hinaus auch Verzugszinsen begehrt werden bzw. muss vorher (vom Anwalt) eine verzugsbegründende Mahnung ausgesprochen werden.
- Beachten Sie die Möglichkeit einer **Schriftsatzkündigung**: Sind Sie Arbeitnehmervertreter, so sollten Sie, wenn der Sachverhalt Anhaltspunkte dafür gibt, dass der Arbeitgeber eine solche erklären (lassen) könnte, die Möglichkeit eines Schleppnetzantrags (Rn. 1358) ansprechen. Umgekehrt ist als Arbeitgebervertreter durchaus daran zu denken, eine Schriftsatzkündigung dem Mandanten vorzuschlagen.
- Insb. bei der Vertretung eines Arbeitnehmers sollte ggf. (in der Regel im anwaltlichen Begleitschreiben zum Klageentwurf) darauf hingewiesen werden, dass durch eine Klage das **„Klima" des Arbeitsverhältnisses** belastet werden kann. Sofern sich die Parteien nicht sowieso in der „Trennungsphase" befinden, ist deshalb aus taktischen Gründen immer zu bedenken zu geben, ob die Sache, um die gestritten wird, die „Klimagefährdung" wert ist.
- Im Fall einer erfolglosen Kündigungsschutzklage kann von beiden Parteien ein Auflösungsantrag gem. § 9 KSchG in Betracht kommen. Dieser kann ggf. bereits mit den Anträgen der Hauptsache als selbstständiger, (un-)echter Hilfsantrag gestellt werden.[20]

Weiterführende Literatur: *Feldmann, Riccarda/Schuhmann, Alexander:* Überflüssiges „Schleppnetz"? – Zum Streitgegenstand der Kündigungsschutzklage, JuS 2017, 214; *Helml, Ewald:* (Original-)Assessorexamensklausur – Zivilrecht: Arbeitsrecht, JuS 2016, 447; *Hofer, Jonas:* Das arbeitsgerichtliche Verfahren im schriftlichen Assessorexamen, JA 2017, 853; *Jacobs, Matthias/Krois, Christopher:* Klausurenkurs II, Fälle 4, 8; *Odemer, Hilmar:* Examensprobleme zur Kündigungsschutzklage, JA 2015, 449; *Tillmanns, Kerstin:* Klausurenkurs I, Fälle 1 sowie 5–9.

20 Vgl. *Hofer*, JA 2017, 853, 857.

Sachverzeichnis

Die Zahlen verweisen auf die (jeweils erste) **Randnummer** einer Fundstelle.